《中国民族文化大观》贵州省分编委会

内容简介

《中国民族文化大观·布依族篇》是国家社科基金“八五”重点项目（艺术学科）《中国民族文化大观》的子项目研究成果。

作者以党的民族理论和民族政策为指导，运用辩证唯物主义和历史唯物主义的观点方法，自 1982 年起就作为主要成员之一，参与“‘《中国少数民族哲学史·布依族哲学史》编写及资料’调查”“‘《布依族简史》编写及资料’调查”“‘《贵州省民族志布依族志》编写及资料’调查”“贵州省‘六山六水’民族调查”“麻山调查”“乡情调查”等民族调查研究项目，多年不断地进行了艰苦的民族地区历史文化的田野调查，获得丰富的第一手资料，并结合考古成果、地方志、族谱、碑文、二十四史、地方史等文献史料，翔实地研究和阐述了我国布依族文化的历史与现状，具有重要学术价值和现实意义。（参见本书彩图页“国家社科基金‘八五’重点项目（艺术学科）”立项及相关文件图）

全书集“全面性、科学性、民族性、知识性”为一体，涵盖了布依族的渊源历史、语言文字、风俗习惯、伦理道德、文学艺术、天文历法、科学技术、宗教信仰、哲学社会思想、教育体育、政治军事、医药卫生、建筑名胜、交通通信、经济生产、商业贸易、对外交流等；系统地反映了布依族所处的特殊自然环境、人文地理以及与之相适应的生产、生活方式；充分展示了绚丽多彩的布依族文化在整个中华文化中的地位和作用；其新资料、新数据采用已达到 2016 年底，集中地体现了在中国共产党的英明领导下，布依族人民与全国人民一道共同繁荣和进步的光辉历程。

主要作者简介

伍文义，布依族，国务院特殊津贴专家，语言文学博士，现任广东佛山科学技术学院二级教授、贵州省政府文史馆馆员。历任贵州省民族研究所（今“贵州省民族研究院”）副所长，贵州省“六山六水”民族调查队副队长，佛山科学技术学院社科研究中心主任、学术带头人等职。兼任中国民族哲学社会思想史学会常务理事、中国民族学会理事、中国西南民族学会理事、广东省《佛山市志》特聘编纂、广东省岭南心学研究会常务理事等职。数十年来长期从事民族学、社会科学研究与高校教学，发表和出版中国布依族历史文化研究论文、调查报告和著作近二百篇（本）。主持国际合作项目一项、国家社科基金项目三项。科研成果先后获得国家社会科学基金项目优秀成果奖、贵州省政府哲学社会科学优秀成果奖、贵州省政府文艺奖、广东省政府哲学社会科学优秀成果奖、教育部高等学校科学研究优秀成果奖（人文社会科学）等奖项。

中国民族文化大观

【布依族篇】

ZHONGGUO MINZU
WENHUA DAGUAN
BUYIZU PIAN

伍文义　韦兴儒　周国茂
罗汛河　黎汝标　著

暨南大學出版社
JINAN UNIVERSITY PRESS

中国·广州

图书在版编目（CIP）数据

中国民族文化大观．布依族篇/伍文义，韦兴儒，周国茂，罗汛河，黎汝标著．—广州：暨南大学出版社，2018.12
ISBN 978－7－5668－2050－1

Ⅰ.①中… Ⅱ.①伍…②韦…③周…④罗…⑤黎… Ⅲ.①布依族—民族文化—中国 Ⅳ.①K28

中国版本图书馆 CIP 数据核字（2016）第 326445 号

中国民族文化大观·布依族篇
ZHONGGUO MINZU WENHUA DAGUAN BUYIZU PIAN
著　者：伍文义　韦兴儒　周国茂　罗汛河　黎汝标

出 版 人：徐义雄
策划编辑：黄圣英
责任编辑：冯　琳　吴筱颖　雷晓琪　颜　彦
责任校对：叶佩欣　王燕丽　陈俞潼
责任印制：汤慧君　周一丹

出版发行：暨南大学出版社（510630）
电　　话：总编室（8620）85221601
营销部（8620）85225284　85228291　85228292（邮购）
传　　真：（8620）85221583（办公室）　85223774（营销部）
网　　址：http://www.jnupress.com
排　　版：广州市天河星辰文化发展部照排中心
印　　刷：广州市快美印务有限公司
开　　本：787mm×1092mm　1/16
印　　张：23
彩　　插：16
字　　数：568 千
版　　次：2018 年 12 月第 1 版
印　　次：2018 年 12 月第 1 次
定　　价：138.00 元

历史悠久的高原水稻农业民族，生态环境好

古朴美丽的布依族村寨（注：第二张图片欧东衢摄）

丰富多彩的布依族服饰

挥洒汗水夺丰收，感恩之心

粮食加工：晒谷、舂米、水碾碾米、蒸糯米打糍粑

传统纺纱、织布、织锦工艺

传统蜡染工艺

布依族传统蜡染、织锦工艺品

宗教信仰：祭谷神、祭大竹图腾，用牛祭祖

节日里吹牛角长号，打铜鼓，跳铜鼓舞，练武强身

节日里表演八音古乐、翩翩舞蹈，各族同欢乐

对歌恋爱、订亲、送亲

迎亲、敬酒

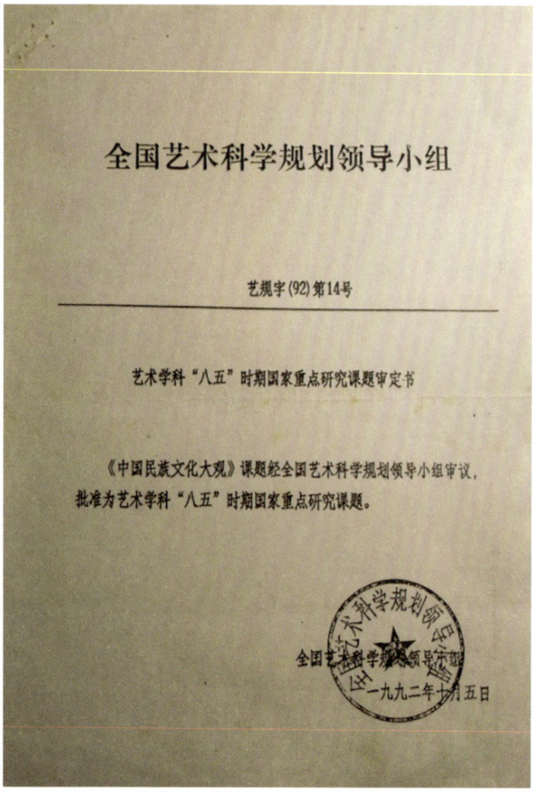

全国艺术科学规划领导小组

艺规字(92)第14号

艺术学科“八五”时期国家重点研究课题审定书

《中国民族文化大观》课题经全国艺术科学规划领导小组审议，批准为艺术学科“八五”时期国家重点研究课题。

全国艺术科学规划领导小组

一九九二年十月五日

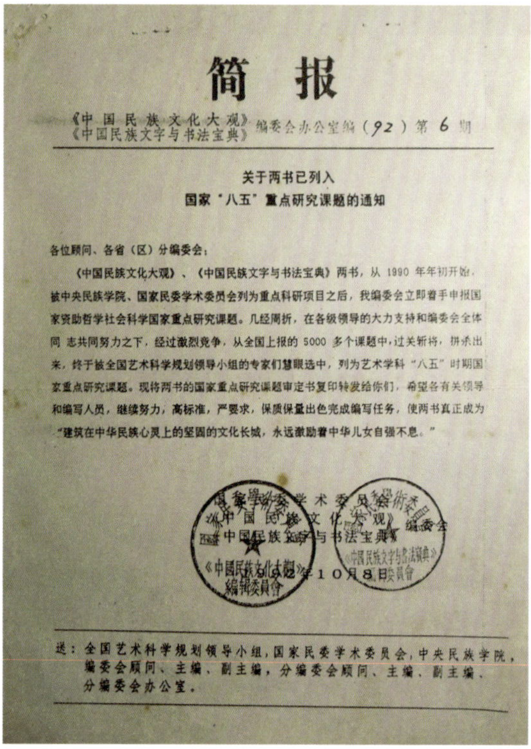

简　报

《中国民族文化大观》
《中国民族文字与书法宝典》编委会办公室编（92）第6期

关于两书已列入
国家“八五”重点研究课题的通知

各位顾问、各省（区）分编委会：

《中国民族文化大观》、《中国民族文字与书法宝典》两书，从1990年年初开始，被中央民族学院、国家民委学术委员会列为重点科研项目之后，我编委会立即着手申报国家资助哲学社会科学国家重点研究课题。几经周折，在各级领导的大力支持和编委会全体同志共同努力之下，经过激烈竞争，从全国上报的5000多个课题中，过关斩将，拼杀出来，终于被全国艺术科学规划领导小组的专家们慧眼选中，列为艺术学科“八五”时期国家重点研究课题。现将两书的国家重点研究课题审定书复印转发给你们，希望各有关领导和编写人员，继续努力，高标准，严要求，保质保量出色完成编写任务，使两书真正成为“建筑在中华民族心灵上的坚固的文化长城，永远激励着中华儿女自强不息。”

国家民委学术委员会
《中国民族文化大观》编委会
《中国民族文字与书法宝典》
1992年10月8日

送：全国艺术科学规划领导小组，国家民委学术委员会，中央民族学院，编委会顾问、主编、副主编，分编委会顾问、主编、副主编、分编委会办公室。

国家社科基金“八五”重点项目（艺术学科）立项文件图

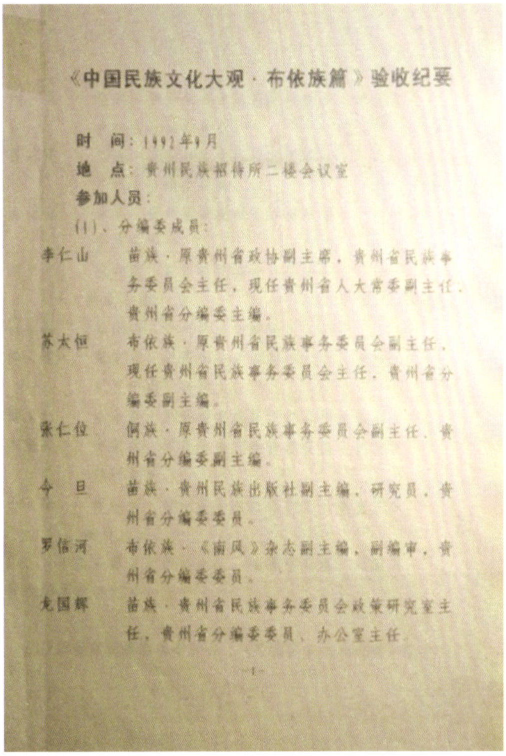

《中国民族文化大观·布依族篇》验收纪要

时　间：1992年9月

地　点：贵州民族招待所二楼会议室

参加人员：

(1)、分编委成员：

李仁山　苗族·原贵州省政协副主席，贵州省民族事务委员会主任，现任贵州省人大常委副主任，贵州省分编委主编。

苏太恒　布依族·原贵州省民族事务委员会副主任，现任贵州省民族事务委员会主任，贵州省分编委副主编。

张仁位　侗族·原贵州省民族事务委员会副主任、贵州省分编委副主编。

今　旦　苗族·贵州民族出版社副主编、研究员，贵州省分编委委员。

罗信河　布依族·《南风》杂志副主编，副编审，贵州省分编委委员。

龙国辉　苗族·贵州省民族事务委员会政策研究室主任，贵州省分编委委员、办公室主任。

-1-

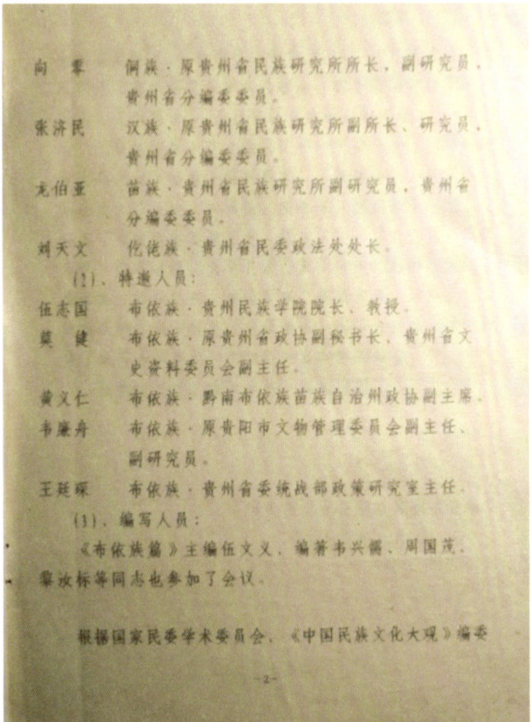

向　零　侗族·原贵州省民族研究所所长，副研究员，贵州省分编委委员。

张济民　汉族·原贵州省民族研究所副所长、研究员，贵州省分编委委员。

龙伯亚　苗族·贵州省民族研究所副研究员，贵州省分编委委员。

刘天文　仡佬族·贵州省民委政法处处长。

(2)、特邀人员：

伍志国　布依族·贵州民族学院院长、教授。

莫　健　布依族·原贵州省政协副秘书长、贵州省文史资料委员会副主任。

黄义仁　布依族·黔南布依族苗族自治州政协副主席。

韦廉舟　布依族·原贵阳市文物管理委员会副主任、副研究员。

王廷琛　布依族·贵州省委统战部政策研究室主任。

(3)、编写人员：

《布依族篇》主编伍文义、编著韦兴儒、周国茂、黎汝标等同志也参加了会议。

根据国家民委学术委员会、《中国民族文化大观》编委

-2-

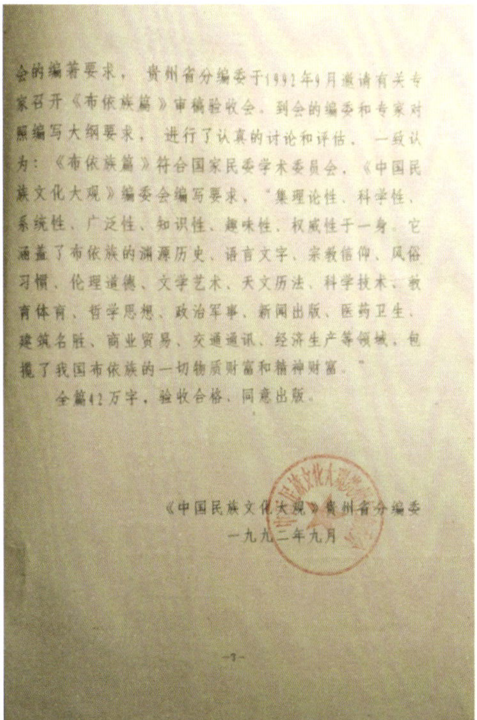

会的编著要求，贵州省分编委于1992年9月邀请有关专家召开《布依族篇》审稿验收会。到会的编委和专家对照编写大纲要求，进行了认真的讨论和评估，一致认为：《布依族篇》符合国家民委学术委员会、《中国民族文化大观》编委会编写要求，"集理论性、科学性、系统性、广泛性、知识性、趣味性、权威性于一身"。它涵盖了布依族的渊源历史、语言文字、宗教信仰、风俗习惯、伦理道德、文学艺术、天文历法、科学技术、教育体育、哲学思想、政治军事、新闻出版、医药卫生、建筑名胜、商业贸易、交通通讯、经济生产等领域，包揽了我国布依族的一切物质财富和精神财富。"

全篇42万字，验收合格，同意出版。

《中国民族文化大观》贵州省分编委

一九九二年九月

-3-

国家社科基金"八五"重点项目（艺术学科）子项目成果通过验收文件图

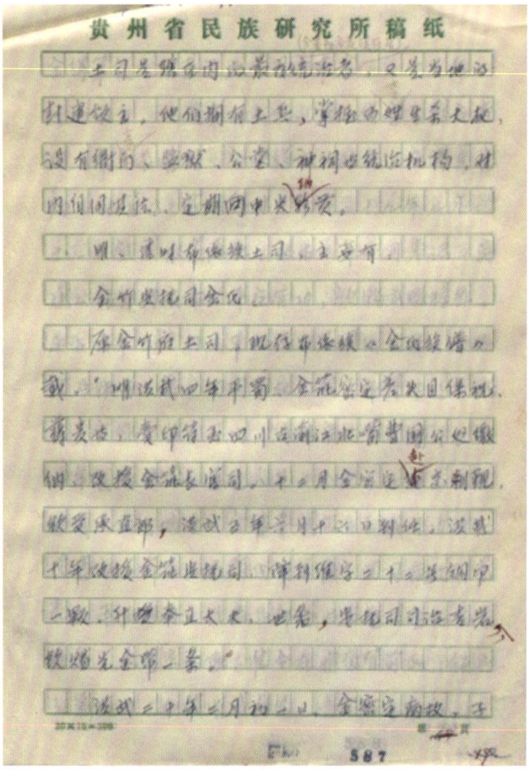

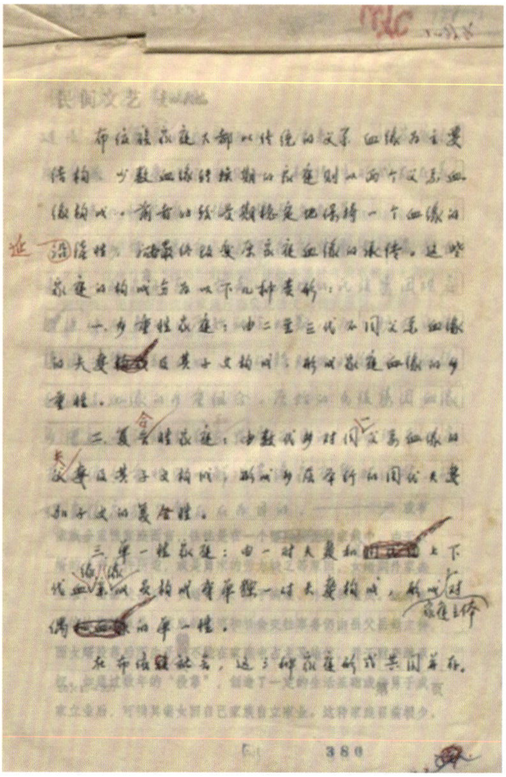

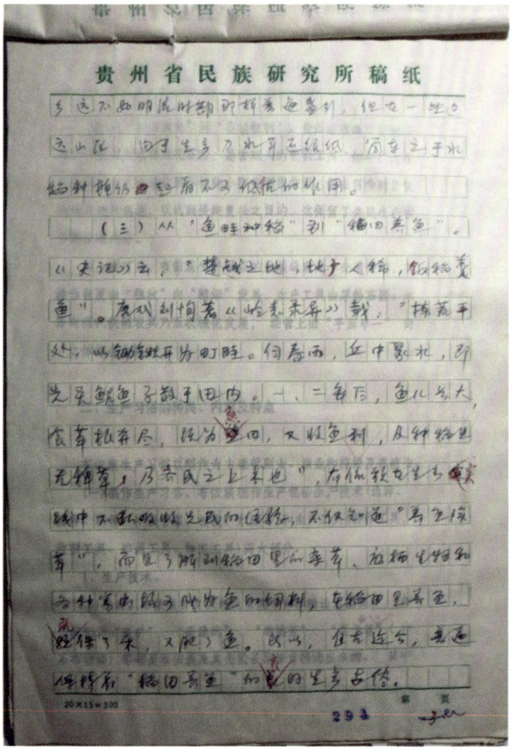

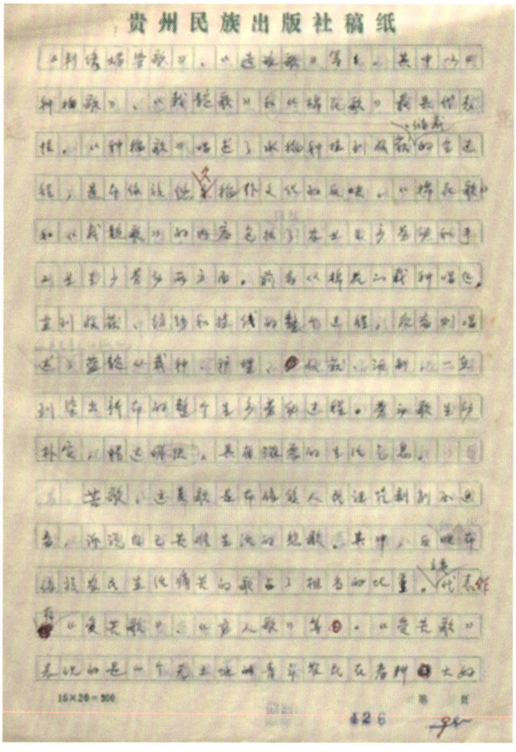

本书手稿

目　录

概　述

一、自然和社会概况

（一）地理情况

在我国珠江上游的云贵高原，生活着300多万布依族人民。中华人民共和国成立以来，以布依族为主建立的民族自治地方政权有2个自治州（黔南布依族苗族自治州、黔西南布依族苗族自治州）、3个自治县（镇宁布依族苗族自治县、关岭布依族苗族自治县、紫云苗族布依族自治县），在其他布依族分布地区还有近百个民族乡。

布依族居住的区域，北面有乌蒙山麓，南面有云雾山主峰。境内山峦起伏、河流纵横，红水河、南盘江、北盘江、三岔河、曹渡河、樟江河、六洞河、都柳江、金沙江、乌江等众多河流，蜿蜒奔流于群山峡谷之中，水力资源极为丰富。在江河流域中修建的若干个水电站，长年不息地提供强大电力，不仅给当地布依族人民的经济、生产创造了有利的条件，也为珠三角沿海地区的清洁能源提供了支援。

布依族地区江河流经的河谷地带，形成大大小小的坝子，土地肥沃，适于农耕，成为高原农业生产的重要区域。雨量充沛，气候温和，年平均温度在16℃~19℃，年降雨量在1 200~1 400毫米。个别地区如红水河，南、北盘江沿岸，每年无霜期达8个月之久。盛产水稻、玉米、小麦等粮食作物，还有小米、高粱、山红稗以及豆类、薯类。惠水、平塘两县的黑糯米是其特产。安顺、平坝、都匀、惠水、独山、贵定、兴义等地历来都是贵州高原主要产粮区。经济作物有甘蔗、棉花、茶叶、油菜、烟草、水棉、山桐子、茶籽、香菇、木耳、蓝草、苎麻以及瓜果类、药材类植物。森林中的飞禽走兽、河流中的各种鱼类应有尽有，不少动物如“娃娃鱼”等已被列为国家重点保护对象。地下矿藏丰富，有金、银、煤、铁、朱砂、硝、铝、磷、锌、锑、锰、铜、重晶石、冰洲石、硅、石棉、硫黄等，是我国西部的主要矿产开发地区之一。

（二）自然风光

布依族地区山清水秀，气候宜人。位于贵阳市南郊的花溪公园，素有“高原明珠”之称。这里山环水绕，溪流潺潺；园内四季花香，垂柳成行，亭榭回廊，错落有致；周围村寨星罗棋布，阡陌纵横，风景如画。该公园为1936年任贵筑县县长的布依族人刘剑魂亲自勘察、修建，如今已是著名的旅游胜地，成为接待国内外贵宾的重要场所。

安顺市镇宁自治县黄果树瀑布主瀑布高67米，宽83米，是世界著名的大瀑布之一。该瀑布位于北盘江上游，距贵阳150千米。白水河在这里以排山倒海之势倾泻而下，如烟似雾，气势磅礴，声若奔雷。明代地理学家、旅行家徐霞客经过此地时，为其雄姿所摄，不禁写下壮丽辞章：“一溪悬捣，万练飞空……捣珠崩玉，飞沫反涌……盖余所见瀑布高峻数倍者有之，而无此阔而大者。”瀑布腰后“水帘洞”佳景，更是妙趣横生。它高出犀牛潭水面40余米，有洞厅5座、洞窗6个、洞泉3股及通道6个，彼此被水帘遮挂，稀密不同，厚薄各异。透过水帘观看各种景物，仿佛这些景物都带上了神话般的色彩。多姿的瀑布令人神往，古往今来，不知吸引了多少骚人墨客，为之吟诗作赋，并将诗赋凿于石壁，载于史书。在其周围，还分布着20多座各具风韵的跌水瀑布，统称为“黄果树瀑布群”。

距黄果树瀑布几千米处的天星桥石林又是一胜景，一部分在旱地，一部分在水中，怪石嵯峨，奇峰林立，有的如铁柱独立，有的如千刃朝天，有的如金鸡报晓，有的如万马奔腾，有的如仙女照镜，有的如雄狮怒吼，有的搭拱成门，有的拥挤成巷。深潭、瀑布、溶洞相映成趣，幽深迷离。

兴义市马岭河峡谷，全长74.8千米，宽50～150米，最深处280米。谷中有上百条瀑布、300万平方米钙华瀑布和各种珍稀植物。峡谷中，峭崖对峙，雄、奇、险、秀为特色。马岭河发源于乌蒙山脉，是南盘江北岸的重要支流，水量充沛，落差大，河水的下切能力强，竟在平川上切出一条狭窄幽深的地缝峡谷。这种结构在全球较罕见，因而有“天下第一缝”之称。

兴义市万峰林，总面积为200多平方千米，是国内最具典型性的喀斯特峰林之一。千万座奇峰有序排列，气势雄伟，被不少游人誉为“天下奇观”。在360多年前，明代地理学家、旅行家徐霞客经过万峰林，就曾赞美这片连接广西、云南的峰林：“磅礴数千里，为西南形胜。”

兴义市万峰湖，享有“万峰之湖，西南之最，南国风光，山水画卷”之美誉。其水域湖深面广，水质好，溶氧高，温度适宜，中下层水流交换快，水体透明度在2米以上，是沿海经济区的重要水源供给地之一。万峰湖景区内有岛屿与半岛80余个，大小港湾、湖泊50多处，内湖2个，沿岸峰林、石林、溶洞、天坑、森林密布。万峰湖美景天成，鱼肥水美，被誉为“野钓者的乐园”，在国内有较高的知名度。

黔南布依族苗族自治州荔波县茂兰国家级自然保护区为典型的喀斯特峰丛漏斗和峰丛洼地地貌。保护区海拔为430～1 078米，面积为21 285公顷，主要保护对象为喀斯特森林及珍稀动植物。1987年，经贵州省人民政府批准，成立省级自然保护区。1988年5月，国务院将茂兰保护区批准为国家级自然保护区，并明确该保护区是以保护完整的综合自然生态系统为目的，同时保护珍稀动植物资源。1995年，加入中国生物圈保护区网络。1996年4月，加入联合国教科文组织人与生物圈计划（MAB），成为世界生物圈保护区；同年被中国生态旅游专业委员会列为全国22条生态旅游线之一。2007年，被联合国教科文组织审定为世界自然文化遗产。2002年7月，因其喀斯特原始森林面积在世界上同类面积中最大，被载入2002年的《大世界基尼斯纪录大全》。自然保护区内有“小七孔”“大七孔”“鸳鸯湖”“水上森林”等著名景点吸引大量海内外游客前往。

云南罗平县九龙瀑布，高56米，宽114米，瀑面呈弧形，瀑后有一个深约10米的水帘洞。左边巨石耸立，犹如驶入潭中的一辆古代战车。瀑底观之，宛如天河倾泻，白练垂空，脚潭上空玉絮飞花，溅珠结雾，弥漫空中，化为蒙蒙细雨洒向下游河谷。艳阳下，水雾化成五彩长虹，绚丽灿烂。

布依族聚居地还有被誉为“溶洞奇观”的安顺市地下龙宫、镇宁自治县犀牛洞，开发中的扁担山“上洞溶洞群”等，诸洞内水路与旱路相连，水路宽可行船，景物千姿百态。

清镇县、平坝县之间的红枫湖，贵阳市西郊的百花湖等，人称“高原西湖”，湖面开阔，水天一色，各具风韵。这些山山水水，不仅是云贵高原旅游线上的重要景区，也是布依族的山乡特有风光。

（三）生活环境

布依族习惯近水而居，村寨依山傍水，周围生长着茂密的竹子或风水树。寨前田畴纵横，河溪环绕，岸柳成行，一派美丽的田园风光。寨内多族同姓聚居。住平坝者，大都建有矮墙院落；居山区者因受地形限制，房屋依山而建。楼房叠加，有的修成前半部为楼房、后半部为平房的“吊脚楼”，这就是历史上“干栏式建筑”的延续。堂屋正中设有神龛供奉祖先，左右两侧被间隔成灶房、卧室、客房。室内设有火塘供一家取暖炊薪。房屋用木材建造，屋顶盖瓦。在安顺、镇宁、关岭、普定和六枝一带，由于地产石头，住房从房基到墙头都用石头垒砌，屋顶也盖石板，俗称“石板房”。这与山寨的石砌寨墙和山顶的石筑古堡一起，形成典型的石头建筑群。如扁担山石头寨共有230余户人家，所有房屋沿等高线排列。住房和寨墙、古堡、寨内通道，以及横跨河流的平桥、拱桥、梯田保坎等，无不用石头修筑，连家庭生活用具，诸如碓、磨、钵、槽、缸等，全离不了一个“石”字，堪称“石头王国”。这显示出布依族人民匠心独具，工艺精湛，善于就地取材的智慧。

（四）饮食、服饰

饮食方面，布依族以大米为主食，玉米、小麦、山红稗、荞麦次之，特别喜吃糯食，逢年过节和招待亲友，一般要蒸糯米饭或打糯米粑粑。节日里，还喜欢用数种花和树叶加工染制各色糯饭，俗称花糯米饭。副食有各种蔬菜、豆类和肉类。蔬菜制品有著名的独山盐酸菜、酸辣椒等。肉类加工品有烟熏肉、腌肉和香肠；狗肉为人们所好，“花江狗肉”味道鲜美，尤为独特，享有盛名；豆类佳品主要有豆豉、豆腐、青豆腐、血豆腐等。辣椒、酸菜为日常生活不可缺少之物。自制的糯米甜酒和大米烧酒，户户皆备。有的米酒用野生刺梨果酿造，营养丰富，家有贵宾时才拿出。刺梨酒有数百年历史，如今已批量生产，畅销全国。

服饰方面，布依族服饰多为青、蓝、白色。新中国成立前，男子包头巾，穿对襟短衣或大襟长衫及长裤。老年人多着长衫。近年来，男子服饰与汉装无异。妇女服饰多种多样，镇宁、关岭、普定、六盘水一带是目前保存布依族最古老服饰的地区，妇女上着大襟短衣，领口、盘肩、衣袖和衣脚边皆用织锦和蜡染各色几何图案镶制；下穿百褶长裙，用白底蓝色蜡染花布缝成。自制的织锦和蜡染是布依族服饰的主要特色。只有老年人为显庄重，才用赭红布作裙身，上面再接一段蜡染花布。每位妇女通常有十几套衣裙，多则几十套。节日里都习惯穿6件上衣、9条裙子，系1条青色或蓝色绣花腰带，更显娇姿艳态。同时非常讲究头饰，婚前头盘发辫，戴绣花头巾；婚后须改用以竹笋壳为“骨架”的专门式样，名曰“艮考”，意为已成家。在镇宁、关岭地区，姑娘喜拢高髻，形如拱桥，发上插着长尺许的银簪，配上短衣长裙和绣花布鞋。其他地区则多着短衣长裤，或在衣襟、领口和裤脚镶上蜡染或刺绣花边。黔西南安龙、兴仁一带，妇女喜用白布作头巾，系各色绣花围腰，虽朴实但典雅大方；还喜戴银或玉制的手镯、发簪、戒指、项圈，样式别具一格。

（五）家庭、婚姻

（1）家庭。布依族家庭是父系家长制。家长有支配家中经济和指挥成员的权力；如家长去世，权力由长子继承。男长辈皆受尊敬，为人正直者更有威望，族中纠纷，可自行依理调解，无须上诉官府。妇女的地位低于男子，寡妇可以继承财产，但如果再嫁就不能继续享受此权力。

家庭结构有小家庭，也有三、四代同堂的大家庭。人口较多的人家，儿子成婚后则分家别居。新中国成立前，有的地区分家时，必须先预留父母的“养老田”和未嫁姊妹的“姑娘田”，其余田地、房产按儿子数均分。绝嗣人家，财产则由房族继承。分家后，父母大多跟随最小的儿子，以便帮助照料家务，有的也乐意和自己喜爱的儿子一起居住。父母对儿女有抚养、教育的义务，儿子对父母有赡养、安葬的职责，这是布依族的传统。

（2）婚姻。布依族婚姻基本上是一夫一妻制。新中国成立前，婚姻的缔结几乎全由父母包办，很少有婚姻自由。包办婚姻导致早婚习俗的产生，因此当地人往往订婚较早，有些在幼儿时就订下婚约，俗称“背带亲”。大多在十三四岁至十七八岁，也有在十一二岁就举行结婚礼仪。因年龄太小，女子一般由族中伴娘相陪到男方家拜祖后，住两三天即返回娘家。酒期由伴娘陪着同吃同住。婚后回门一去数年，只有在农忙季节或婚丧喜事时，才由男家姊妹接来帮忙，直到长至十七八岁，夫妻才开始同居。如此往返，居住时间越来越长，最后长期住在夫家。

婚姻缔结，一般分为“开口亲”“杀鸡礼”“定亲”“结婚”四个过程。先由男方请媒人到女方家说亲，若获得同意，便带些礼物去“合八字”，谓之“开口亲”。第二次由男方带鸡、酒、糖等礼物到女方家，女方请来亲友庆贺。因礼物以鸡为主，且以双数为吉，故称“杀鸡礼”。第三次由男子带酒若干壶，鸡若干只，猪后腿一只，猪肉数斤，或整猪一头，鞭炮、红烛各两对，聘金若干去女方家，“交礼钱”“换八字”等仪式后，亲友前来庆贺，称为“定亲”。结婚时，男方家选派两名青年前往女方家迎亲。其任务是抢回男方家备好的两个大糯米粑粑，带回男方家供祖，至此宣告接亲完成。女方家中孩童云集村外，用苦楝子、稀泥、水枪等投掷（射击）接亲者，名曰“打报古”。“报古”是对男性接亲者的布依语称呼。这种古朴之风，普遍盛行于镇宁、关岭、六枝及普定等地，意思是通知寨内，某某姑娘已正式嫁到某寨某家。其余各地的婚俗，有骑马坐轿的，有由哥哥背新娘出大门的。但无论哪种形式，一般都有族中姊妹陪送，这些姊妹被称为“伴娘”。路上打伞步行，新娘当天不是直接进男方家，而是先到附近亲友家住下，次日清晨选吉时登门拜祖。

布依族同宗同姓不能通婚，异姓亲戚中不同辈分不能通婚。有些地区还有几个姓氏之间不能通婚之俗，如镇宁扁担山的卢、马二姓；安龙鱼沟乡的余、何、韦、陆四姓。据说他们很早以前是同宗同姓，所以不能结亲。

布依族恋爱方式独特。青年人通常在赶场高潮过后留下来，身着艳装的姑娘和小伙各站一边，互相物色意中人。作媒介者叫“银雀”，多半是男方的姊妹。如果小伙相中了某个姑娘，“银雀”就带着礼物“飞”到女方身旁，先唱一首歌：“我替兄弟传情意，这块蓝靛送给你，他望这蓝靛染出色，他盼这蓝靛染出光……”姑娘不同意则回歌谢绝；如若称心则回眸一笑，男女双双走出人群，上山对歌。布依语称为“浪哨”。

“浪哨”是会朋友的意思。这个社交活动不只限于未婚男女，已婚者也可参加。这与布依族古老的婚姻制度有关，因为早婚和“不落夫家”，实际上只是订婚。所以参加“浪哨”活动，对未婚者来说是初恋。对“已婚”青年来说，如果他（她）对父母包办的婚事满意，那只是来炫耀唱歌的才能；反之，则表示对包办婚姻的反抗。“浪哨”中除唱情歌外，还唱苦歌、告状歌和逃婚歌等。过去有的青年男女对歌多年，情投意合，于是双双逃离家乡去远处安家；有的逃不出封建制度的罗网，双双以死殉情。

（六）丧葬习俗

当老人逝世后，丧家即向至亲好友报丧，并请本民族祭师“布摩”先生择吉日举办丧事。有的地方舅权比较突出，如死者是女性，必须待舅家人到场亲视入棺后，方能安葬。丧礼繁简，视家庭经济而定。清贫之家，只请“布摩”先生念经开路，一切从简；富有之家，除了开路、堂祭之外，还要举行“古夜王”仪式，砍牛做斋。古时凡遇丧事，都要砍数头牛羊祭供，大办酒席，宴请宾客，丧期为三五天。停柩期间，丧事之家一律食素，出丧之后才能开荤。

下葬前两天，寨邻亲友携礼前来吊唁，视其亲疏送幡文、酒、鸡、钱及小猪。女婿和舅家要送香亭、纸马、祭幡。孝子着长幅孝帕，穿草鞋，系麻丝。当外家舅爷到来时，孝子们拄孝棒于柩前跪迎，来者将之扶起。是夜，敲铜鼓，吹唢呐，打竹筒，举行治丧仪式。届时村寨男女皆集于丧家门外，各持尺余长竹筒刷把。两人十组交叉对击，一人执木棒敲粑槽为拍，有单打、双打、三打、五打至十二打，声调铿锵，整齐和谐，有条不紊。又于灵柩前悬数面铜鼓有节奏地敲击，同时用竹竿敲楼板相应，曰“打铜鼓”。吹唢呐的人均是女婿所请，有一至数对。整个村寨笼罩在悲声之中。下葬前一夜举行堂祭。堂祭分家祭、宾祭两种。家祭是儿子、女婿等祭吊；宾祭是一般亲友的祭吊。堂祭宣读祭文，缅怀死者生平，寄以哀思。此外，还需用素菜九道和荤菜九道供奉死者。新中国成立前，孝家素荤两菜均做，现在是孝家做素菜，女婿做荤菜。

堂祭结束后，将灵柩移于门外长凳上停放。

吉日出殡，孝子跪拜于前；铜鼓声、唢呐声、鞭炮声等响成一片，灵柩在众人簇拥下缓缓而行。开挖墓圹，先由“布摩”先生杀一只雄鸡，将其血滴于选好的墓地上，谓之“播土”。墓圹挖好，于井内用朱砂画八卦、龙及房子等，再杀一只鸡，滴血于井内，谓之请“地脉龙神”。待灵柩抵达，井内烧线钱，孝子跪拜，谓之“暖井”，移柩入穴，封土垒坟。若有杀牛敲马者，须将牛头或马头供奉墓前。在安顺、镇宁、普定及六盘水等地，还保留着石室墓的习俗。挖好墓圹后用厚石板镶成井坑，放入棺材，上盖大石板，石灰浆灌，然后封土。外围又用石头垒坟。

出殡后第三天，孝家要到坟上祭扫。届时用小猪、鸡、豆腐等供祭，烧化香亭、纸马，谓之“复山”。丧事到此便宣告结束。以后每年清明，合家要备祭品到墓前祭扫。

（七）节日习俗

布依族有许多传统节日，除过大年、端阳节、中秋节等与汉族基本相同外，“三月三”“四月八”“六月六”“七月半”等节日都具有布依族特色。

（1）大年节。据方志记载：布依族皆“以十一月为岁首”。其实应在这月过大年，但现在已统一并入春节，每到年底，家家户户忙着酿酒，打糯米粑，腌制腊肉，做血豆腐，或缝制新衣。除夕以丰盛酒菜敬供祖先，燃放鞭炮，合家守夜直到鸡鸣。正月初一天刚亮，姑娘们便争挑第一担水回家，名曰“聪明水”；男孩则争先到土地庙旁，用绳子牵来小块石头放在畜圈之中，意为“六畜兴旺”。大年期间，青年们相邀外出“浪哨”；中老年人彼此拜年祝贺，共同饮酒为乐。一直到正月十五元宵以后，才下地干活。在此期间，有的还开展各种娱乐活动，举行赛马、铜鼓、唢呐、歌舞、篮球、掷石头等比赛，参加者有数万人之多。镇宁扁担山一带和贵阳乌当区及黔西南等地还流行玩“龙六”，意在祈求龙神保佑来年农事丰收，百事吉利。于十三日“起龙”，十五日“收龙”，到正月末再过一次“小年”才告结束。

（2）三月三。祭山神或扫寨，预祝丰收。届时，外人不准进寨。清《南笼府志》上说：“其俗每岁三月初三宰牛祭山，各聚分肉，男妇篩酒，食花糯米饭”；“三、四两日，各寨不通往来，误者罚之”。在贵阳附近村寨，则举行“对歌会”。相传这天谁的歌声最动听，天上的歌仙就会给他（她）一副金嗓子。故又称“仙歌节”。

（3）四月八。是纪念耕牛的节日，在罗甸等地叫“牛王节”，镇宁扁担山一带称“牧童节”，安龙、兴义地区叫“开秧节”。这天家家吃“牛王粑”和糯米饭，并以之喂牛，再忙也要让牛休息一天，以示爱护。在镇宁六马区，当地人还要给每个孩童一只蒸熟的公鸡，让他们挑到河边去。孩子们就可以在河边洗澡，抓小鱼、吃鸡肉、晒太阳……

（4）六月六。祭田神、土地神和山神。祭毕，用鸡血沾染各色纸，或做旗，或做成大鸟形状，分别插在每块田中；与此同时，村寨长老召开“议榔”会议，宣布各种“榔规、榔约”，维护生产秩序和治安秩序。“议榔”会议之后，由“榔首”监督“榔规、榔约”的执行，保护社会和谐安全。许多地区还举行规模宏大的玩山活动。长顺县在董郎河两岸，占地五六里；镇宁扁担山参加者超过万人；兴义县的男女老幼则着盛装赶“查白场”。相传，明洪武年间，查郎与白妹相恋，因恶霸逼婚，双双殉难。后人为了纪念这对有情人，便在农历六月二十六日聚集。届时云南、广西都有人赶来参加，有几万人之多。安龙县过“六月六”则是为纪念布依族人民反抗封建统治胜利。传说清同治九年（1870）六月初，兴义县大土豪刘三勾结龙广的大地主刘四，对安龙布依族人民进行屠杀、掠夺，激起群愤，人民纷纷起来进行斗争，终于在六月初六击败了敌人，从此，“六月六”便成了当地人的节日。届时当地政府将拨款资助，举行各种集会活动，非常隆重。

（5）吃新节。又叫尝新节。因各地的谷米成熟有先有后，过节日期也不尽相同。一般在稻谷即将成熟时，由家中男子背着口袋到田中摘少量谷穗，放于甑中与糯米一同蒸熟后供祖。扁担山及六盘水一带，还要用酒菜和炒鱼虾一同敬祭祖宗。望谟、册亨等地，把新糯谷取来之后，先煮熟晾干，舂去谷壳，再用开水泡胀蒸成糯饭，布依语称为“根金豪模”。

（6）七月半。杀鸡、杀猪或杀牛祭祖。晚上烧纸钱或金银绿锭。红水河沿岸要连过三天。十四日做“搭联粑”供祖。十五日晚到河边放冥船，任其随水漂流。十五、六日时，年青人和孩童均聚集在大榕树下，或荡秋千，或打陀螺，或游泳。惠水断杉区一带，则多集中到古桥堡对歌，跳粑棒舞和铜鼓舞，同时进行唢呐比赛。主家杀狗招待客人。晚上，各村道路沿途插香，如同繁星点点，落于人间。长顺县猛秋地区则举行玩山活动，俗称“赶秋坡”，参加者在万人以上。

（7）八月十五中秋节。各地孩童流行“偷”老瓜煮糯米饭吃。没有孩子的中青年妇女，别人可将老瓜用红布包好，送到她家去，一路放爆竹，主家请酒宵夜。被“偷”瓜的主人不能打骂“偷瓜人”，这是古代传下来的规矩。

三都县三江一带布依族，腊月初八过“别雅贵”节。这天要葬“青娃”，举行摔跤比赛，预祝来年丰收。

（八）宗教、祭祀

新中国成立前，布依族信仰多种神灵。山有山神，水有水神，社有社神，每个村寨都建有土地庙。一些古老或奇特的大树，或巨石、悬崖、山洞，都被认为有神灵，甚至耕种的水田也有神，有的还供雷神、门神、灶神、龙王等。这可能是原始宗教信仰万物有灵的残存，同时反映出古代农耕民族的某些意识特征。

祭祀和占卜，一般由布依族祭师“布摩”先生主持。占卜分为鸡骨卦、竹卦、蛋卦、米卦等。鬼神有善恶之分，祈神保佑或消灾禳祸，都要供献“牺牲”。信仰的神，每一种都是一大集团，每个集团有若干成员。神灵之间有等级之分，各有名字和职司，职司最高者为“报翁”，即皇帝，还有统领军队的将领、执法的法官等。这实际上是布依族古代社会的历史折射。

自明及清以后，始有佛教、道教、天主教传入布依族地区。福泉、贵定和麻江的坝芒、乐坪等地，皆设有佛堂、庙宇，有布依族的尼姑、和尚、庙产。但大部分地区皆没有太大影响，布依族地区仍然信仰祖先崇拜。

由于多神信仰，因此需恪守的禁忌很多。如正月初一至初三不能动刀，十五不能动土、干活；四月初八不能让牛犁田；每年第一次打雷后的几天之内，不能种地。扁担山一带在听到第一声春雷时，每家都要炒糯米粑颗吃，俗称“吃雷肝”。

“扫寨”时不准外人进寨。“戊日”“甲子日”忌生产，忌出行。部分地区连人都不能随便移动和用脚踩三脚架，锅耳要顺着正梁方向放置。妇女不能回娘家生小孩；产妇不准走过堂屋，且产后未满月不能出门；未出嫁的姑娘死后不能从正门抬出；死在外面的人，尸体不能抬进家，等等。新中国成立后，随着人们科学文化水平和思想觉悟程度的提高与加深，这些禁忌已经发生了很大变化，且正在逐步消失。

（九）民间文学

布依族具有丰富多彩的文化。神话、传说、故事、诗歌、寓言、童话、谚语等传遍民间，在形式上可分为书面文学和口头文学两大部分。它们题材广泛、意境优美、内容健康、语言生动、富于想象力，而且有独特的格律和韵律。

1. 神话传说

神话传说如《洪水潮天》《十二个太阳》《报老多采青石盖天》《赛胡细妹造人烟》《卜丁射太阳》《茫耶寻谷种》《三兄弟找水》等，都是人们喜爱的作品。

《洪水潮天》的故事是：远古时候，洪水暴发，淹没了天下。只有兄妹两人坐在大葫芦里随水漂流，幸免于难。待雨止水消，地上的人已全部淹死，兄妹俩在神仙的撮合下，经历许多周折而结成夫妻。婚后生下一个奇怪的肉团，他们一气之下将它砍成无数碎块，撒向四方，不料这些碎肉块第二天都变成了人。从此，人间烟火得以繁衍。这可能表明布依族远古时曾经历过氏族内通婚制阶段。《报老多采青石盖天》则叙述了一位名叫报老多的老人，采青石盖成天、用泥铺成地的故事。

《卜丁射太阳》说的是古代天上有九个太阳，晒得地干土裂，禾苗枯焦。卜丁在大家的要求下爬上高入云霄的马桑树，用弓箭一连射下了七个太阳，留下一个晒谷米、一个照人间。从此卜丁成了大家颂扬的射日英雄。《茫耶寻谷种》叙述的故事是古时人间未种五谷，青年茫耶历尽艰辛四方寻找谷种，终于在一个山洞里找到了，带回来分给大家栽种。《三兄弟找水》的内容是：很久以前，民间发生大旱，庄稼枯萎。有三兄弟带领众人寻找水源，在挖掘过程中，遇见一个石头精占据水源，不让群众得水。三人大战妖魔，杀死了石头精，夺得了水源，战胜了干旱，赢得了丰收。这些神话均表明布依族先民很早就从事农耕、种植水稻，也展现了人们为求生存而不屈不挠地与大自然作斗争的情景。

《黄果树瀑布的传说》叙述了一位聪明美丽、远近闻名的织布能手白妹，在逃避头人抢亲时，与恋人德脑用白布拦住追兵。突然，白布变成大河，隔断了来路。白布越抖越长，大河也变得越来越长。头人无奈，便用挞斗当船继续追赶。危急之际，白妹剪断白布，霎时天摇地动，河水变成了大瀑布，追兵们都冲进深潭淹死了。白妹、德脑躲过灾难，便在瀑布对面岩下安家。后来在犀牛和善良仙翁的帮助下，又用神物黄果治服洪水。从此，人们便称这瀑布为黄果树瀑布，它下面的深潭就叫犀牛潭。这反映了布依族人民的善良朴实、机智勇敢，体现了他们热爱乡土、向往幸福的愿望。类似传说很多，如《花溪的传说》《三月三的由来》《六月六的由来》《赶干洞的由来》等。乐器的传说又有《铜鼓的来历》《月琴的来历》《姊妹箫的来历》《勒尤的故事》等。

2. 诗歌

在民间文学中，布依族的诗歌最为丰富，有的用布依语演唱，有的用汉语演唱。用布依语演唱的，一般押腰韵，或前句头韵押后句的尾韵，押尾韵的极少。用汉语唱的，大多数为尾韵相押。诗歌分叙事诗、史诗、情歌、即兴歌等。诗歌是布依族人民日常娱乐和传递思想感情的重要工具，明代弘治《贵州图经新志》有“仲家婚嫁则男女聚饮歌唱”的记载；清代文献也说：结婚时“歌声达旦”，节日里“男女成群，山歌互答”。至今亦然。有的地方进行对歌比赛，一唱就是几天几夜。

（十）器乐、曲艺

布依族民间乐器主要有姊妹箫、铜鼓、唢呐、箫、笛、月琴、四弦胡，以及锣、鼓、钹等。铜鼓是布依族人十分崇敬和珍视的传统乐器，全部用铜铸成，鼓面有太阳纹、云雷纹及船纹等图案。平时由专人保存，到隆重节庆时，专门举行仪式，击鼓为乐。铜鼓不仅可以作独奏乐器，也可以作歌舞的伴奏乐器。

舞蹈有“织布舞”“伴嫁舞”“狮子舞”“龙舞”“铜鼓刷把舞”“花包舞”“糠包舞”等，均是布依族生产生活和风俗习惯的综合艺术，表现形式多种多样，生动活泼，深受人民群众喜爱。

贵阳市、长顺县、册亨县等地区流行的布依地戏，多在春节期间组织演出。有专门的戏班子，演员面具多为三国时人物及布依摩师等。因平地表演，不搭戏台，故称“地戏”。流传于黔西南一带的布依戏，演出规模宏大，需搭戏台，设置布景。有的地方还设戏楼表演。其剧目繁多，内容丰实，情节曲折，歌乐优美。1956 年，《四接亲》《玉堂春》参加了贵州第一届工农业余艺术会演，获得好评。1984 年，《罗细杏》参加了贵州少数民族戏曲研究汇报演出之后，还被选为全国少数民族戏曲剧种优秀剧目，作录像观摩演出，荣获“孔雀奖”。

布依戏大约始于明末清初，一直在乡间流行，属季节性的业余组织。各戏班的召集人、戏师和演员，都是生产第一线的农民，且能文能武，无论编排的剧目、演唱的形式，都具有浓郁的乡土气息；剧目大多取材于本民族的故事、传说；音乐，由本民族的民歌和民间坐唱曲调衍变而来；语言多为寓意性，擅长使用“比”“兴”手法，显得诙谐、生动、传神；武打，受武术和木偶戏的影响，古朴而灵活，且多借助脸部的夸张表情和性格化造型吸引观众，为戏剧界所关注，是我国多民族戏曲园地里盛开的一朵奇葩。

（十一）工艺美术

工艺美术主要有蜡染、刺绣、织锦、竹编、织染，以及陶、瓷和雕刻等。

（1）蜡染工艺久负盛名，布依语称“读典”或“古典”，有千余年的生产历史。制作方法是先用铜蜡刀沾蜡液在白布上绘成涡状纹、波浪纹、菱形对称几何图案等，再以蓝靛溶液配合草药印染，去蜡即成。成品的自然冰裂纹，形式多样，美观大方。1949 年前多属自染自用，现已发展成商品，畅销国内外，是人们喜爱的著名工艺品。

（2）织锦亦称“纳锦”，布依语叫“都桂”，是布依族的又一传统工艺，有“羊羔锦”“鱼儿锦”“人物锦”“蝴蝶锦”等。图案为菱形、方形、三角形或回形“卍”字相互穿插组合；各色丝线衬托，花纹精致紧密，瑰丽美观。锦面类似丝绣，却是在古老的布机上编织而成，且织锦时锦花背向织者，编织过程中若要检阅花色，需用镜子从下面反照。各种图案，织锦者全凭记忆熟练操作，技艺精巧。不少旅游者特地到布依村寨参观购买织锦制品以作珍藏。织锦工艺现已得到进一步开发，织锦制品也多次在全国旅游产品的评比会上被评为优秀产品。

（3）布依族的土花布素有“土呢子”之称，质地优良，可用于制作服装、床单、被面、桌布等用品。今日农村仍保持传统习惯，用棉花自纺自织，品种多样。1985 年重庆市博物馆收藏民族工艺品展览，仅在镇宁县六马区一个村寨，就征集到各色“土呢子”花布 35 种。“土呢子”花布早已列为开发项目，年生产 200 多个品种，每年畅销海内外市场。

（4）荔波的竹席、独山的斗笠、牙舟的陶器很出名。各地妇女的刺绣、剪纸、银铜手饰加工以及惠水的枫香印染蜡画等，亦甚精致。特别是牙舟陶工艺考究，历史悠久，由布依族美术家设计制作的数十件陶瓷作品，曾被中国国家博物馆收藏，贵州省政府还将其作为礼品赠送给到访的外国贵宾，为发展中外友谊作出了贡献。

（十二）语言文字

布依语属汉藏语系壮侗语族壮傣语支。布依语内部无方言差异，只有土语区别，分为三个土语区：贵州的望谟、册亨、罗甸、独山、荔波、都匀、平塘、贞丰、安龙、兴仁、兴义等，惠水的一部分地区，及云南的罗平、马关地区属第一土语区；贵州的贵阳、龙里、贵定、清镇、平坝、开阳、安顺等及惠水的大部分地区属第二土语区；贵州的镇宁、关岭、紫云、晴隆、普安、六枝、盘县、水城、毕节、威宁等及云南昭通、巧家，四川的宁南、会理、会东等属第三土语区。各土语的语法相同，词汇基本一致。故各地都可用本民族语言交流。与兄弟民族交往，则通常以汉语为交际工具。布依族在历史上无文字，民间现存宗教祭祀用书，是用汉字作记音符号所记录的经典，大约始于明代。1956 年创制拉丁字母拼写的布依文，目前正在推行之中。

布依族人自称“濮（布）夷” pu^{42} $ʔji^{42}$、“濮（布）越（粤）” pu^{42} $ʔjai^{42}$ 和“濮（布）尧” pu^{42} $ɾau^{11}$。濮（布）pu^{42} 是“族”“人”之意。pu^{42} $ʔjai^{42}$ 或 pu^{42} $ʔji^{42}$ 直译为“越（粤）族”或“夷族”；$pu^{42}ɾau^{11}$ 直译为“尧族”或“我们民族”。

布依族来源于古代的“濮（布）越（粤）”或“夷越（粤）”，早在上古时就生活在今云贵高原。新中国成立后，在平坝县、清镇县、六盘水市及黔南布依族苗族自治州、黔西南布依族苗族自治州、威宁草海等盘江流域地区发现 40 余种“有段石磷”“有肩石斧”及几何印纹陶等新石器时代的越人文化遗存即是力证，时间是自殷商至战国初期。据晋《华阳国志》记载：“蜀之为国，启于皇，历商周，武王伐纣，蜀与焉。其地南接于越，东接于巴……”又说：“南中在昔盖夷越之地。”这反映了南、北盘江及红水河流域是布依族先民“濮越”的发祥地。珠江上游古称“牂牁江”，春秋时以江名国，故而称之“牂牁国”。《贵州古代史》考其“牂牁国”境，包括今乌江以南延展到广东、广西的大部分地区。战国时“牂牁国”衰，其北部“夜郎国”兴起，以至西汉末年，此时期分布在这一地域的布依族先民，是古夜郎国的主体民族之一。东汉至两晋南北朝，布依族被称为“僚”。唐、宋、元时期则被称为“西南番”“番蛮”“西谢蛮”“南谢蛮”等。自明、清迄新中国成立前，称“仲家”“夷族”等。同时在布依族内部，又有很多互称。1949 年因为沿用传统族称，不少布依族地区的县、区人民政府曾挂牌为“夷族自治县”和“夷族自治区”。1953 年，时任贵州省民委副主任、贵阳专区专员陈永康，独山专区专员陆镇藩等布依族老革命与本民族人士共同商讨，经过充分协商，众人一致同意以布依族语言的自称并选用“音近的汉字”注音为族称，将名称统一为“布依族”。因而在 1949 年以前的所有文献之中，均找不出“布依族”的民族称谓。布依族是我国古代汉藏语系“濮越（粤）”“夷越（粤）”“夷族”等族群中历史悠久、文化深厚的一支。

（十三）社会历史

布依族曾经历漫长的原始社会生活。大约是春秋战国至西汉末年，布依族地区处于奴隶制社会阶段。隋唐时期，封建领主经济兴起，王朝才给其首领封号，实行羁縻政策。至明代，土司制度日臻完备。土司在中央王朝的扶持下，征收赋税，定期纳贡；拥有大量领地、土民和武装，有的辖地数百里乃至数千里，拥兵十四五万，独霸一方，袭职于子孙。其机构遍布安顺、都匀、平越（今福泉）等军民府及贵阳；南笼府和普安州、永宁州、独山州、八番长官司等地。此外，还有原属广西泗城府管辖，后拨粤归黔的盘江八属大部分县。

在土司制度下，土官掌有特权。罗甸布依族《黄氏江夏宗谱》载：凡带有印记的土官可分得“荫免田”，又称“俸禄田”。每年由土民无偿耕种，全部产品归土官所有。这些田也有由土官授予服夫役的农民耕作的，产品归耕者所有，不纳粮谷，但必须担负与田地名称相应的劳役，如“伙夫田”“客田”“割路田”“挑水田”“舂米田”“柴火田”“小菜田”“摩公田”以及“祭祀田”等。

由于政治经济地位不同，土民所受剥削的程度不一，因而分为“粮庄百姓”的本地土民和“私庄百姓”的外地移民两种。前者人数众多，不仅耕田，而且充当兵丁，故而有“散则农，聚则兵”之说。后者地位较低，为土官服各种无偿劳役，如抬轿、挑水、扫地以及耕种“劳役田”等。另外，土官还有家奴。土官是土司境内的封建贵族，住高楼、穿绸缎。土民是社会财富的创造者，终年辛劳，却过着贫困的生活。

随着生产力的发展，至明末清初，大批湖广、四川等地汉民进入云贵高原，使市场交换日益繁荣，布依族地区出现了诸如贵阳、安顺、都匀、独山、兴义等重要市镇和商业贸易中心。布依族的土地贸易迅速发展，民间两极分化日趋严重。一些土官、头人、商人和高利贷者变为新兴的地主阶级。到了清雍正年间，中央王朝强行“改土归流”，委派外地流官取代本地世袭土官。土司制度逐渐废弃，即便保留，原土司也被降至土目、土舍等低级职位。但在偏僻地方，土官势力仍较强大，流官无力应对，政令难行，从而出现了“土流并治”局面。这一改革，客观上促进了布依族地区的封建地主经济日趋巩固，且其性质、程度与汉族地区无多大区别。至清代中叶，各地布依族都出现了中小地主。安龙、望谟、都匀、贵定、兴仁等地还相继出现拥有数百亩至数千亩田地的大地主。中华民国年间，还有上批地主兼营工商业，有的在广州等地开办商号，专门经营贵州产品。两广商人亦溯江而上，使贞丰的者相、望谟的板城、关岭的花江渡口，来往“商贾不绝”。盘江水路成了黔西南的主要运输动脉。

在地主经济下，田地、山林及物产的买卖、典让活动更加频繁。农民是这种社会的最大受害者。无田无地的人，只好给地主当长工或打短工，加上有的地方官员抓兵派款，使当地百姓过着“半年糠菜半年粮”的悲惨生活。

布依族是一个不畏强暴的民族，在历史上曾掀起无数次反压迫、反剥削的斗争。从唐代群舸、黔州一带的“蛮僚起义”，到宋代“荔波农民起义”，元代八番顺元路宋隆济领导的“苗仲九股”农民起义，以及明代罗斛（今罗甸）王乃领导的“白龙军”起义，清代嘉庆年间的“南笼起义”“咸同大起义”等。斗争矛头始终对准中央王朝和地方封建势力。广大农民“杀牲盟誓，呼啸成群”“攻占兵库，威胁守帅”，给反动势力以沉重打击。有的起义军不仅转战贵州高原，还善于联合邻省农民军扩大战果。如宋代荔波布依族农民军就与广西环江壮族农民军联合，攻破环州，夺取州印，控制了黔桂地区，建立了地方政权“大唐国”。

嘉庆二年（1797），南笼府（今黔西南布依族苗族自治州）布依族首领王阿崇、韦朝元发动了历史上著名的“南笼起义”。义军先以安龙北乡为根据地、以洞洒为京城、以当丈为仙城，修筑木栅石城，建起32座大寨，另有数百座小寨作为护卫营寨，并推举王阿崇为皇仙娘娘、韦朝元为天王玉帝仙官，统领全军。数千义军以迅雷不及掩耳之势围攻南笼府城，处死恶霸叶万成和李会成，知府曹廷奎走投无路，吓得撞柱身亡。起义烽火迅速燃遍黔南、黔西南、黔中及贵阳地区，为清朝所震恐，急令云贵总督勒保和珠隆阿、张玉龙等派兵前来镇压。义军与清兵激战于兴义马别河及关岭、新城（今兴仁）等地，歼敌数千名。后因敌强我弱，义军失利，首领王阿崇、韦朝元等不幸被俘并被押解至北京处死。许多村寨变成灰烬，血流成河。

咸丰四年（1854），在太平天国运动影响下，独山布依族农民杨元保振臂而起，拉开了“咸同大起义”的序幕。至同治十一年（1872），当地又先后涌现白层阿韦、阿清领导的“百灵教”起义军和贞丰罗老四、王昌芝，镇宁伍焕林，普定廖天源，安顺市四旗卢阿代等分别领导的起义军，与敌相持达 18 年之久，给清朝统治者以沉重打击。1883 年中法战争爆发，英法势力入侵西南各省。布依族地区随之逐步形成半殖民地半封建社会。光绪三十二年（1906），都匀内外的布依族掀起反洋教革命斗争。贵定布依族罗发先领导的起义军，提出“反清灭洋”“联汉灭洋”的革命口号，捣毁教堂，讨伐民团，连战皆捷。次年又爆发了镇宁扁担山布依族农民韦仁兴领导的起义等。所有这些均在布依族历史上留下了光辉的一页。

中国共产党成立后，布依族人民的革命斗争进入了新的历史阶段。1930 年，广西左右江根据地红七军、红八军先后进入布依族地区，组织广大人民与国民党进行斗争。1932 年，广西左右江党委派一部分同志深入望谟县、册亨县等地，争取布依族南、北盘江保商司令王海平的支持，建立党的黔桂边区特委，并将特委办公地点设于王海平家。王海平提供经费让红军长期驻扎在自己的防区，并将广州起义后沿江而上的工人组织起来，开办“板城兵工厂”，制造“板城造”新式步枪等武器弹药，积极开展斗争。1935 年，中央红军长征路过布依族地区，人们无不箪食迎送。以反对官府、军阀闻名的镇宁六马区布依族首领陆瑞光统领近千人、枪，支持彭德怀等红军领导，更杀猪、宰羊招待中央红军，答应照顾留下的红军伤病员并亲自护送中央红军出境。布依族首领陆瑞光、王仲芳等与中央红军留下的红军营长方武先等六人继续组织革命武装，开展斗争。之后，陆瑞光等不幸于 1936 年在战斗中被俘，受害于贵阳。自此以后，红军在布依族地区播下的革命火种越烧越旺。1943 年到 1949 年，中共地下党领导的六马武装斗争，其人员后来被改编为中国人民解放军滇桂黔边纵队罗盘区盘北第七支队。同年，安龙布依族青年王秉望、王雄在罗盘游击区党委的领导下，发动了著名的“龙广暴动”，并争取到原贵州保安十七团的支持，该团后来被改编为安龙游击团。三都、荔波等县也在海南军区柳北纵队的领导下，成立了九阡游击大队，由布依族覃杰担任大队长并领导武装斗争。这些革命队伍，为迎接大军南下、解放贵州，作出了应有的贡献。1949 年后，王海平、陆瑞光等被政府追认为革命烈士。

新中国成立后，布依族人民以主人翁的地位，在取得民主革命胜利的基础上，进行社会主义建设，各方面都发生了天翻地覆的变化。昔日古城都匀和兴义已成为黔南布依族苗族自治州和黔西南布依族苗族自治州的首府。大批布依族干部不断成长起来，有党中央候补委员、全国人大常委、全国政协常委、副省长、省人大常委会副主任、省政协副主席、县长、县委书记、州长、州委书记等；在科教文卫方面，也有不少教授、副教授、讲师、主任记者、总工程师、工程师、主任医师、副主任医师、作家、诗人、美术家、舞蹈家，以及企业家，海外工作的博士、教授等。从中国科学院到地方科学院、社会科学院，从航空航天到医疗卫生，从高等院校到经济企业，各条战线都有不少布依族的高级人才。

（十四）社会发展

布依族是一个勤劳智慧的民族。在祖国大家庭中，布依族人民随着祖国现代化建设的发展和强盛而不断成长，布依族地区在政治、经济和文化等各项民族事业上都获得了很大的发展和繁荣。

1．黔南布依族苗族自治州

到"十二五"期末，全州地区生产总值为902.91亿元，是2010年的2倍，年均增长15%；人均GDP达到27 919元，也是2010年的2倍；一般公共预算收入突破100亿元大关，是2010年的3.7倍，年均增长29.9%；50万元以上固定资产投资完成1 361.1亿元，是2010年的6.2倍，年均增长43.8%。主要经济指标均实现了"两位数增长、五年翻一番"，在全省经济增长极中的地位显著提升。

贵广高铁、沪昆客运专线建成通车，在全省率先进入"高铁时代"；全州公路里程突破18 000千米，其中高速公路总里程达818千米，改造国省道658千米，建制村道路硬化率达89%，实现县县通高速、乡乡通油路、村村通公路；荔波机场开通6条航线；基本形成"内优外快"立体交通格局。现代水利体系建设取得积极进展，全州水库供水能力达到12.43亿立方米，农村人均有效灌溉面积达到0.8亩，基本解决农村饮水安全问题。电网、通信和能源等基础设施建设得到加强，平塘的世界最大直径天文望远镜（FAST）国家重大科技项目已经建成并开通使用。

2014年，在贵州全省综合测评预排位的"期末成绩单"中，黔南排在第三位，处于贵州全省第一方阵的地位。位于瓮福千亿级工业园区的贵州金正大诺泰尔化学有限公司称其2015年重点打造的废渣磷石膏再利用循环产业已完成磷石膏制酸联产水泥装置的安装。该项目总负责人介绍，项目总投资7.5亿元，其中一期投资4.5亿元；装置投产后，能实现年生产能力60万吨硫酸、联产100万吨水泥，同时年处理磷石膏废渣120万吨，年产值达6亿元。2014年7月20日，金正大诺泰尔磷资源循环经济产业园的60万吨硝基复合肥项目正式投产。金正大诺泰尔不仅是我国肥料行业的领军企业，也是贵州煤电磷一体化产业的绿色发展先锋，更是黔南工业生态化的标志性现代企业。

2．黔西南布依族苗族自治州①

全州生产总值从2010年的307.13亿元增加到2015年的786.97亿元，年均增长14.9%，增速从全省第八位跃居第一位；人均生产总值从10 940元增加到27 939元。一般公共预算收入从28.78亿元增加到108.23亿元，年均增长30.3%。城镇、农村居民人均可支配收入分别达到23 363元、7 089元，年均增长9.3%、16.9%。社会消费品零售总额达到192.13亿元，年均增长16.8%。

2015年末，建成汕（头）昆（明）、晴（隆）兴（义）、惠（水）兴（仁）、望（谟）安（龙）高速公路，通车里程由2010年的56千米增加到400千米，实现县县通高速目标。改造国省道185千米，建成通村油路（水泥路）5 228.9千米。公路通车里程达16 963千米，比2010年增加4 353千米，行政村通畅率提高到75%、乡镇通畅率提高到100%。沪昆客运专线黔西南段铺轨，贵阳至兴义铁路前期工作稳步推进。兴义万峰林机场改扩建主体工程基本完工。西南水运出海中通道竣工验收，建成南北盘江红水河四级航道262千米、500吨级码头5座、乡镇渡口217道。

同时，兴义马岭水利枢纽工程开工建设，木浪河扩容工程完工，兴仁打鱼凼水库下闸蓄水。普安五嘎冲、望谟纳坝、册亨水库等9座中型水库和兴仁鲁皂等13座小型水库加

① 2016年黔西南布依族苗族自治州的发展情况，摘录自《2016年黔西南州人民政府工作报告》，http://www.chinazhaokao.com/wendang/baogao/285260.html。

快建设。"引马入兴"工程建成投用，兴义纳达水库、"引黄入木"工程开工建设。完成病险水库治理24座；新增库容4.23亿立方米，总库容达6.29亿立方米；农村人均有效灌溉面积达0.57亩；解决165.6万农村人口饮水安全问题。电力建设步伐加快。马马崖电站、普安横冲梁子风电厂发电。建成500千伏金州变电站和贞丰白腊、普安雨雪、晴隆欲飞等138个35千伏以上输变电工程，新增10千伏以上供电线路2 681千米。兴义获批为售电侧改革试点，清水河自备电厂首台机组发电，地方电网建设取得突破性进展。

完成农村广播电视"村村通"14.1万户、"户户通"21.5万户，城域网带宽扩容，光纤覆盖家庭数达87万户，光纤总里程5.5万千米，县城数字影院实现全覆盖。建成6 271个"班班通"教室、5所州级名校名师"直录播"教室，成为国家基础教育资源公共服务平台之一。

农业上进一步提升，建成农特产品基地440万亩，粮食产量稳定在100万吨以上，粮经比调整为35:65；新增36个省级现代高效农业示范园区、286家龙头企业，农业增加值从2010年的55.79亿元增加到143.3亿元，年均增长6%。

兴义电厂、鸿大垃圾发电厂、荣盛水泥异地建设、宜兴硝铵、德良方药业、海权肉业等一批重大项目建成投产。工业园区累计完成投资991.78亿元。民营经济比重从2010年的38.2%提高到50.2%。规模以上（2 000万元口径）工业增加值从2010年的95.45亿元增加到259亿元，年均增长16.1%。

兴义万峰林、贞丰双乳峰等重点旅游景区建设完成投资61亿元，旅游人数、旅游总收入年均分别增长31%、24.7%；获批设立万峰林现代服务业开发区、贞丰民族文化旅游扶贫试验区，商贸物流、健康养生等服务业快速发展，服务业增加值从2010年的140.4亿元提高到369.57亿元，年均增长16.1%。

实施"石漠化山头绿起来""以树为纲·绿色小康"行动计划，治理石漠化582平方千米，完成营造林279.46万亩，森林覆盖率达51.27%，比2010年提高6.23个百分点。实施节能降耗工程，累计淘汰落后产能246.4万吨。实施环保设施建设"三年行动计划"，累计完成投资4.3亿元。推行环境保护"网格化"监管，深化环保"利剑"执法行动，严肃环境损害责任追究，开展自然资源资产责任审计试点，生态建设法治化步伐加快。推行"河长制"，推进万峰湖、马岭河流域联合治污，主要河流、湖库水质不断改善。建成16个城镇污水处理厂，兴义、兴仁、安龙三县（市）城区污水处理厂推行第三方运营。环境空气质量优良天数达标率、集中式饮用水源地水质达标率均保持100%，获批为国家生态保护与建设示范区，成为贵州省唯一以市（州）为单位的生态文明先行示范区。

二、民族文化概况

布依族是我国汉藏语系族群的主要民族之一，布依族文化保留和传承了丰富的中华民族文化。例如，《摩经》是学界公认的布依族传统宗教经典。唐宋以来，受汉文化影响的布依族人创造性地运用汉字音韵和偏旁部首，记录原有布依族传统宗教的《经词》，以此作为祭师"布摩"先生在宗教仪式中唱诵的经书，从而传承了布依族的历史文化。我们长期在云贵高原山区布依族农村进行艰苦细致的田野调查，发现并应用国际音标记音、直译、意译等方法，科学、翔实地翻译了布依族珍藏的《摩经·祭山经》文献，揭开了《摩经·祭山经》的神秘面纱，进而结合中华汉藏语系族群的古代祭山文化，对布依族

《摩经·祭山经》的“燕鸟王（玄鸟）文化”“山神崇拜与祖先崇拜文化”及“戛山、官山的祭山礼仪”进行了深入研究，揭示了布依族与中华民族文化的共性和个性特征。

学术研究的发展一般注重两个方面：一是在前人研究的基础上发掘新的史料；二是采用新方法，提出新的学术观点。两者相互依存、相互促进。布依族《摩经》中有《祭山经》《祭水经》，汉族则有《山海经》（内含《山经》《海经》等），这种类型对应不是偶然的，当是对汉藏语系族群先祖的文化传承。《摩经·祭山经》认为，“越人（布依族先祖)、汉人、苗人”与“龙神根源”都来源于创造人类的祖神“燕鸟（玄鸟、凤凰）王神”的汉藏语系诸民族同源观，并有关于龙神崇拜与山神崇拜礼仪来源的记载；“越人(壮侗语族)、汉人、苗瑶人”同为汉藏语系族群；“龙神、燕鸟（玄鸟、凤凰)”亦同为汉藏语系族群的主要文化符号。这主要依据汉藏语系族群同根同源的《摩经》，说明其历史之久远。

（一）祭祀

布依族《摩经》祭“天神、山神、图腾祖神”是在高山顶设祭坛祭祀，可能是因为布依族先民的崇拜，他们祈求“天神、山神、图腾祖神”保佑就是直接向“山”祭祀。这与《尚书·舜典》所言“舜在璇玑玉衡，以齐七政，遂类于上帝，禋于六宗，望山川，遍群神。辑五瑞，择吉月日，见四岳诸牧，还瑞。岁二月，东巡狩，至于岱宗。岱宗，泰山也。柴，望秩于山川”的记载是相吻合的。周人用作祭山的牲畜主要是牛、羊、猪三牲，其中“牛最为贵重”。布依族祭祀天神、山神也主要用牛、羊、猪三牲与米酒、花糯米饭，显示了其农耕民族的特点。因此，布依族《摩经》的此种礼仪，即是中华礼仪文化之传承，与《山海经》《诗经》《楚辞》《竹书纪年》《礼记·祭法》等相关记载相吻合，这说明《摩经》中“燕鸟(玄鸟、凤凰)”图腾信仰与山神崇拜有着密切关系。此礼当承自夏、商朝甚至更远的尧舜部落联盟之礼仪。

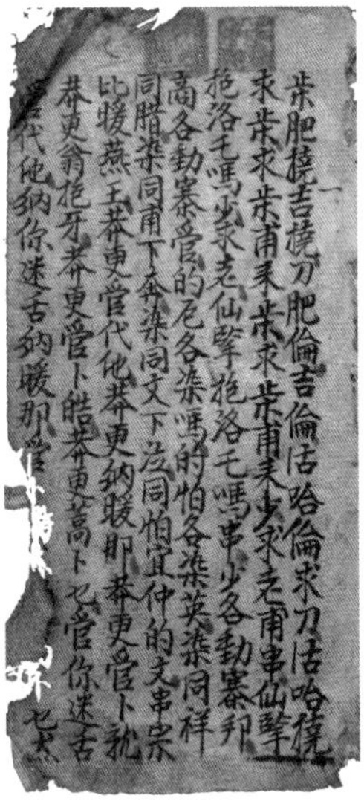
布依族《摩经·祭山经》原书

秦汉之后，祭泰山神和祭天神，已是天子垄断的特权。《礼记·王制》规定：“天子祭天地，诸侯祭社稷，大夫祭五祀”；“天子祭天下名山大川，五岳视三公，四渎视诸侯。诸侯祭名山大川之在其地者”。其祭祀礼仪充满了政治等级和专制性观念，未见布依族祭祀山神活动所体现的群体性、和谐性、平等性和民主性。

可能因布依族社会仍保留了氏族公会的许多特征，如同恩格斯在《家庭、私有制和国家的起源》中说：在古代德意志国家之中，“氏族消失在马尔克公社中了，但在马尔克公社内，它起源于各成员的亲属关系的痕迹往往还是很显著的。可见，至少在保存着马尔克公社的各个国家——在法国北部，在英国，在德国，在斯堪的纳维亚——氏族制度不知不觉地变成了地区制度，因而才能够和国家相适应。但是，它仍保存了它那种自然形成而为整个氏族制度所特有的民主性质”[1]。布依族祭祀山神活动体现的群体性、和谐性、平等

① 参见恩格斯著，中央编译局译：《家庭、私有制和国家的起源》，北京：人民出版社2009年版，第21页。

性和民主性，与先秦文献记载我国中原王朝祭祀山神的森严等级和专制压抑感，形成鲜明对照，却正好反映了布依族《摩经·祭山经》在我国汉藏语系族群文化中，如同恩格斯指出的德国、法国、英国、斯堪的纳维亚一样，是更有诗意、更为悠久的“自然形成而为整个氏族制度所特有的民主性质”的文化载体。

（二）青铜文化

青铜文化的产生，体现人类文明的划时代进程。它跨越了石木并用的原始阶段，是金属时代的标志，具有重要意义。考古发掘证明，我国汉藏语系族群先祖的青铜文化最先产生于黄河流域。河南偃师二里头文化遗址的发掘，呈现了相互叠压的四个文化层次，在被挖掘的墓葬和宫殿遗址，青铜器不多，多为一些小工具和兵器矢镞及戈等，但是发现了青铜礼器——爵。爵的数量虽不足十件，但在铸造史上较为重要。从铸造简单的兵器、工具到铸造容器，在技术上是一个飞跃。目前二里头文化遗址有数十处之多，据碳 14 测定，整个二里头文化期大约为公元前 3900 年至前 3600 年，属于夏代。这说明中原夏人能铸造铜器，那是汉藏语系族群先祖最早的青铜文化。南方汉藏语系“百越”或“濮越”族群的青铜文化，当在中原夏人的影响下产生。如上海马桥文化是继良渚文化之后，处于东南太湖地区的一支土著文化。其年代上限相当于二里头文化二期，下限相当于商代晚期之初，年代为公元前 3900 年至前 3200 年。宋建的《论马桥文化的时空结构》（宿白主编：《苏秉琦与当代中国考古学》，北京：科学出版社 2001 年版）认为，马桥文化中层出土有大批二里头类型文化及小件青铜器，与上海马桥文化年代相近的浙江西部地区也出土有中原类型文化，例如，淳安进贤高祭台遗址出土有风格近似河南龙山文化晚期的夹砂罐残片，并伴有小件青铜器。“上海马桥文化中层出土有大批二里头类型文化。例如，一件长条形小铜刻刀与一件长条形铜凿，与二里头出土者类似。两种器物是二里头类型的代表性铜器。一件瓦形足三足盘与二里头同类器风格一致，特别是三瓦足更为相像，一只是盘腔较浅，有良渚文化遗风。I 式觚呈细长圆筒形，与二里头类型早期同类器相似；另一件 I 式觚体较粗大，呈喇叭形，与二里头类型晚期同类器相似。”董楚平教授说：“根据考古资料与有关文献，似可作这样的假设：太湖地区的先民曾于四千二百年前来到中原，成为华夏族的一支。他们把太湖玉器带到中原，成为中原文明的一大特色。夏亡后，夏商重返桑梓，南奔太湖流域，带来了中原的青铜文化。良渚玉器与中原铜刀至少有五六百年‘金玉良缘’。先是‘禹为越后’，然后是‘越为禹后’。”① 这就是南方汉藏语系的“百越”或“濮越”族群当在中原夏人的影响下产生青铜文化的明证。

1. 铜源所在

布依族《摩经》记载了汉藏语系“濮越”或“百越”先祖在族群聚居区里“如何探矿”“发现铜矿”和“冶炼铜器”的内容。如《摩经·用牛祭祖词》第一卷《铜矿、冶炼与铜器、铜鼓》说：

çiau^{31} kuan^{213} kok^{5} luaŋ^{42} ʔiu^{213} ka^{33} laɯ^{42}

代　古　源　铜　在　哪里　古代铜源在哪里？

---

① 参见董楚平：《吴越文化新探》，杭州：浙江人民出版社 1988 年版，第 128 页。

kok^{5}luaŋ^{42}ʔiu^{213}po^{33}sa:m^{33}səp$^{\underline{213}}$

源　铜　在　山　三　高山台地　　　古代铜源在三座高山相连的“台地”。

ɕiau^{31}kuan^{213}zak$^{\underline{213}}$luaŋ^{42}ʔiu^{213}ka^{33}laɯ^{42}

代　古　矿石　铜　在　哪里　　　古代铜矿石在哪里？

zak$^{\underline{213}}$luaŋ^{42}ʔiu^{213}po^{33}sa:m^{33}sau^{5}

矿石　铜　在　山　三　柱　　　古代铜矿石在高高的“三柱山”。

zak$^{\underline{213}}$luaŋ^{42}ʔiu^{213}po^{33}tau^{55}ʔbən^{33}

矿石　铜　在　山　擎　天　　　古代铜矿石在高高的“擎天山”。

wən^{33}tau^{213}kau^{33}luaŋ^{42}ʑa^{213}

下　雨　响　铜　滴　　　下雨滴得铜矿石响，

pja^{213}pet$^{\underline{213}}$zak$^{\underline{213}}$luaŋ^{42}θin^{42}

爆　雷　矿石　铜　飞　　　爆雷引得铜矿石飞。

ti^{31}tok^{5}ti^{31}ʔbo^{33}tok^{5}

位置　掉　位置　不　掉　　　铜矿石掉哪处？

tok^{5}tsaŋ^{33}zek$^{\underline{213}}$fak$^{\underline{213}}$foŋ^{42}

掉　中　边　发　宝　　　掉在山边发宝。

ɦoŋ^{42}tok^{5}ɦoŋ^{42}ʔbo^{33}tok^{5}

塘　掉　塘　不　掉　　　铜矿石掉哪塘？

tok^{5}tɕa:ŋ^{213}ɦoŋ^{42}fak$^{\underline{213}}$fuŋ^{42}

掉　中　塘　发　冠子　　　掉在水塘中发冠子。

pau^{213}sa:ŋ^{31}　pum^{31}pai^{33}zan^{33}

爷　智者“商”摸　去　见　　　智者“商爷”摸去采铜矿，

pau^{213}sa:ŋ^{31}　ʔdam^{33}pai^{33}ʔdai^{55}

爷　智者“商”穿　去　得　　　智者“商爷”穿去得铜矿。

这里“商爷”的“商”sa:ŋ^{31}，在布依语中有“智慧”“技术”“巧干”“正确方法”等含义。《摩经》认为智者“商爷”首先发现铜矿，说明他不是一般人。但这位“商爷”是人而不是神，这与神创论是不同的。古代往往将某种发明创造归于一人，实际可能不止一个人，而是一群人。《摩经》表达的是一种歌颂汉藏语系“百越”或“濮越”先祖勇于探索自然界奥秘、创造青铜文化的功绩。

《摩经·用牛祭祖词》第一卷的《铜矿、冶炼与铜器、铜鼓》一开始就提出“古代铜源在哪里”的问题，接着指出：“古代铜源在三座高山相连的‘台地’”，“古代铜矿石在高高的‘三柱山’”，“古代铜矿石在高高的‘擎天山’”。其所指的地区应在长江中下游和珠江流域的山脉“铜源”成矿带，因为古代汉藏语系“百越”或“濮越”先祖主要聚居于长江中下游和珠江流域。文献记载与考古发掘证明，这一地区正是我国青铜文化的“铜源”产区与古代冶铜遗址主要分布区。《旧唐书·地理志》曰：“藤州镡津（今广西藤县）有铅，临贺（贺县）桔山有铜冶，冯乘（富川）有锡冶三。”《桂海虞衡志·金石》曰：“铜，邕州右江州峒所出，掘地数尺即有矿，故蛮人好用铜器。”《太平寰宇记》卷158

载，广西“铜陵县本汉临先县地，汉属合浦郡，宋立龙潭县，隋改为铜陵，以界内铜山。铜山，昔越王赵佗于此山铸铜”。这都说明南越国及西瓯骆越地皆有丰富的铜矿资源，“掘地数尺即有矿”。“蛮人”即当地“百越”或“濮越”族群，他们被称为“好用铜器”之人。此为珠江下游岭南地区。

《华阳国志·南中志》说：“南中在昔盖夷越……蜀地南接于越，东接于巴。”又说：“（南中）堂狼，出银铅、白铜。”堂狼县即今云南东川、会泽一带。“朱提，出银、铜。”朱提即今云南昭通、鲁甸等地。《汉书·地理志》说，“俞元，怀山出铜”，汉代俞元县为益州郡属县，即今云南澄江、江川等地；“律高，石空山出锡，眈町山出银铅”，律高县在今云南通海县，汉代同属益州郡；“贲古，采山出银，羊山出银铅，乌山出锡”，汉代贲古县即今云南个旧、蒙自一带，为益州郡最南端一县。此为珠江上游地区。这说明从珠江上游云贵高原至下游岭南地区，皆有丰富的“铜源”资源。“铜源”不仅在当地开发利用，而且在古时就已受到中原地区的重视，被载入《汉书》《华阳国志》等文献之中。

长江中下游“铜源”——“金三品”“锡”的记载更早。《尚书·禹贡》说：“淮海惟扬州……厥贡惟金三品、瑶（美玉）、琨（美玉）、筱（小竹）、簜（大竹）、齿（象牙）、革（犀牛皮）、羽（鸟羽）、毛（牦牛尾）、惟木。岛夷卉服。厥篚织贝，厥包桔柚锡贡。沿于江、海，达于淮泗。”其经由水路输送到中原的历史大致是清晰的。《诗·鲁颂·泮水》曰：“憬彼淮夷，来献其琛：元龟象齿，大赂南金。”这里所说的“南金”，是指产于长江以南的“南铜”。相对于建都中原地区的商朝，位于长江中下游地区的“楚、越”之地，被称为“南乡”或“南土”。《诗·商颂·殷武》曰：“维汝荆楚，居国南乡。”《左传·昭公九年》载周景王的话说：“及武王克商，蒲姑、商奄，吾东土也；巴、濮、楚、邓，吾南土也。”孔颖达疏：“荆扬之州于诸州最处南偏。又，此二州出金，今云‘南金’，故知南谓荆扬也。”“荆”即“荆楚”，“扬”即“扬越”，古称“荆州”和“扬州”。《尚书·禹贡》又说：“荆及衡阳惟荆州……厥贡羽毛齿革，惟金三品，杶（chūn，椿树）干（柘木，制弓用）栝（guā，桧木）柏，砥砺（磨刀石）砮（石制箭头）丹（丹砂，红色颜料），惟箘簬（美竹名）楛（木名，作箭杆）……包匭（匣子）菁茅（一种茅草，祭祀时用以滤酒）……九江纳锡大龟。浮于江、沱、潜、汉，逾于洛，至于南河（黄河自潼关东流的一段称南河）。”对此，裘士京教授指出：“《尚书》是我国最早的政事史料汇编，有极高的史料价值。《尚书·禹贡》成书于战国时期，为我国古代最早最有价值的地理学著作……古时贡物，必是当地特产。……既是贡品，一年数贡或数年一贡必有定数，没有一定的产量保证将何以为贡？扬州、荆州都进贡‘金三品’，一说指三种不同的贵金属：黄金、白金（银）、赤金（铜）；一说仅指铜，是铜的三个等级，也有人推测其中有锡。无论采用哪一种说法，都有铜无疑……《越绝书》曰：‘赤莹之山破而出锡，若耶之谷涸而出铜。’赤莹山、若耶谷具体地点不可考，但应在越地无疑。山破谷涸即有铜锡出现，应是一露天矿点，开采较易。《战国策》有‘涸若耶以取铜，破堇山而出锡’之语，指的应是同一回事。《拾遗记》提及范蠡为越相时，‘铜铁之类，积如山阜’。《太平寰宇记》载，‘铜牛山在（会稽）县东南五十八里。夏侯曾先《地志》云，射的山西南铜牛是越王铸冶之处。云‘涸若耶而采铜，破堇山而取锡’。赤堇山在（会稽）县南三十三里。《会稽记》：昔欧冶造剑于此山。云涸若耶而采铜，破堇山而取锡。若耶溪在（会稽）县南二十八里……”①《天工开物》下卷曰：“铜坑所在有之，西自四川、贵州为最盛，湖广武昌、江西广信，皆饶铜穴。”《明史·货志》载：“铜场，明初，惟江西德兴、铅山。”

总之，古代汉藏语系“百越”或“濮越”先祖聚居的长江中下游和珠江流域盛产铜矿，当地“皆饶铜穴”，为我国“铜源”的主要分布区，又是南方汉藏语系“百越”或“濮越”族群青铜文化的发祥地。此当为布依族《摩经·用牛祭祖词》第一卷《铜矿、冶炼与铜器、铜鼓》中，“古代铜源在三座高山相连的‘台地’”“古代铜矿石在高高的‘三柱山’”“古代铜矿石在高高的‘擎天山’”等记载的客观依据。“三”是“多”的意思，“三座高山相连”“台地”“擎天山”“三柱山”等，说明南方汉藏语系的“百越”或“濮越”先祖们生活于该地区，对本地“铜源”资源产生浓厚兴趣，遂逐渐对之认识、开发和利用。

2. 对铜的开发和利用

初期青铜因其稀少、珍贵，主要用于制作小型工具和小件礼器。进入青铜时代后，人们信奉“国之大事，在祀在戎”，青铜器遂发展为兵器和大型礼器。从本质上说，中国古代青铜器等于中国政治权力的工具。青铜硬度大，是可以用于制作生产工具的。但是，在中国，青铜却用来制作用以祭祀与打仗的器具。布依族将青铜文化记载于传统宗教经典《摩经·用牛祭祖词》第一卷《铜矿、冶炼与铜器、铜鼓》之中，并用于布依族隆重的祭祖典礼，也是相同之理。

《摩经》记载，布依族先祖对铜源的认识和开采以及铜矿的冶炼，经历了长期的探索。有些探索还充满着神话色彩，如《摩经·用牛祭祖词》第一卷《铜矿、冶炼与铜器、铜鼓》说：

kuan^{213}ʔbo^{33}zo^{55}na^{213}kuə^{31}luaŋ^{42}
古　不　知　道　是　铜　　古代不知是铜，
ʔau^{33}kuə^{31}ʐuə^{213}nuai^{31}kə^{33}mu^{33}
要　当　槽　小　喂　猪　　拿铜矿石当猪槽喂小猪，
au^{33}kuə^{31}va^{33}tu^{33}ʐuŋ^{42}kai^{213}
要　当　板　门　圈　鸡　　拿铜矿石当门板围鸡圈，
au^{33}kuə^{31}zuə^{213}nuai^{31}kə^{33}ma^{33}
要　当　槽　小　喂　狗　　拿铜矿石当狗槽喂小狗。
au^{33}kuə^{31}va^{33}tu^{33}pit^{5}ɦa:n^{213}
要　当　板　门　鸭　鹅　　拿铜矿石当门板拦鸭鹅。

古人可以随意拿“铜矿石当猪槽喂小猪”“铜矿石当门板围鸡圈”“铜矿石当狗槽喂小狗”“铜矿石当门板拦鸭鹅”，说明铜源在古代布依族“百越”或“濮越”先祖居住区是储量丰富的，但一开始人们“不知是铜”，以为它和中草药资源一样。“识者是宝，不识者是草”，这是可理解的。20 世纪 80 年代，我们进行民族社会调查时，还发现布依族

① 参见裘士京：《江南铜研究：中国古代青铜铜源的探索》，合肥：黄山书社 2004 年版，第 21－24 页。

村寨有用宝贵的“冰洲石”垒砌猪圈、牛圈的现象。其实“冰洲石”价比黄金，是现代科技加工高级相机镜头时所需的宝贵资源，但不能用锤子敲打，理想方法是用激光切割。边远村寨起初不识“冰洲石”价值，后来当地正式开采外销“冰洲石”，不少人因而致富。所以，《摩经》认为在“古代不知是铜”的阶段，人们曾将铜矿石作为一般石料对待，用来垒砌鸭鹅圈，用来“当猪槽喂小猪”，这应该是真实的。《摩经》认为经历这一过程之后，人们才真正认识和正确利用铜矿资源，创造了青铜文化。这是合乎人类认识规律的。

值得注意的是，《摩经》叙述人们“摸去采铜矿”“穿去得铜矿”，这实际就是对古代开采铜矿资源的生动描述。“穿”ʔdam³³，在布依语中是“向下、远距离的穿插过程”之意。如果只是“表面浅层地穿插”则称为ɕiak⁵或liak⁵，用词是不同的。故“穿去得铜矿”或指向下、远距离穿插过程的地面露采；“摸去采铜矿”当指因矿道低矮狭窄和照明不足所采用的摸爬方法。这说明古代汉藏语系“百越”或“濮越”先祖的铜矿开采，应有“地上露天开采”和“地下发掘矿脉开采”两种方式。

“下雨滴得铜矿石响”指江南多雨季节的特殊现象；“爆雷引得铜矿石飞”指雷电天气作用下的自然情形。此说折射出“濮越”或“百越”之地在多雨和雷电自然天气的作用下，引起铜矿石飞的现象，布依族先祖因而发现了寻找“铜源”矿脉的重要方法。所以，《摩经》曰：“铜矿石掉哪处？掉在山边发宝”；“铜矿石掉哪塘？掉在水塘中发冠子”；“智者‘商爷’摸去采铜矿”，“智者‘商爷’穿去得铜矿”。其中铜在“山边发宝”、铜在“发冠子”实际是氧化作用下铜块表面的铜氧化物凝结现象，古人觉得很稀奇，把铜块的这种现象称为能够“发宝”“发冠子”，并将其视作宝贵之物。

布依族《摩经》中利用江南多雨和雷电天气的自然作用发现铜矿矿脉的记载，在古代是科学找矿的依据之一。如清《大冶县志》载：“铜绿山山顶高平，巨石对峙，每骤雨过时，有铜绿如雪花小豆点缀土石之上，故名。”此段发现铜矿的文献记载只提“骤雨”，没有“雷电”，比布依族《摩经》发现铜矿的方法少了一个条件。但江南“骤雨”之时一般伴有雷电轰鸣，只是没有写出而已。这说明大冶铜绿山地区的古代族群也曾通过与布依族《摩经》记载的相同方法，对铜矿资源进行了开发，著名的铜绿山就因此得名。这种找矿方法的类同性，绝非偶然巧合。因为铜绿山古铜矿开采冶炼者是古代汉藏语系“百越”族群的“扬越人”。布依族即是汉藏语系“百越”族群的后裔。

张正明教授等在《楚史论丛》中对“铜绿山铜矿”有详细考证，他们认为，鄂东南地区古铜矿最早年代可能是西周初期，至西周晚期以前，活跃于此地的居民仍是汉藏语系“百越”族群的“扬越人”；“铜绿山铜矿”是先由“越人”开采，春秋后易手于“楚人”的。① 学界研究认为，铜绿山铜矿开采，自西周一直延续到西汉，是国内古矿遗址中年代久远、生产时间长、规模最大的古矿遗址之一，已被列为古矿遗址中唯一的全国文物保护单位。其分布范围约为2平方千米，地表遗留古代炼渣40万吨以上。从1974年起，已清理出西周至西汉千余年间不同结构、不同支护方法的竖井、斜井数百座，平巷百余条，以及一批春秋早期的炼铜竖炉，随同出土的还有大量用于采矿和冶炼生产的铜、铁、竹、

① 参见张正明、刘玉堂：《大冶铜绿山古铜矿的国属——兼论上古产铜中心的变迁》，《楚史论丛》初集，武汉：湖北人民出版社1984年版。

木、石制生产工具。这些都真实地记载着当地矿冶业的悠久历史和卓越的技术，集中完整地反映了我国青铜文化时期采矿生产中井巷的开拓与支护，矿井的提升、排水、通风、照明等一系列技术水平，也真实地反映了这一时期炼炉的形态和结构、筑炉材料的选择、矿石和燃料的选用及其工艺水平，是当时矿冶生产力发展状况最富特色的典型例证。林蔚文教授在《中国百越民族经济史》中分析了“湖北铜绿山古矿”等“扬越”大部分青铜文化遗址后也指出：“从总的情况看，商周时期地处湘、鄂部分地区的扬越人，已有一定规模的青铜冶铸业，器型及制造风格具有明显的越文化特征。在数量上虽不能与吴越地区相媲美，但也不在少数。如1978年发掘资兴旧市春秋墓，20座有随葬品的墓中共出铜器60件，器型有鼎、矛、戈、镞、镦、剑、锛、斧、削、钺、铜条、铜片等，铜器占出土物总数的52%。当然，从现有考古资料看，扬越人青铜冶铸业的最大成就当在于开采铜矿。”①这是很有见地的学术观点。

“百越”或“濮越”与“楚”同为汉藏语系重要族群，水稻文化是两个族群的共同特征，其相互影响与融合是中华民族凝聚力和社会进步所致，后来当地“楚、越”族群大都融入汉族之中，但其后裔始终生存于汉藏语系族群之内（汉族就是汉藏语系族群中人数最多者），这是应该予以肯定的。所以，在“楚”与“百越”文化之中，都能寻找到布依族《摩经》青铜文化的源头。

布依族是汉藏语系“百越”或“濮越”族群的后裔，又与楚文化有重要关系（楚、越都崇拜鸟图腾，布依族亦然）。西周时期大冶铜绿山的古铜矿开采者为“扬越人”，春秋时属“楚”，只是行政区划变动。当地人还是以原来的“扬越人”为主，因行政区划属楚，故称“楚人”。大冶铜绿山地区的“楚、越”先祖，利用江南多雨和雷电天气的自然作用发现铜矿矿脉的找矿方法与布依族《摩经》记载的找矿方法有高度类同性。两种青铜文化的找矿方法可相互印证，是因其汉藏语系族群文化渊源相同，在理论逻辑上顺理成章。由此说明，布依族《摩经》中的青铜文化，当源于西周大冶铜绿山文化；也可以说“百越、楚”文化即布依族《摩经》青铜文化之源。

青铜冶炼的最早工序在于找矿、选矿、采矿，之后才开始冶炼工作。江苏及安徽南部、江西瑞昌等地区的越人，其青铜冶铸活动早在商代早中期就已开始。相当于湖熟文化早期的一些遗址，如南京北阴阳营、锁金村、镇江马迹山、江宁汤山点将台、江西瑞昌铜岭遗址等，都曾出土如铜镞、刀、斧、锥、鱼钩、戈、钺以及小型炼铜坩埚、挹灌铜液用的铜勺等青铜器，有的还发现了大量铜渣等遗物。这些文物表明，在商代早中期，“百越”地区的越人已经开始进行青铜冶铸活动。②“百越”族群的采掘工具与采矿技术一样能够反映出当时生产力发展的水平，值得认真考察。各古铜矿遗址出土一大批用于采掘、装载、照明、排水、选矿、提升、运输的，以铜、铁、竹、木、石等材料所制的多类生产工具，以及陶器、铜锭等遗物。其中采掘工具如斧、凿、锛、锤、锄、钻等，装载工具如木铲、竹框、草绳、藤篓等，排水用的木槽、木桶、木勺、木瓢、水车、船形木斗等，提升用的辘轳、滑轮（滑车）、绳索、木钩等尤为珍贵。先秦时，多用铜质采掘工具，个别战

---

① 林蔚文：《中国百越民族经济史》，厦门：厦门大学出版社2003年版，第113页。

② 赵青芳：《南京市北阴阳营第一、二次的发掘》，《考古学报》1958年第1期；曾昭燏、尹焕章：《试论湖熟文化》，《考古学报》1959年第4期。均转引自林蔚文：《中国百越民族经济史》，厦门：厦门大学出版社2003年版，第103页。

国早中期铁制工具如斧、锄、耙等已开始出现，普遍使用铁制工具是在西汉以后。1988年，江西瑞昌县夏畈乡铜岭村内发掘、发现了商代中期的陶鬲、斗等遗物，从而证明这是我国年代最早的古铜矿遗址之一。

江西是汉藏语系“百越”族群“干越”支系聚居区。瑞昌古铜矿遗址有露天采矿、地下开采井巷遗迹等。所见露采遗迹有采坑、槽坑、选矿槽、尾沙地、工棚等，再现了早期露天采矿的真实情况。第一期发掘发现矿井27口、平巷3条、斜巷1条，井巷均用木支护，以保安全和加快采掘深度。矿井以木棍作顶棚，顶棚以顶梁、立柱、地袱连接的木立框支撑，以防顶压和侧压。井巷相通，联合开拓，采用凿井的高低引起气流变化的方法解决通风问题。发现文物有照明用的竹签，开掘用的青铜斧、钺、锛、凿，翻土工具有木锨、铲等，装载工具有竹筐、竹箕畚，提升工具有木轳辘、木钩，生活用具有陶鬲、斗、罐等。出土的木溜槽，长3.5米，两头有活动挡板，此槽作分节水冲法选矿用，在当时是十分先进的选矿设备。木轳辘为机械装备的雏形，在当时得以运用也是难能可贵的。出土的大型陶鬲口径42厘米、通高46厘米，可同时供20多人食用。瑞昌铜矿遗址的时代从商代中期延续到春秋时期，这在国内乃至世界范围内都是最早矿冶遗址之一。单从这一点看，当地古越人的历史功绩就值得赞颂。①

瑞昌铜矿遗址、铜绿山古矿遗址是我国汉藏语系族群“百越”或“濮越”先祖具有代表性的两大铜矿遗址，代表了当时世界上技术先进、规模较大的采矿与青铜冶炼水平。这里铜矿丰富，矿石品位高，开采年代久远，证明我国汉藏语系族群在商周时期不仅能找富矿、大矿，而且已能开掘深矿井。冶炼的竖式炼炉、风沟结构等发明都具有一定科学性。这在当时是没有先例的。②

皖南“越地”的周代古铜矿遗址群：在安徽省南部、长江北岸和南岸有大量的古代铜矿采冶遗址的分布，其中，长江南岸的主要分布于铜陵、南陵、贵池、繁昌、青阳、泾阳等地，比较重要的有铜陵金牛洞、木鱼山，南陵大工山、江木冲等古矿冶遗址。它们均始于西周，整个周代都有开采；遗址内发现古代采矿井巷遗迹、炼渣堆积和各种材质的采掘遗物等。同时，皖南铜矿冶炼技术的发现和确认，解决了我国硫化矿炼铜术的起源时间问题。③

在“越地”先秦铜矿遗址和其他部分遗址中还经常发现铜块、铜锭等，见证了本地冶铜业的发达。如1974年在安徽铜陵木鱼山遗址发现200余斤铜锭，外形呈菱形；1984年在安徽铜陵万迎山一春秋时期铜器窖藏中发现1件菱形铜锭；1985年在安徽南陵戴镇乡江木冲冶炼场遗址的表层采集了2件铜锭从1件银铅锭；此外，在安徽铜陵凤凰山古矿区、繁昌梨山冶铜遗址也先后发现多块铜锭。④ 在其他“百越”古文化遗址也有所发现，如1963年在浙江温州永嘉春秋末窖藏中出土50余公斤黄铜块和少量锡块。⑤ 1976年在江苏金坛县城东公社鳖墩西周后期墓所出的一件几何印纹陶坛中发现230件铜块，都是整块铜

① 贡同：《江西瑞昌发现商周时期采铜遗址》，《南方文物》1989年第1期，转引自林蔚文：《中国百越民族经济史》，厦门：厦门大学出版社2003年版，第133页。

② 黄又平：《世界第九大奇迹——大冶铜绿山古铜矿遗址》，《前进论坛》2002年第10期。

③ 姚方妹：《商周时期古越人的矿冶技术》，《南方文物》1994年第4期。

④ 裘士京：《江南铜研究：中国古代青铜铜源的探索》，合肥：黄山书社2004年版，第40页。

⑤ 徐定水：《浙江永嘉出土的一批青铜器简介》，《文物》1980年第8期。

饼打碎的，共70公斤。① 1977年在安徽贵池徽家冲窖穴中出土7件菱形铜坯。② 1977年在浙江海盐县东厨舍村一件印纹陶罐内发现一批铜块。③ 在江苏昆山盛庄东周遗址中出土48.5公斤铜块；在江苏余坛城东发现130公斤铜块；句容茅山西麓发现10件铜块，重7.5公斤。④ 在广东阳春县岗美公社出土1件铜锭。⑤ 这说明南方汉藏语系“百越”或“濮越”族群的采矿冶炼业相当发达。

我国目前发现最早的古代采矿遗址，是广东省佛山市南海西樵山新石器时代采石工场遗址（距今约5 000年）。在矿洞中发现的一排开采硬度很高的霏细岩石的矿坑，横向坑穴最深在37米以上。尤其使人惊奇的是，这些矿坑内壁上有火烧痕迹，巷道地面堆积很厚的一层经过火烧的磷石块和炭屑。专家研究认为，当时的采石方法是“火攻”法，将岩石烧得炽热，然后泼水骤冷使其开裂。在5 000年前，我国岭南汉藏语系族群“百越”或“濮越”先祖已掌握热胀冷缩的规律，并利用它来开采岩石，这在世界矿业史上是一个创举。⑥ 这种采矿技术显然为千年之后商周时期“百越”族群的铜矿开采，提供了坚实的生产实践与科学依据。从5 000年前南海西樵山采矿遗址，到商周时期瑞昌铜矿遗址、铜绿山古矿遗址、皖南古铜矿遗址群，是一个从矿石开采到冶炼铸造的技术发展系列。这是包括布依族在内的汉藏语系族群“百越”先祖对中华文明的巨大贡献，充分证明学术界关于“中华文明史是各民族共同创造”的论断是正确的。

上述“百越”先祖发达的采矿与青铜冶炼技术，是当时世界上最先进的，这种先进文化必然传承于“百越”后裔民族之中。布依族是汉藏语系“百越”先祖的后裔，这就为我们分析、理解布依族传统宗教经典《摩经》的“铜矿、冶炼、铜器、铜鼓”文化提供了可靠的考古学依据。如《摩经·用牛祭祖词》第一卷《铜矿、冶炼与铜器、铜鼓》说：

kuan^{213}le^{33}si^{213}to^{213}pu^{55}jaŋ^{33}	
古　时　合　拢　人　皇	古时人皇⑦率领来炼铜。
jaŋ^{33}çuaŋ^{213}ziau^{42}mai^{55}zai^{213}	
皇　留　下　树　吹榴树	人皇留下吹榴树。
kuan^{213}le^{33}si^{213}to^{213}pu^{55}kai^{31}	
古　时　合　拢　人（皇）台	古时先祖们归在“人皇台”。
pei^{31}naŋ^{33}kuk^{5}ma^{33}zaŋ^{213}	
鼓风器 皮　虎　来　挣破	曾经炼铜用的虎皮风箱也挣破，
pei^{31}naŋ^{33}sa:ŋ^{55}ma^{33}po^{213}	
鼓风器 皮　大象　来　裂	曾经炼铜用的大象皮风箱也拉裂，

① 镇江市博物馆等：《江苏金坛鳖墩西周墓》，《考古》1978年第3期。

② 卢茂村：《安徽贵池发现东周青铜器》，《文物》1980年第8期。

③ 曹锦炎：《浙江出土商周青铜器初论》，《东南文化》1989年第6期。

④ 肖梦龙：《试论江南吴国青铜器》，《东南文化》1986年第1期。

⑤ 何纪生：《略论广东东周时期的青铜文化及其与几何印纹陶的关系》，《文物集刊（3）》，北京：文物出版社1981年版。

⑥ 常秉义编著：《中国古代发明》，北京：中国友谊出版公司2002年版，第176页。

⑦ “人皇”时代是传说中最古的年代之一。

pei^{31}naŋ^{33}zok$^{\underline{213}}$ma^{33}ʔdaɯ^{33}
鼓风器 皮 鸟 进来 里面　　只有炼铜用的大鸟皮风箱撑得住。
ʔau^{33}ziau^{42}si^{55} se^{33} za^{33}
要 留 是 永久 找　　留东西就要找能够永久留下的铜器，
ziau^{31}mai^{55}zai^{31}pai^{31}zok$^{\underline{213}}$
留 树 吹榴树 面 外　　还要留下外面那棵吹榴树为证。
pei^{31}lok$^{\underline{213}}$pai^{33}lok$^{\underline{213}}$ma^{33}
鼓风器 拉 去 拉 来　　鼓风炼铜扯去又吸来，
pei^{31}ta^{42}pai^{33}ta^{42}ta:u^{213}
鼓风器扯 去 扯 来　　鼓风炼铜吸来又扯去。
zam^{55}luaŋ^{42}tok^{5} se^{33}sai^{55}
液 铜 掉 铜 范　　铜液掉在那装铜液的铜范①，
zam^{55}ta^{33} si^{55}se^{33} liaŋ^{33}
泪 眼 装 铜液盒 拼　　炼铜人激动得眼泪掉进铜范与铜液拼合；
zam^{55}luaŋ^{42}tok^{5} se^{33} sai^{55}
液 铜 掉 铜 范　　铜液掉在那装铜液的铜范，
zam^{55}ta^{33}ɦai^{55}lak$^{\underline{213}}$lie^{42}
泪 眼 淌 参 连　　炼铜人激动得眼泪淌入铜范与铜液参连。

《摩经》首先强调鼓风技术是对青铜熔炼法的支撑性发明。可以说，没有鼓风器的发明，青铜熔炼法是无法完成的。冶金生产对温度的要求较高，一般都在1 000摄氏度以上。要达到高温，就必须解决燃料在燃烧时所需的充足氧气。将一定压力的气流鼓入炉内，不仅能使燃料充分燃烧，提高燃料的利用率，增强燃烧强度，提高炉温，而且能增强气流穿透炉内料层的能力，提高冶炼质量和效率。《摩经》的阐述说明鼓风设备就是为此而发明的。

布依族《摩经》还记载，鼓风器的发明是使用了“虎皮”“大象皮”“大鸟皮”等。其使用效果是：“曾经炼铜用的虎皮风箱也挣破，曾经炼铜用的大象皮风箱也拉裂，只有炼铜用的大鸟皮风箱撑得住。”这是古人用神话方式记述和反映汉藏语系“百越”先祖创造及应用鼓风器的艰难历程，表明人们可能将先祖发明的冶金鼓风器视为珍贵神器。

3. 图腾崇拜与铜器

虎、大象、大鸟三种动物在布依族人的意识中绝非一般动物，它们都是布依族“百越”先祖的崇拜对象。前述汉藏语系“百越”先祖崇拜鸟图腾，对大象的崇拜亦然。《摩经·用牛祭祖词》第一卷有祭祀、祈福、希望“长寿如大象白银骨”的记载。《摩经·祭山经》也说：

ɕie^{55}vən^{31}pɯŋ^{31} taŋ^{31}ɦo^{55}
神 人 地区 全 部　　山神啊！地方众人皆敬您！

① 铜范：装铜液的模具，有泥范、石范等，民间也称工艺范。

ɦau^{213}po^{33}la:u^{55}naŋ^{33}sa:ŋ^{55}

进　山　大　皮　大象　　　　进大山里采得大象皮来祭，

ɕiŋ^{213}po^{33}sa:ŋ^{33}naŋ^{33}ɕie^{55}

供　山　高　皮　神　　　　供山的大象皮就是神皮。

“采得大象皮来祭”“供山的大象皮就是神皮”说明大象是布依族“百越”先祖的崇拜对象。距今 7 000 年前的浙江河姆渡文化遗址出土有大型作品——陶塑大象，其也是为祭祀所用。陶塑大象高 19 厘米、宽 24 厘米，器物较厚重。遗址中出土不少大象骨、象牙和象牙雕刻，可能当时河姆渡人不仅以大象为狩猎对象，还以大象为神物。大象本身高大雄伟，力量极强，令河姆渡人震撼。因大象不是随便就能捕获的，于是专门制作了古朴的大象陶塑，供祭祀之用，并视象为吉祥神；他们喜爱精美象牙雕刻亦应该与这种大象崇拜意识有关。

在“百越”地区的湖南醴陵也出土了商周时期青铜礼器——大象尊。醴陵出土的象尊（失盖），象鼻昂举，中空与腹相通，鼻前后有扉棱，鼻上饰鳞纹、鼻端饰兽首，前足上有一伏虎。额上有一对蛇纹，卷曲如角。躯干侧饰形状各异的夔纹，饰虎纹，后足饰兽面纹，从臀至尾有扉棱，长 26.5 厘米，高 22.8 厘米。美国弗利尔美术馆所藏的象尊与醴陵尊造型非常相近，带盖，盖上有一个小象为纽，象鼻上有兽首和伏虎，高 17.5 厘米。美国弗利尔美术馆所藏的象尊当从“越地”流出。[①] 3 000 年前的商周青铜礼器大象尊反映的“大象崇拜”与河姆渡文化一脉相承。与布依族同为汉藏语系“百越”后裔的傣族人也崇拜大象，其寺庙里供奉精美大象雕塑，节日里人们喜爱跳象脚鼓舞等。布依族也把“大象神”作为吉祥神，《摩经》有“大象神是吉祥神”的记载。这就是中华民族文化的共性。

《摩经·山经》说：“大象神皮祭山神”；“村寨得平安”。《摩经·用牛祭祖词》第一卷《铜矿、冶炼与铜器、铜鼓》也说：“用大象皮制作鼓风器炼铜。”这些都是人们对族群先祖大象崇拜的传承。在青铜时代崇拜对象与青铜文化密切相关，因而制作出商周时期青铜礼器——大象尊。

布依族“百越”先祖的虎崇拜，见于《摩经·用牛祭祖词》第一卷中关于古代王之印玺“鸟虎印”“鸟狮印”的记载。《摩经·用牛祭祖词·留下“宝印”重价》说：

lək$^{\underline{213}}$ɦa^{55}sa:m^{33}au^{33}tɕeu^{55}

儿　想　问　要　重价　　　　儿问要重价，

sa:m^{33}au^{33}tɕeu^{55}ɦaɯ^{55}tɕeu^{55}

问　要　重价　给　重价　　　　问要重价给重价。

ʔin^{31}ʒok$^{\underline{213}}$kok^{5} tɕeu^{55}ɕian^{42} jaŋ^{31}laɯ^{31}

印　鸟　虎　重价　钱　样　那　　　　“鸟虎印”[②] 那样的重价，

au^{33}ma^{33}lək$^{\underline{213}}$kuə^{213}tɕeu^{55}

要　来　儿　做　重价　　　　要来做重价给儿。

① 施劲松：《长江流域青铜器研究》，北京：文物出版社 2003 年版，第 115 页。

② 鸟虎印：虎钮鸟文的古代王之印玺。

wan^{42}ma^{33}sa:m^{33}ɕip$^{\underline{213}}$ɕian^{42}
每天　来　三　十　钱　　　　每天进得三十金钱，
ʔin^{31}ʒok$^{\underline{213}}$ʒei^{33}tɕeu^{213}ɦau^{55} jaŋ^{31}law^{31}
印　鸟　狮　重价　钱　样　那　　　　“鸟狮印”① 那样的重价。
van^{31}ma^{33}sa:m^{33}ɕip$^{\underline{213}}$ɦa:u^{55}
每天　来　三　十　粮米　　　　每天进得三十粮米，
au^{33}ma^{33}lək$^{\underline{213}}$kuə^{213}tɕeu^{55}
要　来　儿　做　重价　　　　要来做重价给儿。

《摩经·用牛祭祖词》第一卷《请“雅俊”经》还记载了“居住于湖中岛屿石头城”的布依族女祭师“雅俊”家的“虎纹”装饰。《请“雅俊”经》说：

pan^{55}zeu^{42}tɕim^{213}ʔju^{31}pja^{33}
别人　说　女布摩　在　石岩　　　　听说女布摩住在石岩，
lək$^{\underline{213}}$məŋ^{31}ko^{55}taŋ^{31}pja^{33}
儿　你　也　到　石岩　　　　你儿也去石岩请。
pan^{55}zeu^{42}ja^{42}ʔju^{31}tau^{55}
别人　说　奶　在　岛　　　　听说“雅俊”住在岛上，
lək$^{\underline{213}}$məŋ^{31}ko^{55}taŋ^{31}tau^{55}
儿　你　也　到　岛　　　　你儿也上岛去请。
pan^{55}zeu^{42}la:u^{55}ʔju^{31}su^{33}
别人　说　老　在　城②　　　　听说“雅俊”住在岛上石头城中，
lək$^{\underline{213}}$məŋ^{31}ko^{55}taŋ^{31}su^{33}
儿　你　也　到　城　　　　你儿也进城去请。
……
tɕa^{33}ʔduan^{55}pai^{33}ʔduan^{55}pai^{33}
小伙　走　着　走　着　　　　两个小伙走着走着，
tɕa^{33}pai^{33}taŋ^{31}pak$^{\underline{213}}$naŋ^{31}la^{213}ɾa:n^{42}
小伙　去　到　口　场院　下　屋　　　　走到“雅俊”的屋旁场院口，
tɕa^{33}pai^{33}taŋ^{31}pan^{31}la^{55}taŋ^{213}
小伙　去　到　院中　下　楼　　　　来到“雅俊”院中的楼下，
zan^{33}pa:k$^{\underline{31}}$tu^{33}tɕim^{213}suk^{5}ɕiaŋ^{42} ɕi^{31}
见　口　门　“雅俊”　筑　墙　像
loy^{55}pja^{33}
鱼　　　　见着“雅俊”家的花鱼纹墙，

① 鸟狮印：狮钮鸟文的古代王之印玺。
② 城：即“雅俊”居住的岛上石头城。

zan^{33}pa:k^{31}tu^{33}tɕim^{213}suk^{5}ɕiaŋ^{42} ɕi^{31}
见　口　门　“雅俊”　筑　墙　像
loŋ^{55}kam^{55}
半圆拱　　见着“雅俊”家的圆拱大门，
zan^{33}pa:k^{31}tu^{33}tɕim^{213}za:i^{31}kuk^{5}lian^{31}
见　口　门　“雅俊”　画　虎　连
za:i^{31}ŋək^{213}
画　龙　　见着“雅俊”家画虎又画龙。

“雅俊”又称“密莫”mie^{13}mo^{33}，是布依语对女祭师的称谓。女祭师所住的“古代石头城”究竟在哪里？待考。但今黔中地区就有著名的布依族石头建筑（见戴复东、罗德启、伍文义：《石头与人》，贵阳：贵州人民出版社1985年版）。女祭师家中“画虎又画龙”，是布依族“虎、龙”崇拜的反映。古代布依族男祭师“布摩”先生的装束，更是“脚杆有龙纹连虎纹”，显然是“虎、龙”文身习俗；“双脚踏双蛇”，身披“好虎皮”“好神皮”“好燕皮”等，都是“虎、龙、鸟、蛇”等宗教崇拜的体现。如《摩经·用牛祭祖词》第五卷第四节说：

pai^{33}ʔdoŋ^{33}ʔau^{33}pɯŋ^{55}kuk^{5}ʔdi^{33}ku^{33}
去　林　取　皮　虎　好　我　　（布摩说）你去林中取我的“好虎皮”，
pai^{33}tsa:ŋ^{33}ʔau^{33}pɯŋ^{55}ɕie^{55}ʔdi^{33}ku^{33}
去　中间　取　皮　神　好　我　　你进中间取我的“好神皮”，
pai^{33}sɯ^{213}ʔau^{33}pɯŋ^{55}ʔen^{31}ʔdi^{33}ku^{33}
去　角　取　皮　燕　好　我　　你去房角取我的“好燕皮”。
ku^{33}ʔduan^{55}ma^{33}ʔduan^{55}ma^{33}
我　走　来　走　来　　布摩我走来走来。
ŋɯ^{42}nan^{31}kuə^{31}sai^{33}kan^{33}ku^{33}ma^{33}
红脖蛇　做　带　巾　我　来　　红脖蛇做巾带我布摩来，
ŋɯ^{42}pan^{42}kuə^{31}sai^{33}ʔja:ŋ^{55}ku^{33}ma^{33}
扁脖蛇　做　带　长剑　我　来　　扁脖蛇做长剑带我布摩来，
pi^{42}ʔba^{55}tək^{5}ʔdaɯ^{33}pɯ^{31}ku^{33}ma^{33}
扇　蝴蝶　放　内　衣　我　来　　蝴蝶扇风放衣内我布摩来，
soŋ^{33}ŋɯ^{42}kuə^{31}soŋ^{33}tin^{33}ku^{33}ma^{33}
双　蛇　做　双　脚　我　来　　双脚踏双蛇我布摩来，
soŋ^{33}lɯŋ^{42}tau^{55}soŋ^{33}ʔi^{31}ku^{33}ma^{33}
双　龙　立　双　腋　我　来　　双龙立双腋我布摩来，
tuə^{31}ʔdu^{55}ʔdi^{31}pa:u^{55}ʔda:ŋ^{33}ku^{33}ma^{33}
只　鸣蝉　保　身　我　来　　鸣蝉保身我布摩来。

ka^{33}ku^{33} za:i^{42}tsin^{55}lian^{31} za:i^{31}tsen^{213}

脚杆 我 龙纹 连 虎纹

taŋ^{31}mәŋ^{42}

祭祀 你 我的脚杆有龙纹连虎纹来祭祀你。

《摩经·用牛祭祖词》还记载了古代王之印玺“鸟虎印”“鸟狮印”。“鸟虎印”即虎钮鸟文印（古代吴越就有“鸟文”）；“鸟狮印”即狮钮鸟文印。但我国自然环境不产狮子，至东汉时期，才有西域安息国二次向东汉王朝进献狮子的记载（见《后汉书·西域传》）。故“鸟狮印”之“狮”，可能为豹，可视为虎豹之类。长江流域和珠江流域汉藏语系“百越”族群地区考古发掘中，也有“虎纹、豹纹”青铜礼器出土就是明证。

由此可以看出，《摩经·用牛祭祖词》第一卷《铜矿、冶炼与铜器、铜鼓》说：“曾经炼铜用的虎皮风箱也挣破，曾经炼铜用的大象皮风箱也拉裂，只有炼铜用的大鸟皮风箱撑得住。”这是借用族群先祖的崇拜对象“虎、大象、大鸟”之力，特别是借用了图腾物“大鸟”的神力来形容冶金鼓风器的强大，用于歌颂先祖发明创造青铜文化的伟大功绩，说明以皮橐为冶金鼓风设备，是汉藏语系族群先祖的发明。

4. 冶金鼓风设备

《吴越春秋·阖闾内传》曰：“……童男童女三百人鼓橐装炭，金铁及濡。”橐即皮橐，古代冶金鼓风器。《管子·揆度》曰：“摇炉橐而立黄金也。”老子《道德经》曰：“天地之间其犹橐龠乎，虚而不屈，动而愈出。”《墨子·备穴》曰：“具炉橐，橐以牛皮，炉有两瓵，以桥鼓之。”又曰：“灶用四橐。”这说明《摩经》关于布依族“百越”先祖以皮橐为冶金鼓风设备之记载不虚。

秦汉时期的文献更明确指出皮橐用于冶金鼓风。《论衡》曰：“铜锡未采，在众石之间，工师凿掘炉橐铸铄，乃成器。”《淮南子·本经训》载：“鼓橐吹埵，以销铜铁。”《淮南子·齐俗训》曰：“炉橐埵坊，设非巧，不能以冶金。”1930年山东滕县出土的汉画像石刻中，有一幅冶铁图，其中部分为皮橐用于鼓风作业的场景。

“橐”，又称“鞴”或“排”。《资治通鉴·梁武帝中大同元年》：“于堑外积柴贮火，敌有在地道内者，塞柴投火，以皮排吹之。”胡三省注：“排，读与鞴同，音步拜翻，革囊也，所以吹火。”沈括《梦溪笔谈·药议》：“五脏之含气呼吸，正如冶家之鼓鞴。”《汉语大辞典》说：“鞴，《广韵》蒲拜切，鼓风吹火之器，又称‘皮鞴’或‘鼓鞴’，俗称风箱。”这些记载与布依族《摩经·用牛祭祖词》第一卷《铜矿、冶炼与铜器、铜鼓》所记虎皮风箱、大象皮风箱、大鸟皮风箱等冶金鼓风器的意义一致。值得指出的是，布依语亦称冶金鼓风器为pei^{31}（见《摩经·用牛祭祖词》第一卷《铜矿、冶炼与铜器、铜鼓》）。今布依族地区早已使用活塞式木制风箱，但语言上仍称活塞式木制风箱为pei^{31}，保留了冶金鼓风器词汇的古音。布依语与汉语的冶金鼓风器词汇发音一致，这也是汉藏语系族群在青铜文化方面的共性。

作为早期冶金业的主要鼓风设备，《摩经》所说的“皮制鼓风器”能承受较大压力，这是可信的。皮制冶金鼓风器的应用功效在商周时期汉藏语系族群“百越”先祖的瑞昌铜矿遗址和铜绿山古矿遗址内的竖式炼炉、风沟结构等设备之上，这一论述具有一定科学性，能保证青铜冶炼成功，因而被载于先秦典籍之中。《摩经·用牛祭祖词》第一卷《铜矿、冶炼与铜器、铜鼓》也说：

suaŋ^{213}zam^{55}luaŋ^{42}tai^{213}ʔit^{5}
放 液 铜 第 一 　　第一次放铜液啦！
au^{33}kuə^{31} le^{42}pa:k ^{213}na^{55}
要 做 喇 叭 口 　　要铸成喇叭口铜器，
jiaŋ^{31}pan^{31}le^{42}pa:k ^{213}na^{55}
也 成 喇 叭 口 　　也成喇叭口铜器。
suaŋ^{213}zam^{55}luaŋ^{42}ta:i^{213}ŋi^{31}
放 液 铜 第 二 　　第二次放铜液啦！
au^{33}kuə^{31}laɯ^{42} pa:k ^{213}pɯn^{42}
要 铸 锣（铙） 面 大口 　　要铸成大口铜锣（铙），
jiaŋ^{31}pan^{31}la^{42} pa:k ^{213}pɯn^{42}
也 成 锣（铙） 面 大口 　　也成大口铜锣（铙）。
suaŋ^{213}zam^{55}luaŋ^{42}ta:i^{213}sam^{33}
放 液 铜 第 三 　　第三次放铜液啦！
au^{33}kuə^{31}ȵian^{42}pak ^{213}na^{55}
要 铸 铜鼓 面 前 　　要铸成铜鼓面上的花纹，
jiaŋ^{31}pan^{31}ȵian^{42}pa:k ^{213}na^{55}
也 成 铜鼓 面 前 　　也成铜鼓面上的花纹。
suaŋ^{213}zam^{55}luaŋ^{42}ta:i^{213}si^{213}
放 液 铜 第 四 　　第四次放铜液啦！
au^{33}kuə^{31}ɕuaŋ^{33} ʔdɯ^{33}suat ^{213}
要 铸 铓锣（中部冒出的）敲击点 　　要铸成铓锣中部冒出的敲击点，
jiaŋ^{31}pan^{31}ɕuaŋ^{33} ʔdɯ^{33}suat ^{213}
也 成 铓锣 （中部冒出的）敲击点 　　也成铓锣中部冒出的敲击点。
suaŋ^{213}zam^{55}luaŋ^{42}ta:i^{213}ɦa^{55}
放 液 铜 第 五 　　第五次放铜液啦！
au^{33}kuə^{31}ȵian^{31}na^{55}pəŋ^{42}
要 铸 铜鼓 面上 地区 　　要铸成全部村寨使用的铜鼓，
jiaŋ^{31}pan^{31}ȵian^{31}na^{55}pɯn^{42}
也 成 铜鼓 面上 地区 　　也成全部村寨使用的铜鼓。

这无疑是《摩经》对汉藏语系“百越”先祖青铜冶铸成功的发明创造的颂歌，其间充满真挚情感。西周时期，越地有冶铸青铜的遗址和大量遗物。如江苏湖熟文化中出土有用来熔铜的厚胎陶钵和挹灌铜液的勺类。更引人注目的是，在江西吴城遗址中，出土有300多件用来铸造青铜器的石质铸型——石范，大部分都是铸造工具、武器的铸型，计有锛范、斧范、刀范、凿范、戈范、矛范、镞范、钺范等，此种石范在江西省的东、南、西、北部，如乐东、赣县、兴国、上高、萍乡、九江、永修和永丰等地都有出土，南方其他一些地区诸如广东海丰、香港、云南剑川海门口等地也有发现。[①] 这就是布依族《摩经·用牛祭祖词》第一卷《铜矿、冶炼与铜器、铜鼓》相关记载的客观依据。

布依族《摩经》关于青铜器的记载，包括青铜农具、青铜兵器、青铜礼器。如“铜板”“喇叭口铜器”“铜锣（铙）”“大口铜锣（铙）”“铜铓锣”“铜锄”“铜板锄”“铜扇”“铜刀”“铜剑”“铜鼓”“铜棺”“铜桩”“铜柱”等。《铜矿、冶炼与铜器、铜鼓》曰：“曾经炼铜用的虎皮风箱也挣破，曾经炼铜用的大象皮风箱也拉裂，只有炼铜用的大鸟皮风箱撑得住”；“炼铜人激动得眼泪掉进铜范与铜液拼合”；“炼铜人激动得眼泪淌入铜范与铜液参连”。这反映先祖们艰难探索，屡败屡试，直至成功。科技发明靠的是长期的艰苦探索，靠的是锲而不舍的钻研精神。待到成功之时，或让疲倦随激动泪水抛下，内心享受着成功带来的甘甜；或将一切艰苦历程视为砥砺，又焕发出崭新力量与智慧。科学研究与发明创造本不容易，其中滋味至今仍让从事科学研究者多有感受。何况在条件简陋的古代？《铜矿、冶炼与铜器、铜鼓》展现了汉藏语系“百越”先祖青铜冶炼成功的场景与当时人们的激情，壮美画面跃然纸上。古代中华科技曾长期辉煌，靠的是民族先祖的科学钻研与发明创造精神。这是应该肯定和充分发扬的优秀民族文化及中华民族精神。

总之，深入研究和宣传好民族的优秀传统文化，对于提高人们对民族传统文化的认识水平，加强中华民族凝聚力，增强民族自信心和认同感，促进社会和谐与国家的现代化建设，具有重要的学术价值和现实意义。

① 彭适凡：《百越对中国古代文明的贡献》，《百越史论集》，昆明：云南民族出版社 1989 年版，第 256 页。

第一章　渊源历史

第一节　族源及民族形成

布依族先祖自古以来就是中华民族的重要一员，布依族文化的产生和发展都是在中华文化沃土之上生长和开花结果的。强调这一点，不仅有利于分析探寻布依族文化的重要学术价值，而且对于增强布依族人的自信心及其对中华民族的认同感、深化中华民族文化研究、增强中华民族凝聚力具有重大的现实价值和历史意义。

一、汉藏语系族群

中华民族有五十六个成员，分属汉藏语系、阿尔泰语系、南亚语系、南岛语系和印欧语系。其中属汉藏语系族群的人数众多，有近十三亿人口；属阿尔泰语系族群的人数有一千多万；属南亚语系族群的人数有三十多万；属南岛语系的高山族语言，也有三十多万人使用；属印欧语系的语言有两万多人使用。各系的语言，根据亲属关系的远近，分属不同的语族和语支。汉藏语系族群在我国人数最多，包括汉语和壮侗、苗瑶、藏缅三个语族，其中壮侗语族人口是我国少数民族中人口最多的族群，布依族则是汉藏语系壮侗语族的主要民族之一。

汉藏语系是按谱系分类法划分的世界诸多语系之一。我国境内汉藏语系分布最广，包括布依族语在内的多数语种集中在我国中部、南部和西南部，其中又以云贵高原语种最多。西北部除汉语外，使用汉藏语系其他语言的民族较少，仅藏语在青海、甘肃等省仍有使用，历史上羌语也曾在甘肃、青海以及新疆东部一带使用过。在毗连我国西南部的东南亚一带，缅甸、泰国、老挝的语言也属汉藏语系；柬埔寨和越南语言则属南亚语系（注：越南境内的侬语等属于汉藏语系，但其使用者是越南的少数民族）。由此可见，汉藏语系族群各语种在自然地理上的分布是连成一片的，即基本上聚居在东亚中南部，并形成了共同的语言和文化特征。

汉藏语系族群语言的共同特点有六个：①都是有声调语言（除个别语言如西藏珞巴语和青海安多藏语外）。②声调同声母、韵母的性质有密切的关系。③韵尾辅音一般是单辅音，其中 -m、-n、-ŋ 最常见，其次是 -p、-t、-k 和 -ʔ。韵尾辅音无除阻阶段。④单音节词根占多数。复音词大部分是由两个以上的单音节词根组成的，小部分由单音节词根和附加成分组成，多音节的单纯词较少。⑤词序和虚词是表达语法意义的主要手段。⑥有区别事物类别的量词。这些汉藏语系语言的共同特征，其形成绝非偶然，应该有一个共同的源头——汉藏语系先祖之母语。在漫长的历史过程中，汉藏语系先祖产生了分支、分化，形成了汉语和汉藏语系各少数民族的不同语言。语言学家吴安其教授在《历史语言学》中指出：今汉藏语系不同支系的语言只是古代许多汉藏支系中的一部分。它们的发生学关系可表示为：原始汉藏语（6 000～8 000 年前）分出了原始汉语、原始藏缅语、原始侗台语、原始苗瑶语。各支系对应的共同语及其形成时间为：汉方言共同语（西晋）、藏缅共同语（约 5 000 年前）、侗台共同语（3 000 多年前）、苗瑶共同语（东汉）。按此，作为汉藏语系重要语言的布依语是汉藏语系发展的重要支系之一。布依族祖先在 3 000 多年前（相当于商代以前）还使用先祖原始汉藏语的母语文化，在布依族传统文化之中至今仍传承着深厚的中华民族文化。

二、《摩经》与族源的关系

《摩经》是学界公认的布依族传统宗教经典。唐宋以来，在汉文化影响下的布依族人创造性地运用汉字音韵和偏旁部首，记录原有布依族传统宗教的《经词》，以此作为祭师“布摩”先生在宗教仪式中唱诵的经书，从而传承了布依族的历史文化。这些转录的经书被称为“摩经”。汉族有《山海经》，布依族也有《祭山经》《祭水经》。在布依族先祖的观念里，山川神具有崇高地位。《摩经·祭山经》说：

te^{33}ŋɯ^{42}kuə^{31}zam^{55}ma^{33}
它 蛇 做 水 出　　蛇神造水出，
te^{33}pja^{213}kuə^{31}zam^{55}ʔdiŋ^{33}
它 雷 做 水 洪　　雷神发洪水，
zam^{55} tum^{31}jaŋ^{42}tum^{213}za^{213}
水 淹 样 淹 种　　水淹各样各种，
zam^{55}tum^{31}pu^{55}la^{213}ʔbən^{33}
水 淹 人 下 天　　水淹天下人，
zam^{55}tum^{31}vən^{31}la^{213}ti^{31}
水 淹 人 下 地　　水淹地上人，
tum^{31} pa:k$^{\underline{213}}$ŋi^{31}tsoŋ^{213}te^{33}vən^{42}
淹 一百 二十 姓 他 人　　一百二十姓人全淹死，
ɕuaŋ^{213}soŋ^{33} pi^{55}nuaŋ^{55}jan^{31}vaŋ^{42}
剩下 双 兄 妹 燕子 王　　只剩燕子王兄妹二人。
kən^{31}ʔbən^{33}kuan^{42}la^{213}ti^{31}
上 天 管 下 地　　兄妹管天又管地，
pɯn^{33}kən^{42}na^{42}nuaŋ^{55}na^{42}
上 方 田 妹 田　　上方田是兄妹田，
puan^{33}kən^{42}kuan^{55}lɯŋ^{42}ta^{31}
上 边 管 龙 河　　上方之事河龙管，
puan^{33}la^{213}kuan^{55} mai^{55}ɦuŋ^{33}
下 边 管 神 树　　下方之事神树管，

puan^{33}tɕa:ŋ^{33}kuan^{55} po^{33}ɕie^{55}
中　间　管　神　山　　　中间之事山神管。

上古先祖在多山环境之中劳动生息，对山川有一种息息相通的特殊情感和自然之缘，由此形成其山川邦土观念和族群凝聚力意识，故历代都有祭山活动，并在祭山宗教仪式上颂扬族群先祖功绩和族群的来源。《摩经·山经》又说：

tian^{33}kuan^{55}tian^{33}luŋ^{31}mɯ^{31}
天　管　天　龙　脉　　　天管天龙脉，
ɦuŋ^{33}ten^{33}ɦuŋ^{33}pu^{55}θai^{213}
大　那　大　人　官　　　那神为大官，
kai^{213}ten^{33} kai^{213} pu^{55}vɯŋ^{42}
那　种　是　天上人王　　　那神是天王。
tɕie^{42}ten^{33}kuan^{55}vən^{42}pɯŋ^{42} taŋ^{31}ɦo^{55}
这　那　管　人　地方　所　有　　　天王管所有地方。
san^{42}ku^{33}ɦa:u^{213}ɦaɯ^{213}mjaŋ^{42}
语　我　说　给　算　　　天王告诉我布摩，天王说话就算数。①
san^{42}ku^{33}taŋ^{31}ku^{33}suaŋ^{213}
语　我　说　给　留　　　天王留话给我布摩，天王说话就算数。
kuan^{55}ka^{31}soŋ^{33} pi^{55}nuaŋ^{55}jan^{31}fuŋ^{42}
管　自　二　兄　妹　燕子　逢　　　天王来安排，兄妹相逢燕相昵，
ʔu^{31}lək^{213}pan^{31}lək^{213}ɦau^{55}
生　儿　成　儿　畸形　　　生了个畸形儿。
ʔau^{33}ma^{33}to^{55}kuə^{31}vai^{33}
拿　来　剁　成　块（宗支）　　　拿畸形儿来剁成块，
ʔau^{33}ma^{33}pa:i^{31}kuə^{31}ɕiŋ^{213}
拿　来　排　成　人氏　　　用肉块来排人氏宗氏，
ɕiŋ^{213}ʔdjeu^{33}kuə^{31}pu^{55}ʔjie^{55}
姓　一　做　人　越　　　一块肉坨做“百越（粤）”人宗支，
pɯŋ^{42}ʔdjeu^{33}kuə^{31}pu^{55}mɯŋ^{33}pu^{55}ɦa:k^{213}
寨　一　做　人　苗　人　汉　　　一块肉坨做苗人、汉人宗支，
fa:k^{213}ʔdjeu^{33}kuə^{31}lɯŋ^{42}sa:i^{42}
部分　一　做　龙神　根　　　一部分肉坨做了龙神的根源。
sa:u^{55}vən^{31}la:i^{33}la^{213}ti^{31}
造　人　多　下　地　　　造人多来好种地，
sa:u^{55} pa:k^{213}ŋi^{31} tɕoŋ^{213}te^{33}vən^{42}
造　一百　二十　姓氏　类　人　　　繁衍一百二十姓人类。

① 此句是指布摩先生是古代人王的代言人。

这段经文有几层含义："燕子王"（也称"燕鸟神"）受命于"天王"（也称"天神"），成婚繁衍人类的神话记载，认为人类特定族群与"龙神的根源"，皆为"天王"授意下得以产生的"燕子王"的子孙，即"燕子王"是古代"百越（粤）人、汉人、苗人"等中华汉藏语系族群的共同祖先。远古时代，中华汉藏语系族群先祖们以"燕鸟"为图腾，故而被称为"燕子王"。

"燕鸟"亦即"玄鸟、凤凰"。《诗经》曰："天命玄鸟，降而生商。"《楚辞》王逸注曰："玄鸟，燕也。"《竹书纪年》曰："初高辛氏之世，妃曰简狄，以春分元鸟至之日，从帝祀郊禖，与其妹浴于元丘之水，有元鸟衔卵而堕之，五色甚好，二人竞取，覆以二筐，简狄先得而吞之遂孕，胸剖而生契。"《楚辞·天问》曰："简狄在台，喾何宜？玄鸟至贻，女何嘉？"《中华古今注》曰："燕一名神女。"《田家杂候》曰："紫燕来巢，主其家益富。""燕鸟"即"玄鸟、元鸟、凤凰"无疑。《摩经·祭山经》认为，中华汉藏语系族群"有共同族源"的历史记载，与传统宗教的"山神祭典"有密切关系，这就道出了《摩经·祭山经》作为少数民族史籍的珍贵。

三、山川与族源

布依族源于汉藏语系族群先祖，而我国汉藏语系族群居住区自古以来就是一个多山区域。据统计，我国山地丘陵面积约占总面积的70%以上，其中高山面积又占一半左右，真正平原的面积只有国土的10%，主要是汉藏语系族群的居住区。山川里的财富对人类极其重要。《荀子·强国》说："山林川谷美，天材之利多。"《国语·鲁语上》说："山川之神，皆有功烈于民者也；及地之五行，所以生殖也；及入训名山川泽，所以出财用也。"也就是说，因为山川有功德于人们，所以人们报恩偿德。布依族《摩经·祭山经》中全人类面临灭顶之灾时，只剩下"燕子王"兄妹二人，但他们奋斗不息，在"天王"的授意下，繁衍了族群，开创了人类社会的新生活，而后人因感恩戴德，便在古老的祭山仪式上颂扬"天王"与"燕子王"先祖的功劳。这不就是"报恩偿德"学说的证据吗？《摩经·祭山经》说：

ʔju^{213}sin^{33}mi^{31}ʔju^{213}həu^{213}
有　亲家　不　有　后(代)　　只因有亲家没有后代，
ʔju^{213}pau^{213}mi^{31}ʔju^{213}la:n^{33}
有　爷　不　有　孙　　只因有爷不见孙，
pan^{55}so^{55}kuaŋ^{31}po^{33}sa:ŋ^{33}pau^{213}kuan^{55}
众人　才　供　山　高　爷　管　　众人才来祭高山，请山神爷保护。
ʔju^{213}siŋ^{33}mi^{31}ʔju^{213}ja^{42}
有　后代　不　有　奶　　只因有孙不见奶，
ʔju^{213}ja^{31}mi^{31}ʔju^{213}la:n^{33}
有　奶　不　有　孙　　只因有奶不见孙，

pan^{55}so^{55}kuə^{31}ja^{42}man^{31}
众人 才 做 奶 稳　　众人才来祭高山，请山神奶保护。

tam^{33}sat$^{\underline{213}}$kuə^{31}ja^{42}kuan^{55}
春 碓 做 奶 管　　做奶奶的管春米。

ʔju^{213}sin^{33}mi^{213}ʔju^{213}həu^{213}
有 亲家 必 有 后（代）　　有亲家的必有后代，

mi^{31}pau^{213}mai^{213}mi^{31}la:n^{33}
有 爷 必 有 孙　　有爷的必有孙，

pan^{55}so^{55}ta^{31}kuə^{31}pau^{213}man^{31}
众人 才 达 做 爷 稳　　众人有爷稳坐寨，

mi^{31}tam^{33}kuə^{31}pau^{213}man^{31}
有 踏实 做 爷 稳　　爷爷踏实坐寨稳。

mi^{31}siŋ^{33}mai^{213}mi^{31}ja^{31}
有 后代 必 有 奶　　有孙必见奶，

mi^{31}ja^{31}mai^{213}mi^{31}la:n^{33}
有 奶 必 有 孙　　有奶必有孙。

pan^{55}so^{55}mi^{31}ta^{31}ta:i^{31}kuə^{31}man^{33}
众人 才 有 外公 外婆 做 花布　　外公外婆做花布给孙，

mi^{31}tam^{33}kuə^{31}ja^{31}kuan^{55}
有 踏实 做 奶 管　　祖母踏实来管家。

ʔbak^{5}tɕiau^{42}pɯŋ^{42}zau^{31}za:i^{31}
搭 桥 地方 我们 走　　在地方搭桥给我们走，

pɯŋ^{42}ɾau^{31}zo^{55}sai^{31}lian^{31}zo^{55}ʔba:n^{55}
地方 我们 知 事 连 知 寨　　人们才有知识懂村寨，

pɯŋ^{42}pan^{31}kən^{33}pan^{31}ʔdi^{33}tɕi^{55}ɕiau^{31}
地方 成 吃 成 好 几 辈　　地方做的吃得好几辈人。

又说：

ɕiŋ^{213}kuan^{55}kok^{5}kuan^{55}ko^{33}
请 管 根 管 棵　　请山神管整棵树，

ɕiŋ^{213}kuan^{55}pɯŋ^{42}kok^{5}mɯ^{31}
请 管 地方 主 脉　　请山神管主山与龙脉，

kuan^{55}ʔju^{213}kok^{5}po^{33}se^{31}
管 在 脚 “社” 山　　管在“社”山①脚，

kuan^{55}ʔju^{213}tse^{31} po^{33}tɕa:ŋ^{33}
管 在 槽 中部 山　　管在中部山。

① “社”山，地名。

kuan^{55}ʔju^{213}kok^{55}po^{33}se^{31}
管　在　脚　“社”山　　　管在“社”山脚，
kuan^{55}ʔju^{213}tse^{31} po^{33}sa:ŋ^{33}
管　在　槽　高　山　　　管在高山上。
kuan^{55}ʔju^{213}sam^{33}soŋ^{31}so^{31}
管　在　三　山洞　名　　　管在山洞三个名，
kuan^{55}ʔju^{213}zok^{5}soŋ^{31}ɕiu^{31}
管　在　六　山洞　畜　　　管在山洞六个畜。
kuan^{55}ta^{31}saŋ^{42} tɕa:ŋ^{33}luaŋ^{213}
管　河　阶地　寨　中间　　　管寨中河岸的阶地。
ɕiŋ^{213}kuan^{55}tsin^{33}pai^{33}tsin^{33}
供　管　清　去　清　　　祭供全、管得清。
sam^{213} kaŋ^{33}ka^{213}pɯŋ^{42}ni^{55}
伙　保　护　地方　这　　　请保护地方众人。
sam^{213}za^{31}zoŋ^{33}pɯŋ^{42}ni^{55}
伙　垫　叶　地方　这　　　众人在这里用树叶铺垫作供桌来供您，
pau^{42} fu^{31}pau^{42} jəu^{213}
保　福　保　佑　　　保福保佑！

这显然是布依族相信山川能孕育万物，认为山岳神灵即万物的主宰，并举行相应的宗教仪式。列宁说：“在马克思看来，地理环境是通过在一定地方、在一定生产力的基础上所产生的生产关系来影响人的，而生产力的发展的首要条件就是这种地理环境的特性。”[列宁：《列宁全集》(第38卷)，北京：人民出版社1986年版，第459页]《中国大百科全书·宗教卷》(1988年版）也说：“宗教定义一般应包括：①相信超自然体的存在。②认为超自然体的意志和行动能够影响现实世界和人生的祸福。③信仰者因而对之礼拜、求告。”《摩经·祭山经》的山神崇拜观念与宗教仪式合乎上述理论。

这就是《摩经·祭山经》认为中华汉藏语系族群“有共同族源”的历史记载。重视《摩经》经文，同时关注《摩经》使用场景的宗教仪式，宗教经文与宗教仪式相结合，历时研究与共时研究相结合，这正是人类学、民族学非常重视和提倡的科学方法。因此，我们在田野调研过程中发现珠江上游南盘江流域的云南罗平县三江口地区，还有两座神山，名叫“戛山”po^{33}ka^{33}和“官山”poŋ^{213}θai^{55}。当地布依族按传统每年农历正月十五祭戛山，农历三月初三祭官山。

农历正月十五上午九时许祭戛山，届时由家中的年青男子带香、纸、烛、鞭炮到山顶神树脚烧纸、点香，大家围在神树脚，跪求山神保佑，放鞭炮后回家。各户家长则在大门外、院子中的祭坛祭供，桌上供酒数碗（按家中人口，每人一碗酒），饭一箩，筷一把，腊肉、香肠、豆腐、鸡肉等敬供，烧纸、点香，祈求神山保佑全家平安。此仪式中，“布摩”先生不出面。

农历三月初三祭官山。由寨老组织，节日前各户出钱若干用于买牛、猪各一头，羊数只，公鸡三只，酒若干；各家准备香、纸、烛、花糯米饭等物。三月初三当天下午三时，只准男性上山，各户家长由祭师“布摩”先生带领到高山之顶祭祀。“布摩”念《祭山经》，并杀牲畜敬供，称“生祭”；将牲畜煮熟后又念经敬供，称“回熟祭”。之后众人集中在山上吃肉、饮酒。但祭山神的猪肝、羊肝等当时不准吃，而是由“布摩”分给每户一小块，并用神山树枝插上，仪式后由各户带回家中。时至半夜，准备回寨之前，各户家长需再敬神山一杯酒。神山脚，各户小孩等候、迎接家长。分配各户一小块猪肝、羊肝，由家长将其放在炕上、灶上（长年不吃），意为保佑庄稼丰收。届时还举行植树活动，宣布乡规民约，保护庄稼及防止偷牛、盗马等行为，加强社会秩序管理。

清乾隆《安龙府志》说：

“（布依族）每岁三月初三宰猪、牛‘祭山’，各寨分肉，男妇饮酒，食花糯米饭……三四两日，各村不通往来，误者罚之。”

以“猪、牛‘祭山’，各寨分肉，男妇饮酒，食花糯米饭……”说明布依族祭山活动的隆重。用两天时间专门祭山，“各村不通往来，误者罚之”显示其庄重性。这在汉语文献记载中是少见的。《摩经·祭山经》中也记载用猪、牛、羊、大公鸡、酒、香、纸、烛、花糯米饭等祭品供山神和天神。这种礼仪，渊源久远。

天神的产生，吕大吉先生在《宗教学通论》中指出：部落联盟首领首先把自己的祖先和天神联系起来，他们的祖先也就有了天神的性能，具有支配自然和社会的两种超自然力。所以他们把祭天和祭祖结合起来。特权家族（王族）的祖先和天神的结合，反映了自然神的自然属性与祖先神的社会属性互相融合，这也说明原始社会氏族宗教正在丧失它原有的自发性，逐渐向阶级社会的人为性宗教过渡和演变。（吕大吉主编：《宗教学通论》，北京：中国社会科学出版社 1989 年版，第 126 页）按此，布依族祭山仪式，是让天神与山神享受同一祭礼。这一天神崇拜观念，可能产生于阶级社会萌芽初期。其受命于天神的“燕鸟神”，“燕鸟神”又被尊称为“王”，当为部落联盟长的缩影，说明“原始社会氏族宗教正在丧失它原有的自发性，逐渐向阶级社会的人为性宗教过渡和演变”。布依族在山顶设祭坛祭祀天神、山神，说明先祖们崇拜山神的仪式，是直接向山祭祀，即认为山就是山神化身，反映出山神的最初形象也就是山。古人还认为高山之巅离天神最近，遂于山顶祭天。如《尚书·舜典》所说：

“舜在璇玑玉衡，以齐七政，遂类于上帝，禋于六宗，望山川，遍群神。辑五瑞，择吉月日，见四岳诸牧，还瑞。岁二月，东巡狩，至于岱宗。岱宗，泰山也。柴，望秩于山川。”

山者，高尚尊崇也。原始社会末期的汉藏语系族群部落首领“舜祭岱宗山神”，也正是直接巡狩到泰山之上去祭祀和顶礼膜拜的。这大约是我国汉藏语系族群先祖祭天祭山“封禅”的最早记录了。《礼记·祭法》说：“燔柴于泰坛，祭天也；瘗埋于泰折，祭地也。”《周书》说：“设丘兆于南，以祀上帝，配以后稷农神，先王皆与食。”《南齐书·礼志上》：“缪袭据《祭法》云：天地骍犊，周家所尚。”周代用作祭品的“骍犊”又称“太牢”，主要是牛、羊、猪三牲，其中牛最为贵重。布依族亦然，“每岁三月初三宰猪、牛‘祭山’”，用牛、羊、猪三牲的礼仪正与此类似。

“燔柴于泰坛”的祭法，是人们相信随着泰坛烟雾的上升，他们虔诚的愿望会随之上达天庭。人们在祭天神和山川之神时也颂扬天神与先祖之功，以示感恩戴德。对照布依族《摩经·祭山经》在古老祭山仪式上颂扬“天王”与“燕子王”图腾祖先功劳的做法，可见“以祖配祭”天神的礼仪观念也存在于布依族的传统宗教礼仪中。

布依族亦在山顶祭坛上“燔柴”祭天神、山神。之后，集体吃肉、饮酒，感谢天神、山神、祖神的恩惠。祭祀天神、山神、祖神除了用牛、羊、猪三牲，还用米酒、花糯米饭，显示了水稻民族的突出特点。

应当指出，秦汉之后，祭泰山神和祭天神，已是天子的特权。《礼记·王制》规定：“天子祭天地，诸侯祭社稷，大夫祭五祀”；“天子祭天下名山大川，五岳视三公，四渎视诸侯。诸侯祭名山大川之在其地者”。其祭祀礼仪充满了政治等级和专制性观念，未见布依族祭祀山神活动所体现的群体性、和谐性、平等性和民主性。

四、民族称谓

我国学术界普遍认为，布依族源于古代汉藏语系的“濮越”人。秦汉以前称“濮越”，东汉六朝称“僚”，唐、宋、元称“番蛮”，明、清至中华人民共和国成立前称“八番”“仲家”“侬家”“土人”“夷族”等。1949—1952年曾统称为“夷族”，并建有数个“夷族自治区（县）”。1953年，有关人士征求本民族意愿并经国务院批准，定名为“布依族”。这实际上是以布依族的自称为族名。

布依族自称“濮越”pu⁴²ʔjai⁴²或“濮夷”pu⁴²ʔji⁴²，用汉字记音还可写成“布越依”“布夷”“布依”等。“濮”在布依语中是“族”或“人”的意思。“越”亦称“戉”或“钺”。最早的钺是新石器时代的扁平石斧，石钺可安柄，作砍劈工具或武器。4 100～5 000年前的良渚文化地区，是我国石钺和玉钺最发达的地区；布依族地区出土的石钺文化亦属此类，即由使用“钺器”而发展成以“戉”或“钺”“越（粤）”为部落名、民族名。

夏、商、周三代，斧钺已发展为上古国家的礼器和王权的象征。《尚书·牧誓》：“（周武）王左杖黄钺，右秉白旄以麾。”《史记·殷本记》：“汤自把钺，以伐昆吾，遂伐桀。”《说文》引司马法云：“夏执玄钺，殷执白戚（斧），周左杖黄钺，右秉白旄。”新中国成立以来，先后在贵州省的水城、盘县、威宁、晴隆、兴义、兴仁、普安、六枝、镇宁、清镇、平坝、长顺等地，发现数十件石钺，如“有段石锛”“有肩石斧”“几何印纹陶”等古越人文化遗物，考古学研究其年代是在殷商至战国初期。《贵州省博物馆刊》（创刊号）说，它们与云南、广东、广西、海南等出土的有段石锛“如出一辙”。“西南地区有段石锛的一致性，说明这一地区当时就存在一个人们共同体，他们是古越人的一支。”考古学家在这一地区还同时发现了一批越人青铜器，如“羊角钮钟”“心形铜钺”“靴形铜钺”等，年代在春秋至秦汉，其形制与广东、广西、云南等地出土的同类器物相似。考古文物印证了史书的记载，《华阳国志·南中志》说：“南中在昔盖夷越之地”；又说：“蜀之为国，启于人皇。历夏商周，武王伐纣，蜀与焉。其地南接于越，东接于巴，西奄峨番，地称天府。”“南中”即今之贵州省、云南省及四川省南部，这一地区历来住着越人，他们就是今日布依族的先民。《华阳国志》为蜀人所撰，本地人记本地事，史料翔实，历来为史学界所推崇。该书将“夷越”这一人们共同体称为“夷濮”，《后汉书》则称之为“夷僚”。可见“夷越”“夷濮”“夷僚”都是对古代布依族先民的称谓。

“夷越”实为“骆越”的一支。《水经注》引《交州外域记》说：“交趾未立郡县之时，土地有骆田。其田随潮水上下，民垦食其田，因名雒民。”“雒田”与“骆田”通。“骆越”之意，即“垦食雒田的越人”。雒田不只交趾有，红水河，南、北盘江广大地区也有。布依语称山间谷地为“洛”lu^{213}。“洛”“骆”同音，“骆田”就是山谷里的田，布依语称为“那洛”“纳洛曼”“那洛如”等。古人把垦食骆田的越人称为“骆越”，以别于越人其他支系。每年洪水将河岸良田冲毁，洪水过后，人们又重新垦殖，故曰“其田随潮水上下”。

汉晋以后，在布依族地区，“僚”作为一个民族群体出现，而“濮越”不见记录。但“濮越”这一民族称谓并未消失，始终保留在近现代布依族中。布依语自称的“布依”“布越依”“布夷”中，“布”即“濮”。同语族的广西壮族也有“布壮”“布土”“布寮”等称谓，也在内部保留着古代“濮”的民族称谓。僚人分布很广，《太平寰宇记》说：“僚，音佬，在牂牁、兴古、郁林、苍梧、交趾。”“交趾”即今之越南，“郁林、苍梧”地在广西，今老挝古时称“僚国”。僚人从“濮越”人发展而来，布依族先民便是当时牂牁郡、兴古郡的僚人。可能就是在这一地域里形成了具有共同语言、共同经济生活习俗的人们共同体。

僚人发展为今布依、壮、水、傣、仡佬、仫佬、毛南等民族。《古今图书集成》说：“今之巴蜀以东，历湖南、北桂、岭南、云、贵数千里，溪洞山箐之中，有曰佬、曰伶、曰僚、曰瑶、曰僮之类，凡十数种……在古种类实多，有百越之名。”这个记载除瑶族应为苗瑶语族外，其余都是正确的。僚人喜近水滨、山谷，有“同川而浴”之俗，“能卧水底持刀刺鱼”，其俗与今布依族同。僚人嗜犬，今布依族仍以狗肉待上宾。僚人积木以居，名曰“干栏”，又曰“阁栏”；布依语也称住房为“干栏”，称建房为“阁栏”。干栏式建筑是布依族的主要建筑形式，源于古越人的“干栏巢居”。僚人铸铜为鼓，“僚王有鼓角一双”，“溪洞夷僚疾病，击铜鼓以祀鬼神”，对铜鼓十分珍爱，布依族亦然。黔西南布依族苗族自治州普安县发掘出土有铸造铜钺的沙石范，范上有“◇”形符号，时间是汉文帝年间（前 179—前 157 年）。这一带又有“铜鼓山”地名。贵州赫章县可乐汉墓的“铜鼓套头葬”，与广西桂北壮族地区出土的“铜鼓套葬”相似。《贵州弘治图经新志》也说：“仲家（布依族）……铸铜为鼓。”贵州明朝时期的方志中只有布依族制造铜鼓的记载。布依族民间有《祭铜鼓经》和《造铜鼓经》流传至今。铜鼓花纹与布依族妇女的织锦、蜡染纹饰相同。铜鼓文化贯穿布依族古今。这些既反映出对古越人文化的继承性，也反映出僚人文化与布依族文化的历史渊源。

隋唐时期，布依族被称为“蕃蛮”。“蕃”古音读“博”，是布依族“布”字的同音异写。因“蕃蛮”首领姓谢，而有“东谢蛮”“西谢蛮”“南谢蛮”之分。《旧唐书》载：“（谢蛮）依树为层巢而居，汲流以饮”；“有功者以牛马、铜鼓赏之”；“坐皆蹲居，男女椎髻”。其风俗习惯是僚人的延续。今安顺、贵阳、长顺等地，布依族谢氏为数不少，有的布依族村寨三百余户全部姓谢。所以《布依族简史》说：“谢氏应即今黔中一带的布依族上层。”

宋初，“诸番以龙氏为宗，称西南番主。分龙州部落、东山部落、罗波源部落、训州部落、鸡平部落、战洞部落、罗母珠部落、石人部落八大部落分支”（见《宋史蛮夷四》）。这些“部落”并非原始社会之部落，而是当时对地方势力的称谓。其地在今贵州的安龙、罗甸、册亨、兴义、镇宁、贵阳等县市，与目前布依族的聚居分布状况一致。“西南番中部族数十，独五姓最著。”所称五姓，即龙、罗、石、方、张“五番”，后来增加韦、程“二番”，合称“七番”。到元代又增加卢番，统称“八番”，领地在今贵州惠水、长顺一带。元世祖至元十六年（1279）置“八番宣慰司统其地”。“八番”是布依族地区的地方政权，其首领中如卢、罗、韦等姓氏，至今还是布依族中人口众多的大姓。

《元史》说：“栖求等处仲家蛮。”这是布依族被称为“仲家”见诸史籍之始。“仲家”的来历，清《贵阳府志》卷八七载：“先是马殷时遣马平龙德寿等率柳州兵讨略两江溪洞，数岁始平之。而殷已卒，希范嗣立。晋天福五年至南宁州（今贵州惠水县），酋长莫彦珠率其本部十八州附于马希范，遂留德寿等戍其地，以将校七族各番其番，南宁而援土，时因番上因称八番，而仲家之苗因是起源，殷所遣大将盖姓仲氏，故称仲家。”中华民国时期的《贵州通志》所言与上略同。道光《安顺府志》也说，仲家，相传仲之始祖奉檄而来，身穿重甲，因名。然不知所本。查《五代史》及《资治通鉴》等不见记载。唯《新五代史·马殷传》说：“溪州刺史彭士愁率锦、奖诸蛮攻澧州。希范遣刘勍、刘全明等以步卒五千击之，士愁大败。勍等攻溪州，士愁走奖州，遣子师率蛮降于勍。溪州西接牂牁、西林，南通桂林、象郡。希范乃立铜柱以为表，命学士李皋铭之（按：此铜柱立于今湘西土家族苗族自治州永顺县，今尚存）。于是南宁州酋长莫彦珠率本部十八州，都匀酋长尹怀昌率其十二部，牂牁张万濬率其夷播等七州皆附于希范。”可见马希范征讨两江溪洞，势力仅达今湘西，从未深入布依族地区。当时布依族首领莫彦珠等望风归附，并非楚用兵讨平，且征讨两江溪洞者是刘勍、刘全明，不是马平龙德寿，更不是“仲氏”。至于留兵戍守南宁州而变成仲家一事，显然不知从何谈起，分明是后人牵强附会之作。学术界有“仲、僮”谐音和由种稻而称“仲家”之说。《弥勒州志》也说：“种家亦作仲家。”布依族早事农耕，善种水稻，人们根据其经济生活、生产方式，称之为“种家”。由“种”演变为“仲”，这才是“仲家”的真实来源。

明、清两代，朝廷派遣大批汉族军队入黔屯军，不少军人与当地布依族结婚而融入布依族。这就是布依族传说，即明太祖朱元璋“调北征南”和“调北填南”，从江西、湖广入黔的历史背景，说明布依族在明清时期也曾吸收了少部分汉族成分。贵州其他民族也普遍存在类似传说。但总体来看，布依族是贵州高原的土著民族。新中国成立后，几十年的民族调查工作，都未发现布依族的《迁徙歌》。在布依族人民的思想意识和祖先崇拜仪式里，他们均以土著民族自居，称汉族为“客家”“客户”，自称为“本地人”。农历正月初一到初三，家家户户都要举行迎送祖先的活动。在老人过世的超度仪式上，其世代相传的送祖路线有“达罕、蛮洛、拉少、上林、歌告、善书、珉谷、阿娄、刚旁、波定”等许多地名。珉谷即今之贞丰；达罕、蛮洛、拉少、上林在北盘江附近；阿娄、刚旁、波定在今之镇宁、安顺。贵阳市一带的布依族在办丧事时，引魂幡上都要写“矩州”或“黔州”字样。“矩州”“黔州”即今之黔中地区。布依族人认为这些地方是老祖宗的原籍。因此，从“夷越”“夷僚”“番蛮”到“仲家”；从“有肩有段石锛”“几何印纹陶”到“青铜钺”“饰有翔鹭、羽人竞渡的铜鼓”，布依族族源的历史线索是清晰的，他们是开发大西南的最早居民之一。

第二节　历史演进与发展

一、牂牁、夜郎时期的奴隶社会

（一）历史沿革

经过漫长的原始社会，到春秋之时，布依族先民生活在牂牁国里，开始迈入奴隶社会的门槛。《太平御览》引《异物志》说：牂牁国“处牂牁江上，因以江名国……俗人谓之越王牂牁”。《管子·小匡》中，齐桓公言：“余乘车之会九，兵车之会三，九合诸侯，一匡天下，南至吴、越、巴、牂牁、𠘸、不庾、雕题、黑齿、荆夷之国，莫违寡人之命。”注曰：“皆南夷国号。”这说明齐桓公称霸之时，已有牂牁国。当时齐桓公称霸中原，周天子派使者慰劳，各国贡献方物，牂牁国也有所贡献。因牂牁国是越人地区，统治者称“越王”，特冠之以“越王牂牁”。《贵州古代史》说：“今乌江以南，盘江以北，云南曲靖以东，从江以西，为牂牁国北境，南境辖有广西、广东部分地区。”

古牂牁国的起源和地域，牵涉古牂牁江。牂牁江有广狭二义，狭义的牂牁江，专指今南、北盘江在贵州望谟县蔗香汇合后东流于黔桂界上的盘江，最初独称牂牁江。牂牁国因兴建在这一流域而得名。江名在先，国名在后。广义的牂牁江，包括今南盘江、北盘江、红水河、浔江、西江、番禺江等。因牂牁国势力强大后，沿牂牁江上下游扩展地域而得名。

“牂牁”一词，历代史书形体各异。“牂”，有“牫、戕、或”三种异体字；“牁”有“牱、柯、戨、戕、呟、哦”六种异体字。各书用字不统一，显然不是汉语称谓。“牂”tɕiaŋ^{213} 在布依语中是两山中的凹地；“牁”ko^{213} 有两种含义：一为江中竹筏靠岸时船工系缆绳的动作，称 ko^{42}；一为布依族信仰竹图腾，老人过世，要栽大楠竹进行超度，此竹称 ko^{213}。因此，“牂牁”一词应是布依族语言的汉字记音，意为江边产竹地。这说明古文献记载客观上反映古布依语的语音和语意，是用汉字字形表示古布依语的音意。

以当时中原大国为例，从建国至强盛约需百年；边远的邦国进展较慢，当在百年以上。由此推测牂牁国上限，应为西周中叶。考古文物说明，牂牁国立国之前，当地已有大批越人居住。同时当地还出土了春秋至战国、秦汉时期的“羊角钮铜钟”“一字格曲刃铜剑”“靴形铜钺”“心形铜钺”“铜斧”“双耳铜釜”等青铜器，具有明显的古越人文化特征，其形制与广西、广东、云南、越南等地出土的同类器物相似或相同。其年代应为牂牁国立国之后，并一直延续至夜郎时期。建立牂牁国的民族，当是布依族先民“濮越人”，红水河及南、北盘江流域至今仍是布依族的主要聚居区。至战国初，牂牁国衰，南有南越国兴起，占领它的南部、中部，以番禺（今广东省广州市）为首邑；北有夜郎国兴起，占领它的北部，以夜郎邑（今安顺市或黔西南）为首邑，贬原牂牁国君及其族人，使居夜郎邑东北的小邑且兰（今黔南布依族苗族自治州福泉县），并用“且兰”为其国号，就近接受夜郎国统驭。牂牁国于是缩小成且兰小邦。

夜郎国建立之后，迅速扩大势力，东南面上降服了毋敛国，西南面上降服了漏卧国，西边征服了莫与同竝等小国，北面越过延江（今乌江）北岸，征服了鳖国、鳛国、蜀国东南、僰国及巴国南境，唯独东边的黔中地属楚，夜郎君长不敢侵犯。这样便形成了战国时期的大夜郎国，其所控制的幅员有贵州的四分之三、云南的四分之一、广西西北少部分、四川少许地方，缺今贵州东部。夜郎国除原国北境为直辖领土外，其他控制地区，例如，今独山、荔波是当时的毋敛国，福泉及都匀北半部是且兰国，绥阳、遵义、桐梓是鳖国，习水是鳛国，仁怀、赤水及四川叙永一带是蜀国东南境与僰国。正安、德江是巴国南境，威宁以南是莫国，还有云南、广西小部分地区是同竝、勾町国。这是广义的夜郎国。故《史记》说，西南夷君长以什数、夜郎最大。夜郎国在牂牁江（今南、北盘江，红水河）流域发展起来，《史记》载：牂牁“江广数里，出番禺城下”。又曰：“夜郎者，临牂牁江，江广百步，可以行船，南越以财物役属夜郎。”可见南、北盘江到四会入海处都可名牂牁江，而夜郎国所临牂牁江地段，则指的是今南、北盘江及红水河流域。这一地区居住着众多的布依族先民，出土的诸多“靴形铜钺”“心形铜钺”“铜斧”“双耳铜釜”“羊角钮铜钟”“一字格曲刃铜剑”等古越人青铜器文物就是明证。但夜郎国国土发展后，其控制区已大大超出布依族先民的聚居区。这些区域里可能生活着众多部族，即夜郎国并非单一的民族国家，而是各民族的人互相交往、互相学习，共同发展了夜郎国的经济和文化。

楚顷襄王时，派庄蹻西征，到达且兰椓船步战，且兰战败，夜郎迎降。庄蹻西征至滇（今昆明市），遇秦夺去黔中，归路被断，遂留滇为王。夜郎变为半独立状态。至秦统一中国时才起变化。《史记》说：“秦时常頞略通五尺道，诸此国颇置吏焉，十余岁秦灭。”置吏即设置郡县。当时的布依族地区，设有毋敛县、且兰县、夜郎县等，都在原战国时大夜郎国境。又秦始皇三十三年，略取南越陆梁地，置桂林郡、南海郡、象郡，以谪徒民五十万戍五岭，与越杂处。其中象郡相当于今越南北部、广西西北部、贵州南部地区，先所设夜郎、且兰、毋敛等县划归象郡领属。

后，赵佗进占桂林、象郡，自立为南越武王。秦灭后建立的南越国已无三郡，而秦象郡所辖之布依族地区怎样，史书无直接记载，只能间接看出，如《汉书》曰：“及汉兴，皆弃此国而闭蜀故徼。”《华阳国志》说，“汉兴，遂不宾”，仍有夜郎、且兰、毋敛、同竝等国。可知原土著君长趁秦大乱败灭，恢复了固有称号，割据统领一方。

汉武帝灭南越，开牂牁，以吴霸为牂牁郡太守。“夜郎侯始倚南越，南越已灭”，外援被切断，孤立之下被迫入朝，汉朝也希望笼络、羁縻他，赐其王印绶。故《史记》说：“西南夷君长以百数，独夜郎、滇受王印。”从此，布依族地区形成了郡、国并存的局面。当时，夜郎地区有大量蜀国“僰僮”被买卖。汉朝征调军队攻伐南越时，“且兰君恐远行，旁国掳其老弱”。“夜郎王兴与勾町王禹、漏卧候俞更举兵相攻”。这些都反映出战争掳掠和买卖人口的奴隶制特征。布依族经书《保坝经》中记述了安王和祖王两位王子，因王位继承和财产、奴隶分配而发动战争，最后安王获胜，祖王献出粮食及牛、马、鸡、犬等牲畜，以“十二个大汉抬财物，又拿一百二十个婴儿做租”。这种失败后以粮食、牲畜、人口作为赔偿的现象，与史书记载相吻合。《柔番沃番钱》记载了“兴王”时期的社会繁荣，以及“王权、神权观”和“天神、天罚观”，反映当时国家统治者创造的神权理论。王权与神权一旦结合，统治便蒙上一层神秘色彩，更容易役使广大臣民。今布依语中还流传着“布苏”$pu^{42}su^{42}$、“独唯”$pu^{4}wai^{35}$等对立的词语。“布苏”意为主人。“唯”意即长工或奴仆；“独”指动物，说明奴仆就像动物一样，是卑贱的称谓。黔南州长顺、惠水一带布依族办丧事时，要扎一稻草人，颈上系以草绳，烧给亡灵到阴间做“独唯”，其他地区则做纸人、纸马，烧给亡灵，作其阴间“独唯”。这可能是早期奴隶主用人殉葬，后来为了保存、继续使用奴隶而改用实物代替，演变成今日变相殉葬的遗风。世代相传的这些思想意识，反映出奴隶制的历史遗迹。到汉成帝河平年间（前28—前25年），夜郎王兴被牂牁太守陈立所杀，进而清除了奴隶主残余势力“兴妻父翁指与兴子邪务”等，代表奴隶制的夜郎国政权终被统一的多民族的郡县制所代替。

夜郎国灭后，汉朝并其地，置牂牁郡。《汉书·地理志》载牂牁郡辖17县，即“古且兰、镡封、谈指、谈蒿、同并、漏卧、漏江、夜郎、勾町、进桑、毋敛”等，其中七八个县在今布依族聚居区。如古且兰在今福泉及都匀、惠水一带；镡封县在今兴义市及广西的西林、凌云一带；谈指县在今六枝特区及晴隆、普安等地；毋敛县在今荔波、独山及广西河池、南丹等地；夜郎县在今安顺、关岭等地。这地名、县名多以“镡”“谈”“同”等字命名，与今布依族语言对村寨的命名相同。如镇宁县油寨村分为“老寨”“下寨”“中寨”“山口寨”“新寨”五大寨，用布依语称为“谈高”tan^{11}kau^{55}，即老寨；“谈纳”tan^{11}la^{42}，即下寨；“谈刚”tan^{11}kaŋ^{33}，即中寨；“谈将”tan^{11}tɕiaŋ^{2143}，即山口寨；“谈莫”tan^{11}muə^{55}，即新寨。这种村寨称谓习惯至今还很普遍，说明古郡县名用布依族语言还可解释，或者说古县名是采用当时的布依语地名。而“夜”与“越”通，“夜郎”实际上是“越骆”或“越僚”的同音异写。“郎”即ɾa:ŋ^{11}，布依语意为“竹笋”。“夜郎”ʔjai^{42}ɾa:ŋ^{11}，用布依语解释就是“信仰竹图腾的越人”。

（二）图腾崇拜

夜郎国信仰竹图腾，《华阳国志·南中志》说：“有竹王者兴于遁水，有一女子浣于水滨，有三节大竹流入女子足间，推之不肯去。闻有儿声，取持归，破之，得一男儿。长养有才武，遂雄夷狄。氏以竹为姓，捐所破竹于野，成竹林，今竹王祠竹林是也。”“竹王”即夜郎王，“遁水”即今之北盘江。其母“浣于水滨”，说明他们是北盘江边傍水而居的民族，这与布依族居住特点和习俗相同。“竹王生于竹中”是其竹图腾信仰的反映，亦可与今布依族农村普遍存在的竹图腾崇拜遗迹互相印证。其主要反映在举行宗教仪式时，必须选择吉日，请本民族祭司“布摩”设坛祭供，并按传统礼节摆上象征“竹神”的新鲜竹子，内容可大致分为“祈子祈福”和“驱邪除病”两种。

“祈子祈福”仪式，包括“神竹送子”“产妇屋内的神竹，要等到将来该妇女超过生育年龄时才能取下”“老年人逝世，灵魂随竹神升天”“家族神房每年更换新竹”等。1949年前，大部分布依族地区在新媳妇怀上第一胎时，为了让其顺利生育，都要举行“改都雅”khe^{42}tu^{11}ʔja^{35}仪式，届时由舅家选好两棵高矮相同、竹节一致的金竹（竹尖留有竹叶，表示生命旺盛）后，派两名男性长者送竹祝贺。“布摩”用此竹弯成拱门，门上挂红纸人形和红绿纸花，纸人图案互相牵手，神竹代表舅家“送子送孙”。祭竹供品有糯米饭、猪肉、鸡等，“布摩”诵“谢竹赐子”词，祈祷祖神保佑。祭毕，又将神竹安在孕妇的卧室门口或床头墙上。主家宴请亲友，相信经此仪式，孕妇便能顺利生育。

在六盘水、晴隆等北盘江沿岸地区，布依族举行的类似仪式时，由“布摩”采新鲜楠竹破成一只船，船上扎一茅草人，草人身缠一个竹浆，作为祈子神物。将竹船放在水缸脚祭供，认为竹船渡魂魄过江后，孕妇便能顺利生育。虽然形式不同，却都反映了“神竹送子”的宗教信仰及崇拜礼仪。

贵阳市花溪区金竹镇一带的布依族，1949 年以前，当小孩出生满“三朝”或遇小孩长期生病不愈时，要请“布摩”祭神，举行“栽神竹”仪式。生男孩者，栽金竹一蓬；生女孩者，栽水竹两棵，意为“让竹神与儿作伴，护儿生长”。因此，栽竹需很细心，必须保证成活。“布摩”在诵词中祝贺小孩“像竹笋一样生长，如树林不惧风霜”。在安顺地区的镇宁、关岭、紫云、普定等地亦然。但只有一个男孩的独子之家才举行这种仪式，且只栽金竹。在独子长到 18 ~ 20 岁前，此竹不得任意砍伐。若需用竹，也要用酒肉先行供祭，由独子亲手砍第一刀，其他人才能采用。

布依族对年老逝世者的超度仪式，非常复杂。特别是“古谢王” ku^{213}çie^{35}waŋ^{11} 仪式，需砍牛或砍马祭祖，以铜鼓、唢呐、长号等乐器吹打伴灵。族中守孝数日，请“布摩”念经超度，俗称“办土斋”。丧家大门外要栽一棵数丈高的带叶大楠竹，作为死者灵魂的“升天通路”。此神竹布依语称“戈哥” kuə^{33}ko^{213}。神竹底部供酒、大米、鸡、鸭等物。由肩扛宝剑或长刀的“布摩”安排孝子跪竹，再带孝子孝媳“绕竹送灵升天”，称“豪洛” hau^{42}loŋ^{42}。“豪洛”之后，才到村外敞坝“豪吉” hau^{42}tçie^{42}，砍牛或砍马雷同。贞丰、望谟一带，“布摩”在请死者的灵魂时念：“请你从水竹口来，请你从楠竹口来，来享儿孙酒，来吃儿孙鱼……”这说明在布依族古代意识中，认为人的灵魂与神竹互相依存。神竹是人类生命、灵魂派生和归宿之物质载体。这种观念的产生还伴有严格的宗教礼仪。

黔南州的龙里、贵定一带，布依族人选作“戈哥”的楠竹，须由孝子亲自带鸡、酒、稻穗去拂竹林，并给选定的楠竹带上孝帕，行“下跪礼”后，方能砍竹。这正是信仰者使用图腾物时，必须先行敬供的礼仪。出丧时，亦由孝子肩扛金竹在灵柩前“引路”，孝女、孝媳背糯米饭、米酒在后“送灵”。上山垒好坟墓，将竹番插于坟上，以后定期祭扫。

六枝特区郎岱茅口布依族乡以及与其隔北盘江相望的晴隆县，每个布依族村寨都有一个寨神房，作为各户祖灵的共同住所，布依语称为“报吉兜” pau^{55}tçi^{11}təu^{33}。寨神房高 2 ~ 3 米，用楠竹搭为 3 层，上盖竹制半圆形屋面，称“家跃” tçak$^{\underline{35}}$jiau^{33}。每年除夕之夜，各家带酒肉前往祭供，采数枝带叶竹丫回，插于堂屋敬供，意为“接祖先回家过年”，称“冉报” zaŋ^{35}pau^{35}。山寨老每年都会给寨神房的“家跃”换新竹，如年底修理住宅之俗。

在平塘、惠水两县，布依族还有种竹保寨的“保蛮” po^{42}ʔban^{11} 仪式。1949 年以前，布依族人若突发疟疾或伤寒而久治不愈，便要请竹神驱除“疫鬼”。仪式由寨老主持，用带根竹子在四蓬祭祀，每户出钱若干，用于买牛、鸡敬神。“布摩”在祭词中称这四蓬竹子为“四报濮老” ɬei^{55}pau^{55}pu^{42}lau^{42}，意即“四位老人”。祭礼中，需将鸡血淋于竹叶，由寨人把此竹分别栽于四方路口，意为“神竹保寨”。这不仅将图腾物拟人化、神化，而且赋予它驱邪除病、保护村民等功能。

上述布依族普遍存在的竹图腾文化现象的分布地带与《史记》《汉书》《华阳国志·南中志》记载的牂牁、夜郎地域相吻合，显然是牂牁、夜郎文化在布依族中的传承，证明了布依族文化与古牂牁、夜郎文化的渊源。布依族先民是夜郎国的民族之一。

二、封建领主制时期

汉魏六朝以后，布依族进入封建领主制时期。一些布依族大姓凭着雄厚的实力，发展成当地的封建官僚，为维护祖国统一贡献了力量。

东汉时，导江卒正（即蜀郡太守）公孙述自称天子，改益州为司隶校尉，蜀郡为成都尹。越嶲任贵杀王莽任命的大尹，据郡降述。但布依族地区牂牁郡功曹的谢暹不为所动。恰逢刘秀在河北称帝，正图恢复汉的统治，谢暹便遣使绕道番禺江（珠江）向刘秀进贡。刘秀在中原政局未定的情况下，得到遥远的贡物、政治上的支持，对其予以嘉奖，封谢暹为义郎，寓有维护刘秀汉朝统治之义。此后，谢氏子孙世代承袭。东晋成帝咸和八年(333)，成汉李寿破宁州，南中尽为成汉所有，“惟牂牁谢恕不为寿所用，遂保境独为晋，官至抚夷中郎将，宁州刺史冠军”（《华阳国志·南中志》)。咸康六年（340），成汉李寿又派将军顾奕征牂牁，“太守谢恕保城拒守者积日不拔”（《晋书·李寿载记》)。因此，牂牁郡再次受到晋庭嘉奖。梁末宁州刺史徐文盛回军救台城之变，南中郡县多为建宁爨氏所据，“惟牂牁为梁、陈守，然朝命之不及，自推其豪族为守令，而谢氏、宋氏兴焉”（《安顺府志》)。唐高祖武德三年（620），谢龙羽“遣使者来朝，以其地为牂州，拜龙羽刺史，封夜郎郡公”（《旧唐书·牂牁蛮传》)。唐朝采取“以故俗治之”的策略，继而在布依族地区建立了“庄、琰、盘、矩”等羁縻州，设立刺史、将军等职，于黔州设都督府以统之，为以后的土司制奠定了基础。谢氏是黔中一带的布依族上层，其“依树为层巢而居，汲流以饮”“有功者以牛马、铜鼓赏之”“坐皆蹲居，男女椎髻”等习俗至今还可在布依族中看到。今安顺、贵阳、长顺等县市的布依族中，谢氏为数不少，有的布依族村寨三百余户全部姓谢。

唐末五代时，谢氏衰。有莫氏雄于南宁州（今惠水县）“领本部十八州”；尹氏起于都匀，“领十二部”（《五代史·马殷传》)。宋初，龙、石、罗、方、张“五番”于南宁州取代莫氏而有其地。后增韦、程、卢“三番”，宋元之际形成“八番”（《宋史·蛮夷传》)。元朝统一中国后，在总结历代王朝特别是唐宋经验的基础上，又有新的发展，鉴于羁縻州制虽以郡县之名而实同独立王国，元朝政府采取“蒙夷参治之法，而官有土流之分”，始有“土司”之名。

土司制的官职，计有宣慰、宣抚、安抚、长官诸司。这些职名，元代布依族地区均已齐备。至明清时，土司制更臻完善。土司是辖区内的最高统治者，又是当地的封建领主。他们拥有士兵，掌握生杀大权，设有衙门、监狱、公堂、神祠等统治机构，对内自用其法，定期向中央朝贡，接受其封号、官阶。

封建领主制时期，布依族地区的经济、文化有较大发展。当时稻麦一年两熟，且已有维护私有财产的法规，例如：偷人东西需加倍偿还，杀人者出牛三十头可免死。民间户口殷盛、财力亦较强大，故附近诸郡无不敬惮。首领谢龙羽拥兵数万，平时为农，战时为兵。其民平时散居山谷，居住“干栏”，“自营生业，无赋税”，“唯征战之时，乃相屯聚”。(《旧唐书·南蛮传》）这种合军民于一身的特点反映了领主制早期的情形。宋代，布依族地区“人尚耕种”，“土宜五谷，多种秧稻”，特产名马、朱砂、蜜蜡、土布、蜡染等。(《宋史》卷四九四）不少土特产还成为向中央朝贡的贡品，元、明时期亦然。在领主制下，土官把领地分为“私田”和“公田”两类。前者作为土官的“自营地”，后者作为“份地”分给农民。农民用自己的劳动和农具耕种“自营地”及“份地”。“自营地”产品归土官，作为领取份地的报酬。“份地”产品归土民所有，用以养家，维持再生产。

这种领主经济，对田地的占有与产品支配权特别重要。如罗甸县布依族《黄氏江夏宗谱》记载：凡带有印信的土官，均可分得若干“份地”，称为“印田”；无印信的土官得“荫免田”，又称“俸禄田”，它们土质最肥、水源条件最好。每年由附近土民无偿为其耕种，产品归土官所有。

“劳役田”由土官授予服夫役的农民耕作，产品归耕者所有，不纳粮谷，但必须担负与田地名称相应的劳役。如耕种“伙夫田”的农民须负担伙夫之事；耕种“割路田”须担负割除路草；耕种“挑水田”须为土官挑水；耕种“舂米田”须为土官家舂米；耕种“柴火田”须给土官砍柴；耕种“小菜田”须供给土官蔬菜；耕种“摩公田”须负责给土官祭祀、驱鬼等。还有“祭祀田”，产品用于土官祭祀活动，其中又分为“清明田”和“庙田”两种。

依附封建土官的土民，由于政治、经济上的地位不同，他们受剥削的程度也不相同。

第一种是耕种“粮田”的“粮庄百姓”。他们在土民中人数最多、社会地位相对较高。不仅耕田，而且充当土官兵丁，所谓“散则农，聚则兵”，具有依附农民的性质。

第二种是“私庄百姓”。这是由外地迁来投靠的农民，在土官指定的范围开垦荒地耕种。他们不交赋税，但每年要向土官缴纳一定数量的“火烟钱”。社会地位较低。官家的各种劳役，如抬轿、挑水、扫地以及耕种“劳役田”，也多是他们的无偿劳役。

第三种是家奴。家奴多半是土官买来或陪嫁而来的家内劳动者。他们没有人身自由，以女性居多，一般到了结婚年龄，土官便把她们许给穷人作妻。

明末清初，随着生产力发展，土司制度越来越不适应社会生产力的发展。社会在客观上要求“改土归流”，即由中央王朝委派外地流官取代本地的世袭土官，逐渐向封建地主经济过渡。

“改土归流”客观上适应了地主经济的发展需要，促进了布依族地区经济和社会的进步。此后，布依族社会彻底进入封建地主经济阶段，与内地汉族地区已无多大差别。

三、半殖民地半封建社会时期

鸦片战争之前，布依族地区封建地主经济有了较大发展，土地集中程度逐步加深。如黔西南的安龙县出现了收租谷三四千石的大地主；黔南的罗甸县、都匀县有的地主占有一两千石产量的稻田。至于一般中、小地主，在布依族地区就更为普遍了。地主对农民采取实物地租的剥削形式，一般是“对半分花”，即农民佃种地主的田地，每年以收成的一半谷物向地主交租，但也有地租高达70% ~80%者。除交租外，佃农每年还要给地主服一定数量的劳役，是一种劳役地租的残存方式。为了适应土地买卖频繁的需要，布依族青少年在学习汉文时，曾把买卖土地契约作为一项重要的学习内容。商业贸易也发展较快，如黔中的安顺城设五个专业性市场：三个棉花市、一个土布市、一个粮食市；黔西南的兴义、贞丰百层码头是川、鄂、滇、桂、黔五省的物资集散地，“通商者以花易布，源源而来”（《黔南职方纪略》）。此外，一些城镇如安龙、都匀、独山等地也发展为当地经济中心。在兴义的棉花和纺织品交易中，出现了包买商；平坝蔡万春的机房雇用织匠30多人。但是鸦片战争之后，随着外国资本的流入和天主教势力的渗透，布依族社会逐渐向半殖民地半封建社会过渡，并对其经济、政治和文化产生巨大影响。

19世纪末，英法两国在中缅和中越边境开辟商埠，英法等国的商品通过这些商埠运到布依族地区，而布依族地区的原料也源源不断地通过这些商埠运到国外。据1897年英国布莱克本商会访华团记录的资料："在安顺这个贵州省第二个最重要的城市的城内和周围一带，织布业是一个很大、盈利情况很好的行业，每周产布几千匹，原料为汉口和华山的棉花以及香港经百色运来的孟买和日本的大量棉纱。估计安顺府每年出售的进口棉纱在3 000包至4 000包之间，而且是求过于供。""黄草坝（今兴义市）主要是因为每年输入的大量印度纱，及该镇和附近地方用印度纱织布而闻名。据估计，每年在该地共销售每包重400磅的棉纱1 000包，而用印度纱及土纱织成各种等级的窄土布的织机约2 000台至3 000台。大部分棉纱由该镇开设的广东商行代理商在香港购买，经由北海及南宁至广西百色厅再交驮运。""新城（今兴仁县）是一个地方虽小人口众多的城市，位于贵阳府与黄草坝之间……此地织布机据说有3 000架……唯一的原料就是印度纱，不论经线和纬线都同样用印度纱绞成。"（《中国近代手工业史资料》第二集）大量洋货输入布依族地区，因洋纱质地优良，价格低廉，很快垄断纺织市场，广大农村妇女的纺织手工业失去了抗争能力，不可避免地濒于破产。故《续安顺府志初稿》说："自洋纱输入侵夺土纱地位以后，纺纱一业全告停顿。"布莱克本商会访华团也说："今日差不多走到任何一家农户，都可以看到过去曾为不可少的纺车摆一边，布满灰尘，被遗弃了。"（《中国近代手工业史资料》第二集）。当时布依族地区也兴办了一些民族工业，如兴义的福生恒棉织厂、平民织布厂、何绍云织布厂等。1911年贵州巡抚庞鸿书奏称："都匀……永宁（今关岭）、罗斛（今罗甸）、贞丰等属之工厂、蚕桑学校，均渐有进步。"（《续文献通考》卷三七八）但它们外遭帝国主义压制、内遭官僚封建势力扼杀，基础非常脆弱。这些都说明布依族地区的经济命脉已逐渐被外国资本所控制。在外国资本流入的同时，天主教势力也加强了对布依族地区的渗透。布依族地区的半殖民地半封建社会，是由于外国宗教势力和资本的侵略而逐步形成的。

1844年《中法黄埔条约》规定："倘有中国人将佛兰西礼拜堂、坟地触犯毁坏，地方官照例严拘重惩。"法国侵略者享有此特权，便于1847年至1849年间，先后派遣法籍传教士孟穆肋、郭德棋等前来贵州的贞丰、兴义、镇宁、安龙等县传教，继而深入贵定、独山、罗甸、册亨、关岭等地。传教士以办学校、设医院等慈善事业笼络人心，与地方官绅互相勾结，使天主教势力在布依族地区迅速发展。如安龙教区共辖有安龙、贞丰、册亨、望谟、兴义、兴仁、晴隆、普安、盘县九地，境内纷纷成立教堂，连十分偏僻的册亨也设有教堂四个、分堂一个。传教士凌驾于当地政府之上，有见官高一等的特殊身份，教堂包揽诉讼、受理的民刑案件，当地政府不能过问。相反，当地政府判决若有不如意者，教堂可擅自推翻。传教士还挑拨民族关系，如光绪末年，册亨秧庆教堂收养的一个布依族孤女，在病危时被逐出教堂，冻死在山上，群众对此十分愤恨，纷纷取下圣象，摆上家神，拒做礼拜，和教堂断绝关系。传教士甘有为为了转移目标，暗中散布谣言，对册亨城里的汉人说："者七寨的布依族要'杀汉兴夷'"；又对者七寨的布依族说："城里的汉人要'杀夷兴汉'。"他借机挑起民族仇杀，使无辜群众惨死。传教士的种种不法行为，酿成了"青岩教案""兴义教案""永宁教案""贵定教案""独山教案"等反洋教群众斗争。

1911年孙中山领导辛亥革命推翻了清朝统治，结束了中国两千多年的封建帝制，建立了中华民国，但辛亥革命未能改变中国半殖民地半封建的社会基础，在布依族地区，外国商品输入继续增加、传教士对地方事务的干涉进一步加强，加上军阀割据，盗匪横行，社会秩序异常混乱。

兴义、安龙两县是贵州军阀兴义系的老巢。从19世纪50年代起，兴义县的刘官礼、刘显世父子先后被清政府和民国初年军阀授予游击、同知、清边营管带、贵州护军使、贵州省长、军务善后督办、督军及滇黔靖国联军副统帅等职务，先后两次统治贵州，其统治达12年之久。镇宁是滇黔交通要道，也是军阀争夺的主要战场。民国初年，云南军阀唐继尧驻军镇宁期间，实行戒严，捕杀异己，“人咸惴惴，恐被株连，相率逃匿，城市为空”。民国十二、十三年，镇宁又相继被勾结滇军的刘显世和黔军彭汉章割据，军队经过的地方，“沿途掳村掠寨、大肆骚扰”；“自行设置苛捐杂税，屈指难数……侵占民房，月月封马拉夫，骚扰闾阎，民不聊生”；“自辛亥鼎革以还，干戈扰攘迄无宁岁。近复饥馑存臻，疫疠流行，人民死亡不知凡几！不逞之徒，流为匪类，官厅捕治，刑戮尤频。遂致陈尸郊外，任饱兽饥鹰；暴骨荒原，听其风欺日炙。其惨状诚有目不忍睹者”！（中华民国时期的《镇宁县志》）。军阀混战时期，布依族人民处于水深火热之中。直到1949年中华人民共和国成立，布依族才与全国人民一起获得了彻底的解放。

第三节　考古发现

考古发掘资料说明，布依族地区早在旧石器时代就已有人类活动。从旧石器到新石器时代，文化演进的线索比较清晰。

一、旧石器时代的分期及文化特征

（一）旧石器时代早期

黔西观音洞文化遗址　1964年发掘于黔西县沙井乡观音洞，距今约100万～200万年前，属更新世中期。此期在中国发现的文化遗址不多。观音洞文化特点是石制材料丰富，有3 000多件；地层关系明确，伴生化石多。这可以在一定程度上说明当时的生产活动及技术水平。具体表现在：①大多数工具用石片做成，少数工具的毛坯用石块和石核做成。②石器加工打片基本上是用锤击法，偶用碰钻法。③大多数石片和石核形制不规则，少数是规则的三角形、梯形，甚至近似长石片，石片及石核台面的制作加工以打击为主，自然台面次之，少数见修理过的痕迹，石核多台面者多于单台面者。④工具所占比例高达60%，是同期石器之冠。工具组合有刮削器、尖状器、石锥、雕刻器及砍砸器，其中以刮削器为主，石锥及雕刻器很少。工具中大多数是长度小于40毫米的小工具，大、中型工具比例很少。⑤所有工具都曾有认真的加工，刃口上小石片疤层叠。多刃工具多于单刃工具。

与云南元谋人3件小型刮削器相比，两者在石器加工技术和类型上保持相似之处。在加工方法上，两个地点发现的石制品有共同点，但元谋人石器似乎较为粗糙，均说明它们的继承性。与蓝田人、北京人、丁村人的石器相比，亦有某些相似之处，但同少异多。观音洞文化与北京猿人文化分别代表这个特殊的以小石器为主体的旧石器文化传统的南、北方的主支，并对其以后文化产生很大影响。

（二）旧石器时代中期

被发现的人类化石有贵州水城硝灰洞人、广西柳江人、来宾麒麟山人等，距今5万～20万年，属更新世晚期。以柳江人为代表，其体质特征是："面部低矮、塌鼻梁、颧骨较大、下巴微突、两眼深凹，是形成中的南方蒙古人的特征。"这与今布依族和当地壮族的体质特征相似。从石器文化来看，属观音洞文化系统，是由观音洞文化发展而来的。水城硝灰洞内发现的石器，数量不多，但其石片表现出来的一些特征可以在黔西观音洞的一些标本上找到。

（三）旧石器时代晚期

被发现的人类化石有贵州兴义县猫猫洞人、普定县穿洞人，石器文化则有安龙县菩萨洞文化和观音洞文化、兴义县张口洞文化、长顺县神仙洞文化等。距今1万～5万年前，属更新世晚期。以贵州兴义县猫猫洞文化为代表，特点是：①工具制造方面：料软、方法特殊，使用了锐棱砸击法、垂直砸击法。②一类工具多而奇特，发明锐棱砸击石锤、锤击石锤、"石钻"及打击砾石。③二类工具简单、加工精细、形制精美，为我国南方罕见。有刮削器、尖状器、砍砸器。④发现新型工具。骨器、角器10件，有骨锥、骨刀、骨铲，其中一件骨器可能是艺术品，一件可能为鱼叉，骨刀为国内首次发现。其面貌焕然一新，与众不同，是一个具有创新精神的文化但与水城硝灰洞石器有渊源或继承关系，也与普定穿洞文化、安龙菩萨洞文化和观音洞文化、兴义张口洞文化同属一类，拟为逐渐发展中的母系氏族社会。同时在兴义县猫猫洞穴所在的山脚，还采集到3件磨制粗糙的石斧，预示着"兴义人"已在旧石器文化基础上孕育着新石器文化的胚芽。

上述人类及文化遗址，均为古"夷越人"的分布区域，现仍是布依族人民的聚居区和杂居地。

二、新石器时代的分期及文化特征

1954年贵州省博物馆筹建处在盘县平关、沙陀两乡征集到4件磨制石器，其中2件是有肩有段石斧。迄今为止，贵州省博物馆已陆续征集到有段石锛、有肩石斧等共30余件（不包括各州、县文化馆收藏的标本）。这些新石器分布于贵州省的兴义、望谟、普安、盘县、水城、威宁、毕节、赫章、清镇、平坝、长顺及贵阳市的乌当区等10余个地区，距今四五千年，相当于殷商至战国初期，分别代表黔中、黔南、黔西南、黔西北等地区当时的生产活动及技术水平。这些石器磨制良好，刃部锋利，石质坚硬，还有的表面光滑如玉，刃部则有使用痕迹。按特点可分为四式：

（1）Ⅰ式，弧段。特征是器身规整，正面磨平、背面中部隆起形成弧脊（即段），段以下内斜至刃口，上段窄、下段宽。上段剖面为椭圆形，一般中部最厚。通高8.8～11.1厘米，刃口宽3.6～6厘米，厚1.6～2.7厘米。质料皆为玄武石。

（2）Ⅱ式，直段。特征是背面中部起棱，形成直线脊。这种直段的上段剖面多为半圆形。形制有规整，也有不甚规整者。通高8.2～11.6厘米，刃口宽4.3～5厘米，厚2.2～2.3厘米。质料有玄武岩、碎屑岩和辉绿岩。

（3）Ⅲ式，磨棱。上部磨成棱角，形如上、下两段。有磨二棱的，也有磨四棱的。正背面皆平直，一般厚薄均匀，正面多梯形。高 6.2 ~ 12.8 厘米，刃口宽 3.8 ~ 5.2 厘米，厚 1.6 ~ 2.3 厘米。质料为玄武岩和石灰岩。

（4）Ⅳ式，有肩。亦称有肩有段石器。这类石器的特征是肩部较宽，为斜坡状，钝角肩形。正背面皆平直，刃口多弧形微斜。器身规整美观，也有呈曲扭状的，但制作精致、细腻。通高 4.5 ~ 8.4 厘米，刃口宽 3.6 ~ 5.5 厘米，厚 1 ~ 1.3 厘米。质料为玉燧石。

在新石器时代的贵州平坝县飞虎山遗址和赫章可乐遗址，还分别出土有弦纹、细绳纹、波浪纹等纹饰的几何印纹陶，以及石纺轮、陶纺轮等。特别是飞虎山遗址出土的一片乳黄色陶片上，有一段带状的红彩，这是贵州高原第一片彩陶，类似印纹陶器。在随后发掘而年代稍晚的黔西南自治州普安县铜鼓山遗址中还出土有釜、罐、豆、钵、环、纺轮等陶片千件以上，质地为类砂陶，饰纹以绳纹为主，方格纹次之。其年代上限在战国或更早些，下限在西汉武帝时期。

有段石锛、有肩石斧和几何印纹陶，是典型的古越人文化。这些出土文物还与广西、广东、海南、云南等地的同类文物相一致，说明这一地区当时已形成一个共同体，他们就是布依族先民“夷越人”。从旧石器到新石器时代，考古资料展示了一幅生产工具由简单到复杂、由低级到高级的发展图景，彼此间有明显的继承关系，线索比较清晰。可以说，它们表现了一脉相承的布依族先民远古文化。

三、青铜时代的分期及文化特征

（一）羊角钮铜钟

1984 年 7 月水电部九局工程队在黔西南自治州安龙县化力区修公路时所获。通高 37 厘米，底口呈椭圆，长轴 21 厘米，短轴 16 厘米，素体无铭记，上小下大，中空无底，形状如半个椭圆，全系青铜铸造。内壁光洁，底面平直。顶部有竖直长方形对称穿孔，孔长 2.5 厘米，宽 1 厘米。顶端露出两片羊角形钮，钮宽 2.5 厘米，垂直高 6 厘米，似羊角，故称“羊角钮”。该钟与云南、广西、广东及越南出土的同类器物相似，其年代为春秋至战国中期。

（二）一字格曲刃铜剑

1983 年在安龙县城北隅豺狗洞出土。青铜铸造，总长 27 厘米，空心圆柱茎，茎长 7.5 厘米，茎前端直径 5 厘米。中部较细，底部渐粗，茎首作喇叭状，前端左侧有一圆孔。一字形格，长 12.5 厘米。剑身基部甚宽，斜收于中部又向外折，再微收成锋，形成曲刃，长 19 厘米。基上有三道纹饰，上下窄，中间宽，饰涡纹、三角纹，或饰平行斜纹组成的图案。剑身是涡纹、平行斜纹组成的图案，正中有两条垂直线通到刃凸处，便改为一条垂直线直达尖端。因形故名“喇叭茎一字格曲刃剑”。器身完好。此类剑在贵州仅存 3 件：第一件是清镇十八号汉墓出土的；第二件是在普安铜鼓山遗址发现；这里所介绍的为第三件，与普安铜鼓山发掘的同类剑相比，剑茎、剑格、剑身曲折、纹饰风格均大致相同，仅剑茎的饰纹面积和穿孔位置、数量有异。由此推论，该剑年代当为战国晚期至西汉早期。

（三）青铜钺

1925 年兴义县丰都乡云脚村农民挖土时所获。器身完好，体呈心形，素面，通高

11.6 厘米。三角形扁銎，厚 1.4 厘米，宽 5 厘米。銎下一面有穿孔，呈不规则月牙形，长 3.5 厘米，宽 2 厘米。短颈高 3.9 厘米，宽 5.2 厘米。双肩，肩宽 7.8 厘米。圆弧双面刃，刃高 5.7 厘米。刃由肩部至刃端微收。其形制与兴义县顶效和普安铜鼓山、清镇汉墓出土的同类青铜钺相似，年代在西汉或更早。

这类青铜钺，近年来文物部门又相继在兴义县巴结、纳灰两地各发现 1 件。其形制与丰都出土的基本相似，唯巴结出土的青铜铖刃面有“◇”形符号，体形略大，通高 13.1 厘米，肩宽 10 厘米。纳灰出土的青铜钺体型稍小，通高仅 7 厘米，刃宽 4 厘米。上述铜钺，其形状与兴义县猫猫洞遗址出土的心形尖状石器近似，说明黔西南青铜文化的独特风格，源于旧石器时代晚期的远古土著文化。

（四）铜鼓

1978 年发掘于赫章可乐汉墓群。人们在墓中的铜鼓、鼓形铜釜、鼓改装的铜釜内，发现人头盖骨。但墓中不见棺木痕迹，也不见四肢和身躯遗骸。其随葬品多垂直地摆在铜鼓口部下侧，也有平行搁于铜鼓与墓壁之间者。这种铜鼓墓葬与 1972 年发掘于广西壮族自治区西林县的铜鼓墓葬有共同之处。两地的铜鼓纹饰，鼓面主晕都是翔鹭纹，鼓胸均刻以羽人竞渡纹，说明二者在文化上属同一类型。年代在秦代至东汉时期。

铜鼓是布依族珍爱的青铜乐器，至明代，布依族还在制造铜鼓。贵州省博物馆收藏的 80 面“麻江型”铜鼓，其中大多数来自布依族地区。布依族农村现在还保存和使用的祖传铜鼓，有数百面之多，并有《祭铜鼓经》和《造铜鼓经》流传至今。

（五）双耳铜釜

1982 年扩建兴义县巴结渡口时，在距河床 21 米处爆破土方时所获。青铜铸造，高 30 厘米，侈口，直径 33 厘米。颈稍小，双耳，耳绳扁平，宽 2 厘米，厚 0.4 厘米。釜腹对称面刻有符号，似饕餮纹，与双耳形成十字对称。腹中段有三道绳纹圈围。圆底，有明显的烟熏痕迹，颇有地方特色。此釜与赫章可乐汉墓出土的同类器物相似，为秦汉时期遗物。

（六）铜斧

出土于兴义县巴结镇小河沟一土坑墓内。斧体呈帆船形，一侧为刃，另一侧铸有长方形制口。缺口内有纳木扁銎及浅槽。刃尖略翘。体长 10.8 厘米，刃至銎最宽为 6.4 厘米。斧形特殊，是青铜斧器物中罕见物，为秦汉时期遗物。

（七）铜刀

1980 年出土于普安县铜鼓山遗址。呈长条状，通长 16.1 厘米，其中柄长 6.5 厘米，最宽处 1.5 厘米。柄端呈弧形，上有一孔。单刃，刃部微收至刀尖。刀背呈一线，厚 0.1 厘米。与铜刀同时出土的还有铜三叉、铜箭镞等。年代为西汉时期。

（八）龙纹铜镜

为安龙县布依族农民捐献。呈圆形，背缘宽，直径 90 厘米，缘厚 0.6 厘米，紫铜色，铜质较好。外圈饰窃曲纹，内圈饰锯齿纹。背面中心在圆钮座上有半球状穿孔纽。纽外圈为两条金线龙纹案，余为云龙纹、凸弦纹和芒状纹。窃曲纹、凸弦纹与云龙纹都具有西汉早期的特点。

（九）铜车马

1975 年出土于兴义县万屯乡汉墓。车马总长 112 厘米，最高处 88 厘米。铜马系分段铸造装配而成。全马分头、耳、颈、身躯、尾、四肢等 11 段，其态昂首翘尾，左前肢微提，张嘴露牙，两耳直立，腹部丰满，臂部方圆，长肢，肘腋开豁，尾打结，马的缰辔及车的连接绑缚，皆以涂金薄片充着绳索，分负车、牵引及驾驭三部分，均系手工制作。驾马包括衡、轭、輗、曲辕四大部件。车轮为宽牙，12 幅，毂居其中。轮距 40 厘米。车厢为长方形，上覆以弧形蓬盖，底部除四周框以轸之外，其间还有四条纵横条，横二纵二，交接于框外，均加铆。其合金成分经有关部门化验结果为含铜 47.35%，铅 30.7%，锡 7.8%。为东汉时期的文化遗物。

（十）铜摇钱树

1975 年出土于兴仁县交乐汉墓群。其中二号墓出土的铜摇钱树残片最多，铸造精细，内容有九：①大钱龙纹；②V 形枝条上停立一凤、一啄木鸟、一裸体人；③壁形铜片边铸一 S 形树干及二雏鸟展翅欲飞；④一骑鹿持矛人；⑤一枝上横连三钱，枝、花、叶均有芒；⑥一枝上横连五钱，枝端一人向着花作奔跑状；⑦一枝上横连六钱，枝上花叶同前；⑧一枝上横连七钱，枝端一鸟作展翅欲飞状；⑨三人图像并立，头部稍残。五号墓出土的铜花叶残片，残留有涂红痕迹。与摇钱树同时出土的还有铜盘、铜碗、铜带钩、环首铜刀、残铜刀鞘、铜鸡等。其环首铜刀与广西花山岩壁画的环首刀相似。年代在东汉和帝（89—105 年）前后。

（十一）剑茎内模、外范

1980 年出土于普安县铜鼓山遗址。砂石制成，外范筒瓦形，背弧面平，平面中部镌刻磨制喇叭形剑茎，中上部刻一隆起的心形纹饰，高 4.5 厘米，宽 2.3 厘米，背弧上有两道绑缚绳索的细凹槽。该范是全器范之一半，全器应是双合范制成。内模通高 5.5 厘米，茎末径 3.5 厘米。茎末圆大，中部呈椭圆形，一面素地，另一面镌刻着线条精细匀称、图案严谨的几何形纹饰，补白区突出一种心形，具有鲜明的地方特色。年代在西汉时期。

（十二）陶质水塘稻田模型

1975 年出土于兴义县万屯八号汉墓。陶质，圆盘状，平底，浅腹，折唇，径 45 厘米左右，高 8.4 厘米，厚 1 厘米。用细沙作坯，经高温烧制而成。盘底以一半做水塘，一半做稻田。水塘有鱼两尾，荷叶一片，荷花一朵，莲蓬一枝，菱角一个，均系泥捏实体，饰简单的线、点作形象标志。稻田以泥条隔成阡陌，尽头留有过水缺口，田中刻画着行行水稻。水田与稻田之间筑一长堤，其上立一鸟展翅欲飞。堤正中设有涵洞，可通水灌田。盘内周壁刻画小树九株，间隔基本相等，表示水塘与稻田周围遍栽桃李花果。模型形象地反映了当时布依族地区的水利设施，再现了荷叶田田、阡陌纵横的田园风光。其年代为东汉时期。

第二章　语言文字

第一节　布依语的系属

中华人民共和国成立后，中国科学院（当时还未成立“中国社会科学院”）组织调查队分赴各民族地区，对少数民族语言文化进行了深入调查研究。1954 年，中国科学院罗常培、傅懋勣发表《国内少数民族语言文字的概况》，认为民族亲属语言发生学分类的层次为：“语系→语族→语支→语言”，“壮侗语族、苗瑶语族、藏缅语族”同“汉语”不仅在语言现状上有许多共同的特点，而且存在发生学上的关系，从而确认了“汉藏语系”这一科学概念。之后，我国学界又陆续出版了有马学良主编《汉藏语概论》（2003 年），梁敏、张均如著《侗台语族概论》（1996 年）等名著，其中均有对布依族语言的论述。“汉藏语系”包括汉语、藏缅语、苗瑶语和侗台语四个语族，其发生学关系为：

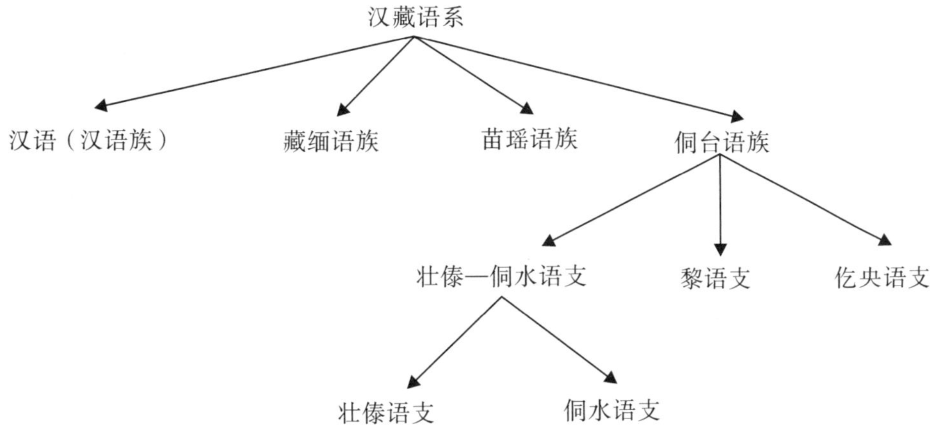

布依族语言属于汉藏语系侗台语族壮傣语支。布依语与壮语、傣语在国际上习惯被称为“台语”。但有时“台语”也泛指我国境内的壮语、布依语、傣语、侗语、水语、毛南语、仫佬语、拉珈语、仡佬语和临高话、莫话以及国外的泰语、老挝语、掸语等。这些语言之间的语音系统和语法结构基本相同。所以，学术界把他们作为一个语族来看待，称为壮侗语族、侗泰语族或侗台语族。

第二节　布依语的演变与发展

从原始台语发展到今天的壮侗语族及其若干语支中的各种语言，各种语言又发展为各种方言土语，勾勒出了一种语言发展演变的历史轨迹。布依语的三种土语，就是布依语在历史发展过程中，一些地区性的差异逐步扩大，新的成分被创造出来或吸收了一些外来语成分形成的。

但是，由于布依族历史上没有产生与母语一致的文字符号，所以没有相应的文献资料用来考察布依语发展演变的情况，我们只能根据布依语的一般规律和特点，通过不同土语或同一土语支系内不同地区语言表现出来的特点进行简略的分析介绍。

语音方面。布依语三种土语的语音都有着较整齐的对应关系，这说明它们是由一个共同的语音分化而来的。再如，布依语中一般都有-p、-t、-k 这一套塞音韵尾，但在第三土语区一些地方长元音后的-k 已失落。又如，布依语一般都有六个舒声调，两个促声调，而第三土语区的个别地方舒声调已合并为五个。此外，布依语中的第一、第二土语的固有词中没有送气音，所以借用汉语词汇时，汉语词汇中的送气音变成了不送气音。但随着布依族和汉族间社会交往的加深，这些词汇已逐步能读成送气音了。这虽不触动固有词的发音，但也反映出布依语语音变化的一个方面。

词汇方面。词汇的发展演变表现为词义的演变和词汇量的增加。词汇在语言中是一个比较活跃的因素。社会历史的发展总是在词汇上打上深刻的烙印。

词义的演变有词义的扩大、缩小和转移等情况。词义扩大的情况，如布依语 pa:-i^{6}kɯn^{2}（上面）这个词原专指方位，现在已扩大到泛指一切“上级组织”了；sai^{5}（官）原专指长官，现在很多地区该词的词义也扩大到泛指国家工作人员。词义缩小的情况，如 pa^{3} 这个词在一些地方过去用以泛称老年的妇女，现在则专称母亲的嫂子（舅母）；kɯn^{1}ŋa:i^{2} 在一些地区是“吃饭”的总称，而在一些地方则特指“吃早饭”。词义的转移则指词由表示甲事物转为表示乙事物，例如布依语中早期汉语借词 kam^{2} 原指“咸”，现在转而表示味道“苦”。①

词汇量的增加是社会发展的结果。社会的发展使新事物增多，相应地必须有用来表示这些新事物的新词术语。布依语是词根语，词根具有较强的生成能力。如，pɯə^{6}（衣）这个词作为词根，加上别的词就可组成 pɯə^{6}ʔdiŋ^{1}（红衣）、pɯə^{6}pa^{5}（背心）、pɯə^{6}ʔjai^{4}（布依传统服装）、pɯə^{6}mai^{1}（毛线衣）、pɯə^{6}ha^{6}（汉装皮衣）等。又如：ʔbo^{3}（在一些地方为 ʔbaŋ^{5}）意为“筒”，这个词根除传统的 ʔbo^{3}ʔbo^{4}（吹火筒）、ʔbo^{3}nau^{2}（唢呐，有些地方为 ʔbo^{3}le^{2}）等外，手电筒出现后又构成 ʔbo^{3}ðoŋ^{6}（直译为“亮筒”）一词。总之，布依语词汇量的增加有相当一部分是通过这种方式实现的。

词汇量增加的另一种方式是借用词汇。布依语中的借词主要是汉语借词。布依族和汉族有悠久的交往史，汉族人口众多，长期以来一直居于统治地位，且由于汉文化相对先进等因素，造成了布依语中拥有较多汉语借词的情况。布依语中的汉语借词各时代均有，而

① 参见王伟、王国宇：《布依语词汇概论》（未刊稿）。

以新借词最为丰富，如“社会主义”“飞机”“电影”“支书”“化肥”等，只要汉语里出现新词术语，都有可能被布依语吸收，纳入自己的词汇库。新借词的增多反映了布依族社会的发展和布依族与汉族的新型社会主义民族关系的确立和发展。

随着社会的发展，在新词增加的同时，一些与新时代不协调的词汇也逐渐消失。这也是布依语词汇发展演变的一个方面。例如，kwa:ŋ^{1} 和 na:ŋ^{2} 这两个对具有尊贵身份的男性和女性的称谓（相当于“少爷”和“小姐”）直到清代还普遍使用，如南笼起义的首领王阿崇和韦朝元分别被称为“囊仙”（na:ŋ^{2}sian^{1}）和“光仙”（kwa:ŋ^{1}sian^{1}）；在一些民间文学作品中，男女主人公也分别被称为 kwa:ŋ^{1} 或 na:ŋ^{2}，如 kwa:ŋ^{1}te^{2}faŋ^{1}（《光铁芳》）、na:ŋ^{2}ɕu^{5}（《金竹情》）。现在这两种称谓除一些经文和民间文学作品有保存外，民间也已不再使用。

语法方面。语法是语言中最为稳定的一个因素。布依语各土语之间在语音、词汇方面虽有一定差异，但语法很一致，即说明了这点。但语法并非一成不变，就布依语的情况而言，由于受汉语的影响，布依语语法也发生了一些变化。例如，布依顺序数词一般放在被修饰的名词之后，现在出现了两种形式并用的情况。如：

ko^{5}ta^{2}ʔjit^{7}（第一课）　　　　ti^{5}ji^{2}ko^{5}（第一课）

又如汉语“的”字句，“红的红，站的站”按布依语语法应为：

ka:i^{5}ʔdiŋ^{1}ʔdiŋ^{1}　　　　pu^{4}ʔdun^{1}ʔdun^{1}
的　红　红　　　　个（人）站　站

现在也可以说成：

ʔdiŋ^{1}ti^{1}ʔdiŋ^{1}　　　　ʔdun^{1}ti^{1}ʔdun^{1}
红　的　红　　　　站　的　站

再如：“共产党是布依族的大救星”，按布依语语法应为：

koŋ^{5}tsa:n^{2}taŋ^{4}tɯk^{6} <u>tɕiu^{5}ɕin^{1}</u>la:u^{4} <u>pu^{4}ʔjai^{4}</u>.
共　产　党　是　救星　大　布依族。

现在则可以说成：

koŋ^{5}tsa:n^{2}taŋ^{4}tɯk^{6} <u>pu^{4}ʔjai^{4}</u>ta^{5} <u>tɕiu^{5}ɕin^{1}</u>.
共　产　党　是　布依族　大　救星。

这种句子受汉语的影响就更明显了。

现代布依语的发展演变是全方位的，尽管演变的某些细节目前还无法捋清楚，但从上述分析中我们已能感受到布依语发展变化的脉络。从布依语发展变化的情况看，其受到的汉语影响虽然从语言结构看是全面的，从语法角度看也是较深刻的，但也仅仅是局部的、少量的。布依语作为一个语言系统，它的基本特征仍未改变。

第三节 布依语的结构

布依语由语音、词汇、语法构成。由于布依语内部各土语在语音、词汇方面有一些差异，所以我们这里对布依文标准音点的望谟话进行简要介绍，以便使读者对布依语的结构有大致的了解。

一、语音

布依语语音系统包括声母、韵母、声调三个部分。

(一) 声母

布依语望谟话共有 36 个声母。见下表：

发音方法	发音部位	双唇音	唇齿音	舌尖前音	舌尖中音	舌面中音	舌面音	舌根音	喉音
塞音	清	p			t			k	ʔ
	浊	ʔb			ʔd				
塞擦音	清			(ts) *			tɕ		
鼻音	浊	m			n		ȵ	ŋ	
边音	浊				l				
擦音	清		f	s			ɕ		
	浊		v	z			j		
腭化音	清	pj							
	浊	ʔbj mj							
唇化音	清			sw	tw		tɕw w	kw	ʔw
	浊			zw	ʔdw nw lw		ȵw jw	ŋw	ʔjw

＊ts 只出现在现代汉语借词。

（二）韵母

望谟话有96个韵母，如下表：

a		o	ɔ	e	ɛ	i		u		ɯ	
a:i	ai	oi								ɯi	
a:u	au			eu	ɛu	iu					
	aɯ					ie		uə	wə		
a:m	am	om	ɔm	em	ɛm	i:m	im	u:m	um	ɯ:m	
a:n	an	on	ɔn	en	ɛn	i:n	in	u:n	un	ɯ:n	ɯm
a:ŋ	aŋ	oŋ		eŋ	ɛŋ	i:ŋ	iŋ	u:ŋ	uŋ	ɯ:ŋ	ɯn
a:p	ap	op	ɔp	ep	ɛp	i:p	ip	u:p	up	ɯ:p	ɯp
a:t	at	ot	ɔt	et	ɛt	i:t	it	u:t	ut	ɯ:t	ɯt
	ak		ɔk		ɛk	i:k	ik		uk	ɯ:k	ɯk
ua	ue	ui	əu	ə	iau	uai	uan	uaŋ			

注：

①单元音都是长元音，复元音都是前响复元音。

②a的音值相当于［ɐ］；韵尾前的长相当于［a:］，短a相当于［a］。

③o或e的长短在望谟话里表现为舌位高低的不同，长音相当于［o］或［e］，短音相当于［ɔ］或［ɛ］。

④辅音韵尾前的长元音i、u、ɯ，后面带有近似［ə］的过渡音，即i:_ 、u:_ 、ɯ:_ 相当于iə_ 、uə_ 、ɯə_ 。

⑤其他地区s、z后面的单元音，望谟话读成P。

⑥横线下的9个韵母只用于拼读现代汉语借词。

（三）声调

望谟话有8个调类，包括6个舒声调和两个促声调。见下表：

调类	舒声调						促声调			
	1	2	3	4	5	6	7		8	
调值	24	11	53	31	35	33	35		33	
例字	na^{1}	na^{2}	na^{3}	na^{4}	na^{5}	na^{6}	ta:t^{7}	tat^{7}	ka:p^{8}	pap^{8}
汉译	厚	田	脸	舅	箭	獭	削	截	挟	捉

说明：

①望谟话促声调第7、8调分别和舒声调第5、6调的调值相同，长短元音调值一致。

②带喉塞音ʔ的声母字，一般只出现在第1、4、5、7调。

③望谟话的现代汉语借词，按阴平、阳平、上声、去声、入声分别归入6、4、3、1、2调。如：

kuŋ^{6}zɯn^{4}　　wɯi^{3}ta^{5}　　tɕi^{2}tɕi^{2}

工　人　　伟　大　　积　极

二、词汇

布依语词汇指布依语全部词汇的总和，包括基本词汇和一般词汇两大类；从词的意义和结构看，则可分为单纯词和合成词两类。

（一）基本词汇

基本词汇指布依语词汇中为人们一般生活中最必需、使用最普遍、意义最明确的部分。如表示自然界事物的 taŋ^{1}ŋɔn^{2}（太阳）、zoŋ^{6}ʔdian^{1}（月亮）、zam^{4}（水）、fai^{4}（树），表示人体各部分名称的 tɕau^{3}（头）、ta^{1}（眼睛）、pa^{3}（嘴）、fɯŋ^{2}（手）、ka^{1}（腿），表示亲属称谓的 po^{6}（父）、mɛ^{6}（母）、lɯk^{8}（子）、la:n^{1}（孙）等。

基本词汇在词汇中占的比例虽小，但却是词汇的核心部分。布依语基本词汇有稳定性、能产性和普遍性等特征。它产生后虽经历了漫长的历史，但由于基本词汇反映的客观事物千百年来一直比较稳定，而布依族人民世世代代交际活动也要求一部分词相对稳定，因而布依语基本词汇的面貌没有发生过大的变化。布依语基本词汇作为构词基础，还能与别的词一起构成表示新事物、新现象和新概念的词。例如，由基本词 zam^{4}（水）构成的新词就有 zam^{4}ta^{1}（眼泪）、zam^{4}za:i^{2}（露水）、zam^{4}zoŋ^{2}（洪水）、zam^{4}ʔɔm^{4}（米汤）、zam^{4}kun^{3}（开水）、na^{2}zam^{4}（水田）、lɔk^{7}zam^{4}（水车）、ŋɯə^{2}zam^{4}（水蛇）、zam^{4}ʔdaŋ^{5}（碱水）、zam^{4}mak^{8}（墨水）、tɔŋ^{3}zam^{4}（水桶）等。布依语基本词汇十分常用，凡使用布依语的人们都离不开它，而且它能在一切交际场合通行，不受专业范围、地域和文化程度等方面的限制。

（二）一般词汇

一般词汇指布依语词汇中基本词汇以外的部分。布依语一般词汇数量比基本词汇多得多。它除了不具备基本词汇的三个特征外，在音节结构上也与基本词汇有区别：布依语基本词汇多为单音节词，而一般词汇则多为双音节或多音节词，如 ʔdian^{1}ŋɔn^{2}（日子、岁月）、ta^{2}za:i^{4}（真正的、的确）、ʔja^{3}fa^{2}（丑、害羞）、fai^{4}zɔt^{8}za:i^{2}（斑竹）、zɔk^{8}kai^{5}kai^{1}（野鸡）等。

布依语的一般词汇主要有新造词、土语词、外来词、行业词几类。

1. 新造词

新事物、新现象和新概念的出现必然会产生新的词汇。例如 lɯk^{8}sɯ^{1}（学生）、ɕa:ŋ^{6}sɯ^{1}（老师）、ʔbo^{3}ðɔŋ^{6}（手电筒）、ha:i^{2}naŋ^{1}（皮鞋）等都是新近产生的词汇。所谓“新”，是相对的概念，在一定时期内是新造词，随着时间的推移，就逐渐变成旧词了。

2. 土语词

土语词是指只流行于某一土语的特有词。它表现为几种情况：一是在语音上，不同土语中，同一词发音不同，也没有对应关系。如“碗”在第一、第三土语读作 toi^{4}、tɯi^{4}、tui^{4} 等不同的音，在第二土语则读作 tsa^{1}；“裤子”在第一土语读 va^{5}，第三土语也读 va^{5} 或 fa^{5}，而第二土语则读 tsu:ŋ^{1} 等，都无对应规律。二是在意义方面，不同土语中有的意义相同却说法不同，如“有”在第一土语说 li^{4}，在第三土语说

ʔjiu^{5}；“大”在第一土语说 la:u^{4}，在第二土语则说 ʔuŋ^{1} 等。相反的情况是意义不同而说法相同，例如 ʔjiu^{5} 在第一土语中指“在”或“住”，而在第三土语中则指“有”。另外，同一个词在不同土语中所包含的意义有相同的地方，也有不同的地方，即意义有交叉。如 tɕe^{5} 在第一土语中泛指一切事物的“老”，而在第二、第三土语中则只限于菜、草及其他物品的“老”或“粗老”；van^{2} 在第一土语专指“火烟”，吸烟的“烟”说 ʔian^{1}，而第二土语两者都说 van^{2} 等。

3. 外来词

外来词，即布依语中吸收的外民族语词汇，主要是汉语借词。这类词根据借入的时代和不同特点，分早期借词和现代借词。早期借词保留了古汉语的语音特点，服从布依语固有的语音系统规律，单音节词和实词较多，现代借词则与当地汉语（均为西南官话）保持着一致的特点，新词术语和虚词较多，借入的方式大致有：

（1）音义全借。如：

fɯi^{1}tɕi^{1}（飞机）　　tɕin^{6}tɕi^{1}（经济）

se^{1}hui^{1}tsu^{3}ji^{1}（社会主义）　　jin^{6}vɯi^{1}（因为）

（2）全借加注。这类借词是在现代汉语借词前面加一个布依语词汇或早期汉族借词作为注释成分。如：

pjak^{7}po^{1}tsai^{5}（菠菜）　　pɯ^{6}ta^{5}ji^{1}（大衣）
菜　菠　菜　　衣　大　衣

ta^{6}tsaŋ^{2}tɕaŋ^{1}（长江）　　liaŋ^{3}jiaŋ^{2}sa:n^{4}（洋伞）
河　长　江　　伞　洋　伞

（3）半借音半释文。这类借词由借音的汉语词素和起释文作用的布依语词素构成。如：

paŋ^{2}ka^{4}tɕi^{1}（卡机布）　　tɕi:ŋ^{5}ta^{1}（眼镜）
布　卡　机　　镜　眼

（4）借词素重组。这类词有的是用布依语词素按布依语构词规律组合。如：

zam^{4}mak^{8}（墨水）　　ma^{5}ka:m^{1}（柑子）　　pjak^{7}ju^{2}（油菜）
水　墨　　果　柑　　菜　油

有的用汉语词素和汉语词素按布依语构词规律组合。如：

ʔa:n^{1}ma^{4}（马鞍）　　ʔa:i^{2}ja:u^{5}（孝鞋）　　ɕa:ŋ^{6}ŋwa^{4}（瓦匠）
鞍　马　　鞋　孝　　匠　瓦

4. 行业词

行业词是指各种行业包括文化科技等方面的词汇。

例如，农业方面的词有：le^{6}van^{1}（选种）、zai^{5}na^{2}（耙田）、ʔda:i^{1}na^{2}（薅秧）、zom^{1}pɯn^{6}（积肥）、kɔn^{2}hau^{4}（割谷）、ta^{5}hau^{4}（晒谷）等。

纺织方面的词有：ka:n^{3}va:i^{5}（轧棉花）、ɕai^{1}lut^{7}（纺线）、tam^{3}zo^{3}（织布）、ȵum^{4}paŋ^{2}（染布）等。

建筑方面的词有：taŋ^{3}za:n^{4}（立房）、ko^{5}ɕi:ŋ^{2}（垒墙）、ʔau^{1}mak^{8}（弹墨线）、toŋ^{3}ɕɔŋ^{6}sau^{1}（打柱子榫眼）等。

宗教方面的词有：ɕiə^{4}（神）、ka:i^{3}fa:ŋ^{2}（驱鬼）、to^{3}pau^{5}（祭祖）、pu^{4}mo^{1}（宗教职业者）、piaŋ^{3}fa:ŋ^{2}（超度亡灵）等。

教育方面的词有：ɕa:ŋ^{6}sɯ^{1}（老师）、lɯk^{8}sɯ^{1}（学生）、son^{1}sɯ^{1}（教书）、to^{6}sɯ^{1}（读书）、sɯ^{1}ha^{5}（汉书、汉字）、sɯ^{1}ʔjai^{4}（布依文字及书籍）、ɕo^{2}ɕau^{5}（学校）等。

（三）单纯词与合成词

从构词形式看，布依语词汇可分为单音节词和多音节词两类，以单音节词占多数。从词的意义和结构看，则可分为单纯词和合成词两类。

单纯词有单音节和多音节两种。单音节单纯词如ʔbɯn^{1}（天）、ʔdiŋ^{1}（红）、pai^{1}（去）、kɯn^{2}（上）、la^{3}（下）、mɯŋ^{2}（你）等。多音节单纯词有ʔda:u^{1}ʔdi^{5}（星星）、ʔbu^{3}ʔba^{4}（蝴蝶）、ta^{3}za:i^{4}（真正的）、ɕa:ŋ^{3}la:i^{5}（幸好）等。

合成词有如下几种类型：

1. 复合式复合词

这类词至少由两个不相同的词根结合在一起构成。从词根和词根之间的关系看，可分为联合型、偏正型、补充型、支配型和主谓型几种。

（1）联合型，由两个意义相同、相近、相关或相反的词根并列构成。如：

pi^{1}nian^{2}（年纪、年龄）	kɔk^{7}za^{6}（根源）	tin^{1}fɯŋ^{2}（手艺）
年　年	本　根	脚　手
ʔdɯn^{1}ŋɔn^{2}（日子、生活）	ʔjeu^{4}za:n^{2}（家庭）	ɕɯ^{1}ho^{2}（性情、心肠）
月　日	粮仓　家	心　喉
ka:i^{1}ɕɯ^{4}（生意）	pau^{5}ja^{6}（祖宗）	
卖　买	公　奶	

（2）偏正型，一般是后一个词根修饰或限制前一个词根，以前一词根的意义为主。这类词在合成词中比重较大。如：

zam^{4}ta^{1}（眼泪）	pa^{5}tu^{1}（门口）	mai^{1}fɯŋ^{2}（手纹）
水　眼睛	口　门	线　手

tuŋ⁴ ʔun⁵（腹部）　　ʔdoŋ⁴ vi⁵（簸箕）
肚　软　　簸箕 簸

（3）补充型，后一词根补充说明前一词根，以前一个词根的意义为主。如：

ta:u⁵ ma¹（回来）　　kwa⁵ pai¹（过去）　　kam¹ ʔdat⁷（抓紧）
转回　来　　过　去　　握　紧
nin² ʔdak⁷（睡觉）
睡　觉

（4）支配型，即前一词根表示动作或行为，后一词根表示动作或行为所支配关涉的事物。如：

ɕuaŋ⁵ zeŋ²（用力）　　zɔŋ² la:i¹（出嫁）　　naŋ⁶ ʔdian¹（坐月子）
放　力　　下　梯　　坐　月
hɯn³ tu¹（入赘）
上　门

（5）主谓型，即前一词根表示被陈述的对象，后一词根陈述前一词根。如：

pa⁵ nak⁷（寡言）　　ʔda:ŋ¹ ʔbau¹（灵便）　　na³ ʔbɔŋ¹（和蔼）
嘴　生　　身　轻　　脸　松
ɕɯ¹ ɕaŋ²（小气）
心　窄

2. 附加式合成词

这类词是由一个表示具体词汇意义的词根和一个表示某种附加意义的词缀构成的。

（1）词缀加词根。如：

lɯk⁸ sɯ¹（学生）　　tɯə² mu¹（猪）　　lɯk⁸ ma:n⁶（辣椒）
子　书　　只　猪　　子　辣
kuə⁶ sak⁸（洗涤）　　tuŋ⁴ ziaŋ²（连接）　　ta² ʔit³（第一）
做　洗　　相　连　　第　一
ɕo³ ha¹（初五）
初　五

（2）词根加词缀。如：

ʔa:ŋ^{5}ja:ŋ^{6}（高兴） 高　兴	pjak^{8}ʔdik^{7}（寂静） 静	vit^{8}vət^{7}（扔掉） 扔

（3）限定式合成词。这类词前一个词素是事物的通称，后一个词素是事物的专称，由专称限定前面的通称而构成。作通称的词类可以独立运用，而作专称的词素一般不独立运用。如：

pɯə^{6}piu^{6}（单衣） 衣服	pɯə^{6}fe^{5}（棉衣） 衣服	pɯə^{6}zai^{2}（长衫） 衣服
pjak^{7}ka: t（芥菜） 菜	pjak^{7}kut（蕨菜） 菜	pjak^{7}suŋ^{1}（青菜）； 菜
zok^{8}zau^{1}（斑鸠） 鸟	zok^{8}lai^{3}（麻雀） 鸟	zok^{8}tɕau^{5}（八哥） 鸟
fai^{4}ziaŋ^{4}（白杨树） 树	fai^{4}ləu^{3}（柳树） 树	fai^{4}ŋau^{4}（杉树）； 树
hau^{4}ja: ŋ^{2}（高粱） 米	hau^{4}ka^{5}（稻谷） 米	hau^{4}san^{1}（大米）； 米
pja^{1}ɕen^{4}（鳝鱼） 鱼	pja^{1}ta^{6}（河鱼） 鱼	pja^{1}ʔbuə^{5}（井鱼）； 鱼
pi^{1}kwa^{5}（去年） 年	pi^{1}tau^{1}（前年） 年	pi^{1}muə^{4}（新年）； 年
ŋon^{2}nei^{3}（今天） 天	ŋon^{2}lian^{2}（昨天） 天	ŋon^{2}puan^{2}（前天）； 天
ʔdian^{1}ɕiaŋ^{1}（正月） 月	ʔdian^{1}ŋei^{6}（二月） 月	ʔdian^{1}lək^{5}（腊月）； 月
ɕɯ^{2}san^{1}（申时） 时	ɕɯ^{2}ɕi^{2}（辰时） 时	ɕɯ^{2}ʔdi^{1}（吉时）； 时

三、语法

（一）词类

根据词的意义、词和词的结合关系以及词在句子中的作用，布依语可以分为名词、动词、形容词、数词、量词、代词、介词、副词、连词、助词、叹词、象声词12类。

1. *名词*

表示人或事物的词叫名词。如表示人称的 wei^{2}tsau^{2}jan^{2}（韦朝元）、ɕa:ŋ^{6}-fai^{4}（木匠）；表示事物的 fai^{4}（树）、na^{2}（田）、to^{6}la^{6}tɕi^{6}（拖拉机）；表示方

位的 kɯn^{2}（上）、ʔdaɯ^{1}（里）、kwa^{2}（右）、tuŋ^{1}（东）；表示处所的 tɕe^{4}（场集）、ʔba:n^{4}（村寨）、pe^{2}tɕin^{1}（北京）、ɕian^{5}（县）；表示时间的 pi^{1}kwa^{5}（去年）、ŋon^{2}ni^{4}（今天）、ɕeu^{6}kon^{5}（古代）、ɕɯ^{2}（时候）等。

表示事物名称的名词前往往冠上一个相应的量词，如 tɯə^{2}ma^{1}（狗）、ʔdan^{1}taŋ^{5}（凳子）、ko^{1}fai^{4}（树）、teu^{2}ɕa^{6}（绳子）等。但名词在作定语、宾语（不表示数量时）时一般不带量词；时间名词、处所名词、方位名词前一般不带量词。单音节的时间名词如 ŋon^{2}（天）、pi^{1}（年）和能作量词用的单音节名词如 toŋ^{3}（桶）、ʔba:n^{4}（寨）等能重叠，重叠后有“每”的意思。如：

ŋon^{2}ŋon^{2}li^{4}pu^{4}he^{3}.
天　天　有　人　客。
（每天都有客人。）
ʔba:n^{4}ʔba:n^{4}ɕiaŋ^{4}tɯə^{2}juaŋ^{2}.
寨　寨　养　只　羊。
（每寨都养羊。）

指人的名词前面加 tɕoŋ^{5} 或 sau^{5}（群），可以表示复数。如：tɕoŋ^{5}lɯk^{8}sɯ^{1}（学生们）。

名词一般不直接和数词结合，但有些表示亲属关系称谓的并列名词，如：pi^{4}nuaŋ^{4}（兄弟、姐妹）、ja^{6}paɯ^{4}（婆媳）、pa^{2}leu^{2}（妯娌）等词前面可以直接加数词。名词在句子中可以作各种句子成分。名词作定语一般在中心词之后。能作状语的是时间名词中的合成词。部分名词位于形态词之后，有补充形容词的作用。如：

tɯə^{2}va:i^{2}zai^{5}na^{2}.
只　水牛　耙　田。
水牛耙田（tɯə^{2}va:i^{2} 作主语，na^{2} 作定语）
ku^{1}ŋɔn^{2}ɕo^{6}pai^{1}.
我　明天　去。
我明天去。（ŋɔn^{2}ɕo^{6} 作状语）
pu^{4}vɯn^{2}ni^{4}ʔau^{1}lau^{3}.
个　人　这　臭　酒。
这人有酒味。（lau^{3} 作补语）

时间名词中的单音节词可以作词组的中心词部分。如：

pi^{1}te^{1}（那年）　　soŋ^{1}ŋɔn^{2}ni^{4}（这两天）
年　那　　二　天　这

2. 动词

即表示人或事物的动作、行为、发展、变化和心理活动的词。如：nen⁶（着）、ti²（打）、tɕai²（爱）、ʔdi:p⁷（想）、ʔo⁵ma¹（出现）、pian⁵（变）、ʔju⁵（在）、lum³（像）等。

动词一般可以重叠，重叠后有时可在后面加 pai²ʔdeu¹（一次），表示试行或动作行为的短暂。如 ʔdi:p⁷ʔdi:p⁷（想一想）、pja:i³pja:i³pai²ʔdeu¹（走一走）等。有些单音节动词后面可以带两个重叠的附加音节，表示动作行为的情态，如：kɯn¹ʔdɯm⁵ʔdɯn⁵（注貌吃东西专）、pja:i³ʔdu:ŋ¹ʔdu:ŋ¹（急行貌）等。有些动词可在前面加 kɯə⁶（做），这类动词意义抽象化了，其后面不能再接宾语或补语。如：

kɯə⁶ sak⁸（洗衣，不能说“做洗衣”kɯə⁶ sak⁸ pɯə⁶）
做　洗
kɯə⁶ ȵip⁸（缝纫，不能说“做缝纫裤”kɯə⁶ ȵip⁸ va⁵）
做　缝纫

动词能带宾语或补语。如：kɯn¹hau⁴（吃饭）、nau²ʔdi¹tɕa²ɕi²（说得很好）等。动词在句子中作谓语，也能作名词和名量词的修饰语，如 te¹za:p⁷zam⁴（他挑水；挑，谓语）、paŋ²ȵum⁴（染的布；染，定语）、tuə¹ʔdun¹te¹（站着的那只；站，定语）。

布依语动词有能愿动词、趋向动词和判断动词三类。能愿动词不能重叠，除个别外，一般不用在名词前，只用在动词前，表示“可能”“必须”“愿望”等。常用的有 zo⁴（知）、mai³（必须、要）、ka:m³（敢）、juan⁶（愿）等。趋向动词常用的有 ma¹（来）、tau³（来）、pai¹（去）、ta:u⁵（回）、kwa⁵（过），以及由这些词和某些方位名词组合而成的合成趋向动词，如 pai¹kɯn²（上去）、ma¹la³（下来）、pai¹zo⁶（出去）、ta:u⁵pai¹（回去）等。判断动词 tɯk⁸（是），有的地方则是 si¹、te¹、teŋ¹ 等。其否定式是在其前面加 mi²（不）。它和表示存在的动词 li⁴（有）常常同名词、代词或名词性词组结合充当句子中的谓语。如：

pau⁵ni⁴tɯk⁸pau⁵la:u⁴.
男长者这　是　男长者大。
（这是大哥。）
pi¹ʔdeu¹li⁴ɕip⁸ȵi⁶ʔdian¹.
年　一　有　十　二　月。
（一年有十二个月。）

有时 tɯk⁸（si¹、te¹、teŋ¹）和 li⁴ 可以省略。如上两例，tɯk⁸（si¹、te¹、teŋ¹）和 li⁴ 省略后句子意义不变。

3. 形容词

布依语的形容词用以描述人或事物的性质，如 ʔdi¹（好）、kwa:i¹（聪明）、man⁶

（牢固）、tɕet^{8}（吝啬）；以及描述人或事物的状态，如 la:u^{4}（大）、ȵam^{2}（快）、sa:ŋ^{1}（高）、ʔdiŋ^{1}（红）、ʔa:ŋ^{5}（高兴）等。

形容词一般可以重叠，重叠后表示程度加深，如 ʔdi^{1}ʔdi^{1}（好好的）、la:i^{1}la:i^{1}（多多的）。有些单音节形容词之后可以加两个附加音节（多为叠音式），表示形容词程度的深浅，如 ʔdɔŋ^{4}ka:ŋ^{2}ka:ŋ^{2}（硬邦邦）、zai^{2}za:p^{8}za:p^{8}（长拉拉）等。形容词能被副词修饰，常用在名词和名量词的后面作名词和名量词的修饰语，如 pɯ^{6}ha:u^{1}（白衣）、za:n^{2}mo^{5}（新房）等。形容词还能修饰和补充动词，如 kan^{4}ham^{5}（勤问）、kɯn^{1}ʔim^{5}（吃饱）等。形容词可在句子中作谓语，如 hau^{4}hen^{3}pai^{1}（稻谷黄啦）。形容词还可带补语，如 la:i^{1}nai^{6}（多一些）、nak^{7}ha^{3}kan^{1}（重五斤）等。

4．数词

布依语数词分基数词、序数词、概数词等。

基数词“一”有 ʔdeu^{1} 和 ʔit^{7} 两个，“二”有 soŋ^{1} 和 ȵi^{6} 两个，分别有不同的用法。ʔdeu^{1}、soŋ^{1} 用作基数词，ʔit^{7}、ȵi^{6} 用作序数词。但在十位数以上的复合词中 ʔit^{7} 又用作基数词，如 ɕip^{8}ʔit^{7}（十一）、ȵi^{6}ɕip^{8}ȵi^{6}（二十二）等。在百、千、万和一些度量衡的量词后表示其下一位数时，要用 ʔit^{7}、ȵi^{6}，如 pa^{3}ʔit^{7}（一百一十）、ɕi:n^{1}ȵi^{6}（一千二百）、ɕik^{7}ȵi^{6}（一尺二寸）等。ʔdeu^{1}（一）和 pa^{3}（百）、ɕi:n^{1}（千）、wa:n^{6}（万）结合作句子成分时，ʔdeu^{1}（一）可以省略。如：

ɕi:n^{1} za:n^{1} vɯn^{2} （ʔdeu^{1}） ɕi:ŋ^{4} wa:n^{6} tuə^{1} mu^{1} （ʔdeu^{1}）.
千　家　人　（一）　养　万　头　猪　（一）。
（一千户人家养一万头猪。）

ʔit^{7} 和 ȵi^{6} 不能单独修饰量词，ʔdeu^{1} 和 soŋ^{1} 可以单独修饰量词。ʔdeu^{1} 位于量词之后，soŋ^{1} 位于量词之前，如：

kan^{1}ʔdeu^{1}（一斤）　　　　soŋ^{1}tuə^{2}（二只）
斤　一　　　　二　只

布依语序数词的表示方法是在基数词前加上 ta^{2}（或 tai^{4}）。“一”“二”作序数时用 ʔit^{7} 和 ȵi^{6} 而不用 soŋ^{1}，如 ta^{2}ʔit^{7}（第一）、ta^{2}ȵi^{6}（第二）。“十”以上的序数不用加 ta^{2}，如 ɕip^{8}ʔit^{7}（十一，或第十一）、ɕip^{8}ȵi^{6}（十二，或第十二）。农历日期的表示方法是在“十”以内的数词前面加 ɕo^{3}（初），“十”以上不加 ɕo^{3}，例如：ɕo^{3}ʔit^{7}（初一）、ɕo^{3}ȵi^{6}（初二）、ɕip^{8}ha^{3}（十五）、sa:m^{1}ɕip^{8}（三十）等。

序数词修饰名词或量词时，位于名词或量词之后。如：

pu^{4}ta^{2}ȵi^{6}（等二人）　　　　ŋɔn^{2}ɕo^{3}sa:m^{1}（初三那天）
个　第　二　　　　天　初　三

概数词有三种表示法：一是在基数词或量词前面加 tɕi^{3}（几），如 tɕi^{3}pu^{4}（几个人）、tɕi^{3}ko^1（几棵）、tɕi^{3}pai^2（几下子）等。二是邻近两个数词放在量词或具有量词作用的名词前面，如ha^{3}zok^{7}ta:u^5（五六次）、sa:m^{1}si^{5}ɕip^{8}pi^1（三四十年）等。三是在“十”“百”“千”“万”和量词或具有量词作用的名词之间加la:i^1（多），如ɕip^{8}la:i^{1}ko^1（十多棵）、soŋ^{1}ɕi:n^{1}la:i^{1}tuə^2（两千多只）等。

5. 量词

布依语量词分名量词和动量词两类。名量词较多。

名量词具有表示事物单位、区辨事物类别的作用。例如pu^{4}一般只用于人，tuə^{2}一般只用于动物，ko^{1}用于植物，teu^{2}用于条状物，ʔbaɯ^{1}则用片状物，等等。表示同一类事物的量词也有区别，如表示人就有表示年龄较大的pau^{5}和表示青少年的soi^4，如soŋ^{1}pau^{5}he^3（两位男客）、sa:m^{1}soi^{4}lɯk^8（三个子女）等。有的名量词应用范围较广，如ʔdan^1：soŋ^{1}ʔdan^{1}ma^{3}ta:u^2（两个桃子）、ha^{3}ʔdan^{1}tɕai^5（五枚蛋）、sa:m^{1}ʔdan^{1}za:n^2（三幢房子）、si^{5}ʔdan^{1}ma:u^6（四顶帽子）、zok^{7}ʔdan^{1}zuə^2（六条船）、soŋ^{1}ʔdan^{1}ɕoŋ^2（两张桌子）等。

名量词可以接受各类实词及词组的修饰或限制，如：

ko^{1}te^1（那棵）　　pɯn^{1}ku^1（我的书）　　tuə^{2}ʔdun^1（站着的那只）

棵　那　　　　　　本　我　　　　　　　只　站

动量词有pai^2（次）、ta:u^5（次、回）、tɯn^6（顿）、ʔa:m^5（口）等。如ha:i^4-soŋ^{1}pai^2（打两下子）、hap^{8}ʔa:m^{5}ʔdeu^1（咬一口），动量词与名量词可以重叠，表示“每”。如：

pu^{4}pu^4（每个人）　　pai^{2}pai^2（每次）

个（人）个（人）　　次　次

6. 代词

布依语代词有人称代词、疑问代词和指示代词三类。

人称代词有第一人称单数ku^1（我），复数tu^1（我们）、ɾau^2（咱们）；第二人称单数mɯŋ^2（你），复数su^1（你们）；第三人称单数te^1（他、她、它），复数tɕoŋ^{5}te^{1}或sau^{5}te^1、ho^{3}te^1（他们、她们、它们）等。另外还有pu^{4}ʔɯn^5（别人）、vɯn^{2}la:i^1（人家）、ʔda:ŋ^{1}kau^5（自己）等。疑问代词有laɯ^2（哪）、jaŋ^{6}ma^2（什么）、jaŋ^{6}laɯ^2（怎样）等。指示代词近指的有ni^4（这）、pa:i^{6}ni^4（这边），远指的有te^1（那）、tɕe^{2}te^1（那里）等。

代词不能重叠，不受其他词修饰。在一个词组中，如果同时有人称代词和指示代词作定语，指示代词一般在最末，如：

va^{6}kɯ^{5}ku^{1}ni^4

把　锯子　我　这

（我的这把锯子）

7. 介词

布依词介词用在名词、代词或名词性词组的前面，共同组成介宾短语，表示时间、地点、对象、方式、目的等意义。常用的有 tai^{5}（从）、taŋ^{2}（到）、ʔju^{5}（在）、si^{1}（沿着）、ɕo^{5}（朝、向）、ziaŋ^{2}（跟、和、与）、ʔau^{1}（把、将）、haɯ^{3}（叫、让）、tɯk^{8}（被）、ʔi^{1}（按照）、juŋ^{6}（用）、vei^{6}（因为、为了）、pi^{3}（比）、lum^{3}（像）等。

介词 tɯ^{2}（把、将）、va^{6}（把）、ʔau^{1}（把）最常见的用法是使宾语提到动词之前；介词 lian^{2}（连）在句中和副词 tu^{3}（都）、je^{2}（也）等配合使用，也能把宾语提到动词之前。有时为了强调主语，可以把介词 lian^{2}（连）放在句首。如：

te^{1} tɯ^{2}hau^{4}kɯn^{1}leu^{4}pai^{5}.
他　把　饭　吃　完　了。
（他把饭吃完了。）
mɯŋ^{2} va^{2}tɕoŋ^{5}pɯə^{6}te^{1}jian^{6}ma^{1}ku^{1}.
你　把　件　衣　那　递　来　我。
（你把那件衣服递给我。）
mɯŋ^{2} ʔau^{1}pɯn^{3}sɯ^{1}ni^{4}tɯ^{2}pai^{1}te^{1}.
你　把　本　书　这　带　去　他。
（你把这本书带给他。）
mɯŋ^{2} lian^{2}ku^{1}tu^{3}mi^{2}ɾo^{4}na^{3}.
你　连　我　都　不　知　面。
（你连我都不认识。）

8. 副词

布依语副词按意义可分为五类，即表示程度的，如 ta^{2}za:i^{4}（真的、很）、la:i^{1}（太）、tsui^{5}（最）、tɕa^{2}ɕi^{2}（很）；表示时间和频率的，如 lɯŋ^{3}（才）、ɕa:u^{4}（刚、刚才）、ɕi^{6}（就）、kon^{5}（先）、tem^{1}（再）、jiu^{6}（又）；表示范围的，如 tu^{3}（都）、je^{2}（也）、ka^{6}（仅仅）、kue^{6}leu^{4}（总共、全部）；表示否定的，如 mi^{2}（不）、ʔbo^{4}（不）、fi^{6}（未）、mi^{2}li^{4}（没有）、mjau^{1}（不要）、mjaɯ^{3}（别、不要、不给）等。

布依语副词一般用来修饰动词和形容词，不能重叠。除 mi^{2}（不）、vi^{6}（未）在一定语言环境能单独回答问题外，其他副词一般不能单独回答问题。有些副词除了有修饰动词和形容词的作用外，还能在句子或词组中起关联作用；有些副词能和相应的连词配合，在句子中起承接相连的作用。

9. 连词

布依语连词有 ziaŋ^{2}、tem^{1}（和、同），zo^{4}laɯ^{4}、zo^{4}（或者），ɕa^{2}nau^{2}（假如）、ka^{4}li^{4}（只有）、tɕi^{5}za:n^{2}（既然）、vei^{6}（为了、因为）等，它们只能起连接词与词、词组与词组、句子与句子的作用，不能作句子成分。表示偏正关系的连词有的

直接借汉语，如 sui¹za:n²（虽然）、ta:n⁵sɿ⁵（但是）、tsu²fei¹（除非）、so⁴ji⁴（所以）等。

10. 助词

布依语助词有结构助词、时态助词和语气助词三类。结构助词有 ka:i⁵（的）和 ʔdai⁴（得），相当于汉语的“的”。它常常加在动词、形容词、代词及其词组之前，构成名词性词组或表示领属关系，如 ka:i⁵ʔdiŋ¹（红的）、ka:i⁵mɯŋ²sɯ⁴（你买的）。ʔdai⁴（得）用在动词、形容词后，说明它后面的成分是补语，如：te¹kuə⁶ʔdai⁴soŋ¹ʔdian¹（他做得两月）。时态助词有 kwa⁵（过）、ʔje⁵（完毕）、leu⁴（完）、pan²（成）、ɕo⁵（着）等。它们用在动词后面，表示动作行为进行的状态，标志着动词的时态范畴。语气助词常用的有 la⁴（啦）、ni³（呢）、le²（哩）、pa⁴（吧）、no⁴（呵）、ʔo⁴（啊）、ma⁴（吗、嘛）、pai¹（了、啦）等。它们附在句子末尾，表示说话的各种语气，如陈述、疑问、祈使、感叹等。

11. 叹词

布依语叹词是表达喜悦、悲哀、愤怒、惊讶、感叹或呼唤应答等方面的词。如 ha³ha³（哈哈）、hei³（嗨）、ʔai⁴（唉）、ʔɯŋ⁴（嗯）、hɯŋ⁴（哼）、ʔjo⁴（唷）、ʔo⁵（噢）、ʔei³（喂）、u⁵hu³（呜呼）等。叹词没有固定的声调，不跟其他的词结合，独立于句子之外。

（二）词组

布依语词组是实词与实词的组合，其结构类型主要有联合词组、修饰词组，动宾词组、补充词组、主谓词组等。

1. 联合词组

由两个或两个以上部分组成，各个组成部分之间是平等的、联合的关系，相互间没有说明和被说明、修饰与被修饰的关系，除名词和名词的组合可以不用连词外，其他各类词的组合一般需用连词或副词作连接成分。如：

ɕiə²va:i²（黄牛和水牛）
黄牛　水牛

nak⁷ziaŋ²ʔbau¹（轻和重）
重　和　轻

ʔɔn⁴pja:i³ʔɔn⁴nau²（边走边说）
边　走　边　说

2. 修饰词组

由修饰语（定语或状语）和中心词两部分组成，两部分之间有修饰关系，被修饰的中心词在前，修饰语词在后。如：

kai⁵pu⁴（公鸡）
鸡　雄

mu¹ta:i¹（死猪）
猪　死

pɯə⁶mo⁵（新衣）
衣　新

taŋ⁵fai⁴（木凳）
凳　木

3. 动宾词组

两个组合在一起的词，前一个是动词，后一个是宾语，前一个对后一个起支配作用。如：

ɕai¹ na²（犁田）　　za:i² sɯ¹（写字）　　ɕɯ⁴ ka:i⁵ kɯn¹（买吃的）
犁　田　　写　字　　买　吃的

4. 补充词组

由动词（或形容词）和补语两部分组成，前者为中心词，后者对前者作补充说明。如：

kɯn¹ ʔim⁵（吃饱）　　ȵiŋ² ta:i¹（射死）　　ʔdi¹ tɕa² ɕi²（好得很）
吃　饱　　射　死　　好　极了

5. 主谓词组

由主语和谓语两部分组成。前面是主语，后面是谓语。两部分之间具有主谓关系。在句子中只起一个句子成分的作用。如：

tuŋ⁴ tɕt⁷（肚痛）　　leu⁴ po² jiat⁷ na:i⁵（大家休息）
肚　痛　　大家　休息

（三）句子成分

布依语的句子成分有主语、谓语、宾语、补语、定语和状语几种。主语和谓语是句子中的主要成分。

布依语句子的基本语序是：主语在谓语之前；宾语在谓语之后；定语一般在被修饰语之后，但数量结构作定语时，通常在中心语之前（但数词 ʔdeu¹，即“一”在中心语之后）；状语一般在被修饰词之前，少数在被修饰词之后；补语在它补充的词语之后，如果同时有宾语，一般在宾语之后。例如：

soŋ¹ tuə² mu¹ ni⁴ ŋon² ʔdeu¹ ma⁴ sa:m¹ kan¹ no⁶.
二　头　猪　这　天　一　长　三　斤　肉。
（这两头猪一天长三斤肉。）

po² je³ ni⁴ ɕa:u⁴ kɯn¹ ʔim⁵.
群　客　这　刚　吃　饱。
（这群客人刚刚吃饱饭。）

（四）句子

布依语的句子按结构分，有单句和复句两类。

1. 单句

包括具有独立主谓结构的句子，有省略句、无主语句和独词句等类型。如：

pɯn^{3}sɯ^{1}ni^{4}ʔdi^{1}.
本 书 这 好。
（这本书好。）

te^{1}kɯn^{1}hau^{4}.
他 吃 饭。
（他吃饭。）

（……）laŋ^{1}ŋon^{2}zo^{4}ma^{1}.（省略主语“我”）
后 天 会 来。
（以后会来的。）

pu^{4}laɯ^{3}pai^{1}? ku^{1}.（省略谓语“去”）
谁 去 ？ 我。
（谁去？我。）

mjaɯ^{3}ka:ŋ^{3}la:i^{1}.（无主语句）
别 讲 多。
（别多嘴。）

pu^{4}zak^{8}.（独词句）
小偷。
（小偷。）

2. 复句

根据分句之间的关联词及意义上的联系，复句可以分为联合复句和主从复句两大类。

（1）联合复句。分并列关系复句、递进关系复句和选择关系复句三种。如：

①并列关系复句：

zum^{2}mi^{2}po^{5}pai^{1}, vɯn^{1}je^{2}mi^{2}tau^{3}pai^{1}.
风 不 吹 了， 雨 也 不 下 了。
（风不吹了，雨也不下了。）

te^{1}jiu^{6}kuə^{6}po^{6}, jiu^{6}kuə^{6}me^{6}.
他 又 做 父， 又 做 母。
（他又当爹又当妈。）

②递进关系复句：

te^{1}zo^{4}sɯ^{1}ha^{5}, je^{2}zo^{4}sɯ^{1}ʔjai^{4}.
他 会 文 汉， 也 会 文 布依。
（他懂汉文，也懂布依文。）

sɯ^{1}ʔjai^{4}mi^{2}ka^{6}ʔdi^{1}to^{6}, rə^{2}tɕie^{4}ʔdi^{1}za:i^{2}ʔdi^{1}nen^{1}.
文 布依 不 仅 好 读 ， 而且 好 写 好 记。
（布依文不仅好读，而且好写好记。）

③选择关系复句：

mɯŋ^{2}pai^{1} zo^{4}laɯ^{2}ku^{1}pai^{1}.
你　去　还　是　我　去。
(你去还是我去?)
mɯŋ^{2}ma^{1} ȵam^{2}noi^{6}, mi^{2}ɕi^{6}ku^{1}ɕa^{3}mi^{2}ʔdai^{4}kɯ^{4}.
你　来　快点　，　不　是　我　等　不　得　哩。
(你快些来，否则我等不了哩。)

(2) 主从复句。主要有转折关系复句、假设关系复句、条件关系复句和因果关系复句几种。如：

①转折关系复句：

pɯə^{6}ni^{4}ta^{3}peŋ^{2}, ta^{2}ɕi^{3}paŋ^{2}ʔdi^{1}za:i^{4}.
衣　这　虽　贵，　但　是　布　好　真的。
(这布虽然贵，但是布料确实好。)
sai^{1}za:i^{1}te^{1}pi^{1}ʔdian^{1}ʔdai^{4}pai^{1}, ta:n^{5}sɯ^{5}li^{4}ʔdaŋ^{5}li^{2}.
虽　然　他　年　月　得　了，　但　是　还　强　哩。
(虽然他上了年纪，但身子骨还硬朗哩。)

②假设关系复句：

ɕa^{2}nau^{2} ŋon^{2}ɕo^{6}mi^{2}tau^{3}vɯn^{1}, zau^{2}ɕi^{6}pai^{1}hau^{3}tɕe^{4}.
如果　明天　不　下　雨，　我们　就　去　赶　场。
(如果明天不下雨，我们就去赶场。)

ʔji^{3}nau^{2}mɯŋ^{2}mi^{2}ma^{1}, ku^{1} ka^{1}zɔn^{1}tu^{3}za^{1}mi^{2}ʔdai^{4}.
要是　你　不　来，　我　路　都　找　不　到。
(要是你不来，我路都找不到。)

③条件关系复句：

ka^{6}li^{4}te^{1}ma^{1}, sian^{5}ni^{4}lɯŋ^{3}ʔdi^{1}kuə^{6}.
只　有　他　来，　事　这　才　好　做。
(只有他来，这事才好办。)
mi^{2}kuan^{3}ʔbɯn^{1}ɕeŋ^{4}ʔbɯn^{1}ʔda:t^{7}, te^{1}tu^{2}pai^{1}kuə^{6}hoŋ^{1}.
不　管　天　冷　天　热，　他　都　去　做　活。
(无论天冷天热，他都去干活。)

④因果关系复句

vei^{6}ʔdi^{4}mɯŋ^{2}mi^{2}kwa:i^{1}, po^{6}mɯŋ^{2}lɯŋ^{3}tɕi^{1}pan^{2}piŋ^{6}.
因为 你 不 乖， 父 你 才 愁 成 病。
(因为你淘气，你爹才气出病来。)
pi^{1}ni^{4}vɯn^{1}ʔdi^{4}, so^{4}ji^{4}tɕa^{3}ma^{3}ʔdi^{1}.
年 这 雨水 好， 所 以 秧 长 好。
(今年雨水好，所以秧苗长势好。)

3. 句子的语气

布依语句子按语气可以分为陈述句、疑问句、祈使句、感叹句四种：

(1) 陈述句。

ku^{1}ziaŋ^{2}te^{1}tɯk^{8}pi^{4}nuaŋ^{4}.
我 和 他 是 兄 弟。
(我和他是弟兄。)
ŋɔn^{2}ni^{4}ɕo^{3}sa:m^{1}.
天 这 初 三。
(今天初三。)

(2) 疑问句。

za:n^{2}mɯŋ^{2}ʔjiu^{5}ʔba:n^{4}lauɯ^{2}?
家 你 在 寨 哪?
(你家住在哪个寨?)
ŋɔn^{2}ɕo^{6}pai^{1}mi^{1}pai^{1}ni^{3}?
明天 去 不 去 呢?
(明天去不去呢?)

(3) 祈使句。

ʔau^{1}pɯn^{3}sɯ^{1}ni^{4}pai^{1}!
拿 本 书 这 去!
(把这本书拿去!)
mjaɯ^{3}ka:ŋ^{1}ha:u^{5}!
别 讲 话!
(别讲话!)

（4）感叹句。

ŋɔn^{2}ni^{4}ma^{1}mi^{2}taŋ^{2}pai^{1}！

天　这 来　不　到　啦！

（今天来不了啦！）

ko^{1}ni^{4}tɕi^{3}noi^{6}sa:ŋ^{1}ʔo^{2}！

棵树这　几　多　高　啊！

（这棵树多高啊！）

第四节　布依语的方言土语

布依语各地的词汇和语法比较一致，语音对应也比较整齐，没有方言的差别。根据语音的差异和部分词汇的不同，分为黔南、黔中、黔西三种土语（或称第一、第二、第三土语）。各土语的地区分布如下：

黔南（第一）土语区，包括贵州省望谟、罗甸、册亨、贞丰、安龙、兴义、独山、荔波和云南省罗平等县，以及贵州省惠水、长顺、兴仁、紫云、关岭、都匀、镇宁等县的部分地区。

黔中（第二）土语区，包括贵州省贵阳、贵定、清镇、龙里、平坝、安顺、织金、黔西等县（市），惠水、长顺、都匀三个县的大部分地区，以及独山县的小部分地区。

黔西（第三）土语区，包括贵州省普安、晴隆、盘县、六枝、普定、水城、威宁等县和镇宁县的大部分地区，关岭县的大部分地区及紫云、兴仁等县的小部分地区，四川宁南、会理、会东等县。

各土语主要的语音特点是：①黔南（第一）土语一般没有送气音声母和塞擦音声母 ts，与其他两个土语 ts 音相对应的是 ɕ 或 s；有腭化音声母 pj、mj、ʔbj 和唇化音声母 kw、ŋw、w，有的地区舌尖音和舌面音也有唇化声母；主要元音在韵尾前一般分长短（有的是舌位高低不同）。②黔中（第二）土语固有词没有清擦音 f、ɕ、s，黔南土语的这三个声母在黔中土语分别读成 v、ts、ʔ；除个别地区外，没有腭化音声母 pj、mj，只有唇化音声母 kw、ŋw、ʔw；也没有送气音声母；韵尾前的长元音 e 和 o 一般已复音化成 ia 和 ua。③黔西（第三）土语有送气音声母 ph、ph、kh、tsh、tɕh（多出现在第三调）；有些地区有边擦音 ɬ，与其他地区的 s 对应；腭化音和唇化音声母只有 ʔj、kw、ŋw、ʔw 四个；元音除 a 外一般不分长短；其他土语的单元音 i、u、o、e 在黔西土语多半读成复元音 ei、əu、ie；其他土语的复元音 a:i 和 a:u，黔西土语部分读成单元音 e 和 o；没有元音韵尾-ɯ；部分地区没有辅音-m 和-p，分别与-ŋ 和-k（或-ʔ）合并；第三调和第四调也合成一个调值。个别地区辅音韵尾-m、-p、-t 都已消失，只各留 n、ŋ 两个。

第五节 布依文字的产生

在没有受到外来文化影响的情况下，最初的文字一般是从图画文字和约定符号衍生而来的。图画文字与一般图画不同，它以一幅或一组图画来表达一个较完整的意思。约定符号则是用某种较固定的符号来表示一种特定的含义。因此图画文字和约定符号被称为“句意文字”。在布依族地区，关岭、贞丰、长顺、清镇等县都发现有岩壁画分布。直到中华人民共和国成立初期，在册亨等布依族聚居地还可以看到一些岩画遗迹。但是，布依族的这些岩画是否已具备“句意文字”的条件，还需进一步研究。假设它们确实已是“句意文字”，那它们似乎没有继续向前发展为“表词文字”① 或“音节文字”②。目前六盘水、威宁等地的布依族祭司布摩搜集到的经典，使用的是具有不同特色的文字符号，这些文字符号与布依族传统中的图画文字的承传关系如何，也有待于进一步研究。而约定符号中，文身就是典型的一种。作为古越人的布依族先民，毫无疑问存在文身的习俗。

大约从唐宋开始，特别是明朝的“调北征南”和“调北填南”，汉族军民大量涌入布依族地区，汉文化随之大量渗透，布依族中逐渐出现了懂汉语和汉文化的人。一些布摩开始借用汉字或用“六书”造字法，利用汉字的偏旁部首创造出一些类似方块汉字的文字符号，用来记录宗教经典，称为布依方块土俗字。这种文字已远离图画文字和约定符号，但由于其目的不在于交际，仅仅被当作记录经典的工具来使用，因此各行其是，很不统一，限制了它的流行和使用范围，始终没有成为一种真正的母语文字。

中华人民共和国成立后，为落实党的民族平等政策，促进各民族经济文化的繁荣发展，党和政府根据各民族人民的愿望，帮助一些没有自己的民族文字又迫切要求创制文字的民族创制了文字。布依族的新文字——拼音文字就是在这种情况下产生的。

布依族新文字具有严谨的科学性。这不仅表现在它属于拼音文字，还表现在它的创制是在较充分的科学研究基础上完成的，与布依语的特点相吻合。在确定布依族文字以前，中国科学院少数民族语言调查第一工作队曾对布依语进行了全面系统的调查研究，并将其和同一语支中关系密切的壮语进行了比较研究，认为布依语内部差别不大，只需创立一种文字。同时，由于布依语和壮语非常接近，在语音上对应相当整齐，语法结构也很一致，两族人民居住的地区相连。为了便于布依族和壮族人民在经济、文化科学上进行交流，1956 年 11 月在贵阳召开的布依族语言文字问题科学讨论会决定采取“布依文壮文联盟”方针，并通过了布依文方案。这样，布依族真正的母语文字——布依文终于诞生了。

① 表词文字：指一个符号只表达一个词或一个语义单位。
② 音节文字：指一个符号等于一个音节。

第六节　布依文字的类型与特点

如前述，布依族地区曾分别出现六盘水一带的文字、威宁一带的文字、布依方块土俗字和拼音文字。从使用的范围看，中华人民共和国成立前，布依方块土俗字在宗教方面的使用较广泛；中华人民共和国成立后，新创制的拼音文字虽受“十年动乱”的干扰，但试验推行的范围也很广。

一、布依方块土俗字

这类文字属于表义文字，其主要成分是汉字，其中一部分利用汉字的偏旁部首，按“六书”造字法创制而成。因而，从总体看，这种文字是借用的结果。

借用有几种情况：借音、借形义、借偏旁部首。

借音。借音是纯粹用汉字的音来表示布依语义。借音有两种情况，一是借同音，二是借近音。

借同音，即被借汉字的读音与它用来表达的布依语词的读音基本相同，而意义则没有任何联系。如“拜”用来表示布依语“去”（pai^{1}）这个词，“姑”用来表示布依语“我”（ku^{1}）这个词，“八”用来表示“妻”（pa^{2}）这个词，等。借近音则指被借汉字的读音与它用来表达的布依语的读音相近。如“门”（men^{21}）用来表示“你”（mɯŋ^{2}），“议”（ji^{35}）用来表示“听”（ȵi^{1}）；“鲁”（lu^{53}）用来表示“古”（ʔdu^{4}）等。

借形义，即被借汉字在词义上与所要表达的布依语词义相同，但读音则不一定相同。如“儿”被用来表示“儿”（lɯk^{8}），“嫁”被用以表示“出嫁”，读音为 ha^{5}。被表示的布依语词在音、义上如果与汉字基本相同的，多为布依族中的汉语借词。如“内”读音为 ʔdaɯ^{1}，表示“里面”；“早”读音为 ɕau^{4}，表示“早”；“匠”读音为 ɕa:ŋ^{6}，表示“匠人，师傅”。

借偏旁部首重构。这类字主要表现为利用汉字的偏旁部首或将汉字作为偏旁部首，根据“六书”造字法重新组构成文字。以形声字最多，其次为会意字。形声字由声符和义符组成，声符表示该字的布依语读音，义符表示该字的含义，如“⿱那田”“⿱奴肉”“汏”“⿰米好”的布依语义符分别为“田”“肉”“河”“米、粮”等；“那”“奴”“大”“好”为声符，分别表示这几个字的读音（na^{2}）（no^{6}）（ta^{6}）（hau^{4}）。会意字是用两个或两个以上的汉字组成一个字，加起来的汉字字义即等于新构成的布依字字义，读音与原汉字没有联系。如“⿰右于”表示“右”，读音为（kwa^{2}）；“⿰左于”表示“左”，读音为（suai^{4}）；“⿱天日”（此字为“上天下日结构）表示“日”，读音为（ŋuan^{2}）；“⿱天月”（此字为“上天下月”结构）表示“月”，读音为（ʔdian^{1}）。

布依方块土俗字主要为布摩用来记录宗教经典，其次是民间歌手用来记录民歌。由于这些记录活动都是自发进行的，记录者的汉文程度各有差异，加上各土语在语音上的差别，所以使用时往往各自为政、各行其事。如，表示“说”（nau^{2}）这个词，荔波用“呶”，贞丰用“唠”，镇宁则用“挠”；“肉”（no^{6}），荔波用“⿱奴肉”或肉，贞丰用“⿰米双”

（“糯”的异写）或“喏”，镇宁则用“诺”等。即使是同一个人，也会出现同一个布依词用几个汉字或用同一个汉字分别表示几个布依词的情况。这些都大大制约了土俗字的使用范围，使它没能发展成布依族的民族文字。

汉字虽有形声字，但它基本上是一种表义文字。布依族的布摩或民间歌手在借用时则主要考虑它的表音功能，而这种表音符号又不能分解拼读。这一特点给学习和传播带来困难，也是方块土俗字未能发展成布依族民族文字的主要原因，但它却表明了人们对表音文字的需要。

二、布依族拼音文字

1956年创制的“布依文壮文联盟”的布依文方案和1981年修改后的布依文方案都是拼音文字。

拼音文字属表音文字，是一种比较先进的文字类型。拼音文字由数量有限的字母构成，字母一般为20到30个，每个字母表示一个音位。只要掌握字母和拼音规则就可写下来，看到就可念出来，易写、易记、易认。这些优点是非拼音文字难以媲美的。

拼音文字中通行的主要是拉丁字母和斯拉夫字母等。而拉丁字母被公认是一种简单清楚、笔画匀称美观的字母，它便于阅读和书写，因而流传最广。1956年的布依文方案以拉丁字母为基础，33个字母中有22个拉丁字母，11个非拉丁字母；1981年改进的文字方案全部采用26个拉丁字母，取消了原文字方案中的非拉丁字母。

布依文的拼音方案由于与母语吻合，又是较先进的文字，因而试行的效果很好。试行期间，有的县在一些小学开展了双语教学，开了布依文课程的班级在统考中，平均分大大高于未开布依文课程的班级。例如1986至1987学年度罗甸县民委和教育局在13所学校33个班的1 109名学生中试行布依文、苗文（拼音文字）教学，其中男生726人，女生383人。统考成绩中，33个双语文教学班的考试成绩与当地乡、村小学平行班级的单语言语文（汉语文）教学班相比，双语文有30个班平均分高于单语文班，平均高18.92%；有32个班及格率高于单语文班，平均高26.8%；数学有26个班平均高于单语文班，平均高16.8%；有27个班平均及格率高于单语文班，平均高11.6%。其中苗文班汉语文、数学两科统考成绩获全乡平行班级第一名。事实证明，布依族拼音文字在促进布依族地区两个文明建设的发展与实现布依族地区社会主义现代化中，具有十分重要的意义。

第七节　布依文字的发展和改革

布依文字由方块土俗字到拼音文字，当然是一种发展。但这种发展是社会历史发展的必然结果，而不是一种文字内部自我演变的结果。这种发展是一种替代。虽然，布依族宗教职业者或民间歌手在借用汉字时注重其表音功能，但是这种历史趋向最终并未使借用的汉字体系发展为布依族的拼音文字。因而，就文字内部的发展而言，我们只能就布依语拼音文字的情况进行介绍。

布依语拼音文字的发展大致经历了三个阶段：初创、改进、修订。

一、初创阶段

1956年，在大量调查研究的基础上，布依语拼音文字正式创制完成。这个文字方案采取与壮文联盟的方针。具体措施是：①布依文字母的形式与壮文一致；②布依语与壮语同源的语词，书写形式和壮文一致，个别字母的读音，布依语和壮语标准音不同的，不强求一致；③现代汉语借词在靠拢汉语普通话的原则下，基本依照布依语中的读音拼写；④在布依族地区普遍性大而为壮文所没有的词，适当吸收到布依语里；⑤在布依族地区选择一个读音参考点，第③、④两项所说的语词，基本上按读音参考点的读音拼写。根据第⑤项的规定，选定了龙里县羊场作为布依文的读音参考点。

这个文字方案以拉丁字母为基础，尽量向汉语拼音靠拢。布依语和汉语相同或相近的音，尽可能用汉语拼音里相对应的字母表示；汉语里没有的音，酌量增制新字母或用双字母表示。

这个方案（包括五个声调字母）共有字母33个，其字母形式及读音如下：

字母形式	a	b	ɓ	ɕ	d	ɗ	ə	e	f	g	h	i	k	l
音标对照	a	p	ʔb	ts	t	ʔd	ǎ	e	f	k	x	i	-k	l

字母形式	m	n	ŋ	o	θ	p	ɾ	s	t	u	ɯ	v	x	y
音标对照	m	n	ŋ	o	ŏ	-p	z	s	-t	u	ɯ	v	ɕ	j

字母形式	2	3	4	5	6									
音标对照														

注：表中最后五个数字是声调字母。

这本文字方案共有声母23个，原则上是一个单纯辅音用一个字母表示，腭化辅音和唇化辅音用双字母表示（腭化用y，唇化用v），舌面塞擦音［tɕ］和舌面鼻音［ȵ］也用表示腭化辅音的办法表示。如下：

b［p］、ɓ［ʔb］、m［m］、f［f］、v［v］、ɕ［ts］、s［s］、ɾ［z］、d［t］［ʔd］、n［n］、l［l］、ʔ［k］、ŋ［ŋ］、ŋv［ŋw］、h［x］、ʔy［tɕ］、x［ɕ］、by［pj］、my［mj］

韵母共120个。其中塞声韵的韵尾-p和-t，因词类不同分别用两套字母表示，第七调用p、t、k，第八调用b、d、ʔ。见下表：

a	ai	au		aɯ	aŋ	aŋ	ap	aθ	ak	ab	ad	ag
	əi	əu	əɯ	əɯ	əŋ	əŋ	əp	əθ	ək	əb	əd	əg
e	ei	eu		eɯ	eŋ	eŋ	ep	eθ	ek	eb	ed	eg

（续上表）

i		iu		ieɯ	ieŋ	ieŋ	iep	ieθ	iek	ieb	ied	ieg
				iɯ	iŋ	iŋ	ip	iθ	ik	ib	id	ig
o	oi	ou		oɯ	oŋ	oŋ	op	oθ	ok	ob	od	og
				θɯ	θŋ	θŋ	θp	θθ	θk	θb	θd	θg
u	ui			ueɯ	eŋ	ueŋ	uep	ueθ	uek	ueb	ued	ueg
				uɯ	uŋ	uŋ	up	uθ	uk	ub	ud	ug
ɯ	ɯi				ɯeŋ			ɯeθ			ɯed	
					ɯŋ	ɯŋ		ɯθ	ɯk		ɯd	ɯg
	ia	ie	io	iau	iaŋ	iaŋ	iuŋ					
	ua	ue		uai	uaŋ	uaŋ						

注：表中的最后两行只用于拼写现代汉语借词。

二、改进阶段

上述方案（草案）经原中央民族事务委员会批准自 1957 年开始在布依族地区试验推行，受到群众欢迎，并取得一定成绩。但从 20 世纪 60 年代初到 70 年代末，新生的布依文的全面推行曾暂停。1981 年 9 月下旬至 10 月初，贵州省民族研究所在贵阳花溪召开《布依族简史》审稿讨论会期间，与会代表就布依族文字问题进行座谈，一致要求恢复推行布依文，并对原文字方案提出了一些修改意见。会后，部分代表在贵阳继续开了 3 天会，讨论布依文修改问题，最后取得一致意见，拟定了《布依文方案修改草案》（简称《修改草案》）报贵州省民委审定。

《修改草案》对 1956 年制订的《布依文方案》（草案）主要作了以下修改：①为方便学习起见，布依文以布依族望谟话为主要依据，进行必要的规范；②为打字、印刷方便，布依文全部采用拉丁字母，取消原方案中的 11 个非拉丁字母，增加原来没有用上的 j、q、w、z 等 24 个拉丁字母。字母总数由原来的 33 个减少到 26 个；③增加布依语普遍存在的 qy（ʔj）、qv（ʔv）两个声母。原非拉丁字母改用全拉丁的双字母表示，原 qy［tɕ］、ɕ［ts］两个声母分别改为 j 与 z，与汉语拼音方案一致；④将原韵母中非拉丁字母元音 ə、θ、ɯ 改为 a、o、w，原表示长元音的 a、o、e 改用双字母表示，原长元音 i、u、ɯ 后的流音 e 改为 a，使之与汉语借词共同的韵母一致，并增加望谟一带特有的韵母 ie、ue、ɯe；⑤取消原 2 至 6 调的非拉丁字母调号，改用 z、ɕ、x、s、h 表示，并增加第一调调号“1”，不再使用隔音符号。

三、修订阶段

《修改草案》经省民委审定后，自 1982 年开始在布依族地区恢复试验推行。经过几年试点推行的实践检验，证明《修改草案》基本符合布依语的实际情况，效果良好。但还存在一些问题，如现代汉语借词没有标调，很难拼读；韵母数量过多，有的音值相同而形式不同，增加学习负担；布依语长短 e 对立的词较少，没有必要设置一整套对立韵母形式；没有正字、正音和书写规则，缺乏统一的书写依据；第三土语有一些自身特点还未能兼顾等，都是亟待解决的问题。

针对上述情况，贵州省民委1985 年3 月21 日到23 日，再次在贵阳召开修改布依文方案座谈会。经过认真讨论，重新拟订了《布依文方案》（修订案），在原《修改草案》的基础上，增加了音节、正字和正音、书写规则等内容，并作了如下主要修改：①明确规定布依文以第一土语为基础，以规范的望谟县复兴镇话的读音为标准音；②增加 p、t、k、q、ç 五个送气声母和 ao、iao 两个韵母，拼读现代汉语借词，并另设计 y、f、j、q 四个汉语借词调号，分别表示阴平、阳平、上声、去声，以便辨读；增加 sl［ɬ］、hɾ［ɦ］两个声母，供第三土语拼写方音用；③取消短 e 韵母，按多数地区规范；用 e 代替原来的 w（ɯ），用 w 代替原来的 v，使其与汉语拼音方案更加接近，v 只作唇化成分用；原来的 we 则改为 ea；④将原区别第 7、8 调的-p、-t、-k 和-b、-d、-ʔ 两套韵尾合并，保留第 8 调的-b、-d、-ʔ，后面加调号“t”表示第 7 调，这样，原 126 个韵母就减少到了 87 个，便于学习和记忆。

《布依文方案》（修订案）共有声母 32 个，韵母 87 个。例如：

布依文声母：

字母形式	b	p	mb	m	f	w	d	t	ʔd	n	sl	g	k	ng
音标对照	p	ph	ʔb	m	f	w. v	t	th	ʔd	n	ɬ	k	kh	ŋ

字母形式	h	hɾ	j	q	ny	x	y	z	ç	s	ɾ	l	by	my
音标对照	x	ɦ	tɕ	tɕh	ȵ	ɕ	j	ts	tsh	s	z	l	pj	mj

字母形式	qj	gv	ngv	qv									
音标对照	ʔj	kw	ŋw	ʔw									

布依文韵母：

a		o		ee	i		u		e	
aai	ai	oi							ei	
aau	au			eeu	iu					
	ae				ie		ue		ea	
aam	am	oom	om	eem	iam	im	uam	um	eam	
aan	an	oon	on	een	ian	in	uan	un	ean	en
aang	ang	oong	ong	eeng	iang	ing	uang	ung	eang	eng
aab	ab	oob	ob	eeb	iab	ib	uab	ub	eab	eb
aad	ad	ood	od	eed	iad	id	uad	ud	ead	ed

(续上表)

	ag		og	eeg		ig		ug		eg
ia	io	iao	ua	ui	uai	ao	ou	eɾ		

注：

①a、o、ee、i、u、e 这 6 个单元音韵母音值分别为［a］［o］［e］［i］［u］［ɯ］。带尾音的 aa-、oo-、ee-是长元音，音值分别为［a:］［o:］［e:］（ooi 文字上省写为 oi），除 oi 外，带韵尾的 a、o 是短元音，音值分别为［ɐ］［ɔ］。

②辅音韵尾的长元音，i、u、e 带有［ə］流音，用 a 表示。ie、ue 的音值也相当于［ə］。

③横线下的 9 个韵母，用于专门拼写现代汉语借记。

布依文声调：

调类	一	二	三	四	五	六	七	八
调值	24	11	53	31	35	33	35	33
调号	l	z	ɕ	x	s	h	t	不标调
例词	nal（厚）	naz（田）	naɕ（脸）	nax（舅舅）	nas（箭）	nah（獭）	ɾaabt（挑）	gab（捉）

现代汉语借词的声调：

调类	阴平	阳平	上声	去声
调值	33	31	53	24
调号	y	f	j	q
例词	feiyjiy 飞机		minfzuf 民族	xibsaamlyiq 十三亿

cuxqyaix ɾauzlix saaml bas laail faanh wenz, zujyaoq qyus ɣuiqzouy saamlxib laail xianq. gaijfangq gvaslangl, ɣungqɕanjdangj baangl ɾauz jianqlif ziqziqzouy, youq baangl ɾauz xaaux sel, xeznix bailnaɕ, ɾauz leeuxboz duy lix selqyaix doh bai.

我们布依族有三百多万人，主要居住在贵州 30 多个县。中华人民共和国成立后，共产党帮助我们建立自治州，又帮助我们创造了文字。从今以后，我们都有布依文读了。

随着布依族文字的定型，多年来，布依族地区各级政府大力推行布依文教学，实行民族双语教育，大大提高了布依族农村地区中小学校的汉语教学水平和学生升学率，不仅深受广大群众的热烈欢迎，而且对发展当地民族地区的经济、文化事业，都起到了重要的推动作用。

第三章　宗教信仰

第一节　布依族宗教信仰的产生与发展

布依族信仰摩教。这是一种在原始宗教基础上逐步形成的民族宗教。摩教因布依族宗教职业者布摩（buxmol）的称谓“摩”（mol）而得名。

构成布依族摩教基础的原始宗教有大自然崇拜、动植物崇拜、鬼魂崇拜、祖先崇拜、灵物崇拜、偶像崇拜等形式。与其他民族一样，布依族的原始宗教是布依族先民由于生产力水平和知识水平低下，不能正确认识自然现象和社会现象而产生的，是对现实歪曲、虚幻和颠倒的反映。在原始社会这一特定的历史条件下，一方面，自然界为先民们提供了赖以生存的一切物质资料和条件，人们的生产生活一刻也离不开自然界；另一方面，自然灾害又时时侵扰、破坏着先民们的生活，威胁着先民们的生存。知识水平的低下限制了先民们对这些自然现象的正确认识和理解。他们认为冥冥之中有一种神秘的超自然力量在操纵、支配着自然界和人的命运。他们根据睡眠、出神、疾病、死亡、梦幻等生理和心理现象，推论出人的灵魂的存在，并把这种观念推及万物，认为万物皆有灵魂，而且与人一样有喜怒哀乐。生产力的低下使先民们不能支配和战胜自然力，便把自然物和自然界的现象加以神化，从而产生了许许多多的自然神，并对之顶礼膜拜。根据人类社会中善、恶及朋友、敌人的区分，先民们把自然力也人格化，认为存在着善神和恶鬼的区别。先民们创造的这些神鬼一开始就以超自然的形式出现，它们操纵、支配着先民的命运。先民们在生产生活中的许多事，事前都需举行祭祀，供献牺牲以祈求它们的保佑；患病时除祈求神的护佑外还对作祟的邪鬼举行驱逐仪式。经过长期发展，这些祭祀活动和仪式及与之相应的观念逐渐定型，形成了各种各样的原始宗教。

布依族的原始宗教与布依族居住的地理环境和经济生活有密切关系。例如，布依族原始宗教崇拜对象有山、石、木、水、竹，布依族的图腾有鱼、龙、竹等，都与地理环境有关。而对谷、田等的崇拜，则与布依族悠久的稻作文化史有关。

原始宗教与氏族制度相适应。它不仅产生于氏族社会而且宗教活动在氏族内由全体氏族成员共同举行，崇拜对象和特殊的仪式也仅通行于氏族内。随着私有制的出现，阶级产生，氏族制度受到冲击并逐步瓦解，民族在部落和部落联盟的基础上形成了。原来维系社会的纽带由血缘变为地缘，与氏族社会相伴生的宗教信仰开始突破氏族的樊篱，在更广的范围内得到传播，受到更多人的崇信。在这种情况下，一些政治上发展较为成熟的民族，建立了民族国家，为适应政治统治的需要，逐步完成了由多神教向一神教的过渡。

布依族系由古百越人发展而来。春秋时期，在今布依族聚居的北盘江一带，有一个牂牁国。从其统治者被称为“越王”，其国被冠以“越王牂牁”的情况，以及《左传》昭公元年有关“吴、濮有衅”这一记载的注“吴在东，濮在南，今建宁郡南有濮夷”来看，牂牁境内的居民为“濮夷”人，即布依人，“濮夷”或“夷越”实际上是同一族群的不同称谓罢了。

春秋末，牂牁江（今北盘江）上游一支信仰竹图腾的越人①崛起，占领了牂牁国北部的直属领土，以夜郎邑为政治中心，定国号为夜郎。从竹崇拜至今仍盛行于布依族民间这一情况看，建立夜郎国的这支越人即布依族先民无疑。

国家的建立无疑为布依族一神教的产生创造了条件。

牂牁和夜郎虽然分别存在了几百年，但据推测其国家形态可能比较粗陋、不够成熟和完备。从它们均未创造文字，未留下任何文献即可见一斑。牂牁在未发展成熟时衰落，被夜郎取而代之；夜郎尚未发展成熟就被发展程度更高的汉王朝灭亡。因此我们看到的布依族一神教也是处于正在形成的阶段，仅具备了雏形便随着布依族国家的灭亡而定格，停止了其发展步伐。

现在来看看摩教的情况。摩教是多神教向一神教演变过程中的具备了雏形的一神教，主要有如下依据：

首先，摩教已有较专门的宗教职业者布摩，并开始形成最高神祇。摩教就是因宗教职业者的称谓而得名。而布摩无论是居处何地、属何教派，均尊奉报勒陀（baus legdoz）为开山祖师。布摩在解释不同教派经典及仪式的差异时均说“xib nyih baus legdoz, gogt mizhoz pyaail hoz”，意思是“报勒陀有十二个弟子，所以经文（或仪式）不是开头相同就是结尾相同，差异不会太大”。在布依族民间神话传说中，报勒陀是一位男性神，从神格来说他是一位智慧神，也是一位创造神，这个形象的出现无疑是父系制度确立后的产物，其原型可能是一位杰出的父系氏族或部落首领。摩教不仅尊其为教主，而且赋予他非凡的才能。在他那里，没有任何办不到的事，他能洞察宇宙万物的一切，是一位非凡的预言家，并能解决任何难题。由此可以推知，如果与其相适应的社会历史条件不发生重大改变，报勒陀发展的逻辑结果必然是成为至上神。

其次，摩教有较系统的经典——摩经。不是说原始宗教没有经典，但一般说来，原始宗教的经典不是过于粗陋就是不成系统。布依族的摩经则不同，它是成系统的，大致可分为“sel gaaicbaangl”（《解邦经》）和“selmol byangcfaangz”（《殡亡经》），后者指用于丧事活动的经典，前者则指除此之外的所有用于驱邪、祈福、禳灾的经典（也指“杂经”）。其中以《殡亡经》卷帙较为浩繁，系统性也较强。这些经文均采用汉字记音或利用汉字偏旁部首按汉字“六书”造字法，创造一些新字记录经文，使这些经文成为成文经典。

再次，已形成比较固定和规范的宗教礼仪。例如，超度亡灵的“殡亡”（byangcfaangz）仪式活动，就需经过“请师”“祭棺”“开丧”“转场”（或“砍牛”）、“送仙”“嘱咐”等几个主要程序。每一个主要程序中，又往往包含若干小程序。如“转场”（砍牛）仪式就包含“叫场”“转场”“砍牛”三个小程序。除此以外，祈福、驱邪、禳灾等比较小型的仪式，也是规范化的。布摩认为必须遵循代代沿袭下来的仪式程

① “夜郎”即为布依语的 ʔjai⁴ ɾa:ŋ²，直译为“竹越”，意即以竹为图腾的越人。

序、规范和禁忌，否则就达不到仪式所欲达到的目的。

最后，摩教还初步形成了自己的基本教义。摩经认为布依族很多文化事象是报勒陀创设的。人之所以生病，是因为某种鬼魅作祟，不同的病分别由不同的鬼魅作祟所致，需举行相应的仪式予以驱逐，病才会痊愈。人死后，通过“殡亡”仪式，亡灵即可升入“拜”（bab）和“仙”（sianl）的境界。在阳世与冥世的交界处，有一“桥龙”（铜桥），在生时善良者的灵魂踏上桥后越走越宽，而有过偷窃等恶行的人的灵魂踏上去则桥面窄如刀口，不能过去，只能在桥的这边做野鬼。凶死者的鬼魂被认为堕入了“游魂世界”，要举行“入交”（ruhjauc，意为“赎头”）或“招魂”仪式，将其灵魂赎（招）回“生魂世界”，升入仙界。仙界里有最高神“王代”以及“王绍”“安王”等众多神灵，还有祖先神和许多“拜”（bab）、“仙”（sianl）。亡灵在仙界可以娶仙女为妻，可以当管理者，也要耕田种地。但人们在那里可以长生不老，而且和“拜”“仙”相处，荣耀无比，其乐无穷。

可以看出，摩教已具备了一神教的雏形，同时，原始的多神教特征也还十分明显，主要表现在报勒陀虽有被尊为至上神的趋向，但众多的自然神仍处于游离和分散状态，未被真正纳入一个严密的神灵体系中。

摩教随布依族国家的灭亡停止了向一神教发展的步伐，各地布摩在互不统属的情况下，千百年来自行履行对摩教的传承。汉字传入布依族地区并为布摩所掌握，在被借用来记录经典之前，摩经一直是靠口耳传承。汉文化传入后，佛教和道教对各地摩教也产生了不同程度的影响。因此，今天各地布摩的经典及宗教仪礼虽有很多共同因素，但也有相当多的差异。

第二节　布依族宗教信仰的性质、内容和特点

由前述可知，布依族的摩教基本上已成为一种民族宗教，或曰“准人为宗教”。它以鬼魂观念和冥世观念作为信仰的思想基础，以祖先崇拜为信仰的核心，以解脱疾病痛苦和引导亡灵进入极乐境界为信仰宗旨。

摩教是在原始宗教的基础上产生的，它包含了很多原始宗教的内容。

大自然及动植物崇拜。费尔巴哈说：“自然不仅是宗教最初的原始对象，而且还是宗教的不变基础，宗教的潜伏而永久的背景。”① 之所以如此，是因为自然界是人类生活的基础。与别的民族一样，布依族先民崇拜的自然物都是与自身生产生活密切相关的。例如，每个寨子都有寨神、山神、树神、火星神、土地神、谷神、天神、雷神、水神、雨神等，甚至怪异的大石头也是神。由于布依族的居住地依山傍水，稻作文化历史悠久，所以祭祀山神、谷神等的仪式显得较为隆重。此外，布依族还信仰牛、鸟等动物神灵。

图腾崇拜。这是母系氏族社会产生的一种宗教信仰。汉文史籍中有所谓“越为蛇种”之说，表明古越人曾信仰过蛇图腾。从摩经中仍可看到蛇图腾的遗迹，例如用于赎谷魂仪式的《赎买经》中，主人公“比香”（或“老姜”）之所以激怒天神以致降大雨成灾，就

① 参见费尔巴哈著，王太庆译：《宗教的本质》，北京：人民出版社1953年版，第8页。

是因为他用蛇捆猪狗犁田，亵渎了图腾神。民族是由氏族发展而来的，一个民族中包含了原来的若干氏族，因此一个民族中往往有若干种图腾崇拜物。除蛇图腾外，布依族中还有龙图腾、雷神（或北斗星）图腾和竹图腾等印迹。龙图腾也是古越人的图腾崇拜。越人的文身习俗起源，据研究，就是为了使自己“像龙子”，从而受到图腾物——龙的保护。在布依族摩经《安王与祖王》中，安王的母亲是龙王的女儿。这无疑是龙图腾的反映。安王的父亲盘果王是雷（或北斗星）神，则是雷图腾或某种天体图腾的反映。属雷图腾或天体图腾的盘果王（安王之父）与龙女（安王之母）的结合反映的是一种氏族外婚制。图腾物具有保护本民族成员的功能，所以当安王受到同父异母弟弟祖王的迫害时，同时分别向龙王和雷神呼救并得到了救护。竹图腾崇拜主要通过特定的、与人生有关的礼仪宗教活动突出地表现出来。这些仪式的内涵分别包括“人类诞生以竹保佑”“人的灵魂从竹而生”“独子以竹为伴”“年老逝世随竹升天”等。①

鬼魂、祖先崇拜。布依族相信人死后会变成鬼魂。通过“殡亡”（超度）鬼魂可以升入仙界与祖先们居处于一地。如果没有财力举行“殡亡”仪式，也须请布摩举行“开路”仪式，指引亡灵踏上进入仙界的路径。否则，亡灵会因找不到归宿而成为四处游荡的野鬼作祟于人。亲人的鬼魂有时也会返家，并出现在某一个家人的梦境里。在这种情况下，如果不祭供祈求鬼魂返回其居留之所，就会使家人生病。祖先崇拜是鬼魂崇拜的发展。早期的祖先崇拜对象主要为自己的血缘祖先。布依族每家都设有神龛以祭供祖先神灵，每年清明还要举行清扫、维修祖坟和为祖坟挂纸等活动，这些都是祖先崇拜的反映。原始氏族社会后期出现的对跨血缘的历史英雄人物的神化和崇拜，也是祖先崇拜的一种表现。例如，有的布依族地区对“德者王”的崇拜。但在布依族中，以对血缘祖先的崇拜为主。

灵物崇拜与偶像崇拜。布依族的灵物崇拜认为，不论是自然物还是人工制造物，其灵性大多是布摩赋予的。例如，一捆茅草经布摩念咒后即可成为镇邪的灵物。在农历正月逢辰日或新居落成庆典之日举行的请龙仪式上，布摩将两个鸡蛋埋入主人新屋头柱脚下，鸡蛋即成灵物，能使主人家五谷丰登、六畜兴旺、财源旺盛。老年人生病，布摩为其举行“改邦”（驱邪祈福）仪式时，用竹篾编一拱形竹桥，称“桥盖”（jauzgaais），仪式结束后插于病人卧室床头壁上，此“桥”即为灵物，有镇邪作用。也有的自然物的灵性来源于其依附的自然物的神性，例如，一块被奉为神灵的大石头，上面盈积的水通常被视为灵物，可以医治疾病。偶像崇拜的特点即崇拜对象被形象化了。一些表示动物或人的灵物被勾画出五官，涂上色彩后便成为偶像。在布依族的一些地方，在寨中一棵古树下建一小石房，石房中立一尊石像，称“鲍更嫡”，即为村寨守护神。但总的看来，布依族宗教信仰中的偶像崇拜较少。

教主崇拜。即对报勒陀的崇拜。“报”（baus）在布依语中，是对男性祖先或长者的尊称。因而其原型可能是一位杰出的父系氏族部落首领，后被神化为创造神和智慧神。布摩认为，摩经和摩教都是报勒陀创立的。因此，布摩家神龛一侧，都设有祖师的神位，逢年过节或举行宗教仪式前后都要进行祭祀。

布依族摩教由于还处于一神教的雏形阶段，因而与佛、道、基督、伊斯兰等宗教相比

① 参见伍文义：《论布依族竹图腾》，贵州省布依学会编：《布依学研究》，贵阳：贵州民族出版社1989年版，第135－144页。

较，它最大的特点是没有较正式的宗教活动场所和严密的宗教组织。佛教有寺庙，道教有道观，基督教有教堂，伊斯兰教有清真寺，而摩教的宗教活动则只能在特定节日和丧葬、驱邪、祈福、禳灾等活动中开展。摩教也没有类似教会的宗教组织。在信仰摩教的地区，全民皆为信徒。若想成为宗教职业者——布摩，只需征得布摩师傅的同意，跟他学习经文、礼仪，基本上掌握后通过一定的仪式即可“出师”，独立主持宗教仪式。

其次，摩教具有世俗性。表现在宗教活动的民间性和信仰的实用性。宗教活动的民间性是指这种宗教活动没有受到官方的倡导和参与，完全是民间自发、分散地进行的。这导致了各地摩教及其经典歧义性的扩大。信仰的实用性是指这种宗教主要关注人的生老病死，解决人生的实际问题。宗教活动的目的，基本上都是保障、维护现世的生活。

其三，摩教中虽有很多巫术成分，但它已经与纯粹的巫术完全区别开来。在布依族中，巫术仪式由“亚押”（jahyaz，指女巫）主持。“亚押”具备巫的能力一般需经历一场大病，或发生昏迷等症状，从而获得神灵的附体。“亚押”行巫不诵长篇经文，而以巫术行为为主。布摩资格的获得则靠学习，即使在举行巫术仪式时，也以诵经为主，以语言的力量去达到支配和控制施术对象的目的。

最后，摩教还有开放性的特点。各地摩教都程度不同地吸收了佛教、道教的一些成分。例如，仙界、极乐世界的构想就有道教、佛教影响的印迹。在册亨、望谟、罗甸等地的《殡亡经》中，亡灵进入仙界需经过“十殿”，明显也是受到佛教“十殿阎王”观念影响的结果。而布摩根据自己的理解，可对经书适当地进行增删和修订，也是摩教开放性的一个体现。

此外，布摩在布依族社会生活中有着较高的社会地位，也是摩教的特点之一。摩教虽然没有成为一种官方的意识形态，但它在布依族的民俗社会运行机制中扮演着重要角色。布摩中的师傅往往兼为寨老或村寨自然领袖，主持较大的社会事务活动，排解纠纷等。在某种程度上，也可以说摩教具有“政教合一”的性质。

第三节　布依族的主要宗教祭仪

布依族摩教的宗教祭祀仪式众多。主要的有如下几种：

1. 殡亡（$pja\eta^3 fa:\eta^2$）

“殡亡”也称“殡凡”“古谢”“砍牛”等，是摩教祭仪中规模最大的一种。“殡亡”或“殡凡”直译为汉语的意思是“超度亡灵”；“古谢”意为“做客”，是根据丧葬活动中客人多这一特点而得名；“砍牛”则是因丧葬仪式中的重要项目“砍牛”而得名。

作为完整的仪式活动，“殡亡”仪式是由若干相对独立而又互相联系的仪式组成的，如“请师”“祭棺”“开丧”“转场”“送仙”“嘱咐”几个主要仪式。而其中又以“转场”和“砍牛”为其核心并有鲜明特色。每个仪式都有相应的经文。

“转场”是按布依语 $\c{c}ian^6 t\c{c}e^4$ 的原义直译的，历史上和民间还有“砍嘎”“转嘎”“打嘎”“赶利”“砍替”等称谓。在黔西南一带，转场仪式于出殡日上午举行。举行转场仪式须首先找一块场地（一般为“转场”专用场地），布摩先到场地上举行“叫场”（$xeu^6 t\c{c}e^4$）仪式，表示已和土地神买（或租）下了这块地。女婿（其中之一）家在场地中央栽上木桩，拴上牛（由丧家准备）。然后，孝男、孝女及孝媳、孝婿着孝服，在布摩的引导下来到场地，以牛为中心逆时针转三圈，随后孝男依次到牛桩处喂牛，孝媳则依次去剪几撮牛毛，接着仍按逆时针方向转三圈，再反转三圈，孝男孝女纷纷跑回丧家，争要“毫啥”（一种半生不熟的米饭，据说喂鸡鸭可使其大量繁殖）。女婿及其请来的亲友将牛砍死，仪式即宣告结束。随后，女婿家将牛煮熟而食。

砍牛一般由女婿家执行。如果只有一个女婿，那么岳父岳母丧葬仪式的砍牛均由他负责。有两个女婿则轮流负责，三个女婿则通常由大女婿或小女婿负责。没有女婿可以由死者妹夫或侄婿负责。

砍牛的意义，根据布依族民间传说，是用牛来代替死者。古时在布依族中，人死后，乡邻闻讯即赶来分食死者之肉。有一个名叫迪颖的人因受母牛（一说母马）生崽痛苦启发，联想到母亲生己时亦痛苦，于是在父母死后不让乡邻分吃，而以牛（或马）肉代替亲人肉招待众人，做棺材将亲人埋葬，后人仿效便相沿成习。因此，孝子孝女及女婿均不能吃仪式上的牛肉。然而根据转场仪式的内容和特点，砍牛仪式有殉葬的意味，旨在让牛跟随着亡灵到阴间为其耕田犁地。

2. 罕王（ha:ŋ^{5} va:ŋ^{2}）

也称“招魂”“入交”（ɾu^{6} tɕau^{3}，即赎头）。是布依族丧葬中对非正常死亡者的一种超度活动。摩教认为，鬼域中有两个不同的世界：一是生魂世界，二是游魂世界。在家中正常死亡者，其灵魂在生魂世界，只要经过“殡亡”即可进入仙境祖先生存之地；而在外死于战争、灾变或在家死于难产等的暴死者，其灵魂则堕入游魂世界。这个世界黑暗荒寂，孤单无伴，所以必须通过招魂（“罕王”）仪式，将其招回生魂世界，然后再通过“殡亡”仪式将其超度到祖先住地。

“罕王”仪式规模仅次于“殡亡”。这个仪式需在布摩择定的日子举行。地点在野外看不见村寨的山坳，用芦苇插在一平地上造成迷宫似的魂归径。挖一坑，坑内将红泥与水搅拌成血色，谓血河；又挖一口灶，上置油锅，下燃火，谓火海；另将三十二把杀猪刀刃朝上做成刀梯，谓刀山。魂归径旁东向用八仙桌搭成神台。仪式开始，远近民众云集山坳，布摩与十来名徒弟身穿法衣，在神台祭报勒陀后开始吟诵《招魂经》，从清早一直诵到下午。接着，布摩手执“摩剑”带领孝子贤孙去魂归径把亡魂引出。引魂时所有观众都会参加，因为刀山、火海、血河被人们认为可以免掉人生许多灾难。“血河”上搭有一块木板，布摩先带亡灵子孙从上“渡”过，以示亡灵已开始离开苦海；“火海”旁备有一堆荞麦糠壳，由一布摩徒弟在旁念经，向油锅中撒一把糠壳时便有一人从油锅中跃过，以示亡魂走向光明；过“刀山”时，布摩在旁念咒，孝子们纷纷赤脚从利刃上走过，众人皆从旁绕道。招魂活动要持续整整一天才结束，最后将做魂归径的芦苇拔出烧掉，将写有亡灵名字的牌位护送至丧家，安放于神龛上，等待来日做“殡亡”仪式。

3. 访几（faŋ^{4} tɕi^{4}）

这是一种全寨性的“山神”祭祀活动。每年六月初，由寨中各户按人头凑钱凑粮，备烧酒、肥猪、公鸡等，在寨旁某棵古树、某尊怪石（被视为“山神”魂所附的自然物）旁设供台，布摩身披蓑衣，头戴斗篷唱诵《访几经》，请“山神”守护寨子，以求来年各种瘟疫、虫灾、火灾不侵害本寨，寨人安康、五谷丰登、六畜兴旺。经文诵完，布摩到寨巷及各户屋内，高执摩剑，边念唱边高喊某鬼“出不出”，另一布摩应声“出”。接着将各种鬼送出寨门，在寨各入口处横挂一根用茅草搓成挂上白纸条的绳子，以示将各种灾鬼拒于寨外。傍晚，各户派人到寨神庙前赴宴，喝血酒，逐人向寨神起誓：保证家人不偷盗，看护牲口不让其随意践踏庄稼，如有违，愿受神灵惩罚。

4. 扫寨（pat⁷ ʔba:n⁴）

这是一种扫除火星神和邪恶的宗教祭祀仪式，在布依族地区普遍盛行。各地仪式的举行时间和内容都大同小异。在黔西南贞丰一带，一年要举行三次，时间分别是三月初、七月十五前、腊月三十日前。祭品过去用狗，现在用猪头。仪式举行前先用竹扎成龙船。仪式开始，布摩头戴法帽（布依语称 ta:p⁸ ŋɛ⁶，用纸做成，上绘凤凰、牛头马面。帽顶边缘为锯齿形），在神树脚下“改邦”（祈福驱邪），祭毕，由两个青年抬着船，另一个人端着装刀头肉的碗，其他人敲锣、鼓、钹等，逐一到各家进行“清扫”。每户预先在大门口摆上一张长凳，凳上摆一碗饭、一碗水、一炷香、一颗炭。布摩等一行人来到每家门口，亦将刀头肉摆放在凳上。布摩一边诵经咒，一边掷卦板。掷卦时需掷出阴卦方为吉利。阴卦即两块面均朝下。一朝上一朝下及两块面均朝上都是阳卦。若掷出阴卦则罢，若三次都为阳卦，说明此地不吉利，布摩必须到屋内“打粉火”。所谓“打粉火”，是指仪式时布摩一手执火把，一手抓晒干碾碎的柏树叶往火把上撒，使火焰一下子猛窜起来，据说这样可吓走邪鬼。为防止由此引发火灾，布摩需先诵“架海水咒”。“打粉火”时，将苞谷或懒豆撒遍屋中每个角落，然后又掷卦板。若还不出现阴卦，就还得继续撒，直到出现阴卦为止。结束后，布摩将那碗水和炭倒扣在地上，把香插在龙船上，又到另一家继续做。全寨每户都扫完后回到神树脚，将狗肉（或猪肉）倒回锅里“回熟”，即开始聚餐。龙船要在神树下烧掉，并在寨边各路口将反扭的茅草绳横拉挂于一两丈高的地方，表示把被扫出寨门的邪鬼隔在寨外，从此寨内就不会发生火灾。

“扫火星神”仪式类此。

5. 请龙（ɕu⁴ luaŋ²）

这是一个祈求吉祥富贵的宗教祭仪。一般在农历正月逢辰日或新居落成庆典之日举行。先在堂屋中摆上丰盛酒席，同时在房屋头柱下摆一簸箕，内放一只装满稻谷和大豆的升子，并有双数现钞或硬币押升口，旁边摆上酒、猪头、猪肉等，另有两只大碗盛米，将纸马扎于碗上。布摩坐在祭桌前，手拿主人一件上衣诵《请龙经》。诵毕，主人献上两枚鸡蛋，由布摩亲自拿着锄头在中柱下挖一坑，把蛋埋于其下。蛋黄象征金子，蛋白象征银子，蛋壳象征仓库和金银库，埋下鸡蛋的意思是为主人家埋下了金银财富。

6. 赎谷魂钱魂（zu⁶ hon¹ hau⁴ hon¹ ɕen²）

这种仪式有些地区于请龙仪式后举行，有的则于丧葬仪式后或于农历七月择日举行，具体做法各地不尽相同。镇宁一带的做法是：先把请龙时的摆设搬来，放于神龛下的小桌上，增加各种五谷杂粮的小包，布摩仍拿着主人的一件上衣诵《赎买经》。仪式中，由布摩代表主人唤请“陀嫡”（往返于神界和人之间传达信息的使者）带着金银到天市去选购五谷牲畜，并请求天神赐予最好的粮魂与牛马，祈求来年风调雨顺、五谷丰登。

7. 退仙（ka:i³ sian¹）

一种祛病祈福仪式。在布依族民间，如果有人病重不愈，便请布摩卜算，如果卜算出病人是被仙人缠身，就必须举行此仪式。按病人的生辰八字，可分别卜算出五头仙、七头仙、九头仙、十二头仙四种（即有多少仙人缠住病人之意）。按仙的头数买上相应数目的猪、羊、狗、鸡、鸭、鹅等。然后于布摩择定的日子，在病人家堂屋中摆上两张八仙桌的祭品，布摩手执摩剑，吟诵《退仙经》退仙。退仙仪式请各方亲朋长辈参加，经过一天诵经，天黑时将用纸剪成的仙人送到寨外路口烧掉，仪式即告结束。

8. 架桥（$ku^6 tɕau^2$）

一种求神送子的仪式。根据布依族的古老观念，宇宙分为三界：人住的地方为上界，鬼住的地方为下界，未投胎的童男童女住的地方则为花界。住在花界的孩子称花（wa^1），掌管这些“花”的母神为生育神母。花界与上界相隔一条河，求子者须“架桥”过河，祈求神母过桥送子。相传，借助这种仪式，妇女才可怀孕。架桥仪式在黔南一带十分隆重，一般要进行七天七夜，这期间，往往酣歌达旦。“背鸡”和“送花”是仪式的高潮。“背鸡”仪式举行时，布摩在离大门50米外的地方提一只大红公鸡念咒，主人弓着身，背上撒一把米，布摩把大公鸡放在主人背上，让其背进家。众人前呼后拥，唢呐声声，爆竹连鸣，背上的公鸡不惊不慌，时而俯首啄米，时而抬头观望，让主人背进房间。待布摩念完“解咒”，鸡才离开人背。此仪式意为“公鸡引子进屋”。“送花”仪式举行时，堂中设一席，桌上插一筒外婆送的花，花瓣粘在白布上，象征得子，把其装进筒里，大伙齐声高唱《送花歌》，把花筒送进房间挂于壁上。此后，不论家中孩子多少，逢年过节，都以糯米饭祭之，烧香供奉，直至夫妻超过育龄。

以上是几种比较重要的祭仪。除此以外，摩教的祭仪还有祭祖师（各行业师傅祭其祖师）、祭狗（感谢狗为人类带来粮种）、祭命桥（祈求孩子长寿安康）、祭河神（祈求祖母神保佑后世子孙）、祭水神（祈求水神让肥水不断，不遭水灾）、祭虫神（祈求虫神飞往别处，不来此地危害）、扫家（驱除家中邪恶）、送瘟神（驱除给小孩子带来天花、麻疹及使牲畜遭瘟疫的邪恶之神）、祭雷神、祭井神、求雨、祭小孩母神、祭土神等。

第四节　布依族的宗教经典

一、概述

布依族祭司布摩在举行各种宗教仪式时都要吟诵相应的经典。这些经典因主持者为布摩而统称“摩经”。布依语称 $sɯ^1 mo^1$，主要有《殡亡经》（也称《殡凡经》《殡王经》《古谢经》《砍牛经》或《丧事经》等）、《罕王经》（也称《招魂经》）、《访儿经》《请龙经》《成人经》《退仙经》《赎买经》以及其他杂经。其中以《殡亡经》篇幅最大。

摩经以两种方式传承，一是口耳相传，二是借汉字或利用汉字偏旁部首，根据汉族“六书”造字法创造方块土俗字，用来记录布依语言，使摩经成为书面文献。

摩经卷帙浩繁，内容丰富，包含政治、经济、历史、宗教、伦理、哲学、文学、民族关系乃至科学技术等方面的内容，是百科全书式的珍贵文献，对研究布依族的社会历史文化具有极其重要的价值。例如，《赎买经》《招魂经》等对研究布依族远古史、稻作文化、宗教信仰、哲学以及布依族国家制度、布依族先民的国家观念等方面的重要价值已引起学术界广泛重视。《殡亡经》的多学科价值亦引起学界关注。摩经均为韵文体，多为整齐的五言句式；押首尾韵或腰韵；以句式复沓、段式复沓和排比、对仗为其结构形式及韵律特点；音韵铿锵，节奏感强，是布依族诗歌的典型形式。

摩经的传授和吟诵需遵循严格的禁忌。传授只能在布摩师傅家进行。想成为一名布摩，需投一师傅学艺。而学艺的第一步就是学习和背诵经文。投师者在师傅家祭祀师祖报勒陀后，由布摩师傅一字一句口授，直到能背诵为止。摩经有很多禁忌，如不同的经典只能在相应的仪式上吟诵，吟诵时不能遗漏其中的句子和段落，有些经文只能默诵不能吟诵等。布摩认为，违反这些禁忌会使仪式达不到目的，甚至招致灾害。

由于在相当长的历史时期中，摩经一直以口耳相传的方式传承，因而传承过程中发生变异是必然的；而后世布摩根据自己的理解也可作局部修正，这使摩经形成了众多异文。具体表现在：有些经典在一些地区已失传，同一种经文在内容上和段落、句子等方面有差异。尽管如此，各地摩经均有明显的共同因素。从受外来文化影响的一些因素在各地经文中均有共同的反映看，可以初步推断，至迟在明代摩经曾被统一编订过。因为明代随着汉族军民大量进入布依族地区，汉文化必然大量渗入，布依族地区开始出现懂汉语、识汉文的布摩，在道、佛等教的启发下，他们吸收其中一些因素，对传统经文进行修订，然后向各处传授。但由于大多数布摩依然只能采用口耳相传的传承方式，因而经过漫长的历史岁月，各地的经文便在保存基本内容和特色的同时发生了程度不同的变异。

二、主要经典

1.《殡亡经》

布依语称 sɯ^{1}mo^{1}pjaŋ^{3}fa：ŋ^2，或称“殡凡经”“殡王经”“古谢经”（sɯ^{1}mo^{1}ku^{6}ɕie^5）、“砍牛经”（sɯ^{1}mo^{1}fak^{8}ɕie^2）等。各地经文的篇目多寡不一，内容大多相近。主要有《嘱咐经》《下场经》（或《砍牛经》）、《男儿祭经》《女婿祭经》等。有的地区还有以情歌和鳏寡孤独歌构成的《温经》。

《嘱咐经》，内容反映生者与布摩对亡灵的嘱咐和亡灵对生者的嘱咐。生者与布摩对亡灵的嘱咐主要是希望亡灵保佑在世的后代子孙，并提醒其记住在前往冥界途中应注意的事项。其中亡灵对生者的嘱咐反映了布依族的伦理道德观念。如嘱咐男孩要勤劳、戒赌、不惹是非；对女儿则要求她们记住五代人不断绝和外家往来的古训，要求常走外家，孝敬公婆，在避人处坐，不要张口大笑；对媳妇的嘱咐是叫她们勤俭持家等。

《下场经》，“场”指“转戛”（丧葬仪式中的一个重要项目）场地。本卷经文由二十多段构成，由布摩在举行转戛仪式前吟诵。有《造家》《造窝》《造门》《造梯》《造神》《造牛》《造剑》《兴转（戛）》等，大多追溯各种事物的来源，对研究布依族的哲学思想有重要价值。因“转戛”仪式的重要内容之一是“砍牛”（其意义是殉葬），所以本卷经文也称《砍牛经》。

《男儿祭经》，布依语称 tɕi^{5}huŋ^1。其内容主要反映死者儿子在父母亡故的情况下如何悲伤，如何为亡灵指引回祖宗居住地的路途，如何请祭司超度亡灵，然后回顾死者生前如何辛勤哺育子女的情景。

《女婿祭经》，本卷从九头龙如何造天地万物，又兴起男女相悦成婚唱起，然后具体讲述一个男孩长大后，父母托媒相亲。媒人去了三次才被应允。允婚后又叙述如何择日迎娶，婚后女方如何去“坐家”等。之后叙述已去“坐家”的女儿做噩梦，果然有娘家人来报父（母）死。女儿女婿于是赶回娘家。然而病者已处弥留之际，听完遗嘱，女婿赶回家酿造米酒抬到外家祭死者。

《温经》，“温”布依语称 we:n¹，意为“歌”。本卷经文主要流行于黔西南及云南罗平一带，以贞丰的经文规模最大。它包括《呼吼歌》《病痛歌》《报姑爷歌》《兴家歌》《穷困、孤寡歌》《饷午歌》《送仙歌》《猜歌》《兴情侣歌》《逃婚歌》《贬抑歌》《分离歌》等部分。

《呼吼歌》，反映布依族青年男女从相互呼唤到谈情说爱的过程。《病痛歌》承前，表现青年男女从唱情歌进而走到丧家，唱歌娱乐亡灵及其亲人。《报姑爷歌》叙述女婿做噩梦，梦见雷击倒树木、击死猪狗，梦见自己挖了三块田三块土（布依族认为做梦挖土预兆死人）等。后来，果然外家来报岳父（母）死。随后，女婿来到外家，上山砍来竹子，立起幡竿。《兴家歌》通过对丧葬活动中一些用具（如棺材、桌子等）的特殊功能（如别人钉箱子用来装布，而死者钉箱子则用来装自己）的吟唱，表达了生者与死者诀别的痛楚心情。《穷困、孤寡歌》先从老人的角度唱述有儿有女者的好处和无儿无女者的凄苦境况，然后从生者角度唱述老人在世时的种种好处。以衬托失去亲人的痛苦和辛酸。《饷午歌》唱述蒸粑粑祭供亡灵时的一些禁忌，特别要求要讲究卫生，如不能让头发和鼻涕掉进甑子里等。《送仙歌》主要内容是指示亡灵登仙的路线，以及亡灵和其子女之间的互相嘱咐。《猜歌》是一种赛智慧、比知识的歌。吟唱双方一方出谜面，另一方答出谜底。谜底涉及人、人体器官、动植物、山川、河流及其他自然现象。《兴情侣歌》又回到情人间的对唱，表现一对人恋人如何计划冲破包办婚姻的牢笼，相约出逃另立家庭的情景。《逃婚歌》唱逃婚途中的见闻及双方的矛盾。《贬抑歌》表现一对恋人逃婚发生矛盾后即互相贬抑对方原配，认为对方逃婚途中故意找岔子是怀念原配，而与这样的原配生活一辈子实在不值得。《分离歌》表现一对恋人最后终于分道扬镳。

《温经》从青年男女互相呼唤恋爱对歌开始，最后则以情人之间的分离作结，实际是一种巫术观念的反映：经文中情人间的分离会对生者与死者发生影响，使生者与死者真正分离。从而促使亡灵安心前去仙界，勿在阳世作祟。

2.《访几经》

本经文用于祈神驱邪。除了首尾感谢山神的保护和请山神继续为民避灾外，大部分叙述在古代与布依族友好相处的民族，以及这些民族的生产特性和民族性格。经文中提到古代与布依族相邻的民族有布萨拉（撒拉人，系今何族先民，待考）、布尤（苗族）、布荣（仡佬族）、布棉（彝族）等。

3.《请龙经》

《请龙经》是于请龙仪式上吟诵的经文。主要讲述远古时代，人们离开山洞，到野外建造房屋的事。但当时工具和生产技术都很落后，人们只好选择在被成群结队的水牛踏平的地方建寨筑城。人们在挖屋基时，挖到金龙肉、银龙肉都不知晓，于是“龙就往河去，龙就往河逃”。这样，人们种庄稼、养牲口都不顺利。人们“顺河边去找，沿河岸去寻”，把龙请回家来，“养牛种才发，窖金银才长”。经文中反映的龙有金公龙、银母龙、瀑下龙、山坳龙、田野龙、龙郎、龙崽七种。瀑下龙管风调雨顺，山坳龙管山林茂盛，田野龙管五谷丰登，金公龙和银母龙管财源不断，龙郎管衣食充足，龙崽管子孙发达。

4.《赎买经》

本卷用于赎谷魂、钱魂仪式。经文的主体内容为射日神话和洪水神话。古时，天上有十二个（一说有十个）太阳，晒得大地干裂，岩石熔化，植物枯萎。“王”（国王或氏族部落首领）许诺：谁能射下太阳，便赏给他好田。比香（或曰年王、比金、老姜、卜丁等）自告奋勇。他翻山越岭，找来“金折”（一种质硬且绵的树）作弓，茅草秆作箭，试射过河，众人惊得目瞪口呆。比香飞上天射落了十日，射伤一日，“王”高喊住手：“留下一个晒谷，留下一个照姑娘搓麻。”比香下地找到受伤的太阳，并向“王”提出要求兑现诺言。“王”食言，比香气恼，一怒之下抓龙当犁，抓巨蛇当绳索，抓猪（一曰狗）去犁田，激怒了天神，降下大雨，酿成洪水泛滥，谷种全被冲走。洪水过后人们发现斑鸠嗉囊里有谷种及各类粮食种子，于是取出栽种，大地才又重新有了谷物，恢复了生机。

5.《退仙经》

在祛病禳灾的退仙仪式上吟诵的经文。主要讲述患者之所以生病，是因为历代英灵找到并缠住了他，现在由布摩主祭，希望英灵们退回仙界去，使病患者恢复健康。经中所祭的英灵有：①为开发布依族生存之地而献身者。其中唱到开发森林的群雄，如何赶走虎豹、披荆斩棘、忍受饥渴、死后成仙。②开发田园的人们如何砍伐灌木、征服沼泽、拦河引水，死后成仙。③开山取石、修筑城堡的人们如何历尽艰辛，搬运巨石，给民众筑就抗乱防兽寨城，死后成仙。④粮种、棉种的发现者和耕作、纺织技术发明创造者的英灵。⑤后半部唱的是历史战争中死去的敌我双方的英灵，并描述战争情景。其中叙述了布依族先民与天兵（皇室军队）的战争。古时，天兵攻打布依族腹地，被布依族先民杀死数万，后来天兵又从北攻入，依（布依族对居于江下域者的本族同胞的称谓）兵从东进入，虽然布依妇女们也“离开织布机，手握剪刀把，东杀又西杀”，男人们“高举着长剑，冲出山洞子，右劈又左砍”，转战山山岭岭，可终因寡不敌众，死伤惨重，退居腹地西边。布依族认为上述英灵附到人身上，就会致使人生病，所以，每段在叙述他们的功过后便把他们送回仙界，使患者得以解脱。

6.《招魂经》

也称《罕王经》，是布摩在超度非正常死亡者的“罕王”仪式上吟诵的经文。经文的首尾均唱述亡魂在游魂世界中如何黑暗孤寂，并以接魂仪式将亡魂从游魂世界中带出。中间部分为一首大型叙事长诗，即《安王与祖王》。诗中情节各地大同小异，其中流行于望谟的一首比较完整。诗中讲述最初世界一片混沌，仙女喝了混沌水之后生下一石块，然后在上面画上五官，石块变成人，仙女为其取名曰混沌王，令其四处经商。混沌王在经商过程中死去。大鲤鱼投胎，混沌王之母又生下一男，取名盘果王。盘果王长大后，一日到河边打到一条鱼。此鱼为龙王之女，变成人形与盘果王相恋结婚，生下一男，取名安王。安王长大后，一次打得鱼回家，欲烹食，其母告诉他说鱼是舅爷，不能吃，安王不听劝阻，其母一气之下回了龙宫。盘果王续娶一寡妇为妻，生下一子，取名祖王。安王和祖王本来相处很好，但祖王之母欲让祖王独占家业和王位，唆使祖王害死安王。安王知道后离家出走，盘果王因此病倒。安王闻讯回来探望。祖王以取药为名，欲将安王害死于深井之中。在龙王帮助下，安王得以脱险。安王对祖王降下多种诅咒，表示要以各种灾害迫使祖王屈服。祖王均不服输。最后安王上天，向人间撒下痧子、天花、旱灾等恶疾和灾难。这时，天上出现了十二个太阳，晒得石头熔化，人死了不少。祖王这才请鹰作使者，去向安王认输请降，并表示愿交回王位权力。最后，以安王管上方，祖王管下方，下方对上方每年交租进贡的协议，解决了安王和祖王的纷争。

7. 杂经

布摩在驱除自然灾害和为老人、儿童及疾病患者祈福禳灾等仪式上吟诵的经文的统称。其中包括祈福禳灾仪式上吟诵的经文和“诗改邦”（sɯ^{1}ka:i^{3}pa:ŋ^{1}，即《改邦经》）。这类经文大多短小，很多经文没有实质性内容，但有些涉及布依族先民对万物起源的解释，对研究布依族先民的哲学和宗教观念很有价值。

第五节 外来宗教的传入

布依族地区的外来宗教主要为佛教、道教和天主教。佛教和道教在布依族地区主要表现为一些因素被摩教吸收和改造，有机地融入了摩教；或者摩教接受了流行于汉族地区杂糅了佛教和道教成分的民间宗教，而且与布依族原有宗教不发生排斥。而天主教传入的地区，布依族原有宗教完全遭到排挤。这表明了外来宗教性质的不同和接受方式的不同。即摩教对佛、道二教的因素的吸收基本上是主动的，而对天主教的接受则是被动的。

佛、道二教传入布依族地区的具体时间不详。佛教开始传入贵州是在唐代，主要传入黔北、黔东一带。明代得到大规模发展。估计这时期佛教观念开始渗入布依族地区。道教的天师道在汉代产生于距贵州较近的四川。《蜀记》中有所谓“米民①之山獠”的记载，说明教徒中有少数民族。“山獠”盖指“山野獠人”，是对僚人的辱称，而“僚”与布依族先民有关。这说明，汉代时道教已开始传入布依族地区。道教中原始巫术成分浓厚，因而与布依族传统宗教隔膜较少，这一因素使它在布依族中的传播远比佛教广泛而深刻。除摩教中吸收了部分道教因素外，一些地方布依族在丧葬活动中要请布依族道士作道场（用汉语唱念经咒），即是很好的证明。虽然这种道教融入了佛教因素，但其主体仍是道教的。

清代道光年间，天主教开始传入布依族地区。

早在明万历三年（1575），罗马教廷已把贵州划为天主教的传教范围。但该教正式传入贵州是清康熙三十九年或四十年（1700 年或 1701 年），当时信奉者不多，影响不大。到了清道光二十六年（1846）信教者已达到 1 200 人之多。于是罗马教皇宣布贵州为独立教区。道光二十七年至二十九年（1847—1849），几个外国传教士先后到布依族地区的兴义、贞丰、兴仁、安龙等县传教，并购置田产，修建教堂。其后，又有一批传教士到桑郎、王母（即今望谟）、者述、乃言等布依族地区，采取威逼、利诱、欺诈等手段，强迫布依族群众信教。册亨县乃言是布依族聚居区，群众不愿入教。光绪三十四年（1908），法国传教士到者述建立传教基地后，知道乃言邻村只有几户的尾巴寨有两户布依族人家因与别人发生纠纷而诉讼，传教士便乘机插手，诡言可以保护他们。尾巴寨原同乃言下寨共祀两座社神，每年都由两寨村民共同凑钱供祭。尾巴寨群众入教后，不能信仰社神，就不出钱，两寨因此发生争执。法国传教士借势勒令地方官吏把乃言下寨在争执中的几个主要人物逮捕关押，并威胁乃言下寨只有全寨入教才能释放被捕者，否则要将他们关押到死。乃言下寨群众无可奈何，只好全部入教。通过这些方式，到 1921 年，包括布依族在内的

① 天师道也称“五斗米道”，故对天师道教民亦称米民。

贵州教徒已增至约 3 万人，而外国传教士竟有 50 人之多。1922 年，罗马教廷划“盘江八属”①、罗甸和广西五个县为“安龙监牧区”，1927 年升为正式牧区，1947 年再升为“圣统治教区”，自此，天主教就有更大的权力裁夺该地区的一切教务、行政、财务和外交了。

安龙教区管辖下设在贵州的各堂口，都分布在布依族聚居区和杂居区。因此，信教的少数民族基本上是布依族。教区设置有行政、传教、教育、医疗、育婴等方面的机构，作为传播天主教文化的配套措施。

贵阳教区的传教区域最大。清代的贵阳、安顺、都匀三个府所属的大部分是布依族地区，所以布依族信徒不少。镇宁县是这个教区信徒最多的地区。道光三十四年（1854），天主教传入镇宁县。咸丰末年（1861），天主教在镇宁的传播已有一定基础，但无教堂。同治三年（1864），镇宁有人用教会仪式办丧事引起风波。“安顺知府判令‘肇事者划地作修建教堂基地，并赔款’。因而也有了教堂。嗣后传教士四处活动，不久教友特多，教堂亦盛……分镇宁、黄阁墅（黄果树）、江龙三个本堂区。”镇宁本堂的四乡信教者多是布依族，甚至有几村全部信教。黄阁墅本堂区于光绪二十二年（1896）修建教堂，其后传教士四处传教，信教者迅速增多，有五六个村子全部入教。江龙本堂区于光绪二十五年（1899）建立教堂，信教的人虽少，但多是布依族。

独山总铎区也属贵阳教区管辖，信徒有千余人，其中布依族不少。贵定县和定番（今惠水县）布依族信徒亦不少。

布依族群众信教后，生活习俗要按教规改变，如星期日是守贞日，不能干活，不许舂米，教徒不能与非教徒结婚，丧葬仪式也要改变，童贞院姑娘长大后，婚事全由传教士支配。

由于忍受不了教会的欺骗、横蛮、剥削压迫和传教士的为非作歹，布依族人民曾多次举行反洋教斗争。其中规模较大的如光绪三十二年（1906）贵定县布依族领袖罗发先组织和领导的起义。起义军打着“反清灭洋”的大旗，捣毁了龙高犀头岩教堂和都匀洋学堂，罗发先与其三子不幸相继阵亡，起义被清军镇压。都匀内外套及独山、三都等地也发生了反帝反洋教起义斗争，但同样被清军镇压。

天主教在布依族地区的传播虽然看起来面比较广，但信教人数实际上是很少的。而天主教这种带有强制性、想完全取代布依族固有宗教的传播方式，以及文化差异巨大等原因，使天主教在布依族中很难得到巩固和发展。

第六节 宗教信仰与布依族社会生活

过去，由于生产力的落后和科学文化水平的低下，布依族的社会生活笼罩在原始宗教信仰的迷雾之下。虽然摩教不像佛教、道教、天主教那样深入地渗透到人们的社会生活中，但其影响仍是深刻的。

社会生活是人类特有的，主体是人。保障人的健康、长寿是布依族摩教首先要考虑的问题。现代保障人的健康长寿主要靠医疗手段，而布依族先民只能依赖宗教，即使有时用

① “盘江八属”包括今黔西南州的册亨、安龙、贞丰、兴义、兴仁、盘县、普安、安南（晴隆）等县。

医药，也往往巫、医不分，“神、药两解”。摩教对人生的关注，直接的表现就是人生礼俗。婴儿出生了，为保障其不夭折，要在卧室内设神坛祭供“乜王”（母神）祈求护佑。婴儿爱啼哭、生病，要“拜保爷”，或“搭桥”“立挡箭碑”，请布摩驱邪禳灾。婚姻中择偶需看“八字”，结婚需择吉日，以免祸及当事者。年老了，身体不好，要在特定日子请布摩“改邦”（祈福禳灾），使其延年益寿。人死后，需给亡灵安排一个归宿，举行“殡亡”，就是为引导亡灵升入极乐世界，使其不因滞留阳世作祟于人并能保佑其家属及后代。

布依族的节日有浓重的宗教色彩。而大量的节日表明宗教信仰在布依族社会生活中的重要地位。每个节日都要祭供祖先，以春节最为隆重；“三月三”全寨祭山神，清明祭扫祖坟，四月八牛王节祭牛王，“六月六”祭田神保坝……每个节日都有特定的宗教内容。

宗教的禁忌渗透于布依族社会生活的方方面面，制约着人们的行止。例如，春节期间，初一忌晒衣服、忌扫地、忌吵闹（特别忌诅咒）、忌动土；响第一声春雷后忌耕种七天；“四月八”忌动土种；每月初四、十四、二十四忌挖土修灶，“红煞日”“戌日”“甲子日”忌出行，不从事生产活动；“扫寨”时，在寨旁各路口以树枝牵草绳并挂上木刀和纸钱等为标记，禁止外人进入寨子；“扫寨”三日之内，不准拿水、火及其他东西出寨；男子不准进产房；未婚姑娘死了不能由正门抬出，在外面死的人不准抬进寨子和家；外来夫妇留宿时不准同宿，包括女儿女婿；火塘中的三脚架不准踩踏等。布依族认为违犯了这些禁忌将遭厄运。因此，无论办什么事，特别是婚丧嫁娶、修房建屋以及出远门等，都要先问问时日，看能否行动。一年之中，正月和七月禁忌最多。随着时代的发展，这些古代禁忌在现阶段已经基本消除。

布依族宗教在社会伦理、道德思想上的教育、传播，从精神上规范和约束人的行为，实行社会控制等方面，也发挥着重要作用。例如，“三月三”祭山神的过程中，其中一个重要内容就是在神的面前制定或重申乡规民约，使世俗的行为规范置于神的监督之下，以保障其顺利实施。又如，在一些地方，丧葬仪式上布摩吟诵的《殡亡经》中有关“嘱咐”部分时，死者的下辈亲属须全跪于灵前听诵并记住经文内容。这部分经文是以死者口吻对生者的嘱咐，主要内容是关于处理社会成员之间、邻里之间以及家庭成员之间相互关系的基本准则，或特定社会角色所应遵循的行为规范，诸如要勤劳、俭朴、敬老爱幼、互相帮助，子要孝，父母要爱护和抚养子女等。也有一些行为准则是通过为亡灵安排不同的归宿来体现。比如，有偷、抢等品行不端的人，死后过不了“桥龙”（铜桥），而品行好的人死后，其灵魂过桥时，桥越走越宽。

总之，在布依族先民知识水平和生产力水平很低的时代产生和发展起来的布依族宗教，在长期历史发展过程中已经深刻地影响了布依族社会生活的各个方面，使布依族形成了独特的文化特征和行为模式。

本章参考文献：

1. 参见（民国）胡翯等编：《镇宁县志》。

第四章　风俗习惯（上）

第一节　饮食

布依族以大米、苞谷和麦面为主食。平时喜吃猪、狗、牛、鸡、鸭、鱼等肉类。炖、煮食多，炒食少。成年男子喜饮大米酒，妇女喜食酸菜、酸辣椒和糯米甜酒。年节或贵客到来，会做五色糯米饭，杀狗宰鸡设宴，开坛取出糯米酒或刺梨酒食用；年节或婚礼喜庆则打糯米粑、包粽子、炒油团等。

一、五色糯米饭

这是布依族地区盛行的独特食品。逢年过节或贵客到来，待客的厚礼就是五色糯米饭。同时还要杀一只鸡，砍为八块，鸡颈和鸡头连在一起，煮熟以后，盛在瓦钵里，摆在八仙桌的中央，鸡头从瓦钵里伸得高高的。盛鸡的瓦钵四周再摆上腊肉、香肠、木耳、豆腐、粉丝、白菜等若干碗菜肴。再在这些菜肴的四周摆上八碗五色糯米饭。这样，满桌的菜饭看上去就像一只美丽的孔雀在开屏，极为美观。

相传五色糯米饭是很久以前拱桥寨的布依姑娘竹妹发明的。竹妹为了让糯米饭又好看又香又能多放几天不会馊，不辞辛劳翻山越岭、涉水跨涧到四乡八寨向老年人请教。红籽寨寨老教她用红籽刺根削皮煨水染糯米饭，又红又香又能消食化气。紫荆寨寨老教她用紫荆藤皮煨水染糯米饭，又紫又香。枫香寨寨老教她用枫香叶煨水染糯米饭，又乌又香。糯花寨寨老教她用糯米饭花煨水染糯米饭，又黄又香。竹妹经过千辛万苦找来上述原料，把糯米饭染成红、紫、乌、黄四包后，留下一些不染色，保留糯米饭原有的白色，这样就制成了五色糯米饭，既好看又喷香，多放几天也不会馊。人们为了纪念聪慧能干的竹妹第一个制作出像孔雀开屏一样美丽的五色糯米饭，就将拱桥寨改名孔雀寨，把竹妹叫作孔雀妹。五色糯米饭一直流传至今，是布依族逢年过节和款待客人必备的肴馔。

二、糯米粑

每逢大年前夕，布依族家家户户都要做糯米粑。糯米粑的做法很考究：先把舂好簸净的糯米泡上一两天，然后滤干，放入大木甑里蒸，蒸的过程中，要洒二至三次水，这样打出来的糍粑才能软和。糯米蒸成饭以后立即倒进粑糟里（有石槽和木槽两种），由力气大的青年用粑粑棒趁热舂。粑粑棒是特制的：用一根五尺长、茶杯口粗的青杠木或岩桑木，将其刮好刨光滑，再用一坨瓦钵大小的青石打磨圆滑，在其中间凿个洞，然后将刨光的粑粑棒串在石砣里，石砣固定于木棒中央。后生们抱着粑粑棒围着粑槽舂转动，其脚步的移动、手腕的弛张都有着明快的节奏，动作潇洒，十分优美。因此布依族人民还将这种打粑动作编成优美的舞蹈，就是流传至今的打粑舞。打好的糯米粑一时吃不完，其贮藏方法是：将粑粑放在水缸里泡，每五六天换一次泡粑水，可贮藏至来年的三月。糯米粑在布依族人的社会生活中极为重要，是定亲、迎亲、走亲、拜年必不可少的礼物。

布依族还有一种别具特色的食品——二块粑，用粳米做成，制作方法与糯米粑大致相同：把舂好簸净的粳米泡二至三天，滤干后先蒸成饭，晾凉洒些冷水，然后再蒸第二次，边蒸边舀到碓臼里舂，舂绒后像揉面粉一样不断地搓揉，最后做成小枕头模样的成品。二块粑的贮藏方法也和糍粑一样是用水泡。二块粑有四种吃法，切成丝用红糖与甜酒煮，切成丝用白菜心和猪油煮，切成颗粒用酸菜和香肠来炒或切成片炕来吃。不管哪种吃法，味道都非常好，因此深受欢迎。

三、米酒

布依族成年男子一般喜爱饮大米酒，妇女则爱吃糯米甜酒。布依族逢年过节要饮年节酒，婚丧嫁娶要饮双喜酒，送往迎来要饮迎客酒和送客酒。因此，每年秋收以后，家家户户都要自酿大米酒和糯米甜酒。米酒既供自家平常饮用，又以之待客。请客时，若席上无米酒，再丰盛的席面客人的兴味也不浓，主人脸上也无光。

布依族人饮酒时有三大特点：一是酒用坛子装，用葫芦（地方土语叫“革当”）伸进坛里汲取，饮酒一般不用杯而多用碗。二是要行令猜拳，这除了助兴外，更主要的是互相比智慧，看谁能摸透对方的心理。当然，这也是互相敬酒的一种手段。三是要唱酒歌。这是三大特点中最重要而且最风趣的一种礼节。酒歌的内容无所不包，诸如开天辟地、日月星辰、民族族源、历史、山川草木，乃至对村寨及主人的称赞等。你唱一首，我答一曲，对答不了的“罚”酒。这样一来二往，既对了歌，又传播了知识，别具风韵。唱酒歌的方式是先由主人端起一碗酒向客人们边敬边唱，开场歌的内容大都是些客气语句。比如，主人家的酒肉明明是摆满了桌，主人却谦逊地唱道：“昨晚灯花爆，今早喜鹊叫，都说要有客，客人真来到……本想杀头猪，猪崽瘦壳壳；田里去捉鸭，鸭被鹰叼啄；棚里去捉鸡，鸡被野猫拖；塘里去捞鱼，鱼被水獭捉……孔雀落刺林，麒麟落荒坡，贵客到我家，实在简慢多。”唱完，敬每个客人一口酒。客人们也一一举起酒碗来唱歌答谢，内容是感谢主人的殷勤招待，祝贺寨邻平安，庄稼丰收，牛马成群等，如“喝酒唱酒歌，你唱我和，祝愿寨邻里，和睦享安乐，祝愿牛马壮，祝愿羊满坡……主人真殷勤，敬我鸡脑壳……多谢呀多谢，我们转回去，定把美名说”。一人唱一首，唱完，大家各饮一口酒，要是谁不会唱，就“罚”饮三口。

布依族人民生活中还有一种饶有风趣的迎客酒。在娶嫁迎亲或逢年过节客人来到时，主人要在寨门或大门口摆上一张八仙桌，桌上放酒壶和碗，客人一到，主人便急忙在碗里斟酒，双手端起，唱起一首“迎客歌”：“凤凰飞落刺笆林，鲤鱼游到浅水滩，今天贵客到我家，不成招待太简慢，献上一碗淡淡水，只望客人多包涵。”客人若是能歌者，就以歌答道：“画眉飞上梧桐树，小虾游到大海里，今天来到富贵府，主人好客真殷勤，只因我的口福浅，这碗仙酒不敢饮。”如此对答几个回合后，才请客人进家。若是客人不会唱歌，主人每唱一首，客人只好喝一口酒，一直要唱七首或九首，客人也就要喝七口或九口酒以后才能进屋。在酒席间，主人要请善歌的姑娘或中年妇女来向客人敬酒："客人远道来，实在是辛苦，没有鸡鸭鱼招待，喝碗淡水当鱼肉。"若客人能唱，就以歌答道："八仙桌子四角方，鸡鸭鱼肉摆中央，山珍海味样样有，多谢主人好心肠。"就这样主人一首，客人一首，从古至今，天南地北都唱尽，给整个酒席增添欢乐的气氛。平常时候，客人到家，主人递上一杯"茶"，客气地说："走累啰，请喝杯凉水解渴。"若是没到过布依族地区的客人，没有经验，又由于口干，接过"茶"来一口饮下，那就要闹笑话了，原来这不是"茶"而是酒！

布依族还有一种自制的糯米甜酒，是妇女自食或招待女客的。要是在春三月或初夏时节，凡是在布依地区路过，走累了、口渴了，找到布依人家就一定能喝上布依族人用甘洌的山泉冲拌的糯米甜酒水，凉悠悠、甜丝丝、润肺腑，既能解渴，又能驱散一路上的疲劳。

四、布依粽

布依粽有两种。一种是黔西南地区布依族人制作的，这种粽子不是汉族同胞五月端午包的三角粽；它用芝麻秆或糯谷草烧灰，在和糯米时将糯米染成黑色，然后筛簸干净，用猪油略炒一下，放上盐巴和草果粉，最后用粽粑叶来包。这种粽粑叶在南盘江畔生长，乍看像芭蕉叶，但比芭蕉叶略短略薄，有一股稻香味。一个布依粽约二两米，有六七寸长，茶杯口粗，用糯稻草心捆束，每个捆五道，扁方形，乍看像婴儿睡的小枕头，故又称之为"枕头粽"。

另一种布依粽是镇宁一带布依族制作的粽子，据说这是为了纪念布依姑娘竹妹的。相传在明朝末年，昏庸的皇帝横征暴敛，逼得人民纷纷起来反抗。为给起义的后生们做饭，而且做一次能长时间保存，聪明能干的竹妹经过多次试验，终于发现了用楠竹叶包米煮饭，既清香可口，又可放几天不会馊，这样就可保证守关卡的后生们天天都有喷香的米饭吃。这种粽子的做法一直流传至今，其形状既不像三角粽，也不像枕头粽，系扁圆形，乍看像蛤蚌一样。

五、刺梨酒

贵阳市花溪区布依族酿制的刺梨酒驰名中外。刺梨酒的酿制方法是：每年秋天收糯稻以后，就采集刺梨果，将其晒干或炕干。接着用糯米酿酒，酒盛于大坛中，再将刺梨放进坛里一起浸泡。一个月以后（泡的时间越长越好），酒呈酱黄色，喷香可口，约 12 至 15 度，不易醉人。布依族人民为什么爱酿制刺梨酒呢？因为布依族地区无论田坎地角、路旁沟边，处处都生长着刺梨，采原料十分方便，加之溪水山泉清洌甘美，所以宜于酿酒。到了布依族人家。好客的主人就送上两杯茶水。初来乍到的客人很诧异：为什么同时送两杯茶？其实其中一杯是刺梨酒，只是因为颜色相同。难怪客人要诧异了。

六、狗肉

布依族人喜吃狗肉。贵客来到，或是"三月三""六月六"等节日，一般都要杀狗。这一习俗尤以镇宁、关岭、兴仁一带为盛。布依族吃狗肉十分讲究：杀了狗，首先把毛烫刮干净，再烧稻草将狗皮烤至嫩黄色。这要有一定技术，若烧过火了，肉皮焦裂有烟味；火候不到，肉皮软绵不香。做“狗灌肠”更是讲究，把肠子洗刮干净后，把狗身上的软骨剔下剁碎，与狗脑、血、肝和糯米面、狗肉香（草本佐料、俗名“野薄荷”）拌在一起灌入狗肠内，然后煮熟而食，味道十分鲜美。狗爪的营养价值很高，人们称之为“熊掌”，是专门敬奉长者或贵客的。各种毛色的狗，肉质量不尽相同，民间有“头黄二黑三虎斑，白狗肉味较平淡”这样的谣谚，说明黄狗肉最佳。狗，浑身都是宝，狗肉不但营养价值很高，还能防治一些病症。布依族以种水稻为主，每年从打田撒秧、插秧到薅秧，有几个月时间是在水中劳作的，狗肉不但是滋补身体的佳肴，而且是祛风除湿的良药。所以布依族称狗为“地羊”，并有“肥羊抵不得瘦狗”的说法。

七、酸食

酸，是布依族人民喜爱的口味之一，它既开胃解暑，又可增进食欲。布依族流传着“三天不吃酸，走路打偏偏”的谣谚。酸食品种类很多，有酸汤、酸菜、酸辣椒、酸豇豆、酸萝卜等，一般的家庭，常年备有几坛酸食品。日常菜肴，餐餐有酸味。（清康熙）《贵州通志·蛮僚》（后志）记载：“牛马牲骨，用米掺和之……至酸……为佳，以多为富。”布依族制酸食是有名的，如独山县产的盐酸菜，闻名遐迩，畅销海内外，每年可产销八万担左右。其制作方法是：二三月间割下青菜，晒半蔫后，洗净曝干，切成一寸左右的节，拌糯米甜酒、盐、辣椒粉，再放适量的灰碱，然后轻轻搓揉，使上述原料互相渍透，贮于土坛中，一月以后就可食用，味道鲜美，经年不变。随着生产力的发展和技术的提高，近年来在作盐酸菜时，略加些大蒜、冰糖等，味道更佳。

第二节 服饰

一、布依族服饰的产生与发展

布依族服饰产生于何时未见文字记载，只能从民俗学、民间文学及考古学资料中略见其史影。布依族古歌《造万物》里的《造棉造布歌》描述了远古世上还没有棉时的景象：“人人挂树叶，个个裹树皮。”无论“挂”或“裹”都是服饰的起点，贵州省赫章县可乐新石器时代遗址出土的文物中有陶纺轮两个，平坝“飞虎山文化”新石器时代遗址也有陶纺轮，可见当时布依族先民的纺织技术已达到一定水平，在贵州布依族地区发现的古代岩画如开阳县的“画马岩”、关岭县的牛角井岩画、花江的“马马岩”、贞丰县的“七马图”岩壁画、长顺县的付家院红洞岩画、六枝桃花洞岩画等，据说已有明显的布依族服饰图像。[①] 至秦汉时期，“夜郎国……其民椎髻、耕田、有邑聚”，司马迁《史记·西南夷列传》还将这种南夷“椎髻”之俗与西夷“编发、随畜迁徙”之俗区别开来。[②] 王充《论

① 马启忠：《贵州古代岩画的发现与初步研究》，《贵州文化》1990 年第 8 期。
② 参见司马迁：《史记·西南夷列传》。

衡·率性》也说：南越国国王赵佗“习越人之俗，椎髻箕居，好之若性”。[①]（晋）《三国志》也说：“秦置桂林、南海、象郡……言语同异，重译乃通，椎髻徒跣，贯头左衽，长吏之设，虽有若无。”[②] 这种“椎髻”“贯头左衽”的服饰习惯一直延续至隋唐时期。《旧唐书·南蛮传》说：“妇女横布两幅，穿中而贯其首，名为桶裙。男子左衽，露发徒跣。”[③] 左衽，即古代中原人称南方少数民族服饰中将衣襟右掩的左衽，认为是蛮夷之服。

明、清时期，工艺发展，布依族妇女的服饰由无褶裙发展为百褶长裙，服饰的图案亦更加丰富。男子的服饰则趋向简单明快。如（明·弘治）《贵州图经新志》说：“仲家妇女，以青布一方裹头，着细褶青裙，多至二十余幅。腹下系五彩挑绣方幅，如绶，仍以青布袭之。”[④]（乾隆）《南笼府志》载今黔西南一带的布依族妇女服饰是：“椎髻长簪，银环贯耳。项挂银圈，以多为荣，衣短裙长，色帷青蓝，红绿花饰为缘饰。裙以青布十余幅为细褶，镶边，委地数寸，腰以宽长带数围结于后，带垂若翅。”[⑤] 而黔南一带的布依族妇女服饰，则是：“以青布蒙髻，长裙细褶，……年少妇女，项挂银圈，腰系白铜烟盒，彩线丝条，环身炫目。”[⑥] 布依族男子服饰则“短衣科头”[⑦] 或“椎髻、屐……衣尚青色”。至清末，或“衣服、薙发俱效汉人”[⑧]，或“好以青帕缠头及腰”[⑨]。

清乾隆以降，汉文化逐渐深入，城镇附近，交通沿线布依族服饰开始改变，特别是嘉庆年间南笼农民大起义失败，数万农民被清政府屠杀，许多地区的布依族妇女才改装、易裙着裤。民国年间，贵州布依族保留穿百褶裙、着大领衣古装的仅有镇宁、关岭、普定、六枝、水城等县市。现代布依族服饰，男子的服饰式样各地基本相同。青壮年喜包头帕，头帕有条纹和纯青两种。衣服为对襟短衣，一般是内白外青或蓝的装扮，裤子为长裤。老年人多穿大袖短衣或青、蓝长衫，脚上穿布统袜。现代各地布依族妇女服饰，大约可以分为镇宁服饰、黔西南服饰、黔南服饰等数种。说明布依族服饰的产生和发展，曾经历了从简单到复杂又从繁复到简洁与从实用到审美乃至美丽与实用兼备的过程。

二、布依族服饰的种类、内容及特点

布依族服饰从性别上可以分为男性、女性服饰，从年龄上可分为老年、中青年、儿童服饰，从地域上可分为黔南、黔西南、镇宁、花溪服饰等。根据当代布依族男性服饰一般化、女性服饰丰富多彩且有地方特色、儿童服饰具普遍性特点的情况，分为以下几类：

（一）布依族妇女服饰

1. 黔南布依族妇女服饰

（1）传统样式：短衣斜领窄袖，袖镶花边，胸挂银练或彩带挂花围腰，头搭花毛巾或

---

① 参见王充：《论衡·率性》。

② 参见陈寿：《三国志》。

③ 参见刘昫等：《旧唐书·南蛮传》。

④ 参见沈庠修，赵瓒纂：《贵州图经新志》。

⑤ 参见李其昌纂修：《南笼府志》。

⑥ 参见刘岱修，艾茂、谢庭薰纂：《独山州志》。

⑦ 参见李贤等撰：《大明一统志》。

⑧ 参见靖道谟等撰：《贵州通志·苗蛮》。

⑨ 参见《黔南识略》卷一。

蜡染花帕，下穿大口裤，裤脚镶花边，有的还穿绣花尖鞋。此种装束多见于惠水、长顺、平塘、罗甸、龙里、贵定、都匀等县（市）妇女。

（2）传统与现代相结合的样式：上穿斜襟小袖衣，胸前挂花围腰，戴银质或玉质手镯，下穿中口裤或大口裤，不镶花边。此装束多见于独山、荔波、三都周覃一带的布依族妇女。

（3）与汉族妇女服饰基本相同甚至穿当代流行的时装样式：这多是县城附近和铁路沿线等受汉文化影响较深地区的布依族妇女着装。

2. 黔西南布依族妇女服饰

黔西南布依族妇女服饰花样繁多，有着明显的地方特色。或婚前以发辫绕头，婚后结发髻带网罩；或包花格帕、青帕，一般都佩银簪、戴银镯。穿右开襟宽袖上衣，襟沿、领口都镶花边，下穿青布大口镶边裤；腰系绣花长围腰，多为布料飘带，也有个别用绸缎作飘带者，脚穿船形花鞋；老年妇女一般系长围腰，上齐脖颈，下至膝盖；姑娘和年轻妇女系镶边绣花“短围腰”，长一尺许，中央绣着花卉、鸟兽虫鱼等花纹图案。有的妇女头包两只尖角往左右伸延的帕子，其形如角，故称“牛角帕”。

3. 镇宁、关岭布依族妇女服饰

（1）少女服饰：穿绲边短衣，梳一条长辫，头上搭一块绣花帕，戴银质或玉质手镯，节日盛装为蜡染百褶长裙，上着大领镶边蜡花短衣，两襟及衣边镶着织锦或有蜡染图案，领口和托肩绣有小花，袖子有红、蓝、粉三色花边，系织锦镶边花围腰，长约三尺，配两根绸飘带，腰间挂一方绣花手帕，脚穿绣花鞋，显得飘逸自然。

（2）少妇服饰：婚后坐家时，妇女戴以竹笋壳和布匹制成的“更考”，形如撮箕，前圆后矩，先以青布缠裹，后系上波浪形花头帕，帕上绣有牛羊鱼龙和太阳、风纹等图案，身着斜襟短衣，前襟从中缝顶直斜向左腋，形成一条别致的领排，领排上绣着八角花、桃花、荷花等，袖口和摆边佩有一寸宽与衣齐的五色花布条；下穿百褶裙。

（3）中年妇女服饰：穿大襟长衫，披披肩，着长裤，腰间系一条洁白腰带，再拴一匹果绿色短花围腰。

（4）老年妇女服饰：头包青帕，身穿斜襟齐膝青衣，下着大口青裤；或穿织锦上衣，着褚红蜡染百褶裙，脚穿包边大口布鞋，显得很庄重素雅。

（二）儿童服饰

布依族儿童服饰一般没有男女之分，地区差别也不大。布依族儿童服饰最显著的特点是头饰。有仿动物的头饰如猫头帽、狮头帽、兔头帽、鹰头帽等；有仿古代头盔的包耳帽，有仿古代文官的“乌纱帽”等，种类繁多，形态各异。帽子前面都钉满银质罗汉或玉质罗汉或“长命富贵”等吉祥字样的玉扣；帽的背面吊着彩色要须和数个银质小铃铛。身穿土花布衣裳，下围花裙，脚穿小花鞋。

（三）布依族男子服饰

当代布依族男子服饰大部分着现代服装。小部分还穿布扣对襟衣，大腰口裤，头绕黑帕，这种穿着多见于边远地区年过半百之男子。

布依族服饰有两个特点：一是儿童头饰丰富多彩，二是妇女上装服饰花纹似锦，其刺绣、蜡绣、扎染、色织布等图案含义深刻，工艺精湛。

三、布依族服饰的功能

（一）自然功能

服饰作为人类物质生活的重要组成部分，其基本功能主要是保暖御寒。布依族人在与大自然的长期斗争中，除了受到毒蛇猛兽、病魔邪气的威胁外，还不时受到烈日暴雨、酷暑严寒和荆棘毒草的危害。服饰在一定程度上可以抵御外界对人体的伤害，减轻人们的痛苦。尤其是以土花布和蜡染作为原料的布依族服饰，其植物原料植物染料和手工制作，布厚质优，不仅御寒耐磨，而且对人体还有很好的保护作用。

（二）社会功能

（1）性别功能。布依服饰在古代就有了明显的男装女饰之别。“短衣科头”与“彩衣长裙”使人一眼就辨出男女。

（2）审美功能。布依服饰中琳琅满目的玉器银器、丰富多彩的花纹图案赏心悦目，特别是花围腰上美丽的图案及其优美的传说内涵，更能表达布依族妇女的爱美之心及对美的追求，同时也反映了她们力图通过服饰来装扮自己以吸引异性的心态。

（3）标志功能。布依族服饰的色彩、款式具有标志的功能。如谁穿上白色的孝服，则表示他家父或母刚刚去逝；女子戴上“假壳”，标志已婚；经常穿青色衣服，或褚色长裙标志人过中年等。

（4）避邪功能。布依族人认为，银、玉、金具有避邪除恶之功。所以，年幼体弱的儿童要戴银帽或玉帽，妇女要佩银镯玉镯、插银簪玉簪、戴金戒指等，若身体虚弱，经常犯病，不论男女，都要戴银项圈。

（5）促进服饰艺术发展的功能。服饰作为物质文明和精神文明的美学追求，决定了布依族人的价值取向。纺纱织布、刺绣、蜡染等工艺成了衡量布依族妇女能力的重要标尺，而布依族妇女把打扮自己和装扮丈夫作为一种艺术竞争，又促进了服饰艺术的发展和繁荣。

（6）社会交往功能。布依族不论男女老幼，凡是出门走亲、赶集等，都要穿上干净、漂亮的服装，其作用一是能给对方或周围的人以端庄整洁的印象和好感；二是对异性具有一定的吸引力（这作用一般体现在青少年男女之间的交往）。如布依族姑娘去参加节日娱乐活动，或送亲当送亲娘，或与小伙子约会时，穿着特别讲究，因为她们交往的对象是年轻的男青年。

四、布依族服饰原料——土花布及其文化内涵

（一）土花布的纺织与发展

布依族古歌《造万物》里的《造棉造布歌》记载远古世上还没有棉，则“人人挂树叶，个个裹树皮”。正如原始部落的人们用树叶或草条遮蔽自己的身体一样。不论“挂”或“裹”，要使木叶、草片之类成为蔽体之物，必然经过拼串，而拼串之工便是纺织习俗的起点。布依族纺织习俗源于母系氏族社会的采集劳动，又可从考古资料和古代文献得以

佐证。贵州省赫章县可乐新石器时代遗址出土的文物中有陶纺轮两个；贵州省平坝县的飞虎山文化是布依族地区目前唯一较完整的新石器时代文化遗址，出土的新石器中也有陶纺轮。这些考古资料表明：在母系氏族社会，纺织习俗在布依族先民活动的地区业已盛行。《后汉书·南蛮传》也有“织绩木皮，染以草实，好五色衣服”的记载。

布依族古歌《造棉造布歌》告诉我们：在采集劳动中，先民们发现“山上有种花，叶子真大张，叶片圆又滑，真像大巴掌”，她们把它摘下来，“拿花慢慢捻，丝丝细又长，结实不易断，好比蜘蛛网”；于是“大家快去拣，拣来野花花，姑娘忙捻线，线子挽成团，就把布来编”。随着农业生产的发展，人们逐步掌握了植物的栽培技术，开始对野棉花进行人工培育。《种棉歌》唱道：“进入二月天气暖，二月过去是三月，人人去耕地，个个去种棉。”她们“选好黑油油的荒土，开来做棉地”，“三月间是种棉天，耙好地就去点棉种”；种子播下地后，“四月生出嫩芽，五月棉树比人高，八月棉树结棉桃，九月棉桃绽开了”；收棉回家后，“天晴拿去晒干，晒干了好收藏”。棉花有了，怎么使它变成布呢？布依族古歌《造棉造布歌》这样唱：“棉花有棉籽，有籽难纺纱，她爷做木架，给她脱棉籽”，棉花脱籽了，“她爷做个弹开弓，给她弹棉花”，棉花弹蓬松了，“把纺车摆在竹楼中央，取出棉条来细细纺，一节节棉条吐出细纱，纱锭积在纺车上”（布依族的手摇纺车构造与汉画像石上的手摇纺车相似），“纱锭积满了竹筐，就拿纱桄来桄，纱锭桄成绺绺线，脱下来用米汤浆”，浆好了纱线，“在门口的空坝子上，两边钉着两棵木桩，套上纱锭牵来牵去，穿好筘穿好蓖就上织机床”。织机上的布依妇女“左手丢梭子，右脚踩一踩，右手丢梭子，左脚踏一踏”，“叽哩叽哩织了九天，叽哩叽哩织了九夜，布象（像）河水一样淌出来，摆在织机上又细又白”。从这些古歌中可知，布依族的纺织文化是布依族先民在长期的生产活动中创造出来的，它随着布依族社会的发展而发展，成为布依族社会物质文化不可缺少的重要组成部分。

不仅如此，布依族纺织习俗的发展还带来了布依族地区城镇的兴起及经济文化的繁荣。到明代，纺织品除自用和缴纳赋税外，还被拿到市场出售，促进布依族地区集市的繁荣。如当时布依族聚居之地荔波的时来里、烂土的蒙石里等逐渐成为当地政治、经济、文化的中心。明末清初，烂土、三脚及荔波等城镇出现了小规模的手工业作坊。清代《独山州志》卷三载：“女工纺织，自六七岁学纺纱，稍长即能织布染五色，砧杵声辄至半夜，以布易棉花，辗转生息。”卷五又载：“（独山）著名者山酒、大布，半出荔波南丹一带，半出丰宁烂土等处，聚于州城南北街，多为上游所取资。”至此，布依族妇女的纺织文化已从乡村进入城镇，促进了布依族地区城镇经济文化的繁荣。到19世纪中期，安顺、都匀等地的布依族农民从河南、湖南等地引进棉花良种，植棉面积逐年扩大，棉花日益增多，为城镇的纺织业提供原料。当时的安顺城共有五个专业性市场，棉花市场三个，土布市场一个，粮食市场一个。“郡民皆以此为业”，其生产的“五色扣布”和“顺布”驰名全国；新城（今兴仁）千余户居民，拥有弹弓五百余张，老幼都会弹花，正如《安顺府志》所载，“纺织之声络绎于午夜”；黄草坝（今兴义）也是一个棉织贸易中心；湖北、四川贩运棉花的商人接踵而至，“通商滇民以花易布者，源源而来”，这便是一幅昔日布依族城镇纺织繁荣图景。然而，19世纪末，外国棉纱的大量输入，占领了城镇纺织基地，农村布依族妇女的纺织手工业失去了竞争力而破产，“过去曾为不可少的纺车都摆在一边，布满了灰尘”。外国棉纱的输入，一方面给纺织手工业者带来了灾难；另一方面打破了封闭的纺织文化模式，带来了资本主义因素。至清末民初，兴义官僚地方投资兴办了福生醒棉织厂之后，平民织布厂、何绍云织布厂等织布厂相继出现。这些民族资本的兴起，加快了布依族纺织文化走向现代化的步伐。但是，在外国侵略者和本国封建势力的掠夺和压迫下，民族资本脆弱的幼芽夭折了，布依族的纺织业泯灭山中。直到中华人民共和国成立，特别是十一届三中全会以后，布依族妇女才又重振旗鼓，朴素、典雅的布依族土花布得以重见天日。1985 年黔南自治州建成了布依族土花布织布厂，从民间挑选布依族妇女纺织能手作技术指导。布依族的土花布现远销日本、法国、英国和东南亚地区，布依族纺织文化得到了新的发展。

（二）土花布纹样种类与审美

布依族纺织文化的发展，是布依族妇女在劳动中发现美、创造美的历史过程。朴实、典雅的布依族土花布体现了布依妇女强烈的爱美之心和独特的民族性格。

布依族妇女纺织，最初是为实现保暖御寒这一功利目的。后来在采集劳动中，色彩斑斓的大自然给她们视神经系统无数次的刺激，促进审美快感的产生，使她们情不自禁唱出爱美的歌："世上的鲜花，千千万万朵，一朵一个样，红的红像火，白的白如雪，蓝的像天河，红白黄紫绛，开满了山坡，实在是好看，惹人心欢乐。"审美意识萌发之后，便产生了强烈的拥有美的欲望，她们已不满足于保暖御寒的白色土布了："我们穿的衣，我们穿的裙，也要像花朵，各色各样的，穿起才好看，穿起才美丽。"于是，她们在大自然中寻找，终于发现有一种草"倒在水涵里，水变蓝茵茵"，便采来这种草沤于水缸，用来染布，称之为"觉"（布依语）。从古至今，农村的布依族人家几乎家家有染缸，妇女人人会染布。

掌握了染色技术之后，布依妇女根据自己的审美纺织各种各样的花布，有的用"四块板"，有的用"两块板"，有的喜爱白底蓝花，有的爱蓝底白花或白蓝作底等。据不完全统计，迄今为止，布依族土花布已有 500 多个花色品种，较有代表性的有柳条纹和格子纹（这两种花纹布依语皆称为 $\text{tɕiu}^{53}\text{suɯn}^{33}$），还有壁笆纹（有直曲线两种，布依语都称为 $\text{nɛŋ}^{31}\text{tɕɛŋ}^{31}$）、辣子花纹（$\text{wa}^{24}\text{ma:ŋ}^{53}$）、梅花纹（$\text{əmi}^{33}\text{tau}^{35}$）、鱼刺纹（$\text{kaŋ}^{33}\text{pia}^{24}$）、桂花纹（$\text{kwəi}^{33}\text{xwa}^{33}$）、花椒纹（$\text{wa}^{33}\text{ɕe}^{33}$）、兰尼纹（$\text{la:ŋ}^{31}\text{n̥i}^{35}$）等 10 余种。其中，前五种是使用"两块板"织造的平纹布，后五种是使用四块板织造的斜纹布。但每种纹样都在不断变化。如最简单的柳条纹，有粗有细，粗细相间，组成不同的间隔节奏；每种纹样的组合也随时变化，如桂花纹，有清一色的均匀纹样，有组合条状，即一条间隔或几条间隔的；各种纹样也互相搭配，如桂花纹与花椒纹，花椒纹与兰尼纹、兰尼纹与壁笆纹等，还有三种纹样相配合的；在色彩的调配方面也错综复杂，由最初的经、纬各一色发展到经纱五色、纬纱三色，织机上出现三梭引纬轮织，这些变幻莫测的花纹图案反映了布依族妇女独特的审美意识。

从纹样的演变和发展看，老一辈的传统花式，更多的是单一纹样的均匀排列，显得朴素简洁，而现在的年轻姑娘则喜欢各种变体和多种纹样的巧妙搭配，纹样也有新的发展，如壁笆布由古老的直线组合发展为曲线组合，显得生动活泼。就色彩的演变看：传统色彩主要为蓝与白搭配，比较单调，而现在的姑娘在继承蓝白基调的同时，加入了不同层次的青浅色或红或黄或绿或棕等，使基调显得既沉着又明快。诸如此类，充分展现了当代布依族妇女既继承了传统文化，又吸收了现代意识，从中可见布依族纺织文化发展的一斑。

布依族土花布的纹样和色调也表现了布依族妇女不同的性格和气质。如柳条纹表现出单纯、爽直的性格，而梅花纹和兰尼纹却是粗中有细，粗细相间，表现刚柔并济的性格；桂花纹、花椒纹、辣子花纹等则表现婉约细腻的性格；剑拔弩张的鱼刺纹表现宁折不弯的刚直气质。凡此种种，不胜枚举。

尽管纹样色调表现出千姿百态、纷繁复杂的个体意识，总的看来，还是有共同之处。

第一，从色调看，大都以蓝底为主，这是古代沿袭下来的传统花布底色，其调深沉，表现了布依族妇女蓝天、大海一般宽广的胸怀，反映了布依族妇女质朴厚道、庄重豁达的民族性格。正如黑格尔说，人有一种在“外在事物上面刻下他自己内心生活的烙印”的本能。

第二，从纹样看，不论斜纹布或平纹布，都很讲究对称。布依族人民长期生活在我国大西南地区，秀丽的山川、青翠的草木、动物身上的花纹等自然物象形成的对称形状，使她们的视感得以平衡，正如鲁道夫·阿恩海姆说：“外物的刺激使大脑视皮层中的生理力的分布达到可以互相抵消的状态。”这些整齐划一、均衡对称、多样统一的物象培养了布依妇女偏爱对称的审美观，也蕴含布依族人民渴求安定太平的意愿。

布依族妇女有赠布的习俗，这个习俗是一种文化现象，它贯穿布依族妇女的整个物质生活、精神生活和社会生活，蕴含着丰富的思想感情。

首先，它是母爱的象征。作为家中女主人，除了负担子女平时的穿着以外，每逢节日，还要给孩子们缝制一套新衣裳，让孩子们高高兴兴地过节。当子女即将离家去读书或当兵的时候，母亲连夜给他们缝制几套衣裳，寄托慈母对游子的牵挂和担心，正如唐代诗人孟郊在《游子吟》中所描述的那样：“慈母手中线，游子身上衣。临行密密缝，意恐迟迟归。”当姑娘出嫁的时候，母亲便把自己多年积攒下来的土花布缝成垫单等物，给自己的爱女作陪嫁；平时女婿来访，岳母赠一匹漂亮的土花布，表示对女婿的喜爱，女婿则唱一首歌表达谢意：“手接布料蓝茵茵，缝件衣裳最合身，亲爹亲妈情意重，女婿永远记在心”。

其次，它是爱情的信物。布依族姑娘八九岁就开始学纺花，十来岁就学织布，到了十七八岁，几乎每人都存有几匹乃至几十匹土花布，当她与哪位小伙定情后，便从中挑选一匹最好的土花布赠给心上人，小伙子便唱一首歌：“一匹花布新又美，阿妹手巧心又灵，拿回家去缝新衣，暖在身上甜在心。”小伙子得了情妹的花布，拿回家给大家品评一番，让朋友分享幸福，赞美他的女友聪明能干，祝贺他有一位心灵手巧的女友。

最后，它是体面的礼物。不论是结婚或是立房，大凡妇女去作客，除了送别的礼物外，都要献上一匹土花布，花布上标出姓名，摆出来亮相，让众人观赏品评，看谁的纱纺得细，谁的布织得精、花样新颖，都能反映妇女是否聪明能干。如果有谁送机织品，即使价值远远超过土花布，人们也不去欣赏它。有趣的是，结婚、立房之日，姑妈、舅妈等主要亲戚送的“花对”要从房梁上挂下来，布上还贴着祝愿的对联，哪家“布对”挂满堂屋，代表他家亲友众多。

第三节　起居习俗

一、起居习俗的形成和特点

布依族起居习俗由来已久。黔西南自治州普安县铜鼓山遗址考古发现有战国至西汉时期的房屋柱洞、灶、路面等遗迹和青铜钺等文物，说明布依族先民古越人当时居住的是干栏式住宅，并可能形成特定的起居习俗。这种干栏式住宅适应南方气候炎热、雨量充沛、虫蛇较多的自然条件，使居室脱离地面，人居其上、畜养其下，十分安全。加之以竹木为墙，通风透气，十分舒适。这种古俗沿袭至今，是“地气使之然也”。今天，布依族地区不同程度地保留干栏建筑的特点，而且变化出多种形式，如吊脚楼、石板房、平房等。住宅的布局，房间的分配，火塘和厨房的位置，作物的堆放，独特的供奉和祭祀、禁忌等，都是起居习俗的表现。

二、住宅布局与房间分配

布依族长期过着个体经济的小农生活，生活、生产上自给自足，所以人们的居住地要存放各种工具，如犁、锄、镰、水桶、箩筐、扁担、风簸等；要饲养耕牛和猪、鸡等畜禽；布依族妇女有自己独特的衣装服饰，需要纺织，因此要有织机，并需进行蜡染工作；收获后的粮食要堆积家中；此外，还要进行养蜂等副业活动。住宅布局是如何满足和适应这些要求呢？布依族住宅群因地形高低而展现出的不同层次和高低轮廓，随等高线走向而产生正侧交错、疏密相间的屋面、山墙，其间穿插着曲折的里弄和高低的坡坎。

每个村寨都有一个群众聚会和议事的公共场所。以寨内为中心通向四面八方，一般都有数条较宽的路面贯穿全寨，是寨子的交通要道。岔路复杂多变，时而平缓、时而较陡，陡的地方皆用石头砌成阶梯。路面宽的可达一至二丈，能容纳两人以上挑担穿行；路面窄的仅有四五尺，两人挑担相遇，必须一人让路才能行走。

在单体住宅中，即便是最简单的家庭，住宅分配也体现着长幼、尊卑的伦理关系。如贵阳市郊区和清镇、平坝、惠水一带，堂屋正厅是家庭的活动中心，为供奉祖先和接待宾客之地。堂屋后间设浪行道，专贮存腊肉、香肠、酸辣坛及其他干菜。左厢前面房间设火塘，供取暖炊薪及就餐用。后面一间设内室，分前后两小间，各开门进出，是家中老人卧室或客房。右厢后面房间设厨房，前面房间是子媳的卧室。正房两侧建厢房，有独间，也有连二间或三间的。一楼一底，楼下作牛圈、鸡舍或堆放柴草、农具。楼上设若干小卧室，供儿孙居住或作客房。右侧山头搭一偏厦作堆灰或厕所之用。门口院坝用石板铺地，清缝砌平，便于堆晒谷物。

黔南和黔西南一带干栏式住宅较多，分堂屋、火塘、卧室、厨房等。堂屋正厅设神龛，上置香炉专作供祖之用，是屋中最神圣的地方。火塘间是家庭的活动中心。如下图：

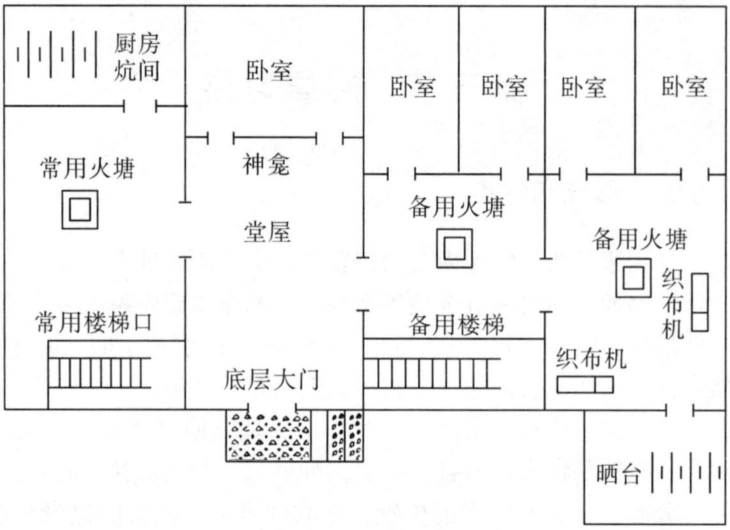

四开间楼房中层利用平面图

资料来源：伍文义：《上莫乡布依族住房建筑调查》，《民族志资料汇编》（布依族）第1集，贵州省民族志编委会1985年（内刊稿），第80页。

每间卧室各有室门。火塘和厨房设在同一开间。厨房上有竹制炕台，专用烘烤辣椒等土产。炊烟经此通向屋顶，使阁楼有一定温度。为了照顾老人，一般都让他们住在靠近火塘的卧室。

备用楼梯口平时用木板盖上，办酒宴时才打开使用，方便多人出入。备用火塘亦如此。织机、染缸多置于靠晒台的房间。山墙当头一间设有小门通向晒台，扩大了户外空间、丰富了建筑造型。

安顺地区则盛行石头住宅，是一种由干栏式建筑发展而来的内木外石结构的房屋。堂屋正厅分为前后二间，前厅供家人团聚、供奉祖先、吃饭和其他日常生活环节使用。此外还放置农具和鸡笼等。正厅后部为杂用或烤火间，贵州地区冬天潮湿，农闲时合家围坐于稻草蒲团或木凳上烤火，共享天伦之乐。

左厢一般分前后两间卧室，也有分为三间者。右厢亦分前后两间，作为次要卧室、厨房或杂间用。两厢前室下部为牲口间，因此有时前厢地面比正厅地面高。厨房位置不固定，有的在主屋前后或两侧根据地形搭建厨房。有的还在厨房外搭披屋堆放柴草。

布依族四合院住宅较少，过去只有富裕人家才建得起。正房前后左右相向者称厢房，面向正房的一幢称“对厅”。厢房和对厅一般作书房或客房。四合院中间形成四角天井。对厅的散格门及正房窗户均雕有绿竹花鸟、男女舞姿，刻画得栩栩如生。

随着经济不断发展，布依族人民在自己的房前屋下种植观赏植物，如仙人掌、万年青、四季海棠、慈菇等，用以美化居住环境。

三、起居礼仪和禁忌

1. 见草标莫闯

草标是茅草挽结作的标记。即用几根茅草在巅部大约长三分之一处挽个结，挂在住宅门边或用小竿插在路口。外人见这种草标时就得止步回转。此种草标，有短限长限之分。“短限限时，长限限日”，短限者即主人在做某件外人不能参看的事，如牛马在圈里生崽，或祭神驱鬼等，办完事才去掉草标。限日者，指办的事较重大，有的是集体活动，如祭寨神时限一日，多则两三日，也忌外人参加。这种规矩，过去要是违犯了，轻者下跪赔礼道歉，重者要赔偿所祭用的财物，重新开祭。

2．神龛不挂物

布依族家中的神龛，是祭供祖宗最庄重的位置，不能挂任何物件，特别是客人，不要看到有钉子或撑供板摆香炉的“牛腿”，就将随带的提包、衣饰、用件等挂上。这么做会得罪家神，等于不尊重主人。损伤了主人尊严，会使主人对客人产生心理隔阂，不高兴，甚而怨怒，要办的事情就难办了。故得注意。

3．不架对头柴

布依人家的火塘，一般都有个铁三脚安锅。布依族也有大灶，但那要人多时才用，平时只用它来煮猪食。铁三脚无围无门，四方可架柴，但布依族人都是顺梁固定一个方向架柴。外地远客不知此礼，往往不按定向乱架柴，甚至架了对头柴，会使主人不高兴。架对头柴，意味着敌对，是不吉利的，即本来是主人家一方之柴（财），被别人碰夺。因此在布依族人家中烧火，需留意架柴的方向，切莫架对头柴，以免带来麻烦，使主客都不愉快。

4．坐门槛、堵财路

布依族最忌讳坐门槛，认为坐门槛堵财路，特别是赶场天更是严禁。小孩不懂事偶尔一坐也会被大人骂；外人坐了人家门槛，更受责怪。古时还认为水稻出穗时坐门槛会影响谷穗饱米。

5．只许水瓢舀缸水

布依族的水缸，只能用专备的瓢瓜或木瓢舀缸里的水，不许用杯、碗或其他器皿直接伸入缸里舀，特别不许来客用自己的漱口杯舀缸里的水。这主要是防止污染饮用水，是讲卫生的好习惯，别无他意。

6．房前不晒裤

布依族房前一般都用竹木搭个晒台，台上架有竿，晒竿上只能晒衣被、布匹、纱线，不能晒裤子，特别是妇女裤子，更不能晒在房前或当道处。这主要是不雅观或影响环境美观之故。

7．不许挑空桶进门

布依族忌挑空桶进门。民间借物是常事，但到布依人家借水桶担水后，还桶时必须注意，挑空桶到门外，得先把两只桶从担钩取下用手提着进门。此俗至今还较常见。据说挑空桶进门，会让主家办事“落空”。因此，若别人挑空桶进门，主人会很不高兴，甚至斥责，下次再借就难了。

第四节 婚恋习俗

一、婚恋习俗的形成和发展

大约在旧石器时代，布依族先民处于母系氏族社会。当时的婚恋可能按辈分划分，《古歌·洪水潮天》叙述远古的洪荒之年，世间只剩下乘葫芦漂流的兄妹二人，他们在神仙的规劝下结成夫妻，从而使人类得以延续。这说明布依族先民也曾经历过“血缘家庭”阶段。到春秋时期，布依族进入阶级社会，婚俗开始向一夫一妻制过渡。宗教祭词中最早出现这种婚俗的是一位叫万登的首领，布依语称他为“万登王”（vuŋ^{11}ʔuan^{33}tuan^{42}）。万登与美丽无比、身影映入水中都闪着金光的女神都豪相恋成婚。这大概是父系个体家庭的起点。到唐宋时期，“婚法，女先以货求男”（《通典·南平蛮典》）。明代“婚姻，男女自主”（《大明一统志》），“姿色定聘资，多至牛三五十头”（《黔记》）。清代“聘资用牛只，或一二只，或三五只，每牛挂角银二两”（《独山州志》）。但部分地区如开州（今开阳县）“仲苗婚丧已渐习汉仪”。《兴义府志》也说：“新妇行年二九差，也通媒妁也行茶。”说明明、清两代布依族婚姻是先用牛为聘礼，后改用银，以后银两越要越多。民国年间，要财礼更为盛行，各地都形成了包办婚姻。中华人民共和国成立后，布依族青年男女的婚姻也相继解放，改变了以前的陈规陋俗，婚姻有自由恋爱不经媒说成婚、自由恋爱择偶通过媒说成婚、包办择偶媒说成婚等三种形式。其中后两种形式比较普遍。

二、婚恋方式和礼仪

（一）说媒

媒人，布依语称“布社”（pu^{42}ɬə^{35}），一般是能说会道的年长妇女为之。媒人往来双方家庭极力说合，遇着爽快人家，且双方家庭互相了解者，说媒三次可成功。初次说媒不带礼物，女方家长往往以“一锄不成窝，一语不成媳”相答，表示知道而已。第二次女方家长若同意则谦虚回答：“我们小家小户，不嫌弃的话你多走几道。”第三次说媒需带上礼物，并于酒席上商定订婚日期，转告男方家后，媒人的任务才算完成。社会对媒人很尊重，有“天上无云不下雨，地下无媒不成亲”的俗谚。

黔南地区的媒人还分为“家族媒”和“坐媒”两种。家族媒即男方族人，坐媒即女方寨人。先由坐媒提亲，女方若同意，坐媒即给家族媒传话，再由家族媒转告男方家长。第二次由坐媒和家族媒带礼物同去，女方同意与否，吃饭的礼节会体现出来：带去的酒被拿来斟饮，酒壶也不退回，糖也收下，即是同意的意思；若原物退还，就是不同意。

黔西南的贞丰、安龙等县早婚现象较少，多数青年通过恋爱相互了解后再请媒人，说媒成功率更高。媒人第一次即带男方家备好的蔗糖或点心前去说亲，女方父母款待来媒吃一顿饭，暂时收下礼物。然后女方父母四处访问，了解求亲者的品貌德行，以及其哥嫂父母的为人处事等情况。如果同意亲事，女方家长就通知媒人宣告“吃糖”；如不同意，送来的礼物要保管好，之后原封不动地托人转交媒人，归还原主，以此宣告此亲事不成。有些青年男女要生死相配，会通过别人去说服父母，甚至主动“吃糖”。这样，自由恋爱择偶再经媒妁成婚初告成功，下步就可以订婚了。

（二）订婚

订婚有“定鸾”“卡介”“得娟”三道礼仪。“定鸾”（tiŋ²¹³ʔduaŋ³³）即认亲之意，需选择吉日，由男方派两名妇女，盛装带礼前去女方家。礼物有公鸡一只、母鸡一只、酒两壶、糖两包等。送礼的妇女必须是同一辈分，有子有女的“命好者”。女方家杀鸡供祖，请家庭庆贺。客人返家时，以糯米粑一个（约需糯米五斤）、小公鸡一只为还礼。此鸡称“介洛兰”（kai³⁵luə⁴²lan³³），意为“哄孙鸡”。男方带回礼物，用粑粑供祖，置酒宴请族中长者，表示知道这门亲事。“介洛兰”不准杀吃，由男方家喂养起来。

“定鸾”之后，下步是“卡介”和“得娟”。“卡介”（kha⁴²kai³⁵）意为杀鸡礼，“得娟”（tə¹¹tɕian¹¹）意为交礼钱。两个仪式都在女方家举行。男方带去公鸡两只、母鸡两只，鸡须经认真挑选，杂毛鸡不准用；还有猪腿肉、方肘肉、糖、鞭炮及礼钱若干、碗猪肉一挑等，都用红纸包上表示红喜。此担猪肉用碗盛上三角形肉全部盖满后，装入专用高脚竹篮。猪肉用糯米甜酒和红糖熬制的色料炒制而成，肉皮呈淡棕色。篮边插大红烛一对，布依语称“古庄”（ku²¹³tsuaŋ¹¹）。

礼钱中有被称为“娟也戞”（tɕian¹¹me²¹³ka²¹³）者，意为养女钱。还有母舅钱、发庚钱、杀鸡钱、点烛钱、放鞭炮钱、敬厨师钱等。“娟”以前通用大洋，后改用人民币，一般为 62 至 120 元，均为双数。送礼钱过多的人家，民间反感，一则认为不节约，二则认为成亲后不好礼尚往来。

母舅钱，布依语称“娟龙纳”（tɕian¹¹luŋ¹¹na⁴²），数量是“娟也戞”的十分之一。若“娟也戞”是62 元，则“娟龙纳”应是 6 元 2 角，以此类推。母舅只是名誉上接受礼钱而已，接钱后还要掏出自己的钱加上一同送给外甥女。如当时不给，待结婚时须做衣柜等嫁妆陪嫁。其余发庚钱、杀鸡钱、点烛钱、放鞭炮钱、敬厨师钱等一般是 1 元 2 角。将这些钱用红纸包上，届时女方族中谁做这些活就送给谁。

女方家亲戚前去庆贺者，一般每人送酒一壶和糖一包，唯舅爷需多送公鸡一只。本寨家族则以稻谷为礼。

男方客人进家，先于堂屋举行供祖仪式，并放鞭炮通知寨上亲友，表示某家女儿已许配某寨某家为媳。

供祖时由男方客人摆设酒菜，点燃大红烛插在神龛上。然后主客双方各选一名代表同时跪拜祖先，跪毕祝曰：“感谢祖先保佑，使我们又多了一门亲戚，请列位祖先来吃喜酒。”接着奠酒、烧化纸钱，客人才能入席。同时操办“卡介”与“得娟”两种仪式的人家，需在堂屋设两桌，“得娟”桌靠里，“卡介”桌靠外。由女方长者陪“得娟”客，年轻者陪“卡介”客。舅爷的地位是最高的，由族中长者陪坐在“得娟”桌主位上。

席间先饮女方家自酿的米酒，再饮舅爷送来的酒，再饮客人的酒。当斟到舅爷的酒和客人的酒时均要道贺一番。挟菜先由舅爷或其他长者动筷后，大家才能动手。分鸡肉也有礼节：鸡头归客人长者，吃时须将鸡头骨完整保留。会吃者可把鸡头骨完整取出，称为“吃鸡还鸡”；对不会吃者罚酒三碗助兴，称“鸡头三碗酒”。所以，聪明者怕醉酒失笑亲戚，往往趁人不注意时将鸡头丢掉，大家找不到便可免罚酒。鸡肝归女方长者，鸡胗归母舅。俗称“搭舅纳”（tak^{35}tɕiu^{35}ʔdɑ^{33}）、“那舅诺”（tɑ^{33}tɕiu^{35}zuə^{213}），意为“近亲舅爷吃鸡肝，远亲舅爷吃鸡胗”。鸡腿亦归女方长者，吃后留鸡腿骨装进鸾书，放于神龛上待“发庚”时送给男方，男方带回后查看鸡卦以定吉凶。酒席中主客频频举杯，猜拳行令，酒菜随时添加，酒足饭饱后桌上仍有饭菜，这叫“有余有剩”。

行发庚礼，先由客人跪拜祖先，再由女方长者从神龛上取下鸾书双手送给客人，客人亦双手捧接。这里有一段对答词，客人说：“把金块银块分给啰!”主人答：“像那鼠儿躲您富裕的粮仓，她不懂事，请你们老人多多教育。”客人说：“小时她已很聪明，长大她会更懂礼。”鸾书是用女方生辰八字与鸡腿同装的红纸袋。经此仪式，女方八字从此归入男方家。盘江沿岸的女方八字，要待临结婚前才由男方备礼接去。

客人返家，由女方将自家大瓷碗一个加上客人送来的九个，凑成双数放入高脚竹篮。每碗中又装上少许糯米、稻谷、高粱、黄豆等五谷，上撒一些茶叶，再加上人民币 4 角至 8 角。还有小公鸡一只放入原来鸡笼，称“还笼鸡”。送来的方肘肉割下一半为还礼。这些礼节表示将来出嫁后吃穿不愁、五谷丰登。由女方族人先挑至院子里，院中还有酒菜一桌，主客双方饮交杯酒后才送客出寨。饮交杯酒时，有一段较长的对答词，大意是成亲之后，双方家业兴旺，亲戚走得长远等吉利话。不如此，会被讥笑为不懂礼。

盘江沿岸的贞丰、安龙一带，订婚礼根据各家经济条件，有从俭订婚和隆重订婚两种。从俭订婚者，需择吉日通知女方家准备。男方送的礼物有米酒、红糖、猪脚等，外加糯米粑二三百个，染上红花色，上贴十字架红纸条，分为两担，由两名中年妇女带领若干女青年挑到女方家。席间女方族中派妇女相陪，互相对唱酒歌，场面最为热烈。这时，客中长者必须把订婚事项向女方家长交代清楚，诸如结婚日期、必要礼金、打制银饰的钱、走路钱、找女方的外婆钱等。返家后，男方亲友亦携礼前来祝贺，犹如办一次小酒席。

隆重订婚也需择吉日，男方家备糯米粑五六百个、米酒数坛、红糖数包、猪腿猪肉，以及礼金款项。选择两名能说会唱、酒量大的男性长者带领男青年若干名挑礼物到女方家。订婚日清早，女方家长打扫环境卫生，这实际上是故意迎接探望来客，准备演出订婚序幕。当看到订婚队伍将要来到门口时，就假装在门口磨刀，准备拿扁担作出要上山砍柴的样子，走去和订婚的队伍打照面。此时，客中长者要先打招呼问好，不然女方家真的上了山就麻烦了。因此，决不能失机失礼。双方招呼后，主方唱：

你们去下方买牛，
还是去上方买马
是不是走错了路，
找错了官府，
找错了人家。

客方答：

我们看见贵府贴红联，
我们看见贵府蝶儿翩翩，
才知贵府有只金凤凰，

我们才找到贵院。
我们不去上方买马，
我们不去下方买牛，
我们不找官家和客店，
我们是来牵红线，
我们是来讲姻缘。

邻里乡亲听见歌声，纷纷围来观看，有说有笑。双方对唱得好，才请客人进屋，收下礼品，邀家族人员陪客。若对答不佳则淡淡相待。因此，有人说布依族订婚是一出精彩的戏，很富民族特色。

客人到家，女方族中所有姑娘都来帮忙。首先端上一碗碗热汤圆给客人食用。此时姑娘们有意刁难客方的小伙子，她们用白线把整碗汤圆串成一串，懂礼的小伙忙将碗放在桌上，找姑娘说理对歌，并要求重新换汤圆吃。不懂礼者把穿线的汤圆一吞而尽，惹得姑娘们捧腹大笑，并以歌讥讽小伙，视其为不智慧。

中午席间，双方共商订婚事项和对唱酒歌。有的从中午对唱到晚上，甚至通宵达旦。无歌可对者，则罚酒三杯，直至酩酊大醉才肯罢休，俗称“酒不醉人人不乐”。

客人返家时，当事姑娘要赠给未婚夫自织的布匹、布鞋等物，以表心愿。家长则赠男方家一些糯米粑，合族将客人送至村口。

从俭订婚送礼均为女性，隆重订婚送礼均为男性。由此看来，前者比后者古老。

（三）结婚

布依族结婚酒，由男方选择吉日，派族中两名妇女带礼品通知女方家。礼物有母鸡一只、酒一壶。她们对女方父母说：“某月某日要带女孩去吃顿午饭。”女方家听到此话，便知对方要举行婚礼了。若同意婚期，则用糯米 2 升（约 10 斤）打成糯米粑一个还礼，交来人带回，称为“僚晚”（nau^{11}vɑn^{11}），意即“定日期”。

结婚前一天，男方家派两名男青年带母鸡一只、酒一壶、糖一包去接亲，俗称“报古”（pau^{35}ku^{42}）；男方姊妹亦到半路迎候新娘，称“雅古”（za^{213}ku^{42}）。女方家提前一天用 8 升（约 40 斤）糯米打成两个大粑粑等候。“报古”进家，即杀鸡供祖，办席执行。席间除鸡肉、猪肉等菜肴，还须加上一锅菜豆腐。但“报古”为何必须吃菜豆腐，现在人们已记不清了。

“报古”虽是接亲，但并非直接接走新娘，而是将女方家的大糯米粑抢回男方家供祖，即宣告接亲任务完成。所谓“抢”，是由“报古新好正”（pau^{35}ku^{42}ɬiŋ^{33}ʔo^{42}-tsei^{11}）的俗谚翻译过来，意为“报古抢粑粑”。“报古”才进女方寨子，女方家孩童便通知寨上小伙伴们云集房子周围准备追打。聪明的“报古”先查看粑粑放在何处，席间即把粑粑抢到手跑回男方家。届时，孩童则以桐子果、苦楝果、泥巴等一直追打出本村地盘，“报古”不得还手。倘若当时抢不出粑粑，要等待女方族中的小伙子将粑粑送出寨外，“报古”再去抢。但此时粑粑都被孩童们团团围住，一接近就要挨打。为完成任务，“报古”只好冒着“弹雨”抢粑粑。此俗正如（民国）《镇宁县志》所载：“夷族结婚，日期既定，以公公或亲戚中之年长者二人，少女一个，带鸡一只，酒一壶去接。女方村中孩童群集村外，以苦楝子、稀泥、水枪等物投掷接亲者，曰打报古。回时亦然，有追至数里之外者。”这可能是由古代氏族外婚制所引起的抢婚习俗，经历千百年变迁演变成了“抢粑粑”的习俗。

女方家发亲，新娘由本寨姊妹送出本村，然后由两名伴娘陪同前往男方家。路上新娘打伞，走在伴娘中间。若遇其他新娘亦在吉日走路，新娘之间要互换礼物（交换手巾或丝线等物）表示互相祝贺，双方吉祥。到男方寨上，新娘与伴娘先同住男方叔伯家中，待次日清早（结婚日）再到男方家进门拜祖。

婚期，男方家贴红喜对联，杀猪备酒待客，大门上挂红布一张（约一丈），扎成红花式样，表示红喜。神龛上点红烛一对，前置八仙桌一张，上摆猪头一只，三角猪肉两碗、酒四碗。由族中四位长者（两男两女）分坐桌子两边，布依语称“茶把”（tsha^{42}pɑ^{42}），意为“等子媳”。堂屋放长凳一张，待新娘拜祖先入座，凳子的方向按祭师事先所定。大门口又安八仙桌一张，上置一斗，斗内装满稻谷，斗口放剪刀一把，镜子一面；斗前放大米一升，升口放人民币 1 元（1949 年前用小洋一元）；还有刀头肉三碗、豆腐一碗、接鸡血一碗（此仪式需用公鸡一只）。桌上盖伞，大门槛跨着一张马鞍，鞍上放红坐垫，如用马时备鞍一般。

“进门拜祖”称“买把恒兰”（mai^{42}pɑ^{42}hɯn^{42}zan^{11}），“兰”即家。新娘身穿锦衣，着百褶长裙，一般为十件锦衣十条裙子以示富贵。新娘盛装与平时不同，头巾前端扎成两只布角，称“缠干宁”（kɑn^{33}tshɐŋ^{42}ʔdik^{35}），“宁”即生，相对熟而言。可惜这种头饰为何须做成两只布角，民间已不知其因。

新娘进家，先由祭师在大门外举行“凯申”（khe^{42}ɬət^{35}，意为“扫煞”），即诵经词，并杀公鸡一只。然后放鞭炮，新娘由正门入门。届时，新娘须象征性地提一下供桌上的斗，跨门槛亦用手摸马鞍，意为“进家收租吃，出门有马骑”。进门后先拜祖宗，拜毕坐在长凳上面向吉方。家中公婆须暂回避，待新娘拜祖后才出来参见，意为“让后代当家”。然后，新娘由伴娘陪同进洞房。男方家收拾堂屋，将“报古”抢来的粑粑灼熟供祖后分发大家，先给“茶把”的四位长者及父母，然后给母舅、新娘，再给家门族下。

各方亲戚所送礼物，以母舅、姑妈、女婿、姨妈等为重。一般每人送土布一匹或料子布一段（约一丈）、酒一坛、床单、毯子、水壶、瓷碗等物，外加人民币十元至数十元不等，称“那把戛”（nak^{35}pa^{35}ka^{35}），意为“压酒坛钱”。远亲每人只送酒一坛和一二元即可。舅妈、姨妈、姐妹等人，多以自织锦衣、围腰、百褶裙、蜡染制品等赠给新娘。族中有专人登记礼单，女客所送礼物摆在堂屋，供人观赏。布料与大门上红布同挂一处，只要看主家门上布料的多少，便知其亲戚来了多少。

20 世纪 50 年代前富裕人家酒席讲究“四盘八碗”，50 年代后生活水平提高，一般人家亦能为之。但民间有节约的传统，以“一盘八碗”为普遍。米酒大量供应，族中有数名小伙专为客人送酒斟酒。晚餐一顿，灯火通明，同一村寨中的人前来庆贺，每户起码一人为代表，带上人民币一二元为礼来吃酒席，因此客人很多，猜拳行令之声不断。一些年长者酒后在堂屋唱《开亲歌》《古歌》《酒歌》庆贺主家，主家又以酒茶相敬，围观者众，喜气洋洋，直到半夜方散。

新娘第三天回门。男方家所送礼物分衣物和食品两种，其中公婆送织锦衣一件、蜡染百褶桶裙一条、蓝布一丈、白布两丈（作蜡染用）；男方族中姊妹每人送织锦围腰一条及蜡染制品若干块、织锦图案若干块，均为双数。另有枕巾三块，其中两块送两位伴娘。食品有猪板油两斤、熟猪油 8 至 10 斤、酒一壶、香烟一条或叶子烟一斤、糯米粑一对等。米粑所用糯米按“报古”从女方家抢来的粑粑为准，只能多不能少。若女方家用八升，男方家即用一斗，多出两升表示双喜。先由族中姊妹送新娘出寨，再由“报古”将礼物合成一挑送去女方家。此日女方家亦灼糯米粑来供祖，置酒招待本家族人。

在黔南及黔西南的贞丰、安龙等县，酒期一般为两天。第一天为女方家正客日，第二天才是男方家正客日。女方家长提前做好大衣柜、碗柜，及桌、椅、火盆架等嫁妆，其价值超过男方家送来的礼金，超出部分为父母所赠。

女方正客日，男方家组织八仙乐队，请押礼先生和男青年十数人前去接亲。新娘或走路或坐轿。走路者，由两名女青年打伞去接；坐轿者，兴“五马三轿”。五马中，一马是新郎骑用，四马是四个陪郎骑用；三轿中，一轿抬新娘，两轿抬两位伴娘。新郎骑高头大马，披红挂彩，四个陪郎打马相随。众青年打彩旗、拿灯笼、挑各种彩礼，乐队奏曲，由押礼先生领着行进。女方寨上成群结队的孩童沿路设障碍，阻挡接亲人马。此时，接亲小伙用糯米粑粑散给孩童，以此打开“关口”。至新娘家门口，会有许多姑娘有礼貌地接过雨伞、礼篮、花轿等物。这些东西，押礼先生第二天需用礼信“封封钱”赎回。

女方家供祖时，新郎跪拜女方家祖先及岳父母后，由岳父母为新郎换新装、挂红彩。新郎新娘入席就餐，开席后押礼先生每桌敬酒数杯以表谢意。酒过数巡，女方姊妹端来方盘，盘中有四杯酒、四双筷，用红纸包好放在桌上，押礼先生暂停饮酒，先与姑娘们对歌。对唱得好，姑娘敬酒两杯；对得不好或无歌可对，押礼先生需将“封封钱”送给姑娘们表示认输。有的歌逢对手，对歌要从早到晚，通宵达旦。

第二天清早发亲，新郎新娘同跪祖宗及父母和亲堂伯叔。然后新郎上马待行，新娘由亲兄弟背着上轿。届时新娘将一把竹筷撒落堂屋，意为离别娘家早生贵子。新娘哭别，乐队奏离别调，兄弟姊妹送新娘出门。新娘一出村就停止哭声，若是包办婚姻或被迫成亲者，出阁时哭声激烈，直到男方家门口方止。

当天，新郎家张灯结彩，宾客络绎不绝。伴娘扶着新娘，与新郎随着司仪的喊声在灯火通明的堂屋中拜堂。拜毕，鸣放鞭炮，新娘在伴娘的扶持下进入洞房。

贵阳市郊的布依族在结婚当天，女方家还会邀约族中青年人去“送亲”。送亲者越多越显新娘的光彩。男方家对送亲客不得有丝毫怠慢，酒席要摆在院坝上方以示尊重。其礼仪均用歌对答。送亲客一到门口，男方家女性长者即上前逐个敬酒，唱《迎客歌》迎接。客人以歌对答，歌罢双手接杯一饮而尽，若不善饮酒可将酒轻泼于地表示领情。酒席上要考送亲客，主家故意把饭桌放歪，酒菜虽已上好，但每碗菜都用红纸封上，待客人入座用歌请其启封，方能就餐。一般男客先唱《抬爱歌》，女客先唱《感谢歌》，最后唱《取碗筷歌》《整理桌子歌》《取酒壶歌》。男方家有四名青年立于桌旁，客人唱完一曲取封一样菜，最后才将桌子安正。此桌歌声最受瞩目，围观者很多，歌词多为祝贺新人大富大贵、子孙发达等。以《抬爱歌》最长，约需唱一个半小时，有的送亲者为争取早开饭，便几人同唱，一人一首；也有的歌手不行，等别人都吃好了，他们还未能开饭，便被人笑话没本事。因此，女方在请送亲客时，非常注意邀请名歌手以应付这种场面。

晚间，不论男女都成为歌手，年长者唱《古歌》《亲家歌》，年轻者唱《赞歌》《情歌》。有的用汉语唱，有的用布依语唱，各显才华，整个村寨沉浸在歌的海洋里。

零点时，男方家准备几桌酒席，请送亲客吃宵夜酒。堂屋中两排桌子，每排两三张，桌子插红烛一对、香三炷。要送亲客唱《合桌歌》《发烛歌》后才点燃红烛。主客互敬三杯，再行酒令。将四个酒杯放入盘中，斟满依次推杯，主人先发令，推到谁的面前谁回答，答错或答不出者罚酒。酒令分四书令、行官令、猜令等，主要是斗智助趣，中间穿插着《敬酒歌》，气氛活跃、其乐融融。

20世纪50年代前，布依族婚姻几乎全由父母包办，很少有自由婚姻。由于包办婚姻导致早婚习俗，当地人往往订婚较早，有些在幼儿时就已订下婚约，俗称“背带亲”。新人们大多在十三四岁至十七八岁，也有十一二岁时就举行婚礼。因年龄太小，一般由族中伴娘相陪到男方家拜祖后，住两三天即返娘家。酒期由伴娘陪着同吃同住。婚后回门一去数年，直到十七八岁，在农忙季节或婚丧喜事时，才由夫家姐妹接来帮忙，夫妻开始同居，如此往返，最后成家立业。

安顺地区扁担山一带，新娘还兴戴“更考”（kɑn^{35}khau^{42}）。“更考”是用竹壳与青布做成的“倒撮”形头饰，由男方择吉日派两名妇女带往女方家，趁其不备将“更考”戴在新娘头上，经此仪式，新娘改戴“更考”，表示已为成年妇女，从此长住夫家。

20世纪50年代后，布依族地区提倡婚姻自主和晚婚晚育，不少地区已逐步改变旧习惯。同时因包办婚姻长期存在，年轻人长大后互不了解而产生婚姻纠纷，使年轻人的社交活动“浪哨”不可避免地带上反抗包办婚的性质。

（四）“浪哨浪貌”

“浪哨浪貌”（zaŋ^{213}ɬo^{33}zaŋ^{213}ʔbo^{35}），意为“会朋友”。这是青年男女之间建立、发展友谊的社交方式。“浪哨”是平等自由的，达官贵人家的姑娘，穷小伙也可找她对歌，通过对歌，了解对方才华和心灵，经三年二载的接触，方发展成真正意中人。有的姑娘对原来包办婚姻不满，她的“浪哨”便具有反抗包办婚姻的进步性；也有对包办婚姻满意的人，对她（他）来说，“浪哨”只不过是显露一下自己才华而已。布依族社会上对不会“浪哨”的青年很瞧不起，认为他/她连对歌都不会，是没出息的人。

姑娘小伙们长到十六七岁就可以参加“浪哨”对歌。每年春节、三月三、六月六、七月半等民族节日，各地都在特定山坡、河边举办活动。那时人山人海，是年青人恋爱对歌的好机会。

黔西南和安顺的关岭县一带，大年初二、初三之后，各村女青年都要汇集在村边“花园”里，用木叶吹奏“浪哨调”，召唤外村男青年前来对歌。如果乙村男子到甲村“花园”，先和甲村女子小心谈话，双方礼貌地互称“表哥”“表姐”。然后选择意中人甩花包或对唱竹筒情歌。甩花包完毕，由男方派能说会道者与女方代表洽谈，请对方出同样多的人和他们对歌。

黔南自治州和安顺地区，男女青年一般通过参加婚礼送亲认识。连续几天的酒期，各方青年对歌，以后赶场相遇时即可打招呼。若对方有意，他们会主动相送，路上对唱情歌。姑娘们如在途中某寨投宿，小伙们也会找邻寨亲戚住下，晚上征得主人家同意，双方又继续对歌，以此方式相互了解。此种请求，主人家一般乐于招待，并无偿款待茶饭。对歌时寨上人都可来听。

镇宁、关岭等县每逢赶场天，姑娘和小伙们身着盛装，在大街上各自站立一旁，物色意中人。哪个小伙看中哪位姑娘，即请本寨姊妹前去说媒。此媒与婚礼媒人不同，称“诺栓”（$zok^{213}zuat^{213}$），意为银雀。“诺栓”说媒用歌声婉转表达：“姊妹今日来赶场，我替兄弟传情意，这块兰靛送给你。他盼这蓝靛染出色，他盼这蓝靛染出光……”如果不同意，姑娘便用歌谢绝；若同意，则回眸一笑，男女双双走出人群，上山“浪哨”。

初到布依族地区的人，赶场天会看到田埂上、小河旁站立着一对对身穿艳装的青年男女，那是情人们正在热恋之中。他们以歌互答，互相交心，每一位姑娘小伙都是歌手，善歌者对身边花草雀鸟都可即兴编出含蓄动人的歌词来。

初恋者多唱《相识歌》《赞歌》以表达倾慕对方的心情。

如《初识唱歌心相爱》说：

折耳根长在地埂上，
荷花开在水塘中，
要吃折耳根上山采，
要看荷花到塘边。
与妹初识来唱歌，
莫要有嘴不开腔。
相爱相识放在前，
有情有意言在先，
你话出肺腑我吐真言，
好比蚕吐心丝（思）长又长。
有心相爱唱初识歌，
唱它三天三夜不算多。

若双方满意，待第二场期间，请“诺栓”说媒继续对歌。首次对歌若觉得对方反应迟钝，不同意者可在第二次说媒时拒绝往来。经对歌熟悉，感情好了就不需“诺栓”联系，可以直接邀请对方“浪哨”，进入热情似火的相爱阶段。这期间情意缠绵，歌声最美，动人心弦。比如在《决心歌》中这样唱道：

细篾斗笠挂高山，
大河水涌流落滩。
斗笠落河浮水走，
叫妹丢歌心不甘。

生不丢来死不丢，
不怕阎王把簿句。
共张白纸蒙脸去，
同眠一地度春秋。

日日夜夜想你多，
想你多多得病磨。

样样药服病不好，
见你一眼病才脱。

朵朵桐花心里红，
要想采花学蜜蜂。
要想得蜜专心采，
情投意合不怕穷。

“浪哨”者除唱《赞歌》《抬爱歌》外，还有唱《逃婚歌》《抗婚歌》《告状歌》等。双方都对包办婚姻不满，而感情又发展到谁也离不开谁时，就要举行“丢把凭”仪式。比如在《要郎休妹郎不休》中唱道：

要郎休妹郎不休，
若要休——
除非白云地上走，
除非河水天上流。
要妹休郎妹不休，
若要休——
除非蚂蟥生骨头，
除非骡马生水中。

郎不休来妹不休，
若要休——
除非冷饭把芽抽，
除非板壁生杨柳，
除非人间无烟火，
除非世上断粮油。

“丢把凭”，由男女双方各请一人为证人，女方将织锦衣物送给男方作定情物，男方将心爱之物送给女方。同时以女方腰带对折成两半，双方对天地发誓“永不分离”。然后由男方用刀割断腰带，男女各执一节保存。经此仪式，他们便公开反抗包办婚姻，为结合而奋斗。《逃婚歌》《抗婚歌》《告状歌》也在这一阶段的“浪哨浪貌”中抒发出来。

《抗婚歌》：

明知我的对头恶，
明知我的对头硬，
明知水乡住不稳，
明知田坝住不成。
逃到汉家我不去，

逃到苗家也不能。
心再忧愁也莫走，
心再焦急也未慌。
对头再凶无非刀，
对头再硬无非枪。
无非就是花钱财，
无非就是花米粮。
无非花钱靠借债，
无非吃饭求寨老。
地塌自有土来填，
天崩自有山来挡。
只要我俩都平安，
就是顿顿吃粗粮，
也胜外乡吃蜂糖。

20世纪50年代前，封建礼教像一张严密的网，反抗往往难以成功。在吉光寨旁，有一处名叫“洪岗金”的河塘，就曾有一对恋人因反抗包办婚姻不成功而双双投入其中，用生命谱写了一曲悲壮的反抗歌。50年代后，布依族青年为纪念他们，把这一真人真事编成布依语歌剧，说他们死后化为双蝶相亲相爱。歌剧50年代在民间上演，剧本保存至今。类似“洪岗金”的爱情悲剧，50年代前各地都有。

因此，女青年的“浪哨”并非一种完全自由自在、毫无拘束的社交活动。它深受传统习俗的制约。一般说来，“浪哨”对歌的场所相对固定，那里地势开阔，距村寨较近。“浪哨”时双方相距3至5尺，初恋者相距约一丈，只要歌声互相听清不影响其他恋人即可。“浪哨”对歌中绝无热烈拥抱或亲吻之举动。遇到女方寨上兄长或弟弟迎面走来，她们须主动让路，否则被训斥为“不懂礼貌，不敬兄长”。这大概是社会上男子地位高于女子的反映吧。

经过“丢把凭”的情人，须时刻提防“浪哨”时遭武力干涉。原来的对象不会因女方反抗而善罢甘休，他们往往会请几人帮忙查访，一旦碰上，斗殴就会发生。这在20世纪50年代前较频繁，有动用枪械等武器斗殴者。婚事纠纷而付诸武力者，多是女方不愿而男方不肯退亲所致，但也有人借故抢婚。女方多次反抗不成功便只有逃婚去自己找的夫家长期居住并生儿育女。有些包办婚姻的男青年请本族人攻打对方家寨（指女青年逃婚去的男方家），将族家家什砸烂，猪羊粮食全部抢走，名曰“争面子”，这是包办婚姻造成的恶果。被攻打者事后还需请人调停，自愿出钱若干了结纠纷，防止事态恶化。因此有的逃婚者只好远离家乡，待若干年后再携子女返回故土。如《逃婚歌》唱道：

为了生存来逃婚，
逃到东边老树林，
跑到远方寨林塘，
大雾满天我俩行。

我俩一起到“侬”（南方布依人）去，
本地再也住不成。
住在本地不能活，
我俩一起到“纳”（北方布依人）生。

放弃水乡别人住，
留下水田给别人，
被逼兄妹也分离，
被逼父母孝不成。
离别兄妹莫落泪，
离别父母莫伤心。
外乡外地一样好，
一颗饭豆收斗二，
一颗豇豆收斗三，
就是要饭也能生。

明知你的对头硬，
明知你的对头恶。
逃到汉家山沟去，
逃到苗家活也成，
汉家无非改汉装，
苗家无非穿苗裙。

家什全部甩下河，
衣裙全部送别人。
逃走不带半边瓢，
靠我勤劳来谋生。
我有吃的不饿你，
我有坐的你不蹲。

逃婚成家后，拜见岳父母时需备鸡、酒、糖、猪肉若干为礼。由逃婚成家的男方向女方族中每户送鸡一只、酒一壶、糖一包。岳父母置酒招待族人，届时男方家长带人前来赔礼：“我家儿子不懂礼，给亲戚长辈们脸上抹黑了，敬请大家原谅，多多批评。”等语，女方家听到此话后一般不责难女婿。此举俗称“诺纳”，意为“给岳父岳母抬脸面”。

民间解除包办婚约，亦有和平处理之法。由男方（或女方）请寨老从中调停，双方愿意即请中人写“退亲书”。男方先提出退婚者，由男方出钱打酒招待写书人，并付给女方20至30元，称“包羞钱”；若女方提出退亲，则需退赔男方说亲时所花全部费用，折为人民币送还。这种处理不需通过法院，也不会诉诸武力。

总之，布依族婚姻习俗，具有对歌恋爱相对自由和包办婚姻严格束缚的双重性质，并多以米酒、糯米粑、自纺自织的土花布、织锦、蜡染等为礼品，体现了水稻民族的文化特征。

（五）婚仪禁忌

结婚发亲之时，新娘路上必须打伞或坐轿。若遇其他新人同走一条山路，双方须互换丝线或手巾等物，以示吉利。新娘进门，必须先杀一只大公鸡，表示扫除邪气。结婚酒期，新娘由伴娘相陪，同吃同住，新娘与新郎不能同宿。

酒期之后，男方备礼送新娘与伴娘同返娘家，俗称“回门”。此后，男方家遇有红白喜事或农忙期间，又带礼物接回新娘帮助家事，此时开始新的生活。

第五节　娱乐习俗

一、娱乐习俗的产生与发展

布依族的娱乐活动大都与音乐舞蹈、戏剧曲艺以及体育、巫术等有着密不可分的关系。

娱乐习俗的起源，较早可以追溯到人类发展的早期。现存的许多娱乐习俗，仍可找到人类原始生活的痕迹。如盛行的儿童娱乐“蛇孵蛋”，可能是布依族先民多居亚热河谷，与沼泽丛林相依，这样的生活环境蛇类繁多，出没频繁，布依族人时常目睹蛇孵蛋以及孵蛋的蛇与企图抢食蛇蛋的动物斗争的有趣情景。继而，人们在劳作之余，为了给生活增添乐趣，便学着蛇孵蛋做起游戏来，这一习俗情趣盎然，所以传承至今。“爬圈竿”这一娱乐习俗，其产生年代也十分久远，大约是越人巢居结束之后，人们作为对巢居文化的一种记忆而形成的娱乐。还有“犊啊”“跳圈圈”“抛石子”、捉迷藏等，都是布依族娱乐习俗的较早形态。它们或源于对自然的模拟，或源于人自我运动的再造。其有趣但结构极为简单的特性，充分体现了远古文化的特色。

布依族娱乐习俗发展到第二个阶段，已不再是简单的对自然与对人的自然行为的复述，而初步体现了人智慧的创造。如从秋千这一攀藤荡于树间的采摘行为的复述，发展到做磨秋架来举行转秋千的娱乐活动；从采摘丰收后互抛果实庆贺的生活事项发展到了甩糠包（也叫花包）的娱乐活动；从狩猎收获后，互相抛扔山鸡等的喜悦情景，发展到了打鸡毛毽的娱乐活动；从采摘中走藤攀树的劳作，发展到走单索的娱乐活动。还有“跷跷板”“金儿棍”等。第二阶段的娱乐活动，虽然也是人们生活、劳作事项的再现，但其活动包含了先人智慧的创造，为布依族的娱乐习俗向文明发展奠定了良好的基础。

布依族娱乐发展的第三个阶段，也是具有科学与竞技色彩的文明娱乐产生的阶段。如人们在长期的观察实践中，发现了音频能通过蜡光线在蒙于竹筒的蛇皮上振动，逼真地传播声音，继而发明了“分达丁”（土电话对歌）的娱乐活动；人们发现了圆锥体通过外力，可以不断平衡旋转的原理，发明了“打格螺”的娱乐活动；人们发现了燃烧出现的气体会上浮的原理，便发明了放“火笼灯”的娱乐活动。这一阶段的娱乐，还出现了较高层次的内容，比如布依族人发明了“母猪棋”和“草秆棋”，利用石块和石子、草秆，进行智力竞赛，使民间的娱乐习俗开始闪烁文明竞技的光辉。另外，这个阶段还产生了“牛背倒立翻叉”“翻叠桌”“高跷打草球”“上刀梯”“喉头顶标枪”“肚皮上辟石”等竞技和气功表演的娱乐活动。

布依族的娱乐活动，是从原始向文明一步步发展起来的。不同时期诞生的娱乐项目在民间共存，而且较为古老的娱乐活动，因为简单易学，不需复杂的活动器物，开展的次数极多，普及面更广。

二、娱乐的种类、形式及特点

布依族的娱乐，可分为游戏、健体、交谊、智力、竞技、气功六类。

游戏类包括“蛇孵蛋”“犊啊”（护小鸦）、捉迷藏、“猜金瓜”等。这类娱乐不分时间地点，随处可以开展，活动人员主要是小孩。“蛇孵蛋”：二到若干人不等，由一人蹲在地上，一石块放在胯下的地上，旁边人袭击抢夺那块石，守石者不能站起来，蹲着四面转动，伸手去捉夺石人，如谁被捉住，谁就要蹲下守石，如石块被人夺走，守石者被罚继续蹲着守石。孩子们一边玩一边哄笑欢叫不止。“犊啊”：一人作“母鸦”，数人互拉前面者的后襟连成串，一人扮鹰。先有几句逗笑对白，扮母鸦者张开双手，拦住扮鹰者，扮鹰者设法抓住“小鸦串”的最末一人，队伍随扮母鸦者左右拦“鹰”而一边摆来摆去，一边“啊啊啊”地叫。如最末一人被抓住，由其上来扮鹰，原扮母鸦者排到队伍最末，如此循环，每人都要在游戏中扮母鸦和鹰。捉迷藏：每组活动由三人以上单数组成，先围成圈，喊“预备起”，各人可任意反或正伸出一掌，如人多，去掉双数，留单数者复出掌，直至仅一人与大家掌面不同，此人便作捉迷者。捉迷者自觉蒙眼，按约定喊数，喊完后开始寻藏迷者。捉迷者捉迷时不需蒙眼，因为这一活动多在夏收和秋收后的村旁田坝进行，草垛、沟坎均可藏迷。如捉迷者捉住某人，他（她）便放声宣布现在该谁了，其他人可挪位另藏，也可原位不动。“猜金瓜”：若干人并排坐在地上，伸出双脚，一人蹲在前面，一边唱猜《金瓜歌》“猜金猜瓜，葫芦葫瓜，犊吉（牛）开叫，逗妹逗瓜……”，一边按歌谣节拍点着每一只脚，歌毕，刚好点到谁的脚，谁就上前来，唱歌者到队列后去，拿一石块在每人后面滚动，最后搁下，由前面一人猜“金瓜”（石块）在“哪家”（谁的背后），猜不中，继续将石滚动又猜，猜中了，猜者坐回队列，又由滚石者到前面唱歌数脚，如此循环重复。

健体类包括“打格螺”“跳圈圈”“甩月亮”“金儿棍”等。这一类型是小孩常玩的健体娱乐，场地条件要求不高，且器物简单易制，因此流传甚广。“打格螺”：最有趣的是赛转时和“斗格螺”。赛转时由多人用鞭抽转自己的格螺，喊“预备起”后同时停抽，看谁的格螺转的时间最长。得胜的格螺在顶上涂上石灰白点，并欢呼它可“拜浓噢坏”（去遥远的“浓”人居地运棉花），以此作为对胜者的奖赏。“斗格螺”则由好强者自愿参加，两个格螺同时抽打相碰，哪个格螺被碰倒转不起来就扔掉或归胜者所有。“跳圈圈”（又名“喳个个”）：这是布依族儿童融跳高、跳远为一体的娱乐活动。先由两人坐于地上，相对伸脚，从单脚板立起、双脚板接立，三四脚板接立、双人相对躬背、站立，逐步增加高度，每次增高，大家都从上跳一次，跳不过者按先后站立在旁，直至最后一个跳不过了才由先跳不过的二人坐地架脚给最后一个和原先坐地那两个跳。直到站立一旁的人都做过一次架脚后才重新开始。在跳完架脚后做躬背之前，有双人叉开脚让大家跳远的内容。这一活动的起跳与常见的跳高跳远一样。“甩月亮”（又名“柳肚告”）：平时孩子们喜欢找来废瓦片、薄石板敲成圆月形，存放起来。玩“甩月亮”时，参加者交出相等数量的“月亮”，然后整齐堆笃，每人手拿一“月”，在规定的距离内向“月”笃抛去，如抛中，凡从笃上滚下的“月亮”归抛者所有，如此轮流，到“月笃”的“月”全被击中后再重来。故此，“月亮”存得多是一种荣耀，也很受同伴尊敬。“金儿棍”：玩时按人数平分两方。第一步，打棒一方在地上放两块石，一节尺余长的木棒横放石上，手持另一节木棒，将横放那节弹打出去，越远越好，接棒一方争取接棒，如接到，双方换位。接不到而棒落地，则开始第二步，一棒斜靠在一块石上，打棒者用手中的棒敲打斜棒高的那头，将地上斜棒敲翻起四五尺高，然后用手中棒将翻起的棒击向远处，接棒一方尽力接住，接住了就双方换位。接不住则开始第三步，两边分别一对一，打棒一方将一棒抛起，手中棒敲打抛棒，越远越好，接棒者尽力接棒，接住了，这二人的第一轮比赛结束，等待轮换。如接不住，接棒者得从打棒处，跳脚去捡落棒又跳脚回来，结束第一轮比赛。

交谊类包括“分达丁”、甩花包、“转磨秋”、打鸡毛毽、放“火笼灯”等。这一类娱乐活动都要在特定的时间、地点举行。在娱乐的同时，加强情人、宗族兄弟姐妹、亲戚朋友间的交流，建立更深的感情。“分达丁”：两节空竹筒分别在一头蒙上蛇皮，一根蜡光线通过蛇皮相连接做成“达丁”。天气晴和的月夜，或是同寨的男女青年成群相约，在村边通过“达丁”对唱兄弟姐妹歌，或是相邻村寨的男女青年成群相约，找情人对唱情歌。对唱时相距十来丈远，一方对着竹筒轻唱，一方拿竹筒靠耳聆听，声音清晰优美。甩花包：花包似汉族绣球，内包米糠或豆类，布依语叫“犊冬”（活动的一颗心之意）。一般在年节的玩山场抛甩，男女对阵，抛来甩去。若小伙对姑娘有意，接了她的花包后，在包底夹上硬币或其他信物以示求爱，抛还姑娘。若姑娘有意，则取下信物，小伙可托人去约相会时间和地点。若姑娘不乐意，便假装不知包底有信物，仍继续抛甩，第二个小伙要夹信物时，将原信物掏出扔地。“转磨秋”：春节期间进行。磨秋架如同巨大的纺纱机，四根横竿挂有秋千绳，四人协调轮流蹬地使磨秋旋转。初一至初三早晨由本寨兄弟姐妹玩耍，初三下午后，外寨青年男女来往“转秋”，可在配合“转秋”中选择如意情人。打鸡毛毽：春节期间同寨青年的娱乐习俗。鸡毛毽如同一个大羽毛球，两人用手对拍，一边拍一边数数，看哪一对拍得多。布依族人平时忙于劳作，同寨青年男女难齐全相聚，借打鸡毛毽，兄弟姐妹欢聚一堂，加深友谊。放“火笼灯”：正月十五在有“耍”龙传统的村寨举行。笼为竹架纸糊，顶面封闭，下空固定一油灯，点燃灯后不久，笼内缺氧充满气体产生浮力，使火笼灯升空。每次放十余个不等，各方亲友会集观灯，过后，相邀到家中饮酒畅谈。

智力类有下母猪棋、下草秆棋等。这些都是青少年喜欢的智力娱乐。母猪棋：在地上或石板上画上棋格，两人对阵。棋格有一称为“猪窝”的主格，一方有一块小石板称为“母猪”，十二颗小石子称为“猪仔”。下时似跳棋，“猪仔”按规定线格互相进攻阻拦，设法将对方猪仔拦到我方“母猪”辖格，将其捡来让“母猪”护住，最后看谁的“母猪”将全部猪仔捉住，以此定胜负。草秆棋：在地上画棋格，每次十二根草秆，一根比一根短些，草秆各按规定线格跳下，长秆吃短秆，最短的又吃最长的，最后草秆先被吃完者为败。

竞技类包括踩高跷、翻叠桌、走绳、爬圈竿等。这些娱乐活动由专门艺人表演。一般是有耍龙传统的村寨才培养这些艺人。每年“耍龙”的正月十三至十五演出，艺人为业余，演出只供娱乐，不向主事者和观众索取报酬。踩高跷和走绳与杂技节目同，从略。翻叠桌：十二张八仙桌相叠于场院中，最后一张脚朝天，两名艺人在朝天四脚桌上翻跟斗、倒立等，做出各种技巧性动作。爬圈杆：立一木杆，高丈五，上系一横竿，横竿悬上八个尺余直径的连环，表演者在连环上做各种技巧性动作。另一种竞技娱乐被称为“牛背杂技”，平时牧童在山上放牛，常在牛背做各种技巧，愉悦同伴。

气功类包括“上刀梯”“喉头顶标枪”“肚皮上辟石”等。上刀梯：数把刀用竹竿固定成梯，刀刃朝上，表演者赤脚攀登。这种技功一般由布摩用于祭祀仪式，也有民间艺人表演。另几种只有少数气功世家掌握，节庆时义务为群众表演，以增加节日娱乐气氛。

第六节　丧葬习俗

一、丧葬习俗的演变和发展

布依族最初的丧葬活动，是为了保护尸体。随着社会生产力的提高和人智力的发展，产生了灵魂观念，认为一个人具有灵魂和肉体两部分，人的死亡，是灵魂离开了肉体，所以肉体才失去知觉。因灵魂崇拜而对肉体的保护活动，就是早期的丧葬活动。保护尸体的地方，就是墓穴。在黔南的平塘县、惠水县一带布依族中流传着这样的神话：相传很古的时候，人类还不会埋葬，死了的人都丢弃在荒野中。这些丢弃的尸体被一种叫“独令”（$tu^{11}viŋ^{42}$）的动物吃掉。后来，有一个叫董因的布依青年看到这种情况，心里非常气愤。他母亲死后，就不丢在荒野，而是到山上砍树做成棺材装尸体藏于家中。然而时间一长，尸体腐烂，“独令嗅到臭气，寻找到他家门口”，董因见状，就把家中的黄牯牛杀掉，“独令”吃了牛肉后就走了。“独令”走后，董因请来本族人合力把棺材抬到山上埋葬。同时在家中用木头雕成母亲的形象，经常背随于身，下田干活时便把雕像放在田边进行看护。这就是布依族实行墓葬的开始。吃尸体的“独令”是一种半人半兽的动物，犬头人身。在今天部分布依族丧葬仪式灵堂上方的大型布画上，还画有“独令”的形象。这个传说，似说明布依族发展到氏族公社的母系社会时期才开始埋葬死者的尸体。

布依族先民的墓葬文化，主要有木棺葬、石棺葬、瓮棺葬三种。木棺葬因材料普遍，易于加工，是使用时间最长、最普遍的葬具。如古越人在西周至春秋时期，在华南武夷山脉一带的悬棺葬均用木材，且多数为船形棺。至今布依族仍实行木棺葬，但都埋入竖穴长方形土坑中，再垒坟，其船形棺可能是古越人葬俗的继承。

石棺葬，亦称石室墓。在古越人聚居的江浙太湖一带，发现千余座。墓群位于山脊之间或坡垄之上，为长方形竖穴石室，有用大至一米见方的石块垒砌墓壁，上盖扁平大石块。有的墓葬存在叠压、打破的情况。墓葬出土有罐、钵、豆、碗等印纹陶器。其年代在西周中、晚期至春秋早、中期。秦汉时期的南越王墓，1983 年发掘于广州市象岗，是中国古越人地区规模最大的石室墓之一。墓室建筑考究，全用琢磨平整的红砂岩砌筑石墙，其上再以数吨重的大石板平铺作盖，顶盖石朝墓内一面琢磨平整，朝外一面略为加工。顶盖石共 24 块，最大的一块在前室顶，长 2.2 米，宽 2.5 米，厚 25 厘米，有的顶盖石厚达 0.5 米。顶盖板上夯土，异常结实。墓室全长 10.85 米，最宽处 12.43 米，室内高 2.1 ~ 2.3 米，前后共分七室，有石墙间隔，互有门道相通，出土金、银、玉、陶等数千件珍贵文物。广州市为此在当地建了一座博物馆。今布依族地区的石棺葬年代较晚，多在汉代以后。如黔西南兴义县万屯汉墓群有石室墓三式：长方形卷顶墓，券顶用石材加工成契形，底为规整石板镶嵌平铺，用大小不一的石料逐层压缝叠砌；刀形券顶石室墓，甬道偏左；凸字形券顶石室墓，墓道居中部。此类墓葬在贵州汉墓中尚不多见，出土的陶器有罐、钵、豆、轮以及水塘稻田模型等。兴仁县交乐汉墓群中的石室墓则为方框形石室，石料加工粗糙，没有铺地石板，无券顶痕迹。还有石室与砖室同用者。出土的陶器亦多为罐、钵及其他器皿。黔西南是贵州发现青铜钺数量最多的地区，至今仍是布依族聚居区。

类似石室墓还在清镇、平坝等县发现，但年代已晚至宋朝时期。这种石棺葬遗俗，在今安顺、镇宁、关岭、六枝、普定等县市布依族中还很盛行，一般墓室以石头垒砌或大石板镶成长方形竖穴，上盖大石板。有的乡村在老人病重期间，就已先开挖出数米长的大石板，打成铆结构以备用。安葬时，先将棺材放入石墓坑中，上盖大石板，外面再用石头垒坟。形成了一种特殊的石棺石室墓葬式。这显然是对古代石棺葬习俗的传承。

瓮棺葬，是指以陶瓮、陶罐等作为葬具的墓葬。布依族实行瓮棺葬习俗，明代以后始有记载。如明嘉靖《贵州通志》说："促家……葬，以伞盖墓，期年发而火之，祭以枯鱼。"以后各书传抄，内容大同小异。实际上瓮棺葬是一种捡骨二次葬。实行瓮葬有三种情况：一是新坟安埋数年，若遇家中不吉不顺者即请祭师占卜，认为是该坟作祟才进行迁坟；二是布依族有停棺待葬习俗，按死者八字推算不宜当年安葬者，须将棺材抬到山上放置数月或数年后另卜吉期安葬；三是对非正常死亡者的尸体须经火化后安葬。以上三种情况，都是用俗称"金坛"的陶瓮或陶罐收殓骨骸安埋，故曰瓮棺葬。此俗在今部分布依族地区还有遗存。从其把骨殖按蹲坐姿势装在金坛内的习俗看，可能与岭南新石器时代遗址中发现的古越人的屈肢蹲葬制有渊源。①

二、殡葬礼仪与禁忌

（一）老人去世放三炮、敲铜鼓

当布依族老人病重时，须按男左女右的规矩，让其睡在堂屋神龛前，亲人们轮流守护。已出嫁的姑娘要送糯米饭、鸡、酒等给老人"添力"，盼望病人吃后不要离开人间。药石无效时，子女扶着老人落气，以尽孝道。落气后，孝女孝媳放声哭丧，帮忙人敲铜鼓、放鞭炮、鸣三响"地炮"以通知寨邻。少时，族宗人闻声聚集丧家帮忙及商量后事。此殡葬礼仪之地炮为铁质，高 4 ~ 5 寸，底有四方座，口径 4 分。每副地炮共三只，用时填放火药即可。古时只在城市用它作更炮报时辰，农村中只有当地布依族用此炮。相传古时有位布依族祖先创大业、当大官，要求在他死后也要像国王出游一般，要放炮，要有旗、鼓、大伞盖等物，前呼后拥才行。这位大官年老去世后，人们遵照其言，为他举行隆重的葬礼，地炮是其中之一。今贵州普定县布依族还保留着地炮及用全套布料做的旗、伞等物（参见王鸿礼《普定布依族的丧葬习俗》，未刊稿）。其他地区除有铁质地炮外，旗、伞多用竹、纸制作，形制更加古朴，且用后在坟墓旁火化，意为让逝世老人带到阴间使用。

---

① 广西壮族自治区文物考古训练班、广西壮族自治区文物工作队：《广西、南宁地区新石器时代贝丘遗址》，《考古》1975 年第 5 期。

（二）为死者煮饭、供灵

由孝媳“舂供灵米”，从谷仓中舀出稻谷一碗，放入石碓，先调背舂三次，再正面舂碎，簸去谷糠，用作“供灵米”。孝子手持三炷香、一口小锅去井边取水。其礼先对井作揖，插香，反背向井舀水，且只能舀一次，称“取供灵水”。拿回煮熟“供灵米”，又由孝子端饭“喂”死者，形如老人病重时喂饭一般，边喂边喊三声：“爹（妈）请吃饭!”吐词清楚，不能含糊。敬毕与其他供品摆于小桌上供灵，这种舂新米煮新饭供灵表示孝敬的礼仪，布依语称“妥豪考消”（thuə^{42}ʔo^{42}khau^{42}sau^{33}）。同时点灯一盏，昼夜长明。

黔南自治州的平塘、惠水一带，当老人落气时将金或银片放入其口中，意思是让他在阴间有钱花。届时丧家堂屋搭一简易木板平床，上铺草席和床单，称“凉床”。由亲族人或孝子亲自将去世老人移至上面仰躺，并于凉床头部设灵位敬供。灵位用小桌一张为灵桌（约与凉床高相等）。桌上置五升斗一只，斗内装满稻谷，上插竹子灵牌与香三炷，另有米酒、豆腐、糯米饭各一碗。其礼仪有明显的水稻农业特征，即生前耕种水稻，死后供品也离不开水稻。

（三）亲生子去舅家报丧

老人去世安排供灵后，由族中派人通知各方亲戚好友。去舅家必由亲子（无嗣者堂侄代替）与家庭中同辈男青年一名携带孝帕、鸡、酒等礼物前去报丧。至舅家堂屋双膝下跪，待舅家扶起，说明来意。舅爷给孝子戴孝帕穿草鞋，招待酒饭一顿后让其返家。

（四）为死者沐浴、剃发、穿戴

由亲人为死者沐浴，男性剃发，女性梳洗、修容整面。洗洁，从头部开始，分“男左女右”，如死者为男性，即从头部经左臂洗至左脚，再沿右脚洗至右臂。洗尸水以净水烧温，用梨树叶、桃树叶、柏枝叶等浸泡制成。据说此水有消毒避邪作用。使用后的洗尸水，倒于僻静干净处，不能让人踩。

男性寿衣，下穿长裤三条或五条，船形鞋袜，上衣为右侧开扣青布长衫，外套短卦，共七件或九件。女性寿衣为短衣，百褶蜡染或扎染长裙，一般三套或五套，船形鞋袜，上镶各色纹饰。寿衣在生前就已备齐，有“放单不放双”的规矩。

（五）“交牲”

“交牲”仪式由祭师布摩主持。用活猪一头敬供死者，意为送给亡灵作会见已故祖先的见面礼。布摩在念词中请祖先接受死者礼物，带他一起走。念毕，在死者面前把猪钉死，称为“生敬”；待将猪整理干净煮熟又敬供一次，称“回熟敬”。布摩再念请祖先名，意为让大家熟悉一下死者。故曰“交生在前，回熟在后”。

黔南自治州的惠水、平塘两县部分地区，“交牲”时要把死者新穿戴的全部衣装“点清”。每点一样，用火将遗物灼一小洞，因此，所着寿衣每件都有灼洞。念词曰：“路上人家向你买，你也不要卖；别人卖给你，你可向人买；人家要抢你就打。”这就反映了一定的商品社会的交换意识。同时还做小纸具二枚，形如清明挂青纸，用麻丝套于死者手中，无麻不行。人们认为有此两个纸具，死者在阴间路上双手一甩，前方就会亮堂，行路方便。也有人认为此纸具代表马匹，布依语称“沙马”（ɬa^{33}ma^{42}），意即“纸马”，表示死者“骑马上路”。

（六）装棺

将棺材抬至中堂，下垫长凳，关头神龛，足朝门（亦有将棺材顺梁放者）。放置安稳后揭开棺盖，将松香熔成液体倒入棺内铺平，并用瓢舀淋棺内四角，以防今后尸水渗漏。随后倒入一层石灰粉压平再垫纸钱、白皮纸二层，移尸其中，整理平直。两侧用白皮纸包石灰或草灰塞紧，以免出殡时，死者在棺内偏移。然后盖棺。在安顺、镇宁、普定、关岭、六枝等县、市、自治州，装棺由布摩主持，先将一竹片放进棺中，盖棺时故意盖不紧，要试一试竹片能否抽得出来，布摩念：“死人之魂入不入?”答曰：“出!”反复念答三遍，扯出竹片，才能盖紧棺盖，上漆密封。孝女孝媳哭丧一场，装棺礼才算结束。这就把竹子与人灵魂联系起来，反映了特定的文化内涵。

黔南自治州、黔西南自治州及贵阳地区，装棺时用“长兜单”和“小兜单”装扮死者。由死者长媳专门拿土布一块为“长兜单”，其长度由死者身材而定，从脖子处垫至脚后跟（头部另有垫物）。“长兜单”只限女性使用。“小兜单”男女死者均用，数量较多。它们由家族中众媳妇每人献出的一块正方形土布缝成，意为众媳妇每人送老人一张帕子以表孝敬。使用时男女有别，男性将其盖胸部；女性则垫在身后腰部，意为妇女生前生儿育女，非常辛苦，后腰是背孩子时常被尿湿的地方。移尸入棺后再盖土布一幅，称“盖单”，其长度约从脚至下巴处，头部不遮盖，并沿小肚处剪至脚趾，使之呈两条裤筒形。头部垫木枕头或瓦片枕，枕头不能太高，即不能让死者看到自己的脚。用土花帕为枕巾。若棺木太长，让死者脚部抵着下端，上端（头部）不管空有多少都行。

死者的寿衣、兜单、盖单等物，外族人不得触摸，已出嫁姑娘亦然，因为她既出嫁即变成外族人了。同样，死者的媳妇，包括整个家族的媳妇，虽然是外族嫁进来，但都可替死者整理衣服，因为她们都已成本族人了。若遇有人不懂装扮死者需请外族老人指导时，外族老人只能站立一旁指挥，不能动手。

贵阳地区在装棺时，会请布摩念《掩棺经》：“棺木四金黄梁，梦里惊。今朝才落奠，亡人只超生。如此恩情留不住，金刀割肉泪沾襟……亡魂幽幽莫向……东西南北中，要入棺到黄泉去。天无忌、地无忌、年无忌、月无忌、日无忌、时无忌百事无忌，大吉大利。雷公差我（布摩）来下界，手执协锤重千斤，一钉棺二钉材，三钉丧家福禄来，四钉亡人超生度。”念到钉棺时，用木槌锤钉棺盖落槽盖实，再用生漆坐口封严。

收殓入棺，一般不等舅爷家亲视含殓。唯有死者生前家庭不和睦，后代有不孝父母的情形，舅家不放心才必须亲视含殓，但此种事例极少。

停丧期间，丧家请阴阳先生择定出丧吉日和安葬地点。请布摩念经“开路”，族中孝男孝女披麻戴孝守灵。布摩与丧家不吃荤。嫁出的姑娘每人做一箩糯米饭，备酒肉送来敬供。夜间，丧家打糯米粑粑祭祀死者，并分发给族中守灵人当宵夜饭。经济宽裕的人家还要举行隆重的“古夜王”（ku^{213}çie^{35}vaŋ^{11}）仪式。

（七）“古夜王”

“古夜王”（ku^{213}çie^{35}vaŋ^{11}），在黔西南自治州又称“殡王”（phiŋ^{42} -

vaŋ^{11})，俗称“办土斋”，是布依族殡葬礼仪中最隆重的超度仪式。要砍牛或砍马祭祖，以铜鼓、唢呐、长号等乐器吹打伴奏，请布摩念经三日，参加者有数千人。其过程有开坛、传客、栽神竹、发丧、砍牛、转场、封坛等。但何时举行，以丧家经济条件定。有的人家现埋坟、现砍牛；有的人家先埋新坟，待以后家中经济宽裕，再举行砍牛办斋。

仪式举行前，丧家请家庭商议，设内外总管，规定哪个女婿砍牛，谁人登记礼单，谁家煮酒，谁人发酒，炮手、号手、铜鼓手由谁担任，谁人朗诵祭文，案上如何负担各方亲戚的招待等。

1. 开坛

开坛，在丧家堂屋举行，先用白纸封住神龛，再以竹竿、竹片、竹丝建一“灵房”。“灵房”外敷白纸，上画五彩花卉及龙、松、鹤等图案，两侧留圆拱门，中为蜘蛛网窗，形如干栏式住房。坛前摆八仙桌一张，上置五升斗一只，斗内装稻谷，上插亡人灵牌及燃香三炷。摆酒一碗，糯米饭一碗，刀头肉一碗。棺材脚挂铜鼓一面。在黔南自治州的惠水、平塘两县，还需加上竹簸箕一个，内装若干糯米饭团，上插新鲜竹叶。也有用竹条叉鲜鱼为供品者。灵桌旁竖有“装粑竹”一根及死者生前所需生产、生活用具，如铁三脚、铁锅、簸箕、甑子、坛子、犁耙、铧口等，除犁耙用竹子仿制外，其余全是实物。“装粑竹”内装若干糯米饭团，先将竹筒砍破，夹进粑团再将竹筒合拢而成。灵堂之上并排竹子三根，其长度与堂屋宽度相同。前竹挂神案图一幅，中竹挂雄鸡一只，后竹挂稻穗一把。这些都反映了浓厚的民族特色，即铜鼓文化、竹文化与布依族农耕文化的密切联系，在人们的意识中，死者在阴间也同样要这些生产、生活用具来从事劳动和生活。

黔西南自治州的兴仁、兴义、贞丰一带，届时神坛后方还需挂上“摩师”神案图及钢刀、竹剑、长矛等物。贵阳、长顺一带，当地称“独唯”（tu^{11}wai^{35}），意即奴仆，待封坛仪式时烧给死者到阴间做“独唯”。其他地区则做纸人纸马祭供，这可能是早期奴隶主用人殉葬，后来为了继续使用奴隶，而改用实物代替，变成今日变相殉葬的遗风。这些习俗中蕴藏的思想意识，反映出奴隶制的历史遗迹。

仪式开始，布摩身着长衫，头绕青布帕，肩扛长刀一把（刀上捆几条嘛 皮及青布帕一张），口念经词，请亡灵到位。其帮手二人立即拿火把一束和稻谷三穗，抬一只水桶出寨取“净水”带回。灵堂中的“布摩”，则先将铁三角与铁锅置于火塘上烧热，待“净水”到才移至灵前，再把甑子放于锅上，将糯米饭一团放入甑中，形如做饭状，随即倒进“净水”，锅中水顿时沸声响，蒸汽上升，表示死者的饭已蒸熟。此时，布摩念请死者名字：“×××来吃饭啦!”其助手答曰：“他死去了。”布摩又念道：“××亡人，×时死去，现在你孩子有能力，要送你上天。有三脚、甑子、空箕、罐子，有犁耙、铧口……各种各样，拿来送你去吃去用。”念毕又到丧家大门口再念一遍。

丧家门口置粑槽一个，布摩一到，助手一人为其打伞，另一人手持粑棒站立一旁。布摩手持公鸡一只，口念经词，将公鸡在粑槽边连打三下，旁边助手立即冲打粑槽。粑槽声一响，丧家事先准备好的地炮、铜鼓、舂碓、长号、唢呐、皮鼓、铜锣、锣等礼乐器具齐奏轰鸣，孝女孝眷放声哭丧。顿时乐声、哭声、舂碓声交织一起，甚为凄惨，催人泪下。此情景直等铜鼓调击十四乐段结束才逐渐停止。开坛后，布摩最忙，三天内要诵《摩经》若干卷本。在黔西南州一带，“古夜王”《摩经》有高派和平派之分。高派有十二本三十六卷，平派有五六本。兴仁县布依族多用高派《摩经》，布摩诵经时，有孝男肩扛钢刀、竹剑侍守灵柩的礼节。诵毕，又同前一样痛哭一场。晚上，布摩要诵《上灯花》，孝家男女、女婿要给亡魂“点灯”。接着，布摩设一便桌，备上点心、糖果、炒黄豆、白酒等，念诵《孝经》《孤儿经》《苦恋经》《创业经》，其内容丰富多彩，情节悲欢交错，男女老少恭耳静听，乐时使人心情舒畅，悲时催人泪下，要4小时左右才念诵完毕。此为开坛一天的活动。

2. 传客

第二天传客，丧家请来铜鼓、长号、小号、唢呐、皮鼓、锣等乐手于灵堂吹打，称“坐堂”。清晨，丧家要在大门口鸣地炮一次，中午时再放一次，每次三响。

下午，奔丧吃白喜酒的各方亲戚陆续到来，他们中间以舅爷家最受尊重。当舅爷来到寨边，把自带地炮鸣放三响，丧家听到后必须鸣炮响应，但只准一响。孝子们牵牛出寨，跪拜迎接，并将他们安置在寨中地势最高的人家处。其余亲戚到来之时，无牵牛迎接之礼，且亲戚鸣炮三响，丧家亦可鸣三响相迎，表示所有亲戚除舅爷外全部地位相等。

传客这天，丧家预先派人在田坝选定场地“栽牛桩”，准备第三天砍牛或砍马祭祀。规矩是：牛桩要倒栽，表示阴阳之别。桩上用木炭画“篱笆”形图样，桩顶绑红绿纸伞一把，四面撑起小木桩，再用竹条缠绕。桩长约5尺，插地约2尺，地面三尺均剥掉树皮。

晚饭后，由布摩主持把亲戚所送礼物在丧家灵堂安排堂祭。

堂祭包括生祭和熟祭两个过程。生祭即用活猪、活鸡，抬在灵前杀死，敬供亡人。敬毕，各方亲戚把自己所带礼物拿回寨上，接待人家整理干净，再将整猪、整鸡抬回灵堂敬供一次，此为熟祭。熟祭时由专人朗诵祭文。祭毕，各方亲戚仍将整猪、整鸡带走，在待客之家自己享用。以上礼仪均在鼓乐声中进行，直到深夜才告结束。

3. 栽神竹

第三天清晨举行栽神竹仪式。由布摩主持，在丧家大门口或院坝栽一棵数丈高的带叶楠竹，作为死者灵魂的“升天通路”。此神竹布依语称“戈哥”（kuə³³ko²¹³）。神竹底部供酒、大米、鸡鸭等物及大竹一节。竹节离地3寸，放于木杈之上，上部开一缺口，内装净水及小竹棒一根。由布摩安排孝子跪拜神竹，再带盛装的孝子孝媳绕竹“送灵魂升天”，称“豪洛”（hau⁴²loŋ⁴²），共绕9次。布摩口念祭词，每次手提一下竹节中的小竹棒，意为“扶灵魂升天”。“豪洛”之后，才到村外“豪吉”（hau⁴²tɕie⁴²），即砍牛或砍马祭祖。贞丰、望谟一带，布摩在请死者灵魂时念曰：“请你从水竹口来，请你从楠竹口来，来享儿孙酒，来吃儿孙鱼……”人们认为人的灵魂源于神竹，神竹是人类派生和归宿的物质载体，反映了布依族先民的竹图腾崇拜，为布依族地区古夜郎国的竹图腾崇拜提供了生动的宗教学实例。

在这个仪式中，选择神竹的礼节很严格。第一，由布摩亲自选竹并带人砍伐，妇女不许参加，砍竹人的妻子当时必须未有身孕。第二，此竹要生长茂盛，竹尖未断过。第三，砍下的竹子不许用脚踩，并由下往上数13至17节处留下新鲜竹叶（留单不留双），其余部分修理光滑。第四，神竹扛至丧家后，即把天梯布绑于留有竹叶的下面一节，等吉时一到，便开始“栽神竹”。在黔南自治州的龙里、贵定两县，当地布依族须由孝子用雄鸡、米酒、稻穗等敬供神竹，再用稻穗去滚竹林，并给选定的大竹带上孝帕，行“下跪礼”后，方能砍竹。这正是信仰者使用图腾物时先行祭祀的礼仪。

挂于神竹上的天梯布，用若干节白土布、草布相间交替上升，底端留有布须。每节长约5寸，宽约1尺。草布用山间席子草编织，由丧家派两名男子到远处寨内鸡狗叫声都听不到、平时牛马吃不到的刺蓬中找来，丧家族中妇女当天编织，草布经线为棉，纬线为草。白土布用棉花现纺现织，规矩是当天完成，不得过夜。“天梯布”纺织方法与其他布料不同，均为经纬线互为直角交叉的平板布，其长度多少，以草布节数为准，“数单不数双”。按死者岁数，51岁至70岁用七节；71岁至90岁用九节；91岁至100岁用十一节。这是生前岁数，即人的寿命在殡葬礼中的独特表现形式。

4. 发丧

布摩设神位于中堂之侧祭供布摩祖师和传教先师，用竹制篾桌一张，上置糯米饭、酒、肉各一碗，香三炷、纸钱三张。布摩站立于前，念请历代祖师享用酒肉，保佑弟子做事顺利。敬毕，叫丧家女婿把牛从圈中牵出（布依族住房设牛圈于楼底一侧），布摩下楼念经：“某某亡人，此牛全部交给你，没有任何人要你的牛。”然后用酒一碗浇淋牛头，给牛角拴孝帕一张，表示牛已交给死者，称为“生祭”。黔南自治州的平塘县一带，届时丧家门外还备有一匹马，称“驮魂马”，配齐马鞍，鞍上置去世老人生前之衣服鞋袜、烟杆，旱烟以及茶叶等物。布摩念诵经词，用酒一碗浇淋马头，给马戴孝帕一张，表示交给死者。

生祭完毕，布摩上楼穿衣打扮，身着长衫，头戴斗笠，肩扛宝剑或长刀，刀片上除原有土布青帕和麻片外，增加几束稻穗。与此同时，所有孝眷也盛装打扮，在院坝中排队等候，准备送灵。吉时一到，布摩于棺材上放一瓷碗，内装炭灰，手持斧头一把念诵经词，念毕用斧背打破灰碗，大喊一声：“出！”帮忙抬丧者随即捆棺抬出大门（棺上盖锦被一条，站雄鸡一只），将其置于院坝中两条长凳之上。灵堂内，布摩念诵经词，持长刀轻砍壁头一下，走至大门又念一段经词，也用长刀轻砍一下门槛，走至屋外梯坎时亦然。意思是感谢祖先花费钱米修成壁头、门槛、大石坎，人才好过，路才好走。接着，布摩指挥送丧队伍往田坝示祀地点走去，待转场、砍牛后，上山埋葬垒新坟。

送丧队伍顺序固定：最前方是孝子每人扛带叶金竹一根“引路”；次到女婿牵“驮魂马”和“祭祀牛”；再到灵柩。灵柩后是盛装孝眷、丧家宗族，最后是参加送丧的各方亲戚。一路地炮轰鸣、唢呐高奏，彩幡飘扬，大伞盖、纸人纸马……送丧的人数越多，场面越热烈，越显出丧家的荣耀。

5. 转场、砍祭祀牛

在宽阔的祭祀地点，布摩领队绕场三周，方向经右向左。绕毕，女婿将黄牛拴于预先准备的牛桩上。

距离牛桩约丈处，布摩站着念经，面前有竹篾桌。丧家族中选“站斋妇女”与“打伞妇女”两名立于布摩身后左侧。孝子们跪于布摩对面，其中隔着牛桩，待诵完经词他们才能起身。

布摩边念经词边用长刀轻砍牛角三下，意思是给“祭祀牛”打上记号，往后放于阴间何处，死者都能辨认出他的牛。

人群中，以“站斋妇女”和“打伞妇女”最为突出。“站斋妇女”身着绸衣或织锦蜡染百褶裙，腰缠绸带，头戴绸帕或织锦帕，外绕土白布孝帕一张，手提圆形小竹篓一个，篓内装剪刀一把、鸡蛋一个、稻穗二吊。“打伞妇女”专为“站斋妇女”服务，她身着土布新衣或蜡染百褶裙，但不如“站斋妇女”奢华。在祭祀过程中，“打伞妇女”经常转动雨伞，“站斋妇女”则经常用脚踏地，眼眺远方，意思是送亡灵走路上天。

布摩的助手此时没有多少事做，只不时给布摩斟酒、倒茶。经词念到中间，有孝子二人提两担竹制高脚篮，篮内装有酒肉、糯饭，先从牛桩处自左向右绕场三周，再到布摩面前放下。布摩即饮酒吃饭，意为走到半路，累了吃过晌午再走。吃罢继续念经。此时，面对布摩的孝子跪拜处，另有饭桌一张，桌上有酒一壶，肉、菜数碗，丧家族中几位老人和舅爷在那里饮酒，并观看砍牛。

布摩念毕经词，跪拜的孝子们起身站立一旁，由女婿持刀跪拜东、西、南、北四方，然后跪拜舅爷，请他先砍牛。舅爷接刀先砍三刀，但只用刀背做做样子，刀背滑下后大声说道："辈辈发罗！"接着由女婿把牛砍死。

砍祭祀牛刀法有一定规矩，砍下后只准往后拉刀，不准向前推刀。祭祀牛未叫之前，女婿追牛的方向必须从右至左，与"转场"方向相同。待牛叫以后，才能自由追牛，直到将其砍死为止。牛叫，即表示亡灵已得到牛，牛在阴间听从亡灵驱使，故以牛叫为吉。牛肉由女婿招待客人食用。相传布依族死者的灵魂升天，除随身带的生产、生活用具及马匹等外，还肩扛糯粑棒，牵一头黄牯牛。天门上有一对怪兽守门，专吞食上天的亡灵。亡灵上至天门，先把糯粑棒中的食物丢给怪兽吃，然后驱使黄牛冲开天门，亡灵才得以进入天堂。在安顺地区和六盘水市一带，当女婿把祭祀牛砍死后，需立即跑回灵堂敲响铜鼓，放倒大门外的神竹，拔刀将竹尖砍断，表示"阴阳之别"。

6. 埋坟

砍完祭祀牛之后，灵柩被抬至墓地，准备埋坟。此礼需先请阴阳先生选定吉日，物色阴地。阴地讲究风水、龙脉穴形，还要看死者的亡命是否符合山形字向，是否坐得此方位，俗称"合山家"。如死者"丙寅"年生，丙寅丁卯炉中火是"火命"，宜葬坐东朝西之地，因东方属木，木能生火即是相生，这是安葬死者的基本条件。其次看阴地是否左青龙右白虎，有无河流淌进来，有无文笔山，出不出贵人等。最主要的是注意不受水冲，不被水淹，不挡大路被牛马践踏，要安葬于干燥平稳之地，活人站于穴地能看到前方青山绿水，视野明朗开阔，左右山川环抱，后山坡大而高，称"坐山硬"，这样的阴地即是好地。

选阴地、挖坟井都需选择吉日。井坑为竖向长方形。安葬时，由布摩在井坑中烧化芝麻秆和纸钱，放一只雄鸡入内跳井，称"暖井"。再用雄黄粉或紫石粉于坑内中部画八卦图一幅，移柩其中，下罗盘定方位，称"定中墨"。接着，由四人各执"盖棺锦被"或"盖棺单"一角遮棺材四周及顶，然后开棺清理，称"清棺"。其目的是观察送丧时是否因路上颠簸而使死者睡姿移动、衣物等穿戴不正，须整理一番，让死者安稳睡于棺中，然后盖棺，撤去盖棺锦被，进行掩土。

掩土仪式，孝子们身着孝衣，先背对棺木跪于前方，双手反兜衣服接住布摩从棺木前部撒来的泥土。届时，布摩口念经词，孝子接住泥巴，按兄至弟的顺序依次退至棺木前部，将泥撒于其上，又转身每人先挖三锄泥土盖棺。帮忙者才动手，掩土垒坟。在黔中及安顺、镇宁、普定、六枝、关岭等县、市、自治州，垒好新坟，即将金竹引魂幡插于坟上，有几棵金竹即表示死者有几位孝子。并且垒坟前布摩须将竹筒一根或竹片一条从井坑棺材处引至墓门，待新坟垒好，举行"谢土"仪式后，由孝子从墓门抽出布摩放置的竹筒或竹片，带回家中，挂于神龛上，表示引祖魂归位。

谢土仪式由布摩主持，新坟四角、坟前坟后各摆一排酒饭，总共六排供品，有糯米饭、粑粑、猪肉、米酒等，坟前雄鸡一只。布摩点香燃烛，杀鸡供奉，念曰："左有青龙，右有白虎，前有朱雀，后有玄武，中央大地脉龙神，亡人×××某年某月某时，今天与你们大家汇合，请你们一起来吃。用鸡、酒、粑粑、猪肉、香纸、蜡烛敬请，你们从此是一家人啦！”念毕烧香纸。经词念诵两遍，“交生在前，回熟在后”。同时也敬死者，认为这样灵魂才能与地脉龙神相安。然后，布摩将一筐小粑粑抬到新坟上向四方抛撒，参加葬礼的人都可抢吃，意为去世者给后代留下很多钱米。

7. 封坛

封坛仪式在砍牛祭礼、埋好新坟之后于孝家举行。舅家、女婿各做一挑米酒、粑粑等礼物送来敬供死者。届时，布摩念《回灵经》，为孝家举行开荤仪式，至此方可动荤。此时姑娘、媳妇要把房屋里外打扫干净，然后设宴招待亲邻，以谢布摩先生。

神龛上原用白纸封住的祖先牌位，待次日清晨，请布摩用雄鸡一只杀来敬供后方能启封。布摩念曰：“祖先们请回原位，守护你们的家堂，保佑全家子孙发达，发财发富。”接着启开封纸。此后孝家一个月内不许再请布摩做任何宗教活动。家中不许吹号、吹唢呐，也不能唱歌，意思是让祖先安静一下。一个月后禁忌取消。

因“古夜王”殡葬礼仪客人太多，丧家照顾不暇，按传统习俗寨上亲友都是无偿帮助，丧家准备饭菜招待客人。此俗今已从简。

（八）孝满脱服

丧后，孝满脱服，守制三年。丧家在安葬死者七七四十九天后，要举行脱孝仪式。脱孝那天，所有族人集中孝家，统一将孝衣孝帕洗净。在孝家由布摩主持祭供死者，当晚合族共吃一顿酒饭，互道保重。守制三年中，孝子禁吃鱼虾和菌菇，不准吃鸡头，出门做客不准坐上席。孝家三年内不准嫁姑娘办喜事等。这些习俗，在今日布依族习俗中已逐渐被摒弃。

第五章 风俗习惯（下）

第一节 时令与节日习俗

一、时令习俗

布依族时令是布依族人民长期观察季节、气象、物象变化发展规律的概括和总结。它源于古代天文历法和生产、生活习俗。随着人们认识自然、改造自然的能力不断提高，时令的内容也越来越丰富，成为生产、生活的知识宝库。

布依族时令主要有季节时令、气象时令、生产时令、物象时令和生活时令五大类。

1. 季节时令

主要反映季节的转换与交替。如“腊月雷鸣辞旧岁，正月打雷迎新年”“端午栽完秧高兴，春过农忙就发愁”“过了晌午是半天，过了六月是半年”“谷子过了秋，十有九不收”“十月小阳春，过时麦不生”“冬栽竹，春栽木”“六月秋，要歉收，七月秋，满仓头”“一九二九，怀中插手；三九四九，冻死猪狗；五九六九，隔河看柳；七九六十三，路上行人把衣单；九九八十一，庄稼老汉把田犁”等，这些季节谚语强调季节在农业生产中的重要性，使人们不误农时。

2. 气象时令

主要反映各时节的气象规律。如“惊蛰热，烤火到六月；惊蛰冷，牛打滚”“清明不明，谷雨不淋”“清明断雷谷雨断霜”“立夏不下，犁把高挂”“小满不满，庄稼难管”“重阳无雨一冬晴，重阳有雨一冬淋”“重阳无雨看十三，十三无雨一冬干”“雨下二十五，后月无干土”“月逢初四雨，只有九天晴”“冬雨不湿衣，春雨不烂路”“五月逢己，必下分龙雨”“五月寅时亮堂堂，冬月寅时无天光”“立秋下大雨，水车扛进屋”“正月十五亮庄稼，七月十五亮棉花”“腊七腊八，冻死老母鸭”等，具有预报性，为农业生产和社会生活提供了气象资料。

3. 生产时令

主要反映季节性的生产规律。如“正月过十五，烧山又挖土”“正月播种，五月栽秧”“过了四月八，赶忙把秧插”“芒种打田不坐水，夏至栽秧谷拉稀”“过了六月六，不能栽红薯”“霜降不得收，割去种二秋”等，这些农谚指出了季节与农业生产的关系。

4. 物象时令

主要反映各个时节物象的变化规律。如“立春草笑，立秋草哭”“翻立夏，水满坝”“过了三月三，老蛇要出山”“四月八，水打鸭”“六月六，红稗出”“六月六，龙晒骨”“过了六月六，嫩笋变老竹”“八月逢三卯，牛吃烂谷草”等，指出了不同的时节出现的不同物象，使人们感受到大自然万物相依相生的统一性。

5. 生活时令

主要反映各个时节人们的社会生活风貌。如“重阳不打粑，老婆不惯家”“冬天砍柴百十挑，春天干活不心焦”“八月听斗响，九月闻酒香”“过了九月九，光棍离不得灶门口”等，描绘了一幅幅季节性的布依风俗画。

除上述五类时令外，有些时令融季节、气象、物象、生产、生活为一炉，如《布依族十二月农谚》就阐述了全年十二个月的时令习俗：

初一如墨四边天，大雪纷飞是旱年。
但愿开年晴一日，农家不要愁心间。
惊蛰闻雷米似泥，春来有雨病人稀。
如得月中逢三卯，处处棉花豆麦宜。
风雨相逢初一头，沿村瘟疫万人忧。
清明风若从南至，定主农家大丰收。
立夏东风少病疴，晴若初八果生多。
雷鸣甲子庚辰日，定主虫蝗侵损禾。
端阳有雨是丰年，芒种开雷心安然。
夏至风从西北起，瓜果园中受熬煎。
三伏三中逢炎热，五谷田中多不结。
此时若不见灾殃，定在三冬多雨雪。
立秋无雨心头忧，万物从来只半收。
处暑若逢天下雨，纵然结实也难留。
秋分天气白云多，处处欢歌好晚禾。
此时只怕雷电闪，冬来米价道如何？
初一飞霜侵扰民，重阳无雨一冬晴。
月中火色人多病，若闻雷声米价增。
立冬之日怕逢壬，来年高田枉费心。
冬至晴天气温高，灾伤病疾损众人。
初一雨风是非多，若兼大雪有灾魔。
此日若晴天气好，青年定唱太平歌。
初一东风六畜灾，若逢大雪旱年来。
但愿此日晴朗朗，吩咐农家放心怀。

二、节日习俗

（一）布依族节日的形成与发展

布依族节日源于古代的季节性稻作农业祭祀。祭土地神以利种子发芽，祭山神蛙神以消除灾害，祭龙神蛇神以求雨水均匀，祭牛神以祈栽插顺利，祭祖先神以求人畜兴旺。从正月到九月都有祭祀活动，这些祭祀活动逐渐被统一并固定下来，形成了节日（祭祀日），祭礼的周期性成了节日的周期性。因此，布依族从正月到九月每个月都有节日，十月后秋粮入仓，稻作结束，就没节日了。随着社会经济文化的发展，布依族节日不断注入新的内容，如婚恋、歌舞、竞技、议榔、体育、饮食、服饰等文化事象乃至商品交流会、电影晚会和文艺晚会等，使节日的内容更加丰富多彩。

（二）节日种类、内容及特点

节日一般分为祭祀、纪念、娱乐三大类，但布依族节日的原生文化是祭祀，纪念、娱乐均属次生文化。如四月八节是由最初的“祭牛”发展到今天的“斗牛”，即从祭祀发展为娱乐；如端午节由古老的“祭龙”发展到后来的“纪念屈原”，即由祭祀发展到纪念；还有如八月十五的“偷瓜节”逐步吸收了汉族中秋赏月的习俗等。尽管如此，布依族节日仍然蕴藏着深刻而丰富的农耕文化内涵，这便是布依族节日的特点。

布依族人民一年之中所过的节日主要有正月的嫩信节，二月初二的破土节，三月初三的祭山神节，四月初八的牛王节，五月初五的闹龙节，六月初六的祭田祭山节，七月半的祭祖节，八月十五的瓜节，九月初九的堵蛇洞节。这些节日均与古代稻作农业祭祀有密切的关系，有的甚至源于古代社会的农业宗教。

（1）嫩信节的稻作农业祭祀。在黔桂边区的布依族地区，大年三十晚即除夕之夜，寨上的年轻人会组成队伍，抬着一只“雅蝈”（布依语，意即青蛙母神）走村串户，每到一家，便异口同声地说：“雅蝈今天来，你们送酒肉送米，它保佑你家来年庄稼长得好！”串完各户便把“雅蝈”及供品抬到田坝中供祭，企望得到“雅蝈”的保佑，来年水稻丰收。当今的科学已证明，青蛙是有益于水稻的动物，它可吃掉水稻害虫，保护稻禾生长。古人对此尚未能正确理解，故把它视为神灵来供奉，于是出现蛙神崇拜和祭蛙习俗。在辞旧迎新之际祭蛙，一是对青蛙在旧年保护庄稼的感恩，二是祈求来年它继续保护庄稼不受虫害。与此相应，每年正月初一、二、三和十五日，云南和贵州两省毗邻地区的布依族群众聚集在威宁红岩大山过蚂螂节，届时将事先用彩丝编成的“蚂螂”（蝗虫）互相对打、追撵。传说布依族祖先居住在稻田连绵的地方。有一年，稻谷正在抽穗，蚂螂布满田间地头，吞食庄稼。人们用石头打，打不走蚂螂反砸坏了庄稼，后来人们用稻草扎成球对打，吓跑了蚂螂，保护了庄稼，为纪念丰收的胜利，便定在过年的几天里举行此项活动。

（2）农历二月初二的破土节在黔桂边区的荔波县一带流行，主要祭祀土地神和灶神。通过供奉使冬眠了几个月的土地魂苏醒过来。届时，男女老幼带上食品一齐上山烧火破土，意在祈求来年丰收。

（3）农历三月初三是一年稻耕的开始，布依族要祭祀山神、土地神和祖先以及稻魂，做五色花糯米饭来供奉。黔西南一带在三月初三这天要集会纪念对稻作生产有功的杉郎和树妹。传说古时有只魔狼变成了一只大蝗虫，四处下卵，繁殖了很多小蝗虫，企图吃光稻禾，后来是树妹和杉郎用惊人的歌声赶走了蝗虫，稻禾才得以平安。因此，每年三月初三，男女青年集会唱歌，以祈求来年谷物丰收。贵阳市乌当区一带布依族群众在三月三这天举行地蚕会，届时各家带上炒好的苞谷，三五成群地沿田边土坎边走边唱，将苞谷撒向田土中以祭地蚕、祭天，祈求天神保佑，不让地蚕咬吃春播的种子，以期五谷丰登。

（4）农历四月初八，布依族中有的称为“牛王节”，有的称为“开秧节”，均与稻作文化有关。从季节上说，此时是插秧的开始，人们需要忙碌起来，才能不误农时。从农业宗教祭祀上来说，则是牛神生日，让牛休息一天，还要做糯米饭喂牛。布依族《祭祀经》中说，牛角是吉祥之物，左角可保护稻田和鱼塘，右角可保儿孙发财富贵。此外，有些还会在田坝举行“祭水神”活动。

（5）农历五月初五是布依族龙舟竞渡的节日。关于端午节龙舟竞渡，中国著名学者闻一多先生在其《端午考》中指出：“端午本是吴越民族举行图腾祭仪中半宗教半社会性的娱乐节日……它的起源远在屈原以前——不知多少远呢。”吴越民族的图腾是龙，而龙与稻作文化有着密切的联系。在布依族人眼里，龙是雨水的象征，有龙则雨，无龙则旱。在五六月间，若久旱不雨，人们便举行各种祭龙活动，祈龙降雨。每年农历五月端午，贵州独山与广西南丹等县的布依族仍会举行龙王赶祭活动，当地群众集于扶宁坡赶祭，祭奠开井供人饮水和灌田的龙王。

（6）农历六月初六是布依族祭山神田神的节日。有的地区用纸剪成三角旗或纸人、纸马插在田中，供上酒肉和粽子；有的将犁耙、枷担等农具置于堂中神龛下供祭，除供酒肉果品外，还斟三碗米酒，一碗敬天神，一碗敬家神，一碗敬牛神。贵州水城红岩乡一带的布依族每年六月初六一早，家家户户都拎着大公鸡来到田坝的水口边举行祭水口仪式，祈求祖先保佑风调雨顺，保护庄稼。独山县、荔波县一带的布依族在六月初六这天，村村寨寨都要杀猪宰牛“打保符”，求神保佑，阻止蝗虫吃庄稼，保谷物丰收；福泉马场坪一带的布依族从六月初一到二十四日举行看会活动。活动的最后一天，用绳子拉着一个装有轮子的木雕天狗，在街道缓慢而行，让沿途群众用鸡血淋它。到了中午，便由主祭人在二郎庙内焚香祭供，迎神起位，然后抬着游街祈雨。长顺县古羊河畔的布依族每年农历六月初六之前，以村寨宗族为单位，抬着狗走村串寨，绕田坝，举行祭祀天神活动，边游行边将染着生血的三角小白旗插在田边地角，祈求天神保佑，风调雨顺，不遭水灾、旱灾、虫灾、雹灾的袭击。

（7）农历七月半是布依族普遍会过的祭祖节。这时期稻谷开始成熟，人们祈求祖先神灵消灾降福。都匀江洲一带的布依族过祭祖节，会请祖先灵魂回来吃饭，又送祖先灵魂回去，让祖先带钱（烧的纸钱）去买田种稻，买塘喂鱼。每年立秋前后的“龙”或“狗”天，布依族要过“尝新米节”，届时带上摘刀和谷袋到田中去选摘较为成熟的稻穗，拿回家做成饭，先给狗吃。布依族民间普遍流传的“狗为人们取谷种”中说，在洪荒年代，人间没谷种，是狗历尽千难万险为人类取来了谷种，人们才种上五谷。

（8）农历八月十五日晚晴空月朗，布依族少男少女邀约去“偷”瓜和糯谷来煮粥吃，不得剩余。这天晚上，要是哪家的南瓜或糯谷被“偷”走了，主人不但没有一点怨言，反而暗自高兴，认为是自家的祖先或其他神灵驱使那些人来偷去给他尝新的，要是祖先尝到瓜稻尚未十分成熟，就暗中保佑它们结实饱满，颗粒壮实，能够丰收。

（9）布依族在九月初九这天，有的举行扫火星活动，有的打糯米粑“堵蛇洞”。扫火星是挨家挨户地把火灾星扫出寨门，让粮食入仓后不发生火灾。“堵蛇洞”意味着有部分黄熟了的稻谷还在田里，把蛇（雨水的象征）堵在山洞里，不让雨水泛滥，以保颗粒归仓。糯粑用以祭祀山神，由山神拿它去“堵蛇洞”，抑制雨水，使收割顺利进行。

（10）荔波县甲良、方村、地莪一带布依族中的莫姓过农历十一月的嫩信节（春节），其缘由是依“以十一月为岁首”的历法。周围的布依族也陪莫姓过此节，俗称“过小年”，其内容与过春节大致相同，当属春节范畴。

（三）节日禁忌

（1）正月节忌往门外倒水，以免把财魂泼出去；忌用扇子扇火与敲敲打打，以免来年被大风刮倒房屋；忌提凶器，以免来年祸殃临头；忌妇返娘家，以免年轻守寡；忌吵闹斗殴，以免来年出命案；忌串家走户，以免今后变懒；忌白日睡觉，以免水牛糟蹋庄稼。

（2）二月二祭土地神，忌动土。

（3）三月三祭社神，忌外人入村。

（4）四月八祭牛神，忌犁田耙地。

（5）五月端午祭龙，忌说对龙不恭的话。

（6）七月半祭祖，忌说对祖宗不恭的话，且要先供祖先才能开席。

（7）八月十五忌骂“偷瓜偷糯人”。

（8）立秋节忌喝冷水和吃生冷食物。

第二节　生产习俗

一、生产习俗的形成与发展

布依族是古老的稻作民族之一。其农耕文化是在采集、狩猎、捕捞及植物的半栽培基础上发展起来的，并从杂粮、块根型火种农耕发展到以水田种稻为主的稻作文化阶段。近年来，布依族地区出土的汉代青铜钺、锄和铁制农具以及稻田模型，与《史记》中记载的“耕田、有邑聚”相印证。从许多典籍中也可看到布依族先民稻作文化之史影。如北魏郦道元《水经注・叶榆河》引《交州外域记》载：“交趾未立郡县之时，土地有雒田，其田从潮水上下，民垦食其田，因名雒民”（骆越系布依族先民，“骆”与“雒”通）；《宋史・蛮夷传》引民谚：“农家种，佘家收”（布依族曾有农家之称）；天启《滇起・广南府志》卷《种人》云：“侬人……男女勤耕织”；康熙《广西府志》卷十一《诸吏考》说：“仲家，一作种家，好沙人……善治田”；《黔南识略》赞道：“仲家善耕，专种水稻，兼种果木”。在长期的农耕实践中，布依族继承和发展了先民古越人的稻作文化，主要表现在以下四个方面：

1. *火耕水耨的启示*

西汉时期乃至此前，百越地区盛行火耕水耨之稻作生产习俗。《史记・货殖列传》记载：“楚越之地……或火耕水耨。”《汉书・地理志》也载：“江南地广，或火耕水耨。”何谓“火耕水耨”呢?《货殖列传・集解》引应劭语曰：“烧草，下水种稻，草与稻生，高七八寸，因悉芟去，复下水灌之，草死，独稻长，所谓火耕水耨也。”这似乎是一种较为粗放的耕作方法，却含有一定的科学性。火耕是在下种前的备耕阶段，先把田间杂草杂物焚为灰烬，草灰可作肥料；烧火可以提高土壤温度，利于种子抽芽发育；同时火可烧掉田间的部分草根草籽、虫卵、幼虫，起着肥田、抑草、防治病虫害等作用。水耨是秧苗长到一定高度，以水淹死杂草的一种中耕除草之法，被淹死的杂草成为稻田肥料，也是一种科学的中耕施肥方法。

百越后裔的布依族从实现犁耕锄耨至今，继承和发展了先民火耕水耨的科学方法，即用火力备耕和以水除草之科学原理。在备耕阶段，先翻犁好土，将草或杂物撒在翻犁的土上晒干并烧成灰烬，然后才挖窝下种，以达到提高土温、抑草、肥田（土）、防治病虫害之目的。正如明屈大均《广东新语》卷十四记述："农者稻食而杆薪，以灰为宝，灰以粪禾……自然之利也。"在中耕阶段，耨田时先把田水放干，用耨锄除草，耨完一块即灌水满田，使耨断的杂草漂浮水面，被锄的杂草淹死于水底，以水泡之成为肥料，一举两得。

2. 从凿井抗旱到筒车灌溉

水稻离不开水，加强水利灌溉是水稻丰产的重要措施。古代越人自觉或不自觉地意识到这个道理，因而建池凿井，蓄水灌田，以抗旱灾，这在百越稻作文化区域内还可找到其遗迹，古书记载也屡见不鲜。《全唐书·越井记》记载赵佗带越人所凿之井"井围周二丈，深五丈，虽与亢旱，万人饮之不竭"，在番禺（今广州）所凿之井，"井水味甘美而流量甚大"（《南越笔记》）。《鸿雪因缘图记》记载有"又见有取水器，以大竹为之，按笋插合，随山势为起伏，可将涧水逆流，上山至数十丈，实有巧思，谓名连筒"，布依族依据这一"巧思"进行加工改造，制成筒车以灌溉稻田。

布依族的筒车有两种，其结构大致相同，均以竹为骨，编成轮形，犹如自行车车轮，以硬木为轴，轮之直径1.5至5丈不等，将若干竹筒捆在轮上，相距尺许。不同的是，架在河滨的筒车，利用河水流动的力量推动车轮，转动时，竹筒顺势淹于水中汲水而上，周而复始，水源源不断地倾入木槽；架在水池上的筒车，轮上捆着木棒如木梯，人攀梯而上，利用偏重力使车轮转动汲水而上。这种筒车适用于不流动的山塘水库，也可与水力推动的筒车有机配合，将河里的水"连车连筒"，层层依次汲上直至山上灌溉梯田。《万里鸿泥集》记载："黔省跬步皆山，田土多在高地，而水势就下不能灌田，故临河者皆用水车挽水而上。"随着生产力的发展，筒车灌溉在今日的布依山乡远不如明清时期那样盛行，但在一些边远山区，由于生产力水平还很低，筒车之于水稻种植仍起着不可低估的作用。

3. 从鱼畦种稻到稻田养鱼

《史记》云："楚越之地，地广人稀，饭稻羹鱼。"唐代刘恂著《岭表录异》载："栋荒平处，以锄锹开为町畦。伺春雨，丘中聚水，即先买鲩鱼子散于田内。一二年后，鱼儿长大，食草根并尽，既为熟田，又收鱼利，及种稻且无稗草，乃齐民之上术也。"布依族在生产实践中不断吸取先民的经验，不仅知道养鱼除草，而且了解到稻田里的杂草、底栖生物和各种害虫均可成为鱼的饲料，在稻田里养鱼，既保了禾，又肥了鱼。所以，自古迄今，普遍保持着稻田养鱼的良好生产古俗。

4. 从摘刀取穗到谷桶收割

贵州赫章县可乐乡新石器时代遗址发现的双孔石刀，是古越人的收割工具，如今广大布依族地区虽已普遍使用谷桶和小型收割机收割，但在留种时仍使用摘刀进行穗选，以达到提纯复壮之目的，这保留了先民生产古俗的合理成分。

由上述可见，布依族生产习俗的发展线索是十分清楚的，其耕作制度由粗放向精细发展，生产工具由原始石器、木器向现代铁制农具乃至机械化发展，经营上由平面单一向立体综合发展。

二、生产习俗的种类、内容及特点

布依族生产习俗以稻作为主，兼营副业、养殖业及渔业和狩猎。

（一）稻作生产习俗

布依族稻作生产包括生产技术（选种、播种、耕种、中耕管理、收获、贮藏等）和生产工具（耕作工具、收割工具、贮藏工具、加工工具）两大部分。

1. 生产技术

（1）选种。布依族自古以来就重视培育和精选水稻良种，如传统稻种“膏旷”“膏滕的”“膏腾劳”“膏卡等”（均系布依语）等都是布依族及其先民长期培育精选出来的。其中“膏卡等”属糯稻中之优良品种，颗粒圆而壮，壳黄质白，黏性强，系糯米之上品，布依人家常以之作赠赐礼品。布依族选种有三关，一是留种，以摘刀进行穗选，提纯复壮；二是播种前簸去秕壳，然后以石灰水或黄泥水浸种，以浓度滤去杂质；三是根据山地地形、气候、阳光、冷热、土质、水源等自然条件选择适宜种植的稻谷品种。这些为后来选种技术的发展积累了经验，奠定了基础。

（2）播种。布依族《十二月歌》中唱道：“翻来到立夏，赶紧撒匀秧。”布依族播种首先讲究“匀”字，一般由具有丰富经验的老人撒秧。撒秧时，以手抓种，一把一把地往平整的秧田中抛去。如遇到春寒，就放水保温或以稻禾细草覆盖秧田。近年来，大部分地区的布依族已学会使用塑料薄膜育秧，有的还掌握了温室育秧技术。

（3）耕种。布依族在水稻种植中最讲究精耕细作。犁田过冬是其显著的特点。一般的水稻田都要经过“三犁三耙”才能插上秧苗。

（4）中耕。在中耕阶段，布依族要求做到秧薅三至五道，追肥两至三次，五六月间秧苗正长，加强水利灌溉，七八月间稻谷初黄，在各块水田挖排水沟。

（5）收获。布依族最早是摘刀收割，后来是用镰刀和谷桶收割，现今大部分地区已用小型收割机收割。

（6）贮藏。布依族十分注重对稻谷的贮藏，专门建造离开地面的具有干燥、通风性能的干栏式密封谷仓，将稻谷晒干后贮藏于仓内。对稻种的贮藏更是精心至极，收割后将稻种晒干簸净，装入木桶、箩筐、陶缸或布袋置于楼上或吊于房梁下，有的还洒上适量的石灰或花椒，以防虫蛀和霉变。

2. 生产工具

（1）耕作工具。主要的耕作工具有犁、耙、锄、铲等。水田使用的犁，犁刀长而犁架矮，适于水牛耕作；高塝田和山地使用的犁刀短、犁架高，适于黄牛耕作；翻锹、锄头则适用于缺牛农户或陡坡地区。

（2）收割工具。除了古老的摘刀以外，布依族较为流行的收割工具是镰刀和谷桶（方形桶），一些地区已开始使用小型收割机。

（3）贮藏工具。除了谷仓以外，还有木桶、竹制屯篓、麻袋等。

（4）加工工具。主要有水碾、石碓石磨、石棒、簸箕、筛子等。

（二）副业生产习俗

布依族副业生产主要有手工纺织、制糖、烧石灰、造纸等。

（1）手工纺织。《元史本记》（卷29）载："戊申（1308年）八番（即布依族）生蛮韦光政等……以其户二万七千来附，请岁输布二千五百匹。"乾隆《独山州志》（卷三）云："女工纺织，自六七岁学纺纱，稍长即能织布染五色，砧杵声辄至夜半，以布易棉花，辗转生息。"可见布依族手工纺织作为一项副业的历史已久远。乃至今日，其自种、自纺、自织、自染、自缝的生产习俗依然盛行，各家都有织布机、纺纱机、轧花机、弹花机、染缸等纺织设备。

（2）制糖。黔桂边区的布依族处于产蔗区，长期以来保留着制糖习俗。具体做法是用"土压蔗机"压出甘蔗汁然后放在锅里煮，蒸发水分后成糖，倒在竹席上，待糖冷却结成块，用竹签将其划成小块，再等冷却取出，即成市面上出售的砖糖。

（3）烧石灰、烧砖、烧瓦早已成为布依族的传统副业。这些最初是以木柴为燃料，现在为了保护森林资源大都改用煤炭。

（4）造纸是布依族一项古老的副业。中华人民共和国成立前，布依族地区造纸厂随处可见。其草纸、毛边纸是用竹子作原料，白纸则以构皮为原料。

除上述，还有熬土硝、土碱、烧陶、铁匠、木匠、银匠、石匠、篾匠、鞋匠、砖瓦匠、弹花匠等各个门类，形成了布依族的副业体系。

（三）养殖

布依族的养殖业主要有养猪、养牛、养马、养鸡、养鸭等。中华人民共和国成立前，布依族尚处于"养猪为过年，养牛为耕田，养狗为守家，养鸡为换盐"的自给自足的经济形态。中华人民共和国成立后，特别是党的十一届三中全会以后，随着农村商品经济的发展，布依族地区出现了许多养殖专业户。

（四）渔、猎

布依族在农闲时节，也有渔、猎活动的习俗。每到农闲时节，布依族父老兄弟相约成队，带着猎狗、猎枪上山捕野猪、山羊、野兔等，捕得猎物，平均分配，击毙猎物者分给头脚。布依族捕鱼方法较多，工具齐全，有拦河网、撒网、抬网、撮网、泡笼、鱼床、排钩等，还有用化香叶"闹鱼"，不同季节、不同气候和水势，使用不同的捕鱼工具和捕捉方法。

三、生产信仰与禁忌

（一）生产信仰

（1）祭灶神。布依族在春耕之前，各家要祭灶神，祈求灶神保佑春耕生产的顺利进行。

（2）插草标。播种时节，每种完一块地、撒完一块秧田，就要在田边地里插上一束草标，有的还立草人，以保佑种子发芽、幼苗成长，不受虫害和牲畜践踏。

（3）祭牛胎衣。哪家牛下崽，家族皆大欢喜，主家办一桌酒席，请布摩来念经，然后全家老少到牛圈边供祭牛神，再进餐欢饮。

（4）祭工具。布依族过年节，会把全部农具加上封条，以酒肉供祭，以确保财魂归家。

（5）二月初二祭土地神，三月三祭山神田神，四月八祭牛神，五月五祭龙神，六月六祭水神等。

（二）生产禁忌

（1）大年初一忌动土，阳雀初叫忌出工，响第一次春雷忌耕种七天，四月八忌拉牛耕种，每月初四、十四、廿四忌挖土修灶，“红煞日”“戌日”“甲子日”忌出行、生产，每逢秋收时节忌坐门槛，更不能以脚踏门。

（2）在养牲畜家禽方面，忌喂白牛、白马、白鸡、白猪等。但这种禁忌观念在20世纪50年代后已逐渐淡薄。

（3）忌糟蹋谷种和虐待耕牛。

四、生产礼俗

（1）开秧门。农历四月初八这天，各家备好酒肉，一群妇女在一块大田里比赛插秧，若有谁插得慢了，将被周围妇女插的秧包围在田中走不出来，任大伙取笑。

（2）洗脚杆。布依族插秧结束后，全寨杀牛欢饮，俗称“洗脚杆”，倘若风调雨顺，实现满载满插，洗脚杆活动将更为隆重。

（3）女婿帮工。布依族年轻小伙刚当上新郎，要到女方家干一段活儿。倘若女方家无男儿，每逢农忙时节，还要帮忙犁田耙田，有时还带几位弟兄前去帮忙。

（4）庆丰收。收割结束后，各寨杀牛庆丰收，按人口将牛肉分到各家各户，也有集体聚餐者，俗称“打牙祭”。在酒席上，大家高唱酒歌，庆祝丰年。

五、《十二月生产歌》的民俗内涵

布依族民间流行的《十二月生产歌》叙述了布依族一年四季的生产习俗：

正月不出门，
在家抓织活；
多织土花布，
祭花园（母神）几箩。

翻到二月春，
赶整地播种；
鸟欢叫腾腾，
请花园保种。

三月野菜长，
找黑猪来养；

满圈肥厩厩，
等花园来尝。

四月到立夏，
赶紧撒匀秧；
多撒糯稻种，
春节甜酒香。

五月暖洋洋，
筑塘把鱼养；
多养些油鱼，
等花园来尝。

到了六月天，
造筒车塞滩；
蔸发苗又壮，
糯饭祭花园。

七月到立秋，
找肥猪来杀；
做肉馅肉粑，
等花园来拿。

八月谷熟黄，
人人收谷忙；
拿新米煮饭，
请花园来尝。

九月谷归仓，
各家把酒酿；
新米或旧米，
酿酒等花园。

十月到立冬，
买坛把肉腌；
新坛或旧坛，
都腌等花园。

十一月隆冬，
人人进山忙；
担柴又挑草，
杀猪祭花园。

鲜花虽茂盛，
到冬落旧根；
十二月冬干，
祭完各方神。

从《十二月生产歌》可以看到，布依族的生产进程是：一月纺织，二月整地，三月养猪，四月撒秧，五月养鱼，六月灌溉，七月祭祖，八月收割，九月酿酒，十月腌肉，十一月拾柴割草备冬，十二月祭祀各方神。《十二月生产歌》中几乎每个月、每项生产成果都会用来祭祀“花园”这个专管生产（包括生育）的母神，反映了布依族农民的生产信仰，同时也表现了布依族的生产礼俗。此外，还可从歌中看到布依族的农副产品的品种，如种稻强调“多撒糯稻种”，养猪要养“黑色的猪”，养鱼要养“油鱼”，酿酒要酿“甜酒”，腌肉要腌“酸肉”（切新鲜生猪肉、牛肉拌上炒米、生姜、花椒等佐料放进坛里密封半月后即可食，俗称“酸腌肉”，系布依族特产）。

第三节　生育习俗

一、生育习俗的产生与发展

布依族生育习俗起源于原始社会。原始时代，由于人类认识自然和改造自然的能力极低，人们在从事物质生产的活动中，常常遭到各种自然力的威胁和侵害，造成一批又一批氏族成员的死亡。为了战胜自然灾害，氏族急需增加人数，以补充和扩大队伍。同时，同族之间、部落之间弱肉强食的残酷斗争，也迫使氏族内部增加成员，但由于当时生活艰辛和环境恶劣，妇女的生育率和婴儿的成活率极低，在需求与现实矛盾的情况和灵魂观念的支配下，人们产生了生殖崇拜观念及表现这一观念的民俗事象。最初是以古老的巫术形式求神祈子，祈神保佑，举行“还傩愿”（生育傩）以求诸神保佑等。随着社会的进步，布依族生育习俗中生殖崇拜的迷信观念逐渐淡薄，许多神秘的巫术仪式逐渐淡化，由娱神向娱人发展，以致后来普遍出现“过三朝”“满月酒”“拜寄”“生日纪念”等人生礼仪，但在一些生育习俗较为浓厚的边远山区，尚保留着古老的巫术求子保子仪式。

二、生育习俗的种类与特点

布依族生育习俗的种类大致可分为求子习俗、诞生习俗、养育习俗三种。

（一）求子习俗

1. “做桥”

“做桥”是布依族地区普遍流行的求子习俗，有些地方称为“搭花桥”。在黔桂边区的布依族村寨，几乎每对想要孩子的年轻夫妇都要举行一次比婚礼更隆重的求子仪式，布依语称“$ku^{213}tçiu^{11}$”，意即“架桥”。他们认为宇宙有三界，死人归去的地方为阴界，活人生活的地方为阳界，未投胎的婴儿住在“拉挖然”（$ka^{53}wa^{33}za:n^{33}$），意即“冥界”。把活跃在冥界的孩子称为“花”（wa^{33}），管花界母神称为“米挖然”（$me^{42}wa^{33}-za:n^{33}$）或“米挖林”（$me^{42}wa^{33}lin^{11}$）。“花界”与“人间”隔天隔海，要想使这些“花”投胎到世上，必须在其中搭一座桥通到花界，向花界母神祈求，母神才会把“花”送过桥来赐给人间。布依族的“做桥”与“搭花桥”仪式由此诞生。“做桥”与“搭花桥”意义上相同，只是形式与规模各异。“做桥”规模大而隆重，全部亲戚都到齐，融歌、舞、乐、曲艺、巫术、竞技为一炉，活动历时3至7天，念唱《米魂引花歌》《粽子引花歌》和《鸡蛋引花歌》等20余部求子经典（均用布依语唱），边唱边用一块白布甩碰插在花筒里的“红纸花”，贴上一朵花，就标志得一个孩子，其场面热闹非凡。“搭花桥”则在唱念一天后，用一根白线从“花桥”牵到村外，若见一小虫爬过线上，则意味着花娘送来的是女孩；若是水生动物爬过线上，则认为是龙王贵子（男孩）到来。

在安顺地区，新媳妇怀第一胎时，为了让她能顺利生下长子或长女，要在家中举行“改都雅”（敬门神），设坛祭供猪肉、公鸡、酒、糯米饭等。此仪式由舅家选择一对竹节一致、高矮相同的金竹，砍下后竹尖留有竹叶，表示生命旺盛，派两名男性长者送竹前来祝贺，意为“神竹送子”。祭师布摩用青竹弯成拱门，门上挂着红纸人形三排（每排9个）。纸人图案互相牵手以示子孙发达。布摩诵祭词谢竹赐子，祈祷祖先神灵保佑，又将神竹安放到孕妇卧室门口或床头上方。相信经此仪式，孕妇便能顺利生产。这对神竹需保留到该妇女超过生育年龄时才能取下。在盘江西岸举行这种仪式时，是由布摩采新鲜大楠竹破成一个船形，竹船上扎茅人，茅人身缠一支竹桨，作为祈子神物。将此物放在主家水缸脚祭祀，寓意以竹船渡运幼魄过盘江，孕妇便能顺利生育。

2. “生育傩”

布依语称为“祧”，规模比“做桥”盛大，众亲百客达上万人，历时7至15天，有36个神、36面面具、36本傩书，共有20多个具有浓郁民族色彩的剧目，如《龙公点坛》《怀瓜生子》《祈花求子》《野猪偷薯》《错砍梓树》《背鸡进屋》等，气氛热烈，妙趣横生，内涵深刻。

（二）诞生习俗

1. 分娩

布依族妇女分娩时，请有接生经验的邻里或亲戚中的妇女来接生，用茅草叶拂打帐内房内，以驱除邪魔。将婴儿胎盘用稻草包扎挂于竹上，意即以竹助长，繁茂如竹。

2. 请奶娘

布依族妇女生孩子后，不管有无奶汁，都要按习俗请一位健康的奶娘给婴儿喂奶，时隔数日，婴儿才能吃母亲的奶汁。奶娘一般不要任何报酬，等到孩子长大懂事后，其父母便告诉孩子奶娘是谁，以便日后记情报恩。

3．过三朝（布依语：更占罕）

孩子生下的第三天早晨，亲戚和家族中的妇女带着礼物前来祝贺。礼物有土花布、童衣、童毯、小帽、小鞋、母鸡、糯米、花糯米饭、鸡蛋、甜酒等，主家回赠客人五色糯米饭和鸡肉块。还请布摩举行招魂或卜卦、驱鬼等仪式。若生男孩，供桌上放一本书或笔墨纸砚，望孩子长大后读书做官；若生女孩则放一把剪刀、一块土花布或针线，望女儿日后纺纱织布，刺绣挑花，心灵手巧。在贵阳市郊区举行此礼时，生育男孩者需栽一蓬金竹，生育女孩则需栽一蓬水竹。

4．满月串寨

孩子出生一个月内，母亲和孩子都住在自家的屋里，满月的第一天，外婆和舅妈送来崭新的绣花背带和银铃童帽、新衣、鞋等，孩子穿上盛装，由母亲用新背带背去寨上某家吃饭，去时带上一篮五色糯米饭和一只大公鸡，一路上大人小孩前呼后拥，分享满月的幸福。

（三）养育习俗

拜保爷。布依族经常生病或发育不良的小孩就要拜保爷。拜保爷有拜人和拜物两种，拜人需请布摩推算八字，找生辰八字与孩子相符合的人为保爷。找到后，择吉日抬着酒肉和大公鸡等前去拜祭。保爷家便宴请家族和邻居相陪。保爷除了回赠礼物外，还以自己的姓为“干崽”或“干女”取个美丽的名字，送其一块银质“长命富贵锁”挂于胸前。从此，两家父母结拜“干亲家”，来往密切。还有一种方式是准备好一桌丰盛的酒席，让小孩站在岔路口等候，凡遇见先来者，不论男女，贫富贵贱，都得甘当保爷，不得推辞。有的是放一碗清水在门边，谁先闯入，甘当保爷。拜物则请布摩算出所拜之物，如巨石、大树等，由主家备办酒肉，选择吉日带小孩前去供祭，此后每年都按规定时日前去祭之。

三、生育信仰与禁忌

（一）怀孕期的信仰与禁忌

（1）孕妇禁忌：布依族认为孕妇身带“邪气”，故不准乱串门，不准当接亲娘和送亲娘，不能同新娘一起进门，做生意不能拿秤，打鱼时不能拿渔网，不能播种、酿酒等，更不能从男人的头上跨过，不能从长辈面前经过，不能陪客等。

（2）孕尸禁忌：孕妇死后，不能享受正常死者的待遇，不得葬于“大坟山”（正常死亡者的墓地），只能焚尸化灰后葬在人迹罕至的高山峻岭之中，清明节也不必供祭。

（二）生育期的信仰与禁忌

（1）饮食禁忌：妇女生产后一个月内忌吃黏米饭、葱蒜、母猪肉，以及酸、冷、辛辣食品。

（2）生活禁忌：妇女生产后一个月内忌出门，不准从堂屋祖宗牌位或神龛前走过，不能经过长辈面前，不能打骂小孩，不准与丈夫同居，同时也禁止丈夫进入产房等。妇女生产后一个月内忌摸冷水、做饭，更不能做重体力劳动。

（三）私生禁忌

中华人民共和国成立前，布依族有歧视私生妇女及其私生子的观念和习俗。凡是未举行结婚仪式，未得到社会公认的女子或婚外怀孕的妇女，都不能在寨里生产。她们会被赶到离寨子一里以外的山坡上搭棚生产，满月后才能回到寨上。倘若有特殊情况，在寨里生产已成现实，就令其杀猪“洗寨”，请布摩将“邪气”驱出寨，并宴请全寨老小一餐。私生子成长时受到人们的冷落和歧视，长大后不得继承父母遗产。

四、“送花”与《送花歌》

“花”象征即将投胎的婴魂，“送花”意为外家给女婿家送“孩子”（婴魂），以使怀孕。在“送花”仪式上所唱的求子歌叫《送花歌》。

“架桥”的第三天晚上，主家灯火通明，挂在神龛前的走马灯笼悬空而转，堂中席上摆满美酒佳肴，外家客人坐上席，主家的人坐下席，亲家相对而坐，布摩坐在筵席中央，面前安一张小四方桌，桌下放一鸡笼，笼里装三只鸡，二公一母。桌上放三杯酒，三碗糯米饭，饭上插几炷香，还有三挂粽子，一个花篮，篮里装一碗米，米上放三个红鸡蛋，最后是一个接花用的大花盘。

人到齐了，各样物品摆全了，布摩唱：

这时有仙气，
这时好送花；
外婆今天来，
送花给主家。

歌声刚落，外家来的几位青年抬着一个插满红纸花的大萝卜走到席边，布摩接过来，将插在萝卜上的花一枝一枝拔下，插到装鸡蛋的花篮里。这时，外家客人齐声唱道：

今早我们来，
天门还没开；
今早我们来，
鸡嘴还没开。

起脚到寨门，
寨神前跪拜；
我们出门去，
你在家保寨。

我们到田坝，
银花满坡开；
我们到半路，

后生迎上来。

我们到河边，
走马一排排；
一挑接一挑，
送往主家来。

我们到寨脚，
摩公走出来；
外家来齐否？
送花上金台。

接过外家的歌声，布摩举杯唱道：

这时好时辰，
外家进了门；
快沏茶斟酒，
敬拜外家恩。

主人纷纷举起杯子向外家敬茶：

敬第一杯茶，
管它淡或浓；
外婆来到家，
敬给外婆饮。

敬第二杯茶，
跪拜外家饮；
外家坐上席，
敬茶谢舅恩。

敬第三杯茶，
敬整个外家；
拜仲定拜祖，
子孙才发达。

敬茶又敬酒，
一层又一层；

托外家的福，
不忘外家恩。

这时，布摩作为外家和主家的中间人，也作为阳界和冥界的中介，自问自答地唱道：

东方现何花，
南方现何色；
西方现何色，
北方现何花。

东方木兰花，
南方红金色；
西方金钱色，
北方水秋花。

南方现红金，
用灯火引路；
水生葫芦花，
日夜水上浮。

这时，布摩似乎进入“入神”状态，他指着东南西北唱道：

送第一枝花，
这枝送东方；
甲乙木行香，
拿来东方送。

送第二枝花，
这枝送南方；
儿在“喇挖然”，
拿来南方送。

送第三枝花，
“挖然”金来送；
在台上半笼，
送给主人家。

送第四枝花，
这枝送北方；

富贵好成双，
“花零”全都送。

送第五枝花，
爬到席上让；
这花真可爱，
送给主家看。

送第六枝花，
花儿涌上桥；
花儿嘻嘻笑，
上桥把母找。

送第七枝花，
花儿满堂开；
鲜花和嫩花，
来家把母拜。

送第八枝花，
花儿争赶秋；
花儿嘻嘻笑，
赶秋找父母。

送第九枝花，
“莪富”送她来；
去求公和婆，
花儿桥上开。

送第十枝花，
卷衣裙来齐；
别家他不去，
爱来你家桥。

布摩唱到这里，弟子递给他一根一尺多长的小木棒。布摩手拿木棒的一端，另一端挂着一块约一尺宽的白色土布，这块白布是刚从织机上剪下来的，不能让它染上灰尘。布摩边吟边用这块白布去抹那插在花筒里的花。奇怪的是，一些插得很紧的花竟然贴着那块白布上来了，主家选一位命根八字好的人当接花人，把接的花放进花盘里。这个仪式，布依语称为“$soŋ^{35}wa^{33}$”，意为“送花”。在送花过程中，布摩吟唱《送花歌》，每念两句，在场的大人小孩都跟着应道“$xai^{33}lo^{31}$”（嗨罗！）。如布摩唱道：

欲拜才主且才君，
挽花父母说原因。
嗨罗！（众人应）
今日挽花给“七许”，
今朝挽花给主人。
嗨罗！（众人应）
外公外婆送花来，
主家父母拜求花。
嗨罗！（众人应）
送男孩或送女孩，
男女同牵上桥来。
嗨罗！（众人应）
来一男或来一女，
你来这家做人儿。
嗨罗！（众人应）
来二男或来二女，
你来“桥棒”吃人饭。
嗨罗！（众人应）
这家有钱又有粮，
父母娶媳给你儿。
嗨罗！（众人应）
这家有牛又有马，
父母打给你牵。
嗨罗！（众人应）
来继鱼塘在树下，
来继大田在寨脚。
嗨罗！（众人应）
来继鱼塘在石下，
来传父代往后发。
嗨罗！（全体应）

布摩念完《挽花歌》，按常规，花筒里的花就贴着白布上来了，但是，如果这时花贴得很少甚至一枝未贴，说明冥界的母神“米挖然”还不够满意或者孩子们还不太高兴，这样就要用“米魂”和“粽魂”或“蛋魂”来引他们，因为这些小孩很喜欢玩米、玩蛋和玩粽粑。于是，布摩先念《米魂歌》：

又拜才主且才君，
米魂父母说原因：

米讲汉话不忘“涯”，
米魂“港谁”给你听，
婆王元年发洪水，
淹完天下淹完林；
水干石现起烟火，
不知粮种在哪村。
吃叶吃草肚肠辣，
吃菜吃笋肚空疼，
吃芋吃苕肚肠闷，
人人出去寻粮种。
先派鸽子飞去找，
又派麻雀飞去寻；
鸽子去找找没得，
麻雀得来不成种；
东方老鼠跑来说：
我见粮种在一村，
我去一定得种来，
种成粮食怎报恩？
人们当时这样说：
种成田地你割边，
只要你去得粮种，
留锅留盖给你舔。
游去溜溜去溜溜，
过江过海到对岸。
游到对岸仰头望，
得见甫王粮仓园；
早在甫王壁脚躲，
晚在甫王仓边眠；
甫王还醒它不动，
甫王睡熟它才啃；
火为眼，铁为牙，
割仓成洞它钻进；
进到仓里先吃饱，
四脚夹穗溜出洞。
游来溜溜快溜溜，
过江过海来到村。
落在岩坡成小米，
落在平地成红稗。

糯米种子撒水田，
又兴荞子种两季。
撒下“毫洞”在田坝，
撒下玉米在小地。
百样粮种都种齐，
老鼠满地满山坡。
人们聪明手又巧，
造仓造箩装粮食。
小孩见来窜近来，
爬上箩沿用手抓。
从前古人叫作米，
现在今人称作花。
古代粮种古代人，
圣母初定米引花。
用米引花花满室，
用米引花花满堂。

布摩念完《米魂歌》，白布贴来了一枝花，大伙喜笑颜开，祝贺吉祥，齐声唱道：

只愿你成花，
拿你送主家；
你棵在田坝，
插花给主家。

你棵在田中，
酿酒或成茶；
只愿你爱呀，
拿你来插花。

三月拿去撒，
六月就开花；
你棵在田里，
开花给主家。

只愿你成花，
抬到这时播；
鲜花真好看，
送你给主家。

花零带你来，
圣母送你来；
只愿你成花，
送你给主家。

大伙唱到这里，布摩抓一把米撒在桌上、花上，把桌上的几挂三角粽放到花篮边，企图以粽子来引花，边用白布去贴插在花篮里的花，边念《粽魂引花歌》：

又拜才主且才君，
送粽父母说原因：
粽子“港坤”不忘“涯”，
粽子“港涯”给你听：
古老古代未兴粽，
金银哄儿儿不来；
今朝今世来兴粽，
粽子引儿儿满家。
三月间种银粽叶，
五月间种金粽叶；
栽在园边长得茂，
七月十四就开叶；
小孩起床未洗脸，
抓篮出门拣粽叶；
拣来宽叶把它晒，
拿糯米来包成粽；
或以稻草为粽纯，
但捆粽子成三角；
左手抓，右手捆，
三角粽子满一箩；
用火煮，用水炖，
又温又软又香壳；
大人得粽解来吃，
小孩得粽当牛拖；
粽子从前古人兴，
圣母初定粽引花；
粽子引花花满室，
粽子哄儿儿满家。

布摩念完《粽魂引花歌》，又得了几枝花，人们个个喜上眉梢，用歌声赞美粽子：

粽子成三角，
尖角朝天插；
整个天下人，
靠你来引花。

粽子成三角，
尖角插天空；
用糯米来包，
用稻草来捆。

银叶或金叶，
苞米成粽粑；
整个天下人，
求你来引花。

这时候，大花盘里的花又多了几枝，堂屋里欢快的笑声也越来越响。但布摩并没有满足，仍要尽最大努力为主家添子添花。他知道布依族的孩子最喜欢红蛋，于是，又唱起《蛋魂引花歌》：

又拜才主且才君，
鸡蛋父母说原因：
鸡蛋“港坤”不忘“涯”，
鸡蛋“港涯”给你听：
甫王元年发洪水，
你母飞到眉山顶。
别时你母脸青淡，
到了下蛋脸通红；
下得三个在山脚，
下得五个在山顶；
人们当时拿来抱（孵），
三早七天你母吟；
你母身下子蠕动，
你母找虫给儿啃。
两天三天身毛长，
八天九天伸翅膀；
二月三月认公母，
八月九月亮金嗓；
第一次叫定子癸，
第二次叫定丑时；

第三次叫定寅甲，
府上“王哈”读书声；
第四次叫定卯乙，
王儿同牵过花院；
第五次叫定巳丙，
人们上坡种粮食；
第六次叫定午甲，
太阳升到半空中；
第七次叫定未申，
你母掉头钻进笼。

布摩歌声刚落，大伙又齐声唱道：

只愿你下蛋，
万代引花童；
双翅齐丛丛，
引花童进室。

至此，大花盘里已盛着许多鲜艳的红纸花，大家心满意足了，布摩就开始立“桥棒”。“桥棒”置于坛前，是用一块布或厚纸做成的，长1米，宽约1.5米，顶部呈弧形，两边用两根竹子作架，竹上端有花筒一个，布摩剪了很多冥界童男童女的形象贴在布上，配上各种美丽的花纹图案，显得栩栩如生。求得花后，布摩把花集中起来插到“桥棒”上的花筒里，叫桥的主人（“做桥”的夫妇俩）双双跪在坛前，立耳静听，布摩与众人一唱一答：

正月立春花初绽，
二月惊蛰花初七；
嗨罗！（众人应）
三月清明花盛开，
纷纷飞飞花飘香；
嗨罗！（众人应）
棵开花，花结果，
四月初四立夏花；
嗨罗！（众人应）
棵开花，枝挂颗，
五月初五端午花；
嗨罗！（众人应）
棵开花，枝现色，
六月初六小暑花；

嗨罗！（众人应）
棵开花，枝挂朵
七月十四立秋花；
嗨罗！（众人应）
棵开花，朵朵挂，
八月十五中秋花；
嗨罗！（众人应）
棵开花，枝挂果，
九月初九重阳花；
嗨罗！（众人应）
棵开花，枝串果，
十月初十立冬花；
嗨罗！（众人应）
十一月送花给七许，
十二月送花给主人！
嗨罗！（众人应）

这时，布摩的几个弟子把“桥棒”从坛前拆下来，两个人分别捏着“桥棒”两边脚，在场的人全体起立送花进桥主人的房间，由布摩起头，大伙边走边唱道：

送牛魂马魂，
来圈中云集；
马多牛也多，
满圈肥厩厩。

送鸡魂鸭魂，
送金又送银；
送头黑母猪，
做本又作种。

送房魂仓魂，
找宽地方等；
送塘魂田魂，
找大牛来耕。

送葫魂瓜魂，
爬满坡满岭；
外家送酒曲，
拿来酿春酒。

把花（“桥棒”）送到房间里，立在板壁上，一般不许移动，更不得乱摸，每逢过节或喜事都要烧香上供。

综观布依族整个送花仪式及《送花歌》，可以窥见布依族人民物质再生产和人类自身再生产的历史过程。“求花”反映了原始社会母权观念的遗存；而《谷魂歌》《粽魂歌》《蛋魂歌》以及最后的送“牛魂马魂”，送“房魂田魂瓜魂”等歌词，表现了布依族悠久的农耕文化。

五、古朴有趣的生育傩

贵州南部布依族傩戏主要分布在与广西壮族自治区环江、南丹等县接壤的弧形地带，以布依族聚居的荔波县佳荣、茂兰、洞塘、翁昂、捞村、驾欧、觉巩、地莪、方村、播尧、阳凤等乡为中心。这一带的傩戏剧种主要有丧葬傩、驱鬼傩、生育傩三种，其中以面具最多、场面最大、时间最长、内容最丰富，且盛行的生育傩最为典型。

（一）诸神及面具

布依族生育傩共有36个神，各神有其与众不同的特性，傩戏祖师及民间艺人根据诸神特性刻制成光怪陆离的傩戏面具，各个面具都有布依语称谓。现将其中一些面具的布依语和汉语名称、性别、面态、作用等分述如下：

（1）万岁天尊圣母（布依语称“范许”），女性，面目慈祥，专管生育指标，刘锡蕃著《岭表纪蛮》云：圣母亦名“花”，“凡生子女，皆花婆所赐”“子女多病，则延师巫‘架彩桥’，‘剪彩花’乞灵于花婆”。

（2）花林仙官（布依语称“花林”），女性，面目清秀，和蔼可亲，专护送“婴魂”给主人，以使主妇怀孕生子。《三江县志》载：“花林圣母及莫乙大王，壮人祀之，亦知其所本。”

（3）勒良（布依语称“勒良”），女性，头挂金雀，眉清目秀，是生育之神，替人生子女。

（4）六桥判官（布依语称“傩桥”），男性，面目威严，眼珠凸突，专护送、监督花林仙官送子。

（5）托生花王太庙（布依语称“托然”），女性，神态慈善，负责养育童男女长大成人。

（6）本殿三元师祖（布依语称“禅伦”），男性，三块面具，三元即同母异父的唐、郭、周三兄弟，分别为文、武、医三神，专保护坛师及其弟子人身安全。

（7）太子六官（布依语称“勒稣”），男性，神态庄严，口含佛语，手持宝剑，保护傩坛神人安全。

（8）九娘（布依语称“芈朗”），女性，豁达大方，协助送子、接生。

（9）五位功曹（布依语称“哈令戈若”），均男性，五神分别骑着龙、凤、马、虎、鹿，你来我往，通信联络。

（10）李应社王（布依语称“茶容”），男性，笑容满面，系坛上人与神之间礼仪及供品交接证明者。

（11）欧官（布依语称“欧官”），男性，面目端庄，头戴角帽，系审批傩戏之神。

（12）她地许（布依语称“她地许”），女性，面目善朗，专管坛上事务。

（13）雷王（布依语称“濮王”），男性，满脸横肉，手持令牌，指挥欧官、蒙官等诸位武将，保护众亲百客，驱鬼除邪。

（14）写傩（布依语称“沙骆”），男性，手持笔杆，神态端庄，系坛上文书。

（15）莫乙大王（布依语称“莫乙大王”），男性，满脸通红，身披龟甲，手持标竿，带领莫二、莫三擒拿野鬼。

（16）五通（布依语称“诸当”），男性，生三只眼，脸形怪诞，半神半人，手持长矛，惩处鬼怪。

（17）龙公（布依语称“龙伦”），男性，满脸皱纹，扛枪背刀，上山打猎。

（18）白马（布依语称“麻好”），男性，长脸大鼻，清除鬼怪浊气，保护傩坛及主家。《岭表纪蛮》载：“北壮庆愿、还愿，俱请‘白马令公’之神，令公若发令，术者顿如被疯魔，虽其人弱不胜衣，亦能一跃丈余……”

（19）三界公爷（布依语称“保重火”），男性，面态严肃，驱病除疫，保佑全家人丁安全。

（20）猴王（布依语称“独令”），男性，脸形瘦削，眼睛明亮，手持标竿，专为队伍探路。

（21）上公七郎（布依语称“保当船”），男性，手持船桨，为诸神、坛师及其弟子划船渡江。

（22）冯教老爷（布依语称“保宇”），男性，面目文雅，专管坛上经书。

（23）覃九老爷（布依语称“保白”），男性，面带笑容，摆故事以娱人神。

（24）梁吴（布依语称“梁吴”），男性，面态庄严，保护主家夫妇身体健康，家事顺当。

（25）鲁班（布依语称“鲁班”），男性，手持斧锯，身穿桶裙，见女人便脸红害羞，常以伞遮面，负责修理坛上桌凳。

（26）刮坛（布依语称“关坛”），男性，发长面瘦，腰弯背弓，撤坛时专到坛上拣拾丢下的食物。

上述诸神中，最重要的是万岁天尊圣母、花林仙官、勒良、托生花王太庙、九娘五位女性神灵，因为她们是生育系统的主神，而其余的神是为她们服务的，诸如雷王、猴王、白马、写傩等。据当地坛师说，傩戏最初只有管生育的几位女神，后来才逐步发展为30多位神灵。由此可见，布依族傩戏最深层的文化意义在于人们对母性生殖的崇拜。

（二）傩书简介

布依族傩书系以其傩戏历代祖师及弟子创造的土俗字和汉字记录傩戏唱词及念词的手抄本。明清时期的傩书多是毛笔所抄，土俗字占多数，现黔南州博物馆所藏的五本傩书均属此类，现流行于民间的手抄本多系钢笔所抄，土俗字较少。傩书究竟有多少本，民间说法不一，或说12本，或说24本，或说35本，但内容大致相同。

（1）《诸神经》由《请灶王》《请广凡》《请公弱》《请虻娅》《请花林》《请门神》《请洛沱》等十部分组成，约10万字，一般在开坛之际念唱此书，把各神请来就位。

（2）《开坛歌》由《开道歌》《开箱歌》《敬坛歌》《勾道歌》《护坛歌》《用笔歌》《发誓歌》等部分组成，约 20 万字，此书一般在请神、开坛、敬坛活动中穿插念唱，以宣布仪式开始，如召唤诸神和众亲百客、驱鬼逐疫等。

（3）《唱诸神》约 50 万字，包括《唱范许》《唱婆王》《唱九娘》《唱三元》《唱花林》《唱茶容》《唱盘古》《唱托生》《唱六桥》《唱仲定》《唱仙干》《唱关沱寡妇》《唱退光》《唱花卡》《唱行天行地》《唱芒然》等 30 部“神歌”，主要叙述诸神的由来、神界功能以及有关禁忌等。

（4）《献茶献酒歌》约 10 万字，其内容包括《献茶》《献酒》和《添粮歌》等，在各项活动中穿插念唱。

（5）《送花歌》约 3 万字，包括《外家送花》《外家送粮种牲种田土魂》《蛋引花》《米引花》《粽引花》等，是生育傩中求子的核心部分。

（6）《古歌》约 3 万字，包括《十二个太阳 · 洪水潮天 · 兄妹结婚》《开天歌》《十二月歌》等，主要叙述人类繁衍及人们的生产、生活等。

（7）《十二花王歌》由《卖柴》《丁兰》《凡龙》《范郎与民星》《英台与山伯》《罕庞》《明京》《董永》《王仙》《冬川》《官信》《跃安》12 部组成，约 60 万字，主要是叙述各种爱情悲剧和孝敬父母的故事。

（8）《撤坛歌》约 3 万字，包括《撤坛》《烧愿歌》《点牲歌》三部分，内容主要是宣布傩戏结束，唤请诸神到场认领供品。

（9）《古摩古改歌》约 2 万字，一般不用，若在傩戏活动中发生意外事故如打架、患病、摔伤等方能用上。

布依族傩书既是一部宗教神话巨著，也是一部浩大的民间文学经典，全书共 200 多万字，涉及哲学、民族学、民俗学、历史学、宗教学、民间文学各个领域。书中 95% 以上的内容用布依语念唱，无汉语标点。

（三）道具、乐器、服装、演员

（1）道具。主要有掌坛师用的龙头拐杖 1 根，令牌 1 块，铜铃 1 个，牛角卦 1 对，装傩书的竹箱两个；“写傩”用来写“证明书”的笔墨纸；“猴王”用来探路的标杆 1 根；“龙公”用来狩猎的木枪 1 支、柴刀 1 把以及抬物用的木棍、索绳；“勒良”用来“取子”的南瓜；“花林”用来送花的花筒；“六官”用来维护秩序的宝剑；“雷王”用来指挥兵马的令剑；“五通”“白马”“莫乙”等武将用来整治野鬼的兵器若干件；“鲁班”用来修理坛上桌椅的斧踞等。全套道具共 60 多件，均系傩戏班子自己制作。

（2）乐器。布依族民间流行的乐器即铜鼓 1 面、腰鼓 1 面、大小铜锣各 1 面、钗 3 对（大、中、小号各 1 对）、唢呐 2 根、大号 2 根、二胡 2 把、姊妹箫 1 对、响铃 1 个、牛角号 1 根、竹快板 1 对等，共 20 多件。

（3）服饰。有布依、瑶、水三个民族的服饰共 20 多件。其中掌坛师穿的黄袍 1 件、花袍 3 件（分别为红底绿花、白底金黄花、紫底白花）；水族姑娘兰花裙 1 条、布依族男装 10 余件、布依族白褶裙 2 条；黑伞 1 把，掌坛师穿的高跟鞋（1 尺多高）1 双。

（4）演员。全是会说布依语的布依人。舞蹈演员要求通《傩书》、懂“法事”、习武功，会念会唱会舞，且一人演几神，要求可以随时更换角色。乐器演员要求会吹会拉会打鼓，能够掌握几样乐器。演员多则20人，少则10人，最大70岁，最小10岁，个个精明能干。

（四）场地及布景

布依族傩戏宗教色彩较浓，因而布景十分讲究。先布内景，后布外景，内景以娱神，外景以娱人。

（1）内景。傩戏未开始，先布置内景，俗称“设坛”。坛设于堂屋，一张八仙桌，桌两边安椅子，并用竹架起“牌坊”，正中挂着万岁天尊神像，将其余各神神像按神序由大到小依次往左右两侧排列；把贴有童男童女纸像的“桥棒”立于八仙桌上；其上贴一长条动物剪纸，图案有龙、蛇、鸭、象、羊、驴等。坛设好后，在坛前桌上摆上供品，烧香点烛，并将傩书、道具、乐器等置于坛前上供，然后在各门窗贴上对联，其内容围绕着酬神敬神，如香火联为“吉日酬神颂范许，佳期还愿谢婆王”，横批是“天地恩深”等，整个屋里充满着神圣的气氛。此外，大门边还摆一张桌子，上供品，点几炷香，门边挂着手持宝剑的神像，以示“门卫”。

（2）外景。傩戏演到第七天，坛师选择一宽阔的田坝，在坝中摆几张大桌，将道具、供品置于其上，然后在坝里钉上36根木桩，排成一字儿。木桩钉好后，将一头大肥猪捆在第一桩，第二桩到第八桩，各捆一头几十斤重的猪，第九、十桩各捆一只鹅，第十一桩捆一条狗，第十二到十六桩各捆一只鸭，第十七至三十六桩各捆一只鸡，倘若牲口不够，可扎纸像代之，布置出一个挤满牲畜家禽的场面。

外景不像内景那样自始至终都保留原样，而是当天布置当天演出完毕立即毁掉，从布置和演出的特点看，外景的出现，标志着傩戏从娱神向娱人过渡。

（五）古朴有趣的剧目

布依族傩戏的剧目不是移花接木，而是土生土长。全堂傩戏有《龙公点坛》《野猪偷薯》《老瑶打猎》《野外砍牲》《抢吃生肉》《戏弄外家》《怀瓜生子》《龙公卖马》《错砍樟树》《背鸡进屋》《乞讨草鞋》《祈花求子》等二十个剧目。这些剧目除了集中反映布依族先民原始宗教中的生殖崇拜之外，还再现了远古时期的狩猎生活。

反映布依族及其先民生殖崇拜意识的剧目以《怀瓜生子》为典型代表，这出戏在堂屋中表演，先是勒良和龙公出场互相挑逗并作交媾动作，引起大伙哄笑之后便双双隐退。不久，勒良扮成孕妇抱着大肚出场，接着花林跟上来从勒良怀里抱出一个大南瓜，用布把它包裹起来，学着婴儿啼哭：“阿昂阿昂！”然后边哭边把“婴儿”抱进房间，观众齐声呼：“得啦！得啦！”过了片刻，范许出场，从自己怀里取出一把把南瓜子撒向四面八方，边撒边念道：“撒到北方成莫家，撒到东方成布虽（水族），撒到南方成布壮（壮族），撒到本文成布侗（侗族），撒在中央成布依。”这出戏不仅反映了布依族及其先民对多籽植物的生殖崇拜，而且也折射了古越人后裔壮侗语族民族的同源史影，至今在这些民族中还流行“八月十五偷瓜送子”之古俗，水族过“端节”尚兴南瓜祭祖，这对于我们研究百越文化有很高的参考价值。

反映古代南方民族（包括布依族在内）狩猎生活的剧目该首推《龙公打猎》这出戏。该戏与《怀瓜生子》一样分为三场演出，不同的是这出戏在野外演出。第一场，龙公带着其妻上山狩猎，遇到很多猎物，他奋力挥起闪闪发亮的月形柴刀，许多猎物被他砍倒了，他兴奋异常，忘乎所以，从山上连滚带爬地跑回来；第二场，龙公冷静下来时，不见了妻子，慌忙跑上山寻妻，妻子早已被他当成猎物砍死，他抱着妻子下来；第三场，报勒陀出场，与龙公相遇，龙公向他诉说伤心之事，报勒陀给他一碗水，教他求神，他遵嘱办理，爱妻终于复生。这出戏一方面表现了神的魔力，歌颂神的恩德，一方面也向人们展示了水具有非凡的再生功能。一切魔法似乎都离不开水，归根到底，表现的还是先民的生殖崇拜、对水的再生功能的崇拜以及再生崇拜。这可从傩戏的最后剧目《水泼外家》得以佐证。傩戏活动第八天，即最后一天，全寨老幼抬水把守寨门，当外家客人起身回程至寨口时，将有一桶接一桶、一瓢接一瓢水向他们泼去，男人泼女客，女人泼男客，有的客人也抢过水桶反泼过去，被淋得一身湿者反觉自豪。据傩戏师祖说，向外家泼水，意在希望外家多送子女来，其意含有深刻的生殖崇拜。

诸如上述剧目，似乎不受宗教仪式的束缚，演员可临时发挥，也没有固定的台词，有时观众也出来充当演员进入演场，演员与观众融为一体，把演出场地变成发泄和交流感情的场所，比现代戏剧更为自由开放。但究其底蕴，其深层结构仍是祈求生育的文化心态。

第四节　祭祀习俗

一、布依族祭祀习俗的产生与发展

根据宗教发生发展的一般规律，祭祀习俗是在自然崇拜产生后才逐步形成的。原始人由于生产力水平低下和科学文化知识贫乏，不能正确认识和支配自然，便根据人类自身的特点对自然加以人格化和神化。给人类带来好处的自然现象，被认为是善神，反之则是恶神。而既给人类带来好处又时时威胁着人们生产生活的自然现象，则被认为是喜怒无常的神。人们对这些神既恐惧又依赖。这样，自然崇拜就产生了。但最初人们对这些被认为有人格、有意识的自然实体的崇拜活动表现得很简单，只是在语言上或姿态上向崇拜对象表示敬意、感谢、祈求、屈服。后来，人们为了保障生产生活能顺利进行，取得预期的效果，或当人们在生产生活中碰到难题时，便向相应的神灵敬献祭品和牺牲，并进行祷告，祈求神灵护佑。这样，祭祀便产生了。随着这种礼仪的规范化和固定化，祭祀在一代代的传承中成了习俗。

布依族祭祀习俗产生的具体年代无法查考，但根据人类宗教史的一般规律，大约产生于旧石器时代中晚期。当时人们还处于原始群居阶段，生产活动主要为狩猎和采集。新石器时代，进入农耕阶段以后，由于生产领域的扩大，祭祀活动进一步发展。布依族中农业方面的祭祀比重较大，可以说明这个问题。

祭祀习俗产生于原始社会，在当时的社会历史条件下，祭祀活动是由氏族全体进行的。而且，祭祀活动派生出了祭司这一宗教职业者。布依族农历三月初三祭祀山神，几乎是全村寨的集体活动。这个节日从内容到形式，无疑是产生得较早的祭祀习俗。而布依族布摩的重要职能之一就是主持全寨性的和比较大型的宗教祭祀活动，这也表明其产生年代的久远。

随着氏族社会的瓦解和个体家庭的产生，除一些关系到全寨或全宗族共同利益的重大祭祀活动外，祭祀活动大多分散到每个个体家庭内进行。全宗族的祭祀活动是氏族祭祀的延续，而全寨性的祭祀、以个体家庭为单位的祭祀，则是氏族祭祀的两种不同形式的发展。前者是跨血缘的集体活动（开始时是与部落或部落联盟相适应的），后者则是缩小了的血缘组织的活动。

祭祀的内容，除最初的对自然神和农业神的祭祀外，逐步出现了对手工业始祖神、家畜家禽神灵以及寨神、生育神等的祭祀。这是因为随着社会的发展，出现了社会分工，手工业、畜牧业等相继从农业中独立出来；定居出现了，生产活动中对劳动力的需求与医药卫生的原始落后造成的人口死亡率高的状况，必然使人们关注生育。除布摩外，宗教长老、个体家庭中的男性长者也成了祭祀的主持者。例如，三月三、扫寨等全寨性的祭祀活动是由布摩主持的，而祭祀祖先则由宗教长老或家庭中的男性长者主持。在手工业神的祭祀中，一般由该项工艺的工匠师傅主持。

祭祀的方式，最初比较简单：献上祭品或牺牲后祷告一番即可；商品经济出现后，逐渐增加了香和纸钱等。至于乐器，木鼓和铜锣是比较早的。木鼓逐步为铜鼓代替，并增加了钗等。《宋史》中的“僚人击铜鼓、沙锣以祀鬼神”，就是对布依族祭祀情况的记述。但是，很多祭祀活动不必敲击乐器，这可能不是一直如此，而是逐步演变而成的。例如，从《摩经》看，从前丧葬祭祀中是需要敲击粑槽（木鼓的变异）的，望谟和荔波等地20世纪50年代初有些地方还保留着这个习俗，但现在基本上消失了。

二、布依族祭祀习俗的种类、形式和特点

布依族的祭祀习俗，从内容看，可分为自然神祭祀、农业神祭祀、行业神祭祀、社会神祭祀等。祭祀的形式，可分为家庭祭祀、宗族祭祀和社会祭祀。

（1）自然神祭祀。有祭河神、祭树神、祭山神等。其中以祭山神最隆重。每年农历三月初三以村寨为单位进行。村寨内每户推一位男性家长参加，集中于寨中或寨边的神庙内，杀鸡宰猪作牺牲，供上酒礼肴馔，点香燃烛，由布摩主持和祷告，乞求神将一切邪恶鬼怪和豺狼害虫驱逐出寨，以保人畜平安、五谷丰登。祭祀时，庙中参加祭祀者不能说话，也禁止寨中的人发出任何声响。寨边各路口均挂上一束茅草和纸马，示意外寨人不得入内。

（2）农业神祭祀。即对与农业生产有关的神祇的祭祀。有祭田神、祭谷神、祭虫神、祭牛王神等。祭田神布依族称“docgdaancgxnaz”。每年开秧门（插秧第一天）这天，每户男性带上祭品，在一块大田的进出水口处摆好，燃香化烛，祈求田神让稻田肥水不断，不遭水灾。祭谷神是在赎谷魂仪式上举行的，布依族人认为有一种鬼魅会暗中偷食谷魂，使人们粮食不够吃。为驱赶鬼魅，招回谷魂，便于农历七月或丧葬仪式后举行祭祀活动。仪式中有祭谷神的内容。虫灾是农业灾害中最常见的一种，为免除灾害，布依族每年农历六月择吉日在田坎上供上猪头、公鸡、米酒等，布摩诵《虫灾经》祭虫神，请其到别的地方去。农业生产离不开牛，有的布依族地区在四月八或九月打粑粑祭祀牛王神。

（3）行业神祭祀。木匠、石匠、医生等均在自己家中专设祖师神位，逢年过节或做工前后均要祭祀，以木工对该行业始祖神鲁班的祭祀最为突出。凡开工前，木匠师傅都要在做木工的人家中摆上祭品进行祭祀。新房落成时，要在新房中堂神龛位置设祭桌再行祭

祀，求祖师保佑万事大吉。完工后，再设祭表示报答。布摩也设有主师父报勒陀的神位于逢年过节之际或主持宗教仪式前后加以祭祀。

（4）社会神祭祀。所谓社会神是指那些专管社会事务，具有社会属性的神祇，包括寨神、生育神、祖先神等。布依族的寨神约相当于汉族的土地神。第三土语区布依族称之为“鲍更嫡”。在寨中某棵古树下建一小石房，房中以一形似人的石头作为其偶像。其功能有：一，代表神界监护本寨；二，转赐神给人的恩典，传告人对神的要求。据说，每年正月初一早上，神赐给人的牛马猪羊，全由鲍更嫡转赐给人。所以鸡叫后，人们都拿着香、纸，点化于寨神前，然后从其身旁用绳子牵走牛马猪羊的“魂”（物化为石块），拴于圈门，表示得到了神的赐予。若庄稼遭灾，人们也到寨神前祭祀，祈求寨神向上界神转达民众请求，派专神为民众消灾除害。有些地方，为祈求王母娘娘送来子女，会举行一种“搭花桥”仪式，就有祭祀生育神的内容。贵州荔波一带，有一种被称为“祧”的仪式，以“求生育、保佑子女”为目的，属傩祭。祭祀活动持续七天七夜，祭祀的神祇共36种，包括专管分配生育数额的女神万岁天尊圣母、专管送“花”（子女）给主人的男性神六桥判官、负责保护和护养子女长大成人的男性神托生花王太庙等。祖先神祭祀有的是以宗教或房族为单位，于每年清明节期间集体到祖坟前杀鸡祭祀，并为祖坟垒土和挂上白纸。祖先神祭礼的普遍情况是每个个体家庭独自举行。每家均设有神龛，节日或家里有喜庆之事时摆上祭品，燃香明烛烧纸，祷告祖先神，请他们共享喜庆，保佑一家人万事如意、五谷丰登、六畜平安。

布依族的祭祀有如下特点：

（1）从祭祀内容看，以祖先神和农业神祭祀占的比重较大，而天神信仰却没有相应的祭祀活动。这可能与布依族地区古代自然条件较优越，对天的依赖和恐惧尚未成为主要的宗教崇拜根源有关。

（2）从祭祀的形式看，以家庭为单位自发地祭祀的情况最为普遍。这种情况以简单地祈求神灵护佑的内容为主。而如果在此基础上再含有驱邪禳灾的内容，则需请布摩来举行祭祀仪式。

（3）祭礼的目的，主要为保障生产生活的顺利进行和疾病的痊愈，有明显的功利性和实用性。

第六章　伦理道德

第一节　家庭的产生、构成与特点

布依族家庭的产生和发展，与整个人类社会发展同步，经历了母权制时期和父权制前期的大家族，到了父权制后期，随着私有制的形成，原始公社解体，对偶和专偶婚形态出现，诞生了父系个体家庭，延续至今。

布依族家庭大都以传统的父系血缘为主要结构，少数血缘转换期的家庭则以两个父系血缘构成。前者比较长期稳定地保持一个血缘的延续性，后者最终改变原家庭血缘的传承。这些家庭的构成分为以下几种类型：

（1）多重性家庭：由二至三代不同父系血缘的夫妻及其子女构成，形成家庭血缘的多重性。

（2）复合性家庭：由数代多对同一父系血缘的夫妻及其子女构成，形成多层平行的同代夫妻加子女的复合性。

（3）单一性家庭：由一对夫妻和上下代血缘亲缘成员构成或单独一对夫妻构成，形成家庭主体对偶的单一性。

在布依族社会，这三种家庭形式并存。过去，以复合性家庭为多，后来单一性家庭逐渐普遍存在，多重性家庭则以一种特殊形式存在着。

这几种家庭的构成特点分别是：

一、多重性家庭

这是家庭发展中最为古老的一种家庭形态，它是从原始的氏族集团观念延伸而来的。原始社会时期，为了扩大氏族集团的势力和人口，人们特别欢迎父系血缘和母系血缘的多重组合。原始的氏族集团血缘多重性以氏族生存和发展为目的，而现在的家庭血缘多重性则以解决亲缘家庭暂时困难、确保亲缘家庭完整存在为目的。就布依族多重性家庭而言，往往是在一个家庭中，由于女婿的生存条件所迫，或是舅家的劳动力缺乏等原因，女婿到外家去生活，由岳父岳母、女婿女儿、舅子姨娘、外甥等组成。这种家庭的结构特点是：家庭的经济和社会交往事务仍由岳父岳母主持，而女婿投靠后所生子女不能在家庭中占主导地位，也无财产继承权。如通过数年的“投靠”，创造了一定的生活基础或待舅子成家立业后，女婿可携其妻女回自己家族自立家业。这种家庭目前极少。它与原始多重性家庭的最大区别是：原始多重性家庭的所有成员有财产分享权，而现在的这种家庭形态，作为外姓氏的女婿血缘只有谋生或扶助的权利与义务；原始多重性家庭有相对长期的稳定性，而现存的这种家庭形态稳定性受到极大限制，多则十来年，少则三五年就得解体。

二、复合性家庭

这是封建社会人们普遍追求的一种家庭形态。封建社会时期，儒学礼教极受推崇，多层平行的同代夫妻复合组成的生活、经济共同体，很能体现一个团体封建礼教的教养，增加家庭的社会地位。在布依族地区，这种家庭被称为五代同堂、四代同堂、三代同堂，由某代长子组织数代成员的经济生产和社会交际。

成员结构，以五代同堂为例：第一代夫妻→第二代的一至多对夫妻→第三代的多对夫妻及子女→第四代的多对夫妻及子女→第五代……

这种家庭结构，突出了婚姻关系多层次及血缘关系多子女的特点。之所以叫作复合性家庭，是因为其基本形成了多层平行的同代夫妻加子女的复合。这种家庭在布依族社会被视为楷模，受人尊重，家庭的长者常被请为调解其他家庭和社会纠纷的和事佬和社会青少年的礼教教导人。

这种家庭多以雄厚的经济实力和家庭财产及同堂的荣耀伦理为基础。但私有化的经济、人类的财产占有欲本能常常对伦理发出严峻的挑战，加上生命的自然轮回（上代早亡和老一代夫妻的自然淘汰），这种家庭必然分解成若干个单一家庭，所以说它属一种过渡类的家庭形式。它虽然是人们普遍追求的家庭形式，但由于上述的原因，四代以上的同堂家庭不可能在布依族地区普遍地存在。故此，过去布依族一旦出现四代以上的同堂家庭，就要请当地最有名的文化人，题制“四代同堂”或“五代同堂”的大匾，四方亲朋朝贺，组织隆重的庆典，将大匾悬于大门上。

三、单一性家庭

这种家庭形式不单在布依族地区而且在整个人类社会都是一种开放性的家庭形式。就布依族而言，它可分为以下几种构成形态：①父亲血缘单一性家庭；②亲缘单一性家庭（女婿上门和接纳外甥为养子）；③异血缘单一性家庭（接纳外姓养子）；④寡妇“招夫入赘”式单一性家庭；⑤夫妻独立性单一家庭。

它们的构成特点分别是：

（1）父亲血缘单一性家庭：

①由一对夫妻及子女或丈夫的父母中的一个组成。这种家庭由不完整的复合性家庭分解而来，即上代夫妻中的一方亡故、兄弟分家、姐妹出嫁后形成。

②由一对夫妻及在同一父系血缘家族接纳的继养人组成。这种家庭也从复合性家庭分解发展开来，即父母一方或双方亡故，兄弟姐妹各自分家立业后，夫妻四十五岁以上无男孩，便从血缘家族中接纳子辈、同辈或孙辈青少年为继养人。被接纳者由于是同一血缘家族，不需改变字辈，负责赡养接纳者，继承一切财产。

（2）亲缘单一性家庭：

①由一对夫妻及子女和岳父母（或其中之一）组成。这种家庭与现代多重性家庭的不同之处在于，它是在岳父母超过育龄无男孩的情况下，招一女婿上门，女婿改成岳父姓氏，女婿有财产继承权，三代人后可恢复原姓氏。即女婿不但可以继承财产，而且最终将

把这个家庭变成自己的血缘。

②由一对夫妻及外甥组成。即在姑姑没有生育或无男孩的情况下，接纳外甥为养子。外甥在此要改成姑父姓氏和字辈，并继承财产，三代人后可恢复原姓氏。因外甥与姑姑有血缘关系，故列入亲缘单一性家庭。

（3）异血缘单一性家庭：

由一对夫妻和异血缘的上代（或颠倒过来）组成。即第一代夫妻无子女（或女儿全部外嫁）而接纳与夫妻均无血缘关系的外姓氏青少年为养子，养子必须改成接纳人的姓氏和字辈，并继承财产，也可于三代人后恢复原姓氏。上述三代人后恢复原姓氏，布依族人称之为“三代还宗”。

（4）寡妇“招夫入赘”式单一性家庭：

由夫妻及子女加前夫的子女组成。这是过去存在于罗甸、望谟等布依族地区的一种特殊家庭形式。即丈夫亡故后，寡妇不愿离开亡夫家，可以招纳后夫，但后夫必须改成前夫的姓氏和字辈，共同生育的子女归入前夫血缘体系，并与前夫生育的子女一起继承财产。

（5）夫妻独立性单一家庭：

仅由一对夫妻单独组成。有的夫妻因各种原因与子女分开，独自组成一个经济、社会活动均独立的小家庭；有的不生男儿，而自己的女儿已出嫁，不接纳其他家庭成员而独立生活。这类家庭对亲族的依赖性较大，靠子女或家庭的部分支撑而成立。

第二节　亲属关系与称谓

布依族家庭的亲属关系，主要有直系血缘关系、姻亲关系、继养关系等。

一、直系血缘关系及称谓

直系血缘关系是以父亲血缘联系着的亲属关系，它包括夫妻共同生育的子女、丈夫的兄弟姐妹、父母。因为布依族的血缘延续以父亲为依据，所以子女中男性是血缘延续的象征。布依族家中血缘延续的标记——神龛上姓氏牌位就只写父系姓氏，而不写母系姓氏。如父亲姓罗，而母亲姓伍，便只写“罗氏神宗”而不写“伍氏神宗”。在为亡母立碑时，也严格遵从父系血缘，如亡母姓伍，父系姓罗，碑文写为“罗母伍氏之墓”。同时，各代碑文中的孝祀栏目，只书孝子贤孙各代男性字辈和名字，女性及各代母系（媳妇）不落名。女孩只要离开娘家，其血缘姓在她的姓名上便只能作为名使用而不能作为姓，如夫家姓韦，其姓马，姓名为韦马氏。这样的血缘关系习俗，在人口普查中给政府工作带来许多不便，一个百户韦姓的村寨，花名册上会出现数十个韦马氏、韦伍氏。目前的布依族地区，妇女姓名的使用已进行改革，在政府有关工作中，妇女继续使用其父系姓氏及未出嫁时的名，而只在与宗教、丧葬相关事宜时沿袭传统。

由于受长期封建观念的影响，布依族家庭血缘关系存在的等级差别是：①一般只男性有财产继承权而女性没有，女儿出嫁后只留一块“私方田”，耕种三五年后交还兄弟；②兄弟间虽有平均继承财产的权利，但未分家时长兄享有绝对支配财产、处理家务的特殊权利；外嫁的姑娘和未嫁的姐妹及女儿大都没有参与家政的权利。

布依族家庭称谓严格按辈分划分，上下数辈间或同辈互称时，依随被称者的最小辈子孙称呼，以示尊敬。直系血缘（父系）称谓从上至下排列为：鲍达雅达（最高辈分夫妻往上无限远）、祖达（爷爷的曾祖父和曾祖母共用）、祖翁（父亲的曾祖父和曾祖母共用）、祖公祖奶（父亲的祖父、祖母）、公（爷爷）、奶（祖母）、波（父亲）、乜（母亲）、波耶（伯、叔）、卑老（伯娘）、纳（叔娘）、雅帕（姑姑）、比隆（兄弟姐妹）、尔（儿）、尔迷（女儿）、兰（孙）、利（重孙以下无限远）。

称呼祖父祖母以上辈分的老人时，均把其最小辈子孙长子的名字放在前面，如其最小辈子孙长子小名“德应”，与称呼人同辈，称“德应家××”（即“祖公然德应”“公然德应”等）。如称呼人比被称人最小辈子孙还小一个字辈以上，还需在被称人最小辈子孙的名字前加一个“耶”（小长辈之意）字，如称“祖达然耶德应”（德应叔家的祖达）“公然耶德应”（德应叔家爷爷）等。在家中，对老人，子孙可直称公、奶、波、乜、波耶、雅帕……外人称呼同上所述。对子孙的称谓，直系血缘中的长辈可直呼尔、兰、利，但外人只能呼其小名，否则被视为戏谑他人。

二、姻亲关系及称谓

姻亲关系是联姻后所形成的亲属关系。这其中可包括夫妻关系、姑妈的血缘关系、姨妈的血缘关系、外家的血缘关系等。

（一）夫妻关系

布依族受延续父系血缘家庭的传统影响，但夫妻在婚姻生活中的家庭地位是平等的，有时甚至特意强调妇女在家庭中的地位。如在婚礼中，一些布依族地区新娘进入大门时，要顺手提一下搁于门边小桌上装有稻谷和压有货币的大斗，并从扁担或马鞍上跨过，象征着新娘给家庭带来了丰收和财气，并将挑起家庭生活的重担。拜堂时，男方兄弟回避，以示新娘将得到兄弟不可争抢的地位和权利。布依族语言中没有离婚一词，证明了布依族历史上可能没有离婚这种社会现象，从一个侧面反映了布依族夫妻严格遵从对婚姻的承诺，能够和睦相处。过去，有的夫妻没有生育男孩，丈夫可以纳妾，妻子不能再嫁。有的妻子甚至主动去为丈夫纳妾。自从20世纪50年代政府在布依族地区贯彻执行新婚姻法后，布依族的婚姻关系大都统一到了法律的规范中。

布依族婚姻关系的称谓并不复杂，未有孩子时，夫妻在一起互称小名，在旁人面前妻子称丈夫“奎勾”（我夫），丈夫称妻子“雅勾”（我妻）或“扎雅”（妇人），有了孩子后，夫称妻“乜佐尼”（孩他妈），妻称夫“波佐尼”（孩他爸），或在“波”（父亲）、“乜”（母亲）前加上孩子的名字。

（二）姑亲和姨亲关系

女儿是父系血统的人，虽在出嫁后，家里永远承认她是这个家庭的血缘，但她作为这个家庭血缘的载体，到她死亡时就终结了，因为她与其夫生育的子女，只能归入她丈夫的血缘系统。姑亲关系仅有血缘的直接与间接关系，不包括任何财产、血统延续等关系，即在一定的时限内，家庭知道有个姑姑嫁到哪里，她有哪些子女而已。姑亲的称谓也较简单，姑妈称“雅帕”，姑爹称“鲍帕”，表兄弟姐妹称“比隆兰”，亲家父母互称“鲍双”

“雅双”。布依族有一句广为流传的俗语：“一辈亲，二辈表，三辈四辈认不了。”用以概括姑亲关系。虽然过去有些地方出现过“亲上加亲”的姑表亲，但现已被布依族全部抛弃。

姨亲关系与姑亲差不多，但亲属地位要比姑亲次之。姨爹姨妈互称时，姨爹称“鲍维响”，姨妈称“雅维响”。双方子女称姨妈“乜响”，称姨爹“波响”。表兄弟姐妹互称“比隆兰”。

外家的亲属称谓，把姑亲的亲属称谓宾主颠倒即可。要补充的是：舅（兄）称“鲍龙”，舅（弟）称“纳”，女婿称岳父“鲍嗒”，称岳母“雅代”，外甥称外公“公代”，称外婆“奶代”。

三、继养关系

布依族家庭的继养关系，属于协约性的亲属关系，无论是接纳女婿上门还是收养亲族或外姓青少年以及招夫入赘，都要征得整个亲族同意，并立契约，写明接纳与被接纳者的各种权利与义务。一般女婿上门或接纳继承家业的青少年，都在被接纳者未婚时进行，以后由接纳者帮助操办婚事，扶助他们成家立业；被接纳者承担接纳者不能劳动后的赡养、亡故的丧葬、接待出嫁的姑婆姑姑等义务，最后继承接纳者留下的一切财产。由于双方有约在先，并从接养开始，生活在如同正常血缘家庭的环境中，关系比较融洽。有些这种家庭，处得比亲生关系还好，因为双方都担心稍有不慎，被外人非议“毕竟不是亲的”。在称谓上，上门女婿及子女、外姓养子、亲族儿辈养子与亲生儿孙称谓相同；接纳的亲族与接纳人同辈或是其孙辈者，按直系血缘关系称谓；但与接纳人同辈的亲族被接纳人，在接纳人亡故的丧葬活动中，不能充当孝子，由其子女代之。招夫入赘的丈夫在家庭中，其关系和称谓与前夫同。

第三节　家庭道德与伦理

家庭道德与伦理，是家庭诞生以后维持家庭有序运转的行为准则与规范。可以分为家风（或门风）、家教（家庭教养）、家法（或家规）三大类别。

一、家风

家风是在长辈或家庭主要成员的影响下，自然形成的一种潜移默化的家庭风尚。布依族的家风以民族传统美德为基础构建，所以绝大多数家风都有统一的风貌。首先就是尊老爱幼。尊老，包括对家庭长辈的尊敬和对同辈年长者的尊敬。长者的训导不论对错，不准顶撞、不准还口，有时长者动手打耳光或敲烟杆斗也不准表示反抗，做到“有则改之，无则加勉”。对长者的不足之处，不准直接对长者言明，只能通过他们的同辈转告。平时吃饭让最老的长辈坐上席，先给老人布好菜，主动给老人添饭；平时有什么好吃的先分给老人；在老人面前不准跷二郎腿，不准开玩笑；不准对着老人洗脚；与老人交谈时不准指手画脚，轮到小辈说话时，先尊称对方才叙述内容。与长辈一同劳动时抢最重最难的活做。

老人到50岁后一般不让其做犁田、扛灌斗、挑担等重活；到60岁后，一般不让其做野外活，否则子孙被耻笑为不孝。为了老人有个幸福的晚年，布依族小辈不论有什么争吵，或生活中碰到了什么烦恼，一般都尽可能地不让老人知道，以免增加他们的思想负担。平时再困难，也要给老人买几件像样的衣服，买酒给他们喝，保证他们有叶子烟抽。为了给年迈的老人精神安慰，一般要提前购置寿木及老人寿终时用的布料、纸等。反过来，布依族长者也十分爱护幼者。布依族是接受先进文化较早较快的民族，长者竭力供幼者求学读书，形成了爱幼家风。过去孩子到了八九岁，长者或是送他们去求学，或是与近邻相约，请先生到家中办私塾。在文化较发达的贵阳、安顺、镇宁、安龙等布依族地区，老几代人中，幼时读过书的男性占70%以上。这种情形一直延续至今。平时，小辈孝敬老人买来的糖果，老人总是藏着舍不得吃，一次次地最后全分给幼小的儿孙们吃。不准打骂小孩的爱幼家风，甚至赋予了宗教观念；12岁以下的孩子们的各种活动由“十二神母”分管，人们认为打骂小孩，神母会生气，使小孩遭受病害。为了小孩的安康，除了不准打骂，逢年过节祭祖之后，还要专门祭祀小孩的神母。布依族绝对不准遗弃婴幼儿，不论男女、残疾、痴呆都不准遗弃、不准虐待。这种爱幼家风，也被赋予了宗教观念。过去，人们认为孩子的生命是花界（主管小孩灵魂的神界）给予花魂附于胎体而成的，如遗弃一个，花神生气了就不再给予花魂，导致夫妻不能生育。布依族家庭对于幼者，不论男女，不论美丑，都视为掌上明珠，故有一句俗语：“你别说他（她）是一坨狗屎粑，我拿他（她）当一碗糯米饭。”

布依族家风的另一大特点，就是家庭成员间互谦互让，家庭和睦。首先是儿媳与公婆关系处得较好。儿媳都有“生为这家人，死为这家鬼”的观念，所以把公婆当作自己的父母来对待。儿媳有什么难处，总先找公婆商量，小两口有点口角，公婆总先教训儿子。媳妇与叔子、姑子、妯娌也处得较好，能相容相谦，有点什么小口角，总用一句俗语自警：“天地几万年，我们得一世。”意思是天地几万年才把我们转到一起，应该珍惜天地功德。夫妻互谦互让更不用说，平时总自谦说：“我这样丑这样笨，你不嫌弃我就满足了。”有事商量，有好处先让给对方，在外互相维护尊严和威望。有谁生气时，照人们常唱的几句布依族歌曲来谦让：

女：以后来年成一双
要是你生气——
我就去院里埋头搓麻
等你气散了——
回屋我们慢慢交心谈。

男：以后来年成一对，
要是你生气——
我就背筐上山割牛草。
待你气散了——
回屋我们慢慢摆家常。

偶尔两口子难免发生点口角，听到家人或外人进门来，也要立即转怒为喜，破涕为笑，不能让人看到争吵痕迹。

布依族家庭成员之间，大都有“不计前嫌，面向明天”的修养。故有俗话曰：“浓的下沉，清的上浮。”由于有了互谦互让的家风，布依族家庭大都和睦相处，即使到了“树大分桠，人大分家”的时候，也遵循“宁可分在好言语，不要跟着坏语言（不听信坏话）”的准则。

布依族还有勤俭持家的家风。为了给家庭创造更多的剩余价值，供子女求学、奉养老人、操办子女婚事、修造新居等，时常是天刚亮时，媳妇就起来舂碓推磨加工食物，姑子去挑满大石缸的水，孩子们扫地放鸡，公婆捡粪、生火煮饭。天大亮，年轻的上工，小孩上学，老年人喂猪喂鸡、准备午饭。农忙时节，常忙到半夜才吃晚饭。平时，晚上妇女们做蜡染、纺纱、织布、织锦、织麻，自用或出售。布依族人民既勤劳又节俭。每人以有一套叫“吃酒服”的新衣为满足，20世纪50年代前的老年人平时只穿草鞋，那时偶有人热天穿布鞋，被视为“要阔气”，呼叫“假先生”。每年秋后作算计，做到一年的收支心中有数，合理安排，并向家人通报。布依族禁止家庭成员嫖赌，虽嗜酒却忌酗酒。

二、家教

家教，是在长辈的引导下，将德行承传给后代的一种教养，使家庭成员形成一种风度和气度，培养家庭成员德、才、美的修养。布依族家庭十分重视子女的德育，用行动去影响孩子，从小培养他们懂得文明礼貌的行为习惯，使子女学会尊敬长辈、尊重别人、团结别人、知错就改、互谦互让。在育才上，布依族多以智慧启蒙为重。春天，老人带小孩上山，给孩子讲花鸟草虫的故事；夏天，带小孩在院中纳凉，教他们唱儿歌、猜谜语、做游戏；秋夜，指着银河向子女讲述仙界的幻景；冬夜，在火塘边给孩子讲关于伦理道德的寓言。这些启蒙教育锤炼孩子们稚嫩的翅膀，培养他们机敏的思维、快捷的反应，教他们做人的道理。孩子长到一定年龄，教他们做各种手艺，教他们各种人际交往的本领，锻炼他们的生活技能，使布依族孩子长大后，更善于接受新事物、适应新环境，有创造力，有向往与追求，有独立生活的能力。美育方面，大人总是引导孩子从小懂得清洁卫生，保持英俊秀美的形象。每次出门吃酒、赶场、玩山，总会给孩子反复梳理拾掇。因而，布依族小孩从小就掌握许多关于美育的词汇：“又绕”（英俊）、“生利”（长得俊）、“盘哨”（俏姑娘）、“又绕冷崩宾”（像蜻蜓般英俊）、“盘哨冷迷玛”（如蝴蝶般秀丽）等。他们从儿童时代开始，便养成出门前梳头理衣服、照照镜子的习惯，且不说粗话、脏话，不随地吐痰，上厕所回避他人。举止温文尔雅、形态端庄也是布依族重要的家教。因而，布依族被外人公认是个爱干净、文明知礼、聪明多才的民族。

三、家法

家法，又叫家规、家约，是家长训诫和制裁家庭成员的法规和习惯。布依族的家法有习惯共识法（不行文）和共识行文法两种，以前者为普遍。作为一个民族整体，家法有许多共性。过去，家庭的执法者多是年长的长辈，执法没有公议（民主）可言，家长说了算。家法有以下几个执行等次：

（1）对一般过失的训诫。

（2）对严重过失的训诫与处罚。

（3）对反叛行为规范的处罚。

（4）对破坏行为规范的处罚。

一般家法综合起来如下：

（1）有不尊老爱幼言行者罚跪；在处罚中表示反抗者打其耳光、敲其烟杆斗。

（2）有虐待老幼行为的，轻者棍打，重者捆绑吊打。

（3）有嫖赌迹象者棒打，有嫖赌事实未造成严重后果者捆绑吊打。

（4）屡嫖不改，作风出轨，造成后果和恶劣影响者，不论男女，开除族籍或家籍，赶出家门，不准参加家庭和家族的宗教活动和红、白大事；有未婚性行为者，男性吊打，女性处罚同上；古代，未婚女性有孕要被装猪笼沉潭淹死。

（5）有同姓氏性行为者，处罚同第四条。

（6）有同禁忌通婚家族婚配者，处罚同第四条。

（7）有偷盗行为者，捆绑吊打。

（8）有杀人者，家庭主动送官。

布依族民间记载于家谱中的家法，从目前掌握的材料看，内容较完整的有罗甸县明朝万历年间所修的《黄氏族谱》中的祖训诸条。其祖训从以下几个侧面来规范所有家庭成员的行为：

（1）敦孝弟以重人伦：要求家庭成员必须牢记父母恩德，尊敬长者，兄弟姐妹们友好相处。并对平时的生活行为作了许多明确具体的规定。

（2）笃宗族以昭亲睦：要求家庭成员要与宗族成员和睦相处，使宗族秩序井然，形成善良、孝顺、友好的气氛。对如何使自己的宗族成为望族作了许多规定。

（3）正男女以杜奸淫：对家庭中的兄弟妯娌、叔伯婶媳、子侄姑嫂的日常交往，都作了严格的规定，对子女外出交谊也提出了极为严格的要求。

（4）勤农桑以足衣食：大谈勤俭节约、丰衣足食与社会安定的关系，并提倡家人要勤劳持家，不然，贫穷会使人走上邪路而遭惩罚。困难在勤劳者面前只是暂时的。

（5）设家塾以训子孙：对如何克服困难培养后代读书作了规定，并说明了很多读书的好处。

（6）修祖祠以荐蒸尝：号召宗族成员要团结在祖宗的旗帜下，经常聚会，团结如一，才能立于社会。

（7）宝人民以固土地：告诉人们土地才是宝，并规定家庭成员要时常以主人的身份爱护家乡，不惜牺牲保卫疆土。

上述祖训说明家法当时就已经广泛存在于布依族大姓家族之中，多用在年节祭祀祖宗的仪式上，由家族中的长者宣读，因而具有神圣性和权威性，为维护古代的社会秩序和发展生产起着极为重要的作用。

第四节　社会道德与伦理

社会道德与伦理，是维系群体生活秩序、群体集团关系的行为规范与行为准则。布依族在长期的生存发展中，形成了与自己的生活地域、集团结构、文化精神密不可分的社会道德与伦理。大概可归纳为以下几种形态：社会风尚、宗族村落公益事业习俗制、议榔制与乡规民约等。

布依族的社会风尚，是历代先民传统美德的凝聚。布依族靠水而居，大都讲究自身整洁与环境整洁。不论大人小孩，不讲个人整洁都会被耻笑为“那由”（脏）、“那犊吉仍定”（像牛滚烂泥塘），各家各户每日清扫房前屋后，稍不干净，寨老或族长就会上门批评。长期延续成习，形成了讲卫生的好习惯。有客进家，有“卖衣裤也要衬面子”的气度，敬酒敬肉，大碗喝酒，请长辈和客人坐上席，劝食殷勤，生怕长辈和客人吃不好。大多数家庭都有一间客房，供来客留宿。主人对留宿的客人照顾极周到，洗脸洗脚水端到面前，守在身边，待你洗好了帮你倒掉。如客多主家住不下，四邻主动上门带客去住，“一家客就是全寨客”，不论怎么陌生，带客去住的人家次日要做早餐给客人吃了才让出门。生人进寨，每位寨人遇上了都会主动招呼“来啦，进家坐”，从未相见如同早已相识。在布依族地区不怕走错路，不论你向谁打听路，他都会一边指点一边陪你走一段。几乎每个岔路口都立有行善石碑，叫“将军箭”或是“指路碑”，碑上指明东西南北各走何处。行善积德成了布依族人的传统风尚，几乎每家大人都要为小孩架一座命桥，因而寨边的沟坝都架有小石桥，为行路提供方便。布依族人热情，路上相遇，不论是否熟人都要互相打招呼，离家近的要请路人“去家吃饭再走”，路人要说“麻烦了，以后去我家”。在小路上相遇，当地人会站到路边让客人先过。人们从坐着的人面前走过时，都要说声“对不起，从你面前过”。平时，不论熟否，布依族人都会主动帮老人做事、提东西。布依族地区有路不拾遗的传统，丢了东西，过几天仍可去找回，因为他们从小就得到长辈教导：“路上的东西，可能是别人丢的，也可能是送鬼的，捡回家会遭病灾。”

爱整洁、讲礼貌、热情和善、积德为本、助人为乐、大度无私是布依族社会风尚的主要特点。

布依族的公益事业习俗制，是以布依族聚族而居、同宗同族视为一家的特性为基础，为使村寨成为一个密切相关、团结一致的整体而形成的。这些习俗制，久而成俗，大家共同遵守。过去，曾有过公田制（包括坟田、客田、官田等）；现存的有公林及牧场制、风景制及风水树栽植保护习俗、互助习俗等。

公田制中的坟田（布依语称“纳莫”），以大家族为单位集体轮流耕种。最早这种田的收入专供宗族给祖宗扫墓用。后来除了扫墓，节俭下来的部分归族长和父老管理，用途包括救济宗族困难户，宗族打官司开支，修造寨巷、桥梁、水渠、路径等补贴；在镇宁扁担山等地，曾有些宗族从中抽出部分供宗族中有出息却家庭有困难的孩子读书。客田（布依语称“纳谢”），是招待客人专用的田，耕种方式与坟田相同，有归宗族所有的，也有归全寨所有的。用于招待的客人有几种：一是从本宗族或本寨某代迁往别处居住，已繁衍出多代子孙的小宗族，春节和六月六派代表来“燕金”（拜年），由客田收入招待，除父老全部陪客外，每户派一名男性代表相陪；二是本寨青年集体结拜的兄弟寨，趁玩山之际互相集体拜访，也由客田收入招待。官田（布依语称“纳赛”）是由当时的统治政府购买田后交给一些村寨集体耕种的，其收入归寨老或族长管理，供接待过路官吏用。布依族的这些习俗，一是培养了村寨成员的集体观念，使大家对自己的村寨、宗族和整个社会都有责任感；二是加强了内外关系，从外居小宗族拜亲到结拜兄弟寨集体互访，都增强了民族、地域的凝聚力；三是对官吏的接待，提高了布依族人民的国家观念（每个时代的官吏都是国家的象征）。

公林及牧场是全寨共有的财产，不准随意破坏和糟蹋，人人自觉保护。公林是自然生长的柴禾林，平时不准乱砍伐，只有在群众集中开会或寨老、族长集中议事时砍一点烧火取暖；各家各户如有婚姻、起房、丧葬等红白大事，经寨老同意，可到公林砍柴来用，但都自觉地只砍到够办事用的量即止。林中的有用木材，只到修建公房和学校时才砍用，有些孤老去世后，也从公林木材中取料做棺木。牧场是公用的放牧草场，谁也不准在上面开荒种地、开山挖石等。这都是布依族社会伦理道德中集体主义风习的具体表现。

风景及风水树、风水山是布依族保护自然环境的传统习俗。一般河边、路边长的树称为风景树，严禁砍伐，人人自觉保护；有的村寨还专门在路人歇脚的地方栽树，供路人乘凉用。在寨神庙旁、寨门、山垭口、寨头上长的许多树，据阴阳理论定为风水树，或认为它们是村寨兴旺的庇佑，或认为它们有神灵依附，严禁砍伐攀爬。风水山或叫龙脉、龙宝、龙势等，是村寨、坟场附近的山坡，严禁开荒种地、开山采石、破土乱挖。这些风俗，都为保护布依族地区的自然生态发挥了不少作用。

互助协作习俗，是促进村寨团结一体的社会伦理道德。平时，村中有人去世，消息传开，全寨十六至五十岁的男性全放下手上的活，前去帮忙或守夜，青年人甚至要到处理完丧事才回家休息；偶有不到场者，若不向寨老说明原因，以后他家有白事就没人去了。谁家有割草盖房、挑石板盖房、抬石头砌房等需全寨青壮年出动的事，向寨老报告，寨老叫人吹牛角号或到寨巷宣布，全体青壮年自觉带上工具前去帮忙；无故不到者，当夜被全寨青年上门罚买酒喝。全寨集体修路、修水沟、造林、修水井、扫寨巷，每户需派一名强劳力参加义务劳动；不到者，罚买酒给参加劳动的人喝。在镇宁扁担山一带，过去为了反抗外敌和反动军阀进犯，四十八寨有约，外敌入侵，不参加抵抗战斗的村寨作扁担山的敌人论处；每个村寨不参战的青壮年，由本寨抄家处罚，以后他家有事谁也不准去过问，死了人也不准帮他抬上山；战死者，由村寨当英雄超度安埋，其父母由村寨赡养送终，其子女由村寨抚养至娶媳妇或出嫁。另外还规定，在哪个村寨地域发生抢劫，由该村寨缉拿罪犯并赔偿受害人损失；在哪个村寨的地域发生斗殴，由该村寨协调处理；在该村寨地域发现死尸，七天后无人认领，由哪个村寨安葬等。这些规定代代沿袭成俗，演变成习俗制。

议榔制是古代布依族为了规范人们的社会行为，统一集团的伦理道德，维护社会平衡发展而盛行的一种风俗。在布依族地区，有的直接叫“议榔”（平塘、惠水一带），有的叫“议各习”（册亨、望谟一带）。议榔是氏族议事会发展而来的。其实质正如恩格斯所说：“它是氏族成员享有平等表决权的民主集会。”议榔组织，小的包括一个或数个毗邻村寨，大的包括数十或上百个村寨，不同姓氏宗族都可以参加。议榔组织最大的权力机构是议榔大会，公推出榔头、分管军事、主持司法的头领，并有祭司或巫师参加主事。议榔的目的是公议出榔规榔约，推选监督执行机构成员。榔规榔约内容主要是行为规范、思想道德规范条款及违反规范的处罚规定。

布依族地区的乡规民约与议榔制有相同之处，但却有很大区别。相同之处是：表现民众的共同愿望，遵从社会环境的需要，制定时赋予宗教色彩。不同之处是：议榔纯系群体活动议事组织，而乡规民约多有行政组织参与；议榔规约有军事、法律效力，乡规民约仅是法律的一种补充。过去，乡规民约多由行政长官与有威望的族人协商组织订立，刻于石碑，立于众人常见的场坝、路口及寨神庙旁等，也有在村寨天然石壁凿平一块纹刻的，而今在布依族地区仍多有遗存。如清道光二十七年（1847）立的《册亨马黑乡规碑》，内容教育乡民“出入相友，守望相助”“少男当以耕种，女纺绩”“贫不可以为贼，贱只宜卖气”，且警诫如有乱伦，全寨处罚，并禁止赌博、偷盗、掳抢、调戏妇女、游手好闲、藏匪或勾引外贼，犯者要送官治罪等。后来的乡规民约在订立过程中仍保留着布依族的独特风格。每年三月祭青，六月祭秋，由保、甲长或村长找父老商量确定日期，协商条款，而后集资买鸡、猪、酒等，每家派一家长参加，聚集到寨神庙前，宣布规约，各户代表依次端着血酒向寨神和群众宣誓，最后聚餐，次日将抄写的规约张贴告示。这些规约，每次除了强调固定的条文外，三月祭青一般会详细提到春夏各种庄稼的保护规定，六月祭秋则特别强调秋季作物保护与冬季防火。

榔规榔约和乡规民约的制订与执行，代代相传，潜移默化地塑造了布依族人的伦理道德观。其执行的强制性，潜移默化成心理上的约束力，使广大布依族人民形成了遵纪守法、讲究公德、团结和睦的传统美德。

第五节　伦理道德教育

布依族的伦理道德教育，从形式上看，有家庭教育与社会教育。教育方法一般是通过丰富多彩的民间故事和歌谣，去启发人们什么该做什么不该做。其次是通过具体事例加以因果关系的阐释，去告诫人们怎么做人。而在日常生活中，主要以上辈人的言传身教为主。教育的类别可分为尊老爱幼教育、家庭婚姻关系教育、人际交往教育、社会公德教育、爱护自然教育、勤俭节约教育等。

尊老爱幼教育，有许多富有哲理、形象鲜明、易于领会的故事。比如世代相传的《父行子效》，讲述有个没良心的汉子，其母年迈眼瞎，能吃不能做了。一夜，汉子哄其母，说带她去医眼睛，其实是用箩筐将她背去潭边扔下。汉子扔了其母回家一会后，他幼小的儿子背着那个箩筐回来了，父问：“你捡箩筐回来做什么？”儿说：“不捡回来，你吃得做不得时，我拿什么背你去丢？”这个简短的故事，令人震撼。布依族就这样一代代地讲述这类故事，告诫人们：你现在孝敬父母，以后儿女会继承你的美德孝敬你，否则反之。对待父母，只有孝顺，别无选择。平时，要给家人分糖果或好饭菜前，大人总让六七岁的小孩来分，并教他们先分给爷爷奶奶、爸爸妈妈，再分给弟弟妹妹，然后才是自己，从小引导他们养成尊老爱幼的好习惯。古代布依族人相信万物有灵，这样的文化也影响到伦理道德教育中。大人总对孩子说，嘴上生疮是骂人造成的，脖子长瘤是骂大人造成的，瘸脚折手或脸上有疤是不听大人话造成的，让孩子知道骂人、不听话总会生病受伤，从畏惧到养成习惯。同时，布依族还通过传唱歌谣，教育人们怎么去尊老爱幼。有一首教育儿媳和儿子孝敬老人的歌这样唱道：

爹娘年纪半百多，
耕田种地劳累活。
今天儿媳来替代，
挑抬不用老人磨。

勤劳耕作好收成，
侍奉爹娘有酒喝。
冬来寒衣儿媳做，
保证爹娘暖和和。

爹娘为人最殷勤，
深切体会在儿心。
起房造屋多辛苦，
接亲嫁女多操心。

乌鸦尚有反哺义，
儿孙要报养育恩。
报恩不单吃穿用，
对老言行礼认真。

关于老人爱护子女的教育，有一首歌唱道：

太阳照在我门庭，
照得儿女见娘心。
十月怀胎不嫌苦，
婴儿落地笑盈盈。
日日夜夜怀中抱，
三更喂奶到五更。
生儿瘦去一身肉，
从不埋怨那一声。
唯望孩儿快长大，
成家立业娘放心。

家庭与婚姻关系的教育，也有许多故事告诫人们兄弟要以诚相待，不可相疑；夫妻要忠贞不渝，不可有外心。比如广为人知的《哥啊——哥啊——》，说两兄弟常下河捞鱼，每次哥都把鱼头吃了，留鱼身给弟。后来弟听说鱼头最好吃，认为哥亏待了他，趁一次涨水时把哥推到洪水中淹死了。待他把鱼拿回家煮好，吃起鱼头后方知错怪了哥，后悔莫及，变成一只鸟，一年年地飞到河边“哥啊——哥啊——”地喊叫。布依族有句俗语：“半辈的夫妻，一生的兄弟。”启发人们去理解同胞一生的手足之情。一则叫《失妻》的故事，告诫人们夫妻才是人生的终身伴侣，任何俊男美女都只是过眼烟云。故事说有一男子娶得仙女为妻，妻子说：“以后你出门别乱跟着别的女人走，不然我们的姻缘就终了。”一日男子去赶场，见一秀女比其妻还美，朝他挤眉弄眼，他动了心，跟着秀女走到场口，秀女不见了。回到家，其妻也离开他回仙界去了，他从此孤身一人。由于夫妻和睦的美德教育通过一代代言传身教使每个族人自小耳濡目染，所以布依族人恋爱虽然十分活跃，交往也很广，但结婚后，男女都很本分，不论在什么场合，都俨然以庄重成年人的身份体现气度。在民间，也常有教育夫妻和睦相处的歌谣流传于世，其中一首唱道：

夫妻吵嘴别认真，
不可时常理深根。
牙齿虽短舌头长，
也会碰破嘴和皮。
一日夫妻百日恩，
晚年还靠老夫妻。
三天打来两天吵，
家庭不和受人欺。
父赌气来母伤心，
孩子成了多余的。
奉劝夫妻要合心，
相敬相爱如上宾。
让的让来忍的忍，
共度人生几十春。

人际交往教育，也以形象化教育为主。广为流传的《起心不良银变屎》，告诫人们人与人要以诚相待，不忠诚的人会失去许多。这个故事说的是家寨相隔数里的两熟人同路去赶场，在山上捡获一罐银子，因不便背去赶场，便相约一同退场来取。路远的在场上想出鬼主意，悄悄回来要独占银子，开罐一看却是一罐米汤，他便全喝了赶路回家。路过路近的朋友的寨旁，此人肚子突痛难忍，到朋友家歇息，屙了一把稀屎在朋友床上，连夜溜了。朋友回到家，见床上一堆银，打了个粑将银子包了一半送去给路远的，那人舍不得还礼，又打点粑，包了那坨粑送还，朋友回家切开见银子又原封不动送回，说：“这人为人心不诚，这银子不该是他的。”这类故事让人们一代代去品味交往以诚相待的道理。日常，人们也以“你好别人三分，别人会好你一寸”“你敬人人，人人敬你”“不怕朋友满天下，只怕一人孤单单”等谚语，教育大家明白良好的交际品德。

社会公德教育，则多具宗教意味。过去，布依族老人常对小孩说，天上在盯着人，积一次德就给你记个数，积德越多病灾就越少，命就长，子孙就越发达。所以，做好事是布依族人自觉自愿的事。老人也常对青年和孩子们说，日月星辰是天上的眼睛，时时盯着人，叫作“人有小九九，天有大算盘”“好人有好报，恶人有恶果”。还有《天眼老开着》

这样的神秘教育故事，从小培养人们行善积德有好报、作恶招难的伦理观念。

爱护大自然的教育，是布依族伦理教育的重要课题之一。人们说布依乡山美水美，与这类教育所产生的效果有极大关系。过去布依族一代代传承山水树木和生物有灵的观念，使布依族人在宗教的敬畏心理之下自觉地去爱护自然。关于爱护生物有个叫《救蚂蚁》的教育故事，对孩子们的影响很深。故事说有个上学读书的小孩，先生算了他的命，说他后天必死，叫他父母做好吃的给他吃，别让他读书了。第三天他又来上学了，先生很吃惊，问他这几天做了什么。他说："路上见涨水冲了许多蚂蚁，就拿木棒救它们上沟坎。"先生说："你救了千万条命，换来了你这条命。"这故事使孩子们从小在心中形成一个观念：爱护别的生命，可以延长自己的生命。

勤俭节约教育，也是布依族传统教育的内容。布依族是农耕民族，特别重视珍惜和节约粮食方面的教育。吃饭时教育孩子不要撒粮食，否则会遭雷打。孩子若问别人撒了粮怎么办？大人会说，你也应捡起来，雷不打撒粮的人你也就救了别人。关于节约粮食，也有许多生动形象的教育故事。《富人借粮》说有一家富人，吃不完的饭常往阴沟倒，有个穷人天天去把富人倒的饭捞出洗净晾干存放。几年后竟藏了几屯箩剩饭。突然大旱三年，富人没吃的了，找穷人借，穷人说："借给你的全是你原来倒掉的。"布依族也常用"细细（节俭）就成堆""细桑碑底古然老（节约三年起大房）""勤快人穿少也热和，懒人穿多也冷打牙""一天抛一粒，一年去一升"等俗语和谚语来告诫人们节俭成大器、节俭干大事。

布依族就这样靠独特形象的教育方式，使自己成长为一个具有优良伦理道德修养的民族。

第七章　文学艺术

第一节　布依族文学艺术概况

布依族的文学包括民间文学和作家文学两大类。介乎这两者之间，有一种保存于宗教经典中的文学作品。因布依族宗教职业者被称为布摩，这类文学可称为“摩经文学”。由于这些作品与民间文学有着诸多联系，我们在民间文学部分顺便加以介绍。

民间文学一直是布依族文学中的主要成分，在相当长的一段时间内它甚至是唯一的文学种类。

布依族民间文学包括神话、古歌、传说、故事、歌谣、寓语、谚言、谜语、说唱、戏剧等。

神话、古歌主要内容有开天辟地、洪水泛滥和再造人类、造千种万物等。古歌可说是韵文体神话，很多是摩经中的组成部分。作品中的情节在民间以散文体形式流传，即为神话。传说是布依族人民对历史事件、人物、山川名胜、文物古迹、文化事象等的解释，按内容可分为人物传说、史事传说、民俗传说、风物传说、反抗斗争传说、红军传说等类别。布依族故事也十分丰富多彩，可分为生活故事、爱情故事、幻想故事、机智人物故事以及新故事等。在素有“诗乡歌海”之称的布依族地区，歌谣作品的数量最多，主要有劳动歌、苦歌、反歌、习俗歌、情歌、儿歌、红军歌谣以及新民歌等。此外，寓言、谚语、谜语等作品也很丰富。说唱文学在黔南、黔西南等地较为流行。戏剧主要有地戏、花灯戏和布依戏。作品有的是移植汉族戏剧剧目，也有根据本民族历史、民间故事和现实生活改编或创作的。

布依族民间文学主要用本民族语言创作和传承，但随着汉文化的渗入，有些样式出现了布依语和汉语并用的情况，如歌谣、谚语、谜语等有韵的文体，都同时有布依语作品和汉语作品。

布依族韵文（包括诗歌、谚语、谜语的韵律）汉语作品主要为七言四句体，押尾韵。布依语作品则多为五言，也有七言、杂言等体式，每首句数长短不定，押韵方式有头尾韵、腰尾韵、头尾腰尾混合韵等。比、兴和复沓是布依语韵文作品常用的手法。

布依族民间文学是布依族人民自我认识、自我娱乐和自我教育的极好载体。布依族民间文学记录了本民族的历史，反映了布依族的伦理道德观和价值观，人们在创作、传承和参与过程中受到民族传统教育，谚语甚至成为一种经典，常被引用来说明事理，指导生产和生活，或用来教育后代。

布依族的作家文学指布依族作者用汉语创作的文学作品的总称。由于布依族历史上一直没有产生通行的民族文字，所以直到清代才开始出现自己的作家文学。布依族作家文学是中华人民共和国成立后才蓬勃发展起来的，有诗歌、散文、小说、戏曲、影视文学等样式。文学队伍日渐壮大，出现了王廷珍、汛河、戈良俊、罗国凡、罗吉万、王泽洲、罗大胜等一批较有成就的作家、诗人。布依文创制试行后，也有一些掌握了布依文的作者用布依文创作了一些作品。但由于布依文推行尚未全面铺开，掌握布依文的人数还不多，这大大制约了布依文文学创作的发展。

布依族艺术有音乐、舞蹈、戏曲、工艺美术、雕刻等。布依族音乐有大调、小调、大歌调、小歌调及山歌调等。宗教职业者在各种仪式上唱诵的经典因内容不同，也有不同的调式。布依族乐器种类很多，有铜鼓、锣鼓、箫、笛、唢呐、二胡、月琴、钹、钗、勒尤、笔管、姊妹箫、口弦、木叶等。布依族民间舞蹈有铜鼓刷把舞、响蒿舞、铙钹舞、转场舞、回旋舞、伴嫁歌舞、马刀舞、舂碓舞、纺织舞、花包舞、花裙舞、穿梭舞、粑棒舞等，多为舞蹈雏形，有些与宗教仪式有关，经加工完善后很受群众欢迎。布依族的戏剧有地戏、花灯戏和布依戏等，是一种包括文学、音乐、舞蹈、美术等各种成分的综合艺术。地戏流行于贵阳郊区及安顺地区，花灯剧主要流行于黔南、黔中一带，布依戏流行于黔西南的册亨、安龙、兴义等地。曲艺主要有说唱和八音坐弹等形式。布依族的工艺美术主要有蜡染、刺绣、织锦、绘画等。蜡染图案主要有蕨菜花、刺梨花、团花、小花，形状呈漩涡形、水波形和连锁式等，朴实素雅。刺绣通常用作服饰、帐檐、门帘、被面、背带、枕套、头帕、荷包、鞋面等。刺绣的技艺精巧，色彩调和，纹饰大方。织锦以彩色的丝线织成，图案花纹多样，显得绚丽多彩，光艳夺目，美观大方。布依族的传统绘画主要用于蜡染、刺绣纹样的绘制以及宗教仪式上，如超度亡灵时，布摩用竹、纸扎一隔坛，将棺材隔在堂屋后半部，隔坛上就需绘上人物、动物及花草等图画。布依族的竹编有斗笠、凉席、扇子、饭盒、书包、提篮等，小巧玲珑，美观实用。布依族的雕刻有石雕、木雕两种，题材有狮、龙、凤、牛、马、人物、八仙、花卉等，有浮雕，有空花。作品形象姿态活泼，栩栩如生，具有较高的艺术价值。此外，贵州平塘县的牙舟陶器也是较有特点的工艺品，其工艺别致，造型美观，色彩鲜艳，有些艺术品，如玩具、烟斗、祭器等早在清末至民国年间就已远销我国北方和南洋各地。贵阳市郊的簸箕画也别具特色。中华人民共和国成立后，布依族艺术取得了很大发展，出现了音乐、舞蹈、美术等各方面的艺术专门人才。

第二节 布依族文学

一、民间文学

（一）布依族民间文学的产生与发展

与其他文化事象一样，布依族民间文学经历了产生与发展的过程。

研究表明，歌谣是人类最早产生的文学样式，它是从原始的诗、歌、舞一体的综合文化事象中逐步独立并发展演变而来的。但是歌谣产生的原因，学术界有劳动说、巫术说、思想情感交流说等不同观点。现在看来，这些说法都从不同角度涉及问题的实质，但都显得不够全面。作为艺术作品，歌谣产生的情感因素不可否认。而劳动和巫术，在原始社会生产力水平和人的知识水平都很低的情况下，往往是难以分开的，未知领域的存在，使劳动不得不伴随着巫术活动。而巫术活动中往往是又唱又舞的，唱中包含了音乐和歌词。最初的歌词也许很简单，但它无疑是歌谣的雏形。

民间文学总的可分为韵文体和散文体两大类。韵文体可分为抒情歌和叙事歌两大类，散文体则可分为神话、传说、故事等类别。各种类别、同一类别不同内容和风格的作品的产生与发展，都与特定的历史文化条件有关。布依族民间文学的产生和发展也不例外。所以，我们考察布依族民间文学的产生和发展，必须联系布依族历史发展来进行。

根据布依族的历史发展和布依族民间文学的实际情况，布依族民间文学可分为远古文学、古代文学、近代文学、现代文学四个发展时期。

（1）远古文学指春秋战国以前的文学。这时期布依族先民处于原始社会阶段。文学样式除原始歌谣和咒语等外，主要为神话和传说。神话有散文体和韵文体两种，韵文体布依语称“问休关”（ve:n^{1}çeu^{6}kon^{5}），意为“古时的歌”。神话是布依族先民不自觉的艺术加工。当时由于先民们生产力水平和知识水平都很低下，不能科学地认识自然和人类社会，无力征服和支配自然力，于是根据自身有限的生活和生产经验，运用拟人化的方法，大胆想象，在幻想中认识和支配、战胜自然力。这就产生了神话。到了原始社会末期，由于生产力的发展和认识能力的提高，布依族先民创作了一些神性有所减少、现实性大大增加的作品，可称之为远古传说。长篇古歌也增加了现实因素，如《安王与祖王》即如此。

（2）古代文学指战国至鸦片战争的文学。这时期布依族进入了阶级社会，布依族的社会生产力有了很大发展，社会经济和文化也逐步繁荣起来。除传说继续得到发展外，这时期还产生了民间故事、习俗歌、劳动歌和情歌、叙事长诗等，摩经文学也逐步充实和完善。内容方面，突出的特点是文学作品中开始反映阶级压迫和剥削、劳动人民反抗剥削压迫的斗争等，而苦歌、反歌更直接地反映了这方面的内容。艺术方面，虽然作品中的幻想性特色还较浓（特别是表现在传说和幻想故事中），但是现实性已大大增强。

（3）近代文学指鸦片战争至中华人民共和国成立时的文学。这时期布依族进入半殖民地半封建社会。这时期的布依族民间文学反映阶级斗争的作品继续有所发展，以歌颂下层劳动者的机智幽默和嘲弄剥削压迫者凶残和愚蠢的机智人物故事的产生，说明布依族人民斗争经验的丰富和自信的增强。此外，以反抗殖民主义为内容的故事和叙事诗的产生、红军传说和红军歌谣的创作流传，也是这一时期布依族民间文学的突出特点。说唱文学和戏剧文学也在这时期产生了。

（4）现代文学指中华人民共和国成立后至今的文学。这时期布依族和全国各族人民一道，逐步走上了社会主义道路，政治、经济、文化得到空前发展。这时期，除传统民间文学继续传承以外，也产生了以反映布依族新生活、新思想的新故事、新民歌。

历史上布依族人民与周围各兄弟民族特别是汉族有着长期交往和文化交流，这也促进了布依族民间文学的发展。很多汉族民间文学作品被布依族吸收、改造，成为自己民间文学的有机组成部分。汉语体民间文学在布依族地区的流行，就是一个典型的例子。

（二）布依族民间文学的类别与特点

布依族民间文学有民间歌谣、民间神话及传说、民间故事、民间谚语和谜语、民间叙事长诗、民间说唱和戏剧等。

1. 民间歌谣

民间歌谣在布依族文学史上是产生最早、数量最多的一种文学样式。主要有劳动歌、苦歌、反歌、习俗歌、情歌、儿歌和新民歌等。

（1）劳动歌。这类歌谣从人们的生产劳动中产生。它常常通过对农业生产劳动和手工业生产劳动过程的叙述，对实践中取得的经验进行总结，抒发劳动中产生的思想感情。主要作品有《种稻歌》《栽靛歌》《棉花歌》《采茶歌》《烟歌》《下种与收获歌》《开场歌》《开工歌》《起房造屋歌》《刺绣蜡染歌》《造碗歌》等。其中以《种稻歌》《栽靛歌》和《棉花歌》最具代表性。《种稻歌》唱述了水稻从种植到收获、储藏的全过程，是布依族悠久稻作文化的反映。《棉花歌》和《栽靛歌》的内容包括了农业生产劳动和手工业生产劳动两方面。前者从棉花的栽种唱起，直到收获、纺纱和挂线的整个过程，后者则唱述了蓝靛从栽种、护理、收获、沤制，一直到染出新布的整个生产劳动过程。劳动歌生动朴实，畅达明快，具有浓厚的生活气息。

（2）苦歌。这类歌是布依族人民诅咒剥削压迫者，诉说自己苦难生活的悲歌。其中，反映布依族农民生活痛苦的歌占了相当大的比重。主要代表作有《受苦歌》《穷人歌》等。《受苦歌》唱的是一个无土地的青年农民在春耕大好季节里束手无策，只好去帮人，而到头来仍摆脱不了衣不蔽体、食不果腹的命运，深刻揭露了剥削制度的罪恶。《穷人歌》则讲述了布依族农民由于无法生存，只好逃难到他乡，但逃难也不好过。作品强烈抒发了农民的悲愤心情。

苦歌中还有一部分反映布依族劳动妇女和失去亲人的孤儿的悲惨命运和因贫穷娶不上媳妇而打光棍的男子的痛苦心情。主要代表作品有《寡妇歌》《光棍歌》《失亲歌》《孤儿歌》等。这类作品常采用叙事与抒情相结合，以及对比手法抒发心中的痛苦和愤懑。如《孤儿歌》：

有父母的儿子，
热饭热菜嘴里吞，
我无父无母的孤儿，
赶牛回荒坡，
放牛回空房。
借两斤米是债，
借三斤米也是债。
炕上的谷子没人舂，
可怜我会舂不会簸。
孤儿站在碓边，
泪水落下成水井，
眼泪淌下变水沟，
拿做洗鞋的井也行，
拿做洗衣的沟也可。
上面那口水井是喂鱼的井，
中间那口是孤儿泪水流成的井。

（3）反歌。这类歌是布依族人民声讨和反抗反动统治阶级的战歌。主要作品有《肥了肚肠烂心肝》《去找幸福》《百姓就要起来反抗》《起义歌》等。这些作品，有的愤怒谴责封建统治阶级的贪婪和残暴（《肥了肚肠烂心肝》）；有的揭露封建统治者在“积善”面纱后的吃人嘴脸（《吃钱吃米吃人肉》）；有的表现了布依族人民对黑暗社会的强烈愤恨和对自由幸福的向往（《去找幸福》）；有的则直接发出了“百姓就要起来反抗”的呼喊，并宣告“若要我们不造反，除非免兵又减款”（《百姓就要起来反抗》《起义歌》）。这类歌的特色是立场鲜明，态度明确，语言尖锐，富有革命性和战斗性。

（4）习俗歌。指布依族人民在各种风俗礼仪中唱的歌。有酒礼歌、婚姻歌、立房造屋歌等。酒礼歌多是在节日和喜庆以及走亲访友的酒席间唱的歌，一般为主客对唱。主人以歌相迎，对客人的光临表示高兴；客人以歌作答，对主人的盛情款待表示谢意。主要作品有《酒歌》《问酒歌》《红酒歌》《敬酒歌》《谢酒歌》等。酒歌的特点是感情浓烈，喜用夸张手法，例如盛赞主人家酒席丰盛，说是“压弯桌面子，压断桌子脚”。此外，还善于对场面进行渲染，通过这些手法抒发感情。婚姻歌多是在婚姻礼仪中吟唱的有关婚姻的歌。主要作品有《请媒歌》《打亲家歌》《开亲歌》《定亲歌》《接亲歌》《送亲歌》等。这些作品或以叙事为主，或以抒情为主，均反映了历史上布依族婚姻礼仪和习俗的某一侧面。有的作品的演唱有一定程式，往往随着婚礼进行的各环节一段一段地吟唱。例如，四川宁南县布依族地区流传的《接亲歌》包括“到大朝门”“到二门前”“堂前献烟”“请接桃子”“讨板凳”“交财礼”“出亲”和“谢辞”等段落，唱述男方家的人到女方家接新娘的整个礼仪。立房造屋歌指在立新房仪式上由木匠、石匠师傅吟唱的歌，作品有《立房上梁歌》《安装房子歌》《立房子歌》《重建房歌》等。以《立房上梁歌》较有代表性。这是由几首歌组成的一组歌。包括《富贵粑粑》《挂梁红布》《凤凰鸡》《上大梁》《开彩门》几首。这些歌在分别叙述粑粑、红布、鸡、大梁等的来历的同时，祝福主人家兴旺发达，福寿双全。《年歌》《进寨歌》《出寨歌》《宵夜歌》等作品是布依族人民在日常社交及酒礼场合中吟唱的歌。《年歌》唱述了过新年时布依族村寨一片欢乐沸腾的情景。其他几首则都是主客互相赞美、谦让以及叙述友谊情义之辞。这些歌明白晓畅，随兴之所至，如叙家常，热情而亲切，十分真挚感人。此外，还有一些有关礼节的歌如《洗脚歌》《分烟歌》《谦让歌》等。总的看来，习俗歌涉及的内容很广，但中心内容是相互祝福和赞美、谦让。习俗歌具有鲜明的民族特色，集中反映了布依族的伦理道德观念，艺术上朴实、清新而又热烈。

（5）情歌。这类歌在布依族歌谣中作品数量最多。布依族称“问友”（$ve{:}n^1 jiu^4$）。因布依族青年男女谈情说爱称“浪哨”，故情歌也被称为“浪哨歌”。布依族情歌的内容主要反映了布依族青年男女对青春的赞美，对幸福爱情的热烈追求以及对封建婚姻制度的反抗。根据青年男女爱情生活的不同阶段和各个方面，布依族情歌可划分为相会歌、相思歌、相爱歌、失恋歌、光棍歌、鸡叫歌、逃婚歌和请媒歌等。布依族情歌有鲜明的艺术特点和极强的艺术魅力。首先，主要表现在感情真挚、热烈。例如《斗笠要去叠成双》：

要连呀情哥，
要连呀情郎！

连到高山变成平地，
连到山岭化成竹竿。
高山变平地妹也不嫌弃情哥，
山岭变成竹竿妹也要连情郎！
……

其次，布依族情歌采用多种艺术表现方法，如比兴、复沓、夸张、拟人等。其中比兴、复沓比较突出。布依族情歌中的比喻具有鲜明的特色，例如用水、缸相连接或弦箭难分开来比喻“哥妹不能分离”；用车、线相连比喻“哥妹常相见”；把所爱的姑娘进寨比喻成“好像鸡落到了米箩中”；把姑娘的歌声比喻成“像金雀声音从笼里来”；把姑娘的漂亮比喻成“好像一张粽粑叶，好像一株芭蕉杆，好像一丛高粱地”等，都使人感到新奇、贴切。此外，布依族情歌还有语言精练、音韵和谐等特点。

（6）儿歌。指布依族儿童吟唱的歌谣。作品有《燕大哥》《小青蛙》《巴山豆》《板凳脚歪又歪》等。布依族儿歌节奏感强，充满童趣。

（7）新民歌。指中华人民共和国成立后布依族民间创作的新歌，主要内容是歌颂党和社会主义，歌唱社会主义新中国，歌唱新时代的婚姻和爱情。新民歌具有强烈的时代精神，艺术结构更为灵活。

2. 民间神话及传说

（1）神话。神话是布依族文学中较为古老的样式之一。它是在生产力和知识水平都比较低的情况下，布依族先民用不自觉的艺术加工方式创作出来的。有散文和韵文两种体式。韵文体布依语称“问休关”（ve:n^1 ɕeu^6 kon^5），意为“古时的歌”。

布依族神话的内容主要有反映天地开辟、洪水泛滥和再造人类、造千种万物等几个方面。

有关开天辟地的神话主要讲述在混沌的太古时代，宇宙形成的情况。主要作品有《混沌王》《盘果王》《力戛撑天》《十二个太阳》等。布依族关于开天辟地的神话，主要内容是说：太古时宇宙一片混沌，是神（盘果王或布杰、力戛）用鞭子（或手、楠竹）将宇宙劈开（或分开撑开），于是形成了天地。然后。神（力戛）用自己的双眼造成了日月，牙齿做成了星星。

射日神话也可归属到开天辟地神话一类中。这些神话情节大同小异，但其基本母题是一致的：太古时天上有十二（一说十）个太阳，人类无法生存，射日英雄比香自告奋勇，射落了十个（一说八个），剩下两个即现在的太阳和月亮，终于使人类能够正常生活。在摩经中，射日神话构成了《赎买经》的主要内容。

布依族洪水神话中，人类再生是其中的有机的构成部分，因而准确的说法应该是“洪水与人类再生神话”。这类作品主要代表作有《赛伏羲妹造人烟》《洪水潮天》《勒戛射日和葫芦救人》等。这些作品情节和主人公姓名均有些差异，但都是讲人类由于某种原因激怒了天神，招致灭顶之灾，劫后余生的两兄妹在神的旨意下成婚重新繁衍人类。

洪水与人类再生神话中虽有人类因洪水泛滥而灭绝，两兄妹繁衍了人类的说法，但这不是严格意义上的人类起源神话。因为洪水之前人类早已出现。布依族真正反映人类起源的神话主要有两说。一说是神用木头制成（《人与动物是怎样产生的》），一说是神翁杰造好天地后，踩踏山岩，山岩中跳出小猴，在神仙爷爷吩咐下，它们互相婚配，后来变成了人（《造万物歌·造人》）。布依族先民对人类起源的这些认识既有与其他民族同类神话的共通性，也闪现布依族先民丰富想象力的独特光彩。

关于造千种万物的神话，是布依族先民对宇宙万物来源的解释。主要作品有《造千种万物》《造万物歌》《造万物》等。这些神话所解释的事物有日月星辰、山川河流、动物植物，还有一些手工业技术、社会礼俗等。总之，凡是与人类生活密切相关的万事万物，都有相应的解释。这类作品以《造万物》规模最为宏大。全诗 3 400 多行，21 章，作品叙述了布依族祖先布灵和勒灵两代前仆后继，创造了宇宙万物的宏伟业绩。

布依族神话想象丰富、大胆，具有浓郁的浪漫主义色彩。它具有永久的魅力，对布依族后世的文学产生了深远的影响。

（2）传说。布依族传说可分为人物传说、农民起义传说、民俗传说、风物传说、动植物传说、反帝反封建传说、红军长征传说等。

人物传说。这类传说以叙述人物事迹为主。最早可追溯到远古社会时期的《茫耶寻谷种》。这则传说的幻想性成分很大，但比起神话来，现实性已大大加强。传说芒耶是一普通布依后生，他在世间没有五谷、人们吃兽肉树皮的情况下自告奋勇到很远的地方去寻谷种。在历经千难万险后，在小狗帮助下终于寻到了谷种，但他自己却因劳累过度，死在回程途中。这则传说无疑脱胎于神话，但现实性比神话已明显增强。《竹王传说》也是一则古老的神话。其故事梗概与《华阳国志·南中志》记载的有关夜郎竹王的传说很接近，基本上属于历史人物传说了。人物传说总的来看可分为三类：一是征服自然的人物传说。这类传说叙述的是在征服自然斗争中的英雄人物如何带领群众，不断总结经验，战胜自然力的事迹。作品有《捉旱精》《锁劣龙》和《捉风魔》等；二是斗邪恶、反压迫的人物传说。这类传说是反映社会斗争和阶级斗争的。作品的主人公大多武艺超群，机智勇敢，力大无比。他们或斩妖除恶，或不畏权贵，蔑视朝廷，敢于反抗和斗争。这类传说的主要代表作品有《罗大将军轶闻》《哈将军的故事》《金竹师传说》《德者的传说》等；三是巧匠的传说。这类传说反映的是有关能工巧匠如何创造发明以及为民造福等方面的事迹。主要作品有《人造房子的来历》《鲁班传富经》《张打鱼》《神洞名传》等。布依族人物传说具有很强的传奇性，人物性格鲜明，形象生动，富有鲜明的民族特色和地方特色。

农民起义传说。这类传说主要指有关布依族历史上的起义斗争及起义领袖人物的传说，其中又以起义领袖人物的传说为主。这类传说与“人物传说”的区别主要在于它以真实的历史事件为创作依据。主要作品有《王仙姑的传说》《王乃的传说》《王岗的传说》等。虽然是以真实的历史人物为依据，但传奇性、幻想性的特点仍较浓厚。

民俗传说。这类传说主要解释民俗文化及其特征的来历。例如，有解释节日来历的《三月三的由来》《四月八》《牛王节》《六月六保坝的来历》等；解释乐器来历的《铜鼓的来历》《吹木叶的来历》《姊妹箫的来历》《勒尤的故事》等；解释服饰的《围腰的来历》《包牛角帕的来历》《围腰口的来历》等。民俗传说与民族习俗有着紧密联系。而同一种习俗在不同地区甚至在同一个地区往往都有不同的说法。

风物传说。指有关山川风物、名胜古迹方面的传说。布依族地区山川秀丽，风景名胜多，而有关的传说也异常丰富。例如有关花溪的传说就有《迪万和娘花》《半边山的传说》《黄瓜钥匙》《月光鞭》等；有关黄果树瀑布及安顺龙宫的传说则有《黄果树瀑布的传说》《石破天惊》《剪机杼》《布依龙》《斗犀奇珠》《龙宫的传说》等。其他一些较有名的山川也有相应的传说，如《仙人塘的传说》《白马坡的传说》《阳宝山的传说》等。风物传说在解释风物名胜或其特征来历的同时，实际上涉及了布依族广泛的社会生活，反映了布依族的伦理、道德及美学等观念。

动植物传说。这类作品主要对动植物来历、习性和外形特征进行解释。代表作品有《“催米虫”的传说》《泥鳅和蜜蜂的由来》《马桑树长不高的来历》《为什么猪吃糠、狗吃饭》等。这类作品多用拟人化手法。动植物之间的矛盾纠葛实际上是人类社会中矛盾纠葛的折射。

反帝反封建斗争传说。这类传说指近代以来创作流传的有关反洋教、反封建剥削统治的斗争及其领袖人物事迹的作品，如《杨元保的故事》《太平军智取独山城》《罗华先的故事》等。这类传说的特点是具有强烈的现实主义精神，此外，情节生动、富有戏剧性也是其鲜明特点。

红军长征传说。20 世纪 30 年代中国工农红军长征途经布依族地区，在布依族地区播下了革命火种。红军的英雄事迹，红军与人民的血肉关系在布依族人民中广泛流传。主要代表作品有《天桥》《木姜子》《鱼水深情》《当红军》《巧计渡盘江》《彭总来到布依寨》等。红军长征传说的主要特点是语言朴实，感情真挚，人物性格鲜明，具有高昂的格调和鲜明的爱憎之情。

3. 民间故事

民间故事指神话、传说以外的那些富有一定幻想色彩或现实性较强的口头散文作品。根据内容，布依族民间故事可分为生活故事、爱情故事、幻想故事（童话）、寓言以及机智人物故事、新故事等。

（1）生活故事。这类作品包括：

长工斗地主的故事，如《兄弟俩帮工》《长工与财主》《曾侯的故事》等，主要反映封建社会中地主阶级的凶狠、残暴和愚蠢，长工的机智和勇敢。例如《兄弟俩帮工》中，七一和七二兄弟俩为地主当帮工。七一第一年给地主家干了一年活，虽事先签订了合同，但地主先设下圈套，事事出难题，达到克扣七一工钱的目的。勤劳、憨厚的七一年终时只好空着两手回家。第二年七二仍到这个地主家顶哥哥当帮工，地主故伎重演，仍以狡诈手段处处刁难七二。谁知七二聪明过人，将地主的难题逐一攻破，使地主处处被动挨打，以整人开始，以失败告终。

反映劳动生活的故事。主要代表作品有《阿三挖井种庄稼》《长在坡上的水岸板》《尕占龙和普米天》《太阳瓜》《甜橘和酸橘》《弟兄俩》等。这类故事主要歌颂诚实劳动，批判懒惰和投机取巧的思想。如《太阳瓜》讲述的是两兄弟在太阳山上种瓜，弟弟勤奋，不怕吃苦，每天到红水河挑水浇瓜苗，又到金鸡洞去挑粪壅瓜根，种出的瓜又肥又大。更为奇怪的是，这瓜还顺从人意，弟弟向它要什么，它就提供什么。而哥哥则相反，他天天睡懒觉，不勤耕耘，管理不细致，种出的瓜又瘦又小。

巧媳妇和憨包故事。主要作品有《七花》《儿媳妇》《新来的三媳妇》《一字不识中状元》《憨姑爷淘见识》等。在这类故事中，妇女（一般是三媳妇）出奇地聪明，公公给她们出的难题均被一一破解；而男人（一般是新女婿）则往往很笨，以致不讨岳父家欢心，需四处学见识。有的憨包则一字不识，只因考题的“大”字与布依语“胖”的读音相似，无意中发出惊叹，即被选中状元。这是布依族民间对科举制度的无情嘲弄。还有的故事通过财主对贫、富姑爷的不同态度以及穷姑爷的聪明机智与富姑爷的愚蠢等的对比，批判剥削阶级的势利，歌颂了下层穷苦农民的勤劳与聪明机智。生活故事的一个显著特点是善用对比，从而不仅刻画了栩栩如生的艺术形象，而且深化了主题。

（2）爱情故事。这类故事反映青年男女的爱情生活。主要作品有《赶干洞》《查白场》等，歌颂纯真爱情，深刻揭示了阶级社会爱情悲剧的根源，反映了布依族人民的伦理道德观念。例如在《查白场》中，查郎在虎口救了白妹，两人因此相识并相爱。然而他们的爱情却遭受恶霸李山官的无理干涉。李山官垂涎白妹美貌，欲强娶为妾。查郎白妹为反抗这一罪恶行径，被迫提前举行婚礼。李山官闻知，带领家丁抢走白妹，害死查郎。白妹悲痛欲绝，放火烧毁了李山官的大院，而自己也殉身火海。查郎和白妹忠贞的爱情感动了蓬莱仙岛的碧云歌仙。她驾祥云来到仙人坡上，用手指向火海，只见一对白鹤从火海腾空飞起，直入云霄。人们为纪念这对夫妻，将虎场改为查白场，并把白妹殉身的六月二十一日这天定为一年一度的歌节。布依族爱情故事在艺术上的主要特色是故事情节丰富、完整、引人入胜。

（3）幻想故事。指幻想性较强的故事，也称童话。布依族幻想故事主要作品有《九羽衫》《龙王小姐》《独亚怀》《老变婆》等。幻想故事情节曲折离奇，很多作品中都有一件神奇的宝物，变幻无穷，可以帮助主人公实现美好的愿望，惩治邪恶者。其中《九羽衫》最具有代表性。这篇作品属天鹅处女型的故事，与其他民族同类故事有共同之处，也有自己的特点。布依族后生庆谷上山打猎巧遇七仙女，相恋成婚。仙女告诉庆谷："下凡时姐姐们送了她一包捻了九百年的紫蓝线，如果能找到锦鸡、金鸡、岩鹰、孔雀等九种鸟的羽毛，缝成一件衣衫，就是一件宝物，只要穿上它，需要什么一喊就有了。"庆谷历尽艰辛找来了鸟羽，仙女缝成九羽衫，果然九羽衫使庆谷母亲双目重见光明，并得到了竹楼、耕牛、农具和种子。后来九羽衫被万老财抢走，他还逼七仙女做其九姨太。七仙女运用智谋，提出要榕树那么高大成堆的金银作聘礼。万老财穿起九羽衫不断地喊要金银，终被金银埋死。仙女又施展法术烧掉万老财房子，火光中万老财和那堆金银变成一块供后人歇脚的大石头。

（4）寓言。指那些具有哲理意味和训诫意义的作品。布依族寓言作品主要有《虎和平》《金鱼和水塘》《秧苗与稗子》等。比喻、讽刺、拟人化是这类作品的常用手法。例如《金鱼与水塘》中，金鱼因美丽受人赞赏，便骄傲起来，连自己生活着的水塘都不放在眼里。水塘不断劝告金鱼不要骄傲，金鱼不但不听，反而当成恶意，怨恨水塘，最后不可一世地跳出水塘，终于成了骄傲的牺牲品。作品言简意赅，具有强烈的震撼力。

（5）机智人物故事。主要有《卜当的故事》《百力的故事》和《甲金故事》等。它是广为流传的长工斗地主故事发展定型而成的。在长期的流传过程中，长工斗地主故事中的主人公逐渐固定为一个或几个人物，便形成了机智人物故事。卜当和百力的故事主要反映穷女婿与富丈人间的斗争。这类故事生活气息浓郁。卜当（或百力）用机智使悭吝、势利而愚蠢的丈人狼狈不堪时，常令人忍俊不禁。例如《看得见的》这则故事，卜当的丈人偏爱有钱的大女婿和二女婿，讨厌卜当，卜当也处处整治丈人。丈人做寿，要三个女婿送礼。卜当知道丈人欺侮自己无钱，想看笑话，就特意应承了丈人提出的"满屋都看得见的"礼。做寿那天，卜当提来了一个鱼笆笼，丈人以为是鱼，一打开，蚂蚱顿时蜂涌跳出，果然是满屋子都看得见。丈人气得哭笑不得。《甲金故事》作品数量较多，主要作品有《对半分》《尖尖和根根》《抓得过瘾》《巴独比》《格兰和格郎》等。这类故事短小、幽默、辛辣，具有很强的喜剧效果。例如《尖尖和根根》中，甲金向土司租地种，贪婪的土司提出一个苛刻条件：收成时他要庄稼的尖尖和杆杆，他以为庄稼都是收尖尖。结果秋收时，他得到了一堆洋芋藤。土司吃亏学乖，第二年，他提出要根根和尖尖。结果，他却得到了一堆苞谷秆，长在中间的苞谷归了甲金。《半夜出太阳》中，财主半夜即催甲金出工，说是太阳出来了。甲金说正在捉虱子。财主生气说："半夜三更，亮都没有，捉什么虱子！"财主这话正好打了自己的嘴巴。这使作品中的嘲讽显得十分辛辣。

（6）新故事。指中华人民共和国成立以来创作和流行的故事，以反映布依族地区社会现实生活为主要内容的故事。这类作品不多。从目前搜集整理发表的《当代女孟获》《巧迎丈母娘》《算衣裳》等作品来看，布依族新故事的主要特点是比较注重人物的刻画，注重情节的曲折、惊险和新奇。

4．民间谚语和谜语

（1）民间谚语。谚语是人们在长期的生产生活中总结出来的语言艺术结晶，是一种有教育意义、认识作用或含有哲理的民间俗言。布依语谚语十分丰富，总的来说可分为生产经验和社会生活两大类。

生产经验类。这类谚语主要反映人们在长期的生产斗争中对自然规律的认识和对生产经验的总结。例如：

dianl laab wenlmiz nail, xiangl ngih xail miz raaus.
冬日腊月无雨雪，正月二月难耕种。
ŋgeaz os xoongh xih wenl.
老蛇出洞将下雨。
dangl ngonz dez liangc baangx bol las, roongh ndianl dez liangc baangx bas roz.
太阳打伞，大雨冲山；月亮打伞，草木枯干。
gueh rih miz ndaail nyal, wanl dogt bail dangz ðyal.
种地不锄草，种子白丢了。
raabt benh hauc, raabt hauh os.
挑粪进，挑谷出。（指要多施肥才会丰产）
ndael naz xos benh laail, hauh xih fah dangz byaail.
田里施肥足，谷粒就饱满。

又如：

有雨山戴帽，无雨山穿衣。
久晴有久雨，久雨防久晴。
朝有棉絮云，下午雷雨淋。
冬天比粪堆，秋天比谷堆。

水是庄稼命，肥是庄稼娘。
别人烤火我修塘，别人抽水我歇凉。

社会生活类。这类谚语反映了布依族对社会的认识以及对社会生活经验的总结，体现了布依族的人生观、审美观和道德伦理观念。例如：

gogt ndil byaail xih ndil, gogt vaaih byaail bil ndeeus ndeeus.
根好颠就好，根坏颠摇晃晃。(指教育要从小抓起)
cux ðyasfaz ðyus lacliangc yiez mais, bux gdiljaiz xomc jobtxaz yiez roongh.
丑人打花伞也逊色，美人戴斗笠也漂亮。
gaulwaaiz gag laaux gag gauz, duezwenz gag laaux gag mauz.
牛角越大越弯，人越富越心贪。
laix laaux miec gvas, laix nis miec singl.
大道理不可让步，小道理不要强争。
Xudt gdael dauc nangc os, xudt roh bail miz banz.
靠内因为本，靠外力难成。
henc bol eems dams saangl, waangl ronl eems naccsuc.
登山先察看高矮，投宿先看主人态度。
nac ndaix baangl buxgvaail daez dul, mizndaix baangl buxnux daangl raanz.
宁帮君子守门，勿为小人当家。
ɲaix miz mboongs miz goonl, wenz miz soonl miz rox.
树不钻不空，人不教不懂。
cyagt jees ny inz laail, wenz jees xih gvaail.
菜老叶筋多，人老智慧多。
haaic miz nauz ramx laail, gvaail miz nauz osgveengs.
大海不说有水多，能人不愿露声色。
ax bas ndaix duezwaaz, luanh gaangc daail ndaangl gaus.
开口讲大话，胡言害自身。

又如：

棍子会打伤肌肉，真理能说穿筋骨。
谁也看不见自己的后颈窝。
没有锯不倒的树。
马好不在马鞍，人美不在衣衫。
有知识的人，一人顶千人。
朋友不怕多，冤家怕一个。

别人称赞是枝花，自己称赞不算啥。
不怕山高，就怕脚软。
功夫到家，石头开花。
想要好，问三老。
山羊是狗撵出来的，真话是酒撵出来的。
错杀一只猫，救活百只耗。
贪酒坏人身，贪财害一生。
吃饭要知牛辛苦，子女要报父母恩。

(2) 民间谜语。布依族谜语主要为韵文形式，称“vanl laaml”（猜歌），主要有物谜和事谜。例如：

gais maz genz lix lauz? 啥子上有楼?
gais maz lac six saul? 啥子下有柱?
gais maz genz sis saul? 啥子上面有四柱?
gais maz lac saul doh? 啥子下面是独柱?
qyus zaanz sez wonxdoc, 在家如捶衣棒,
os hoongh sez ndoongxwis, 出门如簸箕,
fungz soix xih gaml gal, 左手拿着腿,
fungz gvaz xih bangc yinc. 右手揭开裙。
谜底：伞、撑伞

genz beens zaanx, 上面是石板,
lac beens zaanx, 下面是石板,
gal ruez gvas jiaangl mbaangx. 一只小船儿驶过寨中间。
谜底：舌头

一根藤，
挂满人，
藤藤断，
跌得人人干叫唤。
谜底：放鞭炮

怪物怪物，
屙屎背上出。
谜底：刨子刨木

由于汉文化的影响，布依族地区也出现了汉字字谜，如：

三点水不干，
人字头上翻，
十字穿心过，
大弯包小弯。
谜底：海字

二人力大顶破天，
十女耕田缺半边，
八王在我头上坐，
千里连土土连田。
谜底：“夫妻义重”四字

5. 民间叙事长诗

布依族民间叙事长诗指有相对完整的故事情节的长篇韵文作品。内容主要有反映民族内部斗争、反映与大自然作斗争、反映布依族人民反抗民族压迫和阶级压迫的斗争以及反映布依族青年爱情生活等题材。主要作品有《安王与祖王》《王仙姑》《罗华先》《六月六》《王玉连》《伍焕林》《河东与河西》《金竹情》《桃铁芳》等。

《安王与祖王》也译作《安王和梭王》或《罕温与索温》。其产生的时代当为原始社会解体和阶级社会初期。作品反映了父系氏族集团内部争夺王位继承权而发生的一系列斗争，对研究布依族远古史有重要价值。这个作品在很多地方是作为摩经的一部分传承下来的。

《六月六》叙述年轻的布依族夫妇得茂和阿菊带领群众，在太阳和月亮的帮助下同心协力，杀灭害虫的事迹。灭虫大战胜利后，得茂阿菊夫妇却双双死去。当人们痛哭不已时，太阳派白马将得茂阿菊驮上天做了神仙。这天正是六月初六，所以后人在这天都要祭祀白马和得茂阿菊夫妇，以期其重返人间，驱逐虫灾。

《王仙姑》《伍焕林》《尔庆尔刚》《罗华先》《河东与河西》等作品反映的是布依族人民不甘忍受剥削和压迫，敢于反抗、敢于斗争的精神。《金竹情》《桃铁芳》等作品则歌颂了布依族青年男女纯真的爱情。

布依族叙事长诗的特点是篇幅较长，情节曲折、完整，常用复沓手法增强作品的艺术表现力。具有强烈的现实主义色彩，因主人公多有传奇经历，从而使作品富有浪漫主义色彩。早期作品如《安王与祖王》《六月六》等，作品想象力丰富，有很强的幻想性。

6. 民间说唱和戏剧

（1）民间说唱。布依族民间说唱主要流行于黔西南、黔南和安顺地区。代表作品有《娘荷斑》《广邑沙》《英台姑娘与山伯相公》等。内容多为表现布依族青年男女的爱情生活。

流传在镇宁、关岭一带的民间说唱《广邑沙》，讲述了一个生动的故事：年轻英俊的布依族后生广邑沙是种庄稼的能手、唱歌的行家，他爱上了另一山寨美丽聪明的姑娘良嫩。他们通过“浪哨”相识，情投意合，进而真诚相爱。他俩山盟海誓，决心争取婚姻自主。但是，在黑暗的社会，布依族青年男女恋爱虽然自由，但婚姻却不能自主。良嫩的父亲是个固执的老年筋。他为了钱财，在良嫩幼小的时候，就和一家财主结了“背带亲”。他强迫良嫩与广岜沙断绝交往。良嫩思念自己心爱的情人，忧郁成疾，卧床不起。但是，父亲竟不顾女儿的死活，强迫重病的良嫩嫁到财主家去。广岜沙得知这一消息，大吃一惊，于是约好伙伴，准备在半路抢亲，救出心爱的良嫩。但是由于良嫩过度悲伤，在迎亲的花轿里吐血身亡。广岜沙万分悲痛。为了寄托对良嫩的哀思，他决定为良嫩“盘斋”（做道场），但是，他们只是对歌场上的情友，不是“明媒正娶”的夫妻，故此，他找了十二个布摩，他们都不愿为广岜沙主持斋事。出于忠贞不渝的爱情和对良嫩的无限思恋，广岜沙在良嫩的坟边搭起一个窝棚为她守了一年墓。第二年良嫩的忌日这天，广岜沙邀集伙伴们来为良嫩祭坟时，坟头上突然长出一棵鲜嫩的烟草，被清风吹落在燃烧着的纸钱堆上，顿时升起一缕缕青色的烟雾，朦胧的烟雾中现出良嫩含笑的身影。广岜沙见到了日夜思念的良嫩，情不自禁地扑上前去紧紧地握着她的双手。伙伴们高兴地为他俩起舞，唱起了婚礼的赞歌。广岜沙和良嫩在漂浮的香雾中渐渐升腾，一直飘进天际的彩霞之中。

《娘荷斑》叙述仙妇娘荷斑爱慕后生夭平哉，装扮成流浪女与夭平哉相识、恋爱成婚。他们日子虽清贫，却很甜蜜。况杞楠垂涎娘荷斑美貌，引诱夭平哉外出经商并流连赌场花街、茶楼酒店，使他不顾妻子。况杞楠则暗中企图占有娘荷斑，却无法达到目的。此时，夭平哉应征从戎投军，因立战功被国王封为大将军，招为驸马，过着豪华奢侈的宫廷生活，忘记了父母妻儿。十多年后，娘荷斑四处寻夫。到京城寻着丈夫后，留恋昔日夫妻恩爱，欲以奴婢身份侍奉丈夫。狠毒的公主娘棉因忌恨，几番欲将娘荷斑害死而未成。她后向娘荷斑请教更换肌肤之法，娘荷斑告之在沸水中浸洗即可，结果娘棉公主被沸水烫死。皇帝和夭平哉愤怒，决意处死娘荷斑。刑场上，娘荷斑痛斥夭平哉。正要行刑时，突然雷霆闪电，飞沙走石，一群仙女站在云端用手帕召唤娘荷斑。娘荷斑在众仙女牵挽下飘然而去。此刻洪水大作，皇帝和夭平哉、况杞楠等均被淹死。

《英台姑娘与山伯相公》系根据汉族著名传说《梁山伯与祝英台》改编而来，但打上了布依族文化的深刻烙印。

布依族民间说唱布依语称“分相诺”（weenl ɾiangz nauz），意思是“唱和说”。其主要特色是边说边唱，散韵兼行，情节比较曲折、复杂而完整，结构富于变化。

（2）戏剧。布依族民间戏剧有地戏、花灯戏和布依戏等，均有剧本。而以地戏和布依戏（特别是布依戏）最为丰富。地戏剧本中相当数量的作品是根据汉族历史故事和民间故事改编而成的。如《四下河东》《秦香莲》《薛仁贵》《杨门女将》《天仙配》等。

布依戏是最富于民族特色的剧种，它反映了布依族人民丰富的生活内容和审美趣味，深为布依族广大群众所喜爱。布依戏的剧目一般来说包括两个方面：一是移植汉族剧目；二是根据布依族民间故事进行改编的剧目。移植汉族剧目的主要有《红灯记》《蟒蛇记》《柳荫记》《三下南京》《四下河东》《玉堂春》《秦香莲》《祝英台》《辕门斩子》《琵琶记》《送京娘》《金铃记》《凤凰记》《百合记》《金刚大王》《八仙过海》《薛仁贵》《二下河东》《乔太守乱点鸳鸯谱》《说岳传》《樊梨花》《五虎平西》《五鼠闹东京》《朱砂记》《白蛇传》《鹦哥记》《乾隆马寨兴》《钟林钟秀》《鲁国王》《金童星》《包公案》《七世夫妻》《天仙配》《双魁图》《陈世美》《杨门女将》《元龙太子》《董允》《卖花记》《播钱树》等。由于移植的时间不一，地点各异，这些剧目有的已经失传，有的至今还在布依族地区演出。如1982年册亨县举办的三月三布依戏调演中，八达和百口等戏班就演了《玉堂春》《陈世美不认前妻》《乾隆马寨兴》等深受群众欢迎的布依戏。根据布依族民间传说、故事和真人真事编成的戏，其剧目主要有《邱人卖娘》《冯相宝、马必肖》《一妇嫁多夫》《四接亲》《赌钱》《八月十五闹花灯》《王三打鸟》《蒋三下南京》《王玉莲》《金猫宝瓢》《王祥卧冰》《张凤汉》《冯边月》《六月六》《罗赫信》《红康金》《本海芳》《自由婚姻多幸福》《穷姑爷》《三月三》《人财两空》《三人讨亲》《打草鞋》《安安送米》《罗红盛》《弄假成真》等。这类布依戏，无论内容和形式都更富于布依族的民族特色。它展示了布依族人民的爱好、愿望和民族心理素质，这类布依戏，多数没有唱本，全凭口耳相传，保留至今。因此，不同地区，甚至不同村寨，在演出同一剧目时，虽然内容大致相同，但情节和对话都有较为明显的差异。根据所掌握的材料，这类布依戏的内容大致有几个方面：一是反映布依族人民反抗阶级压迫和民族压迫的英勇斗争，如《六月六》；二是歌颂青年男女之间的自由恋爱，反对封建包办婚姻，如《红康金》《罗细杏》《弄假成真》；三是惩恶扬善，反映布依族道德观念，如《王玉莲》《人财两空》。

布依戏对话和唱词均用布依语，移植的汉族剧目，除演员自报家门和公堂审案用汉语外，其余也用布依语。角色有差官、大王、大将、生、旦、净、丑等。服装方面，移植汉族剧目根据内容而定。演出本民族传统剧目则着本民族服装。布依戏的曲调类似布依民歌，悠扬缠绵，并保持布依民歌复沓对仗的特点。总之，布依戏具有鲜明的民族特色。

7．著名的民间文学家

布依族丰富的民间文学造就了一大批民间文学家。他们包括歌手、故事员，以及搜集、整理和研究工作者。下面介绍其中成就较突出者（当代）。

（1）民间歌手和故事员：

黄米石念，著名女歌手，贵州罗甸县人。从小跟母亲和哥哥学歌，不到18岁即成为远近闻名的歌手。善于传唱古歌、情歌和风俗歌，并创作新歌。演唱的长篇情歌《月亮歌》整理发表后受到好评。

黄寿昌，男，著名歌手，贵州兴义市人，不仅善于编唱，还经常搜集整理和发表布依族民间文学作品。搜集记录并参加整理的作品中，《六月六》《抱摩山》等被收入“布依族民间文学丛书”中。

祝登雍，男，贵州贵定县人。虽一字不识，但能演唱很多古歌、叙事歌等，如他演唱的《罗华先》《尔庆尔刚》等经整理已公开发表。

梁敬安，男，贵州兴义市人。布依族歌手、故事家，根据他的演唱和讲述整理的《南盘江情歌》和《百利的故事》已公开发表或收入内部资料集。

廖家国，男，布依族著名歌手，贵州望谟人，善唱古歌、风俗礼仪歌和情歌。著名作品有《安王和祖王》，长篇《对歌》等。

陈亮明，男，布依族著名歌手，贵州贵阳人，能编善唱，会唱古歌、情歌、礼俗歌、时政歌等。

此外，杨小双、胡顺美、白德舟、王建贤、陈亨录、韦正邦、韦国应、韦鹏、谢老闹、韦龙氏、黎天长、陈先才等歌手和故事员也因能唱善讲，在当地受到公认，有一定名望。

（2）搜集、整理和研究工作者。布依族民间文学的搜集整理和研究工作，是在中华人民共和国成立后才得以蓬勃发展起来的。20世纪50年代中国民间文艺研究会第一次全国代表大会，时任全国人大常委会派驻贵州少数民族历史调查组组员的莫健作为布依族民间文学界的代表出席了会议。之后，布依族中从事民间文学搜集、整理和研究的人逐渐增多，形成了一支不小的队伍，为发掘、积累、弘扬和宣传布依族文化作出了重要贡献。他们中很多人参加了贵州省民间文艺家协会，部分还加入了中国民间文艺家协会。在民间文学搜集、整理或研究方面成绩较突出者有：汛河、韦廉舟、王伟、黄义仁、韦永奎、岑玉清、杨路塔、黄仕贤、黄寿昌、王封常、马启忠等。他们不仅长期从事布依族民间文学的搜集、整理或研究工作，发表了不少作品或研究文章，有的还出版了作品集，如汛河的《浪哨歌》《甲金的故事》《布依族民间故事选》，韦廉舟的《贵州情歌选》，马启忠的《瀑乡传奇》等。

二、作家文学

（一）布依族作家文学的产生和发展

作家文学产生的一个最基本的前提是必须有文字。布依族历史上由于各种原因没有产生过自己的民族文字。中华人民共和国成立后创制的布依族拼音文字一直未被普遍推行，因而用这种拼音文字进行创作还仅仅是少部分人的实践，成就不大。我们今天所说的布依族作家文学，实际上是汉语文布依族作家文学，即布依族作家用汉语文创作的文学作品的总称。

汉字已有几千年的历史，作为中华民族一员的布依族，与汉族的文化交流也有了几千年的历史，但汉语文布依族文学直到清代中期以后才出现，这是有一定历史原因的。明以前，中原封建王朝在布依族地区实行的是羁縻制度和土司制度，允许布依族上层统治者用“故俗”进行统治，所以汉文化在布依族地区的传播比较间接，速度和规模都比较小。明清以后，随着中国封建王朝调北征南、调北填南和改土归流政策的实施，随着汉族军民的大批涌进，特别是统治王朝对布依族地区实施直接统治，以及在布依族地区推行汉文教育，汉文化在布依族地区的传播达到了空前的广度和深度。布依族懂汉语、识汉字的人开始出现并逐渐增多，布依族汉语文作家文学的产生终于具备了适宜的文化土壤。

在这个大背景下，清道光、咸丰、同治年间，出现了莫与俦、莫友芝、莫庭芝父子。其中莫友芝当时被推崇为“西南巨儒”之一，取得了较大的文学成就。清光绪年间出现了黄锦辉、韦清兰、王由孝等人，民国年间则有刘剑魂等。

布依族汉语作家文学是中华人民共和国成立后才真正发展繁荣起来的。由于汉文教育在布依族地区的普及和社会主义建设的发展，布依族中掌握汉语文的人迅猛增多，文化素质也迅速提高。20 世纪 50 年代到 60 年代，王廷珍、戈良俊、罗信河（汛河）、韦廉舟等崭露头角并取得一定成就。70 年代后随着祖国文艺春天的复苏，布依族文学创作队伍迅速壮大。罗国凡、罗吉万、王泽洲、蒙萌、毛鹰、王文科、罗大胜、黎军、卢朝阳、王运春、王芳礼、吴昉、韦安礼等迅速崛起，形成了一支蔚为壮观的文学创作群体。

不仅队伍壮大，而且种类增多。以往的布依族作家文学多为诗词，有部分散文。而中国成立后，诗歌、散文、小说、戏剧、曲艺、影视等文学样式先后出现并取得了一定成就。

与旧时代作家诗人不同，新中国布依族文学创作者的一个突出特点就是具有较强的民族自觉意识。旧时代作家诗人的作品中很少有对本民族生活的深刻反映。而新中国的布依族文学创作者中大多在一开始创作时就以本民族的一员出现，与本民族人民同呼吸共命运。他们不仅主要以本民族生活作为题材，有些作者还在创作中对民族历史文化进行深刻的反思。此外，新中国布依族作家文学在艺术水平上也大大超过旧时代的作家文学。除莫友芝外，旧时代布依族作家文学在艺术水平上难于与同时代汉族作家文学匹敌。而新中国的布依族作家文学的一些优秀作品，即使放到同时代同类型的汉族文学中去也是毫不逊色的。新旧布依族作家文学的这些不同反映了布依族社会历史的深刻变迁。

（二）布依族作家文学的种类及主要代表作家和作品

布依族作家文学的种类主要有诗歌、散文、小说、戏剧、曲艺和影视文学。

1．诗歌

诗歌是布依族作家文学中的主要样式。这与布依族民歌发达这一文化传统不无关系。当布依族中掌握了汉语文这种语言工具的文人学士产生创作欲望时，布依族传统文化的熏陶必然使他们选择诗歌这一文学样式。因而，诗歌在布依族作家文学中占有相当大的比重。旧时代，晚清的莫友芝、莫庭芝、黄锦辉、韦清兰、王由孝以及民国年间的刘剑魂等人都主要创作诗词作品，其中以莫友芝成就最大。

莫友芝（1811—1871），字子偲，号郘亭，晚号眲叟。他是清代宋诗派的重要诗人，不少诗作体现了宋诗派诗歌的特点，即以议论为诗，以才学为诗，以文字作诗。主要作品有《郘亭诗钞》《郘亭遗诗》《影山词》等。其诗较引人注目者为众多山水诗及生活小诗。这些诗语言清新、形象生动、比喻新奇、构思灵巧，是其诗作中的精品。

中华人民共和国成立后的布依族诗歌创作取得了前所未有的发展。汛河、戈良俊、王泽洲、毛鹰、王芳礼、黄国埴、龙国义等都创作发表了不少诗歌，他们中大多出版了诗集。如汛河的《盘河放歌》、弋良俊的《含翠的木叶》、王泽洲的《远山》、毛鹰的《叶》、黄国埴的《山河恋》、龙国义的《爱的露珠》等。文学新人中，陈亮、王家鸿、牧之、农文成等的诗歌创作也已引起人们的注意。汛河的《百岁老人》、王泽洲的《看悲剧》、牧之的《山恋》、王家鸿的《扁担山人》，以及陈亮、农文成等人的一些作品曾获得不同级别的文学奖。总之，新中国的诗歌创作不仅队伍壮大、数量多，而且在艺术上也取得较高成就。

2．散文

旧时代布依族作家文学中散文创作很单薄。莫友芝在诗文序跋、人物传说和信札等方面取得一些成就。新中国的布依族作家文学中散文的成就不及诗歌和小说，但进步还是较大的。布依族作家诗人中很多人都有散文作品问世，有的甚至反响不错。如罗吉万的《银杏树》发表后受到读者好评，被多家报刊转载。近几年来，吴昉、韦安礼和马启忠等创作和发表了大量散文作品，并结集公开出版发行。这些散文集有吴昉的《太阳女》、韦安礼的《绿色梦》和马启忠的《瀑乡风情录》。

3．小说

这是中华人民共和国成立后出现的文学样式。虽然出现的时间不长，但硕果累累，短、中、长篇均有。20世纪50—70年代后期，仅有零星的作品发表，成就不大。70年代末到80年代，罗国凡、罗吉万、蒙萌、罗大胜、王文科、卢朝阳、黎军、王运春等人相继崛起，不仅发表了大量作品，而且一些作品（如罗国凡的《节日回到布依寨》《崖上花》，罗吉万的《牛主》《茅盖王》，王运春的《刺藜花开的时节》等）分别获省级甚至国家级文学创作奖。罗国凡、罗吉万、王文科、蒙萌、王运春等人还出版了小说集。如罗国凡的《崖上花》、罗吉万的《蛇·龙·人》、王文科的《儿女们的事情》、蒙萌的《高原奇事》、王运春的《野山魂》等。韦兴儒、王猛舟、穷石、邓全中等的短篇小说也引起人们的注意。长篇小说创作方面，出版的作品有王廷珍的《大古山的黎明》、戈良俊的《面对被拍卖的苗家女》、罗国凡的《绿色的山峦》、罗大胜的《将军被刺之谜》《间谍·毒品·歌女》等。

4. 戏剧与曲艺文艺

布依族传统文学中有布依戏、地戏等样式，曲艺则有说唱。但这些剧本多为民间创作。作家文学的戏剧、曲艺文学作品是新中国成立后才出现的。它们包括话剧、广播剧、评书及书帽等。主要作品有王廷珍与人合作的广播剧《卓文君》、话剧《月亮山》，弋良俊的评书《风雪云梦关》以及韦连周的《琴书》《木梳记》、书帽《如此爱人》等等。

5. 影视文学

包括电影和电视文学剧本。这是20世纪80年代中期才开始出现的文学样式。时期虽短，但成就引人注目。公开发表或已投入拍摄和播映的电视主要作品有王廷珍的《琴魂》和《蒙阿莎传奇》，罗大胜的《追杀告密者》，电影剧本有戴焱的《徐霞客》和龙国义《爱，充满了深情》等。

随着布依文在一些地区的试验推行，有的掌握了母语文字的布依族作者开始尝试用母语文字创作。同时，还出现了文学翻译队伍，他们用布依文翻译汉语文文学作品，向掌握了布依文的读者介绍国内外各民族的文学。但是发表布依文文学作品的刊物很少（仅《贵州民族报》和《南风》辟出少量篇幅予以发表），制约了布依文文学创作的发展，因而成就不大；但可以预测，随着布依文的普及，布依文文学必将日渐蓬勃地发展起来。

第三节 艺术

一、艺术的产生与发展

1. 音乐

布依族音乐中的声乐，是人类早期就产生的，当时语言不能满足人们表达情感的需要，便用延长声音和改变调质来作为互补，产生了声乐的先期形态。到了原始宗教祭典盛行的母系社会末期与父系社会早期，人们用优美的声调向尊敬的神灵叙述希冀，促进了声乐的发展。到了对偶婚制的稳定时期，男女结合成了十分庄严的事，庄严的配偶选择又推进情歌的兴盛，使声乐走进了更新的高度。特别是国家体制的诞生与氏族集团的解体，人们为了让历史与动人旧事代代相传，用声音这种易于心记的艺术来稳定古歌的承传，使得声乐发展到另一高度。布依族步入漫长的阶级社会，悲欢离合的频频出现，使得声乐这一感情艺术越来越丰富。到了明、清，汉文化大量进入，布依族又增加了用汉语唱的民歌调。后来，随着国家的统一和稳定，当代声乐在布依族地区流行，诞生了许多走出本土的艺术人才。器乐作为声乐的姐妹艺术，在布依族有悠久的发展演变史。据分析推测，布依族最早的器乐，是唾手可得的吹木叶，后来发展到箫笛一类，主要用于恋爱或日常个体抒情。在宗教祭典中为了娱神，产生了宗教器乐，逐步发展成自己的体系：铜鼓、钗铙、长号、唢呐等。随着个体抒情与宗教器乐的不断充实扩大，产生琴类器乐，继而发展到合奏协奏，与声乐和舞蹈融为一体，走向器乐的成熟。

2. 戏剧与曲艺

布依族戏剧，从现在的黔南傩戏与安顺地戏来看，应产生于原始祭典中的祭神戏。布依族的傩戏和地戏都有段开堂戏，叙述祖神或祖师与恶兽和妖魔鬼怪作斗争，最后借用法术取胜的故事。后来，祭神戏不断充实内容和情节，用以再现民族生存斗争的艰难，不断在庆典中演出，以娱神为目的，产生娱人的效果。直到明朝初期，大量内地汉族屯兵进驻布依族地区，布依族开始借用屯兵带来的军傩充实神戏，形成了傩戏与地戏；同时，黔西南、黔南等一些地方，产生了反映本民族常人生活的“布依戏”。曲艺在布依族地区有说唱和弹唱两种。主要是演唱古歌和叙事歌。其特点是利用对白的风格和器乐的优势，增强自己演唱的效果。明朝以后，逐步引进汉族的许多唱本，使其成为汉、布依族文化共融的一个艺术门类。

3. 舞蹈

布依族的舞蹈最早产生于祭祀和生产庆典，最初以娱神即对神的感恩为目的。如在超度亡灵时跳的转场舞、绕坛舞等，给庄严的仪式增加某种气氛，企盼亡魂从这种舞蹈中意识到众人在欢送它而得到慰藉，以免其对凡间流连忘返，使他很快进入神界。插秧舞、铜鼓刷把舞、舂竿舞、竹鼓舞等，早先也是在开秧门（准备插秧而组织的庆典）、赶灾害、庆丰收等庆典中出现，是祈祷神灵保佑庄稼、感恩神灵赐予收获而跳的娱神舞。后来，随着历史的进步，庄严的祭祀类舞蹈虽仍留在祭仪中，但庆典类的娱神舞逐渐离开了神坛，变为以娱人为主的娱乐，继续充实内容，开放形式，成为布依族生活中必不可少的艺术。

4. 绘画与书法

布依族传统的绘画与书法往往不可分割。它们产生于原始社会时期的图腾和生活写照。多处史料均有记载：直到秦汉时期，越人仍断发文身或椎髻文身。以此推测，原始社会文身更为兴盛。布依族的绘画艺术，产生于文身艺术。再则就是记录原始社会生活的崖壁画。从现存于布依族地区的关岭花江崖壁画群、开阳马马崖壁画等来看，当时布依族先民已开始借用绘画和象形文字符号在崖壁上记录历史。这些文字符号就是书法产生的雏形。到了秦汉以后，绘画开始离开人体和崖壁，走向服饰和其他饰物绘画与书法，发展成铜鼓和蜡染绘画与书法。继后，随着汉文化（其实是中华集萃文化）的统一，布依族的绘画与书法产生了新的形式——摩经，融汉字（借代表达布依语音）、汉字偏旁、民族古代文字符号、图画等为一炉，记录历史文化。由于摩经历经千百年的传抄和充实，它与蜡染一起形成了布依族特殊的绘画书法风格。

布依族的雕塑与工艺美术，都有悠久的历史。雕塑最早产生于神形塑造，用似人的木桩或石头粗糙修饰作神供奉。后来，随着阶级分化和经济发展，便出现专门艺人从事民宅的木雕艺术。到元代后，茔墓建筑开始讲究，出现了茔墓、牌坊、小庙宇的石头雕塑。这时的布依族雕塑发展到技艺和结构的高潮，留下了许多艺术珍品。布依族的工艺美术，首推蜡染、织棉、手编、土花布等，这些都是随着布依族纺织文化一步步高度发展起来的。

二、艺术的类别与特点

1．音乐

音乐包括声乐中的宗教经乐、古歌声乐、布依语山歌、汉语山歌和器乐中的木叶、箫笛类、琴类、鼓钗类、唢呐和号类、器乐合奏等。

宗教音乐主要由祭司班在祭仪中表演，一班祭司有十二个人，诵经时，时而一唱数合，时而集体唱诵。铜鼓、钗、号及唢呐由他们自己执掌，配合唱经演奏。这种音乐旋律单纯复沓，深沉凝重，时时充满哀伤、神秘、恐惧、高昂的气氛。

古歌音乐主要有弹唱、酒歌等。一般在建新房、嫁娶佳期演唱。旋律优雅，让听众沉浸于一种古朴久远的氛围中。弹唱者多用月琴、二胡等伴奏。

布依语山歌曲调委婉优美，时如流水叮咚，时如山风飘柔，起伏无顿。多用于一至两对情人单独对唱，或青年单个在外抒发悠情，有动人心脾之功。也有用汉语演唱，多用于青年堂屋赛歌和节日歌场赛歌，音调激昂尖脆，内容幽默和谐。

乐器主要有铜鼓、牛皮鼓、锣、钗铙、月琴、二胡、双管竖笛、笛、箫、笔管、唢呐、长号等。这些乐器，鼓锣多在宗教和节日喜庆与号和唢呐伴奏。箫笛与琴类多为单独使用抒情，也与鼓锣协奏。布依族最有名的器乐合奏是流行于盘江两岸的八仙弹唱（八音），曾被许多专家学者誉为“民间宫廷音乐”。

2．戏剧与曲艺

布依族戏剧有神戏、傩戏、地戏、布依戏等。神戏主要在祭祀中演出，也作傩戏和地戏的开堂戏，画脸谱或戴面具，主要反映祖先与祖师同猛兽妖魔作斗争的内容。傩戏，流传于黔南布依族地区，有业余戏班，戴黑色工艺粗糙面具，有单色戏装，先演祭祖师神戏，融入巫术与气功，接着上演帝王战争或古代爱情戏。地戏，是布依族的剧种之一，有业余戏班，戴各种彩色面具，穿鲜艳彩色戏装，执各种古代兵器。也先演神戏祭祖师，接着上演相应剧目，有布依语和汉语两种。布依戏全用布依语上演，多反映爱情及生产、生活内容。布依戏最有名的节目有《罗细杏》《红康金》等。这几个剧种以唱为主，间有对白，深受当地群众欢迎。曲艺，多为弹唱、说唱结合，是布依族人民喜爱的艺术门类。

3．舞蹈

布依族舞蹈有转场舞、绕坛舞、插秧舞、薅秧舞、铜鼓刷把舞、舂竿舞、竹鼓舞等。转场舞主用于超度亡灵的砍牛仪式，由祭司带领亡人后代妇女表演，一脚向前抬起微弓，一脚蹬地跳两下，如此轮换，随着换脚身体一仰一俯，动作简单有力，情态庄重；绕坛舞主用于在堂屋为亡灵开路念经仪式。由长子带领孝家后代绕棺材跳，动作与转场舞同；插秧舞和薅秧舞都是劳动动作的艺术化表演，演员有四至八人不等；铜鼓刷把舞，由十至十二个女演员表演，演员一手拿一把竹制刷锅帚，舞姿优美，队列不断变化，或自己手上两刷互拍，或交叉拍打刷把，铜鼓和刷把声交相响起，清脆激悦；舂竿舞，是古代布依族用竿在石窝舂拍打加工谷物的艺术化舞蹈。表演时演员每人拿一根竿子，围成几个圆圈，一边转圈舂地一边舞蹈，竿子有节奏地互相碰击，协拍舞步；竹鼓舞，由一至数对男女青年表演，女青年双手托起竹鼓（长二尺余，中开有音缝的大竹筒），前后左右转动舞蹈，男青年一手拿一长二尺余的竹制鼓棒，跟随女青年一边舞蹈一边击鼓。舞步轻松活泼，鼓声咚咚，情意绵绵。

4. 绘画

布依族的绘画有岩画、蜡画、松香画、神符画等。岩画是先人留下的画种，经据考，多用铜油拌与朱砂或红色铁粉绘画，绘画风格具有印象派韵味，用对人物、动物变形简缩的手法，反映古代人类劳作、祭祀的生活形态。蜡画主要将古代文身图腾（图案）定形绘于布面，有云雷纹、水涡纹、水浪纹、蛇及各种动物的意象图案，继而染制成品。现今蜡画已发展成艺术商品，故此绘画自如，各种风韵均有。松香画为用温化松香绘画于布面，风格、工艺与蜡画相似。神符画主要是布摩抄录经书和祭仪中的绘画，风格与国画同，棉纸或棉布为底，有单色或多色彩绘，画鬼神及符章。书法为在以上绘画的同时，书上各种文字符号或艺术字体。

5. 雕塑

布依族雕塑十分强调逼真，不论是民宅的木雕还是茔墓和牌坊的石雕，都讲究平雕、立雕、空心雕等工艺。民宅的木雕主要有花鸟草虫等，雕于窗格门楣或墙板。石雕主要有铜鼓、狮子、麒麟、鱼、龙、宝塔等，也雕花草作楹联的边饰。

6. 电影电视

电影电视是布依族艺术的新兴门类，近年，已拍摄放映了反映布依族生活的电影《山寨火种》《真山真水亦真情》及电视剧《蒙阿莎传奇》《二月天》《瀑布边上的布依娃》《夜郎风情》《瀑乡风情》等。布依族涌现出了一批影视编导，已拍摄和公开发表的布依族编剧的影视剧本有戴焱的《徐霞客》、王廷珍的《琴魂》《蒙阿莎传奇》和《六马志》、龙国义的《爱，充满了深情》、韦兴儒与马启忠的《黄果树奇情》、周国茂的《旁越恨》、韦安礼的《王仙姑》、王芳礼的《蜡染花》、王运春的《花溪魂》、穷石和汎河的《古扎与春红》等十余部故事作品及伍文义、周国茂、韦兴儒合作的史料风情电影《布依族》《水神的骄子》等。

7. 著名艺术家及作品

舞蹈家罗兴芳，曾主演过大型歌舞剧《蔓萝花》，并在同名电影中演主角，带自编自演的布依族舞蹈《伴嫁》出访过美国及中美洲。画家刘雍，创作的雕塑系列《夜郎情韵》反响强烈，曾应邀在北京、香港举办个人艺术展。电视编导及作曲家王廷珍，执导过自编的电视剧《情魂》，投拍剧本《蒙阿莎传奇》及《六马志》等，谱曲三十余首。歌唱家廖小林，曾两次荣获全国民族歌手大赛第二名和第三名，并多次在省级民族歌手赛中获奖。另外还有油画家蒙绍华、蜡画家伍俊明、农民画家伍文浩等。近年，又涌现出一批中青年艺术家，在北京、广州、深圳、贵阳等地的艺术单位及企事业勤奋工作，为弘扬和发展中华民族艺术作了贡献。

第八章　天文历法

第一节　布依族天文历法的产生与发展

布依族的天文历法历史十分久远，除了广西花山崖画中有古越人的历法内容外，在贵州布依族地区发现的古代岩画中也有物候历法图像。如开阳县的画马岩、关岭县的牛角井岩画、长顺县的付家院红洞岩画、六枝花洞岩画、花江的马马岩、贞丰县的七马图岩画等。有关专家考察研究表明：这些岩画“同布依族的关系最大”①，岩画中除了有布依族的服饰装束以外，还有“物候历”图像，这些图像系布依族先民记录季节变化的符号，其中的飞禽走兽面朝许多形若太阳、星辰的图像与至今仍流传于布依族民间的古歌《蛋魂歌》所唱的“第六次叫定午甲，太阳挂在天正中；第七次叫定未申，你母掉头钻进笼”的情景大致相符。岩画图像表明：布依族古老的天文历法知识是布依族及其先民对太阳的升落、月亮的圆缺、物候的变化、寒暑的交替等天象、气象、物象乃至声象的长期观察和总结。它的发展大致经历了三个阶段：第一阶段以图像历法诸如古代岩画中的物候历法图像，这是原始历法阶段；第二阶段以类似天干词语纪年、纪月、纪日、纪时，出现“以十一月为首”的历法；第三阶段吸收了中国传统农历历法，发展为“一年十二个月”，并由原来的农历十一月过“年节”逐步改为“过大年”（农历十二月），但仍有部分人过十一月的“年节”，故称为“过小年”。

第二节　天文思想与天文技术

一、对宇宙的认识与测定

1．对宇宙空间的认识

（1）天地。布依语称之为 ʔbɯn^{1}ʔda:n^{1}，布依族人认为天像一把无柄的伞，地似一个圆形的球体，天地各有十二层，布依族古歌《十二层天·十二层地海》唱述了不同的天层和地层，反映了布依族人的天地多层观。

（2）星月。布依族对星星的称呼有三种，即 zon^{6}ʔda:u^{1}（光亮模糊的星体）、ʔda:u^{1}ʔdi^{5}（小而明亮的星体）、ʔdat^{7}tau^{3}（大而明亮的星体），他们凭着肉眼观

① 马启贵：《贵州古代岩画的发现与初步研究》，《贵州文化》1990 年第 8 期。

察，以星体大小、明暗来称呼，并以动物形象给各星座命名，如 ʔda:u^{1}ʔdi^{5}kuk^{7}（虎星）、ʔda:u^{1}ʔdi^{5}ma^{1}（犬星）、ʔda:u^{1}ʔdi^{5}tɕau^{3}ta^{6}（河上之星）、ʔda:u^{1}-ʔdi^{5}via^{2}fu^{2}（带尾巴的星），更有趣的是把“流星”称为“谈恋爱的星”。此外，还从颜色上来分辨星星，例如把红色星星称为 ʔda:u^{1}ʔdiŋ^{1}，把黄色星星称为 ʔda:u^{1}xen^{3}。布依族古歌《月亮歌》中唱道：“星星挂在天，有红点黄点，哪颗对坳上，那颗照得远。”布依族还根据月的阴晴圆缺，把一个月的时间分为三个阶段，如月初黑、月中亮、月末黑，把黑的两头称为 ʔdian^{1}ʔdap^{7}（黑月），亮的月中称为 ʔdian^{1}rɔŋ^{6}（亮月），把月食称为 kɔp^{7}kɯn^{1}rɔŋ^{6}ʔdian^{1}（石蚌吃月亮或青蛙吃月亮），布依族民间也有天狗吃月亮的传说。有些民间艺人会推算月食的具体时间。

（3）日食。布依语称为 kɔp^{7}kɯn^{1}taŋ^{1}ŋon^{2}（石蚌吃太阳）；把彩虹称为 tu^{11}tuŋ^{2}（独同）。“独”泛指一般动物，“同”系彩虹专用名词，凡在井边河边见彩虹，都叫作“彩虹喝水”，有的人把这种现象称为太阳神“吃水”。

2. 对宇宙的测定

布依语中没有东、西、南、北的概念，只有外、里、上、下的方位概念和称谓。对宇宙空间的方位有两种测定方法。

（1）四方测定法。把居住地定为中心点，面朝太阳升起的方向，并定日出方为“卡若”（外方）、其反方向为“卡内”（里方）、日出的右方为“卡更”（上方）、其反方向为“卡啦”（下方）。如图所示：

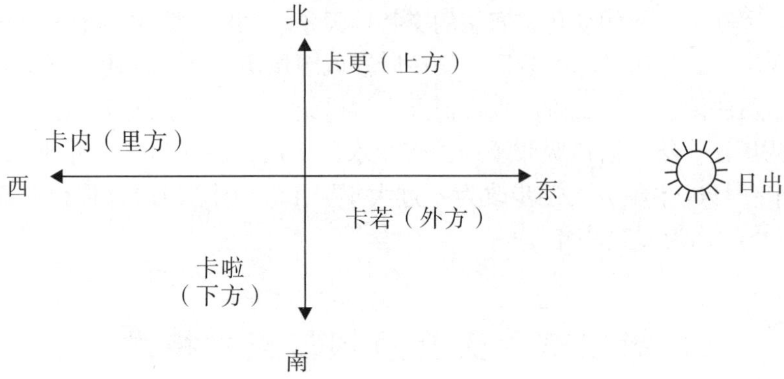

图1 布依族方位图

（2）把宇宙空间当作一个圆周，以所站的地点为中心，把圆周分为12等份，粗分为12个方向，每个方向约占30°角。若需分细，就以每方为10°角。12方位以卯方这一日出方为起点，按逆时针方向顺序称为“fɯŋ^{4}mau^{3}”（卯向）、“fɯŋ^{4}ɕi^{2}”（辰向）、“fɯŋ^{4}sɯ^{1}”（巳向）、“fɯŋ^{4}sa^{4}”（午向）、“fɯŋ^{4}fat^{8}”（未向）、“fɯŋ^{4}san^{1}”（申向）、“fɯŋ^{4}zu^{3}”（酉向）、“fɯŋ^{4}sat^{7}”（戌向）、“fɯŋ^{4}kaɯ^{4}”（亥向）、“fɯŋ^{4}saɯ^{3}”（子向）、“fɯŋ^{4}pɛu^{3}”（丑向）、“fɯŋ^{4}ȵen^{2}”（寅向）。如图所示：

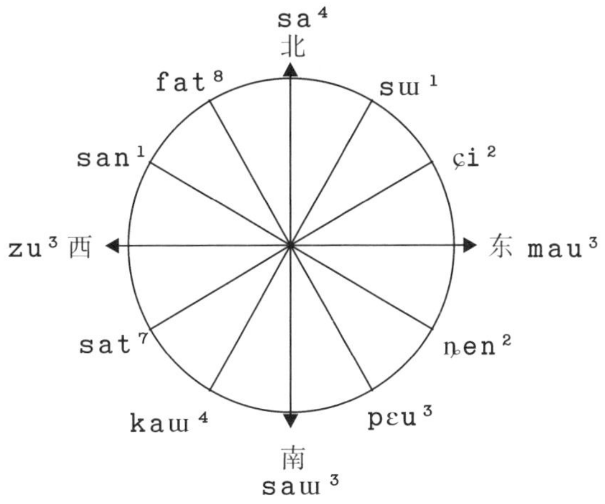

图2　布依族时周图

图中以日出的正方为“0°”，按时钟逆转正东方位称为“fɯŋ⁴mau³”、正西的方位称“fɯŋ⁴zu³”，正北的方位称为“fɯŋ⁴sa⁴”，正南的方位称为“fɯŋ⁴saɯ³”。布依族对宇宙空间的测定技术，只要有太阳和月亮，不用指南针，随时可以测出东南西北各个方位。

二、言简意赅的天文谚语

布依族先民通过对自然界的天象、物象、声象、人象细致观测，从而掌握其变化规律与季节的因果关系，并以谚语形式进行高度概括，为农业生产和社会生活服务。

1. 关于天象的谚语

（1）云象：“云走东，一场空；云走西，雨点稀；云走上（北），雨无望；云走下（南），雨下大”“朝有絮云，下午雷雨淋”“天上吊吊云，地上水淋淋”“乌云接落日，雨不落今日落明日”“天上黑云翻，地上水泛滥”“天黄必雨，云红转晴”“天上白云鲤鱼斑，明日晒谷不用翻（出烈日）”。

（2）雾象：“十天雾罩九天晴”“久晴大雾雨，久雨大雾晴”“雾下山雨，雾上山晴”“雾满山天必干，雾满冲雨必攻”“一日雾罩三日干，三日雾罩九日晴”。

（3）日象：“太阳打伞兆雨，月亮打伞要晴”“阳光来得早，午后保不了”“日落日出胭脂红，不雨就生风”“夕日返照，晒得鬼叫”“早霞有雨，晚霞要晴”“太阳伸腰要下雨”。

（4）月象：“月亮明明天无雨，月亮朦朦天不晴”“太阳打伞天要雨，月亮打伞草木枯”“夜看西天明，预告明天晴”。

（5）风象：“早晚起凉风，望雨是落空”“风吹木叶翻，天要继续干”“离了南风不晴，离了北风不冷”。

（6）雨象：“午饭时逢雨，整天雨蒙蒙”“天晴带雨，干得了不得”“先毛雨不落、后毛雨不晴”“有雨山戴帽，无雨山穿衣”“早雨不过午，午雨鸡归笼”。

（7）虹象：“东虹红日西虹雨，下雨有虹天要晴”“彩虹喝水天要干”。

（8）电象：“直电小雨，横闪大雨”“南方闪电天将晴，北方闪电要下雨”。

（9）雪象："雪三天，凌一七""下雪不冷化雪寒""冬月腊月无雨雪，正月二月难耕种""春节下雪粮食丰收，春节暖和棉花丰收"。

（10）星象："星星明亮，天晴朗朗""星星打伞，将要下雨"。

2. 关于物象的谚语

（1）蚁象："蚂蚁搬家要下雨，蚯蚓出洞天要晴""蚂蚁赶场，大雨将降""蚂蚁破家蛇过道，大雨不久要来到""羽蚁飞满天，大雨下连绵"。

（2）鸟象："燕子低飞，天要下雨""燕子高飞，天气晴朗""乌鸦飞得低，快到雨凄凄""乌鸦飞转，天气将冷"。

（3）蛙象："青蛙集中，云雨当空""青蛙结群叫，大雨即将到"。

（4）牲禽象："十月初一牛滚泥，天干要到阳雀啼""狗吐舌鸭嘴张，乌云遮天要下雨""鸭晒翅膀，三天雷不响""狗狂要雨，猪狂要晴""蜜蜂盘旋，清亮的天"。

3. 关于声象的谚语

（1）雷声："雷公先唱歌，有雨也不多""雷响天边，大雨连天""雷吼太阳，天气反常""九月响雷米价增"。

（2）其他声象："蛤蟆遍地叫，大雨将来到""雨中闻鸟叫，预报天晴到""阳雀叫，雨快到"。

4. 关于人象的谚语

如"老人腰酸，天气要变"等也反映气象变化规律。

布依族先民根据上述天象、物象、声象、人象所预兆的天气变化，把握时机，抓好农业生产，并将这些气象谚语世代相传，家喻户晓，人人皆知。布依族在观测农业气象的实践中，学会了许多天文技术，如"盖锅"以知雨晴，"晒布"以观风向等都是实用而又简单易行的天文知识。

第三节　历法内容、形式及特点

布依族对年、月、日、时的概念是比较清晰的，有其独特的记法。

一、年历

布依族年历，历史上各个阶段皆有变化，在同一阶段的不同地域也有各种年历。如（明）郭子章：《黔记·仲家》载，明代贵州多数地区的"仲家（中华人民共和国成立后改称'布依族'），以十一月为岁首"，但其中定番州（今惠水县）"仲家以十月望日为岁首"；发展至清代乾隆年间，据（清·乾隆）《贵州通志·苗蛮》的记载：贵阳府、安顺府、南笼府（今安龙县）等地区"仲家，以十二月为岁首"。直到民国年间，黔南地区平塘县和荔波县的布依族莫家支系仍保留农历十一月过年，不过春节。其周围布依族以过春节为主，但也陪莫家同胞在十一月过年，故称之为"过小年"。

中华人民共和国成立后，布依族才统一把一年分为十二个月，每月按月亮的圆缺、朔望来推算。每月 29 至 30 天，一年共 354 天，三年一闰，五年两闰，十九年七闰，闰年有 13 个月；闰年有 384 天或 383 天。这与通行的农历大致一样，但计算年月不同，布依族称冬月为一月，或冬月和腊月统称为“je^{7} lap^{8}”或“hei^{4} ɦak^{8}”。

二、月历

布依族语言中没有春、夏、秋、冬的专用名词，而“练”（布依语称“ʔdian^{1}”）却含有“季节”和“月份”之意。

（1）从劳作和农闲的角度看，布依族把一年分成两个季节：“练红”（从播种到收割即3~9月）和“练春”（收割后到第二年春耕天始即10月至次年2月）。换言之，“练红”即“劳作的季节”，“练春”即“过年的季节”。

（2）以气候的含义来说，一年分为“练绕”（ ʔdian^{1} ɾau^{3}），意为“温和的季节”，即4月到10月；“练令”（ʔdian^{1} nit^{7}），意即“寒冷的季节”，即11月至次年3月。

（3）以农活和气候来分，月被称为“换”（ŋuet^{8}），带有月份和季节的双重意义，两个月为一“换”，一年为“夜善换”（二月、三月）、“细哈换”（四月、五月）、“诺占换”（六月、七月）、“并古换”（八月、九月）。

（4）以农历十二月来称，“练”的含义为“月份”。如“练领”（一月）、“练义”（二月）、“练占”（三月）、“练细”（四月）、“练哈”（五月）、“练约”（六月）、“练信”（七月）、“练并”（八月）、“练古”（九月）、“练辛”（十月）、“练冬”（十一月）、“练春”（十二月）。

三、日历

布依族将日、天统称为ŋom^{4}。为了区别于“天”，布依语在称呼日历时，不称为ŋon^{4}（日），只数其数。如“初一、初二……初十”，数到“十一日”时也不说“日”，仍称呼“十一、十二……”，若遇大月的末日，也不称为“三十一日”，而称为ʔdop^{7} him^{1}（“满黑”或“熄满”）这样，既点明了当日的“含义”，也道出了当月的特点，即大月或小月。

四、时历

布依族记时方法有两种，一种是“方位记时”，另一种是“物候记时”。

1. 方位记时

布依族不仅用“天干”来标明空间方位，也用它来记录时间，在布依族的时周图（方位）上，由正东（日出）方位逆时针一周即360°，经过12个方位，同地球自转一周（360°）昼夜相符。布依族方位图上每方位30°，自转需要一个时辰（ɕɯ^{2}）即两个小时。例如日光照射在fɯŋ^{4} sɯ^{3}（巳向）时，这时称为ɕɯ^{2} sɯ^{3}（巳时）；日光照射在fɯŋ^{4} ɕi^{3}（辰向），这时称为sɯ^{2} ɕi^{2}（辰时）。依此类推，就有sɯ^{2} saɯ^{3}（子时）、sɯ^{2} pɛu^{3}（丑时）、sɯ^{2} ȵen^{2}（寅时）、sɯ^{2} mau^{3}（卯时）、sɯ^{2} ɕi^{2}（辰时）、sɯ^{2} sɯ^{3}（巳时）、sɯ^{2} sa^{4}（午时）、sɯ^{2} fat^{8}（未时）、sɯ^{2} san^{1}（申时）、sɯ^{2} zu^{3}（酉时）、sɯ^{2} sat^{7}（戌时）、sɯ^{2} kaɯ^{4}（亥时）等十二个时辰。

2. 物候记时

布依族物候记时法主要以鸡叫为标志，鸡叫一轮为一昼夜。布依族古歌《鸡魂歌》

唱道：

第一次叫定子癸，
第二次叫定丑时国，
第三次叫定寅甲，
第四次叫定卯乙，
第五次叫定巳辰，
人们上山把地耕，
第六次叫定午甲，
太阳挂在天正中，
第七次叫定未申，
你母掉头钻进笼。

酉、戌、亥三个时辰鸡不叫，倘若此时鸡叫，布依族人认为这是反常现象，不吉之兆。

五、布依族历法与公元历法的比较

（一）年历比较

（1）布依族年历“以十一月为岁首”或“以十二月为岁首”或“以十月为岁首”，而公元历法以“一月”为岁首。

（2）布依族的年节分别在十月末、十一月末、十二月末或称冬月末、腊月末，公元历法的年节定在元旦节。

（3）布依族年历规定闰年 383 或 384 天，公元历法闰年 366 天。

（二）月历比较

公元历法三个月为一季，一年四季（春、夏、秋、冬），主要是根据气候变化划分；而布依族历法则从多方面划分，以作息分为劳作季节和休闲季节，以气候分为温和季节和寒冷季节等；公元历法上的“月”仅指“月份”，而布依族历法上的“月”含有“月份”和“季节”两层意义。

（三）日历比较

（1）公元历法每个月至少有四个星期日，而布依族历法每个月只有一天“$\eta on^4 ʔdap^7$”（意为休日或熄日）。

（2）公元历法有“日”的称谓，而布依族历法则无，如公元历法的“八月一日”，布依族历法只称“八月初一”，不把“日”读出来。

（四）时历比较

（1）公元历法一个昼夜为 24 个小时，布依族历法一个昼夜为 12 个时辰，布依族时历中的一个时辰相当于公元历法的两个小时。

（2）公元历法以小时记时，布依族历法以“方位”或“物候”记时；中国传统十二时辰记时法以汉文、钟表记录标明时间，布依族历法则又有以歌谣、物象的形式记时。

布依族历法有以下主要特点：

（1）布依族的多层天地观反映了布依族人民的唯物主义思想。

（2）布依族言简意赅的天文谚语和歌谣，蕴含着丰富而深刻的天文思想，同时也是其天文技术的“教科书”。

（3）布依族历法虽以天干记年、记月、记日、记时，但其谈法、称谓却用自己的民族语言，其内涵与外延比“天干”更为深广。

第九章　科学技术

第一节　布依族科学技术的产生与发展

科学包括社会科学和自然科学。这里只介绍自然科学部分。

科学技术是生产力。布依族的科学技术是布依族人民在长期的生产和社会生活实践中总结出来的，是布依族人民智慧的结晶。它在产生与发展的过程中推动布依族社会不断向前发展。

科学技术是与人类相伴相生的。从猿到人，一个重要的标志就是制造和使用工具。恩格斯指出："即使最低级的野蛮人的手，也能做几百种为任何猿手所模仿不了的动作。没有一只猿手曾经制造过一把哪怕是最粗笨的石刀。"① 制造工具既是从猿到人的标志之一，同时也是人类科学技术的开始。无论在今天看来多么粗陋和微不足道的发明创造，都曾为人类的进步发展奠定过坚实的基础，是人类历史发展链条中不可缺少的环节之一。

作为百越的一支及贵州高原最古老的土著民族之一，布依族先民的科学技术有悠久的历史。中华人民共和国成立后，考古工作者在布依族地区先后发掘出水城人、穿洞人和猫猫洞人旧石器文化遗址，距今分别为 10 万年、5 万年、1.2 万年。出土器物有石器、骨器和角器等。技术上既一脉相承又有发展。石器制作的"锐棱砸击法"为国内早期遗址少见。猫猫洞人的尖状器和凸刃刮削器制作精美，刮削斜刃多于直刃，制作技术比水城人和穿洞人先进。穿洞人、猫猫洞人还发明并逐步发展了角器和骨器制作技术。

旧石器时代布依族先民还发明了人工取火技术。布依族古歌《造万物》中有这样一节：

我们拣石块
用石块来磨
用石块来碰
用石块来搓。

只要磨久了
一定会出火

---

① 参见恩格斯：《劳动在从猿到人转变过程中的作用》，中共中央马克思恩格斯列宁斯大林著作编译局编译：《马克思、恩格斯选集》，北京：人民出版社 2012 年版，第 509 页。

只要碰着实
一定会出火
只要用力搓
一定会出火。

这是造千种万物的布依族祖先勒灵对众人讲的话。古歌接着叙述众人照勒灵说的话去做，果然有了火。这是布依族先民在创造石器过程中总结出人工取火技术的生动写照。

布依族神话古歌中，提到弓箭的地方不少。而最著名的莫过于射日的神话和古歌。布依族摩经中也有射日神话。尽管在人物名称及情节方面各有些差异，但使用的均为弓箭。这说明弓箭曾是布依族先民普遍使用的器械。布依族弓箭的产生时间，按古歌《造万物》的说法，是在掌握人工取火之前。其实，人工取火在旧石器时代已有，而弓箭则是在旧石器时代向新石器时代过渡期中的石器时代的后期才产生的。“中石器后期与前期的主要区别，就在于发明了弓箭……弓和箭的构造是很复杂的，没有长久的生产经验和技巧的积累，是不能有此发明的。因为这需要将人的体力和树枝的弯曲的弹力结合在一起。”[①] 这一点，布依族先民也不可能例外。

到了新石器时代，科学技术有了进一步的发展。布依族地区挖掘出的新石器时代文化遗址中，石器不仅种类多，而且选料考究，磨制精良。布依族古歌《造万物》在唱述布灵造太阳和月亮时是用青石作工具，分别敲击红、白岩石成为石球，再加以磨制而成。这正是新石器时代石器制作技术的反映。

新石器时代布依族先民的科学技术值得提及的是稻作、纺织、建筑、制陶等技术的出现。

新石器时代是伴随农业的发生而开始的。而布依族先民农业的开端，无疑是稻谷栽培技术的发明。研究结果表明，百越民族是我国最早发明稻谷栽培技术的民族之一。河姆渡文化遗址发现大量稻谷遗迹，说明最迟在6 000～7 000年前，百越民族就已发明了稻谷栽培技术。而稻谷栽培的起源地，很多学者都认为在古越族分布的滇南、黔、桂及印度阿萨姆邦一带。[②] 布依族由古越族的一支发展而来，又长期生息繁衍于贵州高原，毫无疑问是发明稻谷栽培技术的一分子。从布依族古歌、宗教经典以及大量文化事象中，可以得到充分证明。[③] 农业的发展使布依族先民逐步定居，从而建筑、纺织、制陶等技术得以产生和发展。飞虎山文化遗址出土的纺轮和陶器碎片证明新石器时代布依族纺织和制陶技术已产生并有一定发展。建筑方面，百越民族的干栏建筑是从与游猎生活相适应的巢居发展而来的。最初的横梁一般采用捆扎技术，随着工具的进步，发展为榫卯结构。河姆渡文化遗址发掘出榫卯结构的干栏建筑遗迹，说明6 000～7 000年前百越民族就已发明了这种技术。

随着农业的发展，布依族先民数的观念和天文历法也逐步产生。自然数从“ndeeul”（一）发展到“guangc”（亿），幅度很大。历法方面，一年十二月，以十一月为岁首。直到明代，郭子章著《黔记》时，这一历法还在沿用。所以黔西南、黔南一些地区

① 参见杨堃《原始社会发展史》，北京：北京师范大学出版1986年版，第152页。
② 陈文华：《论农业考古》，南昌：江西教育出版社1990年版，第9页。
③ 周国茂：《论布依族稻作文化》，《贵州民族研究》1989年第3期。

还称农历十一月为“ndianlit”（一月）。平塘布依族还有这样一种说法：“练一将布依，练腊将布绒，将劳将布哈。”意为：“冬月是布依年，腊月是木佬年，大年是汉族年。”与一年分十二月相应，布依族把一天分为十二时辰，并可能借用中原地区历法而使用了十二历数，称为：“saic、byauc、nyanz、mauc、xiz、sec、sac、vad、sanl、rux、sadt、gaix”，即“子、丑、寅、卯、辰、巳、午、未、申、酉、戌、亥”。有些地区还用物象记时的办法，将不同时辰与当时具有典型特征的物象结合起来，以记物象的办法来记时辰。

在长期的生活实践中，布依族的医药知识和医疗技术也得到了发展。一些常见病及骨科、妇产科疾病等都能得到有效地医治。布依族先民通过长期试验，还学会了制作毒药，将之涂于矢镞，成为毒箭，用作战争和狩猎武器。同时，还发明了很多解毒和防毒药方。

布依族先祖的冶炼技术发明很早。商、周时代，古代汉藏语系的百越族群的铜矿开采和冶炼、铸造技术就很发达，布依族就是百越族群的后裔。近年来考古工作者在贵州黔西南自治州普安县发现有铸造铜钺的沙石范，时代在公元前179年至157年的汉文帝年间，说明最迟在两千多年以前，布依族先祖就已掌握冶炼铜的技术。实际上，冶炼技术的发明比这个时间可能早得多。布依族是使用和保存铜鼓较多的民族之一。铜鼓属青铜器，冶炼和铸造技术比纯铜器物复杂，需具备更多矿石冶炼的化学知识。布依语中，表示金属物名词的“luangz”（铜）、“faz”（铁）、“zic”（锡）、“hangl”（钢）等与汉语都不全是同源词或借词，说明布依族的青铜冶炼等技术应该是在夏、商、周文明的影响下发明的。可能大约在青铜冶炼技术发明后不久，布依族先祖就掌握了铁的冶炼技术。布依族宗教经典中，把连接阳界和冥界的桥梁描绘成铜桥，并与铁桥并举，这说明铜、铁冶炼技术应该是在相距不远的时间里产生的。

布依族的农业、纺织、建筑等科学技术在长期的历史进程中得以不断发展。农业方面，稻作从播种、灌溉、中耕以至收获、加工，工具及技术不断改进和完善，并掌握了小米、棉花、薯类、豆类等的栽培技术。与农业生产相适应，布依族总结了很多生产经验（包括看气象的经验），并以谚语的形式世代口耳相传。纺织方面，最初主要采用葛、麻、芋花、木棉等作原料，以后逐步学会种植棉花并以之作纺织原料。布依族的印染技术，据《后汉书》的有关记载，约有2 000年的历史。其中蜡染、靛染、扎染、枫香染特别是靛染至今仍为布依族普遍使用。布依族的土花布品种繁多，技术要求较高，特别是布依织锦，工艺技术更复杂。建筑方面，除木结构房屋建筑技术不断进步外，石拱桥和石屋的建筑，从施工到形式都包含着很多复杂的物理学知识。

此外，布依族的酿造技术和手工工艺技术，如烧酒和甜酒的酿造以及刺绣、竹编、草席等技术也在长期的历史进程中逐步产生和发展起来。中华人民共和国成立后，布依族培养出了自己的工程师、教授和科学家。布依族科学技术得到了突飞猛进的发展，现代医药、地质勘探、建筑、物理、化学、数学等方面都取得一定成就。

第二节 布依族的科技成就及影响

布依族的科技成就，比较突出的有稻谷的栽培，铜鼓的铸造，纺织、印染技术的发明和普及，历数的产生和运用，木质建筑及石建筑的发展等。它们在布依族社会生活及历史演变过程中产生了广泛而深远的影响，构成了布依族文化的主要框架。

稻谷栽培技术的发明在布依族文化史上的意义十分重大。由野生稻发展到人工栽培，其包含的植物学原理对先民来说具有划时代意义。稻谷栽培技术的成功，激起了先民们的创造灵感和热情，从而促进了其他品种的农作物栽培技术的产生，耕作技术也相应发展。《安王与祖王》《赎谷魂经》等布依族经典反映的原始社会解体、阶级社会产生阶段的历史，其中就有牛耕的记述。而《汉书·地理志》中记述江南的耕作方式为“火耕水耨”，也包括布依族地区。随着耕作技术的进步，一系列农具和加工工具又不断地被创造出来。而其中一些器械，如竹筒水车、风车、风簸、龙骨车等，技术要求相当高。筐、筛、箩、簸等竹器纺织技术也派生出来。

稻谷栽培的影响还涉及其他方面。例如有的学者就认为干栏建筑的阳台是为适应晒谷的需要而设计的，这颇有些道理。实际上，干栏建筑形式及其粮仓的设计等也都与稻谷栽培技术的发明有关。水稻种植要求选择有水之地，故布依族多依山傍水而居。山地倾斜、气候潮湿，加上古越人的巢居习俗，就决定了布依族先民对干栏这种建筑形式的选择。由于晒谷和储谷的需要，便有了晒台和粮仓的技术设计。

铜鼓的铸造也是布依族先民的科技成就之一。关于铜鼓的最先发明者是哪个民族，目前学术界尚无统一意见，但汉藏语系百越族群无疑是其中一分子。布依族及百越后裔诸民族自古以来崇尚铜鼓，而且是保存铜鼓数量较多的民族之一。布依族地区有铜鼓山、铜鼓井、铜鼓林等地名，布依族有《铜鼓经》《摩经·用牛祭祖词》（第一卷）《铜矿、冶炼与铜器、铜鼓》等经典古籍，详细记载了铜矿开采、冶炼与各种铜器、铜鼓的铸造过程。铜鼓属青铜器，其冶炼及铸造技术较复杂，它无疑是布依族冶铜和铸造技术的巨大成就。但铜鼓作为一种乐器和礼器，这一科技成果的影响主要表现在社会生活和思想方面。铜鼓在布依族社会中成了一种宗教法器和圣物，人们对它产生了一系列的崇拜和禁忌观念。

纺织和印染是布依族先民又一重大的科技成就。善织是布依族妇女的优良传统。从用纯手工抽取植物纤维捻成线到用纺轮、纺车，工具的改进本身就包含着机械和物理学知识的增长。纺织的情况与此相同。不过在织布机发明之前，如何用纯手工将纱线编织成布匹，也是颇要些技术的——尽管这种技术很原始。到了汉代，布依族的纺织技术就很先进了。据汉文史籍记载，当时布依族先民已能织出“斑布”。它要求用各种色彩不同的纱线织出五彩斑斓的图案。这便是原始的织锦。这种工艺至今在镇宁、普定、关岭、六枝等地仍保存着。较普遍的是土花布的编织。通过两色或三色经线和纬线不同间隔搭配，织出不同图案的布匹，技术复杂，格调高雅，至今在整个布依族地区仍很盛行。

与纺织紧密联系的还有印染技术。有织出白布再染或先染线再织两种工艺。印染又分靛染、扎染、枫香染和蜡染诸种。布依族宗教经典中，认为人死后升入仙界，仍和在阳世一样，也需沤制蓝靛染布，可见靛染在布依族生活中的重要性。靛染需经过一系列复杂的工艺。首先是将蓝靛草沤制出靛汁，装入桶里或缸里，加上适量石灰搅拌，水静后蓝沉底，即可用来染布。印染过程中，先将白布于清晨晾晒在草坪上，使其自然漂白，既容易上色，又经久耐用。此外，还有用牛屎加水进行漂白的。漂白后，将蓝靛放入染缸内，加适量的水、石灰、白酒、土碱等原料，待这些原料起化学变化后再放白布。经多次冲洗，直到染成所需颜色，再上胶（用牛皮熬成的胶），用石碾将布压平，碾出光亮即可。蜡染工艺程序与此相似。先将蜡烧化，用铜制蜡刀蘸上蜡水在白布上绘画，放于染缸多次浸染。然后，煮沸去蜡，让自然美观的冰裂纹呈现出来，即成蜡染布。扎染布是用针先把白布缝扎，再放入染缸浸染，染好后拆线，美丽自然的线条花纹即展现出来。蜡染布和扎染布都是人们非常喜爱的缝制时装的工艺品之一。

在稻谷栽培和纺织印染技术的发明方面，布依族妇女功不可没，但随着历史的发展，形成了男耕女织的性别分工。由分工产生了相应的社会角色评价标准，即纺织印染水平如何，成了人们衡量妇女才能的主要尺度。这对促进布依族纺织印染的发展有一定意义，但它同时也形成了布依族妇女沉重的精神枷锁。布依族作家罗吉万的小说《紫青色的锁链》对此给予了深刻揭示。

布依族的历数是布依族先民通过对月亮运行规律的长期观察总结出来的。原始社会布依族先民在科学知识还很匮乏的情况下，季节气候在月亮盈亏十二次时即发生一个轮回的现象无疑会给他们神秘的启示。于是十二在布依族中成了一个神秘的、使用频繁的数字。例如，认为天有十二层，海也有十二层；古代曾有十二个太阳；铜鼓上的太阳纹有十二个光芒；歌要唱十二部；结婚时彩礼以送十二（或十二的十倍，即一百二十）为吉利数字，认为这才会婚姻美满；活一百二十岁（十二的十倍）成了人们对老年人祝福的吉语……有的学者认为，"十二"这个神秘数字，可能是壮侗语族先民百越有十二个部落，十二不过是先秦百越的另一种称呼。[⑦]这颇有见地，但更深层的原因恐怕缘于古越人的历数观念。总之，布依族的历数在布依族历史和社会生活中有着广泛而深刻的影响。

竹木结构建筑是布依族先民为适应定居生活的需要而发明的。巢居时代，树木上的横梁和楼枕只要捆扎结实，一般不存在安全问题。但到了将一棵棵砍倒的树构造为一幢房屋时，就必然面临许多技术难题。防止倒塌是首要的问题。布依族先民越人采用榫卯结构将这一难题解决了，并一直沿用至今。解决倒塌的另一措施是利用杠杆原理发明了犟房技术。具体做法是，在房屋倾向的一端，用一根长于中柱的支撑木头顶端伸到中柱的顶端，与中柱绑在一起，支撑木下端伸到中柱的下端，与中柱绑在一起，支撑木下端用杠杆撬动，使其作用于中柱，将倾斜的房屋扶正，然后在支撑木下端垫上石头加以固定即可。这种技术，往往只需木匠师傅一人，即可扶正三间大房。完工后屋顶片瓦不掉。

布依族的石建筑主要有石头房屋和桥梁。布依族先民最早对石头只是用来作生产工具，后来逐渐加工成各种生活用具，并用来建筑房屋。用石头垒砌成山墙需要具备诸如重力、压力、水平垂直等物理学知识以及一系列技术难题。如果我们亲临镇宁县扁担山布依族石头寨，亲眼看见布依族石头建筑奇观，那就会确信布依族石头建筑发展到这样的程度必定经历了一个长期的过程。这里的建筑从上到下，从外到内，包括顶上盖的，大多为石头，而且技术相当精湛，令人叹为观止。布依族石建筑桥梁有平桥和拱桥两种。平桥用石头砌桥墩，多以长约 8 米、宽约 1.5 米、厚 0.2 米的大石板铺成。开挖巨石、运输、架桥等的技术要求都很高。拱桥用凿好的石块拱砌而成，有三孔桥、五孔桥、七孔桥、九孔桥等数种，说明布依族对物理知识的理解有一定深度，在应用上取得了较高的成就。石桥建筑有力地解决了布依族地区因河道众多带来的交通问题。布依族地区还有一大奇观是“楼上田”，地点在镇宁县扁担山。“楼上田”已有数百年历史。修筑稻田时，先打好石柱作支撑，再用滚木、滑板等技术将巨石板移至石柱上，然后在石板上铺垫泥土而成。此田半亩见方，至今“楼”上仍种田，“楼”下可供孩童捉迷藏玩耍。毫无疑问，“楼上田”的修造是古代布依族科技的结晶。

中华人民共和国成立后，布依族在现代科学技术方面也取得一定成就。例如，据目前掌握的资料，王贤武教授在医学外科方面，用中西医结合的手术方法预防术后倾倒综合征获得成功。在计划生育的“痛性结节的治疗”这一课题中，也采用中西医结合治疗方法而获得成功，其成果编入《贵州省计划生育培训手册》在贵州推广。此外，罗祖虞教授在地质学、沉积学、古生物学等方面取得较高的成就；韩明镜在石油勘探方面也取得了丰硕成果。由于现代教育的发展，布依族地区现代科学技术知识日益普及，布依族人民的科学技术水平正在迅速发展。这对促进布依族社会经济文化的发展将产生更为深远的影响。

第十章　哲学思想

第一节　布依族哲学的产生和发展

布依族哲学思想的产生和发展，与布依族的宗教信仰以及各个历史阶段的生产生活方式有密切联系。

原始社会时期，由于生产力水平低下，布依族先民形成的自然崇拜、图腾崇拜、祖先崇拜、灵物崇拜、鬼神崇拜等原始意识中，就已寓有哲学思想的萌芽。布依族的自然崇拜，如对特定的山、水、树、石、雷等自然物、力、现象的崇拜，不是凭空产生的，而有其认识（或感觉）的基础。第一，他们已初步觉察并区分所崇拜的自然物、力、现象与自然界中其他自然物、力、现象的不同。没有这种识别能力，是不可能产生对某些自然物、力、现象的崇拜的。第二，他们认为这些自然物、力、现象能干预人事，或带来灾难，或给人好处，而人又无力支配，因不能理解而产生恐惧或希望。第三，与布依族先民居住的自然环境及生活、生产方式有直接联系。如布依族居住在山区，崇拜某一棵具体的古老、高大的树木则因其挺拔高大，不畏狂风暴雨、生命力强，四季常青，象征本民族的兴旺发达。对谷、田的崇拜，则与布依族悠久的稻作文化密切相关。随着古人的认识不断完善，思维能力不断提高，这种原始意识并未得到纠正，相反，由对这些自然物、力、现象的崇拜，进而演变为将这些自然物、力、现象当作自然神，即把这些不能理解或不能驾驭的自然物、力、现象人格化，产生各种“精灵”意识，如山神、树神、水神、石神、雷神、谷神、田神等，神秘性更浓了。

继自然崇拜之后，布依族先民产生了图腾崇拜，有竹、鱼、猴、鸟、龙等。图腾为氏族的标志，是布依族先民认为与本氏族有血缘关系，或对本氏族作出过贡献、被奉为祖先，受到氏族成员的共同尊崇的某种动物或植物。一个民族信仰多种图腾，反映出一个民族是由多个氏族或部落发展而来。图腾崇拜有超自然的神秘性，即认为所崇拜的对象能感受到人们对它的崇敬或亵渎。其包含有神灵观念，或说是神灵观的又一种最初形态，反映了人与自然的矛盾。但在图腾意识中，氏族人将自己看成是某种自然物发展而来，或是认为氏族同某种自然物之间有血缘联系，由此而追溯人类来源，这把人类看成是来源于自然界，是自然界的一部分，说明人与自然界有同一性。这种观念今天看来十分幼稚、朦胧，但却是古人探寻人类来源的最初尝试。特别是也有布依族先民猜测人是由猴变成，虽与达尔文进化论本质不同，但也与神创说相左。所以，图腾崇拜的认识不仅是神学意义上的，它虽有浓厚的神秘主义色彩，但它是建立在识别不同自然物的基础上，有其合理的部分。布依族先民以竹、鱼、猴、鸟、龙等为图腾对象，是希望作为它们的后代，自身有竹之常青、猴之机灵、鸟之腾飞、鱼鳞之美丽。反映了布依族先民处于氏族部落时期的观察力及其在生活、生产上与这些动植物有密切关系。

因此，图腾崇拜和自然崇拜，分别标志着布依族先民对自然物、力、现象的认识不断深化，以及关于人与自然界关系的认识发展，这对考察人与自然界的关系、人的思维能力的发展，具有重要意义。我们不能说布依族先民的自然崇拜和图腾崇拜纯粹是有神论的、唯心主义的。就其识别了自然物、力、现象的不同，虽简单幼稚，则不能说其错；就其关于人与自然界有区别、矛盾又有同一性的认识，从自然界中探寻氏族来源，则是无神论思想萌芽，朴素唯物主义思想萌芽。自然崇拜、图腾崇拜意识中反映的有神论、唯心主义萌芽，以及无神论、唯物主义萌芽，正是哲学思想萌芽的表现，它属于原始哲学的一个内容。

在此之后，布依族先民可能对不断出现的梦境进行反复思考，并与人的生与死联系起来。误认为人之所以做梦，之所以有生有死，是因有附于人体又能离开独立于人体的灵魂，进而产生了灵魂不灭观念（意识）。今偏僻农村的布依族群众仍会进行“招魂”（或喊魂），使“魂回病愈”；老人去世后，要将其灵魂送回祖先住地，即“送魂”，这些是灵魂不灭观念（意识）的表现，也是布依族先民最初所理解的形神关系。一旦有了灵魂观念（意识），才会有灵魂不灭的观念（意识），于是出现了祖先崇拜，以及真正意义上的原始宗教。“精灵”与鬼神是两个不同的概念，由“精灵”到鬼神的过程，是人认识的过程。“精灵”意识是自然崇拜的思想基础，表现为可见、可触及的自然物、力、现象，或可见而又带来可感触到后果的自然物、自然力。鬼神则是指附于并能离开人体的不死的独立灵魂。鬼神意识一经产生便与“精灵”观念相结合，自然崇拜对象才逐渐升华为“神物”，演化为对自然神之崇拜。随着原始巫术的出现，经过巫师的加工、推演，不仅使自然崇拜、图腾崇拜完全陷入神秘主义，还使某些简单而正确的认识、习惯性而正常的活动等蒙上一层神秘的色彩。

当然，鬼神意识不可能是布依族先民唯一的意识。原始人对自然、社会、人本身的认识不断深化，“精灵”和鬼神意识只是其中一个方面。他们在生活、生产劳动中积累的经验，在制造工具、居住条件、寻觅食物、扩大生活和生产领域、社会分工等方面，也会相应产生简单而正确可行的认识。没有这些实践和认识，原始人不可能生存下去并繁衍后代。这种实践和认识，也是布依族先民关于人与自然界关系即主客观关系的表现。出现鬼神意识的同时，也可能会有无鬼神意识，二者相伴而来，因比较而存在。不过在其后的演变过程中，鬼神意识的势力和影响要大于无鬼神意识。其实，灵魂本身不是有神论，也不属于有神论范畴，不宜说成是唯心或唯物。只有将灵魂看成可以脱离人体而独立存在的鬼神，能支配世界、干预人事，才属于有神论范畴，是有神论，也是唯心主义。如果将灵魂看成人脑的机能和属性，人死灵魂随之消灭，这属于无神论范畴，是无神论，也是唯物主义。无论从哪方面说，灵魂意识的产生及演变，是形神关系这一哲学问题的最初表现形式，是哲学思想萌芽的一种表现。

大约在原始社会繁荣时期，由于生产工具的进步和生活、生产领域的扩大，人的思维也相应提高，布依族先民有了原始神话。它与原始崇拜不同，是布依族原始意识中最精彩的部分之一，是哲学思想萌芽的一个突出表现。

神话不同于宗教，其不同点体现在许多方面。第一，一切宗教都不过是支配着人们日常生活的外在力量在人们头脑中的幻想的反映。在这种反映中，人间的力量采取了超人间的力量形式。宗教从神学本质上让人愚昧，并使之安于现状，阻遏进取心。而神话则带有一种积极向上的浪漫主义精神，是布依族先民在劳动中企图征服、支配自然的一种意志的反映，神话是形象化的原始文学、艺术品。第二，神话中的神，往往是理想化的英雄或祖先，并不高踞于世俗社会之上，它虽有超出一般人的本领，但靠的是勇敢、机智，而不是施法术。宗教的神，并不生活在世俗社会里，是高于人类之上，见不着，不可捉摸，但却能主宰世界、支配人类的拟造出来的偶像。因此，将神话与宗教区别开来，不仅对研究神话有利，也有益于探研哲学、宗教的起源。

布依族神话是在自然崇拜、图腾崇拜之后产生的，是较高一级的意识形态。它所谓的神，并不高踞于世俗社会之上，而是具有活生生的人性，但终究是神化了的人，因此带有神秘主义色彩，有可能向有神论发展。因而不能称之为无神论，无神论是不承认任何神的。神话的这种二重性，说明它不是宗教，也不是无神论。例如，流传于布依族中的勒戛、布杰、翁戛等“神人”虽披着“神”的外衣，闪着神圣的光环，但他们实际上是布依族先民想象和形象化的人类祖先或英雄人物；他们不仅不怕鬼神妖怪，不屈服自然力，不安于命运，相反，他们战天斗地、抗神斗妖，消除自然灾害，造福人类，因而可亲可敬，被先民称道、崇拜，口耳相传下来。这类神话，反映了布依族先民征服、改造自然的愿望和意志，是对理想化的美好生活的追求。这是人与自然、人与鬼神的关系，也是古人对主客观关系的又一种表现形式。从这点说，神话有无神论思想的一面，即无神论的萌芽。至于神话在流传过程中加进某些神仙鬼怪等情节，增加了浓厚的神秘色彩而为宗教所利用，则是另一回事，正好说明神话里的有神论思想因素，与宗教有一定联系。

总之，布依族原始意识中已有哲学思想的萌芽。这是原始社会生产力水平低下，和人的思维等客观条件所限制的结果。随着原始社会解体，阶级国家产生，哲学才能进一步发展。在阶级社会里，与阶级社会相适应，布依族先民产生了王权、神权思想。以后随着汉文化深入，又吸收了中原儒家文化，有的甚至将其写进自己的《祖训》书中，用以教育子孙。明、清时出现反映布依族社会理想，维护社会安定的《乡规民约碑》等。这些都反映出布依族哲学的产生及发展线索，它与布依族的历史变迁是相适应的。历史上布依族地区的牂牁国和夜郎国虽存在了几百年，但其国家形态可能比较粗陋，不够成熟。从它们未创造文字，未留下任何文献即可见一斑。牂牁国未发展成熟便被夜郎国取代，而夜郎国未发展成熟就被汉王朝所灭。正因为如此，布依族哲学在产生王权、神权思想之后，随着布依族国家的消亡而改变了发展道路，即吸收汉族儒家思想的道路。布依族信仰的摩教也何尝不如此，摩教之所以形成一种由多神教向一神教过渡过程中的民族宗教，就是因为具备了一神教雏形便随着布依族国家的消亡而停止发展并定格了，但外来宗教的传入始终未能完全取代传统摩教。这是布依族哲学与宗教的不同之处。①

① 参见肖万源、伍雄武等主编：《中国少数民族哲学史》，合肥：安徽人民出版社 1992 年版，第 1－40 页。

第二节　主要哲学思想[①]

一、龙造说

龙，布依语称“勒”（ŋɯ^{213} 或 ɬoŋ^{11}）。其意有三，一为“彩虹”，二为“大蛇”，三为“龙”。古代祭龙都由祭师布摩主持供献牺牲，念经用以祈福。布依族意识中，每年春天，龙神开始活动，它是保佑丰收和人畜平安的吉祥神。故正月和六月六舞龙，必先于河边祭祀，才能入寨玩耍，名曰“起龙”。表示“龙神从水”。龙形其头高昂，血盆大口，龙眼突出，并有龙须，人们视龙须为贵，常以龙须系小孩手上为符。民间有青铜铸造的“龙宝”，上扎各色花朵。“龙宝”亦被视为神物，无嗣人家备酒肉香烛接去作保，以祈育，若遇生子即视为“龙子”。

龙神的分类，反映在龙的不同名称里，有出龙（ʔuə^{55}loŋ^{11}）、家龙（loŋ^{11}zan^{11}）、朝门龙（loŋ^{11}kuə^{55}）、圈龙（loŋ^{11}koŋ^{213}）、寨龙（loŋ^{11}ʔban^{42}）、粮母龙（mie^{213}loŋ^{11}ʔo^{42}）、银公龙（pəu^{42}loŋ^{11}ŋan^{11}）、造园龙（ɬoŋ^{11} tso^{42}ɬun^{33}）、造寨龙（ɬoŋ^{11} tso^{42}ʔban^{42}）等。九种龙神各司其职，祭礼也不相同，有单家独户安坛祭祀者，也有全寨统一集中祭祀者，有的还将神竹与龙神一同敬供，由寨老率全寨人，从寨左至寨右吆喝着“唤龙、追龙”，再将供品摆于神竹前祭祀，意为“龙归金竹”。合寨饮酒，外人不得入内，误入者罚之。《祭龙歌》说：

古辈未造天，还未造星辰。天地紧紧挨，中间未语声。未造女“雅神”，“且神”还未造，“山神”还未兴。

这就是说宇宙之初，天地未分，生命未成之时，什么神都不存在。《祭龙歌》认为是龙神改变了这个沉寂的世界。

山顶大龙在，山尖大龙来。“粮母龙”来住，“银公龙”来住，龙神升上天，与雷神交友，水淹森林成河道。下地建村寨，河边造州城。来造寨寨兴，来造州州亮。地方人发旺，寨内皆人声。

说明布依族先民在一段时期内，曾从人神关系方面去探寻人类来源及社会形成，这就从宗教学角度提出了“龙造说”的哲学观念（意识）。那么，龙神创造的村寨州城，为何能兴旺不衰，《祭龙歌》进一步解释说：

寨山稳得住，州山稳不垮，祭了龙神不惊扰，龙神不夜逃。龙神用头抵寨山，龙神用

① 参见伍文义：《第四章·布依族哲学思想史》，引自肖万源、伍雄武等主编：《中国少数民族哲学史》，合肥：安徽人民出版社 1992 年版，第 154－184 页。

头抵州山。山倾龙神用头推，墙倾龙神用身抵。龙神造田园，种粮得好粮。滩头种粮菜，寨脚种粮菜。养鸡鸭满园，养牛畜满圈。龙让人清爽，清爽如在水中浴。龙神顺我（布摩）言，龙神顺我（布摩）心。转身龙归来，来享你供品，保寨内人多，保人类吉祥。

这就是说龙神不仅是自然界和人类社会的创造者，而且从“山倾龙神用头推，墙倾龙神用身抵”等祭词看出，它已被布依族先民上升为人类卫士或保护神。龙神高踞世俗社会之上，能干预和影响人事，神秘莫测，只能通过祭祀使“龙神顺我（布摩）言，龙神顺我（布摩）心”。说明古代的祭师布摩是人神之间的桥梁或媒介者。人类社会之所以兴旺发达，是因为龙神护佑和人类崇敬龙神的结果，这就从神学角度阐明自然界和人类社会的来源，是一种唯心主义的哲学观念（意识）。

再者，龙神的分类互不统辖，说明布依族先民信仰的各种龙神还处于并列阶段。其中“龙与雷”“龙与竹”等关系中的“雷”“竹”，它们都可能是当时某个氏族部落的图腾标志，随着部落联盟而与龙神融合，参与到祭龙神的仪式之中。从龙的概念含义有“彩虹”“大蛇”的意义可看出，布依族龙神的原形可能是蛇。《山海经》称南方部落多“人首蛇身”，考古发掘的伏羲女娲象亦为“人首蛇身”。以龙蛇为图腾，与当时的自然环境有关。古人遭到不少自然物包括蛇的危害，可知其生存艰难。蛇的生活习性与水密切相关，炎热地区蛇类更多。雨水过多蛇洞被淹，蛇类只好游出；雨水稀少蛇也少见。这种现象使古人很容易把蛇与水联系起来。人类第一次大分工后，农业对水的需求显得更加重要，因而人将蛇与农业联系在一起，希望蛇能腾云驾雾、兴云致雨，龙的神话和崇拜于是产生。现实中的蛇变成了幻想中的龙，龙就是被神话了的蛇。

二、清浊二气说

世界的本质是什么？是物质还是精神？这是任何哲学首先要回答的问题。布依族古歌《得刚得王》和《赛伏羲妹造人烟》等篇说：

很古很古那时候，世间只有清清气，凡尘只有浊浊气，清气呼呼蒸腾腾，浊气扑扑往上升。清气浊气相撞后，交黏成个葫芦形……清气浊气相粘后，四面八方昏沉沉，不见树木和野草，不见野兽和飞禽。

“气”，布依语称“虽”（sui^{33} 或 łui^{33} ）。清气（名为“虽那”）和浊气（名为“虽浓”）这两种原始物质，古歌认为它们是互相对立、互相矛盾的，经历长期的运动变化，“相撞交黏成葫芦形”，宇宙万物就是从这个“葫芦形”中发展而来，说明布依族先民已不自觉地猜测出万物对立统一于物质的哲学观。

接着，古歌在描述“气”的发展过程中，气体“相撞成葫芦形”后，还幻想传说中的布依族祖先之一“布杰公”来将气团掰开，使“葫芦形”气团继续运动发展。这正如列宁评价古希腊哲学时所说的“直观性—转变—变幻”意识。古人的哲学观点虽不彻底，但它代表了当时的思维水平，因而具有相应的思想史价值。古歌说：

清气浊气相黏后，四面八方昏沉沉，不见树木和野草，不见野兽和飞禽。这时有个布杰公，力气盖过众仙神。脚大可当撑天柱，天上地下任他行。巴掌像棵大榕树，他把清气捏在左手掌，他把浊气捏在右手心。海扎一声用力扳，清气浊气两分离。清气呼呼往上冒，浊气扑扑往下沉。清气上升变青天，浊气下沉变大地。

通过祖先神的外力推动，才使物质进一步发展变化，反映布依族先民的思维还未脱离原始宗教的束缚。但以"清气、浊气"为万物之本，是想从具体物质形态来解释万物的形成和发展，已初步具备唯物主义和矛盾运动的辩证思想因素。布依族先民之所以产生以气为本的哲学观念（意识），与气本身的特性和先民的生活环境有密切关系。气体本身是一种浓时成雾，清时看不见、摸不着，人类生存不可或缺的特殊事物。布依族山区常年云蒸霞蔚，雾气变化万千，布依族先民生活其中，自然深有感触并反映于思维之中。而"葫芦"或"葫芦形"，是我国南方许多民族的神话传说所具有的共同意象，即各族祖先均是一个"葫芦瓜"里的"兄妹或夫妻"（类似伏羲姊妹）繁衍的子孙。这种观念有特定的历史文化背景，可以说是我国南方民族的土著文化。这种观念正如恩格斯所说："自然哲学只能这样来描绘，用理想的、幻想的联系来代替未知的现实的联系。"古代哲学和科学正是在实践中经过概括和总结，结合人的幻想和想象发展起来的。

三、"由猴变人"的生物演变意识

布依族古歌《造万物》说：

天地形成后，地面无人烟。翁杰站在云天上，左脚踩岩山，右脚踩土山。脚一踩岩山炸，脚一跺土坡垮。垮了三整天，江中见小孩。垮了五整天，海面见猴崽。小猴三天生牙，五天长毛衣。扑着在江中，仰的为雌（阴），扑的为雄（阳）。这时才分阴和阳，这时才分女和男。宽广的大地无人耕，肥沃的田坝无人种。

古歌认为，这种猴子不知活了多少年后，变成有感情、有思维的动物，在日神和月神的安排下创造人烟。猴子"天天想、时时想"，不觉昏沉睡去，梦中感到身子酥痒，汗毛生长，接着浑身发抖，汗毛全部掉光。猴子醒后，按照梦的启示，拔下汗毛哈口气丢在地上变成了人。到了这时，"宽广的大地才有人耕，肥沃的田坝才有人种"。这就是说，布依族认为人的出现与猴子有关。

可能猴的体形与人接近，使古人产生类比思维。也可能古时布依族某个氏族信仰猴图腾，如布依族神话《开天辟地》就认为古时布依族有两兄弟，"大哥在南盘江与猴女成婚；二哥在北盘江与猿女成婚"，繁衍了人类。由猴图腾信仰到"由猴变人"的生物演变意识，反映出古人思维由简单到复杂的逻辑，这种生物演变观念（意识），在哲学上还是从物质世界中去探寻人类来源，它虽然不同于达尔文的生物进化论，但却也与神创说相左。

四、《保坝经》中关于阶级产生的观念

《保坝经》是布依族古代祈祷丰收、防止稻田虫灾的宗教经典。举行这个仪式，要用弓箭、长矛、大刀为神物，以牛、马、猪、羊、狗、鸡、鸭、鹅、鱼等九种动物为祭品，

故而“保坝神”被称为“吃九种牲畜的神”。它描述了布依族历史上个体家庭的产生，以及安王和祖王两位王子争夺王位的神话，反映了阶级产生的观念（意识）。

首先，《保坝经》认为万登王是雷神之子，掌握国家大权，他与美丽的鱼神姑娘都豪结婚组成父系个体家庭，生下安王。这就把王权和神权联系起来，说明万登王是借用雷神之威来统治国家。同时也反映这个国家具有浓厚的原始宗教图腾信仰。安王从小聪明能干，“出生三天能骑马，五天能射箭”。长大后，安王从江中钓回许多鱼鳞艳丽的大鱼，准备食用，他母亲阻止说：“鱼是你外公外婆，不能吃。”安王不听劝告将鱼下锅，母亲便跃入江中一去不返。这就是说其母因氏族图腾被伤害而离开了王室。安王和祖王争夺王位起因于“财产和奴隶分配不均”。《保坝经》说，数年之后万登王续弦，娶民女雅如生下祖王。祖王长大后见“百姓办酒先找安王，打官司先找安王”很不服气。后母设计“杀了安王要地方，杀了安王好掌印”。因而祖王打猎时故意射伤安王。分家时，万登王把歪脚瞎眼的“都外”（水牛）分给安王，健康的“都外”分给祖王，引起二位王子争斗，结果祖王失败，兄弟分居各管一方，从此战乱不休。最后，安王提出的和解条件是：

安王管上方，祖王管下方。下方每年要进贡，一百二十个婴儿作租，一百二十个壮汉抬财物，九种牲畜不可少，好粮、好酒不可缺。

这是宗教表象下布依族原始社会解体和阶级王权产生的反映。这种以粮食财物以至人口（奴隶）作为战利品的现象在奴隶制社会屡见不鲜。《保坝经》认为，祖王接受了安王的条件，每年进献礼品，民间农业也风调雨顺起来。这实际上反映了政治动乱后的社会安定。说明王权与神权观念在这一时期已得到初步结合。

五、《柔番沃番钱》的王权、神权观

《柔番沃番钱》这部宗教经书，意为“赎买稻种和钱根”。它在布依族中广为流传，至今在偏僻农村里，每年正月都要先择吉日，举行诵读仪式，同时供奉祖先。经书生动地记载了古代国王、臣民、城邑的情形。通过宗教仪式缅怀祖先建立的国家和政绩，反映了布依族王权、神权思想及美好的社会理想。《柔番沃番钱》说：

国王“兴”（wuŋ^{11}ɬiŋ^{33}）啊
在天上，
恩德播四方，
恩德撒四面。

兴王不住人间，而是高踞天上，说明其王权至高无上。这个“兴王”在历史上是一个贤明的君王。

春天“兴王”来主播种，
“兴王”在上层主收获。
王有十仓杉木做，

王有十仓柏木修。
千个粮仓装满粮，
好粮全是过节粮。
请示您啊造木碓，
请示您啊修石坎。

布依族先民认为王权虽然至高无上，地位高踞在天，但国王本人通过“播种恩德”来治理国家。“兴王”操心人民的生产、生活，从春天播种到秋天收获，都由国王管理和主持，反映出“兴王”治理下的国家乃是以农耕为主的农业国。这段时期大约相当于牂牁国、夜郎国时代。《后汉书·西南夷列传》载：“夜郎王兴与钩町王禹举兵相攻伐。”《史记》也说，这些国家的生活、生产方式为“耕田、椎髻，有邑聚”。《柔番沃番钱》的记载，说明当时社会中不仅从事农耕，还有“修石坎”的农家事建设和“造木碓”的手工业生产，这些都必须请示国王，获准后才能进行。然而，国王是身居天上的高高在上者，人间天上相距之遥，人民群众的经常性生产活动，怎么可能事事先去取得上天国王的同意与否呢？这个矛盾正好反证出国王实际上并非住在天上，而是身居人间。如同“有夏服受天命”一样，这是当时的国家统治者制造出来的神权理论。王权与神权一旦结合，便使统治蒙上一层神秘色彩，更容易役使广大臣民。社会生活本身是实践的，凡是把理论导向神秘主义方面的神秘现象与事物，都可以在人的实践中以及对这个实践的理解中得到合理的解决。历史与逻辑相一致，王权神权观念（意识）是当时布依族社会现实在哲学上的反映，是布依族哲学史上必经的阶段之一。

六、贤君治理的社会理想及天神天罚观

《柔番沃番钱》说：“兴王”时代是一个社会繁荣的朝代，那时“王有十仓杉木做，王有十仓柏木修。千个粮仓装满粮，好粮全是过节粮”。然而，到糅王（wuŋ^{11} ɾəu^{42}）继位之后，昏庸无道，导致严重的社会灾难，从而提出了天神天罚观念（意识）。那一年为“甲辰乙巳年”，经书认为此为糅王即位的第十二年。

甲辰乙巳年啊，
王位十二年。
那年穷到底那年饿多少人。
古辈十二个太阳，九个太阳紧紧挨，
十二个太阳齐出来。
谷粒稀似人脚杆啊，
稻穗稀似人的头。
岩石都倾倒，
棉花秆枯焦，
哪有你禾苗？
百姓的衣服卖吃光，

鞋也卖吃光，
戴的耳环也卖吃光。

用“十二个太阳”形容社会苦难，这与王权神权理论相吻合，似乎带有宗教神秘气氛，也反映出当时布依族观念（意识）的特点。《柔番沃番钱》说：在这种情况下，糅王才被迫寻访能人，助他渡过灾难，并许下丰厚报酬的诺言：

国王才来谈弓弩，
国王才来讲弓箭。
谁能射太阳？
炼铜田坝我来给，
炼铁田坝我来分，
新开良田来奖赏。
三年之内若水冲田，
四年换来高田给，
配给高高水车田，
坝中肥田我来分。

这说明当时社会不仅能造水车灌田，而且还具备了金属冶炼和铸造技术，但统治者却昏庸无能。经书说，当下层官吏“布光”（$pu^{42}kuaŋ^{33}$）推荐能人“真”（$tsen^{213}$）把十二个太阳射落后，糅王却放弃诺言，分文奖赏不给。为此，《柔番沃番钱》描述了一场天神惩罚的过程：

愤怒的“真”啊，
等着灾难的墨线再出现；
愤怒的“真”啊，
把脸朝向神圣的铜鼓。

铜鼓为布依族礼器，带有保护良善之功能，也是权力地位的象征。所以，经书认为“真”被欺骗后“朝向神圣的铜鼓”，企盼其给予启示，这种给铜鼓赋予的神秘感以及“灾难墨线”的概念，都显示了布依族观念（意识）与众不同。

他把所有山头都寻遍，
他把所有草蓬都寻找。
边走边思索啊，
遇着大母龙。
右边的耙绳母龙做，
左边的耙绳公龙做。
黄鳝当鞭子，

山丘当牛丫。
牛丫套着猪，
哇哇猪惨叫。
牛丫套着狗，
汪汪狗哭泣。
天神看见了，
成片成片的乌云滚过来。
乌云淹没了人间，
乌云覆盖着大地。
古时的雨点啊，
雨点大如青杠树。
王糅的时代受干扰，
王糅的时代遭灾难。

这就是说，由于“真”的英勇反抗，“灾难墨线”终于出现。天神对人间施予了严厉惩罚。

地方淹没了，
四面淹没了。
“伦罕坡”只剩扇子般地方未淹；
“雄梅坡”只剩斗笠般地方露出水面；
“坝罕坡”只剩屋子般大小未淹。
素鸟飞去归那里，
优鸟飞去归那里，
人们出去躲那里。

“天罚”之后，昏庸的糅王销声匿迹。这种把“天”当作一个具有视听能力的有意识和惩罚行为的“神”，显然是一种唯心主义观念（意识）。

优鸟抓来看，
素鸟抓来瞧。
翻里又翻外，
翻鸟舌底边；
翻这又翻那，
翻鸟肚里头。
鸟嘴有小米，
鸟肚有高粱，
鸟身有稻子。
这才得良种啊，

种是古代“兴王”的种，
稻是古代王的稻。
古辈曾有皇犬带种子，
今朝鸟类带良谷。

经书描述，灾难幸存的人民是靠鸟类找到谷种，开始生产自救，且人们对贤君的怀念，在灾难之后愈发强烈，“种是古代‘兴王’的种，稻是古代王的稻”正是这种心态的反映。《柔番沃番钱》载：粿王被天罚之后，继位的是贤明的算王。人民在新国王的领导下，生活逐渐富裕起来。

好粮选种“稿弄田”，
谷粒抛上天，谷粒撒四面。
那块成小米，
那块成金稻，
割来做成堆……
翻身的日子，
美好的命运，
吉利的年成。
过年时节王过节，
我也来过节。
赎买丰收归此家，
此家粮仓满登登。
粮食消了粮会长。
吃了旧粮新粮来。
过富贵日子，
辈辈享荣华。

这就是布依族对美好生活的憧憬，它反映的是一种贤君治理、安定繁荣的社会理想。这些与王权神权观和天神天罚观一同反映了奴隶制邦国时期的布依族哲学。

七、封建社会时期儒家思想的影响及封建伦理观

封建社会是布依族和汉族进行广泛文化交流的时期。羁縻州制土司制度建立，尤其明朝初年，明太祖朱元璋吸取唐末诸侯割据的经验教训，为了肃清元朝残余势力、地区势力，采取了大规模“调北填南”“调北征南”等移民措施，于永乐十一年（1413）建立贵州布政使司，加强了中央集权对布依族地区的控制。民间经济交往频繁，集镇逐渐扩大。文化交流的结果是布依族在行为准则、道德规范上吸收了儒家思想的有益成分。此后，布依族的封建意识形态受内地汉族影响很大，特别是布依族的上层封建主，他们甚至把儒家思想意识形态直接引入本民族之中。这些较突出地体现在布依族一些大姓所制定的《族谱》之中。这些《族谱》的《祖训篇》对封建的政治伦理观念（意识）作了较系统的阐

释，在布依族封建意识的建立中起了很大作用，甚至改变了布依族哲学发展的方向，即走的是吸收汉族儒家思想的道路。

（一）忠君、爱民的思想

修订于明成化二年（1466）的罗甸县土司《黄氏宗谱》在追述了从宋至明的四百多年间，本氏族的先祖遵从中央王朝的调遣，征战辽西、粤西、黔中，甚至“跨海南征”后，训诫子孙说：

蛮，稽族而知本源，足履山川扫豺狼而逐北，身擐甲胄，冒石矢从平南，斩将搴旗，披荆辟草，殆贤劳者……四百年矣。嗟嗟数百年栉雨沐风，宋而及明……生而继业，自得民也。

行军不曰兵，而曰师，可见自天子出，而统归于天子。非在穷荒之域擅自行权，铁马金戈，载天声而生色，其尊王之心，勤王之意跃然满纸。

沐雨栉风，鞠躬尽瘁，无非以忠君爱国传家之意。故祖训八条，首以忠爱开其端；全忝旧世，追维往训，推广数教诲之心。先申忠爱之义，用是以尔子孙等宣示之。孔子曰：“臣事君以忠，是知为臣之道。无他，为在忠而已矣。”盖忠始能敬尔在公；忠始能慎乃有位；忠始能惨惨畏咎；忠始能蹇蹇匪躬；忠始能致其身而不顾其身；忠始能敬其事而鲜败其事。……有官守者，食其土当报其恩。为其臣当敬其事。受恩不报，非忠也；我事君不忠于君，民事我亦不忠于我，上行下效，若是其甚可不惧欤！夫为臣不忠，独不思君之所赐，我以斯土者何为，而我之所以守斯土者又何为。于戏青蛇有献珠之日，胡为人不如虫？黄雀有衔环之时，何以人不如鸟？

这些理论，把宋明以来内地儒学的忠君思想作了系统、明确的阐述。它把忠君提到了封建政治、伦理规范的首位，并对忠君的合理性、必要性作了论述。它认为忠君之必要、合理在于，“我事君不忠于君，民事我亦不忠于我，上行下效”，这样，封建的社会秩序，土司家族的地位就不能维系了。它又以“报恩”来解释“忠”，认为忠君即为对君之报恩，而这是人同于动物又高于动物的本性；人而不知忠君、报恩那就不成其为人，甚至连禽兽都不如了。所以，《黄氏宗谱》说：

凡属一官一职，当念惟清，如履薄冰，如临于木，凛天威于咫尺，务国事于宵肝。不惟有功于朝廷，抑且不失其疆土，祖宗赖以长享，子孙赖以常保，有司代为忠臣，乡党表为孝子，光前裕后，岂不美哉。

接着，《黄氏宗谱》又提出“致君与泽民并重”的方法，把忠君与爱民并提、并重，强调：

致君与泽民并重。民者君之子，以爱子之心爱民。君者民之天，即敬天之诚敬君。愚昧焉不察致自弃于臣职之外，苟能敬慎自凛，而知事君治民不易。无时忘忠君爱子之心，不愧朕之股肱，可以为民之父母，人臣之职庶尽矣。孟子曰：“不以舜之所以事尧事，不敬其君者也；不以尧之所以治民，民贼其民也。”尔子孙其父母，视为具文焉。

这就把封建的君民、臣民关系都解释为父母与子女的家庭血缘关系，要求“以爱子之心爱民”“为民之父母”。这种思想相对于那种把人民看成土司、领主的奴仆、牛马的奴隶制思想和农奴思想来说，是有其进步和积极的一面的。它有助于缓和阶级矛盾，保持社会稳定。当然，它又有其虚伪、欺骗的一面，封建土司对群众的压迫、剥削并未因此消除，他们也绝不会成为仁爱人民的父母。

《黄氏宗谱》把忠君放到封建政治、伦理规范的首位，具有哲学意义。其作用在于维护封建专制帝国，并且直接目的是要人民“上行下效”忠于他们，因此是维护封建统治阶级利益的规范。但是，在客观上又有增强边疆少数民族上层统治者内部团结和增进国家统一的作用。因此，儒学的忠君、大一思想在布依族上层的传播和影响也有其积极意义的一面。

（二）孝悌与“正男女”思想

在《黄氏宗谱》中提出了“祖训八条”，内容为“敦孝悌以尽人伦”“笃宗族以昭新睦”“正男女以杜奸淫”“勤农桑以足衣食”“设家塾以训子弟”“修祖祠以荐蒸尝”“保人民以固土地”等。这和汉族的儒家思想意识相一致，“祖训八条”首先强调孝、悌。在《黄氏宗谱》中说：

孝悌也者，天之经，地之义，人之行也。人不知孝顺父母，独不思父母爱子之心乎。方其未离怀抱，饥不能自食，寒不能自衣，为父母者审声音察行色，笑则为之喜，啼则为之忧，行动蛙步不难，疾疼寝食俱废，以养以教至于成人，复为之据家室，谋生理，百计经营，心力俱瘁，父母之恩德实同昊天罔极。人子欲报父母于万一，外竭其力，冬温夏清，昏定晨省，无论贫与富，止求绳以诚。在朝为忠义之臣，在行间为忠勇之士。尔子孙宜体其意，务使出于心诚，竭其力之既尽，一念孝悌，积而至于念皆然，身体力行……尧舜之道，孝悌而已。

这就不仅把孝悌作为天经地义的政治规范，而且把孝悌作为伦理规范的哲学基础。因而要“务使出于心诚，竭其力之既尽”。其次，则强调“正男女”，说：

《易》曰：“乾道成男，坤道成女。”是知男正位于外，女正位于内，天地之大义也……为伯翁者，坐必别室，勿围婶媳之炉；为婶媳者，行不复堂，须避伯翁之面；则伯翁之道正矣。叔嫂虽无避面，亦有嫌疑；子与妹虽属同根，当顾廉耻；盖子叔年轻六尺，不行嫂妹之闺；嫂妹贞字十年，不入子叔之室；有秩序之别，无戏谑之风；则子妹叔嫂之道天矣。若男不男、女不女，不畏父母诸兄……实为家法所难容，而国法所不恕也。尔子孙务交胥正，将见家道昌隆，子孙万亿矣。

这就把男尊女卑以及妇女贞节等家庭规范看成伦理基础，“天地之大义”。其目的是为“家道昌隆，子孙万亿”，并继续维护土司封建家族的秩序，乃至整个社会秩序，即“家法”与“国法”。最后，“祖训八条”把封建的宗法制看成重要的伦理基础。它说：

明人道，必从睦族为重也。夫家有宗族，犹水之有分派，木之有分枝，虽远近深浅不同，其势巨细陈密各异，其形要其本源则一，故人之待家族宗族者，必如一身之有四肢、百骸，务使血脉为之相通，疴痒为之相关，悲欢为之相应，则宗族亲睦，则祖宗默慰，俾尔炽而昌矣。

这“祖训八条”中，还把布依族人民勤劳、好学的传统和儒家思想意识相结合，提出“勤农桑以足衣食”“立家塾以训子弟”的道德规范。在“祖训八条”中说：

养生之本在于农桑，此乃衣食之所由出也。一夫不耕或受之饥，一女不织或受之寒。古者天子亲耕后亲桑，躬为重尊犹且不惮勤劳，况为至卑男女者乎。夫衣食之道，长于时，聚于为，本务所在，稍不自力坐受其困。故勤则男有余粟，女有余布；不勤，仰不足以事父母，俯不足育妻子，其理然也……愿吾子孙尽力农桑，勿好逸恶劳，勿始勤而终怠，勿呼卢而唱雉而轻弃田园，勿走射业而荒故业，勿雕文刻镂以旷农事，勿衣朱佩紫尚华饰以害女红。我子孙世荷天恩，无赋役之供，苟能重本务，一岁所入，日积月累，以至身家富厚世守剌赖无穷。

即教育族人勤于农桑，自食其力，俭朴持家，以此为生活的立足点和个人美德。“祖训八条”又说：

高曾祖既训汝曹以勤农桑以足衣食，继又立家塾以训子弟者何哉？盖饱食暖衣逸居而无教，则近于禽兽。故衣食足而礼义可兴矣，汝子孙宜尊往训，设家塾、延明师，务使子弟贤者、智者、愚不肖者周旋亟文，北面而受业。今日之官僚，无非昔日之子弟；今日之子弟，岂非异日之官僚？即有丁零孤苦、陋巷寒门、质美而力不足者，合族共为之提撕。庶几贤者能及、智者有为……

至于愚于不肖，力不及此，然孜孜苦读，业精力勤，或入个学，出个贡，补个廪，云胡不美。即不然者，学诗自然能言，学礼自然能立。纵家徒壁立而笔舌耕伐，亦可为家人终岁。计即水旱螟蝗，砚田本无恶岁……

明人伦、知礼让、喻法律、耻非为，入能孝以事亲，出则能弟以事长，子弟之学，胥在是矣。

这实际就是孔子认为的治国应先使民“富之”，然后“教之”；以及孟子认为的应使民有“恒产”以无饥无寒，然后是“谨痒序之教”的思想传承。“祖训八条”的上述思想和孔孟的思想是相通的，都认为在实现温饱之后就应进行教育。但“祖训八条”进行教育的目的，是要“家运重逢山谷，蛮声复振”，即提高边疆少数民族的声望和地位，为封建统治阶级培养后继人才。这就具有历史局限性，然而对发展边疆民族教育也有一定推动作用。

当时，类似黄氏土司的布依族大姓，还有南笼府（今黔西南自治州）的岑氏；八番宣慰司（今惠水）的“八番”；金竹安抚司（今贵阳市、长顺县）的金氏，以及安顺地区的伍氏、韦氏；望谟县的王氏和平塘的杨氏；独山的莫氏；荔波的蒙氏等。这些布依族的上层封建主，对汉族儒家思想的吸收传播都作出了一定贡献。

八、封建社会时期“黔南巨儒”莫友芝的思想

明、清时期是贵州高原上汉族儒家文化与当地布依族文化互相渗透、互相影响最深刻的时期。明初，为确保通往云南的通道，遂在贵州境内遍立卫所，驻扎重兵防守。明永乐十一年（1413）正式将贵州设为一省，使贵州作为省级行政区划，跻身于全国发展的行列。清雍正年间，中央王朝以武力强行“改土归流制”，撤掉土司，换上外地流官治理，加强了中央王朝在贵州的统治。在思想文化方面，明、清时中央王朝除在贵州省的府、州、县境普遍设立官学和提倡尊孔读经外，还明确规定各级土司的继承者必须为科举出身，使儒家文化在少数民族中逐步得到推广。至晚清时期，贵州高原终于出现了诸如郑珍、莫友芝、黎庶昌、周渔璜等一大批全国著名学者，布依族的莫友芝则是其中的佼佼者。

莫友芝（1811—1871）字子偲，号郘亭，晚年号饵叟，布依族，贵州省黔南自治州独山县兔场上街人。父亲莫与俦是翰林院庶吉士，任盐源知县后便回家从教十余年，从学者很多。莫与俦先生擅长考据学，对贵州地理沿革尤有研究，亦能诗文。莫友芝自幼得其家传，十四岁时（道光五年，1825）考取秀才，十九岁时（道光十年，1830）中举。他与郑珍（遵义人）同为著名汉学家贵州学政程恩泽的门生。“通会汉、宋，通许、郑之学，工诗，为西南大师。真行篆隶不类唐以后人，世争宝贵。友芝亦乐易近人，癯貌玉立，而介特内含。道光十年举人，在京远迹权贵……荣利泊如也。咸丰时，尝选取县令，弃去。至是中外大臣密疏荐其学行，有诏征至，复谢不就。”① “喜聚书，博学多通，又工各体书，与郑珍齐名，时称‘郑莫’。”② 著述颇丰，有《经说诗文集》《黔诗纪略》《声韵考略》《过庭碎录》《樗茧谱注》《唐本说文木部笺异》《宋元旧本书经眼录》《遵义府志》《郘亭遗文》等。

（一）莫友芝的儒家思想

莫友芝在学术上之所以取得重大成就，与他受儒家思想的教育和熏陶是分不开的。他除对其父的教诲终身奉行不渝外，还恪守、发挥儒家思想。

首先，在品德修养方面，莫友芝根据儒家关于“格物、致知、诚意、正心、修身”的心性陶冶，在此基础上进而求“齐家”，有机遇行其道则力争“治国”“平天下”。为此，他提出“百行法程朱”的准则，主张“治经宗汉，析理尊宋”，力求“汇汉、宋为一薮”。宋代理学以“理”为核心，以“格物穷理”为精髓，以“主静”“居敬”的“存养”为工夫，以“齐家”“治国”“平天下”为实质，以达到“圣贤气象”为最高境界。莫友芝的父亲莫与俦在京城庶常馆时，曾借读清初理学大师张履祥的《杨园先生全集》，来遵义讲学时向莫友芝等推荐此书。莫父特别赞赏张氏的理学研究，尤对《杨园先生全集》的教

① 参见赵尔巽等撰：《清史稿·莫友芝传》。

② 参见谭正壁主编：《中国文学大辞典》，上海：光明书局 1934 年版。

化作用评价很高，认为："全书中陈事理，近而指远，辨大道疑似，严而气和。其切于人如布帛菽粟之于饥寒也，如针石药物之于疾病也。"并谆谆教导莫友芝："吾不能悉记，尔留意求其本，自得师矣！"① 莫友芝遵从父教，不仅自己潜心宋学，还与郑珍捐资刊刻《杨园先生全集》，并在《校刊张杨园先生集叙》中记述了其父莫与俦关于宋代理学的若干见解，为宣讲和传播宋学做了大量工作。

其次，在孝悌方面，莫友芝也有论述。例如他在《娱莞台记》中记载友人张其诏为孀居的母亲造了一座花园式高台，朝夕奉母游憩其中以为乐，取名为"娱莞台"。文中把"娱亲之道"分为三种：世荣之娱、性命之娱、朝夕之娱。关于"世荣之娱"，其意是："掇巍科、登美仕，奉八座而列百珍，颐使目驱，应志而趋。阎里绝望，殆于天人。"这是仕宦之家才能具备的"娱亲"条件。所谓"性命之娱"，是指"蓄道德，能文章，殆令名以施后世"者，这是读书人才可能做到的。而"朝夕之娱"则是平常人家随其能力高下以侍奉父母，"无形以为是，无声以为听，导和引怡，融融愉愉，随其力之能当之者，亦忘其所以然"。莫友芝最赞赏的正是这种"朝夕娱亲"的形式，认为这种形式"见乎性命之中，大行不能加，穷居不能损，圣贤无所余，庸众无所歉"。提倡无论贫富贤庸，都应奉行孝道，这样才能家庭祥和、社会安定。莫友芝主张以此道育人，更以此道律己。他尊敬父母、兄长，关心弟妹、子侄，一家数十口人，尽管生计艰难，总是互相鼓励，相处得"融融愉愉"。

从他一生的行止来看，其人品志趣也是很有特点的。清道光十年（1830）他参加全省乡试中举后，遂又三次进京会试未取，对清廷政治黑暗和仕途险恶有所认识，遂绝意仕进。父亲死后，他继遵义湘川书院主讲之席，致力培育人才，精研学问。这时他的家累很重，生计窘迫，"岁藉塾修以相生养，粗衣淡齑，时时不继"②。他曾在《移居》《岁晏行》等诗里这样描述自己的生活：

无田不能归，十载赁官屋。荒颓已莫顾，贱价期我鬻。
人情看势利，仿乎作翻覆。既闻逐客令，谁敢去不速？

房主迫迁，他只好自构茅屋居住：

诛茅草创未蔽风，依山尚是城当中。天寒夜永不得。卧，林下往往鸣惊弓。……吾庐独破那足道，可念四野多哀鸿。乐输急火走签票，条编巨等齐租庸。惜哉权力不在手，为尔乞取铜山铜。

家境如此凄苦，他还念念不忘备受官府压榨处于社会底层的"四野哀鸿"，说明莫友芝的思想感情与人民是相通的。他平易近人，远离权贵，进京会试时，正值咸丰的御前大臣郑亲王端华及礼部尚书肃顺延揽人才。他们闻友芝名，"欲招致授子弟读"，又托人

① 参见《校刊张杨园先生集叙》。
② 参见郑珍：《郘亭诗钞·序》。

“求书”，友芝均辞不应[①]，“不随时俗俯仰”[②]。在一般士人醉心利禄，攀缘权贵相习成风的时候，其能如此，实在不易。晚年，他远游江淮吴越，搜求典籍，以诗文书法与各地才俊交往。六十一岁病卒江苏兴化舟中，“属行之先，犹取所携《隋书》及《黔诗纪略》底本翻阅数事”[③]。《清史稿》说他“内含介特”“荣利泊如”是符合实际的。纵观他一生的思想行为，均未跳出正统儒家思想的藩篱。

（二）莫友芝的教育思想

莫友芝大半生从事教育，三十岁应聘为湘川书院主讲，以后又受聘主讲启秀书院，在贵阳做过塾师，游历江淮期间又一度被聘为庐阳书院山长（即院长）。在长期的教育生涯中，逐渐形成了自己的教育思想。

第一，他主张教育必须注重德行，要求学生明义利之辨，以端正学习目的，确定正确的趋向。他在辑录父亲莫与俦《示诸生教一》中说：“学之为道，莫先于正趋向。趋向不正，虽其胸贯古今，望绝当世，亦是小人。”要求学生“服习圣贤之遗训”，以经文的内容来指导自己，明礼义，矫正乖戾之习。读书不能以科名利禄为追求目标，否则，就如无靳之车、无舵之舟，没有方向和制约，任其自流，必将导致车翻舟覆。莫友芝对明礼义、重信用是很讲究的。他在一首诗中说：“我思先王学校意，正似都民树城堡。不明信义即乌合，谯堞俨然城已倒。”[④] 把“信义”视作建学灵魂和根基。失去“信义”，一切表层设施都立足不稳。

第二，他主张读书讲求实用。他要求学子诵读经史诸子之书，必须自求诸身心而切按之行事。他在《犹人先生行状》中说：“生平教人以切近笃实为主……论学必穷神知化，令学者何处著手。”《示诸生教二》中也说：“约而‘四端’‘五典’之精，放而庶物百为之变；细而日用寝食，大而礼乐兵农，世之所有，举人之所为，古人皆有一定之则以处之，特患所习者以为常谈而不察。”把古书所说的，一一思其所用，这固然是读书之法，但把古人之言作为制约个人言行、思想的规条，而不思有所突破和发现，也失去了读书致用的意义。

第三，他要求学生“安于贫”，不做作奸犯科、损人利己之事。莫友芝认为一些人为了“救贫”，不是凭自己的劳动所得以谋生，他们“或簸弄乡愚，从中取利；或奔走势要，干揽讼词”，干种种非法勾当。但是“安于贫”并非听任其穷饿，而是要有“治生”的本领，或教书，或种田，自食其力，无所求于人。希望读书人可以去耕田，甚至可去当佃户，这种思想是很有意义的。

第四，重视圣贤的榜样作用，特别是本乡历史上的先贤，使学生感到亲切，乐于仿效。其父亲莫与俦创建“汉三贤祠”，奉祀西汉的舍人、盛览和东汉的尹珍，让郑珍写《汉三贤祠记》，阐述三贤业绩及奉祀缘由。舍人，犍为郡敝邑（今贵州遵义）人，他第一个注《尔雅》，堪称我国训诂学的鼻祖。盛览，字长通，“牂牁名士”，是司马相如门人，善写辞赋，是贵州历史上第一位作家。尹珍，字道真，群牁毋敛县（今贵州独山县）

① 参见黎庶昌：《莫征君别传》。
② 参见《郘亭诗钞·序》。
③ 参见莫祥芝：《郘亭先生行述》。
④ 参见莫友芝：《郘亭诗钞·集柏容菇园》。

人，曾赴中州从经学大师许慎学习，学成归南域执教，传播中原文化，是古代著名教育家。莫与俦认为："吾不能专精文字训诂，成一家之书以报师友，愧十九年多士师。惟三贤汉儒专门，又皆国故，以此倡士，蔚有兴者，吾志毕矣。"莫友芝对乡邦贤哲是非常景慕的，他在《集柏容菇园》中写道："恨我不见诸老翁，犹淑余光窥玉宝。敢因嗔骂变心性，浪掷粢粮换刍稿!"把先哲们比作"粢粮"，不畏他人责骂而改变初衷，用此宣讲学问，激励学生以三贤为师，振兴黔中的文化与学术事业。他还经常节衣缩食，广收典籍。比如生于明嘉靖、万历时期的贵州清平人孙应鳌，官至户部右侍郎、刑部右侍郎、南工部尚书，著述颇丰。莫友芝访求数十年得其多种著作，为其写传，赞其学为"以求仁为宗"，誉其人为"以儒术经世为贵州开省以来人物冠"。他所搜获的孙氏著述，为其弟莫祥芝编印为《孙文恭公遗书》。时人称莫友芝所藏"秘册之富，南中罕有其匹"①。这些图书在他离黔赴江淮时都留给地方士子阅览，为贵州带来了全国新的学术研究成果，开阔了后学子们的眼界和知识领域。

第五，重视儒家礼乐的教化作用。儒家为使"圣贤之道"广泛传播，深入人心，在各地修建文庙，制定车服礼器，举行祭典仪式，歌舞奏乐以娱先贤。这套礼乐制度相当繁杂。四川荣昌府教授寇万川把《黉宫敬事录》《学宫辑略》《文庙史典》及附录《阙里圣迹图》合编为《学宫图考》刊行，请莫友芝作序。莫友芝在《序》中考证了蜀中礼乐图籍发展变化的历史，叙述清初各位帝王对礼乐的重视，进一步论述礼乐的教化作用，认为《学宫图考》的印行，正可使"人争游夏之徒，家美弦歌之俗，黼黻文治，将驾汉宋而上……达之天下"。儒生们以能参加文庙的祭孔仪式为荣，从中受到感化和陶冶，培养良好德操。不过，那种烦琐仪节及活动内容并不可取，但通过一定的典礼仪节进行感化，这种方式是有教育意义的。

第六，善于因材施教，根据学生水平高低及接受能力强弱，采取不同方法教授。莫友芝自述他在遵义时凡"同辈讲习，后生问难，罔不教述所闻，竭其一得"②。他宏览博识，教人无私无隐，"从学者言考据，言义理，言诗古文辞，悉就其性之所近，不拘拘焉以门户相强，故人亦乐亲之"③。这种因材施教，不以门户相强的教学之法，至今仍有可取之处。

（三）莫友芝的历史观和治学态度

莫友芝的很多著作反映出他的历史观和治学态度。例如，他与郑珍合撰的《遵义府志》，久已为人们所称道，甚至有"府志中第一"④ 之誉。这部府志内容详赡精审，体例新颖切实，关心人民生活，文笔典雅精粹，体现出编撰者进步的史学思想。

第一，坚持历史进化观点。以往一些史学家常常沉湎于所谓"三代盛世"，将其美化为"理想之国"。莫友芝和郑珍却着眼于遵义本地的历史实际，确认遵义古代是"蛮貊之邦"，无"盛世痕迹秒，随着时代变迁才逐渐开化。自宋代杨氏封建领主至土司统治时期，虽未尽脱"蛮风"，但经济、文化有所发展，特别是在杨粲祖孙几代时发展变化较大。

① 参见《郘亭诗钞·序》。
② 参见《郘亭遗文·答万锦之全心书》。
③ 参见莫祥芝：《郘亭先生行述》。
④ 参见梁启超：《中国近三百年学术史》，北京：中华书局 1936 年版，第 309 页。

“改土归流”后，随着汉族移民的迁入，巴蜀和中原文化影响加深，社会面貌大为改观。《遵义府志·序》说：“此周千里之地，物力殷赈，户口繁舌。非大歉，岁无不完之征。非死病，腊无不归之子。经行虽僻，无一二里无塾童声，省试四十八人，郡获者常逾四之一。谓昔地非夷乎，今视中州何异也。”又说：“闻阎之殷赈，物力之丰富，风土人文之秀泽，一切与中州等。”莫友芝虽不懂唯物史观，但他从具体分析历史变异的过程，已触摸到中古胜于远古，近世胜于中古的发展规律。

第二，坚持人定胜天、人事可以改变自然的观点，否定地理决定论。他说：“古吴、越、荆、楚、闽、粤诸国，大抵夷耳、蛮耳，而今则文物财赋之薮也。秦晋之郊，三代两汉来皆帝王之宅，而水泔水赭，望古者意爽然焉。是故兴衰之运，非独天时，人事迭有起伏，惟地亦然。”[①] 遵义地区“冈峦峰阜相攒，无一里原，无五里陆，依山为田，皆如梯桄。其土瘠石瘦，不可田又不可胜计”[②]，但“地土之性，刚柔有定。转变不时，惰农能美者使恶，良农能瘦者使肥，是视人力之为也”[③]。对这些田土，农民根据土质加以改造，耕耘施肥得法，可使收获增加。至于“冈峦峰阜”，可以因地制宜，种槲桑以养柞蚕、家蚕，发展丝织业。至乾隆初年遵义知府陈玉壁输入山蚕饲养法，使当地农村面貌大为改观：“数十年来，齐蚕之种遍山谷，为利固亦时有盈虚，仰食者与正安桑蚕等矣。更能畦棱墙角，莫不拾红葚金钱，此邦庶其无遗利乎。”[④] 这正是人力改造自然的范例。正由于劳动人民大力开发，才使遵义一变而为财力殷实、文教昌明的地区。为进一步发展贵州的桑蚕业，郑珍作《樗茧谱》一卷，莫友芝为之作注，所注内容均根据人们饲养柞蚕的实践经验，字数超过原文。《樗茧谱》共五十条，包括种槲、养蚕、防病、工具、缫丝、丝织等各个方面。由于莫友芝逐条作注，使内容更加详尽、具体而十分实用，大大推动了贵州蚕桑业的进一步发展。

第三，坚持“彰直道、系讴思”的精神，表彰贤良善举，使后人追慕效法。由于莫友芝崇尚儒学，在撰修历史著作中对人物、事件的评判上不可能摆脱“忠孝节义”等封建道德标准。但他坚持以是否有利于民生、有益于社会为品评历史人物的主要准则。凡对人民做过好事的，不论官位高卑，一律录载其人其事。凡在历史上庸碌无为，即使以往志书已录载者，也笔削除名。如在《遵义府志》中，对引进山蚕的知府陈玉壁、创办湘川书院的知府刘绍升、教民种桑饲蚕的正安州吏目徐阶平，都列入“宦绩”卷，对杨粲、杨价、杨文及杨汉英等对发展地方文教事业有贡献的“土官”，给予很高的评价。而对曾投降元朝叛将囊加台的土官杨延礼、无政绩可称的杨鉴，在府志中“今并削之”。又如乾隆三十五年（1770）桐梓大旱，知县胡某苛敛百姓，生员李凤苑等24人联名上告，结果均被处以极刑，《遵义府志》详载其事，字里行间流露出对生员的同情和对赃官的憎恶，客观上揭露了封建刑法的残酷，抨击了封建社会的黑暗。

第四，不立异、不苟同、实事求是，勇于自责，敢于坚持真理。如莫友芝在《说文逸字后序》（卷一）中说：“而本朝老辈言《说文》，其株守鼎臣者，不敢一字溢出，虽唐以前明白引据，辄以铉无不信，宁依声取他代；其傅会私造者，又骋一时臆见，穿凿不经。

---

① 参见郑珍、莫友芝纂：《遵义府志·序》。

② 参见郑珍：《樗茧谱·书后》。

③ 参见郑珍、莫友芝纂：《遵义府志·农桑·农宜》。

④ 参见郑珍、莫友芝纂：《遵义府志·农桑小序》。

夫二者之病，株守为轻，然其回护牵就，去傅会私造者几何矣！”株守者盲目苟同，唯前人古训、家传师教是听，不越雷池一步；傅会私造者率尔立异。而对前人古训和家传师教一概否定的人则浮薄不实。这两种人，为莫友芝所反对。他在《校刊中庸集解序》（卷一）中进一步指出株守者之害，“特是述朱子者，谨守先生之说，小有同异，即束弃不观。……门户在胸，虽大路椎轮浸，鲜有过而问焉者。”认为墨守师说，必毫不创见，终至抱残守缺，泯然众人；门户在胸，必自筑深墙，闭关锁国，无人问津。这就在理论上阐述了一个人的治学原则。莫友芝为学，律人严，律己更严。他对待自己的遗漏缺失，更是不留情面，让之暴露于众目睽睽之下，这种实事求是的学风，是作为一个学人最宝贵的品质。如他在撰修《遵义府志》名物山川一节时，曾遗漏“郘亭”这一亭名；后再三稽核，郘亭当属遵义府境（古属牂牁郡），确定无误，遂即补正刊订。为铭此教训，莫氏特自取号“郘亭”。这就是莫友芝号郘亭之由来。“郘亭”之名，正是莫友芝实事求是、敢于自责的又一见证。[①]

九、乡规碑提出的道德规范和天人合一观点

清代自嘉庆以后，社会阶级矛盾加剧，统治阶级日益腐朽，各级官吏横征暴敛，土地兼并严重，劳动者流离失所，饥寒交迫，由此，社会秩序混乱，伦理道德沦丧。而布依族人民除此之外，还受到反动统治者的民族压迫和民族歧视。在这种情况下，自嘉庆至咸丰、同治七十余年间，在布依族的村寨中出现了诸如《安民碑》《晓喻碑》《垂芳千古碑》《禁革碑》《联防合同碑》等多种形式的乡规民约碑。这些碑，把儒家的观念（意识）和布依族人民纯朴的传统观念相结合，提出了一系列维护社会秩序和社会安定的规范，对布依族人民产生重大影响，表现了布依族人民当时的社会思想和伦理观。

《马黑寨乡规碑》：

士农工商是君王之正民；奸诈淫恶，乃乡里之匪类。我等生居乡末弹丸，少睹王化之典，各宜所有，务要出入相友，守望相助，勿以相仇之心。男当以耕，女绩纺，庶乎家家盈宁，殷室安居。乐享光天化日。所有奸情盗贼皆起于赌博。严示子弟贫不可为贼，贱只能卖气力，莫勿行乱偷。

《者冲地方乡规碑》：

君臣、父子、夫妇、朋友、昆弟、各守五伦、各尽人道。君尽道、臣尽忠、子尽孝，子敬夫、弟敬兄，各尽其诚。人有家规，敬老兹幼，勿忘宾礼。人丁兴旺，求宽以待人。富贵贫贱，红白会期，扶老助幼，邻里相帮，一境和悦。世有刚烈者，因小事而威逼大事，则各方劝化，以戒奢华。

《秧佑地方乡规碑》提出几不准：

---

① 参见：伍文义《简论“黔南巨儒”莫友芝的思想》，肖万元、伍雄武等主编：《中国少数民族哲学宗教儒学》，北京：当代中国出版社 1995 年版，第 240－249 页。

不准赌博贪婪，诱惑儒子；不准窝藏招匪，致偷设害；不准勾引刁棍，平空讹诈；不准嗾使词讼，波害良家；不准估淫人妻，活夺妇女；不准持尊凌卑，凶行磕索。

《马黑寨乡规碑》提出几不许：

不许赌博；不许偷笋盗瓜；不许掳抢孤单；不许调戏人家妇女；不许游手好闲；不许窝藏匪类；不许偷鸡盗狗；不许作贼反告。

《坝达地方乡规碑》提出“勤农耕”“俭持家”“无偷盗”的社会理想：

吾乡……勤俭各为家风，朝出耕以仰资侍父母，暮入息聚议场圃桑林。要以后相劝，绿野明月到处犬无声，堪称仁厚之俗。

布依族还特别有一种护林碑，此碑把保护山林、环境作为一种规范确定下来。如兴义《顶效地方护林碑》：

窃思天地之钟灵，诞生贤哲；山川之毓秀，代产英豪。是以惟岳降神，赖此朴域之气所郁结而成也。然山深，必因乎水茂；而人杰，必赖乎地灵。以此之故，众寨公议，近来因屋后丙山牧放牲畜，草木因之濯濯，掀开石厂，巍石遂成嶙峋，举目四顾，不甚叹惜。于是齐集与岑姓面议。办钱十千，木品与众人永为后代，于后龙培植树木。禁止开挖，庶几龙脉丰满，人物咸兴。

倘有不遵，开山破石，罚钱一千二百文；牧牛割草，罚钱六百文；勿谓言之不先也。

这就说明，布依族爱护山林水土，珍视自然界带给人类的幸福，主张利用和开发自然资源，也要遵循一定的规约。这是布依族人民历代的优良传统。

十、《苦歌》《反歌》的反抗观念

明、清以来，随着阶级压迫，民族压迫的加重，布依族人民生活艰难困苦，在布依族人民中产生了《苦歌》《反歌》等揭露社会不平、反对压迫的民歌。

在《苦歌》中唱道：

苦、苦、苦，
三年两头苦。
百姓肚子空，
官家粮生蛀。

在《穷人歌》中则唱道：

鸡嘴尖来鸭嘴宽，
肚子饿了空叫天。
财主都是贪婪鬼，
肥了肚肠烂心肝。
财主住的高高楼，
高楼层层穷人修。
积善堂里阎王殿，
吃钱吃米吃人肉。

这些诗歌对当时社会的不平和罪恶，作了无情的揭露和尖锐的斥责。

面对压迫、剥削，布依族人民不甘心任人宰割，他们在《反歌》中发出了反抗的呼声：

水缸满了，水就要往外淌。官家对百姓压榨多了，百姓就要起来造反。

上等之人欠我钱，中等之人不照闲。下等之人跟我一起走，打倒上等人再过年。若要我们不造反，除非免兵又减款。

布依族人民的这些反抗思想，最终酿成了清嘉庆年间贵州南笼府（今黔西南自治州安龙县）的王囊仙起义。

王囊仙，原名王阿崇，是南笼府城南洞酒寨年仅 22 岁的布依族妇女。她平时关心百姓疾苦，常以求神为名用草药给人治病，被百姓尊为“囊仙”，意为“仙姑”。经长时间的舆论发动、组织准备后，在王囊仙的领导下，于嘉庆二年（1797）正月初五爆发了布依族农民的大规模起义。起义后来被清朝统治者镇压下去了，但是，在起义高潮时，义军几乎占领了贵州省的大半地区，以及云南、广西数县，在方圆数百里的地区建立了农民政权，在贵州历史上产生巨大的影响。在发动群众的过程中，王囊仙用宗教思想，借神之口鼓励反抗压迫、同官绅进行斗争的思想。她说：

神仙和我讲，
要我转告众乡邻。
我们为何苦？
只因有官绅。
神仙还说过，
要想得活命，
就要扭成一股绳，
誓与官绅不两立。
要想有饭吃，
团结起来反官绅。
要夺回土地，
团结起来打财主。

要想得太平，
捞起刀斧杀上南笼城。
把官绅杀尽，
穷人才能得太平。
不得官家来压榨，
穷人才得安宁。
不得官家逼粮款，
山寨才清静。

这些坚决反抗斗争的观念，冲破了封建思想的束缚，和前述宗谱中所立之祖训体现的封建规范大不相同，表现了布依族人民勇于反抗压迫剥削，坚决与反动统治者斗争到底的革命精神。

第十一章　教育和体育

第一节　布依族的教育

一、布依族教育的产生与发展

教育是人类特有的一种社会现象，是培养人的一种活动。它与人类社会同时产生。劳动使人猿相揖别。在劳动过程中，人手作为一种劳动器官，人脑作为一种思维器官以及语言作为一种交际工具逐步形成和发展，为教育活动的开展提供了前提和条件。人们在生产、生活及其他社会实践活动中积累了丰富的经验，为了能够生存并世代延续下去，便力求把这些经验或活动规范化并传给下一代。这样，教育就产生了。人类社会之所以能够不断发展，就是因为每一代人不仅能在教育中接受和掌握祖先积累的生产方法、道德和社会生活经验，而且还能使之进一步充实丰富，把更加成熟的经验传给后代。通过一代代人的传承、充实、丰富和提高，人类社会相应地得到发展和进步。因此，教育是与人类社会相伴相生的，而且是人类社会存在和发展的重要前提，具有极其重要的社会功能。这种规律，布依族也不例外。

教育不仅是促进社会发展的重要因素，教育本身也是发展的。原始社会教育还没有从人类社会实践中独立出来成为专门的职业，文字也未产生，因此教育主要采取在劳动中言传身教的方式，以及在社会交往中或宗教、民俗活动中，通过群体行为模式的“信息压力”加以塑造和濡染，把新一代造就成符合本民族社会规范和需要的人才。这种教育方式贯穿于社会始终。随着社会分工和文字的产生，专门培养人的教育机构和场所——学校，以及以对儿童进行培育和培养为业的专门人员——教师出现了。这一历史转折，布依族地区可追溯到汉代。当时毋敛（今荔波一带）人尹珍在黔南布依族地区办学，始开贵州学校教育之先河。其中肯定有不少布依族子弟接受了他们的学校教育，但由于布依族在历史上没有产生自己的民族文字等特殊原因，直到明清时期才大量出现汉文学校教育。20 世纪初，布依族地区开始现代学校教育。中华人民共和国成立后，布依族地区的教育取得了飞速发展，到目前为止，已经有了包括大、中、小学和职业技术学校等在内的较完整的教育体系。布依族儿童的入学率大幅度提高，包括科学家、教授、主任医生、总工程师、工程师、作家、学者等在内的各方面的专门人才日渐涌现。在一些地区，出现了升大、中专学校的学生比例很高的“秀才村”。例如，据《贵州民族报》载，安顺地区平坝县马场镇普贡村这个只有 70 余户、4 000 多口人的布依族村寨，从 1949 年到 1992 年，就出了 32 名大中专学生，其中就有 15 名是大学生。这类例子在今天的布依族地区已不是个别的现象。

目前，已有不少在海外攻读硕士、博士学位及在海外工作的布依族教授、副教授和企业家，这是布依族教育事业前所未有的新气象。

不同时代的布依族教育在教育思想、教育目的和教育手段、方法等方面都有着不同的特点。从学校教育来说，中华人民共和国成立前布依族教育主要是封建奴化教育，所以它培养的只能是民族的自卑感，阻碍了布依族社会历史的发展。新中国的布依族教育是一种新型的社会主义教育，加之布依文的推行，布依族当代教育从教育思想、教育目的和手段、方法都具有了全新的面貌，它培养了民族自尊感、自豪感及主人翁责任感。电化教学等现代化教育手段也开始进入布依族地区。教育的发展有力地推动了布依族地区政治、经济和文化的发展，人们的精神面貌焕然一新。但是，布依族教育总体水平与中心地区、汉族发达地区相比，差距还很大。由于教育经费少，教育内容和手段的民族化问题尚未解决，极大地影响了教育效果，制约了布依族教育的发展。目前，布依族地区文盲所占人口比例仍很高，这必然大大制约布依族社会经济和文化的发展速度。

二、布依族的教育思想与教育制度

布依族虽然没有产生过自己的教育家，但在长期的教育实践中，布依族人民总结和积累了丰富的教育经验，形成了自己的教育思想。这些思想一般通过教育实践体现出来，并用俗语、谚语等高度概括，世代传承下来。

关于教育的重要性，布依族人民早已有所认识。谚云：

faix miz mboongs goonl，wenz miz soonl miz rox.

树不钻不空，人不教不懂。

bux rox xih daab hwat，buxmizrox xih gwaddamx gaaix.

知者易，不知者难。

如果没有教育，人将永远处于愚昧状态，做起事来就很难。

而教育必须从小抓起。谚云："少小不学习，长大无出息。""gogt ndil byaail xihgdil，gogt waaih byaail bil ndeus ndeus"（根好梢就好，根坏颠摇摆）。从小抓起，既包括智育方面，也包括德育方面。所谓"小时不育，大来育不伸"，就是指教育就像栽培树木：幼小时如发现长弯了就必须扳直，否则长大后就扳不直了。教育也是这样，小时候出现的不良习气如不予纠正，长大要改就很难了。有的谚语还规定儿童的行为准则："小人脾气惯不得，扯谎扯不得，害人的事做不得。"从小培养儿童良好的道德品质，十分重要。一个人要能立身处世，除具备良好的道德品质外，还必须具备一定的生产技能和社会生活常识，而这些也必须从小抓起。例如布依族对女儿的教育，谚语说："五岁学搓麻，七岁学纺纱，九岁下地种棉花，自己穿着不能做，不准到婆家。"

布依族特别重视家庭教育。谚云："boh gvaail leg xih gvaail，aail ndil lauc xihhans."（老子聪明儿智慧，糟好酒才醇）。这里的聪明、智慧不是遗传学或血统论意义上的，而是说教育得好。谚又云："牛吃牛背，马吃马驮；自家儿女，自家教说。"这是说，父母对子女的教育是不可推卸的职责。在布依族的家庭教育中，因男女社会分工的不同，所以主张对男孩和女孩的教育分别由父亲和母亲来承担。谚云："leg saail miz soonl gvaais boh，legmbegt miz soonl gvaais meeh.”（男儿不教父的错，女儿不教母的过）又云：“儿女犯法，父母有过。”

对受教育者，必须严格要求，因为“严父教出好子女，严师带出好徒弟”。严格指的是对儿童不能娇惯：“劝君莫养骄骄子，长大不认娘老子；莫养骄骄娥，出嫁骂公婆。”

家庭教育没搞好，往往受到社会的非议。这实际上是一种社会教育形式，人们根据社会的道德观对其行为进行矫正。“legrox soonl jauchos，legmiz rox soonl doh beangz.”（懂事的孩子膝头教，不懂事的孩子全社会教）。这句话意为孩子通过父母的家庭教育就能成为一个符合社会需要的人，有的人因家庭教育没做好，就需要社会来加以补充。

对教育者本身，布依族特别强调言传身教，以身作则。这是因为受教育者往往通过仿效来进行学习，正如谚语“legdanc haaiz boh，baex aul wens meeh”（儿穿父鞋，媳照婆样）和“mizrox gueh haaiz，meeh daais lix yuaanng”（不会做鞋，婆婆有样）。因此，教育者首先必须提高自己的品德修养，否则就不可能教育出符合社会所需要的人才。所谓：“爹妈老师不懂理（礼），教出娃娃不规矩。”教育者还必须有过硬的功夫，才能培养出高素质的人才：“严父教出好子女，严师带出好徒弟。”这里的严，既指父、师对受教育者要求之严，也指父、师本身有过硬本领。关于教育方法，布依族主张进行说理教育。谚云：“joongl miz ros miz ndangl，haaus miz naiz miz xings.”（鼓不打不响，理不说不明）

布依族中有很多劝学的谚语。大致的内容是要求受教育者从小热爱学习，虚心求教，勤学苦练。谚云：“少小不学习，长大无出息”“学习不用功，到头一场空”“凡事要做好，必须问三老”。特别强调参加社会实践前先学习有关知识的重要性。谚云：“未曾出门，应先学礼”“出门不学礼，必然乱规矩”。学习和掌握好各种知识，能使自己终生受用。正如谚语所说：“自己挖地自种麦，自己学习自己得”“知书识礼，正正经经，走到哪里，哪里尊敬”。

中华人民共和国成立后，布依族的教育思想有了新的发展。在社会主义教育思想的总背景下，在坚持社会主义教育方针的前提下，布依族的专家、学者特别提出了教育必须注重提高民族自尊自强精神和民族自豪感，用母语文字进行教学以提高教学效果，同时通过它辅助学好汉语文和外语，在大中小学教材中应补充和加强本民族历史和传统文化的内容等思想。这些思想的形成充分反映了在党的民族政策光辉照耀下布依族人民的主人翁责任感和崭新的精神风貌。

布依族的教育制度可分为民族传统教育制度和汉文教育制度两种。家庭教育与社会教育相结合，而以家庭教育为主；父教子、母教女的性别分工等，都属于布依族传统的教育制度。

从明代起，随着“调北征南”“调北填南”及清代“改土归流”政策的实施，中原封建王朝加强了对布依族地区的直接统治，加上汉人的大量涌入，布依族地区逐步出现了大量的汉文学校。从而形成民族传统教育和汉文教育两种制度并存的局面。从明、清到民国时期，汉文教育先后有官办的文学、社学、书院、学堂以及私人办的私塾等形式。清光绪三十一年（1905），清廷下令停止科举，兴学堂，布依族地区的府、州、县纷纷以书院改办官立高等或初等学堂，开始出现了现代学校。为解决师资，还开办了临时性的师范传习所，培养包括布依族在内的各民族师资。中华人民共和国成立后，布依族地区形成了包括专科学校、中等专业学校、职业技术学校以及中小学等一套较完整的教育体系。尽管20世纪初布依族地区就出现了现代教育，但它与新中国的教育制度具有根本性质的不同。中华人民共和国成立前，布依族地区的教育是封建教育的一部分，是为封建统治者培养布依族人民的奴性，加强对布依族人民的统治服务的；而中华人民共和国成立后布依族的教育则是社会主义教育的有机组成部分，是为加快发展布依族地区的社会主义建设事业，促进各民族的团结、进步和共同发展繁荣服务的。

三、布依族教育的类型和特点

布依族的教育分为家庭教育、社会教育和学校教育三种。

1. 家庭教育

这是布依族教育中一种比较重要的形式。原始社会解体、个体家庭产生后，家庭成了社会生产和生活的基本单位。因此，对下一代的教育，其重心落到了家庭肩上。即使后来出现了学校教育，家庭教育在整个教育中仍占重要地位。

布依族家庭教育的内容包括才智和德、美、体等方面。才智方面的教育主要是培养后代在生产和社会生活实践中应掌握的基本知识和技能。比如培养女孩在出嫁前具备妇女应掌握的种植、养殖等方面的农活技术，以及家务活和纺织、印染等知识技巧，还要培养女孩为适应社交和因社会角色变化所需掌握的基本知识。对男孩的教育也有相应的要求。德和美的教育，是长辈根据本民族的道德伦理规范和审美观念，把后辈培养成为符合布依族社会规范的具有良好道德品质和健康审美情趣的人才。体育，主要是训练后辈具有健康的体魄。

2. 社会教育

社会教育在原始社会个体家庭产生前是一种主要的教育形式，而个体家庭产生后，社会教育则成为家庭教育、学校教育的有益补充。布依族社会教育与家庭教育的目的基本相同，但教育者不是受教育者的直系亲属或血缘亲族长辈，而是寨老、长老和普通社会成员。

布依族社会教育和家庭教育在教育手段和方式上有很多共同之处。例如，言传身教就是普遍采用的共同方式。儿童参与集体的生产和社会生活实践时，长辈和其他社会成员都可以成为其教师，在教育者的示范和指点下，受教育者在认真听取并记住的同时，通过模仿和不断实践演练，逐步掌握有关知识和技能。

通过讲故事进行说理教育或道德伦理教育也是一种共同方式。一种情况是，讲故事者的思想倾向体现着本民族的道德伦理观和人生观，经过反复教育，受教育者潜移默化地受到熏陶和感染。另一种情况是，一些故事本身就是为灌输某种道德伦理观念的。有一个故事说，某人对自己的母亲不孝，用木碗给她吃饭，其子天天剜木碗，问其故，说是为父亲做的。这个人听了后触动很大，改正了不孝的恶行。这类故事运用形象生动的事例，进行道德训诫，往往能起到警醒的作用，效果很好。

此外，通过宗教或民俗活动来进行教育，也是一种方式。祭祀祖先和丧葬仪式等创造一种庄严气氛来感染人和教育人，培养和巩固人们的孝行。在“三月三”祭祖和一些地方的丧葬仪式上，还有宣布行为规范等内容。这是借助神的威力来加强教育。而宗教禁忌通过世代传承，使人们知道哪些事可做，哪些事不能做。布依族民俗作为一种群体的行为模式，是布依族价值和道德伦理观的反映。民俗活动中，受教育者主要在民俗活动的氛围中受到感染并进行模仿，从而掌握有关知识。通过这些方式进行教育并不排斥长辈的指点，它们是相辅相成的。

3. 学校教育

古代至民国时期布依族地区的学校教育传播的主要是汉族封建文化。历代封建统治阶级都是奉行民族歧视和压迫政策。“华夷”分界及歧视“蛮夷”的大民族主义观念充斥于教科书和汉文献中，有的甚至在少数民族族名上加上反犬旁，将其贬为兽类。因此，包括布依族在内的少数民族被迫接受这类知识的必然结果，是他们中相当一部分知识分子丧失起码的民族自尊，并通过他们影响本民族人民。看到了这一点，我们就不难理解，布依族民间关于自己祖先明洪武年间来自江西或湖广等地的传说为何那么普遍！当然，汉文学校教育在布依族地区的兴起对促进布依族地区经济文化的发展是起过一定作用的，但其封建主义教育实质对布依族社会造成的负面影响也不能低估。这才是辩证的态度。

中华人民共和国成立后，布依族地区学校教育的普及使儿童入学得到保障，教材的社会主义内容使布依族人民感受到平等、互助和团结的祖国各民族大家庭的温暖，提高了民族自尊心和自信心。对现代科学文化知识的学习则大大提高了布依族学生的文化素质。

黔南民族师范学院，是2000年3月经教育部批准成立的一所本科层次的民族师范院校，也是贵州省第一所升本的地方高校，办学历史可追溯到1952年。2007年学校接受教育部本科教学工作水平评估获“良好”等次；2011年获批成为教育硕士专业学位研究生培养单位；2012年经教育部批准，成为“中小学教师国家级培训计划”示范性集中培训项目院校；2013年获建省级院士工作站；2014年加入全国应用技术大学（学院）联盟，并成为教育部20所转型发展案例院校之一。学校位于黔南自治州首府，中国优秀旅游城市——都匀市，校园总占地1 800亩。学校现有文学与传媒学院、数学与统计学院、计算机与信息学院、教育科学学院等17个二级学院和教学单位，设置7个教育硕士招生专业方向，有51个本科专业，隶属于文学、理学、教育学、法学、经济学、历史学、管理学、工学、艺术学、农学等十大学科门类。学校现有教职工893人，其中专任教师796人，教授102人，副教授325人，硕士生导师30人；具有博士学位的教师82人，具有硕士学位者占专任教师50%以上；享受国务院、省、州政府特殊津贴专家16人，省管、州管专家7人，贵州省教学名师5人。2016年，在校学生数达1.5万余人。

至2016年底，黔南自治州继续实施全面改善义务教育薄弱学校基本办学条件项目工程。办学条件更加完善，各类教育协调发展，教育活力不断激发，教育公平精准发力，多项工作走在全省前列。新建公办幼儿园38所，“新两基”攻坚计划扎实推进，全面实现基本普及十五年教育目标，新增5个县（市）义务教育基本均衡通过国家督导检查认定，新增1所“二类”、2所“三类”省级示范性普通高中学校，都匀一中新校区投入使用。教育支出72.84亿元，同比增长10.3%。教育支出与2016年GDP相比为7.1%，占公共财政预算支出的22.2%。全州教职工数50 102人，专任教师数39 807人，其中：幼儿园教职工10 417人，专任教师6 577人；小学教职工17 380人，专任教师16 027人；初中教职工11 158人，初中专任教师10 477人；普通高中教职工6 510人，专任教师5 070人；中等职业学校教职工1 887人，专任教师1 656人；特殊教育教职工数209人；普通高等院校教职工 2 541 人。

至 2016 年底，黔西南自治州共有各级各类学校 1 676 所。在校学生 74.79 万人，比上年末增长 2.9%。黔西南自治州的兴义师院通过本科教学工作合格评估，黔西南职业技术学院新校区基本建成。国家基础教育资源公共服务平台落户黔西南自治州，建成“校校通”学校 1 943 所、“班班通”教室 7 821 个。黔西南自治州政府筹集资金 125 亿元改善中小学办学条件，大力推行“十大教育工程”，新建幼儿园 392 所、农村寄宿制中小学 540 所，学前三年毛入园率达 86%，小学、初中寄宿率由 8.2%、50.1% 提高到 30.2%、78.1%，九年义务教育巩固率达 85%，高中阶段毛入学率达 87.5%；兴义、兴仁、安龙、贞丰通过国家义务教育基本均衡发展督导和省基本普及十五年教育督导评估验收，兴义八中跻身全国百强中学，兴义一中升为省级一类示范性高中。

第二节　布依族的体育

一、布依族体育的产生和发展

人类最初没有专门的体育活动。先民们的体育是寓于生产劳动、战争和游戏等活动中的。随着社会的发展，先民们将这些活动的一些过程或因素反复演练，便逐步从生产劳动及战争中独立出来，形成了较专门的体育活动。

由于历史上布依族没有产生过通用的民族文字，没有留下可供稽考的文献资料，汉文献又语焉不详，这些为布依族体育产生和发展情况的研究带来了相当大的不便。据有关专家初步研究，布依族传统体育的起源，“最早的已有两千多年了，最近的也有百来年，大部分均有 800 ~ 1 000 年的历史。部分项目的起源时间现尚不能确定，但根据民间口述和活动的原始组织方式及手段进行推理来看，至少有 300 年的时间了”。①

从布依族体育的具体情况看，其来源大致有下列几个方面：

（1）生产劳动。布依族依山傍水而居，稻作农耕具有悠久的历史，由自然环境决定，狩猎和捕鱼也是布依族先民重要的生产活动内容。因此，布依族的传统体育与这些生产活动有着密切的联系。例如，射箭、射弩、赛马、登山等项目，很显然是从布依族的狩猎活动中发展而来的；赛龙舟、水上漂石、划竹排、划舢板船等项目，无疑与布依族的捕鱼活动有关；扭扁担、斗牛等，则来源于布依族的农业生产活动。此外，还有一些项目，如打抛（线球），似乎来源于纺织生产。

（2）军事活动。布依族古代战争活动较频繁。从春秋、战国、秦汉到民国时期，发生在布依族地区，由布依族组织、领导或参加的战争有很多。布依族的斗石赛、投标杆、武术、棍术等就是从战争中的练兵杀敌活动中发展而来的。例如，据史料记载，清嘉庆年间布依族农民领袖王囊仙、韦朝元领导的南笼起义中，就有梭镖、投石和武术等的运用。

（3）社交或婚恋活动。这类体育项目如“甩花包”，最先可能是恋爱中的青年男女交

① 参见吴致平：《布依族传统体育概览》，贵州省布依学会编：《布依学研究》，贵阳：贵州民族出版社 1989 年版，第 327 页。

换信物的一种方式，后演变为一种娱乐性的体育活动。

中华人民共和国成立后，随着文化教育事业的发展，布依族地区篮球、乒乓球、羽毛球、排球、田径、跳绳、拔河以及棋类等现代体育项目日益普及。布依族地区的地、州、县（市）都建立了体委，体育作为教学中重要内容之一进入了各级各类学校。学校、机关和团体经常开展体育活动，布依族人民的体质不断得到提高。但布依族传统体育如何提高、普及和进入学校，使之与现代体育有机地结合起来，仍是一个亟待引起重视并加以解决的问题。

二、布依族体育的类型和特点

布依族的传统体育，按内容可分为生产类、生活类、军事类、祭礼类以及娱乐类几种。

（1）生产类。这类体育项目与人们的生产活动具有密切关系。它从生产劳动中产生，并反映生产劳动的内容。这类体育项目有游水追鸭、划竹排、划舢板船、划龙舟、登山、射箭、射弩等。

（2）生活类。这类体育项目反映人们的社会生活。“甩花包”是其中较有特色的一项。“甩花包”又名“甩糠包”，是青年男女社交中的一项重要活动，多在春节期间举行。届时男女各站两边，人数多少不等，相距数丈，互相抛掷。对方若掷向谁而未被接住，这个人则将礼物系在花包上掷给对方。礼物不定，女方多送鞋垫、手巾等，男方则送手镯之类。“花包”或“糠包”用几色彩布缝制，呈菱形，内装米、豆或米糠。每只角用五彩丝线做成耍须。用布条缝制成长约二尺的带子。抛掷时手拿带子，往前或往后绕几圈即抛出。接时也须接住带子。此外，抢鸭子、抢彩球等项目也属此类。

（3）军事类。这类体育项目较多，具有搏斗性质。除射箭、射弩外，摔跤（或称扳腰）、打石仗、武术等均明显属此类。摔跤是两个男子勇与力的较量，以将对手摔倒在地为胜。武术则是智与勇的较量。打石仗主要流行于镇宁、普定、六枝、关岭、安顺、三都等地。参加这种活动的人“战斗”时均全身心投入，但“战斗”双方却全无敌对性质。它可能是由军事演习演变而来的。三都周覃地区的这项活动是在周、覃两大姓之间开展。按古规，只有15～50余岁的男子有权参加。双方人数相等，每个人是否参加全凭其意愿。打石仗有三条规则必须严格遵守：①在“战斗”中，双方中任何人被击伤都不得发怒、闹事；②不准使用火药枪、马刀、铁块等利器；③不准虐待“俘虏”。战场摆在横穿周覃大坝的格博河两岸。农历四月初八早餐后，两大姓的队伍各占据河的一边。他们抬来大筐碎瓦块、大堆小石头，当双方领队挥手致意后，九名号手吹响牛角。随之，双方“战士”向自己的目标，疾速地投掷瓦块、石片。“战士”们可利用掩体作掩护，也可冲到河坎边短距离发射。有单独行动，也有集体冲锋。阵地上呼喊、冲杀声不绝于耳。阵地后方不远处，有双方老人、小孩和妇女观战，他们不时发出助威的呐喊声和欢笑声。①

（4）祭礼类。这是指那些在祭礼上或作为祭礼仪式一部分进行表演的体育项目。例如贵阳市乌当区新场乡可龙布依族每年农历正月初九到十五在玩红灯节日活动中的“演武

① 参见张巢：《周覃布依族投石节》，贵州省文化厅群文处、贵州省群众文化学会编：《贵州少数民族节日大观》，贵阳：贵州民族出版社1991年版，第183页。

场”上表演的演武活动，就属此类。初九日，寨中庙里竖起一面四方形红色大旗，标志着红灯节开始。晚饭后，“灯头”高举红灯带领人们来到庙中参神拜佛和祭祀祖先。庙中灯烛闪闪，气氛肃穆，玩灯者穿红袍红裤，佩红腰带，在“灯头”领导下唱《点兵歌》，合着锣鼓节奏涌向演武场。在演武场上，“灯头”指挥“开场杀法”，布依语称“歪栋那结”，意即集体操练，共有24路操演套路。之后是单项演习，有“歪栋重”（单枪练习）、“歪栋敌长重”（双人长枪）、“歪栋文泥敌将”（单人练大刀）、“送文适将”（双人大刀）、“歪栋扫纳敌犯”（教练铜锤大斧）、“歪栋敌将”（铁连杆木）等。单项操练有打击乐伴奏指挥，其中单人大刀、双人锤和斧、单人铁边杆还有唱词相伴和。舞单人大刀者需饰野鸡尾。[①] 此外，铜鼓刷把舞、粑槽舞等均属此类。

（5）娱乐类。此类体育项目在布依族传统体育中也占很大比重。凡是青少年的体育活动，大致属此类。成人体育中，属此类者也不少。如打革螺（陀螺）、打童棍、打抛（线球）、踢毽、打秋千、水上漂石、跳独脚等，都是具有娱乐内容和性质的体育活动。

布依族体育从形式上分，还可以分为竞技型、表演型、竞技表演型三种。竞技型的体育活动比赛的特点很明显，比如摔跤、掰手腕、赛马、赛龙船、赛舢板、打抛、踢毽、武术、登山等。参与者都抱着一决胜负的决心和愿望。表演型则重在表演，参与者并不想在比赛中争输赢，只求表演得好一些。比如甩花包、贵阳乌当布依族在红灯节中的演武活动以及舞龙、舞狮等，都是表演型的体育项目。另外还有体育活动是由对垒的双方来展开，但两军对垒的活动不一定都是竞技型的。例如打石头仗，虽然双方“仗”打得猛烈，也发生受伤事故，但过后并不记仇。这种活动由于受某种信仰的支配，基本上成了一种仪式化活动。这类活动可称作竞技表演型。除打石仗外，这类活动还有抢鸭子、抢彩球等。

布依族传统体育有如下主要特点：

（1）丰富性。布依族的体育项目计有数十种之多，这些活动有的是常年开展，有些是在特定的时间和场合进行。不仅内容丰富，形式也多姿多彩。

（2）多在节日和喜庆日子开展。在喜庆日子（如结婚、新居落成等）进行的体育活动突出的有甩花包等。当来自四面八方的青年男女为庆贺主家相聚在一起时，常进行甩花包活动，互相认识，交流感情。在节日里进行体育活动的情况更为普遍。打抛、踢毽、打磨秋等常常是节日活动的主要内容。有些活动只在特定的节日里进行，如玩龙灯、舞狮主要在春节期间，划龙船在端午，斗牛在四月八，打水枪在六月六等。有的节日要开展好几项体育活动。例如荔波城关一带在端午节就有爬山、梭草马、划龙船、划舢板、抢鸭子、抢彩球等活动。这些活动都是按一定顺序开展的。清晨，城内及附近村寨的布依族、汉族青年带上粽子，争先恐后爬上距城约1 000米，高约300米的玉屏山，玩耍嬉戏、吃粽子。之后，便进行爬山和梭草马比赛。大家用稻草或茅草扎成草马，扎好后，每人骑在一匹草马上，一字儿排在山顶边，领头人大喊一声“梭！”大家便一齐策“马”梭下。梭下后又爬上山再梭，谁先爬上山顶和先梭到山脚的次数最多，谁就是胜者。中午，在樟江河中举行划龙船比赛。参赛的龙船多时20余条，少时也有10余条，船头均扎上彩色的龙头龙尾。每条船载16人，两边各坐7人，每人持一片摇橹，由1人在船尾掌舵，1人站在船头

① 参见小山、思农：《可龙布依族的“玩红灯”》，贵州省文化厅群文处、贵州省群众文化学会编：《贵州少数民族节日大观》，贵阳：贵州民族出版社1991年版，第162页。

击鼓指挥。与此同时，还有独人舢板比赛。划船比赛结束，又举行抢鸭子和抢彩球比赛。参加抢鸭子项目的有三四百人，一般分为三批，每批约百人。分几批投放河中的鸭子，可达一二百只。当裁判员一声哨响，宣布比赛开始，几条装鸭的木船立即划到河中心，将鸭子全投放河中。顿时，几十张舢板船如离弦之箭，飞速划向河中心去抢鸭子，没有舢板的人则游到河中去抢。谁抢到鸭子，不论多少，全归他自己。抢彩球比赛，参赛者也有二三百人。彩球用各色绸缎扎成，抛于河中让人们抢，谁抢得多，谁就是优胜者。现在，因参赛人数越来越多，而用绸缎做的彩球浮在水上的时间短促，易沉河底，故改用猪尿泡染上各种颜色，打足气，代替彩球。春节期间的体育项目也很多，如甩花包、踢毽、打抛、打磨秋等，这里不再赘述。

（3）地域性。布依族传统体育活动除部分通行于全民族或本民族大部分地区外，很多项目都只在部分地区流行。比如，踢毽、打抛、摔跤、打革螺等通行于整个布依族地区，甩花包、打秋千、打水枪等流行于布依族大部分地区，而打石仗、划龙舟、赛马等则只流行于局部地区。

（4）游乐性。很多传统体育活动集体育与游戏为一体。从体育的角度看，它是体育；从游戏的角度看，它也是游戏。比如打抛、打童棍、跳独脚、跳拱背等都属此类。甩花包虽不是游戏，但其游乐性也是十分明显的。

第十二章　政治军事

第一节　政治

一、阶级的产生和分化

约在西周时期，生活在牂牁江流域（今珠江上游南盘江、北盘江、红水河流域）的布依族先民社会分工扩大，财富日益增多，其处于原始社会末期的氏族、部落酋长把剩余产品据为己有成为可能，私有制产生。牂牁国的建立，标志着布依族先民已迈入阶级社会门槛。

牂牁国，至春秋战国时期始有记载。《管子·小匡》篇齐桓公言："余乘车之会三，兵车之会六，九合诸侯，一匡天下……南至吴、越、巴、牂牁、不庾、雕题、黑齿。荆夷之国，莫违寡人之命。"注曰："皆南夷国号。"[①] 说明齐桓公称霸之时，已有牂牁国。且当时"南夷各国"前来贡献方物，表示对齐桓公遵从，牂牁国就是其中邦国之一。《管子》一书，曾有姚际恒、黄云眉等著名学者认为不是管仲亲手所作，而是战国孟轲根据管仲生前言行编写而成。然而考证者们仅仅认为《管子·小匡》袭自《国语·齐语》，并不怀疑史料的真伪。因而清代以来，贵州地方志言及牂牁，必先肯定《管子·小匡》。（清）莫与俦《贞定遗集·牂柯考》曾详加考订，肯定了牂牁国的原始资料，论证是正确的。牂牁国是春秋时期贵州高原的重要国家。如《贵州古代史》说：牂牁国领地，曾达于岭南的西北部，其"政治中心叫夜郎邑（今贵州安顺市），故可用牂牁来代表春秋时期的贵州"，"以当时中原大国为例，从建国至强盛约需百年左右，边远的邦国进展较慢，当在百年以上。由此推测牂牁国上限，应始于西周中叶"。[②]

《太平御览》卷七七一引《异物志》也说："（牂牁国）处牂柯江之上，因以江名国……俗人谓之越王牂柯。"[③] 牂牁国国民是"越人"，因而牂牁国王被称之为"越王"。这里的"越人"即是"南方越人"。南方越人和中原夏人关系密切。古文献记载"越人"颇多，其中就有大禹曾亲至江南，越人始君出自夏人等观点。如《尚书·虞书·皋陶谟》《吕氏春秋·音初》和《史记·夏本纪》都记载：夏人祖先禹曾娶南方部落涂山氏之女，因生夏后启。涂山氏即居于涂山的部落，在今浙江山阴一带。[④] 而《左传·哀公七年》和

---

① 参见《管子·小匡》。

② 周春元等：《贵州古代史》，贵阳：贵州人民出版社 1982 年版，第 27、28 页。

③ 参见李昉等：《太平御览》卷七七一引《异物志》。

④ 参见司马迁：《史记·夏本纪》。

《国语·鲁语》都记载禹曾至会稽封禅，与江南土著部落酋长们会盟。[①]《墨子·节葬下》《吴越春秋·越王无余外传》也记载：禹死后所葬之地不在黄河流域，而在江南会稽。至夏少康时，少康子“无余”或“于越”率族人南下，定居于会稽。[②]《史记·越王勾践世家》记载：“越王勾践，其先禹之苗裔，而夏后帝少康之庶子也。封于会稽，以奉守禹之祀。”[③]《史记·正义》引贺循《会稽志》说：“少康，其少子号子越，越国之称始于此。”[④]《越绝书·外传记地传》又称夏人无余为“越之先君”。[⑤]班固在其《汉书·地理志》中更确定岭南诸郡越人是禹和少康的后人。[⑥]说明了史籍对本来只在南方越人中世代流传的“越、夏关系密切”这一观点的认同。布依族源于古代“南方越人”，布依族语言与汉语同属中华汉藏语系，牂牁国文化是古代中华文化的重要组成部分。

战国初年，牂牁国衰，牂牁国境内布依族先民中一支信仰竹图腾的氏族部落崛起，占领牂牁国北部直辖领土，号“夜郎国”。《史记·西南夷列传》记载：“西南夷君长以什数，夜郎最大。”[⑦]此外，《汉书》《后汉书》《华阳国志》等史籍对“夜郎国”亦有较多记载。至汉成帝时期，夜郎国亡后，布依族社会进入了“封建领主制”时期，社会阶层分化为封建领主和土民。发展至宋、元、明时期，领主制进一步健全，封建领主阶级分有土司、亭目、把事等阶层；而土民则分为粮庄百姓、私庄百姓、家奴丫鬟等。明末清初，“地主制”逐渐形成，特别是清雍正五年（1727），改土归流之后，地主经济基本取代了领主经济，社会也随之分化为地主和农民两大阶级。但个别地区仍残留土司制并一直延续至民国初年。

二、社会组织

布依族传统社会组织，有宗族制、议榔制、寨老制，还有“番”“马”“埲”“枝”等。它们源于古代的氏族管理制度，是古代民主制的继承和发展，同时也有阶级社会的特色。

（一）宗族制

布依族宗族是由同宗同姓的一个或数个村寨组成，各地皆然。其血缘组织联系紧密，内部禁止通婚，每个宗族都有族长。

族长在宗族成年人中自然产生，一般由辈分较高且有威望者担任；或辈分虽不算高，但属族中经济大户，在社会中有能力和威望者也可任其职。族长的对内职责是维护家传、家教和家规；弘扬办事公道、尊老爱幼、相互帮助、自立自强、不欺人亦不怕人欺及以理服人、热心公益事业、爱村爱家等优良品格。对违反上述规矩者，族长可对之批评教育、罚款，或其他处罚。对外职责主要是村寨间的交往、大事协商、纠纷谈判等。族长的行动

① 参见左丘明：《左传·哀公七年》。
② 参见《墨子·节葬下》。
③ 参见司马迁：《史记·越王勾践世家》。
④ 参见司马迁：《史记·正义》引贺循《会稽志》。
⑤ 参见袁康：《越绝书·外传记地传》。
⑥ 参见班固：《汉书·地理志》。
⑦ 参见司马迁：《史记·西南夷列传》。

受族内意见制约，在外代表族内利益、维护族内尊严、体现族内的风格气度。宗族议事形式，平时有家族长全体会议、家族长代表会议、当事人与评中人专门会议、有关方面协商会议等。遇事民主协商，决议后族长负责施行。

明、清时期布依族上层有钱有势者建有祖宗祠，作为全族祭祖和聚会之所。如望谟县王氏宗祠、罗甸县黄氏宗祠、麻江县罗氏宗祠、兴仁县岑氏宗祠、镇宁县王氏宗祠等。宗祠平时有专人守护，定期由族长在宗祠内主持祭祀、宣布族规、合族宴会。费用由家族“祭祀田”收入开支，如安顺地区的伍氏“祭祀田”，中华人民共和国成立前就有八十石之多。有的还将族规作为祖训条款载入族谱，让后代子孙世世遵循。这种祖训条款，每年在祭祖仪式上由族长宣读，从而增强了族规的神圣性。

宗族聚会的另一形式，是春节送铜鼓会和清明节祭扫祖坟聚会。每个布依族宗族都有一面或数面铜鼓，作为本族祖传之宝，春节用鼓敲击为乐，并祭祀铜鼓；至正月十五日晚收鼓，再祭一次。然后，集体送铜鼓到族长家保存，全族置酒宴餐，显示宗族的团结和意志。清明节祭扫祖坟聚会由族长主持召开各家长会议，确定祭扫规模、分工及费用数额。每户出钱若干，届时聚于祖坟前，杀猪置酒祭祖，举行合族宴会，此举有忆祖思今，团结向上之功能，也是增强宗族内聚力的方式之一。另外，布依族宗族内还有老人会、互助会等，亲邻有事，互帮互助，不计报酬。这种宗族制是自发的，但组织又是严密的。因违犯族规而被革除者，不允许参加本宗族活动，并受社会鄙视。

（二）议榔制

议榔制，在平塘、惠水等县布依语称“议榔”；在望谟、册亨等县称“议各习”。“榔”源于布依族早期社会的血缘组织，又是本氏族对部落酋长的称谓。“议”有集中、聚会之意。议榔随着社会发展，逐步变为以地缘关系为主的农村公社组织。进入阶级社会，原来的氏族部落酋长乃至农村公社首领演变为凌驾于社会之上的统治阶级，议榔制便初步具备了国家机构的政治职能。这种基本上不改变社会组织体系，而把农村公社变为统治工具的社会结构，是东方奴隶制的社会特征，马克思称之为“亚细亚的形态”。例如中原地区在夏商周时期，虽进入阶级社会多年，但它的“宗族血缘联系非常紧密，国家的原始民主制保留较多，在政治生活中的作用和影响也大得多。在君主专制制度建立以前的七八百年时间里，一直保持着很大影响”。布依族地处西南边远山区，其政治进程和特点与中原相似，甚至议榔制在中华人民共和国成立之前，仍有部分存在。

议榔制组织，小的包括一个或数个毗邻村寨；大的包括数十百寨。不分姓氏宗族，都可以参加。议榔设有榔头、巫师，以及分管军事、主持司法的头领。组织的最大权力机构是议榔大会。主要讨论议榔内有关重大问题，制定榔规榔约，选举各种执事头领。规约的主要内容是：保护私有财产不受侵犯，维护生产生活秩序，维护公共道德纲纪伦常，决定采取保卫集体安全和抵御外侮的具体措施等。榔规榔约体现组织内群众的意志和愿望，必须遵守，违者必究，有较强的约束力，在社会动乱时期往往发挥较大作用。在黔西南自治州的兴义、兴仁、册亨、安龙、贞丰等县市，有不少类似榔规榔约的古代碑文，为当地群众所必须遵守。如位于南盘江畔的《册亨马黑乡规碑》于道光二十七年（1847）立。碑文曰：“我等生居乡末弹丸，少睹王化之典，各宜所有。务要出入相友，守望相助，勿以相仇之心。男当以耕种，女妨绩……自立碑后，严示子弟。贫不可以为贼，贱只宜卖气。

倘忽行乱偷，通寨一力禁革……勾引外贼，必定擒拿送官治罪。若有贼人枉告中人，以为磕索，此事指鹿为马，众人不致相丢。”碑文还具体列出 8 项禁革的款目：“不许赌钱”“不许偷笋盗瓜”“不许掳抢孤单”“许调戏人家妇女”“不许游手好闲”“不许窝藏匪类”“不许偷鸡盗狗”“不许作贼反告”。①

马黑寨为清时永丰州与册亨州的分界，地处要冲，有盘江航运之利。类似碑文其他地区亦不少。在平塘县上莫乡，布依族议榔组织曾在民国年间召开群众大会，宣布榔规，并当场处死偷盗耕牛、屡教不改的罪犯。其刑罚，是采用大竹笼装犯人，再用石头捆绑沉入塘中溺死。说明议榔组织不仅有教育功能，还有执法效果。

近现代时期，有的地区议榔制与寨老制融合，寨老亦即议榔的榔首，对社会的管理和教育很是奏效。在农村发扬优良传统，伸张正气，压制邪气，促进社会安定发展，都离不开有威望的榔首和寨老。

（三）寨老制

布依语称寨为“板”（gba:n⁴²），称寨老为“博板”或“布光”。俗语云：“板又光、兰又主。”意为“寨有寨老、家有家长”。寨老是一寨之主、一寨的领袖，由群众推举而成。一个村寨的寨老，少则三五人，多则五六人，视村寨大小、人选多少而定。

寨老一般由办事公道、深明理义、广见博识、作风正派的男性长者担任。20 世纪 80 年代镇宁县扁担山区石头寨共 200 多户人家，便有六位寨老：寨老伍玉奇是民国时期黄埔军官学校学员，伍起良、伍起贵二人参加抗美援朝立过战功，伍起朝是退休高级教师，伍登宋是退休乡镇干部，伍起宁是安顺运输公司的退休工人。亦有由族长升格为寨老者。寨老的职责，对内主要是主持和办理本寨日常事务，如节日安排、公益活动、寨神祭祀、处理寨内纠纷等。对外代表本寨利益，作为本村全权代表参加解决寨与寨之间的各种问题。

寨老地位崇高，以至历史上曾被视为行政长官，进而被神化。在黔西南的兴仁、兴义、安龙、贞丰等县市，布依族村寨几乎都立有一种四柱四角的凉亭式“官厅”。相传战争年代，部落首领曾将这种“官厅”用作军事瞭望亭和议事亭。后来发展为“主神”。每年农历正月初一至初三，由寨老主持祭祀“官厅”。祭毕，寨老走进厅中分左右对席，焚香化纸，率众恭拜神主，然后议事，总结去年生产生活大事做得如何，商议来年应做之事。意见统一后，列出条款，当众宣布。并对青少年作一次严肃的社会道德说教。到场人员必须恭首听训，违者受罚。兴仁县大山乡波秧村，至今还保留着大年初一必须演武的纪念仪式。寨中男女老幼到“官厅”拜年时，要携带刀、矛、枪、鞭等古代武器。在“当班”（演武专用场地）进行演武，由寨老派头人指挥，操兵器进行。先于武场中绕九弯，然后列阵两排，忽而相持，忽而相背，作阵法练兵。演练结束，鸣地炮三响，持兵器叩拜神主而后散。其他村寨的男性青壮年，亦有不同形式的武术表演。在“官厅”集体用餐，所剩食物全部倾倒于“官厅”侧的“仓”中（厅外墙脚刨一穴，用一石作底，四石作壁，一石作仓盖）。人们只能分到一块刀头肉带回家祭供家神。所用碗筷、杯盘、砧板都置于“官厅”中，待来年再用。

---

① 《册亨马黑乡规碑》，《民族志资料汇编》（布依族）第 1 集，贵州省民族志编委会 1985 年（内刊稿），第 107 页。

祭寨神庙会，亦是寨老制职能之一。民国年间此俗还较盛行。一般每年对寨神行祭数次，即正月初三一次，三月初三一次，六月初六一次，七月十五一次。每次用牛、猪、公鸡等物，由寨老主持行祭，祭师念经文祈祷丰收，寨人同餐共宴。这对团结人心，强化村规寨矩，增强内聚力有较大作用，但其形式是宗教的。中华人民共和国成立后，寨神庙会已趋消失，但寨老制仍存在。近来有些地区请寨老参与制定乡规民约，执行起来很有效果，说明寨老制仍是布依族社会不可忽视的传统力量。

（四）番

“番”亦称“蕃”，古音读“博”。这是宋朝初年布依族地区出现的一种社会组织。《宋史·蛮夷列传》载：“宋初以来，有龙蕃、方蕃、张蕃、石蕃、罗蕃者，号‘五姓蕃’，皆常奉职贡，受爵命……龙氏于诸蕃最大，其贡奉尤频数。”北宋神宗元丰七年（1084）年，“程蕃”乞贡方物，“愿依五姓蕃例注籍”；宋哲宗元符二年（1099），又有“韦蕃”入贡，“诸蕃部族数十，独五姓最著，程氏、韦氏皆比附五姓，号西南七蕃”。宋元之间，与“卢蕃”合称“八番”。[①]

八番地，在南宁州（今黔南自治州惠水县城郊）。诸番罗列，同田共坝，番与番之间相距里许或数里之遥。各以姓氏不同划分势力范围，有明显氏族血缘的痕迹。因朝廷对归附首领按势力大小委以官职和赏赐，管辖附近部族，使各番争着朝贡，互相攀比，最多一次“其使者十数辈，从者千余人”。《宋史·蛮夷列传》又载：“宋太祖乾德五年，知西南夷南宁州蕃落使龙彦入献方物，召受彦、归德将军，南宁州刺史，蕃落使”“至道元年，其王龙汉，遣其使龙光进率西南牂牁诸蛮来贡方物。太宗召见其使询以地理风俗，译对曰：‘地去宜州陆行四十五日，土宜五谷、多种粳稻，以木弩射獐鹿充食。每一二百户为一州，州有长。杀人不偿死，出家财以赎。国王居有城郭，无壁垒，官府惟短垣。’……上因令作本国歌舞，一人吹瓢笙如蚊蚋声，良久，数十辈连袂宛转而舞，以足顿地为节。询其曲，则名曰：‘水曲’。”[②] 又曰：“故事，蛮夷入贡，虽交趾，于阗之属皆御前殿见之，独此诸蕃（龙蕃等）见于后殿，盖卑也。”当时布依族地区经济较落后，语言经翻译才通，皇帝以不同礼节待之。

元朝时，潭州行省遣两淮招讨司经历刘继昌招降西南诸番，八番遂降，后置八番宣慰司以统之。至元二十九年（1292），八番宣慰司并入八番顺元等处宣慰司都元帅府。各番首领任安抚司职，由社会组织首领上升为土司官。今天，“番”之组织已消失，“八番”也仅存地名了。

（五）马

“马”为布依族社会组织，始于元末明初。各“马”设立“马头”，分管当地治安及皇粮上纳等事务。今镇宁自治县六马区之“六马”、贵阳市乌当区新堡布依族乡之“十二马头”等地名是其历史遗迹。“马”的具体内容，如镇宁自治县六马区乐纪乡布依族的韦氏家族保存的《韦氏族谱》（修于明万历年间）载：“洪武三年（1370）……祖韦卜銮有

① 参见脱脱、阿鲁图等：《宋史·蛮夷列传》。
② 参见脱脱、阿鲁图等：《宋史·蛮夷列传》。

汗马功劳，复蒙题授永（宁）、镇（宁）二州土官州同知，世袭。至乐源地名德安州、土语打罕领民佃输，将管理一司八哨均匀分为‘十马’地方。版册定纳永（宁）、镇（宁）二州秋粮米一千三百八十六石二斗五升，站马十四、铺陈八付。俱在安南安庄仓上纳。”

上述《韦氏族谱》又载：韦氏土司所建“十马”，“六马”在今镇宁自治县六马区，“四马”在今紫云县火烘区。镇宁“六马”又分“上三马”和“下三马”。

“上三马”管辖“三马八亭半”地方：上河、打罕、大屯、雷林、打邦、喜妹、弄广、喜乐、板门等处大小寨，为一马三亭地方；下河、扫喷、八大、板陆、板尊、板完、酒浪、坡顾、花笼等处大小寨，为一马三亭地方；落纪，这元、岩峨、仁其、法爱、弄冉、酒戛、小水等处大小寨，为一马二亭半地方。

“下三马”管辖“三马九亭”地方：乐运、乐坎、平脚、捞堪、傍岩、岜变，这判等处大小寨，为一马三亭地方；播西、达界、捞寅、岜崩、岜板、戍上、标饶、册央、央怀等处大小寨，为一马三亭地方；乐坝、捞浮、喜年、垛温、仁傍、鲞独、鲞卖、鲞棉等处大小寨，为一马三亭地方。

“紫云四马”管辖火烘司上段、火烘司下段、火烘司乐架河、火烘司播东哨等“四马”地方：火烘司上段、者王、者龙、打年、赖岜、乔林、那然、白牛、打贯、播谷、力亮、落赖、磨绕等处大小寨，为一马地方；火烘司下段、哈西、播到、者岗、董桑、来龙、打扒、乐岗、洗口、坡奇、坡宽、莫结等处大小寨，为一马地方；火烘司乐架河、本寨、董荣、平盖、打邦、戛柴、八坎、板按、坡凹、磨相、坝撒、由爱等处大小寨，为一马地方；火烘司播东哨、本寨、乔岭、坎边、小播东、岜闹、那磨、六郎、元善、播西等处大小寨，为一马地方。

上述当地的地名、寨名，大多数至今仍可找到。洪武二十七年（1394），明王朝设镇宁州治于今紫云火烘，韦卜銮升授进义校慰州同知。后因“天气烟獐、授流知州吏目不顾在彼，启奏朝廷准奏，敕谕掉换城池，设镇宁州衙门于安庄城（今镇宁城）”。镇宁州治所，从原地火烘（今属紫云自治县）迁至今镇宁县城。至万历年间（1573—1620），土司间争雄不断，韦氏渐衰，布依族王氏土司遂取代韦氏统领“六马”。“马”之社会组织逐渐消失。

（六）枝

“枝”作为社会组织，源于布依族宗族支系的名称“戛”。宗族人口发展了，遂分为若干“戛”。因宗族大小和人口迁移而有“大戛”“小戛”之别，“戛”与“戛”之间地域交错。如今贵州六盘水市六枝特区，布依语称“兀戛”，意为“六枝”或“六个枝”。明、清时“枝”之组织为布依族汉字意译，主要分布在今镇宁、关岭、六枝、普定等四县交界的扁担山一带。各枝所辖若干村寨，便于征收丁粮。如（民国）《镇宁县志》所载的阿果枝、下募役枝、下部马枝、西边枝、五苑枝、下九枝、中九枝、上九枝、浆米枝、陇革枝、公具枝、补纳枝、木岗枝、镇宁附郭枝等。[1] 民国年间，国家设立乡保甲制，“枝”遂废。

---

① 参见（民国）胡翯等编：《镇宁县志》。

（七）埲

“埲”，布依语称“邦”（peŋ¹¹），意为“地区”或“区域”之社会组织，主要分布在今黔南自治州的荔波县全境及独山、三都两县部分地区。（民国）《荔波县志稿》载：“（荔波）汉至唐、五代为百粤溪洞地……聚族而居，各分渠为埲，凡十有六埲。”“十六埲”即时来埲、巴灰埲、蒙石埲、董界埲、巴乃埲、羊奉埲、方村埲、瑶台埲、恒丰埲、羊安埲、三洞埲、从善埲、周覃埲、莪蒲埲、瑶庆埲、巴容埲。各“埲”分担丁粮若干。《荔波县志稿》又说：“至明弘治年间（1488—1505）改土归流，易十六埲为十六‘里’。”① 改名后“里”数与原“埲”数相同，说明其辖区基本不变。

三、政治制度

布依族地区早期的政治制度是牂牁国、夜郎国时期实行的蛮夷君长统治制度，以夜郎国为典型。蛮夷君长政治制度，是中华民族史的重要组成部分。《贵州古代史》：“从公元前651年东周时期，古牂牁国出现在齐桓公葵丘会盟时（有政治军事活动，存在的时间可能更早），到公元前111年设置牂牁郡，经过540多年，历史演变是较久的。古夜郎国从最初见于文献，到夜郎国灭，也有250多年。”②

《史记·西南夷列传》中载：“西南夷君长以什数，夜郎最大。”又曰：“西南夷君长以百数，独夜郎、滇受王印。滇小邑，最宠焉。”③ 至西汉时，中央王朝颁行《酎金律》严厉打击、控制内地诸侯王，对边疆夜郎国、滇国等则“宠之”，示以威、德，并颁给王印，令其服从中央，从而形成了“郡国并存”的统治制度。然而，因地方邦国的统治者腐败无能，为争夺利益燃起战乱，导致汉中央政府派兵镇压。《汉书·西南夷列传》载：“至成帝河平中，夜郎王兴与钩町王禹、漏卧侯俞，更举兵相攻。牂舸（即牂牁）太守请发兵诛兴等，议者以为道远不可击，乃遣太中大夫蜀郡张匡持节和解。兴等不从命，刻木象汉吏，立道旁射之。……大将军凤于是荐金城司马陈立为牂舸太守。立者，临邛人，前为连然长，不韦令，蛮夷畏之。乃至牂舸，谕告夜郎王兴，兴不从命，立请诛之。未报，乃从吏数十人出行县，至兴国且同亭，召兴。兴将数千人往至亭，从邑君数十人入见立，立数责，因断头。邑君曰：‘将军诛亡状，为民除害，愿出晓士众。’以兴头示之，皆释兵降。”④ 其“成帝河平中”，即西汉末年的汉成帝河平年间（前28—前25），夜郎国至此灭亡。从此，布依族地区开始向封建制过度。

布依族地区因地处边远，封建制度与内地有所区别。如，至汉魏六朝时代，今黔中地区布依族上层谢氏雄长牂牁郡故地，前后统治达六七百年，忠于职守，屡受中央王朝嘉奖。《贵州古代史》载：“从东汉初期，到东晋成帝（325—342）时，成（汉）的李寿破宁州，谢暹的后裔谢恕为群柯（牂牁）太守，不为兵威所屈，没有望风降顺，‘保境独为晋’。成帝知道情况后，十分嘉奖他，派他为抚夷中郎将、冠军将军、宁州刺史。”谢恕用

① 参见郑珍：《荔波县志稿》。

② 周春元等：《贵州古代史》，贵阳：贵州人民出版社1982年版，第47页。

③ 参见司马迁：《史记·西南夷列传》。

④ 参见司马迁：《汉书·西南夷列传》。

实际行动，维护了国家统一和安宁。①

唐代初年，称雄于牂牁郡的大姓谢、宋二氏又率土归附于唐。唐朝统一牂牁郡后，因当地社会经济及风俗与中原不同而“以故俗治之，建立了庄、琰、盘、矩等羁縻州，于黔州设都督府统之”②。羁縻州即国家在其州内设刺史、将军等职，但仍用当地首领充任，世袭其地，因此史称“封建羁縻州”制度。它的建立进一步密切了布依族地区同中原地区的关系。州土官由中央封赐，土官定期向中央贡方物，对百姓仍按旧俗治理，即“依树为层巢而居，汲流以饮”“坐皆蹲居，男女椎髻，以排束之，后垂向下”“有功者以牛马铜鼓赏之”。③ 这是一种类似自治的政治制度。

五代之时，牂牁郡谢氏衰，有莫氏雄于南宁州（今惠水县），领“本部十八州”；尹氏起于都匀，领“十二部”。④ 宋初，布依族的龙、石、罗、方、张五个姓氏于南宁州取代莫氏而有其地，称为“五番”。后增韦、程、卢三姓，于宋、元之际形成“八番”。⑤

元朝统治者在总结历代王朝特别是唐宋统治经验的基础上又有新的发展。在羁縻州制度的基础上，为加强中央王朝的控制，采取蒙夷参治之法而官有土流之分，于是始有“土司”之名。土司制的官职，计有宣慰、宣抚、安抚、长官诸司等。如至元元年（1264）平伐（今贵定）、都匀、定云（今独山）酋长来降，“于其地变立宣抚司，参用土酋为官”。⑥ 至元十五年（1278），西南番主韦昌盛（今惠水县人）内附为安抚使，“佩虎符”；同年，都掌蛮夷（今黔西南属）内附，以其酋长阿元为西南番安抚史，得兰纽为都掌蛮夷安抚使，“授宣敕”。⑦ 至元十六年（1279），“八番”受招降后，“以龙方零为小龙番静蛮军安抚使，龙文求为卧龙番南宁州安抚使，龙延三大龙番应天府安抚使，程延随程番武盛军安抚使，洪延畅洪番永盛军安抚使，韦昌盛方番河中府安抚使，石延异石番太平军安抚使，卢延陵卢番静海军安抚使”。是年立“八番宣慰司”统其地。⑧ 至元十七年（1280），程、韦、方、洪、龙、金、罗、卢八渠长，并授从“三品怀远大将军”。⑨ 至元二十七年（1290）金竹府（今长顺）知府招降“竹古、弄古、鲁花”等三十余寨后上言曰：“乞立县、设长官，参用土人。”⑩ 至元三十年（1293），“金竹府马麟等一十六人，大龙番秃卢忽等五十四人，各授蛮夷官，赐以玺、书遣归”。⑪

土司官从归附起须向中央朝贡特产方物。如，至元二十九年（1292）桑州（又称“桑州郎寨”，今望谟县桑郎）等峒酋长三十一人，……诣阙贡献。⑫ 泰定二年（1325），平伐“土官三百六十人请朝”“准四十六人入觐”。⑬ 所贡方物，主要有马匹、朱砂、雄

① 周春元等：《贵州古代史》，贵阳：贵州人民出版社 1982 年版，第 88 页。

② 《布依族简史》编写组编：《布依族简史》，贵阳：贵州人民出版社 1988 年版，第 42 页。

③ 参见刘昫等：《旧唐书·东谢蛮传》。

④ 参见薛居正等：《五代史·五殷传》。

⑤ 参见脱脱、阿鲁图等：《宋史·蛮夷传》。

⑥ 参见宋濂、王祎：《元史·顺帝本纪一》。

⑦ 参见宋濂、王祎：《元史·世祖本纪七》。

⑧ 参见宋濂、王祎：《元史·世祖本纪七》。

⑨ 参见邵远平：《元史类编·大理》。

⑩ 参见宋濂、王祎：《元史·世祖本纪十三》。

⑪ 参见宋濂、王祎：《元史·世祖本纪十四》。

⑫ 参见宋濂、王祎：《元史·世祖本纪十四》。

⑬ 参见宋濂、王祎：《元史·泰定帝本纪一》。

黄、土布等，且数量似有定额。至元二十九年（1292），从金竹酋长之请“减所部贡马”。[1] 泰定三年（1326），“八番岩霞蛮来降，愿岁输布二千五百匹”。[2] 致和元年（1328），安隆寨（今安龙）土官岑世忠“籍其民三万二千户来附、岁输布三千匹”。[3] 除此之外，朝廷还有额外命贡，《元史·世祖本纪十四》载：“命（金竹酋长）进所产朱砂、雄黄之精善者，无则止。”[4] 但也有已归附的布依族地区仍有“不供赋役”的情况。如大德五年（1301），“八番宣慰使言，觉兀自降至今八年，不供赋役”。[5] 概言之，元代土司的贡赋制已较唐、宋羁縻州制进了一步。

明、清时土司制更臻完备。明洪武三年（1370）设兼管军民事务的贵州卫。洪武十四年（1381）置贵州都指挥使司，分隶湖广、四川、云南三布政司。永乐十一年（1413）增设贵州等处承宣布政使司，与都指挥司同治，司治贵阳。总领府十、州九、县十四、宣慰司一、长官司七十六。贵州省作为省级行政单位始于此。其中在布依族地区的，主要有贵州宣慰司、安顺府、都匀府、平越府、贵阳府、金竹府、独山州、麻哈州、镇宁州、永宁州、普安州、定番州等。还有当时属广西泗城军民府管辖的红水河、南盘江北岸，包括兴义、兴仁、安龙、贞丰、册亨、望谟、罗甸等县市，还形成了颇具特色的亭目领主制，即以甲亭形式进行统治。甲、亭一方面是军事组织，另一方面因收取赋税而成为地方行政组织。

土司是辖区内的最高统治者，又是当地的封建领主。他们拥有士兵，掌握生杀大权，设有衙门、监狱、公堂、神祠等统治机构，对内自用其法，定期向中央纳贡。

明、清时布依族土司，主要有：

1. 金竹安抚司金氏

据贵阳市花溪乡布依族金氏保存的《金氏族谱》（修于清康熙年间）载：“明洪武四年（1371）平蜀、金筑密定差头目保祝、蒋贵等，印符至四川古渝江北嘴曹国公处缴纳，改授金筑长官司。十二月金密定赴京朝觐，钦受承直郎，洪武五年（1372）六月十六日到任。洪武十年（1377）改授金筑安抚司，降到维字二十二号铜印一颗，升授奉直大夫、世袭，安抚司司治青岩，钦赐光金带一条。”

又说：“洪武二十年（1387）二月初一，金密定病故，子金得第赴京承袭前职，司治青岩（今贵阳市花溪区属）。二十三年（1390）三月初四、改授奉训大夫。庶子得享分袭定番州之麻享长官司，今顶得字为姓矣。及得第患病不能管事，其子得㮾于洪武二十九年（1396）七月二十一日赴京承袭父职。永乐二年（1404）十月奉诏从英国公张辅讨安南，平定有功，钦赐武略将军。永乐三年（1405）五月内从平西侯黔国公沐英调征交趾，临阵自马上摔落，跌伤不愈，回司病故，无嗣。弟得珠赴京承袭。宣德十年（1435）正月内，得珠病故。金镛于正统四年（1439）赴京承袭。正统八年（1443）三月内，兴隆卫等‘苗贼’攻打城池，金镛奉调领兵，杀贼有功，在营患病，命子洳在营代领军务，回司病故。景泰元年（1450）正月内，钦差兵部尚书王题请金洳军务在身，免到京袭职，准令在

① 参见宋濂、王祎：《元史·世祖本纪十四》。
② 参见王圻撰：《续文献通考·土贡一》。
③ 参见宋濂、王祎：《元史·泰定帝本纪二》。
④ 参见宋濂、王祎：《元史·世祖本纪十四》。
⑤ 参见柯劭忞：《新元史·八番顺元诸蛮传》。

省袭替前职，领兵征剿有功，加授明威将军，迁司治于屯上。”

“天顺二年（1458）八月内洳病故，三年（1459）正月初七日金徵赴京承袭，仍授安抚司、武略将军。成化二年（1466）三月初十日金徵病故，子金懋赴京承袭。成化二十一年（1485）八月十五日病故，子金伏庆袭替前职。嘉靖七年（1528）四月病故，无嗣，弟伏寿之子金俸赴京承袭。嘉靖三十年（1551）十月内金俸病故，无嗣，弟金佩之子金振武袭替前职。万历元年（1573）十月初七日病故，子金应龙承袭，万历二十八年三有初一病故，金大章承袭。至万历三十八年（1610），大章请献土设流。时中丞御史胡桂芳具题：朝廷怜其忠顺，授章为服色土知州，赐金带一条，黄伞一盖。又令自选其膏腴之十三庄为养廉，以金氏庄田条丁另编一里日忠顺里，即以忠顺里之条顺一百三十两为土知州俸。胡公桂芳以对联云：‘国初禾木无双谱，黔服忠良第一家’。”

“万历四十六年（1618）大章病故，子金灿袭土知州职。崇祯九年（1636）六月十八日，灿病故，子汤立承袭。汤立年六岁，赖祖母张氏抚孤视事，至年十四而承袭，家门镇静。时署州主李犹龙申祥抚院潘，具题旌表其堂曰：‘矢志柏舟’。至清顺治十年（1653）三月，汤病故。无嗣，弟汤永袭职。后以鼎事波连，遂削土知州职。”

2．贵阳青岩指挥同知班氏

据（清）《贵州通志·土司志》载：“明天启三年（1623），班麟贵以土人从征，四年从解贵阳围有功，授指挥同知。已而自建青岩城，控制八番十二司，授土守备，世袭。麟贵卒，应忠袭。清顺治十五年应寿率十二师归顺，仍授指挥同知职。康熙二十四年（1685）降为外委土舍，屡传至世清，属贵阳府。”①

3．平塘瓮郎都司杨氏

据黔南平塘县克度乡布依族杨氏保存的《杨氏族谱》（修于清乾隆年间）载：“明洪武六年（1373）杨廷荣以功授瓮郎都司（今黔南州平塘县）。洪武二十一年（1388）夏四月从黔都统张云鹏赴滇南攻破象阵，秋平麓川，九月平马龙州，十月平罗平州、次弟进平武定、平彝等处……洪武二十五年（1392）奏捷圣上，请设分司镇守，以杨廷华镇守西路，是为山场司，属广顺、长寨二府，自此有上、下克度里之分也。永乐元年（1403），从西平侯黔国公沐英往朝京都，保奏功绩，仍赐守斯土，世授长官司，颁永顺印一颗，并给铃扎委照。”

又说：“又蒙提督云贵总军张辅分给宝剑以助威声，总镇黔粤接壤境地瓮郎总都指挥防御使。又命杨廷华助守西南隅，为武备将军，管理山场一带。东至抵毁，西至邑阳、罗璐（今罗甸属），南至马场，北至巨木山箐，隶广顺。”

“永乐九年（1411），率土兵从征交趾，夜袭老挝关，破之。永乐十二年（1414）复征交趾，攻老挝三关，擒获蛮首陈季广，交趾仍平。奏捷于朝纪功，授杨明周昭武将军护国衔，授杨明武忠武校尉，授杨明盛显武校尉。又下里山场杨文光升授宣威将军。罗多龙塘司杨光亮升授忠勇校尉，即中里司官之二世祖也。”

“永乐十三年（1415）……我司呈上增设防卫。上里增设六卫：降龙、栗木、洛梁、上蛮、林满、排局等处。下里增设八卫：抵步、洛汪、党牙、播挖、播董、拉昂、达不、摆老等处。永乐十四年（1416）分居，杨明周承掌总司正印，居祖基永顺衙；杨明武任总

① 参见靖道漠等撰：《贵州通志·土司志》。

司兵权，驻南庄守南路；杨明盛任总管司务，驻北庄守北道。”

“明成化十年（1474）甲午，上于程番司地设程番府，统辖诸司属，以上、下克度境隶之。时汪藻为知府、始分黔粤界限，插标至板光关口为界，沿高山东至渡河（即今平塘县城平舟河）为界。及至弘治间（1488—1505）粤人又争，后至万历（1573—1619）中另定界。成化二十年（1484），从征云南木邦之乱有功。弘治三年（1490），程番府创修文圣大成宫，杨光澄率民应役，是年右副都御史邓廷瓒巡抚贵州，杨澄具宗图履历册结呈贵州巡抚部院，转呈云南总督处呈资部注册，准予承袭，蒙恩颁发弘字五十八号斗印一颗，并给铃扎，授安远将军轻骑都慰。”

“弘治十五年（1502）秋七月，接奉户部尚书左都御史提督军务王轼，调会征米鲁之乱，奏捷凯旋，杨澄沐恩加授奉国将军。”

“嘉靖三年（1524），杨胤、杨将弟兄争袭互控。冬十有一月，蒙上咨部判决，命弟兄翕和办理，以胤为都骑尉，承正司；以将为都□，授副司。嘉靖十六年（1537）奉调从役，远征交趾。嘉靖二十九年（1550），龙平（今罗甸属）外布甲三峒纪勇；纪羊为乱，入寇司境，本司杨甲迁率队逐之，至牛角山失利，迁公受伤，损土兵十三人。呈报在案，蒙程番府转详兵部，加设龙塘司于中里，以杨□为忠勇校慰；加设凤林司于降龙，以杨明贞为忠翌校慰。嘉靖三十年（1551），黔粤两省都堂批仰程番府及泗城府，调土兵会剿三峒，平之。是年秋，杨将卒，杨甲本承袭副司。冬月迁公又卒，杨崇简承袭正司。万历十四年（1586）崇简公卒，长房杨志坤承职。屡传至清。”

“顺治十五年（1658）夏五月，大清军信郡王多尼至帅师至贵州，屯军于平越府，敕各土司投诚，从役运粮，届期进攻云南。顺治十六年（1659）三月，贵州巡抚赵廷臣请颁印，令各司应袭颁新印。我司长官杨仕奇蒙恩颁发顺字斗印一颗，恩授承直郎。”

“康熙二十五年（1686），杨国勋承袭，奉上恩颁换世袭印信，春正月蒙皇恩颁发康字一千一百八十四号斗印一颗。”

“乾隆二年（1737），上设守备营于大塘。是年秋，下段副司杨屏卒，其子芝敖未袭，遂罢。乾隆四十九年（1784）冬月二十一日，荷蒙兵部咨武选司案呈云贵总督部堂富咨：‘贵州大塘分州属上克度里长官杨芝显，以年老告休，兹查有嫡生子杨秉忠为人诚实，地方悦服，可袭前职。此批。嘉庆十年（1805）降为土弁，杨连珍承袭至道光十三年（1833）。”

4. 独山长官司蒙氏

据（清）《独山州志》载：“明洪武二年（1369）蒙闻随征有功，题授独山长官司，颁给印信号纸。蒙闻传蒙佑。蒙佑传蒙猛。蒙猛无嗣，传弟蒙勇。蒙勇传蒙存。蒙存传蒙宝。蒙宝传蒙政。景泰二年（1451）开授服色土同知，颁给铜质独山州服色土同知关防印。蒙政传蒙钦。蒙钦传蒙继武。蒙继武传蒙天眷。蒙天眷传蒙诏。蒙诏传蒙恩锡。万历四十八年（1620）随征有功，加授副总兵。蒙恩锡传蒙一龙。于清顺治十五年（1658）承袭，仍授独山服色土同知。蒙一龙传蒙嘉祚。蒙嘉祚传蒙圣功。蒙圣功传蒙璋。蒙璋传蒙琰。蒙琰传蒙开智。蒙开智传蒙开显。蒙开显传蒙永熙。永熙于乾隆十九年（1754）承袭，有吏部号纸。”

5. 安龙长官司岑氏

安龙县，原称“安隆县”。据黔西南安龙县布依族岑氏保存的《岑氏谱系》（清咸丰抄本）所载："岑国珍公，生二十世岑翔。当大宋太宗四年（979），南宁、思恩、泗城（今广西属）等处盗贼蜂起，公奉绍征剿，一鼓盪平，勅封'宜授银清光禄忠顺大夫，骐膜武卫上将军，治边夷安武之职'。公当此重任立纲陈纪，庸民蓄众，终日乾乾，名阳若厉。忽感兵燹之时宗谱失散，族人仓悴造报，于是旧雍旧浙请谱抄录，归来故得以传于后。即于此年改田州为土知州，改通州为西隆州，改枯椹为泗城州也。……长房管田州、土知州。二房管通州，即西隆州。三房管枯椹，即泗城州（今广西属）也。……来黔者枯椹之二房分来也。其次第详明卓有可稽，传于大元文宗三年（1330）分黔来也。岑氏之流传，自唐、虞、夏、商，以至于今连绵不绝，由祖宗之垂佑，亦本子孙之世守，又何论君子小人乎。且吾粤之世族，如吾岑氏子子孙孙，未许再见，厥后继继乎，以备观赡且志不朽。至乎先世之文章事业，闻望勋名，久播人寰，余不再条。"[①]（清）《贵州通志·土司志》也记载："安隆州土司岑氏，明洪武元年（1368）泗城州土官岑善忠以子岑子得领安隆洞（今安龙县），洪武二十二年（1389）又置安隆所（今安龙县）。洪武三十年（1397）子得入朝，后就安龙地设治，洪武三十五年（即建文四年，1402）置'安隆长官司'。清顺治十八年（1661），征南大将军卓布泰南征，取泗城州北境，招安隆长官司岑继禄为导致败明师。十八年（1661）叙功，升泗城州为泗城府，以岑继禄为土知府，世袭。康熙八年（1669），将原安隆境改归南笼厅，时已设南笼厅于明安隆所城。雍正二年（1724）西隆土目与捧鲊（今兴义）土目争地，云贵总督鄂尔泰遂奏请其职，以流官兼治。"[②]

安隆长官司衙门，如《岑氏谱系》（清咸丰抄本）所载："计安隆州制地形款项于后：监那花州制坐山，耆省忾后制靠山。耆等山在北，耆窘山在南。面对山辉小河川流，坝渡乌泥两交合。四面交界，东西千里，南北千里。东抵泗城州，南抵上林司，西抵广南府，北抵普安州，东南泗城界，西南上林界，西北广南界，东北普安州界。一万三千里至南京，一万七千里至北京。"

"计修造官司衙门规例，分受开辟疆土，建制司地，沿华分野，坐向山形，开列于后。头门三间：（村寨）罗烦甲起。二门三间、皂后房六间：（村寨）明相、央打舍、打言、坝娄央侯尾、尧高起。卯厅三间、川堂三间：册亨甲起。两书房六间：（村寨）韦渌懒、打郎、母知、央盎、央田起。两相房六间：（村寨）马罗、央笼、甘山、平塘起。张挂榜文房六间，宾客房六间，外库房三间，内库房三间，外厨房三间，内厨房五间，平山驿楼房三间，内室五间，内堂三间，军器房三间，两耳房六间，侍女房六间，纺织房三间，染造房三间，厕房三间：剥弼甲（村寨）起。点卯房：农渣甲（村寨）起。三堂以上衙署：十甲地方照例修盖。"

"东有山川坛，西有社稷坛，南有天地坛，北有无祀坛。以上四坛，每处有宰牲神厨，房屋一间，系内庄百姓修盖。"

"计司前神祠：观音堂，城隍祠，北府庙，祖宗祠。以上四祠，亦是内庄百姓修盖。计打鼓歇堂系内庄百姓照亭应办，每番五日。"

---

① 兴仁县布依族：《岑氏谱系》（咸丰抄本），《民族志资料汇编》（布依族）第六集，贵州省民族志编委会1988年（内刊稿），第588－589页。

② 参见靖道漠等撰：《贵州通志·土司志》。

“计防固地方，革器、盔甲、火药、总军、客练一围，甲兵目轮流每目五日一班。”①

上述记载，反映了布依族地区的土司官衙门设施齐全，规模极为宏大威严。

明清时期，布依族土司还有今望谟县王氏，册亨县农氏，罗甸县黄氏，镇宁县伍氏、王氏、韦氏，平塘县丹平、丹行两地的莫氏，荔波县蒙氏等。至清雍正年间（1723—1735），中央王朝强制推行“改土归流”政策，撤换当地土官，改用外地流官担任官吏。但土司制有所残遗，在一些偏僻地区仍然延续至民国初年。

民国时期，布依族地区普遍实行乡、保、甲制度，基层政权设有乡长、保长、甲长进行管理。直到1949年10月中华人民共和国成立，布依族地区建立了新的人民政权。

四、民族区域自治

民族区域自治制度，是中国共产党运用马克思列宁主义解决民族问题的重要政治制度。1951年底，在布依族聚居的独山、安顺、贵阳等地市级专署以及惠水、长顺、龙里、贵定、贵筑（今贵阳市花溪区）、清镇、平越（今福泉）、都匀、独山、安顺、平坝、贞丰等县相继成立“民族联合政府”，由布依族人士陆镇藩、陈永康、陈和义等担任副专员领导干部，正、副县长和政府委员等也配备布依族领导干部。同年，在中共中央访问团帮助下，于惠水县全安区、安顺县黄蜡乡、郎岱县（今六枝特区）、镇宁县扁担山区、龙里县羊场区、紫云县猴场区、都匀县王司区等地，又分别建立区级或乡级民族区域自治政府机构。

1955年12月，贵州省人民政府经国务院批准将罗甸、惠水二县改为自治县。1956年4月13日，国务院下发《关于设置黔东南苗族侗族自治州和黔南布依族苗族自治州的决定》和《国务院关于撤销镇远、都匀、贵定三个专区建制和专区民族联合政府，改为筹建黔东南、黔南两个自治州和自治州人民政府的批复》。同日，国务院第27次会议通过《关于在贵州南部设置黔南布依族苗族自治州的决定》。1956年8月1日，黔南自治州第一届人民代表大会第一次会议在都匀隆重开幕，出席会议的代表273人，其中布依族101人，苗族44人，水族23人，全州各民族均有代表参加大会。会议讨论了黔南地区六年来的《政府工作报告》，通过了《自治州人民代表大会组织条例》和《自治州人民政府组织条例》。经过充分协商，以无记名投票方式，选举产生了自治州州长、副州长、州人民委员会委员以及州中级人民法院院长。8月8日，会议胜利闭幕，宣布黔南布依族苗族自治州正式成立。自治州首府设于黔南州都匀市。

1963年7月，从黔南州划出镇宁县归安顺专区管辖，同年9月11日，成立镇宁布依族苗族自治县。1965年8月，又从黔南州划出紫云县归安顺专区管辖，1966年2月11日，成立紫云苗族布依族自治县。

1965年11月13日，经国务院举行159全体会议，通过了撤销安龙、贞丰、册亨、望谟四个县，设立安龙、贞丰、望谟三个布依族苗族自治县和册亨布依族自治县的决定，以原县行政区域为设立自治县的行政区域。1966年2月1日，册亨布依族自治县、望谟布依族苗族自治县同时宣告成立；同年2月8日，安龙、贞丰两个布依族苗族自治县同时宣布

① 兴仁县布依族：《岑氏谱系》（咸丰抄本），《民族志资料汇编》（布依族）第6集，贵州省民族志编委会1988年10月（内刊稿），第589页。

成立。

中国共产党的十一届三中全会以后，布依族地区的民族区域自治制度得到恢复并取得了新的发展。1981 年 3 月，经国务院批准，撤销关岭县，同年 12 月 31 日，成立关岭布依族苗族自治县。1981 年 9 月 21 日，国务院以国函〔1981〕121 号文件批复：同意撤销兴义地区，设立黔西南自治州。以原兴义地区行政区域为自治州的行政区域，下辖兴仁、兴义（今兴义市）、安龙、贞丰、望谟、册亨、晴隆、普安等县。1982 年 4 月 22 日，黔西南自治州第一届人民代表大会第一次会议在兴义城召开，出席会议的各民族各阶层代表 568 名，列席代表 43 名，少数民族代表 295 名。其中布依族代表 206 名，苗族代表 49 名，其他民族代表 40 名。经过充分协商，以无记名投票方式，选举产生了自治州州长、副州长、自治州中级人民法院院长和自治州人民检察院检察长。1982 年 5 月 1 日，黔西南布依族苗族自治州宣告成立，自治州首府设于黔西南州兴义市。

1983 年 12 月，全国人民代表大会五次会议通过的新宪法，明确规定我国农村基层政权为乡、民族乡、镇。根据新宪法规定，国务院 1985 年 12 月 29 日颁发《关于建立民族乡的通知》，对设立民族乡的具体要求作出了明确规定，使民族乡的恢复和建立工作进展顺利。截至 1985 年底，经贵州省人民政府批准，贵州共恢复和建立了 88 个布依族或布依族与其他少数民族联合建立的民族乡。其民族乡分布如下表：

布依族民族乡一览表（1985 年统计数）

乡名	所属市、县	村数	村小组数	人口数
牛场布依族乡	贵阳市白云区	13	66	10 492
都拉布依族乡	贵阳市白云区	7	23	5 090
偏坡布依族乡	贵阳市乌当区	2	20	1 789
新堡布依族乡	贵阳市乌当区	4	35	4 892
花溪布依族苗族乡	贵阳市花溪区	19	78	24 465
黔陶布依族苗族乡	贵阳市花溪区	7	36	8 910
马林布依族苗族乡	贵阳市花溪区	8	78	7 597
孟关苗族布依族乡	贵阳市花溪区	9	58	13 256
小碧布依族苗族乡	贵阳市花溪区	12	48	10 665
湖潮苗族布依族乡	贵阳市花溪区	13	90	15 052
哑口彝族布依族乡	六盘水市水城特区	6	37	4 054
都格布依族苗族彝族乡	六盘水市水城特区	5	27	5 781
妥倮布依族乡	六盘水市水城特区	6	31	5 992
鸡场布依族苗族彝族乡	六盘水市水城特区	7	46	7 877
湾子布依族乡	六盘水市水城特区	8	41	4 783
营街布依族彝族乡	六盘水市水城特区	5	32	4 654
法德苗族布依族乡	六盘水市水城特区	6	24	4 875

（续上表）

乡名	所属市、县	村数	村小组数	人口数
花戛布依族苗族彝族乡	六盘水市水城特区	7	50	4 978
新街布依族苗族彝族乡	六盘水市水城特区	6	40	4 752
发耳布依族苗族彝族乡	六盘水市水城特区	6	21	3 353
罗盘苗族布依族乡	六盘水市水城特区	3	15	1 861
俄戛布依族乡	六盘水市水城特区	5	20	5 140
米箩布依族苗族乡	六盘水市水城特区	7	33	7 148
红岩布依族苗族彝族乡	六盘水市水城特区	8	50	8 515
猴场苗族布依族乡	六盘水市水城特区	8	54	9 098
洒老布依族彝族乡	六盘水市六枝特区	8	55	8 913
陇脚布依族乡	六盘水市六枝特区	11	72	9 038
坝弯布依族乡	六盘水市六枝特区	9	48	6 301
索考布依族乡	六盘水市六枝特区	8	50	5 478
长寨布依族苗族乡	六盘水市六枝特区	7	41	5 686
鲁戛苗族布依族乡	六盘水市六枝特区	6	32	4 443
四方井彝族布依族苗族乡	六盘水市六枝特区	8	53	8 182
中寨布依族苗族彝族乡	六盘水市六枝特区	8	55	9 247
毛口布依族乡	六盘水市六枝特区	7	49	6 138
箐口彝族仡佬族布依族乡	六盘水市六枝特区	10	101	10 240
猛者彝族布依族乡	六盘水市盘县特区	10	32	6 175
后山布依族苗族乡	遵义市仁怀县	11	90	8 915
华严苗族布依族乡	安顺市	16	129	17 171
新场苗族布依族乡	安顺市	6	26	4 550
炭窑布依族苗族乡	安顺市	7	34	5 011
勇克布依族乡	安顺市	5	18	3 133
马头布依族苗族乡	安顺市	8	37	4 959
关口布依族苗族乡	安顺市	5	23	4 281
詹家屯苗族布依族乡	安顺市	8	33	7 713
陇灰苗族布依族乡	安顺市	8	31	7 821
黄腊布依族乡	安顺市	10	64	8 398
龙青布依族苗族乡	安顺市	4	28	4 368
塘山布依族苗族乡	安顺市	4	28	5 344
杨武布依族苗族乡	安顺市	8	65	9 232
猛邦布依族苗族乡	安顺市	8	52	9 606

（续上表）

乡名	所属市、县	村数	村小组数	人口数
杉木布依族乡	安顺市	4	26	3 107
鸡场布依族苗族乡	安顺市	6	47	5 924
岩腊布依族苗族乡	安顺市	7	42	5 925
东门桥布依族苗族乡	清镇县	11	60	11 137
中八苗族布依族乡	清镇县	8	40	7 214
麦格苗族布依族乡	清镇县	8	3	5 061
王庄布依族苗族乡	清镇县	6	8	13 406
路塘布依族乡	平坝县	7	31	5 408
羊场布依族白族苗族乡	平坝县	6	57	10 020
蒙古布依族乡	平坝县	3	35	3 849
乐歌苗族布依族乡	平坝县	9	74	11 406
活龙布依族苗族乡	平坝县	10	67	8 413
马路布依族苗族乡	平坝县	6	83	7 526
大坝布依族苗族乡	平坝县	5	63	6 483
桃源布依族乡	修文县	6	32	5 534
大石布依族乡	修文县	9	48	7 269
石头布依族苗族乡	开阳县	5	58	5 933
禾丰布依族苗族乡	开阳县	8	82	10 537
龙广布依族乡	开阳县	7	69	8 321
哨上布依族苗族乡	开阳县	6	61	7 954
坝子布依族乡	开阳县	6	66	6 641
仓寨苗族布依族乡	开阳县	6	60	6 108
陇戛布依族苗族乡	普定县	17	105	14 065
后寨布依族乡	普定县	7	36	8 856
堰塘苗族布依族彝族乡	纳雍县	9	60	10 482
老凹镇苗族布依族彝族乡	纳雍县	6	81	9 061
五里布依族苗族乡	黔西县	16	91	10 333
化石布依族苗族乡	黔西县	9	33	5 270
治中布依族乡	黔西县	6	30	4 479
沙寨彝族布依族乡	黔西县	7	49	6 454
仡仲彝族布依族乡	黔西县	4	31	3 522
沙桂布依族乡	织金县	7	60	8 402
海马布依族苗族乡	织金县	6	44	5 903

（续上表）

乡名	所属市、县	村数	村小组数	人口数
务卜苗族彝族布依族乡	织金县	3	31	3 979
绿竹彝族苗族布依族乡	金沙县	6	29	2 327
新华布依族乡	威宁县	12	53	10 198
坝芒布依族乡	麻江县	6	56	7 704
顺化瑶族布依族乡	黎平县	4	30	3 647

布依族地区共建立了黔南、黔西南两个自治州和镇宁、关岭、紫云三个自治县，以及88个布依族乡或布依族与其他少数民族共同建立的民族乡。

民族区域自治的实现和发展，为布依族地区创造了极为有利的条件。据1958年统计，黔南自治州人口1 882 220人，其中布依族苗族占人口总数的45%，汉族占47.16%，其他少数民族占7.84%。在州人民代表大会代表中，布依族苗族代表占代表总数的46.1%，汉族占45%，其他少数民族占8.9%；州人民政府27位成员中，布依族苗族占成员总数的56%，汉族占30%，其他少数民族占14%。发展至20世纪80年代末，据贵州省人大民委会1989年10月调查，黔南自治州1988年共有少数民族干部19 255人，占全州干部总人数的36.86%。自治州人大常委会31个常委成员中，少数民族占14人，占45.2%；其中布依族占29%，苗族占16%。州人大8名正副主任中，少数民族干部6人，占75%。其中布依族干部5人，苗族干部1人。7名正副州长中，少数民族干部5人，占71.4%。其中布依族干部2人，苗族干部1人，水族干部1人，回族干部1人。州政府34个委、局正职干部中，少数民族13人，占38.24%，其中布依族10人，占29.4%；苗族2人，占5.8%；少数民族委、局正职干部共占35.29%。州政府34个委、局的81名副职干部中，少数民族干部29人，占35.8%，其中布依族干部11人，占13.6%；苗族干部10人，占12.35%。说明随着时代发展和社会进步，民族区域自治地方的少数民族干部队伍不断成长和壮大。①

至2008年，黔南自治州全州干部总数78 259人，其中少数民族干部40 241人，占干部总数的51.4%；在黔南州四大班子35名领导中，少数民族干部有16名，占45.7%。历届州长均由州人大代表选举布依族或苗族领导干部担任。全州现有县级干部696人，其中少数民族干部302人，占43.4%。更可喜的是，黔南自治州少数民族专业技术人员已有28 757人，占全州专业技术人员54 381人的52.9%。② 黔西南自治州的人才队伍也不断发展和壮大，2008年全州共有中专以上文化和初级以上专业技术职称63 527人，占全州人口总数的2.05%。党政干部12 387人，专业技术人才43 709人，技术工人14 287人，企业经营管理人才2 987人。从文化程度上看，有研究生56人，大学本科生7 010人，大学专科生23 327人，中专生30 365人。从职称结构上看，享受国务院津贴和省政府津贴33人，省管专家3人，具有正高级职称的26人，具有副高级职称的776人，具有中级职称

① 《今日贵州——民族自治地方概况》，贵州省民委政策研究室1990年（内刊稿）。

② 张广江、周德扬：《人才开发与布依族地区和谐社会建设》，《布依学研究》（之九），贵阳：贵州民族出版社2008年版，第32页。

的 8 874 人，具有初级职称的 29 048 人。[1] 各民族干部队伍团结一致，活跃在当地各行各业，成为发展经济社会事业、增强中华民族凝聚力的重要力量，充分证明了党和国家的民族区域自治制度是正确的。

第二节　军事

布依族先祖的军事部队古已有之，古时称“夜郎兵”或“南夷兵”等。《史记·西南夷列传》说：“窃闻夜郎所有精兵，可得十余万。”[2] 古代贵州的夜郎国能拥有精兵十余万，可见其国力强盛。国家长年养着十余万精兵，仅军队给养和武器装备便是巨额开支。这些古国“精兵”，后世人称为“土兵”。

“土兵”作为边疆封建统治者土司的军队，据如今黔西南州兴仁县保存的布依族安龙长官司《岑氏谱系》（清咸丰抄本）所载：“一计安隆长官司，所管十二甲地方：岩亮甲，岩属甲，罗烦甲……以上四十九寨，系宗亲所管。觜属甲，陆兵目所管；剥弼甲，农兵目所管；罗勇甲，陆兵目管式；册亨甲，黄兵目管式；罗索甲，陆兵目管式；花障甲，贺兵目管式；黎罗甲、革长甲、含上甲、剥机甲，黄兵目管式；黎崇半甲、忙奴甲、上黄甲，颜兵目管式。”[3]

所谓“甲”，即“兵甲”。首领称“甲首”或“兵目”，由土司官统一管理指挥。各甲辖地大小，取决于分封的土地多寡与军事力量的强弱。甲首承袭，通常由嫡长子继承。如无嫡长子，则兄终弟及袭职。不继承甲首的诸子，分派各地为“亭目”。“亭”是“甲”的下级军事组织，随着历史发展逐渐演变为一级封建政权，兼有统兵、征赋、治民安民等职责。如《岑氏谱系》所说：“一计本司奉调领兵征克功绩榜文于后，洪武十四年（1381）内大军征进云南大理府，逆贼普名声串通普安州营长者昌、陇远等，勾连龙海阿资作乱，截夺御马杀却官军。蒙总兵官颖国公行调，本司率领土兵会同官军剿克有功。奉颖国公令委功功赏，招谕残民复业纳粮。洪武十六年（1383）内奉平西侯调，本司统领土兵攻剿作乱倮罗阿我等村，杀敌首级不计，生擒蛮人三十名，解赴军前枭首示众。洪武二十一年（1388）九月内，普安州所属马乃营长龙远等攻打普安州城。总兵官平西侯劄信地官，州官岑子德自此率土兵会同官军攻剿，冲前夺敌攻破贼寨。杀获首级一百一颗，生擒倮猡数十名，押解军前刺面，剁手。蒙总兵官，行令本司招抚已定、暮吒龙光等寨，当即功赏。本司安慰残民，领办纳粮。洪武二十二年（1389）二月内，奉颖侯行令，本司蠲助粮米五十硕送至军前接济军精。又接准普安新立卫，移行到司，蠲办粮米三百硕，运送本卫官仓，存应官兵。洪武二十三年（1390）九月内，马乃营长纠引倮罗蛮兵攻围安南堡。奉摆卫都督冼札付本司接准，亲领土兵前去救援，冲杀蛮兵溃散。以于十二月内，罗博关白头蛮作乱。奉总兵官平西侯札付，本司领兵擒杀蛮人，克服有功。洪武三十二年（即建

---

① 王殿宗：《实施人才战略，为富民兴州提供人才支撑》，贵州省布依学会编：《布依学研究（之九）》，贵阳：贵州民族出版社 2008 年版，第 58 – 59 页。

② 参见司马迁：《史记·西南夷列传》。

③ 兴仁县布依族：《岑氏谱系》（咸丰抄本），《民族志资料汇编》（布依族）第 6 集，贵州省民族志编委会 1988 年（内刊稿），第 590 – 594 页。

文一年，1399）内，奉总兵官统征南大将军、都督常韩剿贼，本司领兵随征荔波等县有功。”①

其中“总兵官颍国公”即傅友德（？—1394），明朝开国将领，朱元璋部下。至正二十七年（1367）从徐达北上伐元，第二次北征七战七胜而平定甘肃，第四次北征以副帅之职连败元军，第五次北征北元任副帅职，第七次北征北元以副帅之职大胜元军，后以主帅之职攻取贵州，平定云南，以功封“颍国公”，封太子太师。

封建社会里，布依族历代农民起义军留下了许多可歌可泣的英雄事迹。义军在反抗压迫剥削的实际斗争中，从战争学习战争，以弱胜强、百折不挠，反映了高超的军事能力。

宋庆历四年（1044）以蒙赶为首的荔波“洞蛮”联合广西环州起义军在黔桂边境建立“大唐国”政权，推蒙赶为帝，“皆北向再拜，以为受天命”。义军“攻破环州，劫州印，焚积聚，下镇宁州及普宁寨（属广西境）”。②

元大德元年（1297），元军征滇南“八百媳妇”，取道八番顺元路（今黔南属），沿途“纵横自恣、虐害居民”，激起当地布依族强烈反抗。大德二年（1298），八番王二万、马虫等率布依族七千余众“斩杀巡检”，“陷平包砦、围重奥砦”。大德五年（1301）雍真葛蛮土官宋隆济率当地布依、苗、仡佬等民族起义，“攻贵州（即贵阳），杀散普定、龙里守令军，烧官粮，杀张知州”，给元军沉重打击。明洪武十一年（1378），罗甸王乃组织“白龙军”起义，坚持斗争十二年之久。③

清嘉庆二年（1797），以王囊仙、韦朝元为首的南笼府（今黔西南安龙县）布依族农民大起义，可能是布依族历史上规模最大的农民起义。义军吸收布依族、汉族、苗族、彝族、回族等民族群众，公推王襄仙为“皇仙娘娘”，韦朝元为“天王玉帝仙官”，并设元帅、将军、军师、总管、钦差、仙达、仙姑等职，统兵作战，一举围攻南笼府城，处死恶霸地主叶万成和李会成，代理知府曹廷奎吓得撞柱自杀。接着，义军先后攻克册亨、永丰（贞丰）、捧鲊、罗斛（罗甸）、归化（紫云）、广顺（长顺）坝场等地，省城贵阳被迫戒严。在起义高潮时，义军势力北至黔西诸县，西抵云南省罗平、师宗等地，几乎占领了贵州省的一半及广西、云南部分地区。在方圆数百里的广大地区摧毁封建政权机构，建立农民自己的政权，委派自己的官员，取得了辉煌战果。④ 说明义军有反抗清廷官吏、土司压迫剥削的政治目标，并以此号召广大农民进行军事斗争。起义军规定“白巾白衣，执白纨扇”的队伍标记，制作了调兵遣将的“木刻”符信，建立了军师、总兵、将军等名号的军事指挥系统，准备了刀枪、大炮等军械武器等。义军的“雾腾腾，烧普坪，南笼吃早饭，杀上云南城”的战斗口号，号召力极强，使义军不断扩大战果，充分表现了义军的组织指挥技术。

在反抗清军的激烈战斗中，义军发扬不畏强敌、敢打敢拼的战斗精神，打了不少漂亮仗。如关索岭之战，面对嘉庆皇帝直接调遣之下，云南总督勒保、两广总督觉罗吉庆、贵州巡抚冯光熊、云南巡抚江兰等率领各省清军从四面八方压来之时，义军在关索岭坚强抗

① 兴仁县布依族：《岑氏谱系》（咸丰抄本），《民族志资料汇编》（布依族）第6集，贵州省民族志编委会1988年（内刊稿），第574－575页。

② 参见脱脱、阿鲁图等：《宋史》卷四五九。

③ 参见柯劭忞：《新元史》及《明实录、万历实录》。

④ 参见《贵州省民族志·布依族志》，《贵州省志·民族志》，贵阳：贵州民族出版社2002年，第197－198页。

击了五个昼夜方才撤出。此战清军虽然夺取关岭要塞，但其锐气几乎被义军挫尽。云南总督勒保因此多次向皇帝奏报不敢“遽然急进”，只好辗转踌躇等待援军。又如望城坡之战，义军在南笼望城坡上筑起了两道木城，派重兵设卡踞险势在必守，与清军在此苦战近两个月。清军牺牲了“三个总兵”和“一批千总、把总、守备、外委”及无数弁兵，才勉强到达南笼城下。又如马别河歼灭战，马别河位于黄草坝（今兴义市）以东 20 多千米处的马岭峡谷之中。六月初八日，勒保命清军游击常山和普安州判丁楷带兵赴南笼救援。义军首领韦七绺须闻讯，先率义军到达马别河，拆了马别石桥，搜走所有渡船，尔后在河谷两边埋下了伏兵。常山率兵而至，河水猛涨无船过河，只好扎营在左岸的山坡上。义军首领韦朝元乘清军立足未稳，指挥伏击的义军发起攻击，猛烈夹击，击毙了常山、丁楷和把总陈宏典、外委张世溥等，所有官军的援军也全部被歼灭。义军用围点打援、出奇制胜之法，打出了一场漂亮的歼灭战。

义军与清军打得最激烈的是洞洒、当丈大决战。八月上旬，勒保会齐清军主力后，开始进犯义军的主要根据地——洞洒塘和当丈寨，八月十四日，勒保兵分八路同时向洞洒、当丈发起进攻。勒保“片刻无息”来往督战于洞洒、当丈之间。义军首领王囊仙于八月十五日亲自指挥义军将清军里里外外反包围了好几重，打死了清军千总马有明、都司胡庆远及把总王士谟、徐文锦、李应隆、保元凤等，把总保元也被砍成重伤，其余清军弁兵死伤不计其数。勒保差点被擒，大败落荒而逃。由于义军在大胜之下放松了警惕，当夜清军卷土重来偷袭成功，攻破洞洒寨内外城墙，放火攻入当丈大寨。

在洞洒、当丈大决战中，义军首领王囊仙、韦朝元最后均战成重伤力不能撑，才被清军所俘。上万的义军将士，战死在点燃起义之火的根据地之上。

这次南笼府（今黔西南安龙县）布依族大起义，义军筑城有术，坚如磐石。如按照勒保描绘的洞洒、当丈两寨均因其山势地形，筑起多层林栅，垒起道道石城。这些工事又将周围村寨和山头环连起来，形成了内外两层，三十六寨和无数小卡紧连的防护网。这使勒保军伤透脑筋，“步步仰攻，甚难施力”“枪炮难施，城难攻破”。若不是义军在胜利之后丧失警惕，此战恐怕就是清军勒保的葬身之地。

南笼府（今黔西南安龙县）布依族大起义，义军巧造枪械，增大战力。如在攻打永丰城时，义军创造了一种特大的挡牌。这种挡牌一丈多长，用大竹编织而成，牌内塞满棉被，可以抵御枪炮。攻城时每牌可以掩护三十多人和登城云梯前进。在当时的条件下，这挡牌不失为一件新式武器。义军造的大炮威力也很大，他们不仅制造了千斤重的大铁炮，还制造了杀伤力特大的“九节炮”。九节炮子弹重者一斤，小者五两，发射时其声震天，射出去弹如雨下。攻打永丰城时，义军一炮打到州署旁边。守城官兵“皆逃匿”，树断两枝，石为两破，足见“九节炮”的威力之大。这些义军全为农民，由此可见中国农民之智慧和创造力。①

清廷派重兵将这次农民起义血腥镇压下去之后，将收缴的义军武器铸铁柱一根立于贵阳市甲秀楼前，以耀其威。与此针锋相对，南笼府人民也为王襄仙、韦朝元等起义领袖立庙堂，供塑像以示崇敬，至今当地人民还流传着农民义军的英雄事迹。

---

① 吴昉：《“南笼起义”中的军事斗争》，贵州省布依学会、黔西南自治州民委编：《布依学研究（之三）》，贵阳：贵州民族出版社 1993 年版，第 160 – 167 页。

中国共产党成立后，在中国共产党的领导下，布依族地区又先后成立了安龙人民讨蒋自救军独立支队、七舍游击大队、捧鲊游击大队、罗盘支队兴义游击团、罗盘区民族独立大队、盘北游击第七支队、盘北游击第八支队、盘县游击团等中共革命武装，有力地打击了国民党在贵州的反动政权，为解放贵州和迎接中华人民共和国的诞生，作出了不可磨灭的贡献。在这个历史时期还涌现出了陆瑞光、王海平、莫凤楼三位英雄，被中华人民共和国民政部追认为革命烈士。

陆瑞光，生于1901年10月，布依族，贵州省镇宁县人，爱国民主人士。在军阀混战、民不聊生的年代度过了其青年时代。其父陆品山、兄陆吉光在抗粮斗争中均惨死于反动派的屠刀下。他愤恨不已，于20世纪20年代初毅然组织农民起义与反动派进行坚决斗争。他们拦截军阀部队，用缴获的枪支武装自己，队伍不断壮大，平时劫富济贫，严惩贪官污吏，深得民心。1929年4月，陆瑞光率领一千多农民武装攻占了镇宁县，后又攻占了紫云、关岭等县城。因当地国民党部队的不少官兵纷纷投奔于他，其武装队伍人数发展到数以千计，影响越来越大。

中央红军长征到贵州并召开遵义会议。会后，中央红三军团首长彭德怀和杨尚昆率队伍于1935年4月来到镇宁县六马，即派人联系陆瑞光，做陆瑞光的争取工作。陆瑞光当即表示热烈欢迎，并发动布依族群众杀猪宰羊招待中央红军，双方结下了深厚友谊。红军首长向陆瑞光讲了许多革命道理，使他懂得只有将受压迫的民众团结在一起，联合一切可以联合的力量，才能推翻反动统治。在红军首长的启发教育下，陆瑞光毅然接受了红军的革命主张。1935年4月16日，红三军团首长彭德怀、杨尚昆在六马时致中央军委电报说："沙子沟百数十里，有夷族（布依族）兵约千，有师团营组织，一首领陆瑞光，我们与其订立作战协定，反蒋（介石）、王（家烈）、犹（国才）、国民党及苛捐杂税，赠步枪三十六枝，并留一批工作员。"又称："北盘江还有夷族兵千人，闻其首领是共产党，还有的说是老七军干部，望注意联络。"双方还商定红军继续北上后，红三军团留下营长方武生等12名红军伤病员和工作人员，帮助陆瑞光开展布依族地区的武装斗争，建立敌后革命根据地。

红军离开六马后，国民党反动派变本加厉地进行镇压。陆瑞光与方营长商定向南盘江转移，把队伍带到广西右江投奔邓小平、张云逸领导的红军部队。但队伍进入望谟县石屯，遭到敌人阻击，由于敌我力量悬殊，未能实现。1936年春，陆瑞光与方武生就地坚持革命斗争，扩大联合了48个少数民族村寨的武装力量，并与安顺地下党取得联系，革命武装力量迅速发展，引起了国民党反动派惶恐不安。此时，蒋介石追击红军的国民党中央军云集贵州，四川军阀杨森奉蒋介石之命入黔"清乡"，视陆瑞光为心腹之患，先是穷凶极恶地进行扫荡不能奏效，又改用"软索套猛虎"的办法，布下埋伏，攻入陆瑞光住所，将陆瑞光等人抓捕便立即押经安顺、贵阳。陆瑞光在囚车上大义凛然，宁死不屈，向沿街群众宣传革命道理，痛斥反动军阀。杨森恼羞成怒，遂于1937年春下令将陆瑞光等人杀害于贵阳市八角岩。

王海平（又名王祥、王周道），生于1891年1月，布依族，贵州省望谟县人，爱国民主人士。早年从军，20世纪20年代曾任珠江上游南、北盘江、红水河的水路运输警察队长，保商连长、营长，贵州西路纵队司令等职。其武装部队发展到数千人。1930年3月，广西龙州红军第八军遭敌袭击，红八军第一纵队500人与军部的联系中断，陷于敌围。第一纵队突围后派员与王海平协商。王海平当即同意让红八军第一纵队进驻其管辖地区望谟蔗香休整，名义上让红八军第一纵队编为所属的第4大队，并将自己的特务连编入第4大队。王海平每日供给该红军大队每个官长四角、士兵两角的伙食费及若干大队费用。并发给官兵每人一套土布军服、一床被单。在红军进驻的6个月中，王海平共支援红军粮饷两万多块银圆。当年10月，红一纵队撤离蔗香，安然回到广西乐业与红七军会师。

1932年冬，广西左右江红军领导人韦拔群等同志壮烈牺牲，右江革命发展遭受严重损失，红军因而化整为零。右江中共党组织派遣黄唤民、牙秀才、黄志新到贵州境内开展工作。三人扮作商人前往望谟板陈村与王海平联系，宣传革命思想，揭露国民党反派的罪恶阴谋。王海平两年前就已受到红一纵队的影响，思想早已倾向革命。随后王海平主动找中共党员黄唤民等面谈，表示愿意跟随共产党，欢迎失散的红七军二十一师到板陈集中。1933年，红七军二十一师六十一团一营一连连长牙永平率其部队80余人进驻望谟卡法，王海平供给红军军饷，拨红水河渡邑渡口由该红军连自己收税作部队经费开支，并通过牙永平资助右江上游革命委员会的费用。

1934年初，红七军二十一师六十一团团长韦国英等带领80余人至板陈，在王海平家中秘密建立中共黔桂边区革命委员会。中共黔桂边委设在王海平家中长达6年之久，以王海平的合法身份实行两面政权，掩护红七军在黔桂边区开展游击活动。

1934年6月，在中共黔桂边委的帮助下，王海平创办了“板陈兵工厂”，工人多是广州起义失败后沿珠江红水河北上的同志和红七军兵工厂的技术工人；还在纳岜、纳牙等地办有兵工厂分厂，制造的步枪、菠萝弹和步枪子弹不仅供给部队使用，还运销周围各县组织革命武装。兵工厂的武器产品影响较大，震惊了国民党贵州省政府，王海平成为国民党反动派剿灭的对象。反动政府下令捉拿王海平，中共黔桂边委得知消息后立即通知王海平撤离，并秘密护送王海平去延安。王海平撤离时，将一个军用公文包交其弟王治平，嘱咐其弟：“要保存好这个公文包，我若不能回来会有人来找的。”1941年5月，王海平撤离至广西后，由于黔桂反动派秘密勾结百色专署密电贵州，国民党反动派即派保安队星夜赶至广西，王海平等在柳州被捕后，押往贵阳。5月19日，王海平等被国民党反动政府以“通共”罪，杀害于贵阳团坡。

莫凤楼（又名金琳），1898年出生于独山县麻尾镇南寨村，布依族，爱国民主人士。独山麻尾地处黔桂交通要冲，为商旅往来必经之地，同时亦为惯匪出没之地。1925年，其堂兄莫信芝接任独山县民团保商大队长，莫凤楼协助堂兄保商从商。莫氏兄弟负责护送来往商帮，协调独山与广西南丹两县联防，保卫地方安宁。其间因数次平定匪患，莫氏兄弟威震四方。军阀混战时也无外乡部队敢于窜扰其管辖地区，因此生产得到发展，人民安居乐业。在当地各族人民心中，莫氏兄弟的威望日益增高。当时，黔军总司令代省长卢焘等人对他很赞赏。1927年卢焘卸职后，曾在麻尾南寨客居年余之久。

1933年，两广联合反蒋，贵州亦参与此事，先后派代表卢焘、张蕴良、张彭年等到广东广西往来商讨联合反蒋事宜，都以莫氏兄弟管辖的南寨为重要联络地。黔桂两省要人李宗仁、白崇禧和王家烈也曾以凤楼先生家为会谈地点。四川辛亥革命前辈但懋辛、熊克武等曾在莫凤楼先生家中做客。贵州辛亥革命老人平刚对莫凤楼也甚敬重，常以书信往来。

抗日战争时期，为了支援中国空军建设，莫凤楼先生慨然出资向国家捐献滑翔飞机一架。1944年7月1日，日机先后轰炸独山南寨、麻尾等地，人民生命财产损失巨大。凤楼先生除自己捐款银圆500外，还动员独山旅居商人捐款1 200多银圆，赈济灾民。1944年底，日军入侵独山，凤楼先生出任黔南抗日救国军副司令兼独山自卫第二支队司令，统率麻尾、下司、上司等地三个大队青年民众抗击日军。在截击日军的战斗中，缴获多种战利品。莫凤楼领导的抗日自卫队还为保护麻镇铁路，帮助外地难民做了许多工作。时任湘桂黔铁路局局长袁萝鸿，代表铁路员工赠送莫凤楼“见义勇为”的金字匾额，以表感激之情。

1949年贵州解放前夕，国民党反动派做垂死挣扎。国民党独山专署和县政府召开“应变”会议策划组织“反共救国军”，通知莫凤楼参加，并委任他为第三指挥所主任兼第二团团长。他未接受任命也未组织团队，抵制了国民党的“应变计划”。独山县城解放后，县人民政府干部司济生、丁相久，来到莫凤楼先生的住处，解除其思想顾虑，做他的争取团结工作，莫凤楼先生愉快地表示愿意协助人民政府工作。

莫凤楼先生首先交出自己的武器、弹药和部分粮食、盐巴，以示对人民政府的拥护与支持，又率其两个原在旧乡公所任职的子侄向人民政府报到。莫凤楼自己还利用赶场天现身说法，登台演讲，宣传共产党的政策，并同其长子莫健协助人民政府，争取黔桂边区的国民党广西省绥靖公署副主任兼“剿匪”司令莫树杰部队在河池起义，投向人民政府。后来，当地土匪暴乱，莫凤楼保持与人民政府的联系，沟通情报，多次参加商讨剿匪、征粮等任务。

莫凤楼先生靠拢共产党和政府，积极工作，受到贵州省党政军领导的重视。1950年4月18日，时任贵州省政府主席杨勇和副主席陈曾固二人联名，专函邀请莫凤楼先生赴省城商谈贵州建设事宜。该函交其子莫健从贵阳专程带回麻尾亲交。当时，因莫凤楼先生身患重病，未能如愿。在莫健返筑途中，1950年4月29日傍晚，莫凤楼先生突遭黔桂边境匪首陈与参（国民党军少将师长）指派的一股土匪袭击，壮烈牺牲。随后国民党土匪又屠杀了莫凤楼先生全家47人，造成了震惊贵州全省的“南寨大血案”。为此，解放军南下解放大西南的老干部、原贵州省文联主席田兵同志写了一首缅怀莫凤楼烈士的诗：“四十七人遭暗刀，只缘报国有功劳；英雄虽死豪气在，都柳江流翻怒涛。”莫凤楼烈士墓园，1988年在独山南寨落成，有贵州省、州领导惠世如、王思明、张超伦、陈永康、韦茂文等及群众一千多人参加革命墓园落成典礼，盛况空前。[①]

① 王廷琛：《为民献身　流芳千古——缅怀布依族三烈士》，贵州省布依学会、中共毕节地委统战部编：《布依学研究（之六）》，贵阳：贵州民族出版社1998年版，第48－52页。

第十三章　医药卫生

第一节　布依族医药卫生的起源与发展

有了人类，就有了医疗活动。布依族先民古越人居住在气候湿热、草木密茂、虫兽出没的南方山重水复地带，历史上有“瘴疠之乡”之说。他们在与恶劣自然环境和毒蛇猛兽所造成的种种疾病的斗争中，开始了对传统医学的研究。为了减少疾病和跌仆虫伤的痛苦，最初采用动物刺和植物刺放血、排脓、消肿，之后发展到运用砭石、陶针、药物治疗和预防疾病。从百越文化区域出土的青铜器、骨器中可以看出布依族先民古越人在春秋战国以前就有医药的萌芽。

布依族没有自己的文字，无法将其医药记载下来。然而，从汉文籍中可窥见其踪迹。《后汉书·马援传》云：“出征交趾，土多瘴气，军吏经瘴疫死者十四五。”《南蛮传》亦载：“南州水土湿暑，加有瘴气。”点明越地“瘴气”系“地气使之然也”。而《秦问·异法方宜论》所谓“南方者，天地所长养，阳之所盛处也。其地下，水土弱，雾露之所聚也，其民嗜酸而食胕，故其民皆致理而赤色，其病弯痹，其治宜微针。故九针者，亦从南方来”，不仅指出“地气使之然”，而且指明当时南方越人擅长针灸治疗之法，并传入中原。

魏、晋、隋、唐时期，布依族对“瘴气”有了更深刻的认识并学会以药物治病。《肘后方》载：“治食野葛已死方……若口不可开者，取大竹筒洞节，以头注其胁，取冷水竹筒中，数易水，须臾口开，则可得下药。若人多者，两胁及脐中多与筒甚佳。又方多饮甘草汁佳。姚方中诸毒药及野葛已死方，新小便和人屎绞取汁一升，顿服入腹即治。”《本草拾遗》载：“蕹菜捣汁，解葛毒。取汁滴野葛苗即死。啬人先食蕹菜，后食野葛，二物相伏，自然无苦。”这说明布依族在一千多年前就对毒药和解毒药有了较为深刻的认识。

宋、金、元时期，布依族开始了对人体结构的初步探索。他们在迁葬过程中，对人的骨骼体位进行还原重构。《欧希范五脏图》中绘出了人的五大内脏，对当时的解剖学有很大影响。此外，这时期战争频繁，对南北的医药交流也产生巨大的影响。

明清至民国时期，布依族在继承和发展古越人医药的基础上，形成了自己的医学体系，特别是在对疾病的认识和治疗方法上，有其独到的见解和独特的诊治。布依族在与兄弟民族的交往中，逐渐吸收了一些中医学的理论，从而形成了基本类同中医理论但又具有传统医学特色的理论体系。布依族医学同样把人看作一个以脏腑经络为中心的统一的有机整体，把人与自然看成是阴阳对立的两个方面的辩证观念，认为疾病的发生发展是阴阳二气失调所致，正邪止虚而效。但在对疾病的具体认识和治法上又别于中医理论。如因饮食不节所致的胃痛，中医认为是脾胃不和所致，在治疗方法上主张以调和脾胃或消食导滞为宜；而布依族医学则认为是“外邪侵入胃中”，当采用“翻药”催吐或打油针（一种类似针灸的方法）为佳。

总之，布依族医学在漫长的历史发展进程中，一方面继承和发展了其先民古越人的医学，另一方面也不断吸收了兄弟民族的医疗实践经验，形成了自己的医学理论体系。然而，在旧社会，统治者对少数民族医学置之度外，不管人民的疾苦，布依族医学没有得到重视；加上布依族受到“传男不传女”“传内不传外”“非常不授”“非人不传”封闭保守思想的束缚，很多宝贵疗术和显效药方得不到很好运用，甚至消失。这使布依族医学在很大程度上长期受到抑制，布依族人民的医药条件甚差。

中华人民共和国成立后，党和国家非常关心少数民族人民的健康，先后在布依族地区建立医院、卫生院，特别是十一届三中全会以来，随着党的民族政策的落实，黔南、黔西南布依族苗族自治州，镇宁、关岭布依族苗族自治县以及贵阳、安顺、六盘水等布依族地区涌现了一大批布依族医务人员。为了发掘和继承民族传统医药的宝贵遗产，1982 年，国家民委、卫生部联合发出《调查收集发掘民族医药的通知》，在贵州省政府的关怀下，贵州省民委、省卫生厅、省科委、省科学院联合成立了贵州省民族传统医药调查研究领导小组，开展一系列的调查收集工作，收集了布依族的 92 种药物、1 114 个单验方，编入《贵州少数民族药物集》（第一册），于 1990 年 7 月由贵州民族出版社出版。

第二节　传统医药理论、技术及特点

布依族医学在理论体系上隶属于中医基本体系，但因所处的自然环境和生活方式别具一格，也有不同于中医或其他民族医学的特点，特别是在常见病、多发病的诊断和用药上有独到见解。在疾病的诊断方面，除中医学的“望、闻、问、切”四诊的方法外，另有其“划、扪、扣、弹、揪、击、打、听、相”等法，对疾病的命名直观形象、生动确切；在药物的认识、采集、加工乃至栽培、命名以及用药方面也有独到之处，对药物多是根据药物的形态、药用部位以及所治的病症取名。不论对野生药物还是栽培药物，布依族人都十分爱护，且把保护药物作为本族人民的传统伦理道德之一。在治疗上很讲究“药量”“药引子”“用药时间”“用药后的忌嘴”等，用药主要是鲜品（生药），讲究药理如热病用凉病、寒病用热药等，并注意药物的性味与功用，如久泻用酸涩之药等。

一、病因病名

布依族因所处地理环境而形成的生活习俗决定着其发病原因，概括起来，大致有以下几个方面：

（1）邪毒。凡能导致脏腑功能失调不和、气血虚衰的，都称邪毒，其中主要有寒毒、热毒、风毒、水毒、虫毒、食毒等。

（2）痧气。痧气是积劳与寒气常由表而入里引起的病毒性疾病，一般表现为寒痧、热痧、蚂蟥痧、漂蛇痧、闪痧、红毛痧。最厉害的是“鱼鳅症”，其痧气在皮肤下穿行，皮肤不时冒出一股股形如“鱼鳅”的症状，时现时伏，故称“鱼鳅症”。

(3) 瘴气。瘴气与痧气都会引起急性病。但瘴气是指山岚浊水的恶气或动物死烂之瘴气，如战乱之后的战场污染、传染性动物瘟疫产生的浊气、山洪或大火造成的生态失衡等。曾稽含《南方草本状》把瘴气分为青草瘴、黄茅瘴、黄芒瘴；宋代分冷瘴、热瘴、哑瘴、炎瘴、烟瘴、岚瘴、暑湿瘴、毒气瘴等。

(4) 风毒。风毒种类甚多，动物风有母猪风、鸡爪风、蛇风、鼠风、猫风、狗风等；发病表现分为上吐下泻、昏迷等。

(5) 湿症。主要有湿热、寒湿、风湿、湿毒等。

(6) 虫兽咬伤和跌仆损伤。

(7) 劳役过度，损伤筋骨。

(8) 精神受损。怒伤肝、忧伤胃、思伤脾、气伤肺、哀伤心、淫伤髓、恐伤肾、烦伤脑。

对于邪毒侵入人体的途径，除了自口鼻、肌肤、肚脐、前后阴而入外，还有“病从脑入”之说。因此，除了注意饮食卫生和保护脐口、肌肤、阴口之外，还要注意心理健康。

布依族是个忠厚纯朴的民族，相对说来，七情六欲所引起的疾病处于次要地位，因而对情致的疾病未给予足够的重视，往往只注意到人体上的感染所致的疾病，诸如瘟疫、痧气等。随着社会交往的日益频繁和商品经济的发展，布依族人对病因的认识逐步由生理方面向心理方面转移。

二、诊断方法

在长期的临床诊断实践中，布依族医学逐渐形成一套“望、问、触”等相结合的诊断方法。

(1) 望诊。望诊是医生对患者的全身情况、局部表现以及分泌物和排泄物进行观察。布依族医学尤其重视面部的望诊，认为正气的盛衰、病情的轻重都可以从面部诊查出来。如果面部及白眼球变黄或暗黄，可能是黄疸型肝炎；如果面部灰暗而印堂暗里微红，疑是肺部疾病；额部及印堂部位呈暗黑色或灰色者体内可能有“阴疮”存在，暗黑灰色由口至喉可能有“阴痊”存在，暗黑灰色由口至喉伸延表示病情由轻转重；如此等，一望可知其病，有“诸内必形于外”之说。

(2) 问诊。问诊是通过询问患者或陪诊人，了解患者的自觉症状和疾病发生、发展、治疗经过及其相关因素，是布依族诊断的主要方法。同时，对患者近期的心绪状况也作一番了解，因为布依族认为许多疾病是精神所致。

(3) 触诊。触诊的方法较多，主要是医生以手对病变部位进行触摸、按压、叩击、震荡等，然后通过手感（触感）来诊断疾病的病位范围、程度与性质。

(4) 听诊。听诊是医生从患者的说话、吼叫等声音以及患部波声来断定病情的一种诊断方法。

(5) 甲诊。布依族医学上的甲诊颇具特色，认为指甲的不同颜色、形状，可以反映人体脏腑病机的变化。其诊法是：在自然光下，患者伸手俯掌，手指全部自然伸直，医生靠近观察各指指甲（必要时还诊察足趾甲），分辨其形状、质地、颜色、光泽度等，说出病性。

(6) 巫诊。在布依族民间，巫诊较流行。如“割蛋”是用于危重病人的一种诊断方法，在患者病危时刻用一鸡蛋置于其怀内片刻，然后取出用水煮，以观其色断定患者是否有救。又如“过阴”和“问卜”，将患者身上衣物脱下，巫者用其衣物擦患者家的米粒，以粘的程度及形状来诊病情。诸如此类，虽然未能找出其科学依据，但也是一种诊断方法，故在此一举。

此外，布依族还有“石灰水”“米酒”“点色”等诊断法，借助于一些物体与人体气味、体温的关系诊断病情。

总之，布依族医学的诊断法以“望、问、触”为主，特别重视“切脉”，亦叫“脉诊”，观察人的阴阳气血的盛衰，与其他诊法相配使用乃至巫医结合，使其诊断技术达到了一定的水平，在临床上有一定的参考及运用价值。

三、药物资源

布依族分布于我国南方的热带、亚热带、暖温带气候区，湿热多雨的气候及地理环境使这个地区成为“瘴疠”之乡，同时这些气候环境也能使之盛产各种各样的药物，提供丰富的药物资源，可谓“中国南方药物库”。

1. *矿物药*

根据初步调查，布依族地区的矿物药主要有天然水银、土硫黄、石药、丹砂、硅石、石钟乳、炉甘石、青石、赤石、黄石（雄黄）、白石、黑石脂、自然铜、绿青、石笋、铅粉、锡、金、滑石、蛇黄、石膏、石灰岩、无名异等。其中无名异、石膏、滑石等至今仍是国内有名的药物。这些药物有的清热利尿，如石膏、滑石等；有的镇痉熄风，如赤石、金等；有的解毒杀虫，如水银、硫黄等。布依族端午用黄石兑米酒喂牛和给人喝，以防因蚊虫咬伤而感染。

2. *动物药*

据调查搜集和古代文献记载，布依族地区的动物药主要有麝香、猴结、穿山甲、虎骨、熊胆、牛黄、鹰爪、犀角、蜜蜂、银蛇、雾蛇、蜈蚣、燕尾蛇、山羊角、贵鱼、猪蹄、鸭爪皮、珍珠、鹧鸪、山羊、香鼠等。这些药物有的补益血气，如鹧鸪、山羊等；有的利胆明目，如熊胆、鸡胆、蛇胆等；有的清热解毒，如犀角、牛黄等；有的祛风镇痉，如蜈蚣、白花蛇等。在使用动物药的布依族医学理论上，还有“以肝补肝，以肾补肾，以血补血，以脑补脑”之说，动物的各个器官在布依族医学上应用范围很广，尤其在解剖学上具有不可替代的医学价值。

3. *植物药*

由贵州省民委文教处编、贵州民族出版社出版的《贵州少数民族药物集》（第一册）共收集布依族植物药91种，包括酢浆草、瓶尔小草、白芨、何首乌、淫羊藿、伞叶排草、响铃草、阴地蕨、虎杖、白薇、骚羊古、黄栀子、鸢尾、腋花、富贵草、草血竭、肾蕨、野菰、散丹花、吉祥草、水杨梅、铜锤玉带草、狗脊、瓜子金、徐长卿、大种鹅儿肠、土细辛、三角枫、万年荞、土黄连、蒴藋、元宝草、地黄连、朝天罐、青鱼胆草、臭牡丹、雷丸、铁筷子、茜草、车前草、金银花、伸筋草、过山消根、马兰、大蓟、蛇含、吴茱萸、线纹香茶菜、葛蕈、蚤休、益母草、卷柏、山楂、月礼、八爪金龙、四块瓦、八角枫、石吊兰、积雪草、马鞭草、半夏、金钱草、小金钱草、土牛膝、商陆、红禾麻、白英、野菊花、骨碎补、仙鹤草、山豆根、芭蕉、白花刺、十大功劳、鸡屎藤、地瓜藤、海金沙、钩藤、蒲公英、杜仲、无爷藤、九节茶、千里光、夏枯草、岩刷把、天南星、岩白菜、虎耳草等。

上述矿物药、动物药、植物药仅是布依族“药海”中的一部分。布依族民间流行的“无山不有药”俗语是布依族地区药物资源的真实反映。这些药物大致可分为治瘴气、治跌打损伤、解毒、清热、补益、治痧症、驱风湿、治皮肤病八大药物种类，有的药物还可以交叉使用。

四、医疗技术

布依族在与病魔的长期斗争中，积累了丰富的医疗经验。对于各种常见病和多发病，疗法既有内服外洗，又有针挑角吸、挑刮挟捏以及熏蒸汽雾并用，疗效显著。

1. 熏洗疗法

对患外感、内伤、麻痹、风湿、痧症等病者，采用熏洗疗法。治时将所需药物放入水中煎熬，令患者坐于布罩棚中让药汽熏治，或直接用“药水”洗浴身体或患处。熏洗时间及“药水”浓度视患者病情轻重而定，重者浓度高、熏时久，轻者反之。

2. 佩戴疗法

布依族医疗佩戴疗法源起于古代。布依族人认为佩戴金、银、玉器可以避邪，故小儿经常得病便要戴银饰帽子、用银背带；妇女则带银项圈，银、玉制手镯，金戒指等。布依族蜡染布、土花布等采用植物性和矿物性染料，有较多的药用功效，可以防治皮肤病和抵御外毒邪气、光射、毒风侵入人体。依据这一原理，布依族民间医生视患者病情将一些药物佩戴于其颈项或手腕，以治慢性疾病或为急性病提供辅助治疗，如将几块生姜片紧握在手心，可以防治晕车等。

3. 槌药敷贴疗法

布依族治疗痈疽病、跌打损伤等，常用草药捣烂敷贴患部，若患者有凉爽之感，说明药功对诊，疗效甚佳；若有火烫之感并引起红肿，意味着药不对病。除了跌打损伤等外科病采用敷贴法外，一些内科病也用此法。如严重的扁桃腺炎，用蓝靛脚糊于患处皮肤，数日即愈；生疮，把“表破”（布依语，系一种植物药）放在火上烤烫后糊贴在患处很有效；治疗恶性瘴疠时，用草药敷贴于脉搏穴位而可治愈；用叶子烟灰点于穴位，以医治伤风感冒、腹痛、中暑等。

4. 角吸疗法

布依族擅长角疗，常以黄牛角、山羊角、鹿子角等作为角具，根据各种疾病和药物特点，选定不同的部位进行角疗。如治头痛时，将一颗火红的火子放进角里，用口水糊着太阳穴，再把牛角筒往太阳穴一扣，角被吸附在其上，把周围的肌肉吸紧，过一二小时后，头痛便渐渐减轻。这种角疗发展成为中医学上的拔罐，但在布依族民间，角疗至今依然盛行。

5. 药刮疗法

布依族民间流行着药刮疗法，根据患者病情选择恰当部位刮治。可以直接用药物，也可以涂药酒于患处用“骨弓”或手指刮治。如小儿暴饮暴食所引起的“食滞内停”病症，布依族医学上称为“隔食”，刮治时，在小儿肚皮上放一点桐油，然后用手轻柔按摩数分钟，再渐次由上向下按压将停滞的食物刮向下腹部，即可促进胃肠的蠕动和分泌，增强消化功能。又如对于“鱼鳅症”患者，将石灰水洒于其背或胸口皮肤，弯着手指用力刮，刮红即可。用生姜按穴位刮全身和关节，效果亦佳；若邪毒深入，则用野芋根刮治；其他杂症亦用各种适应药物根加茎以刮治。

6．挟捏疗法

仓促发病，来不及用药或其他疗法，可采用挟捏疗法。治疗时医生多选择头额、颈项、背胸、肘弯、膝弯等各部穴位，手蘸上石灰水，弯曲中指、食指关节侧面进行挟捏，挟出许多黑红色的疙瘩，然后用指端压其两头，使患者感到疼痛减轻。此法施术方便，见效快，适用于各种常见病。

7．针治疗法

针治疗法在布依族医学中运用较为广泛。布依族妇女不仅懂得诊断小儿各种疾病，而且会用针挑剔筋脉而治愈痟疾，她们常称痟疾为“年毛”。医治时，先检查病人的背上是否有痟疾症状，即背上皮肤出现如痣黑点，如有，就用针挑剔黑点处，挑出如羊毛一样的丝毛，这种丝毛连绵不断，有时大针可挑断，挑完后，病人周身筋骨舒适，饮食剧增，旬月之久，痟疾根除，身体恢复如故。宋代范成大《桂海虞衡志》亦云：“寒热时段，南吏卒小民，使人以小锥刺……谓之挑草子。”此外，平时异物刺入人体（手足），可用针把它挑出来；生疱长脓，也可用针尖挑其患口，将脓水挤出来。

8．饮食疗法

布依族医学上的饮食疗法是将药物给病人口服或配以饭菜吃下，以达到疗效的一种治病方法。此法在各种疾病特别是内科病的治疗中运用最为广泛。如痢疾用此法很有效，或捣烂枫香叶喝其水，或在食水里洒些石灰后饮用，或饮用“苦丁茶”，或用木耳掺酒醋炒来当菜吃，或以苦菜“青寒”（布依语）及狗矢藤和糯米面煎粑粑吃。

9．炸灯火

炸灯火是将沾上桐油的灯芯草点燃，然后根据需要在体表一定的部位或穴位上快速烧灼，直到局部皮肤出现点状焦痂为止。此法一般用于治疗小儿急性惊风、客忤、痄腮、咳喘、食滞、泄泻等，施治方便，具有成效。

10．几种特殊医疗技术

（1）治不育症。近年来，布依族民间医生常常借助医院的化验结果治疗男女不孕不育症。女不孕，以猴结（猴子的月经）为主药配成药方；男不育，以杜仲为主药，配以狗肾等单方。

（2）接骨。布依族医学不需复杂的设备和手术即可矫正治愈骨折。贵州省兴义市有一位掌骨破碎、皮肉脱落的患者，请一位布依族老太太医治，最后碎骨愈合，肌肉复生，正常劳动。关岭县有位妇女跌下高岩，四肢大骨和肋骨全折断，请一位姓马的布依族老人治疗，两月痊愈。册亨县冗渡镇一位布依族医生以家传秘方为基础进行筛选，加上自己多年从医的经验，简化配方，改革剂型，配制成药膏“介骨灵”，对骨折后消肿、止痛、促进愈合有较好的疗效。

（3）制毒药与解毒药。康熙《贵州通志·蛮僚》记载：布依族“敛百物之毒以染箭，中人血濡缕立死”。布依族的制毒方法是把红辣椒直接挂在马蜂窝边，使群蜂误认为是人或火，拼命地把毒汁射于其中，然后取出被螫的红辣椒制作毒药，在治疗一些毒病时用其“以毒攻毒”。此外，布依族尚有很多解毒和防毒药方，如被毒蛇咬伤而中毒时，用蜘蛛或

“偷油婆”（蟑螂）吸出毒血来。

五、防治特点

（1）扶正去邪。布依族医学认为发生疾病是受“邪毒”侵犯所致。邪毒入侵人体，会引起血气紊乱，脏腑不和，因而治病首先“去邪”。与此同时，扶正压邪，以杜仲、夔乌、土当归、人参等良药配以补养之品如鸡、鱼、山羊、猪骨、糯米等，使血气恢复旺盛。

（2）巫医结合。布依族是多神信仰的民族，若受到“阴影”或“山崩”之吓而致病，患者身体不济，精神不振，则认为落了魂，对此必采取巫医结合的方式，一方面给患者服药治病加补品，一方面举行接魂仪式，为患者招魂回身。患者以为魂归本体，相信病很快会好，振奋起精神，药物治疗便能生效，此法民间俗称“神药两解”。如小孩面黄肌瘦，食不养身，请“摩公”来念几句咒语，然后用针锥患儿的指头关节或指纹路，冒出黄水就算好了，鬼也算驱了。

（3）预防为主，综合防治。布依族为了防病治病，常常注意环境卫生和个人卫生。布依族谚语“勤洗井，水常清”“勤洗澡，少吃药”“说话要真，喝水要清”“不干不净，吃了生病”“夏天屋子净，不生疟疾病”“勤洗勤换，不来病患”“吃了蚂蚁一只脚，十个医生医不活”等，都反映了布依族讲究卫生、预防生病的思想。每逢端午节，布依族家家都化雄黄酒喷洒在房前屋后，以防沙虱和毒蛇等侵入居室。平时，布依族人加强体育活动，正若布依族谚语所说“一天跑百米，病不来惹你”“饭后走百步，不用去药铺”“要想身体好，常洗冷水澡”“运动运动，百病难碰”“人要健，天天练”。除了重视锻炼身体外，他们还善于保健，有“早睡早起，病不惹你”“剃头洗脚，胜过吃药”“三分吃药，七分调理”等谚语；在饮食方面也很注意，有“要想身体好，吃饭不过饱”“要想身体壮，饭菜嚼成浆”“汤泡饭，嚼不烂，胃犯病”“青年莫贪酒，少年莫贪烟”“常吃葱蒜，身体康健”等谚语；在精神上还善于调养，有“常笑增寿命，常哭爱生病”“不气不愁，活到百头”“树大伤根，气大伤身”“笑口常开，青春常在”等谚语。因此，布依族人因神志引起的疾病较少。

第三节 卫生事业的发展

布依族地区卫生事业的发展分三个阶段，即中华人民共和国成立前、20 世纪 50 年代初期至 70 年代、十一届三中全会以后。现以黔南自治州、黔西南自治州、镇宁布依族苗族自治县、关岭布依族苗族自治县的卫生事业发展为例。

中华人民共和国成立前夕，黔南自治州所在地仅有 9 所简陋、残破的卫生院，里面共有 49 张病床，专业医护人员 75 名；黔西南自治州所在地有 8 所卫生院，专业医护人员 78 名，普通病床 18 张；镇宁、关岭布依族苗族自治县均未建立卫生院（所）。

20 世纪 50 年代初期，卫生事业开始发展。黔南自治州 1956 年建州时，州、县、区三级均建立了医院（卫生院），医护人员增加到 2 000 名。黔西南自治州所在地 1952 年到 1956 年先后建立专区医院和 7 所县医院，各县防疫保健机构和区卫生所也相继建立。1956

年底，医疗机构达75家，医护人员1 180名，病床499张，医疗事业初具规模。镇宁布依族苗族自治县所在地于1951年建立县人民医院，之后各区卫生所相继建立。关岭布依族苗族自治县所在地到1953年建立县人民医院、县防疫站和县妇幼保健站，并充实了一批医护人员。

十一届三中全会以后，随着农村经济体制改革的深入，布依族地区的医疗卫生事业也有了很大的发展。到1983年底，黔南自治州有州、县医院17所，病床1 920张；卫生防疫站14个；农村区医院69所，病床1 060张；乡医院449所，病床780多张；还有妇幼保健站13个，麻风村11处等。全州共计医疗卫生机构523个（所），比建州时增长6倍，病床共计3 760张，相当于建州时的8倍，一个遍布全州各个角落的医疗卫生网已初步形成，从根本上改变了中华人民共和国成立前广大农村缺医少药的落后状况。黔西南自治州有了更大的发展，1984年全州共有医疗卫生机构503个，较中华人民共和国成立初期上升62倍；医务人员4 793人，较中华人民共和国成立初期增长52倍；病床2 896张，较中华人民共和国成立初期增长106倍。镇宁、关岭布依族苗族自治县的医疗卫生事业与中华人民共和国成立初期相比也有了较大的发展，县有西医院、中医院、中西医联合诊所、防疫站、保健站等医疗机构，区有卫生院，乡有卫生所，村有保健室，农村医疗卫生网络业已形成。关岭布依族苗族自治县还十分重视挖掘、整理和研究民族医药。1983年，贵州省民委、省植物研究所在该县召开“民族传统医药调研工作学术座谈会”，总结整理了该县民间草药传统验方、单方、复方6 000余个，收集展览药物标本1 000余种；同年，贵州省民族医药代表大会在该县召开；1984年，关岭布依族苗族自治县民族医药协会成立，并主持开设了第一座民族医院。经过多方的努力，在短短的两年时间内编印了《关岭民族药物志》（第一集）。

随着时代的进步，布依族地区的医疗取得了长足进步。如黔西南自治州创新工作体制机制，围绕群众看病远、看病挤、看病难、看病贵等突出问题，精准发力，精准施策，积极推进乡镇卫生院标准化、县级以上公立医院远程医疗服务体系、新农合大病保险、乡镇卫生院执业医师、农村中小学校医、景区景点医疗卫生服务的“六个全覆盖”工作，推动医疗卫生事业改革发展。

乡镇卫生院标准化建设全覆盖。按贵州省的统一安排，黔西南自治州2016年度实施乡镇卫生院标准化建设项目25个（其中兴义市8个、兴仁县2个、安龙县1个、贞丰县1个、普安县3个、晴隆县3个、册亨县5个、望谟县2个），总投资3 380万元。为确保目标及任务按时按质完成，黔西南自治州强化“主体责任”，利用执纪问责的有效手段，督促项目按期完成可研、初设、项目招投标等前期工作，确保项目100%开工建设；并多次开展实地督查，督促发现问题现场整改，要求项目实施单位的主要负责人现场签字承诺项目工期完成时间，确保全覆盖项目如期完成。

县级以上公立医院远程医疗服务体系建设全覆盖。黔西南自治州是贵州省被列为“远程医疗信息系统标准化测评试点地区”接受国家卫计委测评的唯一地区。近年来，为做好远程医疗服务体系建设，全州加强领导，健全机制，形成部门联动，齐抓共管格局。将预投入资金2 500万元纳入财政预算；积极打造兴义市人民医院远程医疗示范点，搭建交流学习平台；制定远程医疗相关制科室，完善州内462位名医专家资源数据库统一整理、标注，实现基层与名医专家面对面远程诊疗等。截至2016年6月30日，全州县级以上24家公立医院（含人民医院、中医院、妇幼保健院）全部完成远程医疗场地标准化建设，与贵州省卫生信息中心实现了互联互通，并拓展建成了覆盖州、县、乡的远程会议和远程教学系统。全州125个乡镇卫生院远程医疗标准化场地建设已完成92个，并完成了专网接通工作，相关设备通过政府采购平台即将全部配备到位。

新农合大病保险全覆盖。黔西南自治州是省级医疗保障工作试点单位，从2013年始实行城镇职工、城镇居民、新农合“三保合一”，2015年就基本实现了城乡居民大病保险全覆盖工作。通过竞争性磋商确定中国人寿和中国人民财产保险两公司承办全州大病保险为期三年的保险业务；全州覆盖人员达287万人，人均筹资额达23.5元，年度筹资额6 744万元，大病保险累计受益38 833人次，支付大病医疗费1.28亿元；2015年上半年，大病保险累计受益6 566人次，支付大病医疗费1 839.6万元，大病保险参保患者医疗费用的实际报销率提高到11.36%，在实施赔付上实现“一站式”结算。

乡镇卫生院执业医师全覆盖。黔西南自治州共有执业（助理）医师3 891人，平均每千人拥有数为1.11人，与全国及省的每千人拥有数相比（全国平均2.06人、全省平均1.6名），还存在很大差距。2015年第一季度的统计情况显示，全州尚有19个乡镇卫生院无执业医师。为做好乡镇卫生院执业医师配置工作，全州采取从县（市）医院派驻或乡镇调配、县级医院托管乡镇卫生院等措施，将执业医师合理调配。截至2016年5月20日，共调剂43名执业医师到19个无执业医师乡镇卫生院工作，全州乡镇卫生院实现了执业医师的全覆盖。此外，全州还加大待遇政策倾斜力度，运用根据职级和学历给予生活补贴每人每月500元到1 000元、提供或奖励保障性住房等有效手段，使基层卫生人员下得去、用得上、留得住。

农村中小学校医全覆盖。2015年黔西南自治州共有农村中小学1 216所，校医管理按照属地管理原则，以县级为单位统筹安排辖区内医疗卫生机构为农村中小学提供医疗服务。乡镇集镇所在地中小学校医由乡镇卫生院医生担任，村级小学（含教学点）校医由村医担任；对学生规模超过600人、离当地医疗卫生机构较远（原则上超过3公里）且当地医疗卫生机构难以提供服务的乡村学校，招聘专职校医、支医为学校配置校医。配置标准是每所农村中小学原则上配备1名校医，学生规模达到1 000人的配备2名校医，学生规模超过1 000人的，每增加600名学生增配1名校医，校医补偿按实际服务情况采取政府购买服务的方式进行，并签订相关服务协议，明确相关职责，保证农村中小学校医全覆盖并取得实际工作成效。

景区景点医疗卫生服务全覆盖。为进一步助推黔西南自治州山地旅游目的地、“康养黔西南·四季花园城”等工程的实施，黔西南自治州启动了州内36个景区景点的医疗卫生服务工作。其中国家级景区景点由游客服务中心提供20平方米以上面积的区域作为医疗卫生服务室，并挂牌投入使用；乡村旅游景区景点的核心区域若有村卫生服务室的，由村卫生服务室挂牌作为景区卫生服务室，若没有村卫生服务室的，按照相关标准增设景区景点卫生服务室并挂牌投入使用。通过对各景区景点增设卫生服务室，全面推动医疗卫生和旅游工作持续健康发展，保证20分钟实施山地旅游救援、水上救援和卫生应急措施。

进入21世纪后，黔南自治州卫生事业发展较快，人民群众的健康水平迈上了一个新的台阶。2015年，全州有各级各类医疗卫生机构2 821家，包括3家“三甲”医院，11家“二甲”综合医院，7家“二甲”中医医院，2个国家级重点专科，29个省、州级重点专科；各级（类）医疗卫生机构设置病床 17 131 张，每千人拥有床位 4.16 张，群众“看病远、看病难”问题得到有效缓解。人民健康水平得到明显提升，全州人均预期寿命从1954 年的 36 岁提高到 2015 年的 73 岁，婴儿死亡率由 1985 年的 83.9‰下降到 2015 年的7.94‰，孕产妇死亡率由 1985 年的每 10 万例 31 人下降到 2015 年的每 10 万例 16.69 人。

随着卫生计生部门的机构整合，在黔南自治州州委、州政府的领导下，全州卫生计生服务功能不断加强。特别是 2015 年全州医疗卫生事业发展大会召开，出台了《大力推动医疗卫生事业改革发展的实施意见》，提出“举全州之力打造健康黔南”，为医疗卫生事业改革发展提供了前所未有的机遇。县级公立医院改革全面启动，取消药品加成，破除了多年形成的“以药补医”格局。基层卫生机构全面实行基本药物制度，公共卫生均等化服务全面覆盖城乡居民，大病医疗保险、医疗救助和应急救助等救助体系不断完善。新型农村合作医疗制度不断完善，覆盖人口从 2007 年的 266.19 万人增加至 2015 年的 326.65 万人，参合率从 82.66% 上升至 98.25%。财政补助标准从 2002 年的每人 40 元提高至 2015 年的每人 380 元。年补偿人口从 119.1 万人次提高至 686 万人次，补偿金额从7 485.42万元提升至 14.5 亿元。建成 20 个标准化的县级医院、86 个标准化乡镇卫生院、2 366 个村级卫生室，覆盖率分别达到 83.3%、61.5%、100%。全州拥有 2 个国家级重点专科，29 个省、州级重点专科。全州二级以上医疗机构病人治愈好转率≥93%，急诊危重病人抢救成功率≥82%（目标值：80%），门诊、入院诊断与出院诊断符合率≥94%（目标值：90%），处方合格率≥95%，出院患者医疗服务满意度≥91.6%。把人才队伍建设作为医疗卫生事业发展的突破口，逐步建立起了科学有效的引才机制、培养机制，为全州医疗卫生水平的提升作出了积极贡献。截至 2015 年底，全州卫生技术人员达15 270 人，比 1970 年增加了 11 000 余人，其中，执业（助理）医师增加了 4 100 余人、注册护士增加了 4 800余人，医疗卫生队伍大幅壮大。

至 2016 年底，黔西南自治州共有卫生机构 1 989 个。其中，医院 106 间、卫生院 132 间，数量比上年末增长 1.6%；妇幼保健院（所、站）9 间。卫生机构床位 13 539 张，比上年末增长 7%。卫生技术人员 13 901 人，比上年末增长 10%。其中，执业（助理）医师 4 605 人，增长 11.3%；注册护士 5 548 人，增长 14.1%。全州 2016 年城乡居民基本医疗保险参保率达 99%，改扩建乡镇卫生院 126 所，创建标准化卫生室 700 个。州中医院成功创建“三甲”医院，每个县都有 1 间以上“二甲”医院。兴义、兴仁、安龙、贞丰、晴隆、册亨等市县获“省级卫生城市（县城）”称号。

至 2016 年底，黔南自治州公立医院综合改革成效明显，分级诊疗制度基本建立，医疗卫生服务体系更加完善，群众就医可及性和满意度大幅提升，初步建立覆盖城乡居民的基本医疗卫生制度。全州每千人医疗卫生机构床位 5.6 张；每千人执业（助理）医师 2 人，每千人注册护士 2.4 人，每万人全科医生 1.2 人；新规划建设三级医院 4 所，建成 5 个省级重点专科；村级卫生室全部配齐设备和乡村医生。公共卫生工作持续加强，2016 年全州发生 1 起一般突发公共卫生事件（Ⅳ级），处置率 100%；法定传染病报告发病率为每 10 万人 432.36 人；全州儿童国家免疫规划疫苗接种率 99.8%。妇幼卫生工作水平进一步提升，各项妇幼重大公共卫生服务项目得到全面实施，孕产妇死亡率为每 10 万例 18.37 人，婴儿死亡率为 7.33‰，5 岁以下儿童死亡率为 9.87‰，0～6 岁儿童健康管理率为 87.79%，3 岁以下儿童系统管理率 86.79%。农村合作医疗稳步推进，全州参合农民达

328.34 万人，参合率 98.76%，筹资总额为 16.75 亿元。全州各级医疗巡回队免费义诊 5.42 万人次，发放宣传资料共计 12.19 万份，免费发放各类药品价值共计 8.37 万元。2016 年度全州人口出生率为 13.38‰，自然增长率为 6.25‰。全州异地就医即时结算范围由省内向省外扩展，新型农村合作医疗补助标准不断提高，医疗卫生服务能力稳步提升。

第十四章　建筑名胜

第一节　建筑的类型与特点

据布依族经书等有关史料记载，布依族先民与其他民族一样，曾经历过穴居生活。那时，处处是原始森林，栖息着飞禽猛兽。穴居阶段，人们常遭毒蛇猛兽袭击，加之洞穴常年潮湿，日积月累，多生疾病。在这种情况下，布依族先民看到飞禽在树上做巢栖息，受到启发，于是就在大树上搭起树枝棚居住，史称“巢居”。巢居既可免遭毒蛇猛兽的危害，又可防潮。从穴居到巢居是布依族先民建筑的开始。巢居虽能防潮防兽，但会为起居、生产劳动带来不便。于是，先民们在生产进一步发展、思维有所发达的情况下，又在地上建起窝棚居住。窝棚比巢居又前进了一步，四面有遮拦，进出有柴扉，虽可防兽防风雨，但毒蛇的侵袭仍有发生，潮湿带来的疾病不断。于是，布依族先民在窝棚的基础上，参照巢居的建筑，因地制宜建起了干栏式建筑，并一直延续至今，发展成为布依族的主要建筑形式。随着经济发展和社会进步，干栏式建筑发展为吊脚楼、石头房、石板房、平房等。如今城镇郊区还有了钢筋水泥砖房的民居建筑。

布依族喜欢聚族而居，所住村寨称为“板”（ʔban^{42}）。如“板乐”“板羊”“板贵”等。语言习惯上的“板×”或“蛮×”，是用汉字语音记录布依语地名的结果。住宅依山而建，村寨依山傍水，周围生长着茂密的竹林和风水树。寨前田畴，河溪环绕，整个居住环境十分别致。其建筑类别与特点就主要体现在这里的干栏式住宅建筑、粮仓建筑、寺庙建筑等方面。

一、干栏式住宅建筑

《北史·南僚传》载：南北朝时，僚人“依树积木，以居其上，名曰干栏”。古代布依族人民建筑的干栏房多为竹、木结构，底层空敞，人居楼上。其后，随着农业生产的发展和生产工具的进步，建筑干栏房的技术也有了提高。因而到了宋代，人们便把干栏的底层用石板或木料圈围起来，“上以自处，下居鸡豚”（周去非《岭外代答》）。明代的干栏建筑是“人栖其上，牛羊犬豕蓄其下”（邝露《赤雅》）。

远眺布依族山寨，可见到住房群体因地形的高低而展现出的不同层次和高低轮廓，以及随等高线走向而产生正侧交错、疏密相间的屋面和山墙。其间穿插有曲折的里弄、高低的石坎。

布依族修建住房以木为主，屋顶用瓦盖，屋基用石头，中间部分全是木料。老一辈人说，中华人民共和国成立前造屋都用杉树，木质好又耐潮湿，不会虫蛀。

每个村寨都有一个群众聚会和议事的公共场所，布依语称“拉思”（$la^{11}si^{11}$）和“东轰”（$toŋ^{33}hoŋ^{33}$）。场所形式不一，有的是一个石砌院坝，有的是一块天然空地，有的是古树之下。中华人民共和国成立后，多在公共场所建民办小学，它们又自然地成为寨上的娱乐和议事中心。

一般都有几条较宽的道路贯穿全寨，沿寨内中心通向四面八方，形成寨内的主要动脉。岔路复杂多变，时而平缓，时而陡峭，陡的地方皆用石头砌成阶梯。路面宽的可达一至二丈，能容纳两人以上挑担穿行；路面窄的仅有四至五尺，两人挑担相遇，必须一人让路才能行走。

干栏式住宅多为三开间或四开间，也有少数五开间外加厢房。民房体型不大，占地较少，全是二楼一底“干栏式”，布依语也称为“干栏”（$ʔdan^{33}ɾan^{11}$）。楼房共分三层，上层贮粮，中层住人，下层饲养牲畜，防潮条件好。

中层是家庭生活的中心，分为堂屋、火塘、卧室、厨房等。堂屋设有神龛，上置香炉专作供祖先用，是房屋中最神圣的地方，上书“天地君亲师位”字样。

每间卧室各开一个室门进出。小孩长到七八岁就开始单独居住。火塘和厨房设在同一开间。厨房上方有竹制炕台，专用于烘烤辣椒等土产，炊烟经此通向屋顶，使阁楼有一定温度。为照顾老人，一般都让其住于靠近火塘的卧室。四开间楼房整个中层的结构如下图所示：

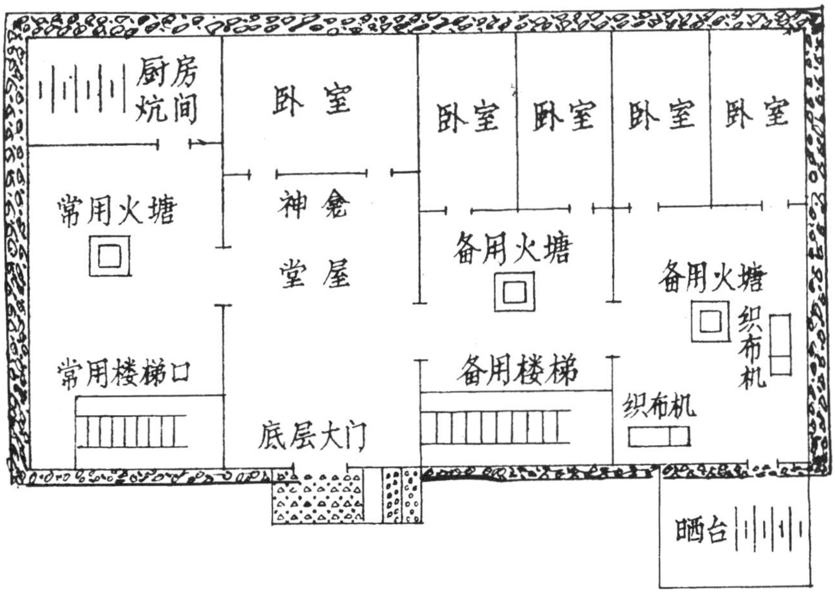

四开间楼房中层结构平面图

其中的备用楼梯，平时用木板盖上，遇到办酒时才打开使用，便于人多出入。备用火塘亦同。平时走进大门，需左拐经楼梯口上楼，先到火塘间，再入堂屋。山墙当头一间设有小门通向晒台，争取了户外空间，丰富了建筑造型。

房屋架构采用立贴式步架木构体系。立柱用料不大，柱径 20 厘米左右，高约 7.3 米或约 7.6 米。屋顶呈“人”字形。单间宽度，习惯上称为“九个头”“十一个头”“十三个头”等。两个柱头间距离称“步水”，每步水约距 1 米。房屋底层较矮，约 1.8 米；中层适中，约 2.2 米；其余部分为阁楼层高度。

还有一种半边楼，是人们利用山区地形，在建房基时，把缓坡沿平面前移而成。若宽度不够，三面再砌石墙使高与地基平衡，内填少量泥土，顺便作底层畜圈。

半边楼的中层，前半部为楼房，后半部为平房，大门开在平房处，既节省材料又容易施工，使建筑形式显得机动灵活，可以说这是山区劳动人民的一种创造。

也有少数地区在干栏式建筑的基础上改造出平房。平房建筑多为土木质结构，也有木石结构者。一般为三开间，偶有五开间。正中一间的前壁向里移一米多，因此正门的走廊较宽。富裕人家的平房，为三合院或四合院。正房两边各建厢房，称三合院；如正房两边建厢房，又在正房前建对厅，即形成四合院。屋顶多盖瓦，屋檐柱上雕饰有鱼、龙、凤等物象，形态栩栩如生。

在贵阳市花溪区和安顺、镇宁、普定、六枝、关岭等县市，布依族建筑也采用传统的干栏立贴式木构架体系。此外，由于历史上统治阶级压迫，经常发生战争，人们为了防御和生存，还采用岩石作木构架的外部围护结构。这一带盛产薄层石灰岩，开采方便，售价低廉，布依族用它作为屋顶覆盖材料，同时用来镶嵌内外墙体，做楼板、地面以及家庭日用器具，如石臼、石磨、石碾、石灶、石凳、石桌等，形成了独特的石板房和石头建筑风格。

房屋造于山坡者，首先在斜坡上挖去浮土及石块，平整出部分地基，开采出的岩石就是建筑材料。或是利用一块开凿平整的竖向山岩作为一方墙体，再以开出的平地为基础向外扩展，适当填以土方，以取得较完整的建屋地基和门前必要道路及台阶等。主地坪稍稍抬高，作为人们活动、居住房；部分需填土方的位置不填，利用高度差创造饲养牲畜的空间。为避免粮食受潮，且由于开坡凿石费工费时，因此在住人空间上部搭一层阁楼，作为粮食的储存处。利用地形、在纵向上朝立体空间发展，就成为这一地区布依族住宅空间布局的基本格局。这种石板房舒适美观，冬暖夏凉，不怕冰雹袭击，体现了布依族人民的聪明才智和对美的追求。

石头建筑的村寨，远远看去，一片白色，恰似粉装玉砌的城堡。走近寨子，寨门、屋门是石头拱成，村街梯坎是石头铺就。石板房造型美观大方，工艺朴素精湛。就屋顶铺盖的石板而言，一般要裁割整齐，十分规则，每块厚两厘米左右，铺盖时高低叠压，错落有致，宛若鱼鳞或波浪，具有线条起伏变化之美感。墙面有精凿细钻者，有用薄石片垒砌者，有用石块砌水泥勾缝者。石匠们工艺很高，砌就数米高的石墙，平直又稳固。屋顶式样大多数是两面倒水型，少数为四面倒水型，现在又发展出结构新颖的平顶式。这些房舍彼此通连，构成别具一格的石院、石巷、石街，从寨脚往上看，就像一座雄浑的大石城。石板房的村寨，显示出得天独厚的石头风光，供人们观赏，使中外游客流连忘返，赞叹不已。

在这些建筑形式里还包含着丰富的民族学资料。要建一幢新房，除了必备的经济条件，还必须遵循一定的规矩和礼节。这体现布依族人民根据地理环境，结合传统的生产方式和生活方式所形成的生活习俗。例如，动工前，必须请“布摩”按全家人口的生辰八字推算“动土（砌屋基）吉日”“架马、立房吉日”“入宅吉日”等。以后按此时间严格遵循，不得提前或拖延。

“砌屋基”布依语称“阁垫栏”（ku^{213}tian^{213}ɾan^{11}）。在“动土吉日”里请地理先生下罗盘定方位，然后由石匠开土安基石，俗称“定中墨”，再按中墨砌好屋基。屋基质量分为毛墙、层赶层、细钻墙等几种。以细钻墙为最佳，砌出的石料缝口连一只蚂蚁也钻不进。选择哪种墙面，由主家家庭经济条件决定。

下一步是伐木备料。如在农闲，只要“伐木吉日”一到，通知寨上乡亲，大家秉承互相帮助的传统，进山伐来所需木料。如遇农忙，则先由主家按吉日进山伐来一棵木料，待到农闲时接着砍伐即可。中华人民共和国成立前主要使用杉树，只要剥掉树皮即可加工；现在改用青杠树，由于木质不同，要先将木料泡水数月方可加工，据说这样可避免开裂和虫蠹。加工木料有专门仪式，称为“架马”，布依语称“奥马”（ʔau^{33}mak^{213}），意为要墨线。仪式在新屋基上举行，用八仙桌一张，上置插香米一升、酒三碗、饭两碗，还有墨斗、角尺、斧头、木锯、推刨等。由木匠用公鸡一只杀敬鲁班，也请传说中的布依族木匠师傅“播台”（po^{31}tai^{213}）同时享受，请他们保佑工程顺利。经此仪式，木匠方可弹墨，以待吉日立房。

“立房”是建筑过程中最隆重的仪式，布依语称“诺阑”（ʔjo^{33}ɾan^{11}）。由于“立房”吉时都选在天亮时分，所以主要亲戚都在头天晚上到来，特别是舅爷和姑爷要吹着唢呐，送来礼物，成群结队前来庆贺。主家置酒肉热情招待各方亲戚，木匠也需在头一天装好房屋构架，以待明晨“立房”。

亲戚中以舅爷最为特别，新房子的大梁木料是由他送来的。舅爷所送的梁木也有一定规矩，要选择生长茂盛、大小适中、树尖从未断过的杉树，表示女婿家起了新房也会像这棵树一样旺盛发达。伐木时第一斧砍下的木片与树的尖心，要与梁木一起送到女婿家。路上梁木要用红布包裹，表示红喜，并请人吹奏唢呐相送。

当晚，主家于新屋基上燃起几个火堆，让各方亲戚围坐旁边进行唢呐吹奏比赛。主家也请有一对唢呐相陪，但不参加比赛，以示尊重宾客。比赛的规则是谁的歌多、调多，吹到天亮不重复，就算赢家。人们以此助兴，庆贺修建新房。

次日凌晨的“立房”吉时，先由木匠手持公鸡一只举行“引煞”仪式。木匠口念：“此鸡此鸡，不是非凡鸡，别人拿你无处用，我用来做引煞鸡。引你天煞地煞除，年煞月煞除，日煞时煞除。别无禁忌，大吉大利。”念毕，把公鸡杀死，将鸡血依次点在柱头之上，到最后一根柱头时，大喊一声“起”。帮忙的人抽柱的抽柱、拉绳的拉绳、撑竿的撑竿，把屋架拉立起来，同时燃放鞭炮，通知寨上新房已经立好。

当天还要举行“上梁”仪式。梁木的修整有一定规矩：刮下的树皮在当年除夕之前不准用来烧火；梁木修整好后，要用木片一块，树尖一块，毛笔一双，墨两锭，梳子篦子各一，银子一块，皇历一册以及茶叶、稻谷等物做成一叠，放于梁木中部。外用布料包上三层，第一层为蓝布，第二层为绿布，第三层为红布，俗称“红盖面”。

“上梁”吉时，有唢呐、长号等传统乐器伴奏，燃放鞭炮庆贺。先由舅爷和主家各一人站在梁的两端，当木匠喊“起”时，两人首先抬梁，旁边的人才能动手，把梁木拉上中柱头部安稳。接着是“撒梁粑”和“对四句”。

“撒梁粑”“对四句”是仪式中最隆重之时。首先在堂屋安八仙桌一张，上置插香米一斗、猪头一只以及酒肉等供品。主家长子跪在供桌前方，等待“对四句”者祝他得富得贵，得男得女。粑粑有大小两种：大粑粑三个，专丢给长子；小粑粑两箩，专丢给众人。

“对四句”由主家和木匠各出一人为代表，分别从屋架两边爬上梁头，每一步对词一首。当爬到梁头念完贺词时，先向主人丢大粑粑三个。主人得到后用布包起来，表示接受贺词。这粑粑要待酒期结束，才由主人送给木匠为谢礼。接着，撒粑人把小粑粑撒向四面八方，围观的人不分男女老幼都可去抢。撒粑人也可从不同方向挑逗人们，使他们越抢越烈，届时屋中充满欢声笑语，抢得越热闹，表示越吉利。主人家故意把小硬币包在小粑粑中，据说能抢到有钱的粑粑者，当年的农事和生意都会更好。

“对四句”有专门唱本，平塘县硐头村布依族陈定陆家藏有一册《歌书梁本二十篇》，为手抄线装本，内容很像古代宫廷的一种“上梁文”：

福语：
师人上梯，
食兮发兮。
脚踏云梯步步高，
脱了蓝衫换紫袍。
上到头川到二川，
世代主人做高官，
上到三川到四川。
弟子站在梁头上，
恭喜主人买田园。
自从今朝来过后，
儿子儿孙做高官。
福语已毕，
上上大吉。

福语：
半夜起来金鸡叫，
正是吾师立柱时，
左边起的金银柱，
右边起的琼瑶桩。
上出杖元，
积出金银无处用，
买田买地与后人，
上头买齐云南省，
下头买齐北京城。
人王皇帝做买主，
文武官员做中人。
今日主人来立柱，
众位乡亲齐用心。

多承老幼来到处，
用了气力费了心。
开口三声唱梁头，
世代子孙作公侯。
此鸡此鸡，
不是非凡鸡，
头是高冠帽，
身穿五色绿毛衣。
王母娘娘亲手记，
昆仑山上换来的。
日在昆仑山上叫，
夜在凤凰脚下啼，
开口朝天叫一声，
子孙世代出公卿。
凡人得你何处用，
弟子将你点梁鸡。
一点梁头，
世代儿孙出公侯。
二点梁腰，
世代儿孙富发豪。
三点梁尾，
世代儿孙中文魁。
福语正梁，
正梁在何处？
长在何方？
大梁生在昆仑山，
大梁生在旷野山。
何人见你生？
何人见你长？
天地日月见你生，
露水茫茫见你长。
张郎路过不能砍，
李郎路过不能量，
砍与主家作栋梁。
大吉大梁，
大吉大梁。

福语：
斧头宰下生富贵，
主人抬起凤凰梁。
三十多人抬不动，
四十多人抬到堂。
先锯头，后锯尾，
去了两头要中间。
斧头过来闹洋洋，
锛锄过来闹尖尖，
今天又将刨子来推至，
墨绿坐在中央间。
文武百官两边望，
后代文官出状元。
富贵荣华，
连升三级。

福语：
主人挂你一件红，
挂在梁腰像条龙，
三人缠起两根线，
摇摇摆摆似金龙。
一张桌子四角方，
张张治下鲁班装，
上头摆起炎河酒，
中间摆起一炉香。

福语：
吉日良时，
天地开张，
吾师到此，
世代荣昌。
龙凤凰叫金鸡叫，
正是皇王登殿时。
书生听见金鸡叫，
正是主家上梁时。
一上主家生贵子，
二上主家发儿孙。
为可读，号《六经》，
子子孙孙出状元。

福语：
太阳出来绿洋洋，
周文武，称三王，
照主家，立发堂，
左右栋梁一齐起，
好似官员在问门。
要为主家造个书居美，
木匠师傅听言音。
曰南北，曰东西，
鲁班师傅强十分。
三光者，日月星，
子子孙孙立朝廷。
福语已毕，
百事大吉！

《大学》孔氏之遗书，
这个房子修得有功夫。
二轮子之巧，
这个房子修得好。
子路问路字经，
篇篇阐发出得清。
曰南北，曰东西，
这个岭岭起旁峰。
窦燕山，有义方，
四根中柱顶中梁。
八百载，最长班，
子孙代代富贵有。
知某数，知某名，
儿孙代代进朝廷。
自从今天来过后，
富贵荣华出公卿。
福语已毕，百事大吉。
请士说起，福语福语。
请好谷雨下早秧，
夫哥磨刀去种粮，
春碓秋来磕成米，
放在风簸吹掉糠。
今日主人来立柱，

一米斗粮放五升。
三朝一齐化成酒，
双手闭坛十里香。
此酒将何用？
主人将你点栋梁。
一点梁头，
儿子儿孙中文举，
点梁已毕，上上大吉，
万代富贵，连升三级。

福语福语：
说酒洋洋，
造酒将兮。
别人造酒待朋友，
王家造酒祭中梁。
梁中三杯银花酒，
谢过天地芝兰香。
今朝香酒奠梁头，
万代子孙做公侯。
二杯香酒点梁腰，
子孙富发豪。
称五代，皆有由，
三杯银酒奠梁头，
富贵荣华万万年。

福语：
好贤君子请来说，
中不偏，庸不易，
上梁粑粑以手提，
作大学，有周易，
三易强，儿孙代代立朝堂。
黏米抬来七八斗，
糯米取来七八双。
今朝中堂撒栋梁，
送你主家一双主粑粑，
子孙中梁花。
送你第二双，
富贵满朝堂。
送你第三双，

牛马满山冈。
送你第四双，
子子孙孙是福郎。
福语，木匠留一双，
回去买田庄。
孟子见梁惠王，
代代子孙造发堂。
木匠留二双，
牛马满家乡。
粑粑将来抛上天，
天地神仙得吉沾。
粑粑将来抛下地，
脉龙神来保安康。
粑粑撒五方，
九男二女满中堂。
东方撒把金，
子孙中高官。
西边撒把银，
子孙进朝廷。
自从今朝来过后，
富贵荣华万万年。
福语已毕，
百事大吉！

福语：
太阳出来绿洋洋，
照见主家立发堂，
左边立起龙凤亭，
右边立起五谷仓。
龙凤亭，五谷仓，
手提粑粑守大梁。
今日上梁，
晨风吉利，
儿孙代代出朝中。

福语福语：
皇名送对金银粑，
贺庆王侯宰相家，
文武百官震四方，

后进侯伯爵子男，
龙王府君送财归，
喜见加官晋爵谭。
上边买齐云南省，
下边买齐贵州城。
自从今朝来过后，
荣华富贵万万春。

福语：
一不早来二不迟，
正是主家上梁时，
马在槽中细细听。
一不来，二不去，
步步登高上楼梯。
一上一步金鸡叫，
二上二步凤凰飞，
三上三步来早种，
四上四步季发财，
五上五子登科早，
六上六步早禄高，
七上七星配地斗，
八上八千来教寿，
九上九子来归位，
十上十步状元红。

时兮发兮过金桥，
脱下蓝衫换紫袍，
上到头川已富贵，
上到二川已富豪，
上到三川头上坐，
五子登科坐朝中。

福语福语：
粑粑一双发，
送给主家买田地，
中头买通云南省，
下头买通北京城。
人王皇帝君主到，
文武官员做忠臣。

福语已毕，
上上大吉！
一张桌子四角方，
桌子摆起酒一坛，
下头横起一炉香，
到香得香，
能饱会香，
起斟三献，
遍满十方。
福语已毕，
上上大吉！

太阳出来绿茵茵，
手拿粑粑祭大梁。
日吉时良，
天地开张。
清早起来路坎坎，
鲁班打马出天门，
金鸡叫进天门去，
早落黄金夜落银。
初一早起见四两，
初二早起见半斤，
初三初四过去捡，
斗大黄金涌进门。
金银将来何处用？
主家将来立大房，
大吉大利！

太阳出来绿洋洋，
照见主家立金房。
做不假来真不真，
请个先生看地形，
看朝山来得好处，
看得前水洗汗巾。
龙贺山头出富贵，
白虎命前出行人。
皇上起出金宝殿，
主人才喜立华堂。
立在龙头管天下，

立在龙尾管万民。
恭喜主家时运好，
父子登科点中了。
恭喜主家金银花，
父子登科点中他。
荣华富贵上场考，
连升三级。

福语福语：
说酒洋洋造酒将，
别人造酒敬朋友，
主家造酒祭中梁。
香金花酒香梁头，
世代子孙做公侯。
金花香酒香梁腰，
世代子孙上三朝。
金杯花酒敬梁尾，
世代子孙中文举。

福语福语：
大吉大利！
珍珠米米白如花，
能哥巧儿做粑粑，
粑粑拿来有何用，
匠人制下抛梁粑。
抛了东来又抛西，
子子孙孙在朝中，
抛了西来又抛东，
恭贺元宝加主东，
各位亲朋来捡起，
恭喜主家来兴隆。
主家双手来接起，
一年更比一年红。
福语福语！

对词完毕，接着上“搭梁布”，俗称为“红”。这是亲戚所送的礼物之一。布料多用土布，以蓝靛染成，长约33米，从梁中吊至地面。梁上的“红”有多少，就表示主家来客多少。经此礼节，才开始置酒待客。这就是“上梁”仪式。

往后盖房和装修，没有专门仪式。寨上乡亲都无偿帮忙。他们认为，这种事情家家都有，主家只招待一顿饭就行了。

为防雨淋，一般先盖房后装修。所用瓦片就地烧制，方便且便宜。过去装修时全用木板，在今天森林受破坏的情况下，用木料则比较困难。

建好房屋后，主人也需按吉日入宅。仪式比较简单，只需在天亮时，先把锅瓢等日常生活用品搬进新居，并于火塘生火煮点饮食，燃放鞭炮即可。寨上听到鞭炮声，便知道此家已搬入新居。

只有钉大门时要举行“开财门”仪式。民间对此比较重视，届时请来各方亲戚，像“立房”一样置酒肉庆贺。仪式中由木匠选择吉时把做好的大门钉上，并有专门的礼词《开财门》：

请说开财门，
踩门不是别一人，
我是天上紫微星，
开门过后财门春。
秋季财门进五谷，
冬季财门进金银。
四季财门我踩开，
房纳东西南北财。

踩门不是别一个，
我是天上文曲星，
自从今日把门开，
代代子孙状元才。
富也来，贵也来，
宝石照得万里来。

踩门不是别一个，
我是天上武曲星，
文武官员一路行。
我梦主家生贵子，
又到主家翰墨林。
前也兴，后也兴，
其门发地八君臣。

踩门不是别一个，
我是天上福禄星，
一请主家增福寿，
二请主家六畜兴，
三请兄，三及第，

四请四季广招财，
五请五季官祝贺，
六请九子坐龙庭。

踩门不是别一个，
我是天上玉帛星，
主家当门有棵摇钱树，
凤凰蹬在紫金藤。
摇钱树，紫金藤，
早落黄金夜落银。
左脚踏门生贵子，
右脚踏门出公卿。
天无忌，地无忌，
年无忌，月无忌，
日无忌，时无忌。
姜太公在此百无忌。
福语福语，
大吉大利！

“开财门”可和入宅同日举行，也可另外单独举行。①

二、粮仓建筑

在黔南自治州的独山、荔波等县，当地布依族农户都建有一种高脚正方形粮仓。粮仓高约4米，边长约3米，有四脚立地，仓底空敞，离地面约1米处才开始镇楼板、装板壁。粮仓全用木料做成，可装几千斤粮食。仓顶盖瓦，有两面倒水或四面倒水两种。这种粮仓一般都建于门前院坝，既方便取仓中谷物，又可防潮防鼠害。

镇宁县的六马、募役等地的布依族还建筑了一种别致的谷仓，全用泥土与竹篾片做成。先用竹篾片在屋外空地上编织一圆筒形框架，高约2米，直径约1.5米，底部离地面近1米。然后用“神仙土”（一种很有黏性的黄泥）糊于篾框里外及顶部，再盖一层茅草防水。这种土谷仓蓄藏谷物，既能有效防止鼠害和潮湿，又能防止火灾，一旦失火，至多只能烧掉仓顶的茅草。

三、寺庙建筑

布依族的寺庙建筑有土地庙，也叫“寨神庙”。这种庙一寨一个，用大石板合成，四方，内空1立方米左右，置土地菩萨。菩萨有石雕、木雕，也有天然石尊。庙顶用石刻“山”字形置之，故称“山王庙”。有些地方的土地庙建筑较大，面积相当一间平房，后

① 伍文义：《平塘县布依族建筑调查报告》，见《贵州省民族志资料汇编》第1集（内刊稿）。

墙正中置菩萨位。平时，寨老聚会议事或重大宗教仪式多在土地庙前举行。

位于黔南自治州独山县布依族寨子翁奇村的“奎文阁”是富有特色的清代寺庙建筑之一。寺庙内供奉有木雕观音塑像、“孔子”“关羽”两块牌位及“魁星金身”，故又被称为“大魁阁”。阁内佛像雕塑精美，栩栩如生。棂窗格扇，雕镂精致，颇富民族特色。又如位于关岭布依族苗族自治县的“上关无梁殿”，全为石头建筑，山墙用巨石细钻，清口密缝，内有石雕窗格、对联、碑文、佛像等。“上关无梁殿”不用梁柱，无枋无斗，工艺奇特，显示了当地布依族石匠高超的建筑技术。

第二节　主要名胜古迹

布依族地区河流众多、峰峦竞秀，形成了许多奇异的自然景观，留下不少名胜古迹。主要有花溪公园、黄果树瀑布、安顺龙宫、犀牛洞、飞龙洞、莲花洞、神仙洞、红岩碑、茂兰风景区、花江大峡谷岩壁画群、百花湖、红枫湖、福泉古城垣、翁奇奎文阁、安龙招堤等。

一、花溪公园

花溪位于贵阳市南郊 17 千米处的花溪布依族苗族乡，是布依族苗族人民世代居住的地方。1937 年始被时任贵阳县长刘剑魂（布依族）辟为“花溪公园”。花溪河源于上游广顺，流经花溪田坝，下游注入南明河，属长江水系。花溪公园内，河水由龙山峡经螃蟹井、平桥、放鸽桥、济番桥、董家堰、双龙峡等景点，蜿蜒迂回而下，“入则幽深，出则平衍，两岸田畴交错，村落毗邻”。花溪河水深可泛舟，青山映入绿水，两岸林木葱茏，古木石桥，景物别致。四季轻风习习，流水潺潺，百鸟争鸣。游人或泛舟河上，或于河边垂钓，或登临园内“石麟山”“蛇山”“龟山”远眺。花溪公园是贵阳市著名的风景区，深受当地各族人民喜爱，被誉为“高原明珠”。

二、黄果树瀑布

黄果树瀑布是我国最大的天然瀑布，位于黔中安顺市镇宁自治县北盘江支流打帮河上游的白水河上。喀斯特地貌于此地岩层断裂，形成了众多瀑布群，当地称“九级十八瀑”。黄果树瀑布是其中最高的一级，瀑布高 66.8 米，宽 81.2 米。白水河流经此处，自悬岩绝壁之上直泻犀牛潭，“响声如雷，势若雪练飞卷，形似弓弹翻絮”。明代地理学家徐霞客游经此地，曾赞叹曰：“翻岩喷雪，溪皆如白鹭群飞。一溪倒悬，万练飞空……捣珠崩玉，飞沫反涌……盖余所见瀑布高数倍者有之，而从无此阔而大者。”

黄果树瀑布对面山上，古时就建有“观瀑亭”，游人在此可欣赏巨大瀑布的震天气势，获取大自然无穷的力量。瀑布上卷起 200 多米高的水珠，似雪山飞絮，又似玉梅满天绽开，让游人仿佛置身于神话美景之中。夜晚气温稍降，水雾凝结，如玉珠撒在黄果树村的街道上，乡村夜景灯光点点，故被游人誉为“银雨洒金街”。

黄果树瀑布随季节变化而景色各有不同。春天百花竞放，水位较高，清流如黛，瀑布恍如银帘高挂；夏天赤日高照，水位猛涨，瀑布若万匹野马奔腾咆哮；秋天水位一般，瀑布似悬空珠帘，光彩夺目；冬天水位较低，但岩松挺秀，瀑布如天际飘动锦帛，纷纷扬扬，有无穷诗意。若遇雨后初晴，犀牛潭上出现艳艳彩虹，更是气象万千，令人心驰神往。古人有诗赞曰："谁将积雪布河中，昼夜奔驰色不同。隐隐雷声惊丽泽，英英雪花喷长空。如倾玉乳天然态，乍见黄流雨化功。瀑落碧潭朝露白，光连银汉夕阳红。翻山漫似挑花浪，逐水全无柳絮风。五洞桥边波潋滟，澄鲜自觉石玲珑。"把瀑布的雄姿丽态描绘得十分恰当。

黄果树瀑布之下还有一个长约百米的天然洞穴，其以瀑布为帘，故名"水帘洞"。洞中有三处天然洞窗，可欣赏外面的巨大水帘凌空飞降，令人叹为观止。"水帘洞"穿过瀑布中央，集"瀑布、洞穴、溶岩"于一景，实为天下罕见。古代游人于此洞壁题有"雪映川霞"四个大字。入洞观瀑，有如身临蓬莱之境。深入洞内，眼前豁然开朗。洞顶滴下的溶液被称为"仙露"，甘甜可饮，据说饮后便能延年益寿。

黄果树瀑布不仅景色壮观，还蕴藏着巨大水力资源。黄果树水电站不仅给附近厂矿增添了动力，也给周围的布依族村、苗家寨撒下千万颗"夜明珠"。如今，黄果树瀑布已被评为"AAAAA 级"国家名胜景区，每年吸引海内外的大量游客前往休闲观景。

三、安顺龙宫

安顺龙宫坐落在安顺布依族村寨境内，有水洞、旱洞，明湖、暗湖，明瀑、暗瀑，还有绝壁夹道、天窗竖井、古树石林等众多景观。其暗湖全长约 15 千米，穿过 20 余座山坡，串联着 90 多个洞穴，现开放的只有 6 个宫厅，入水洞者必须坐船。

第一宫叫"门宫"，进入宫内，迎面是"群龙迎客"。众多的石头巨龙探头摇尾，雄姿勃发，给人以强烈的震撼感。穿过"门宫"，进入名为"壁画宫"的第二宫，宫内有"二龙戏水""双狮戏球""仙宫宝塔"等巨石景点。特别是巨石形成的"参天古树"，其上枝枝叶叶，形态逼真。第三宫名为"五龙护宝"，内有五条张牙舞爪的石龙相继排列，仿佛在守卫这块宝地。往前行走，进入第四宫，内有盛开的"海石花"和"通天河"。在硕大洁白的"海石花"旁边的巨石形如笨拙的猪八戒，正卷起裤管与师兄孙悟空护送唐僧，跨过"通天河"去西天取经。第五宫名叫"水晶宫"，宫门有"武士"守卫，宫内有"哪吒闹海"景点。宫顶白云飘动，有形似哪吒脚踏风火轮之巨石，其火燎燎的样子，仿佛在海上奔腾。进至第六宫，又如行舟于长江三峡，故名"三峡宫"。宫内那高峻、绮丽、神奇的神女峰上，神女亭亭玉立，仿佛在为过往的游客祝福。此外，还有"老龙回宫""玉女看书""猛虎下山""神猴捞月""孔雀开屏""百鸟戏水""冰川白熊""倒挂荷花""笑眯罗汉""寿星待客""三顾茅庐"等奇观，其中有石钟乳、石笋、石幔、石花、石柱，景象各式各样，美不胜收，给人以无限的感慨。有联赞曰："灵秀自天成，鬼斧神工开洞府；清奇绝尘世，瑶池群玉见人间。""聚古今中外于一洞，汇天上人间为一堂。"安顺龙宫的胜景，吸引着八方游客，目前已被评为"AAAA 级"国家名胜景区。

四、犀牛洞

犀牛洞，原名"火牛洞"，位于镇宁布依族苗族自治县城东。洞长 480 多米，最高处

30 多米，最宽处 60 米。洞的尽头有一水潭，长超过 78 米，宽 22 米，深 27 米。据考古学家初步鉴定，成洞时间约在 500 万年前。洞内乳石奇异，景象万千。一进犀牛洞门，先有“火树银花”景点，各种姿态的钟乳石尽收眼底。再往前走是“鬼门关”，只能侧身而入。往里走几步，左右各有两个洞厅，名叫“小十字”和“银洞”。“银洞”可通洞顶。左壁上有高数丈的石头巨台，台上有观音奇石，故名“观音殿”；还有一个“罗汉堂”，罗汉面貌各异，栩栩如生。洞壁有形如竹林的天然浮雕，名曰“紫竹林”。

过了“紫竹林”，左拐可进入圆顶大厅。大厅内百笋竞生，岩溶铸就的“擎天柱”高 30 多米，柱身有如牙雕玉刻，玲珑剔透，大逾三人合围，从洞顶悬垂于地面，十分罕见。从宫厅往下走，又有“大十字”景点，这里可容纳 1 000 多人。层峦叠嶂的怪石如波翻浪涌，乱云飞渡，极为壮观。“大十字”左上方有石柱丛林，岩浆凝结成各种物状，以石击之，声音铿锵，有如击磬，故有“仙乐台”之称。台下水潭周围，有石笋、石柱、石幔、石剑、石人、石马、石禽、石花，奇特而壮丽。有古诗称赞犀牛洞云：“石洞何因号火牛，早传奇绝不胜收。千寻龙柱撑云盖，四壁珠帘下玉钩。大吕黄钟宏雅奏，罗裙缓带认仙俦。星光莹澈琉璃地，疑是人间玉凤楼。”犀牛洞一直是当地人喜爱的著名景点之一。

五、飞龙洞

飞龙洞位于黔西南自治州兴义市布雄乡的群山丛中。穹形洞口高大宽敞，洞长2 000 余米，共有六个景区。第一景“迎宾厅”有巨石盆景，两座石峰高约 5 米，周围无数小石柱、小石花与之依偎，挺拔峻峭，苔丝碧缘，如同人工雕刻的工艺品。巨石盆景旁，有座小石桥，桥下水波粼粼。沿小桥绕至盆景后方，有小路到第二景“观丰台”，其中钟乳石丛有的如豆棚瓜架，有的如稻浪滚滚，适如一幅农田丰收景象。进到第三景“龙翔宫”，洞顶石壁有一条石头巨龙，龙身长 20 余米，昂头摆尾，时隐时现，蔚为奇观。据说飞龙洞即因这石龙而得名。

再往里走，过了一条弯弯曲曲的回廊，便是第四景“三湖一滩”。洞壁上石笋、石柱、石幔多姿多彩。地面的“叠翠滩”有排列成梯田状的连珠小滩，清泉缓缓流过层层堤坝，旁边数十个钟乳石形状各异。还有“闹龙湖”“珍珠湖”“灵芝湖”等景点，湖边泉水清冽，卵石沙砾，溜圆光润。其中“灵芝湖”水蓝如染，有灵芝状的钟乳石，石灵芝朵朵相连，鲜活如生。进入第五景“卧狮岗”，洞内山冈高 40 余米，岗下宽敞的洞厅可容纳千人。洞顶和石壁的岩溶，千姿百态。进到第六景“凤翥宫”，始有光芒从洞外射入，洞内大片灰白岩石中夹杂着黑玉般的钟乳石林，石林中竟有一只“飞凤”展翅翱翔，故而游人称之为“丹凤朝阳”。飞龙洞的景观引人入胜，是当地人喜爱的旅游胜地之一。

六、莲花洞

莲花洞位于黔南自治州龙里县莲花乡境内，距县城约 3 千米，四周层峦叠翠，浓荫蔽天。从山下一条小径迂回而上，在半山腰陡峭的石崖下，有一处溶洞。洞口顶部刻有“天下第一洞”五个大字，为明代游人题记。

进入洞口不远，来到“迎客洞厅”，厅堂开阔，可容千人。厅中一石兀立，状如蹲狮。绕蹲狮而过进入第二洞厅，厅内耸立着数十根高 10 余米的钟乳石，宛若石林。穿过石林，地势更加开阔，有一石拔地而起，石色透明光亮，纹路若隐若现，酷似仙女起舞。由此沿石级而下来到第三洞厅，内有可容百余人的石平台，形如民间“大戏台”。“大戏台”前有暗河流过，对岸宽阔平坦。平台后面怪石嶙峋，有“仙翁下凡”“冰山雪岩”等景点。从平台左后侧攀上两米多高的石山，便来到一座天然石楼，名为“楼厅”。再往前走十余步，就踏上一条90余米长的空中游廊，廊上俯瞰，令人目眩，此景人间少有。由此折回，过楼厅右旁而下，即到第四洞厅。厅内有两根石柱顶天立地，犹如怒目金刚站立守卫。从石柱背后攀上10余米高的石山，又来到一汪深潭边上，一股清泉从悬岩上倾泻而来，蔚为奇观。由此回行20余米，就到了“石笋洞”，洞道长约千米，石花、石笋琳琅满目，美不胜收。莲花洞自明代就已开发，历来名气较大，游人众多。

七、神仙洞

神仙洞位于黔南自治州独山县上道乡，距县城15千米。据地质部门勘测，神仙洞形成于3.7亿年前，最早为地下河通道，因大自然的造化，形成了溶洞奇观。神仙洞全长约5千米，共分5层。最高层和最低层高差83米，有2个主洞和8个支洞。主洞平行伸展，支洞纵横交错于主洞之间，或上或下，或左或右，形成了绝妙的地下迷宫。

走进溶洞，先进入一个穹形大厅。厅内有阳光从洞口斜射进来，地面有一石柱拔地而起，洞顶上的千百条石筒、石冰凌倒悬垂下，一根大石筒垂于其间，酷似北国雪松，此厅故名“雪松大厅”。往前走便是“玉幕大厅”，一块“石帷幕”轻纱般从洞顶飘然而下，仿佛舞台表演即将开幕。继续往前有一潭，名曰“莲花池”，潭水如镜，清澈见底。潭边岩溶如瓣瓣莲花，成对成簇。往前又有一潭，曰“绿茵潭”。潭边有一钟乳石巨柱，其上布满孔雀尾状的石幔，宛如孔雀开屏。再往下行，有“梯田”层层，一派田园风光，此处称为“神仙田”。由此再爬一座“滑油山”，便到“凉风坳”。洞坳十分狭窄，冷风呼呼，寒气袭人。继续往前便进入“买卖街”。“买卖街”长达里许，宽敞平坦，可容纳六七辆汽车并行，周围全是奇形怪状的钟乳石，被誉为“神仙洞里大世界”。据说，1944年日军入侵黔南，当地布依族自发组织抗日武装趁夜晚出动袭击日军，白天则组织群众躲入此洞，在此点灯赶场做生意，买卖兴隆，使这条地下“买卖街”成了战乱时期的“世外桃源”。

再往前，经过巨大的崩石，只见洞壁上水珠晶莹，形似串串葡萄。还有朵朵石花、条条石柱、根根石筒，组成了一幅美妙的丰收洞景。继续向前就到了“神仙桥”。有一宽10余米的石桥跨越峡谷上空，桥塌了半边，故叫“断桥”。这里四周悬崖峭壁，有30余米深的峡谷河道阻隔，流水声如万马奔腾，游人到此只能回转。经由“买卖街”往右拐，又有几处广阔天地，游过“花果山”，又见“二龙戏珠”“刘海戏金蟾”“鲤鱼跳龙门”“醉八仙”等景点。沿途有石狮、石牛、石马、石鸡，它们或嬉戏逗趣，或顽皮憨态，犹如进了动物园。如今，沉睡了亿万年的神仙洞迷宫，不仅成为重要的地质研究对象，而且成为黔南自治州著名的旅游景区之一。

八、红岩碑

红岩碑地处关岭布依族苗族自治县断桥乡龙枣树村晒甲山上，距黄果树瀑布7.5千米，距安顺市约50千米。滇黔公路从山腰穿过。俗传诸葛亮南征屯兵晒甲于此。红岩碑是一块长百米、高30多米的红色天然石壁。碑上有几十个斗般大字，非镌非刻，非篆非隶，年代久远，神秘玄奥，被称为“南中第一奇迹”。这里地势高峻，文字又非镌刻，难以拓印，爱好者只能由远处临摹笔迹，当地人称之为“红岩天书”。红岩碑最早的记载，见于明嘉靖年间邵元善的《红岩》诗。它至清代中叶，始引起学者的注意，清代的《贵州通志》和《安顺府志》等皆有记载。

红岩碑地处偏僻，年代久远，直至明代才被后人发现。清道光年间，有学者开始对其进行研究；清光绪年间，其影响愈大，名播海外，法国人拍茹雷和弗兰海尔谓此“含有绝对之神秘性”。光绪二十七年（1901），当地永宁知州为了得到红岩碑拓本，竟令役夫伐竹木捆扎爬崖脚手架，并派人攀登上悬崖，用桐油拌和石灰敷填碑文四周，结果未能拓下，反倒致使碑文受到破坏。

红岩碑到底是何人何时留下的遗迹，内容记载的是什么？近百年来，国内外许多专家学者来此考察解谜，但众说纷纭。一种说法认为它是殷代高宗伐鬼方，取胜后所写下的“记功碑”；一种说法认为它是三国时诸葛武侯南征，七擒七纵孟获后的“记功碑”。这些意见，都只是猜测而已，还没有一种观点得到公认。红岩碑已成千古之谜，几千年来当地流传着一首民谣：“红岩对白岩，金银十八抬。谁人识得破，雷打岩去抬称来。”清代书法家严寅亮为黄果树瀑布和红岩碑特书一联：“白水如棉，不用弓弹花自散；红岩似火，未得薪烘焰长存。”

如今，红岩碑已被纳入国家“AAAAA级”黄果树景区，供慕名而来的中外游人参观。

九、茂兰风景区

茂兰风景区是国家级自然保护区，位于黔南自治州荔波县境内。茂兰是中国南方喀斯特世界自然遗产的核心区域，也是世界人与生物圈保护区和国家级自然保护区。区内峰峦叠嶂，溪流纵横，原生森林茂密，喀斯特地貌形成的山、水、林、洞、瀑、石融为一体，呈现出喀斯特森林生态环境的完美统一，在地球同纬度地区和世界喀斯特地区中绝无仅有。茂兰风景区面积达200多平方千米，森林覆盖率超过91%，被《中国国家地理》杂志评为“中国最美十大森林”之一。茂兰风景区有石上森林、黄杨沟、青龙潭、九洞天、尧所古桥、尧古布依寨、珍稀植物园、拉滩瀑布等著名景点。

1. *石上森林*

石上森林是中国南方喀斯特世界自然遗产的标志性景观。这里原生森林茂密，珍稀物种丰富，空气负氧离子含量极高。沿林间小径拾级而上，可鸟瞰浩瀚无边的锥状喀斯特峰丛，领略中国最美十大森林之壮美。走入石上森林，这里有着石头上长树、石缝里盘根的神奇景观，因此被誉为“石头上的绝唱”，让人强烈感受到绿色生命在严酷环境中所迸发出的旺盛的生命潜力。沿石阶而上，登上900多米就到达山顶，遥望群峰逶迤连绵，林海浩瀚起伏，一望无际。星罗棋布的峰丛森林，如颗颗青螺，堆积大地；重重叠叠的漏斗森林，幽深陷落，如海上漩涡。极目远眺，遥想大自然演进的峥嵘岁月，让人心旷神怡。

2. *黄杨沟*

黄杨沟全长1 000米，平均宽20米。沟里的黄杨全都生长在沟底的石头之上。树根有的穿越于石罅之中，有的盘曲在岩石之上，密密匝匝簇拥相接，如一条蓝色的彩带镶嵌于山水之间。在雨季，清清的地下河水涌出地表漫往黄杨沟，溪水在树根上徘徊或在青苔碧草中徜徉，水面上飘着袅袅白雾，让人犹入仙境。这里石上流泉，泉间长树，水木交融，枝藤繁茂，古朴清秀。水流量不大时，可沿水中林、螃蟹沟踩水溯溪而上，尽情体验原始野沟趣味；水流量较大时，形成拉滩瀑布飞流直下，轰鸣山谷，甚为壮观，是茂兰风景区最美的景致之一。

3. 青龙潭

青龙潭水面长约 1 000 米，平均宽约 15 米，最深处 20 余米。在喀斯特地貌上，它属于地下河露出地表而形成的景观。近千米的水域，潭水冰冽，清澈见底，常呈蓝色。潭中鱼儿悠然，潭面时有水蛇、野鸭游弋，是茂兰深处最具原始魅力的山水景点，也是游人进入茂兰风景区的必游地。这里集山、水、洞、林、瀑、石为一体，浓缩了喀斯特地貌的各种生态奇观，为游人献上了一席最豪华的原生态山水盛宴。

4. 九洞天

一洞九孔，孔孔向阳，无须灯火，便能畅游全洞。随着光线的移动和明暗的交替，洞中的各种景物也随之幻化而斑驳陆离，时而隐隐约约、若有若无，时而明晰可辨、欲动欲飞。九洞天经世界文化遗产专家考证为贵州地区年代最久远、保存最完好的溶洞之一。洞中有众多光怪陆离、神秘莫测的自然奇象，没有任何人工雕饰，是游人深度体验喀斯特秘境的理想场所。

5. 尧所古桥

清朝年间建造，距今已有近两百年历史，据说这桥是用糯米拌石砌成，虽然历经风雨，仍然坚如磐石，无一缺损。桥下流水如练，桥边古木参天，是茂兰当地少数民族男女谈情说爱的地方，流传有不少美丽的传说。

6. 尧古布依寨

尧古布依寨是布依族聚居的自然村落，地处茂兰风景区内，依山傍水，民居建筑集中紧凑，均为富有地区特色的“干栏”楼房——吊脚楼。游人在这里还可以参观保存完好并沿用至今的古法造纸坊、酿酒坊、织布坊。

7. 珍稀植物园

茂兰风景区珍稀植物园内种着许多国家重点保护植物，如植物界的“大熊猫”单性木兰、全身是宝的南方红豆杉、亭亭玉立的异形玉叶金花等。而且，珍稀植物园的负氧离子特别丰富，是个天然的大氧吧。

8. 拉滩瀑布

拉滩瀑布是茂兰风景区内最大的瀑布，落差约 70 米。夏季洪水来临，瀑声震颤山谷，响彻林海，水雾弥漫；其他季节则是瀑声清脆，潺潺悦耳，让人仿佛置身于《高山流水》的美妙意境。

茂兰风景区民族风情厚积千年，景色如绵延百里的山水画卷，被游人誉为“旅游观光、休闲体验的梦幻天堂”。如今，茂兰风景区已被列入国家“AAAAA 级”著名景区。

十、花江大峡谷岩壁画群①

花江大峡谷位于关岭布依族苗族自治县境内的北盘江段，拥有高山峻岭、江河深谷。人们在两岸悬崖绝壁之上发现有马马岩壁画、汉元洞岩壁书画、牛角井岩壁画群、七马图岩壁画等古代文化遗迹。

1. 马马岩壁画

马马岩壁画位于关岭布依族苗族自治县北盘江北侧普利公社下瓜（古称“下卦”）村大田坝旁的临江悬崖上，当地人称它为“马马崖”。马马岩高约5米，宽20余米，壁画颜色为赭色，共有三幅，内容以马为主，故称“马马岩壁画”。马马岩壁画绘制着“马、人、鸟、亭榭”等图形，武士似着古代甲胄，提着类似灯的东西，有的骑马奔驰，有的牵马而行，动静姿态各异。对于马马岩壁画，学术界有几种解释：第一种认为此壁画是古代无文字民族的一种叙事性记载，用来表述事件或传递信息。它是“文字画”，亦叫图画文字，是一种符号系统，一种“语言”，可以从中研究出其语义来。第二种认为全图似一幅“放牧图”，年轻力壮的骑手跃马扬鞭，跑在最前，其后有马紧跟，惊动飞鸟。老人、男孩刚刚出外，男孩为能跟大人上山放牧而欢呼雀跃。妇女留在住地做饭。不能上山的女孩，守着大人做家务。第三种认为马马岩壁画所在的北盘江一带，古时为夜郎国领土。这可能是夜郎王在汉武帝时期受封，得到汉武帝赏赐，满怀喜悦和荣耀赶回故土的记录。第四种认为此画是一幅古代南方山地民族从事体育活动的场景，其中的两幅奔马图，便为赛马场面，可称为“体育图”。第五种认为这一带古往今来居住着二十七个布依族村寨，岩画中的两位人物身着桶裙、包着头帕，是典型的布依族妇女装扮。

2. 汉元洞岩壁书画

汉元洞岩壁书画位于关岭布依族苗族自治县文山乡陈家岩脚的北盘江岸边，距马马岩壁画约10千米。石洞门顶上有“汉元洞”三字，洞门旁有“汉元门”斗大楷书，洞内书有“大汉元年”字样。洞壁有诗云：“岩前流水无人渡，洞内碧桃花正开。东望蓬莱三万里，等闲去时等闲来。”还有一对联云：“想此地人民同歌盛世，愿吾乡父老共庆升平。”因岩洞上书有“神祖”两个大字，汉元洞又被称为“神祖洞”。洞内右岩壁上画有一人骑马与大鸟图案；左岩壁上画有一个古怪的鱼形图案，中间是一轮红太阳，周围有蓝黑色的鱼鳞、龙鳞和水波护绕。因其与布依族神话传说内容相同，有的学者称汉元洞岩壁书画为布依族先祖“濮越人”留下的图腾壁画。

3. 牛角井岩壁画群

牛角井岩壁画群位于距汉元洞岩壁书画江段下游约20千米的北盘江畔。壁画用红褐色和黑红色彩绘，有“人、马、龟、鸟”等图案，个体大小20～30厘米。亦有笔画及其布局全部反写的“反字岩”，分布在绝壁之上的“白岩脚”“大洞背后”“三面坡”“后头湾”“曾家屋基”“白岩背后”六个景点的石林之中。山尖古树古藤覆盖，从山脚观看，酷似被水浸袭后残留下来的若干港湾，是值得认真考究的古老之地。

4. 七马图岩壁画

七马图岩壁画位于汉元洞岩壁书画侧对面的绝壁上。画面约2米见方，绘有七匹负鞍

① 参见马启忠：《花江大峡谷岩画壁画群》，《贵州民族报》1992年9月7日。

马，自前而后排成三列，第一、二列分别有两匹并列进驰，第三列是三匹并列进驰，均向西而行。每匹马长约5厘米，宽约3厘米，用黑线白描，技法古拙优美。它在题材和技法上都与马马岩壁画相似，至今图画尚清晰，但不见载于地方志书。绘画者何人、何意、何年代待考。此崖画之下，即为花江古渡口，是古代行人横渡天险北盘江的交通要道。该画以写实的手法，再现了当地古代交通运输的情景，对研究古代民族经济文化有重要参考价值。

十一、百花湖

百花湖位于贵阳市西南约22千米，是一座水力发电、工业用水和农业灌溉综合利用的人工湖。始建于1960年初，竣工于1966年7月。据说湖底原是众多布依族苗族村寨和农田，当地人民为响应政府号召而主动搬迁。百花湖建成后有力地解决了贵阳市工业用水和市民饮水问题。百花湖由于自然生态优越、风光绮丽而成为贵阳市人民喜爱的观光旅游风景胜地之一。

百花湖的湖面约14平方千米，湖中共有大小岛屿100余个。有的岛上还有天然溶洞。湖水湛蓝，水质洁净，湖面多变，湖汊幽深，岛屿奇特，林木葱茏。青苍的松林坡对面，原是滴澄河的大河湾，如今成了湖中心。周围半岛、小屿星罗棋布，是开展划船、滑水、游泳等水上运动的好场所。百花湖边，还有明代朝廷军队的屯兵之所朱场堡。朱场堡古城遗址尚在，城围4里许，有东西二门。城南面湖一侧有颓垣残墙数丈，反映出当年的险关雄踞。湖岸边的朱昌镇，有石峰三座。因明太祖朱元璋曾派部将三员转战至此，当地人把这三座山称作“大将军”“二将军”和“三将军”，表示对朱元璋“调北征南”统一祖国的纪念。

十二、红枫湖

红枫湖位于贵阳市西南约30千米，面积110平方千米，地跨清镇、平坝两县。据说湖底原有布依族苗族村寨及良田，1958年动工兴建红枫湖电站时，当地布依族苗族人民响应政府号召搬迁他处。两年后，拦腰截断猫跳河的大坝竣工，贵州最大的人工湖在山间盆地和河谷中出现，为提供黔中地区的工农业生产用水作出了重要贡献。红枫湖中桃花园上有数百株枫树，每临秋季霜叶似火、漫山红遍，因此得名。

红枫湖的湖面依地形起伏，湖汊蜿蜒曲折。从天空俯视湖面，犹如一株平卧的迎客松。红枫湖主要分北湖、南湖、后湖三个湖区。北湖有串珠小岛，南湖有溶洞奇观，后湖有湖湾河汊。水面开阔而不单调，秀丽而情趣天然。其中南湖面积最大，景点也多。有“花鱼洞曲拱桥”“盆景山”“小山峡”“小石林”“峭壁天书”等景点，还有两个水、旱溶洞。水洞景色扑朔迷离，内有20多根10~30人才能合抱的石笋、石柱，以及高10余米、宽20余米形似大瀑布的巨大石幔，气度非凡。坐船行进于水洞之中，石笋、石柱、石幔与彩灯碧水交相辉映，景色令人称奇。

后湖湖湾众多，每一道湖湾都是一幅别致的水乡田园画，恬淡而充满生机。这一带是飞鸟栖息繁衍之地，冬春候鸟特别多，有灰鹤、白鹤、鹭鸶、鱼鹰、翠鸟、湖鸥、鸳鸯等。野鸭是水鸟中的大家族，常有“家鸭野鸭同游，共扑水花一路”的场面。后湖边上有芦荻哨、平寨等布依族山村。每逢节日，周围少数民族同胞都汇集于此地山村，载歌载舞。山村小吃街上，各种地方特色小吃应有尽有。游人白天可观赏民族歌舞，饱尝特色美食，或跳入碧波之中畅泳；夜晚可到民族旅游村寨听山歌对唱，也可在景色迷人的湖边漫步。

红枫湖融山景、林景、水景、洞景于一体。1987 年，贵州省政府公布红枫湖为贵州十大风景区之一；1988 年，国务院又公布红枫湖为国家级名胜风景区。

十三、福泉古城垣

福泉古城垣位于黔南自治州福泉县城，距贵阳市 129 千米，始建于明洪武十四年（1381）。古城设有五门，除大门稍有损坏外，其余四门保存完好。南、北门洞各长 17.3 米，宽 4.8 米，高 6.3 米；东门门洞长 20 米，宽 4.2 米，高 6 米。位于城西隅的小西门，由“内城、水城、外城”三道城墙构成一座瓮城。城水相依，城因水而多姿，水因城而成趣，结构独特，全国罕见。

古城有三道城墙互相贯通，外城两座石拱桥横卧沙河之上，两侧城墙依坡而筑，陡然崛起，宛若飞龙腾空。城内人无论登南往北，均有百级石梯与内城相接。福泉古城原名“平越卫城”，初为土城，明建文三年（1401）改为石城。周长 4.7 千米，厚 3 米，高 7 米。除五门外，另建有月城三座、城楼四座、警铺四十五座，崇闳雄丽，冠盖当时之贵州。明正统末年，当地少数民族起义围城，城内人马渴死。至明成化年间，指挥张能在西门外建水城，并辟小西门与内城相连，将河水引入城内井中。明万历三十一年（1603），知府杨可陶又在水城外增筑外城，使河水流经城内，从而使之成为“里三层、外三层、城墙围水小西门”的水城，是研究古代战争难得的遗迹。游人登上城头，整座水城尽收眼底，实为壮观。1986 年 10 月，北京故宫博物院研究员、中国建筑历史与理论学术委员会主任单士元先生亲临福泉考察，赞之曰“为世所稀有”，并亲笔题词曰：“明代石城，黔中瑰宝；亲临其境，胜读史书。”同年，贵州省政府拨款在福泉城内建设古城屯堡博物馆，使各方游人到福泉县可一览古城雄风，欣赏美丽的古代建筑文化。

十四、翁奇奎文阁

翁奇奎文阁建于清代，位于黔南自治州独山县兔场乡布依族山寨——翁奇寨。这里是清代贵州著名历史学家莫与俦，清代诗人、汉语音韵学家、书法家、教育家、被誉为“西南巨儒”的布依族学者莫友芝等人的故乡。此处有“影山草堂”遗迹，是莫友芝等人读书、生活的地方。街北 300 米的岩石上有“莫友芝先生故里”七个大字。

翁奇奎文阁三面临河，背靠青山，周围古树环抱，环境幽雅。翁奇河呈“工”字形由东南向西北流过寨前平坝，河水清澈，风景秀丽。阁楼正对山门，楼高 25 米，为三层重檐攒尖顶木结构建筑，石质宝顶。

底层四角，阔三间、深二间，有山墙围护。由山门、阁楼、两厢房和一耳房组成两进院落。两厢房建在阁楼的右侧，背西朝东，为三开间歇山顶砖木结构建筑。两厢房以砖墙相连，形成开井。耳房两端分别连接阁楼和厢房，与阁前山门、阁左垣墙围成封闭式庭院。山门朝南开，门楣上悬“奎文阁”楷书匾额。门后石碑上书“云霞辉映”四个蓝色大字。门左右菩萨房分立木雕门神塑像。山墙开拱形木雕花窗。一层大厅正中设佛龛，奉木雕观音塑像，悬铁钟，置皮鼓；二层为“神文圣武殿”，内设孔子和关羽牌位；三层塑魁星金身，曰“大魁阁”。阁楼之上有翼角起翘，鳌尾向天，下垂铜铃木鱼。中部分别置雕刻石质莲花、葫芦。阁内棂窗格扇雕镂精致，木石雕塑栩栩如生。

翁奇奎文阁对岸岩山上，建有方形砖塔与阁楼宝顶隔河相对，形成掎角之势。当地布依族传说这种建筑布置“能锁水龙”。相传很久以前，翁奇不知从何处飞来两条白龙，年年风调雨顺，五谷丰登。但不知何年，龙神因久居厌倦而出游，之后翁奇数月无雨，田地干裂，庄稼无收。不久，白龙又回归翁奇，人们怕它再出游而修建此阁，以期关住白龙。据说翁奇奎文阁建成后，果然又连年风调雨顺，五谷丰登。

多年来，翁奇奎文阁以其精湛的古代建筑工艺和闻名的文人事迹，吸引各地游客前来或欣赏当地民族风情，或欣赏山川田园秀色，或领略当地文人对祖国文化教育的巨大贡献。

十五、安龙招堤

安龙招堤位于黔西南自治州安龙县城东北隅，清康熙二十三年（1684）游击招国遴捐资倡修。长堤沿陂塘海子筑堤，拦洪疏渠，以利农耕。当地布依族人民为纪念招国遴，故称“招堤”。

招堤经历数次维修扩建。清乾隆《南笼府志·地理志》载：“游击招国遴以水无关锁，捐千金筑石堤，高阔一丈许。”清乾隆五年（1740）维修。清道光《兴义府志·名宦传》又载：“安龙城北有亭池，绵亘数里，土人呼为北海，有识者言，水之形势如反弓，不利于安笼。”“国遴至，乃提白金二千两，伐石筑长堤……广八尺，袤三十余丈。”清道光二十九年（1849）兴义知府张瑛再将堤基筑高 1.7 米，清咸丰年间在堤两端建有“省耕亭”和“挹秀亭”。清光绪二十九年（1903）兴义知府余云焕和府城士绅又集资维修招堤。民国元年（1912）安龙镇总兵刘显潜、知府聂树楷再次翻修。后人不断在堤侧开辟水面，遍植荷花，使海子绿波与招堤荷花相互映衬，韵味美妙自然。

中华人民共和国成立以来，人们不断加固招堤堤岸，种植行道树；又在海子内修建弧形长廊，便于人们赏花，使堤岸长满茸茸绿草，行行垂柳郁郁葱葱。每当盛夏，清风徐来，一片碧绿此起彼伏，海子之中田田荷叶竞相挤出水面，荷花纷纷点点撒在绿叶中，让人感到安宁和谐。

安龙招堤一端的金山上，有历年所修亭台楼阁。亭、楼依自然地形而设，形成典雅的建筑群。入口处为“八字牌楼”山门，有门联曰：“忽惊华构依岩出，不断海风吹月来。”牌楼左侧有二柱一门式“石牌坊”，横额镌刻隶书“尺幅千里”。距“石牌坊”6 米许，为卷棚式石木结构的“一览亭”，亭柱上雕刻楹联、诗词。亭后为“涵虚阁”，始建于清同治三年（1864），后毁于战乱。现存“涵虚阁”为清宣统三年（1911）重建，三层三檐，六角攒尖顶，底层有环廊，台基呈六角形。阁身亦为六角形，直径约 3.8 米，底层为石墙，每面开雕轱辘钱纹窗。二、三层为砖墙，外粉白灰。“涵虚阁”后有歇山顶木结构禅房三间。阁左侧依岩临池处，即为清道光二十八年（1848）兴义知府张瑛倡建的“半山亭”。

“半山亭”中的石壁上，镌有中国近代洋务运动首领张之洞的《半山亭记》全文。张之洞作《半山亭记》时，年方11岁，正跟随其父——时任兴义知府张瑛在贵州生活。张瑛以招堤两岸垂柳迎风，新辟荷塘芰叶荡青而大宴宾客。其爱子张之洞在此凭栏纵目，只见云峰耸翠如画，荷花亭亭玉立，虹桥倒影摇曳，轻风徐徐，顿觉心旷神怡，便一气吟成这七百九十余言的《半山亭记》，文惊四座，成为黔西南文化历史上的一段美谈。半山亭的一副楹联曰："携酒一壶到此间畅谈风月，极目千里有几辈能挽河山。"安龙招堤是黔西南名胜景区之一，游人到此参观游玩，能激起豪迈的爱国、爱乡情怀。

第十五章　交通通信

第一节　交通

一、交通的发展

布依族地区的交通，有水上交通与陆上交通。因多住江河边上，水上交通有着悠久的历史。《史记·西南夷列传》载："夜郎者，临详诃江，江广百余步，足可行船。"据《史记·西南夷列传》及《货殖列传》记载，蜀地所产的枸酱，就是通过夜郎，由牂牁江水路运至番禺（今广州市），说明当时布依族地区的水路运输已较发达。而今黔西南的南、北盘江及黔南的都柳江和蒙江，仍是贵州除乌江以外的主要水运航道，可以行驶客货木船，盘江中下游还可以行驶客货机轮，是贵州连通两广的主要水上交通。布依族地区的域内水上交通也很普遍，都柳江和盘江的各支流，水流落差虽大，但形成多段水平河段，沿河百姓多用水上运输；红枫湖、桂家湖、百花湖等天然湖或人工湖附近百姓的劳动、交往也用水路。布依族地区处于高原河谷，但从古代起就有连通各地的陆路。《史记·西南夷列传》记载庄蹻入滇路线曰"将兵循江上，略巴、蜀、黔中以西"，《华阳国志·南中志》曰"泝元水，出且兰以伐夜郎"，说明了当时庄蹻率兵入滇时，经巴、黔中以西，先夺乌江口，进入布依族地区（且兰、夜郎），然后转往滇池。那么，早在公元前 280 年（庄蹻入滇时间）前后，布依族地区就有了连通四川、云南的能过大部队的水陆交通了。公元前 130 年，汉武帝遣唐蒙率军千人至夜郎，赠送厚礼，后开通经僰道通牂牁江的南夷道。由僰道出发，经石门到朱提、至味县，西向滇池，此为一路；从朱提下威宁、水城，到夜郎，沿牂牁至广郁，通番禺，此为一路。这个时期，布依族地区的交通可去四川，进云南，下广西、广东，现在相邻的省区，除湖南要绕经广西外，基本四通八达。

到了 20 世纪 30—40 年代，布依族地区始有能通汽车的公路交通。此时期，先后开通了黔桂公路、川黔公路、黔湘公路、黔滇公路等干线。同时，还开通了南笼（沙了岭至安龙）公路、贵番（贵阳至惠水）公路、陆下（陆家桥至下司）公路、都三（都匀至三都）公路、开修（开阳至修文）公路、八度（册亨至八度）公路等支线。

中华人民共和国成立后，布依族地区的交通运输有了很大发展。至 20 世纪 80 年代，纵横于布依族地区，连通滇、桂、川、湘的几条公路干线都建成了二、三级柏油路；县与县之间的公路，85% 以上为柏油路。同时，还开通了贵黄（贵阳至黄果树）国家高等级公路。95% 左右的乡镇已通汽车。至 1988 年底，黔南自治州境内通车公路达 6 726 千米，水上通航距离 74 千米；黔西南自治州境内通车公路达 3 826 千米，水上通航距离 630 千米；布依族较集中的安顺地区通车公路达 3 194 千米。进入 21 世纪，随着时代发展，高速路、高铁、飞机场构建了四通八达的交通网络。布依族地区的交通又产生了巨大进步，面貌焕然一新。

二、交通工具的产生、发展、种类及特点

（一）水上交通工具

布依族的水上交通工具主要有筏、梭船（布依语叫儒倒）、木船、拖轮、机轮、撑竿、浆、橹、纤绳、锚等。最早使用的交通工具主要是筏。从各种工具的结构和性能分析，布依族水上交通工具的发展，从简单到复杂的先后顺序应是：筏→梭船→木船→拖轮→机轮……由于布依族地区航道大都不宽，水不深，因此，其水上交通工具的主要特点是小型化与轻便化相结合。

1. 筏

筏可分为竹筏和木筏两种。从其生产技能和使用情况看，筏可以分为临时性筏和固定性筏两类。筏作为较早的水上交通工具，结构并不复杂。临时性筏专为重物运输所用。造这种筏，根据运输货物的重量和体积，选取数根竹竿或木杆，并排于平地，上面加数根横杆，用竹篾或绳索、藤葛将横杆与筏排固定在一起即成。这种筏的主要特点在于，运输任务完成后，如不需再用，可撤下所有材料作为他用。造固定性筏，选长一丈五至二丈的笔直大毛竹五至十棵不等，用火熏烤竹一头，统一上弯相同角度作为昂起的筏首。将竹排齐，画线凿眼，穿上三至五根横闩将筏排固定在一起即成。这种筏轻便身窄，供运输轻便物资、过河过江劳动、赶集、走亲访友用。

2. 梭船

梭船是较早使用的船，最早时为整木梭船，而后发展为拼板梭船。船身细长，两头尖翘，速度快，对航道无选择。梭船一般长丈五、宽二尺左右。整木梭船为一根整木挖凿而成。挖凿成船后，直接涂上桐油防腐即可下水使用。拼板梭船由数块长木板拼合而成，一般板长与船体长度相等，不用船架，直接由凹凸槽连接板材，并在板材连接线钉上木条加固，造好后涂上桐油防腐即成，工艺十分精细。梭船一般用于打鱼、赶集、走亲访友、过河过江劳动及短程运输轻便物资。因其重量轻，所以河道小及水位落差大不易行驶处可扛起行走，比较适用于山区水上航行；并且每次靠岸后可扛回家，不用长期泡水，使用寿命较长。

3. 木船

木船较大，长二丈余，宽四五尺，高三四尺不等。因船身大且重，只能靠江河边打造。打造时先造好木方做的船架，然后将木板拼合钉到船架上。造好船后，民间一般将糯米饭及山药等捣黏，在船身拼合线及木板下凹处糊刮数次，最后涂上数层桐油以防腐。船上可用竹篾席糊上棉纸后涂桐油，做成船篷。因其船身大且重，行驶稳，有船篷，可遮日避雨，所以比较适应长途运输。

4. 拖轮与机轮

拖轮与机轮相对而言，是布依族地区水运较现代化的交通工具，有民间自己组装和船厂生产两种。自己组装的船，主要为购买厂家生产的机器，装在自己的大木船上制成；而船厂生产的，大多为铁壳船。其使用性能与常见的相同。

5. 航船附属工具

撑竿，竹制或木制，长丈余不等，一头固定有铁钩，呈近似小写英文字母“r”形，头部供撑船者顶住河岸和河底用，底部供钩抓外物稳船用。桨，长三四尺，下部扁平，上部为圆柄，供划小船用。橹，近似桨，但比桨长和大，用途有二，一是用牛皮套固定于木船两边供划船用；二是固定于船尾供划船和当船舵用。纤绳，一般为麻绳做成，供船上水时从岸上拉船用，不需抛锚时牵往岸上拴于船桩稳船。锚，铁制，停船时抛沉江河底，稳船用。

（二）陆上交通工具

陆上交通工具有马匹、滑板、独轮车、马拉车、牛拉车、滑竿、轿子、自行车、摩托车、拖拉机、汽车、火车等。其发展顺序是：马匹→滑板→独轮车→马拉车及牛拉车→滑竿和轿子→现代交通工具。

1. 马匹

在古代，布依族地区的陆路多为驿道，翻山越岭，坡度大，石级多，所以主要的交通工具是马匹。《宋会要辑稿·买马》载：“广西买发钢马，多是西南诸番、罗甸、自杞诸国。”马匹运输曾经形成马帮、马队。马匹运输的附属工具有马鞍、驮架、马箩等。由于布依族山地运输的实际需要，这些附属工具便形成了自己的特点。

马鞍：它与一般坐骑用的马鞍有所不同，据马背大小做合适鞍架，内镶光滑的小木板，全为木结构。鞍架上有驮架槽，使驮架及货物在上面不会掉下或前后滑落。前有一绊带绊在马胸，后有一绊带绊在马尾下，作稳住马鞍用。一般马鞍“各马各鞍”，多不借用。

驮架：木结构架，上下活动于马鞍上的驮架槽。将货物平均捆于驮架两边，抬上马背即可驮运。

马箩：竹篾编成，可固定于驮架上，运输时装货用。有干箩和油箩两种，呈扁圆形。干箩敞口，长途运输时装食盐、粮食等干货，上盖蓑衣以防雨淋。油箩有口有盖，外围用竹篾编好，内部糊上两层棉纸，刷上数层桐油，滴水不漏，专装桐油、菜油、酒等液体货物。

2. 滑板

滑板运输是布依族地区的一种独特运输形式，既能省力又能载重，比较适宜短程重物运输。滑板长四五尺不等，上平，下如船底，边上有四根纤绳。滑板运输分干滑和湿滑两种。干滑仅在滑板下加两条铁橇，多用于小煤矿，从窑口至煤堆设有滑道，修道时挖至硬土铲平，运煤时需一绳牵引，极为省力。湿滑多用于运输较重的石料、木材等货物，滑道铺一层黄黏土，运输期间用水浇湿滑道。滑板四根纤绳，上坡牵引，下坡拖稳慢行，运送重物很方便。

3. 独轮车

独轮车在民间称为“鸡公车”，适宜山区小道运输，在布依族地区使用极为普遍，赶场做生意、运煤、运粮、运石料建房子都用它。独轮车由车架、货架、独轮组成。车架有两个肩，肩上系一条牛皮带，推车时套于人肩帮助两手出力。全车木结构，木轮上过去套牛皮，现套胶条，也有些安有轴承、刹车结构等。布依族人平时用独轮车推煤、推石料，驾驶特别熟练，从山顶到山脚，一个急转弯接一个急转弯，却不会翻车。它不但是交通工具，还被称为“夫妻配”。平时到远处推煤或推货赶集，常夫妻相伴而行，在车头加一绳，上坡时夫推妻拉，在劳动中加强夫妻感情，体现夫妻和睦。

4．马拉车和牛拉车

马拉车和牛拉车，在有乡村公路的布依族地区使用较普遍。最早的马拉车和牛拉车均为木轮，由单马单牛牵引。后来马拉车发展到木轮套上胶胎，现在多装上汽车轮胎，且增加到由双马、三马、四马牵引；牛拉车使用比马拉车少，只由单牛牵引。马拉车配有马鞍，牵绳通过鞍和套于马胸的胸带作力；牛拉车通过牛肩弯棒与胸带作力。多马牵引时，由一匹马在轮车的肩杆中拉“中扛”，其余在肩杆外配合。马拉车有平板车与篷车两种，车篷多由竹篾席做成，有些设有载客座位。

5．滑竿和轿子

滑竿和轿子，主要用于坐人，由脚夫抬行。滑竿由竹椅加两根抬杠组成。轿子与常见轿相同，过去主要是病人、官人、富人乘坐。随着现代化交通的发展，这两种交通工具已在布依族地区逐渐消失。

6．现代化的陆上交通工具

自行车和摩托车是现代布依族青年普遍使用的交通工具。除旅行外，大都用于运输。一般在车后轮两边绑上箩筐或大塑料桶（壶），运输货物。特别是在城郊和开放地区，使用较普遍。调查资料表明，在贵阳郊区生活的布依族，平均每户拥有一辆以上自行车，10户左右拥有一辆摩托车；黄果树风景区的布依族，仅孔马村 129 户人家就拥有自行车 30 多辆，摩托车 8 辆。自行车和摩托车比较适应山区公路支线运输，为发展布依族地区经济、活跃与繁荣市场发挥了很大作用。

拖拉机和汽车是布依族新兴的现代交通工具。不仅国营与集体运输部门，布依族地区拖拉机与汽车的私人拥有量也发展很快。据处于经济发展高峰的 1988 年统计，黔南自治州拥有机动车辆 17 422 辆，私人占有量为 50%；布依族较集中的安顺地区拥有民用车辆 10 508 辆，私人占有量为 60% 以上。

火车是布依族地区的主要交通工具之一。途径布依族地区的几大铁路干线，为布依族的交通提供了极大方便。20 世纪 70 年代以来，黔桂铁路进入贵州境内直达贵阳，沿途主要是布依族聚居区，全长 400 多千米；湘黔线经贵定至贵阳，过布依族聚居区百来千米；滇黔铁路从贵阳至六枝特区，经布依族聚居区 200 多千米。

“十二五”期间（2011—2015），布依族地区迈入了高铁时代，贵广高铁、沪昆高铁、南昆铁路相继通车。2015 年底，高铁里程达 701 千米，铁路网覆盖的县达到了 40 个。公路建设实现了县县通高速公路，连接省外的高速公路省际通道达 15 个。兴义机场、荔波机场、安顺机场等建设完成，机场直线距离 100 千米范围内民航运输覆盖 80% 以上的县级行政单位和 90% 以上人口，立体综合交通网络覆盖范围进一步扩大。截至 2016 年底，罗甸机场建设，南北盘江、红水河航运扩能工程，北盘江马马崖二级航电枢纽工程等相继上马；广大农村正在全面实现“村村通油路、村村通客运、组组通公路、村寨路面硬化”的“美丽乡村小康路”目标。这些现代交通设施的进步，为布依族地区的产品输出、商品交流、集市贸易、旅游观光等事业的发展起到了极大的推进作用。

三、交通设施的建设与利用

布依族地区河流交错，村寨附近溪沟纵横，所以，其传统的交通设施最突出的是桥，其次就是石板路和小码头。一般建设形式为主要受益村寨集资投劳，或个人出于修桥补路积阴德的观念组织修造。其利用特点是全民公有，对非集资投劳者不收使用费和管理费。

（一）桥类

布依族地区的桥是比较普遍和独具特点的交通设施，从其建设规模和利用范围来区别排列，从大到小顺序是：石拱桥、铁链桥、木桥和竹桥、石板桥等。

1. *石拱桥*

布依族地区石料极为丰富，且江河交错，因此石拱桥成了连接隔河村寨的主要交通设施。布依族多石匠，所以拱桥工艺十分考究。石拱桥分为单孔和多孔两种，视造桥河道宽度而定。桥孔跨度在一至二丈不等，桥洞拱面用石拼合而成。拼石一般在秋末春初枯水季节进行。先按原设计的桥孔高度和弧度架好木支架，铺上木板，然后将早先准备好的弧面石拼合上去，拼好后撤掉木架和木板即成石拱桥。造桥工匠技术很精，敲凿弧面石时，每块打有墨记，拼合时最后不会出现一块误差，而且在拼合过程中，大多不用石灰浆或水泥一类黏合物，桥身也十分稳固。过去建石拱桥，还在每孔下倒插一把宝剑，意为可使孽龙在涨水时不敢过桥孔，保障拱桥不被洪水冲垮。多孔桥桥墩逆水一面造成船形，称为“刀口”，以减少大水冲力。其建设形式是：一寨或数寨父老共同协商好后，请本族工匠头选点并核算主体工程造价，然后按人口户数集资集粮，请本族工匠加工石料造桥。一般开石、运石、挖土方为造桥村寨按户出劳力，集体劳动，各自回家吃饭。集资部分开支为工匠加工石料、营造桥身所用。桥造好后又再次集资设宴庆贺。同时，在桥头立一大石碑，篆刻发起人、主要工匠、主造村寨、捐款人、集资投劳等与造桥有关的情况，告示路人及后代。

2. *铁链桥*

铁链桥由长方形或椭圆形铁环相扣成链而拉架成桥，主要架在跨度大、水流急、山谷深的不宜架石桥和木桥的江河之上。架桥前先请工匠打制与桥身长度相等的铁链四至六根，同时在两岸岩石上分别打出与桥链数相等的石眼（对穿）。铁链和石眼都打好后，先在石眼上用船或筏拉架一条粗绳（多为棕绳或麻绳），然后把铁链固定在一边岸上的石眼，通过架好的绳拉到对岸。铁链两头用铁环扣在石眼上。底链数量视桥宽而定，较宽的桥拉四根链，窄的拉两根，用木板排列铺成桥面，用铁环把木板扣稳在铁链上。两边各有一根扶链，供人行走时扶着稳住身子。这种桥可行人或过马队。铁链桥的建设涉及面较广，一般由当地行政长官组织协调，按一定范围落实到人户集资集铁。人均集铁数量分配后，各户把废旧铁制用具搜拢，不够的找亲友调剂，自觉送到岸上的工匠场过秤。由于铁链过重，运输不便，工匠在即将架桥的岸上设打铁场。桥架好后，也在桥头立大石碑，篆刻与架桥相关的主要信息。

3. *木桥和竹桥*

木桥与竹桥在布依族地区也较普遍，一般桥身不大，架在村寨出入的小河上。分为架子桥和独木桥两种。架子桥的建造过程是先砍来较大的木料或竹子，运到河边，据工匠的设计打眼凿闩，然后拼斗于河上成桥的主架，接着用木板排列铺成桥面。布依族地区的架子桥，一般只有两丈来长，五六尺宽。独木桥的长度和用途跟架子桥差不多，其差别（也是独木桥的特点）在于，独木桥架设的地方，不但是人畜常走的小河上，而且是灌田小水沟要过河的地方。独木桥由一根直径二尺余、长二丈不等的整木做成，常用的是杉、柳、青杠等不易腐烂的木材。造桥时将整木劈掉三分之二，中间挖凿成槽，每边留五寸。以上这些桥有以下建造形式：第一种，建造村寨投劳，按各自的手艺分工集体劳动，砍树的、打眼凿闩的、砌桥基的、挖便道的，各尽其责，自己回家吃饭。架桥竣工，凑钱杀猪买酒庆贺。第二种，有钱人家或发财者为积德修阴功，出钱出粮请村人帮忙造桥，一日三餐有酒有肉，不开工钱，因为帮忙者认为造桥也有自己一份责任。

4．*石板桥*

石板桥分大石板桥、小石板桥两种，在扁担山一带较为普遍。大石板桥用于连接乡村便道，架在较宽的乡村沟溪，桥板由长五尺至丈余的石条拼架。这种桥多为有钱人家或家道一时不顺的人家为了积德修造，因而以造桥人家姓名命名，如造桥主为关口寨人，小名德尧，就叫“关口德尧家桥”。小石板桥更为普遍，因为扁担山布依族有个传统习俗，孩子12岁前，要在“布摩”指点的地方，用尺余宽、三四尺长的石板在小溪沟上架“命桥”，以期孩子命如路径，连通不尽，每年正月十五和七月十五还要祭桥，并修整。也有多病或运气不佳的成人修造“命桥”。因此，在田坎上、人行来往的便道上均有小石桥，有的沟坎由于是多人“命桥”选点，形成了多桥并列的景象。

（二）道路设施

布依族地区交通的道路设施，除了过境的现代化公路、铁路外，还有由民间建设的石板路、传统航道、渡槽路、中途歇脚点等。

1．*石板路*

布依族地区多水，泥路不论人行、马走、独轮车过、马拉车和牛拉车行驶都不方便。到春耕至秋收前，满田满坝都是水，道路也就浸泡在水中。所以，布依族从古代开始，便形成了修造石板路的传统。石板路由石块、石板镶接铺就，一般在村寨附近和靠公路的地方，路宽四五尺，不通公路的地方路宽多在三尺左右。建设形式有两种，一是过去官家为了交通之便，修造驿道，把路段摊派到村寨，民众无赏投劳修造；二是相邻村寨共同协商，分担赶场、拉煤、放牛等必经之路，民众自己投劳，集体修造，寨寨连接，四通八达。布依族地区有的地方工程艰难，留下了许多令人感叹的险要路段，如扁担山通往关岭斗墓煤山的运煤道，就在伟革寨垭口的峭崖上打凿了一段手攀石级，令人也望而叹之；扁担山通往六枝特区落别场的仡佬坟寨垭口，在岩石中凿出五尺宽的二十八级石阶，也令人慨叹不止。

2．*传统航道*

布依族地区的传统航道，以利用自然河道为主。小码头几乎沿江一寨一个，选择靠近村寨、水流平稳的江岸，砌上石阶，竖上木桩或石桩，供来往船只停靠。小码头由主造村寨投劳修造，免费供各路船家使用。

3．*渡槽路*

在贵州中部和西部居住的布依族，多建有工程巨大的引水渡槽，也兼作交通设施用。

渡槽长达数里，槽的拱桥处桥身加宽，水沟与道路同时从桥上过。槽上水沟有的盖上石板，有的加宽沟坎砌平，作路供人行走。傍水村寨常修拦河坝拦水灌田，同时在坝上砌百步桥，方便过河者行走。

4. 中途歇脚点

在古道上，布依族建设了许多中途歇脚点，这种歇脚点融实用性与人文观赏性为一体，是过去布依族别具特色的一种交通设施。歇脚点有两种，一是石牌坊。在驿道和石板路上，每个垭口要塞，都建有一个石牌坊歇脚点。如镇宁县安庄坡垭口石牌坊（“文革”被毁，现有遗址），与西边关岭县关索垭口石牌坊（被毁，现有遗址）相距四十里，与北边六枝特区落别垭口石牌坊也相距四十来里。牌坊建造精美，有如西方凯旋门，由四根高二丈左右的方形石柱撑起，长条石板相连作梁匾。石柱刻有赞美风光和希望天下太平的楹联，梁匾刻有豪言美词，书法考究。柱顶雕有立体雄狮、麒麟等。牌坊下栽有乘凉树，树下有石桌石凳。路人可乘凉歇息，就地野餐，欣赏楹联美词及书法。二是乘凉树。过去路经过村寨旁边，主寨都会在靠路的水井边或选取一处路旁，培植几棵乘凉树，供路人歇脚乘凉。一些靠近崖壁处的歇脚点，还在树旁的岩壁刻上几个字，供路人歇脚时欣赏。树下设有石凳、指路碑等。石牌坊主要是由当地的大富人家，或是出外干成大事的乡人出资请人建造。文字主要由他们或家中有知识者书写，也有请其他文人墨氏书写的。乘凉树一般由寨子某代一位“好事者”选点栽培，此人亡故后，全寨主动保护。

（三）交通标志

布依族传统的交通运输，由于没有高速度的大型运输工具，道路也不拥挤，所以没有复杂的交通标志。过去交通的唯一难题是怕走错路，怕不知前面路途的艰险性。因此，传统的交通标志，就只有指路碑、“石敢当”、“巴赫”（草标）三种。

1. 指路碑

在布依族地区行走，几乎每个岔路口都有指路碑。指路碑由一块高二尺左右、宽尺余的石板做成，用毛笔书写（不用担心被雨淋掉字迹，常有人来竖这种碑）。书写规格是：

指路碑

东	西	南	北
走	走	走	走
×	×	×	×
×	×	×	×

指路地名为附近较有名村寨、集镇、山垭口等。其建造形式是家长在小孩生病时，为积德以保平安，请“布摩”择日念经而立。所以，路口常排列多个相同内容的指路碑。

2. “石敢当”

晴隆、盘县、部岱、水城等布依族地区深谷较多，一些大深谷，一下一上得花五六个小时，在荒无人烟的深谷两头山垭口上，大多立有一尊“石敢当”。“石敢当”用一人高的石墩做成，有些刻成人形，有些就立原石。石像常被路人披挂草鞋，石脚常插有香杆等。虽然“石敢当”被赋予了宗教色彩，但立石的目的是告诉路人下面是一个大深谷，如果没有充足的体力和时间，最好明早再下山。过去深谷中多是树林，没有客栈和可供借宿的人家，夜里还常有野兽出没。如无“石敢当”，远方路人不知情况，走到谷中就天黑了，进退两难，会出危险。

3. “巴赫”

“巴赫”是布依语，虽是草标，但带有宗教及其他文化含意，所以不译作草标。“巴赫”是一根高四尺左右的麻秆或芦苇秆等，上端穿有一把捆成“8”字形的茅草，插在暂时不能通行的路边。它要告诉路人“此路不能往前走”，不能通行的原因很多，有河里涨水过不去、桥垮了、前面有尸体、前面在举行不准外人进入的宗教活动等。如是涨水或桥垮，你要去了也过不成河，白走一段路；如是有尸体，案情未明，你过了在旁边留下印迹，也许会成为嫌疑人或给破案带来麻烦；如是举行不让外人进入的宗教仪式，你闯入了，主人会找你的麻烦。“巴赫”一般由当地寨老或主事人家插放，险情或事情过后，马上撤掉。

四、交通礼仪与禁忌

交通礼仪与禁忌，过去多带宗教色彩。布依族的陆路或水路，每三五十里设有保护行人的路神。这些路神或为神庙（小庙），或为天然石尊，或为人工塑立石墩等。远行的生意人随身携带香烛纸钱，每遇路神，点香焚纸，以求路神保佑途程平安。乘船的客商过去到北盘江的白层、蔗香等主要码头，由船家带领，上岸祭过神庙，一起吃过祭饭（称为“打牙祭”）方继续航行。陆路的马队，夜晚宿营，也要祭神“打牙祭”。“打牙祭”不但对神烧香焚纸，还要出钱买酒肉供奉神灵，集体共餐。客商经过“石敢当”面前时，不用酒肉供奉，只需给石像挂上一条红布或一双草鞋即可，同时烧几张纸插几炷香，以求“石敢当”给予脚劲上下陡坡。船家航道相遇，“啼呜——”大吼一声致意，空船靠边让载重船先行，下水船放慢速度让上水船先行。船家忌有人在船上吹口哨，认为口哨可导致大风，造成翻船。无“布摩”组织下水仪式的船和马车忌载死人尸骨，意为鬼魂会作祟造成事故。马队相遇时，下坡者让上坡者先行，不驮货者让驮货者先行。马队歇脚忌女性跨过马鞍。行人相遇时，不挑担的让到路边等挑担的先行，当地人让外地人先行等。

五、现代交通事业的发展

中华人民共和国成立之后，布依族地区的公路、铁路、水路、航空建设从无到有，从少到多，从量变到质变，高歌猛进，成就斐然。布依族地区的“交通人”用自己的辛勤和汗水，在高原大地上浓墨重彩地绘就了一张纵贯南北、横跨东西、腾空入海的现代立体综合交通网，奠定了布依族地区的枢纽地位，引领了当地各族群众向着与全国同步实现小康梦的目标不断迈进。

以黔南自治州为例，中华人民共和国成立初期，黔南境内仅有 348.2 千米简易公路，1956 年建州时 70% 的县城不通公路，公路总里程为 629.2 千米，除黔桂、黔湘两条 289 千米长的坑槽密布的等外级公路外，其余均为简易公路、马车大道。全州唯一的一家汽车运输机构——独山专署人民运输公司仅有 5 辆老旧汽车，艰难地承担着黔南现代公路运输的重任，大量的运输主要靠人挑马驮。交通的困境使得生活在这里的各族人民饱受交通不便之苦。“天无三日晴，地无三尺平，人无三分银”，人们对黔南的印象深入骨髓。因为地貌原因和交通发展条件的限制，物华天宝的黔南藏匿深山人未识。黔南这个布依族、苗族、水族等少数民族聚居的地方，地处贵州南大门，与广西壮族自治区交界，是个典型的喀斯特地貌山区，山高、谷深、峰峦叠嶂，交通状况曾一度落后。

60 年来，在上级政策支持下，黔南交通运输事业一个个重大项目的建成，深刻地改变了黔南社会经济发展闭塞落后的形象。1958 年，由广西柳州延伸到贵阳的黔桂铁路全线通车。1975 年，湘黔铁路正式建成通车。两条入黔铁路干线在黔南人字交叉，成为贵州连接华东、华中、华北以及华南的交通干线。1998 年，兰海高速贵阳至新寨段高速公路的开工建设，开启了全州高速公路建设的新篇章。2003 年 3 月，总投资近 4 亿元的荔波机场正式开工建设。2007 年 6 月 8 日，荔波机场顺利竣工，当年 11 月正式投入使用，黔南进入“空中时代”。2012 年，黔南 100% 的乡（镇）通柏油路或水泥路，100% 的行政村通公路。2014 年 12 月，都匀高铁东站正式投入使用，贵广高铁同步正式开通，黔南迈入了“高铁时代”，进入珠三角“4 小时经济圈”。2015 年 6 月，贵阳北至长沙南 G3002 次动车首发，贵州首条运营时速达 300 千米的高速铁路——沪昆高铁贵州东段通车。2015 年 12 月，独山至平塘高速公路开通，黔南实现“县县通高速”目标，全州公路通车总里程达到 1.8 万千米。至此，黔南形成了以都匀为中心，以铁路为骨干，公路、水路纵横交错，国道、省道、县道相互连接的交通运输网络。

“十二五”以来，随着国家对西部地区发展政策的不断倾斜，黔南交通渡过了漫长的缓慢发展期，进入发展历史上投资规模最大、发展速度最快、发展成效最显著的时期。这一时期，黔南累计完成交通运输固定资产投资 680 亿元，占全省总投资 4 430 亿元的近 1/6，是“十一五”期间投资总额的 3.3 倍。2013 年以来连续三年投资规模居全省前列。全州公路总里程突破 1.8 万千米，高速公路总里程达 818 千米，形成 13 个外联通道，实现全州“县县通高速”目标。实施国省道改造 658 千米，普通国道二级以上比例在 60% 以上。农村公路规划里程达到 13 008 千米，县乡道比重达 56%，同比提升 10 百分点。建成通村沥青（水泥）路 6 500 千米以上，实施安保工程 1 245 千米，建制村通硬化路率达 89%。通航里程新增 222 千米，总里程达到 786 千米，等级航道新增 154 千米；新建 500 吨级港口 1 个，便民码头 4 个，乡镇渡口 40 个；乌江航道实现全线复航，“北上长江”目标实现。全州营运客车线路达到 1 025 条，城市公共交通优先发展初见成效。全州共开通公交线路 77 条，总里程约 1 000 千米，实现了所有县（市）开通公交及出租车，搭载公交车客运量 8 473 万人次，出租车客运量 1.1 亿人次。农村客运服务网络不断完善，乡镇通客运率达到 100%，建制村通客运率达到 84%。累计完成客货运总周转量 900 亿吨千米，年平均增长率在 30% 以上。

至 2016 年底，黔西南自治州交通瓶颈取得突破。新建公路 3 091 千米，通车里程达 1.74 万千米，乡镇通畅率达 100%，行政村通畅率达 86.6%，实现“县县通高速、乡乡通油路、村村通公路”。盘（县）兴（义）高速、沪昆高铁黔西南段建成通车，盘（县）兴（义）高铁启动建设，贵（阳）兴（义）高铁列入国家中长期铁路网规划。建成四级航道 262 千米，通航里程达 1 017 千米。兴义万峰林机场改扩建工程竣工投用，开通 16 个城市航班，年旅客吞吐量突破 50 万人次。2016 年全年公路（营业性）、水运（营业性）货物周转量分别为 39.95 亿吨千米、4.7 亿吨千米，旅客周转量分别为 19.96 亿人千米、2.90

亿人千米。民航货邮吞吐量242.99吨，比上年增长14.9%；民航旅客吞吐量51.97万人次，比上年增长71.3%；飞机起降7 802架次，比上年增长65.3%。

至2016年底，黔南自治州续建高速公路项目共5个，里程共258.3公里。新开工高速公路项目3个，共362千米，分别为荔榕高速27.8千米，都安高速黔南段224.2千米，贵阳至黄平高速黔南段110千米。全州高速公路通车里程达827千米；在建国省道改造项目18个，总里程518千米，总投资152亿元；完成县乡道改造项目166千米，建成撤并建制村通硬化路项目600千米，新增314个通沥青（水泥）路建制村，建制村通畅率达100%，提前实现“村村通”目标。深入推进农村客运建设，新增269个通客运行政村，目前全州行政村通客运率达96.8%。县级客运站目标建成项目5个，乡镇客运站目标建成项目9个，实现了镇镇有乡镇客运站的目标。全州15个二级及以上客运站联网售票工作已全部实施完毕，全面实现联网售票。其中，贵定、龙里两县客运站还被列入联网售票系统对接全省运政3.0系统升级改造试点。全州拥有公共（电）汽车746辆、出租汽车3 360辆。公路旅客发送量27 787万人，比上年增长19.4%；货运量28 520万吨，比上年增长27.5%；客运周转量302.12亿人千米，比上年增长26.8%；货运周转量392.18亿吨千米，比上年增长27.1%。

第二节 通信

一、通信的产生与发展

根据许多传说故事来分析，布依族地区的通信，最早应产生于氏族集团分化而出现的内域迁徙时期。布依族《古谢经·韦氏擒雕经节》记载：古时，布依族始祖生活之地人口众多，田地不够种，各氏族只好一部分人留居祖地，一部分人顺河往上游迁徙，另行开发疆土。各氏族的大队迁徙人马行至雕渡，巨雕守住渡口吞食过往行人，队伍无法前行，只好躲入密林。韦氏派信使回祖地，祖地接口信后派能人“金”前来制服巨雕。这也许是布依族通信的最早记述。布依族聚族而居，一个山槽子的配套生产基本可解决日常所需，山槽子与山槽子之间被江河与森林阻隔，如无特殊需要，通信联络无多大必要，只有在生活环境逼迫同族异地而居，产生生存与感情的需要时才促成了通信。古老的通信的媒体就是各种符号和标志，用以证实通信（多为口信）内容的可靠性。在扁担山一带，妇女上衣背部有半圆织锦，传说如要相互联系，需带上妇女上衣一件，前面的半圆留在始发地，两个半圆吻合才取得信任。所以，服饰上的半圆尺寸与弧度永不变更，代代遗承。贵阳花溪的布依族，过去的“布摩”都传有角符，由一半牛角做面，传说另一半留在始发地，组织宗教仪式时没有这个角符，老祖宗是不认子孙的。这些就是布依族较古老的通信标志，证明了布依族通信的历史久远。文字符号诞生后，布依族开始使用刻木、刻竹通信，这在现代民俗中仍可找到遗痕。如一些地区相邻村寨要组织围猎、闹（药）鱼、斗牛等活动，互相通知活动时间地点的方法就是由主寨砍来一段竹、木，刻上符号传给邻寨。因为人们认为动物有灵，口头通知会被它们听到而影响活动。这只不过是古老通信方式留承的一种形式。到了阶级社会时期，由于布依族地区处在外强出入的交通要塞，也常遭受过境官兵的袭击和掳掠，为了传递外强进入的信息，以便族人逃避和抵抗，布依族开始在驿道沿线造烽火台。据说仅镇宁布依族苗族自治县境内发现的古代烽火台遗址就有十余处之多。布依族地区真正纳入正规管理的通信，出现在公元前一二十年。这时，夜郎灭，布依族大部分地区建制郡县，开始出现军、政、民同用的通信设施——驿站。这种驿站通信当时不多，主要为军、政传递公文，民间只有少数通官的商贾和大户可以使用。驿站通信在布依族地区广泛使用，应在明洪武“调北征南”“调北填南”时期。这时，随着屯兵部队大量驻扎黔中布依族地区，以及流官进入布依族地区，布依族地区通往四川、广西、云南、湖南的驿道，都设有通信驿站。这时的通信驿站除了用于军、政，也用于民众。清末，交通干线沿线主要县城开始设立邮政通信。民国时期，大部分县城和少数干线区镇开始设立邮政通信，大部分县都已有邮政局。中华人民共和国成立后，布依族地区的通信有了较大发展，邮政普遍设到乡级，在一些交通方便的地方，乡邮员还逐村传递邮件。从此，布依族人民可以随时随处地使用寄信、发电报、打电话等通信形式，大多数县级政府有了传真电报。20 世纪 80 年代起，地、州级许多部门有了直拨国内各处的电话。

二、通信的手段、种类及特点

布依族的通信手段有古代使用过的古老通信、现存的民间通信、邮政通信三种。古老通信的种类有烽火台通信、驿站通信；现存的民间通信包括口信、符号信、文字信；邮政通信工具有信件、电报、电话等。古老通信的特点是传递紧急信息、传递军政公文及为少数身份特殊者传递个人信息。民间通信的特点是近距离和联络传统习俗活动，信息传播及时、准确，没有专门的从业人员，临时从业者义务服务，不收费。邮政通信主要用于远距离信息和物品的传递。

（1）烽火台通信。古代某一地域的村寨为了更快地传播外强侵入的紧急信息，以便采取对策，共同商定建造烽火台。烽火台建于当地最高峰的古城堡内，可遥遥相望，并能让共同使用一个城堡的几个村寨都看到烽火。如在扁担山一带，阿欧（果寨）城堡—波生（石头寨）城堡—坝又城堡—波宛（关口）城堡—孔马波轰城堡—红运城堡—平寨城堡等都相距 2.5 ~4 千米连接成线。这种城堡布依族叫“那节”，用大石围成，存粮存水。战时日夜派人值班，发现敌情，点燃烽火传信。接到烽火信号后，能战斗的进入战备状态，老弱妇幼进入城堡内以防遭受攻击。

（2）驿站通信。它主要是由官家设站，约 30 千米一站（高山地区约 15 千米一站），布依族地区称马站。每站有专职传信骑手，明代以前多由士兵从业。公文与信件由骑手一站站传递，寄到该站辖区的信函存放该站，收信者自己派人到站上查取。

（3）口信。它是古代传承下来的，布依族地区使用较普遍，但已省去“标志”。布依族人人都乐于充当义务信使，把它当作助人为乐的事来办。如某人有事要转告另一村寨的亲友，又不能亲自见面，可在赶场日寻找该寨或邻寨的一个人转口信，他们都会很负责任地设法将口信转到。有时，一个口信可能经过五六人转传，不会出现失误。

（4）符号信。它也是古代布依族人通信的遗存。布依族过去有围猎和闹鱼的习俗。围猎是清明前，分散居住的同姓宗族相约集体围捕山羊来扫墓祭祖。闹鱼是沿河数寨相约，上山采来鱼药，统一时间在一条河施放，集体捕鱼的大型民俗活动。这两种活动都使用古代传承下来的刻竹、刻木通信。由发起活动的村寨寨老或族长将相约的内容用约定俗成的符号刻于竹、木棒上，送到被约村寨的寨老或族长手中；因为久传成俗，主事者都读得懂

“刻木信”。

（5）文字信。民间的文字信是近、现代的产物，多为青年人谈情说爱用。一个青年要向对方求爱或诉说情怀，又不便当面言说，便让同伴或朋友将信送给对方。这种文字信比邮寄信优越之处在于，信使可通过当时对方的表情言语来判断心境，以便转告写信人。

（6）“隐语”。布依族有一些特殊的通信“隐语”。比如“火炭鸡毛信”，是民族内部传递的一种告急信，用于对付外强，过去不外传。一个武装集团或村寨遇外强袭击时，派人带上用布包着的“火炭鸡毛信”送到友邻，只要自报来自何处，对方就知道是来告急求援的。“鸡礼信”则是报丧和报喜的通信“隐语”。外甥抱着鸡到外家门口下跪，主人看他抱公鸡就知其父去世，如抱母鸡就知其母去世，外家不需问话即刻前往。女婿抱鸡到岳丈家神龛下找箩筐盖上，主人看是母鸡就知女儿生了千金，是公鸡就知女儿生了公子，马上准备礼物贺喜。布依族过去的酒壶为赤陶壶，外套竹篾编的竹套。如见妇女提无竹套的酒壶进寨，就是进寨向哪家求亲的媒人，主家一见明白，开口便谈亲事。

三、现代化通信的发展

电话、电报、邮政设施等现代化通信工具，布依族地区在民国年间才开始使用，但不普及，导致通信很不方便。

布依族地区的现代化通信，在中华人民共和国成立之后才获得了巨大进步。特别是20世纪80年代以来，移动网络通信逐步兴起，通信业务的数量和质量不断提升。进入21世纪以来，现代化通信部门把握市场机遇，各通信企业在城市通信业务市场日趋饱和的形势下，纷纷通过加强农村网络设施和服务渠道建设，抢占农村通信市场。例如2006年，黔西南自治州移动公司在全州县以下农村实施“乡村通”工程，将全州移动通信网络覆盖率从当时的不足70%提升到95%以上，只用一年的时间就在全州80%的乡镇都开设了一个以上移动公司特许经营店。

在得知移动公司这一重要战略性部署后，黔西南自治州邮政局认为，这是开发邮政代办业务难得的机遇，立即着手研究邮政代理移动业务的发展前景，促成与移动公司的双方优势合作。明确邮政与移动为战略合作伙伴，长期的合作形成了相互信任的良好关系。邮政局拥有强大的网络优势，集物流、资金流、信息平台于一身，有利于移动公司掌控全州业务经营情况。邮政局资金安全管理规范、严格，较其他的合作对象更有保障。同时，邮政局具有良好的群众基础和品牌优势，特别是在农村有着很高的知名度和美誉度，借助其发展移动业务更容易得到乡镇政府的支持，有利于展现良好的企业形象。于是双方经过充分协商，达成合作协议：由双方共建合作营业厅，邮政局有现成门面的，移动公司出租金租赁；邮政局无现成门面的，双方选定门面后由移动公司出租金并负责门面装修、营业柜台定制、网络传输及人员培训等，邮政局则负责配置微机、打印机、复印机等终端设备以及人员招聘和日常管理工作。随后，邮政局全面代理移动公司“乡村通”项目，精心培育深挖县域通信经济潜力。

经过一年多的选点和建设，黔西南自治州邮政局共在全州建成“乡村通”合作营业厅77个。因处于起步阶段，“乡村通”项目效益没有得到充分的体现。月平均收入2 000元以上的营业厅只有5个，大多数网点的收入在1 000元以下，个别营业厅的收入不足500元，造成亏损。针对单点效益偏低的情况，黔西南自治州邮政局高度重视，及时调整：一是将各县局放号计划的完成情况纳入对县局领导的考评，以充分调动各局领导的积极性；二是下发业务奖励办法、业务发展费管理办法，充分调动员工发展业务的积极性。同时还要求各局采取“内训”“外联”措施吸引客户缴费，一方面加强网点的培训、管理工作，倡导规范服务，提高服务质量；另一方面加大市场开发力度，要求员工主动联系长期定点式客户，宣传并发展业务。这些措施使邮政代缴费业务的知名度越来越大，来办理业务的人越来越多，“乡村通”网点的效益得到明显提高。至2007年，单点月平均收入达1 580元，“乡村通”项目实现收入146万元，在2006年22.67万元的收入基础上翻了两番多，实现了扭亏为盈。

2008年，黔西南自治州“乡村通”项目步入良性发展轨道，当年1—10月单点月平均收入为2 572元，项目总收入为198万元，全年收入超过240万元，同比增长超过60%。由于宣传到位，“乡村通”项目的知名度得到进一步提升，全州“乡村通”网点放号数达到3.82万，占全州代办移动放号总数6.23万的61%。州邮政局2008年代理业务收入458.17万元，同比增长57.41%。根据协议，州邮政局所放的号码在网5个月后，可以提取1年话费收入的7%作为酬金。为了提升“乡村通”项目的效益，州移动公司承诺：若州邮政局能在2007年完成4万的放号数任务，则在每号实现返利20元的基础上另奖15元；超出4万的放号数每号再追加奖励5元，也就是说，放号数达到4万以上，可额外争取奖励60万元以上。面对新的增长点，州邮政局要求各县局结合自身实际制定放号奖励办法。各局结合实际采取了相关发展措施，使得放号数逐月增加，最终突破了4万户的大关，达到4.7万户，全州实现收入95万元。州移动公司至2008年10月底共代办移动放号6.23万户，代放号收入124.6万元，实现了双赢。①

随着市场经济的繁荣，邮电通信业快速发展。2010年，黔西南自治州全年完成邮电业务收入10亿元，比上年增长8.4%。固定电话用户28.99万户，移动电话用户136.29万户，净增5.92万户；互联网用户8.74万户，净增1.79万户。

至2016年底，黔西南自治州邮电业务总量61.04亿元，比上年增长65.1%。其中，电信业务总量58.8亿元，增长68.4%；邮政业务总量2.24亿元，增长22.7%。快递业务总量413.58万件，比上年增长76.1%；快递业务收入8 585.24万元，比上年增长67.5%。移动电话用户242.9万户；光缆线路长度5.6万千米，互联网宽带接入用户3.78万户；移动通信基站7 950万个。通信网络基础设施进一步完善，光纤总里程达6.3万千米，城域网上链带宽达420G。

民族地区信息化支撑能力得到明显提升，使民族地区通信、旅游和商务活动日益繁荣。

---

① 杨积生、黄燕：《在服务中拓展代理移动业务》，《中国邮政》2008年第12期。

第十六章　经济生产

第一节　经济形态和生产方式

布依族传统的经济形态以自给自足的农业经济为主，生产方式以农耕稻作为主。

布依族稻作生产历史悠久。河姆渡遗址和桐乡罗家角遗址等发掘出土的炭化稻谷及稻草的茎和叶等说明，早在六七千年前越人就已开始种植水稻。《国语·越语》载“吴稻蟹不遗种”，越王“勾践载稻与脂于舟以行”，说明春秋战国时期越人的水稻种植水平已发展到相当程度，而且开始向外输出稻种。《史记·货殖列传》说：“楚越之地，地广人稀，饭稻羹鱼。”《越绝书》说越地“地多稻粟”。《史记·货殖列传》又说：“楚越之地……火耕水耨。”“火耕水耨”不等于落后的“刀耕火种”，而是在下种前的备耕期烧掉田中杂草，烧死虫卵与幼虫，以防虫害，并使土壤升温，草灰肥田，有利于种子发芽；当秧苗长到一定程度时以水淹死杂草作肥，故曰“火耕水耨”。它是当时水稻耕作中一项比较先进的技术。布依族主要从古代百越民族一支发展而来，其先民的稻作历史与技术同上述典籍的记载是同步的。大约西汉以前，布依族以个体家庭“互助式”生产方式与“火耕水耨”的生产技术为主，同时也开始出现工业的雏形。从布依族地区出土的青铜器、铸造青铜的“沙石范”，以及冶铜遗址等可看出，当时的冶铜和铸铜工业已有发展。西汉末期，随着郡县制的巩固、外域大姓的进入与布依族大姓的产生，布依族地区的农业经济有了长足发展，在旧式的个体家庭“互助式”生产的同时，出现了占有大量土地和招募农奴进行集体性生产的“大姓式”生产方式。这个时期，由于布依族大姓的劳力出现集结，农民生产的产品开始“入粟县官”（《汉书·食货志》），原有的经济规模已不适应生活和社会的需要，布依族地区开垦了大量良田，作为稻作配套设施的水利建设也有很大发展，这对后来的布依族农业经济产生了一定的推进作用。

到了唐宋时期，布依族的农业、手工业、养殖业经济活跃。今黔南一带不但“土宜五谷多植杭稻”，而且盛产名马、朱砂、枸酱、草豆蔻、山子、蜜蜡、蜡染斑布等（《宋史》卷四九四）。当时自杞国（今黔西南兴义及滇桂边境一带）、罗甸国（今黔西北、安顺一带）就有一些较大的马市场。云南大理的马匹也经过布依族地区贩入“中土”。布依族用自己的土特产，到外地换回绫罗、丝缎、银器、铁器和盐巴等，通过商业贸易促进了当地的经济发展。元、明、清三代，布依族地区增加了更多的良田，生产技术进步，水利建设及农业工具生产也相应发展，粮食产量日益提高，如桑郎亭目王氏六份印田增产 120 挑稻谷。仅扁担山一带就修建了两个五里长的大型引水渡槽及渠道。每村河道都筑起引水拦河坝。

农业的发展，推进了手工业和其他经济的兴盛。明清时，兴义、普安、贞丰等布依族地区大面积种植棉花。布依族地区的纺织业相应飞跃发展，并形成了一些纺织工业基地。如安顺府“郡居皆以此为业”，“顺布”驰名黔境（《安顺府志》卷一七）；新城（兴仁）千余户，弹弓五百余，“纺织之声，络绎于午夜”（同上）。黔南、安顺、兴义布依族制作多种蓝靛（染料）自用，并到市场出售。这个时期的纺织经济还出现了跨国贸易。黄草坝（兴义）有织机二三千台，大部分棉纱由该镇设于广东商行的代理商购买，多为印度纱（《中国近代手工业资料》第二卷），可见当时布依族地区的手工业与商贸经济已在中国的经济状态中占有一席之地。这一阶段布依族地区的领主阶级和新兴地主、商人占有了大量土地，有的地方40%土地在领主、地主手中，有的地方高达90%。广大农民只好靠租地、借贷、当雇工生活，而领主、地主则逐年积累资本，扩大生产资料，贫富悬殊的经济状况表现得越来越明显。

民国时期，布依族的农业和手工业进一步发展。作为农业经济的补充，手工业种类有铸铁、纺织、渍染、缝纫、榨油、木工、造纸、碾磨、酿酒、采煤、纺织、制糖、制艾粉以及农闲时从事石匠、银匠、铜匠等行业。企业规模五至三十余人不等，从业人员仍不脱离农业生产。小手工业从业人员的农、工产值比例，据当时在安龙对打铁户的统计，为35.56%比64.44%。兴义、安顺、独山、惠水等城镇一度出现机织手工工场。在农村，相当一部分家庭都在自纺自织。布依族妇女除纺织各种土花布外，还纺织麻布，不仅供应本地市场，而且远销海外市场。一些地方办起了厂矿、公司，如安龙贵州制糖公司，龙里中国机械厂、陶瓷厂，贵定江肘铁厂等。都匀、独山、兴义等城镇有一些简陋的机修厂及小发电厂。农副产品主要有大米、棉花、布匹、烟叶、桐油、茶叶、蓝靛、耕牛、马匹等。在安顺、兴义、都匀、独山等几大商贸中心，布依族人民以自己的农副土特产，去换取更多的外来产品，同时发展了自己的社会经济。

中华人民共和国成立后，布依族经济历经了土地改革、人民公社等历史阶段，改革开放后，实行农业生产责任制，经济发展产生了巨大的飞跃。如黔南自治州财政总收入从1956年的0.26亿元增加到2015年的170.45亿元，是1956年的656倍，年均增长10.9%；人均一般公共预算收入从15元增加到2 474元，年均增长273.2%。特别是“十二五”期间，全州财政总收入累计604.48亿元，是“十一五”期间的2.6倍，一般公共预算收入达到100.45亿元，首次突破百亿元大关，是1956年的386倍，年均增幅为6.4%；一般公共预算收入总量和增量创历史最好水平，一般公共预算收入增幅连续五年排名全省“第一方阵”。

随着县域经济的加快发展，各县（市）财政实力在不断增强。1993年，全州12县（市）财政总收入均超过1 000万元。1998年，全州除三都、平塘二县外，其余10个县（市）财政总收入均在3 000万元以上，其中都匀市、贵定县财政总收入分别于1996年、1997年相继突破亿元。到2015年，全州13个县（市、区）财政总收入均在2.6亿元以上，其中，都匀市、福泉市、贵定县、瓮安县4个县（市）财政总收入超过20亿元。至1984年底，黔南自治州财政总收入由1951年的103.9万元增加到2 497万元，增长23倍；财政总支出由1951年的154.7万元增加到9 763万元，增长62倍。截至2014年12月31日，黔南自治州财政总收入完成94.50亿元，同比增收13.1亿元，增长16.12%；财政总支出完成235亿元，同比增支25.1亿元，增长11.98%。同样，黔西南自治州2014年财政总收入累计完成143.66亿元，同比增长13.73%，增收17.35亿元，创历史新高。财政收支的大幅增长，有力支持了布依族地区的经济社会全面发展。

至2016年底，黔南自治州地区生产总值完成1 160.59亿元，比上年增长12.1%。第一产业增加值完成202.3亿元，增长6.6%；第二产业增加值完成412.9亿元，增长11.5%，其中规模工业增加值完成402.37亿元，增长11.6%；第三产业增加值完成545.38亿元，增长14.5%。三次产业结构优化为17.4：35.6：47。固定资产投资完成1 284.8亿元，增长21.9%；社会消费品零售总额完成279.1亿元，增长12.6%；进出口总额完成3.03亿美元，增长26%；实际利用外资完成3.5亿美元，增长15.9%；全州引进州外到位资金2 159亿元。城镇和农村常住居民人均可支配收入分别达到28 565元和9 746元，增长9.6%和10.2%。全面小康实现程度预计达到94%，经济发展群众满意度位居贵州省前列。

至2016年底，黔西南自治州地区生产总值完成929.1亿元，比上年增长14.5%。其中第一产业增加值完成188.8亿元，增长7.1%；第二产业完成298.3亿元，增长15.3%；第三产业完成442亿元，增长16.1%；社会消费品零售总额完成216.8亿元，增长15.5%。固定资产投资完成800.2亿元，增长32.2%。城镇和农村常住居民人均可支配收入分别提高到25 419元和7 779元，增长9.8%和12.6%。特别是黔西南自治州水电设施不断完善，兴义马岭水利枢纽工程成功截流，兴义木浪河加坝扩容工程和兴仁打鱼凼水库下闸蓄水，兴义小龙潭水库、册亨水库、望谟纳坝水库主体工程完工。完成45座病险水库除险加固工作，完成水土保持综合治理1 760平方千米。解决136.6万人的农村饮水安全问题。电力建设步伐加快。兴仁马马崖电站、晴隆苏家屯风电项目建成发电，建成500千伏金州变电站和贞丰白腊变电站等70个35千伏以上输变电工程，新增10千伏以上供电线路4 367千米。清水河自备电厂建成发电，安龙、贞丰等地自备电厂开工建设，建成兴义至兴仁、安龙、贞丰、义龙工业园区地方输变电线路。黔西南自治州在2016年贵州省经济新指标体系综合测评中排第五位。

第二节　农、林、牧、渔业生产

一、农业生产

布依族农业以精耕细作的稻作为主，兼种麦子、玉米、小米、高粱、荞、薯类、豆类、蔬菜、棉花、油菜、甘蔗、烤烟、茶叶、生姜、靛、麻、席草等。

布依族傍水而居，稻田占的比例较大。在贵阳、惠水、清镇、平坝、安顺、兴仁、兴义、都匀、平塘、福泉、独山等布依族地区，都有许多大山槽或大坝，稻田占耕地面积的80%以上，在一些村寨，稻田甚至占95%以上。其他布依族地区，稻田一般占60%以上，只有极少地方稻田少于旱地。布依族种植的稻谷，有多达30个品种，主要有黏米、糯米两大类。

从先祖到今人，布依族耕种了水稻7 000多年，积累了丰富的生产技术。

（一）水稻的生产技术及生产工具

1. 耕作

之所以称为水稻，就是这种作物是以水为生长基础的，生长在能蓄水的水田里。为了让水稻生长得更好，布依族在长期的实践中，根据不同的水田，积累了不少的耕作经验。

（1）泡冬田。为了加强泥土的肥力，防止害虫入土繁殖，对长年易于引水的院脚田、沟坎田等，每年秋收以后，便放水入田，进行一犁一耙，浸泡一段时间，待稻根杂草腐烂，入冬时再犁耙一次，让水浸泡至次年开春，翻犁翻耙后才能下种或插秧。这种田的好处在于：第一，稻根和杂草腐烂后变成基肥，泥土在长年浸泡之下变得十分疏松，保障水稻高产；第二，入冬后不流动的田水保持低温状态，能冻死泥中的害虫和杂草根，使次年栽下的水稻不受侵害；第三，浸泡的泥土保水性强，次年水稻一旦遇到旱灾不至干死。

（2）晒冬田。对于引水不太方便的“高塝望天落雨”田，每年秋收后翻犁一次，让泥土中的杂草根和害虫曝晒一段时间，入冬再翻犁一次，等待冰雪覆盖，寒风浸刮。春天多雨时，抓紧时间犁耙成水田即可插秧。这种田的好处在于：第一，让泥土中的虫卵、害虫、杂草暴露在外，借冬季的寒冷、冰雪把它们消灭，使次年的水稻不受侵害；第二，借寒冷和冰雪疏松泥土，增强土质。

（3）兼作田。这种田一般选土质肥软、不需作为秧田且次年栽稻后易于管理的田，用于在冬季种植麦、油菜、蚕豆、豌豆等农作物。秋收后犁耙，用锄头捣碎泥土种冬季作物。夏收后一边放水浸泡一边犁耙，待水将植物根茎泡烂，翻犁翻耙后即可栽插稻秧。

这三种田，泡冬田收成最多，亩产一般在600千克以上。晒冬田的收成则与当年的雨水关系较大，正常年景可收400千克左右，如遇大旱也可能颗粒无收。兼作田除冬季作物外，一般可收千斤左右稻谷。三种田在栽种前的犁耙次数一般分别是：撒秧的泡冬田，撒秧前犁两次耙三次即可撒种，扯完秧苗后，一犁一耙即可栽种；不撒秧的泡冬田，三犁三耙即可栽秧。晒冬田为了赶雨水，一般二犁二耙就得栽秧，赶在雨水过去之前使秧苗发青覆盖水面才可保水。兼作田犁四耙才能栽秧，因冬季作物根茎及施放的草肥需多次犁耙方能散碎。

2. 种植

水稻的种植过程要比山地作物复杂，从选种、播种到田间管理，布依族有一整套传统技术习惯。

（1）选种。谷子饱满成熟后，选择长势较好、成熟较早、颗粒较丰的稻田选种。选种时间多在晴天傍晚日晒不烈并露水未上来时，此时到田中选取最好的谷穗，连穗茎割下尺余，捆成把，拿回单独晾晒。一般晾晒期不脱粒、不打散谷把，以免外种与之混杂。晾晒到理想程度后，将谷把成排悬于家中横梁。次年用种时，分品种脱粒，播种前再作一次筛选，方法是：在水缸或池子中掺一定比例的水和黄泥，搅到一定浓度，将种子倒入继续搅拌，静止一定时间，将上浮和半沉的谷子捞出，留沉底部分作种子。

（2）播种。将用作秧田的泡冬田犁耙平整后，择吉日举行“开秧门”仪式。宗族凑钱买猪、酒等，老年人操办宴席祭祖祭田神，青年人下田插秧，晚上会餐。插秧时四株左右作一组，插入稀泥中二寸余即可，插得太深根须不易生长，插得太浅秧苗浮水。窝距七八寸，行距约一尺，易于以后通风。抱着催生秧苗的心理，安顺一带布依族插秧时节有一奇特习俗："开秧门"当日，寨中小伙邀约一群外寨姑娘到田中来，一边插秧一边打闹对歌，入夜一起回寨对歌，以示借用青春的生机来影响秧苗生长，以求丰收。

（3）薅秧。秧苗栽插20来天即发青，开始第一次薅秧。此时田中杂草并不很多，泥土未板结，可用板锄、钉耙在水面薅耙，名曰"搅浑水"。第一次薅秧的一个月后，开始第二次薅秧。此时杂草较多，泥土开始板结，薅秧时只带一根棒子支撑身体，多用脚板翻搅泥土，翻飘杂草。稻子开始扬花时进行最后一次薅秧，此次除了翻搅泥土和翻飘杂草，另有两个目的：一是此时稻谷与稗子可以明显区分，扯掉稗子；二是可以通过人在稻田中来回劳作，碰落花粉，促进含苞授粉。

3. 施肥

由于稻田分布的自然条件不同，所以，各种田的肥料要视田而施，视稻谷的生长阶段而施。对稻田的施肥，仍按泡冬田、晒冬田、兼作田分类。

（1）泡冬田施肥。因为泡冬田冬季不种作物，有一段间歇期，加上长年泡水，土质疏松且保持一定肥力，所以，仅施牛圈挖出的腐肥和嫩"秧青"（青草或较嫩的易腐烂的植物叶），以保持这种稳产田的延续价值。但作秧田的泡冬田，在撒秧时要先施人粪肥。由于这种田的土质和水质都比较好，在稻谷生长过程中，不需追施肥料，不然稻秆长得过高过软，有风易倒伏，也会延长生长期，到秋收时仍满田绿荫。

（2）晒冬田施肥。主要施牛圈肥与草肥（枯草、植物叶），以加强肥力与疏松泥土。这种田施肥的一大特点是施放石灰，其原因是：第一，为疏松泥土而施放的粗糙草肥较难腐烂，石灰能促进草肥发酵，加快腐烂速度；第二，这种田的虫卵和杂草相对多，石灰可杀灭一些害虫和杂草；第三，这种田引水不便，所以田水不能流动更换，水温高，会繁殖对人畜皮肤有害的一种细菌，使下田劳作时接触田水的皮肤长满疮包似的病块，施放石灰可以杀死部分细菌，减少对人畜的伤害。晒冬田土质差，秧苗含苞时要加施人粪肥或化肥。

（3）兼作田施肥。兼作田承担了对冬季作物的供养任务，所以所施肥料要比上面两种田多。首先放水犁耙浸泡冬季植物干茎；接着施牛圈肥，再加施一次"秧青"，又加施一次枯草肥。有些引水不太方便的田，要将植物茎壳铺在田里焚烧后才入水犁耙。秧苗含苞时仍要施人粪肥或化肥。

4. 收存

收割与储存稻谷，是辛苦一年的最后劳作，其中也有一些技术和习惯。

（1）收割。稻谷泛黄后，为加快成熟，开始放干田水，时间长短视泥土含水量与蒸发速度而定，三至七天可开镰割稻。割下的稻子，以留在地上的五寸稻秆为支撑，排于田中，在阳光下晒一二日，以便脱粒时少费点劲拍打。有些无法放干水的坳子田，则把割下的稻谷集中放在田埂上晒三五日才去脱粒，因为这种田割稻谷时田水充足，稻谷仍青绿。脱粒时用谷把拍打挞斗斗边，直至穗上无颗粒为止。一次可由四人在四个挞斗角同时拍打。

（2）储存。稻粒挑回家后，在烈日下曝晒数日，直至用嘴嗑有干脆感。最后一天晒到天黑露水回潮才收回家，称为"晒露水"，以免生虫。布依族人家的稻谷，一般存放于搁在台楼上的囤箩中，不接触地下，可以防潮，也可避免家禽和牲口偷食。

5. 生产工具

稻作的生产工具繁多，大致可以分为吸水工具、耕作工具和储存与加工工具三大类。

（1）吸水工具。没有水就种不成稻，所以以种稻为主的布依人，面对自然的挑战，从古代起就发明了许多吸水工具。最古老的也许是“扯水筒”，其长四至八米不等，制法为将笔直棕树破成两半，挖空内部后合并，外箍多道篾箍。筒内设备很具科学性，筒底入水处有一活舌，只能向内翻起，筒的上端加一“刮水伞”（牛皮蒙木块的压力塞），塞杆一米多长，有手柄；筒内另有一副管，从筒口伸入接近底部，也有一活舌（牛皮做成），只能向内翻。当人拉起塞柄时，筒底活舌内翻，水进入筒内，而只能内翻的副管活舌因筒塞吸力关起；当塞柄下推时，筒底活舌因推力关起，而已入筒的水冲开副管的活舌，进入副管。这样，筒里和副管的水只能进不能退，反复推拉塞柄，水便沿副管上来。为了不让泥土杂物进入筒内，“扯水筒”入水一端套有一竹筐过滤器。另一古老的吸水工具是水桶。水桶由木头做成，桶口和桶底分别有两根绳对称外延。两人操作，站在田埂上，各拿一边桶口和桶底外延的绳，协调将桶放进田埂下的一小水坑，放进水坑时桶底绳稍紧，桶口绳松开，让桶口余入水中，上提时拉紧桶口绳，抛上田埂再拉紧桶底绳，让水倾入田中。如此反复取水。水车的发明，使吸水工具向前迈进了一步。它不用人力，且可不断供水。水车安在河流沟溪边上，主构为一圆盘轮架，直径丈余不等，轮架周边放竹筒提水，也作水冲叶件以使轮架旋转，竹筒在轮架下方口朝上斜，在轮架旋转过程中撮水入筒，转到顶部时竹筒水平，将水倒入架旁水沟，引去灌田。其他吸水工具还有常见的龙骨车、水泵等。

（2）耕作工具。稻作的耕作工具主要有犁、耙、抽埂板、薅锄（板锄）、钉耙、薅耙、摘刀、镰刀等。犁为单犁口，与常见犁同，以牛作牵引；长年积水田多的地方，犁田多用水牛，一般水牛和黄牛兼用。耙有两种：一是卧耙，方架，五排齿，齿距五寸，排距近尺，用于耙平土质较硬不易疏散的田和在未放水泡田时干犁干耙；二是立耙，一排齿，上有耙架，用于耙平土质疏松和被水浸泡松软的水田。抽埂板二尺长，五六寸宽，有五尺手柄。其柄选材考究，连接抽板处的手柄底段要向前弯斜三十度，以便抽板能抽撮更多泥土；手柄二尺余高处要外弯，以便架在人的膝头作力。这种抽埂板主用于抽黏质稀泥培出新田埂，以免水田漏水。每块田的新埂在插秧前抽培三次方成。薅锄锄口较宽，可在水田秧行中薅掉杂草，但只能砍断杂草上部，根仍在土中。钉耙和薅耙相似，但前者为铁制，后者为木制。钉耙三齿至五齿不等，薅秧时耙齿可入泥中将杂草连根拉出，让其浮于水面晒死。钉耙在牛圈挖肥时也少不了。摘刀形似镰刀，但比镰刀小，柄短，主要用于选种割稻穗杆或在烂田割稻（一般割取烂田稻时是拦腰下刀），过去兴种大烟时也用于割刮烟汁。镰刀与常见的相同。

（3）储存与加工工具。布依族储存稻谷，主要用谷仓和囤箩。谷仓有巷仓和屋仓两种。在亚热带河谷居住的布依族，喜欢在户外建一小房为仓，盖瓦、木壁，仓底离地二尺余。这种仓的科学之处在于撑仓的四脚与仓交连处反扣一块光滑石板，鼠类爬不上去。屋仓多在住户楼上，底和四周都用木板镶成，因不好防鼠，仅供短期临时存粮。囤箩是布依族普遍使用的存粮工具，竹编，大小不一。多放置于没楼板的空楼上，由两根楼梁横着支撑，有鼠害时，在通往囤箩的楼梁上铺两叶竹笋壳，光滑面朝上，老鼠爬上光滑活动的笋壳，会滑落下来。

传统的粮食加工工具主要有水碾、磨、竹砻、碓、风簸、筛子、簸箕等。靠水而居的布依族，水力资源丰富，几乎每个村寨都有水碾。水碾的碾坊下用石拱空，下置平转圆轮架，轮架周边排列轮叶，供水流冲动轮架旋转用。轮架有一主轴伸上碾坊内，主轴连一横杆，横杆作力方向有一活动副杆，副杆外端固定石轮。平转圆轮架被水冲转，带动主轴竖转，主轴带顶上横杆横转，横杆又推动副杆带着石碾轮滚动于周围碾槽中，将槽中谷物碾破去壳。磨有水磨和干磨两种，水磨的动力原理与水碾相似，而干磨与常见的石磨一样，用牲口牵拉或人力推动。竹砻是稻谷的一种特殊加工工具。过去在布依族地区最珍贵的稻谷要数红米和黑糯米，如用水碾或石磨对这两种米加工去壳，不但去了糠壳，而且由于工具重量太大，会把宝贵的红米壳和黑糯米壳都去掉。因此，为了在加工中保护米壳不受损伤，只能用竹砻。竹砻的样子与石磨相似，先用竹篾编成两个空壳，糊上黄黏土，将青杠木片扎于竹壳土中做磨牙，竹砻舌可调至砻盘刚好磨掉稻谷糠壳而不损伤米壳。碓由石碓窝、石碓丫、木对架组成。碓丫在中间支撑，使碓架如杠杆，碓尾供作力用，碓头固定有舂棒，作力后舂入碓窝使谷物去壳。作力方式有人工舂踩及水力压舂两种。水力压舂的主架结构为一个立起的能被水冲转的圆木架，圆木架上有多个压齿，压齿扣碓尾使碓头抬起，到一定角度后，齿与碓尾脱离，碓头下舂，又一齿接着扣压上去，如此循环抬起又舂下。风簸、筛子、簸箕都用于扬去稻糠。

（二）其他农作物的生产技术及生产工具

布依族地区除了大面积种植水稻以外，还种植麦子、油菜、甘蔗、玉米、小米、高粱、荞、豆类、烤烟、生姜、薯类、蔬菜、棉花、靛、席草、麻等。除席草和麻的种植生产技术较特殊外，其余因为不是主要产品，技术与一般相似并偏于粗糙。下面介绍席草和麻的生产技术及生产工具。

1. 席草

布依族地区种植的席草主要是三棱草。草粗如筷子，草形呈三棱，高五尺余，水生。秋天割草时放干田水，割茎留根。留草秧的草田，割草后在其上焚烧枯杂草秆，次年开春，待草根发芽三五寸，到田中用小板锄挖出草根及草芽，轻轻拍掉根上泥土，并装入竹筐，用清水将泥土洗净，目的是不让其他杂草种子混杂其中。接着将洗净的草秧排放于有水的干净田角，三五天后移至犁耙好的水田栽插。插草秧时窝距三寸左右，二十天后薅除杂草。此后，由于席草繁殖快，草长二三尺时田中已无插足之地，故不需再薅耙，只有收割前视情况追施粪肥，注意防虫害，撒些石灰粉即可。收割时提前半月放干田水。割后分把拿住抖落短草，又把短草理齐，反复抖落短草，如此可分别选出几种长度的席草，以后按所织席子的宽度作选择。席草按长短分类晾晒至干燥为止，收存于家中，织席时提前拿去泡水二三小时。生产草席的工具主要是织架，织架有分经线的分线筒、架身、梭杆等。先将作经线用的麻线分别穿入分线筒的线孔，套在织架上绷紧。分线筒有双柄，经线在筒孔上可分为两排线，人通过对分线筒双柄的前推后拉，使两排线轮换上下排列夹住草茎。梭杆由长五尺的竹篾做成，尖端有挽草口。将草茎送入经线夹缝后拉出，放下分线筒前拉，将新送入的草茎砸挤压贴之前送入的草茎，继而成席，与织布相近。织席时一人拉分线筒，一人拿梭杆送草，拉分线筒者边织边挽好席边。

2. 麻

布依族地区种植的麻有许多品种，但其生产技术和工具十分相近。割麻时，选择长得较高大的麻留下不割，待上面的种子成熟饱满后，割下取种晒干，存放于竹筒或葫芦中。次年开春时，选择土质肥沃的村边地作麻地。翻犁后用锄头将泥土捶溶成粉状，选用较散的牛粪在肥沃地上撒铺一层。接着将种子拌与石灰，与筛细了的煤灰或草灰和拌均匀，撒在铺好牛粪肥的麻地上。因麻种呈黑色，易与泥土混淆，所以先与石灰相拌，目的是让撒播时能看见均匀度，并可防病虫害。撒种后，又在地里泼洒稀人粪肥，待苗高尺余，再洒稀人粪肥，间或撒些石灰粉以防虫害，直至收割不需过多管理。割麻后用长二尺余的竹篾刀将枝叶去掉。这种刀竹质坚硬，可用得刀身发红，除专用于劈麻的枝叶外，还可在农历二、三月炒油团粑时作铲刀用。麻秆收割回家，排于院中晾晒，每日收捡回家前在石块上拍打，使剩下的残叶全部脱落。晒好的麻秆，需取皮时，用石块压沉沟底一两晚，次日取出撕麻皮。麻皮晾干，撕破为麻丝搓成麻线。纺麻线、织麻布与纺棉纱、织棉布共用一套工具。麻布在布依族地区，可缝成蚊帐、晒谷毯、麻袋等，剩余部分可出售。

（三）现代农业发展

20 世纪 70 年代，布依族地区农业生产有了较大发展，在贵阳、安顺、兴义、都匀等地城郊或交通干线旁生活的布依族人，有些已使用拖拉机、插秧机、打谷机、农药喷洒器等现代化的生产工具，以及榨油机、榨糖机、压粉机等农作物加工工具。现在 50% 左右农户使用以电机、柴油机、水轮泵作动力的钢磨、打米机、榨油机、榨糖机、压粉机、澎酥机、爆花机等先进加工工具。

20 世纪 80 年代，布依族地区已基本普及杂交水稻技术，实行科学种田，产量逐年增加。其他农副产品的生产，也开始脱离自给自足的生产方式，走向外向型的专业生产。比如，罗甸、关岭等县的布依族地区，先后建立了早熟蔬菜、瓜果基地，产品远销贵阳、重庆、广州等地。

随着国家市场经济的建立，布依族地区农业现代化不断进步。2009 年，黔西南自治州以“五个培育”助推农业发展。一是着力培育一批立足资源、面向市场的劳动密集型农特产品深加工、精加工企业，涌现了“晴隆草地畜牧开发公司”“顶效鸿利肉联厂”等 60 家省州级农产品加工龙头企业，资产总额达 20.4 亿元；年销售收入 23.65 亿元，上缴税金 2.27 亿元；带动相关基地建设 166 万亩，带动农户 29.9 万户。二是着力培育一批具有较强市场意识、掌握生产技能、适应现代农业发展需要的农村实用型人才。三是着力发展一批农特产品销售市场。共建设农产品批发市场 5 个、畜群交易市场 2 个，从业人员 2 857 人，年交易额约 1.8 亿元。以州电信“农经网”平台为代表培育“无形市场”，将该州的农副产品资源、生产技术、购销信息等公布于网络市场，推动农产品向商品化转化。四是着力培育一批农特产品经济合作的中介组织。积极鼓励农民组织专业合作经济组织和中介服务机构，涌现出以“册亨县者楼镇蔬菜协会”“贞丰县北盘江镇花椒经济协会”为代表的 230 多个农民合作经济组织。五是着力培育一批适宜于本地种植、养殖、加工，顺应市场需求的农特产品。2010 年，全州已建成各类农产品生产基地 326.89 万亩，受益农户达 50 多万户。

黔西南自治州政府在不放松粮食生产的同时，加快推进农业结构调整和农业产业化经营。于 2011 年在册亨召开“黔西南自治州第一次农业特色优势产业建设推进大会”，出台了《加快农业特色优势产业发展的意见》；同年又在安龙召开“黔西南自治州第二次农业特色优势产业建设推进大会”，提出以“5 个培育”为抓手，推进农业产业建设，提升特色农业生产的规模化、基地化、品牌化、市场化水平。州政府加大农业投入和产业扶持力度，强化助农增收措施。培育典型，推广“晴隆模式”“坪上模式”“顶坛模式”“者楼模式”，倾力打造“100 万只羊、100 万头猪”标准化规模养殖场，以及 100 万担优质烤烟、100 万亩速生商品林、100 万亩优质蔬菜、100 万亩核桃、50 万亩甘蔗、50 万亩薏仁米、50 万亩茶园、50 万亩油茶林、50 万亩中药材等种植基地。全州 2010 年完成粮食作物播面 381 万亩，实现粮食总产量 112 万吨；完成经济作物播面 366.5 万亩，粮经比达到51：49，实现全州粮经比 40：60 的目标，目前各产业正在稳步推进。2011 年，全州又发展农民专业合作经济组织 224 个，建成各类农产品生产基地 409 万亩，“龙头”原料基地 77 万亩，辐射周围的原料种植 127 万亩，带动农户 45.8 万户，实现农户增收 7.9 亿元。经过验收，20 家企业被评为“省级农业产业化重点龙头企业”，73 家被评为“州级农业产业化重点龙头企业”，农产品质量明显提高，市场竞争力不断提升。至 2012 年，黔西南自治州在“增粮工程、高产创建、产业化项目”等方面，争取上级扶持项目资金 3 亿元，用于发展核桃、甘蔗、茶叶、生猪养殖、种草养羊 5 个重点农业产业；同时州财政又安排资金 2 500万元，对 5 个重点农业产业各追加支持 500 万元，以优势特色产业规划为引领，做大做强县域农业产业规模。

至 2015 年底，黔西南自治州农业总产值约 14 亿元，比 2014 年增收 5.6 亿元。其中粮食产量达 110 万吨，比 2014 年增产 47 万吨；烤烟种植面积 41.75 万亩，亩单产烟叶 125 千克以上，实现收购烤烟 100 万担，比 2014 年增产 49.54 万担，烟叶质量和产量都大幅提升；每千克烟叶单价较上年增加 5 元左右，卖烟收入达 10.5 亿元，再加上补贴 1 亿元，共计 11.5 亿元，在 2014 年的基础上净增 6.07 亿元。甘蔗种植面积扩大。贞丰、望谟、册亨 3 个县利用洋甫南华集团在当地投资建设 2 个日产 5 000 吨、1 个日产 4 000 吨糖厂的机遇，全力推进甘蔗种植，新增甘蔗种植 11 万亩，每亩平均产甘蔗 5 吨（每吨甘蔗 520 元），平均每亩产值 2 600 元，实现产值 2.86 亿元。扣除成本每亩 600 元，2015 年仅甘蔗一项可为农民纯创收 2.2 亿元。薏仁米种植面积大幅增加。黔西南自治州新增薏仁米种植 15 万亩，每亩可平均收入 2 500～3 000 元，扣除成本每亩 600 元，仅薏仁米一项可为农民创收 3 亿元左右。蔬菜、干果和其他农作物增产明显，为群众纯增收 1 亿元以上。

至 2016 年底，黔西南自治州农业实现增加值 199.2 亿元。全年粮食作物种植面积 258 140公顷，粮食产量保持在 100 万吨以上，粮经比调整为 35：65。全年肉类总产量 16.06 万吨。其中猪肉产量 11.91 万吨；牛肉产量 1.78 万吨；羊肉产量 0.48 万吨；禽肉产量 1.48 万吨；其他肉类产量 0.29 万吨；禽蛋产量 2.47 万吨；年末全州生猪出栏 139.03 万头，存栏 126.13 万头；家禽出栏 861.97 万只，存栏 804.64 万只。全州建成省级农业园区 40 个，州级以上龙头农业企业增加到 350 家。油料作物种植面积 40 140 公顷；烤烟种植面积 23 490 公顷；蔬菜种植面积 74 500 公顷；中药材种植面积 13 900 公顷；年末实有茶园面积 20 620 公顷；年末果园面积 18 800 公顷。全年粮食总产量 106.39 万吨，比 2015 年增长 2.8%；茶叶、水果、蔬菜、中药材产量分别比 2015 年增长 12.0%、4.6%、9.5%、13.2%。

至 2016 年底，黔南自治州农业实现增加值 192.2 亿元。全年粮食作物种植面积 31.5 万公顷，粮食总产量 127.37 万吨。2016 年油料作物面积 7.8 万公顷，蔬菜种植面积 12.1

万公顷，果园面积6.2万公顷，茶园面积9.6万公顷。治理水土流失180平方千米、石漠化164平方千米。全州建成省级农业园区52个、州级农业园区70个，农业产业化龙头企业发展到568个，农民专业合作社累计发展到4 532个，新增带动农户数达1.7万。农业“三品一标”无公害种植业产地认证完成366个，地理标志保护农产品有16个。其中“都匀毛尖茶产区”成为贵州省首个获批成立的“国家地理标志产品保护示范区”。

总之，布依族地区的农业充分利用了气候条件、土地资源和特色品牌农产品等优势，正在努力提升农业科技水平，促进农业设施现代化、种养标准化、服务专业化、生产集约化的进一步发展。

二、林业生产

布依族的林业生产按用途可分为木材林、水果林、经济林等。按种植方式可分为自然生产林、人工生产林两种。

（一）自然生产林

自然生产林主要是木材林以及经济林中的部分竹子。自然生产林包括林木自然生长、飞机播种、人工撒播生长出来的木材资源林。这些树林由专人负责看护或由当地村寨集体管理。布依族地区木材资源丰富，主要分布在黔西南自治州的南北盘江和红水河两岸、盘县特区（今盘州市）、六枝特区、镇宁县的六马等区域，以及黔南自治州的罗甸、长顺、都匀、荔波、三都等县市。自然生产林主要有杉、松、青杠、泡桐、梧桐、椿、楸、香樟等树种。

（二）人工生产林

人工生产林包括木材林、水果林、经济林在内。木材林多在村寨附近的经济作物地边、房前屋后栽种。主要品种有椿、杉、梓等。其生产方式是每年春节前后，将头年春夏播种的树苗移栽，或到山林中挖来自然生长的树苗栽种。栽种时先挖坑，垫上草灰或煤灰肥，栽上树苗，填土平坑后施粪肥，继而堆培泥土，人畜易过之处用刺枝围住，以免树苗受伤害。树高一丈之前，每年培土剪枝。如遇虫害，多用火熏有虫之处灭虫。水果林的栽种地点，也主要在村寨附近或房前屋后。主要品种有桃、李、梨、樱桃、芭蕉、橄榄、香蕉、黄果、石榴、杏、枇杷等。除黄果人工播种移栽、樱桃折枝插栽外，大都挖自然生长苗来移栽。蕉类结果三五年后，砍掉茎秆，培土施肥，长出新茎。果类树苗长到三四尺，选取同类良种嫁接。嫁接时剥掉原苗二三芽心处树皮，以良种芽对苗芽心，用线固定，包上湿牛粪，剪去原苗上半部，以后经常培土浇水。经济林包括竹类、木棉树、油桐树等。竹类一般在竹林连根挖出移栽，栽时砍掉上半竹竿，只留三四节，并常从最上一节空筒灌水，多栽在房前屋后和村旁路坎边。木棉树多野生于南北盘江及红水河沿岸地带。油桐树或成片种于土山，或播种于旱地坎角，直接下种成苗，不需移栽，每年培土浇水。

人工生产林的劳作工具与农业生产工具相同。木材的加工工具有斧、锯、凿、刨、墨斗、钻、木马架等。

（三）林业资源的培育与开发利用

布依族地区自然条件优越，适宜多种植物生长，森林资源丰富。如黔南自治州森林覆盖率达52.66%，为贵州全省第一。“十一五”期间，森林蓄积年均增长6.3%，森林覆盖率年均增加1百分点以上。全州建有国家级自然保护区1个，县级自然保护区22个，面积达270.54万亩，占全州总面积的6.88%。全州有国家级森林公园5个，省级森林公园5个，县级森林公园1个，国家级风景名胜区4个，世界自然遗产地1个。在黔西南自治州的8县（市）中，森林覆盖率超过60%的县有2个，分别是册亨县67.56%、望谟县67.31%；45%~50%的县（市）有3个，分别是安龙县49.86%、兴义市45.39%、兴仁县45.05%；41%~45%的县有3个，分别是普安县44.59%、贞丰县42.87%、晴隆县41.09%。

“十二五”期间，黔西南自治州先后组织开展了绿色贵州建设三年行动计划、石漠化山头绿起来、以树为纲·绿色小康等系列活动，共完成各类林业重点工程营造林建设项目279.46万亩，森林面积从2010年的1 135万亩增加到1 292.35万亩，森林覆盖率由45.04%上升到51.27%，连续3年森林覆盖率增长速度创全省第一，成为唯一整体列入省级生态文明先行示范区建设试点州。

布依族地区生态条件优良，历来是传统地道药材主产区之一。“黔地无闲草，夜郎多灵药。”黔西南自治州地势起伏较大，立体气候明显，雨量充沛，气候优越，非常适合中药材生长，据统计当地的地道中药资源有近2 000种，其中植物药190多科1 800多种，动物药163种，矿物药12种。自2011年以来，黔西南自治州政府高度重视中药材产业的发展，采取与中药材企业共商、共识、共建、共担、共享的方法，扎实推进中药材产业健康发展，取得了显著成效。截至2015年底，已培育种植中药材品种118个，种植面积达到106.2万亩，全州规模化种植品种达到16个之多。其中，薏仁米种植面积30.11万亩，占全国种植面积的20%左右，山银花26万亩，名贵中药材白芨3 000亩，铁皮石斛8 000亩，天麻5 000亩，三七2 000亩，此外，还开发种植倒提壶、金线莲等濒临灭绝的珍稀药材品种。

布依族地区利用林地的丰富野生药材，发展人工中药材种植。如安龙县高海拔低纬度的地理位置和雨热同季交替的温润特殊气候孕育了种类繁多的动植物，特别是丰富的中药材资源。在这里，白芨、山豆根、滇黄精、天门冬等300多种中药材随处可见。正在打造的万亩铁皮石斛、万亩山豆根、千亩重楼、千亩白芨、千亩三叶青、万亩千里光、万亩黄精等产业基地势必带动安龙中药材产业化的快速发展。此外，安龙的土地上还生长着国家一级保护植物红豆杉、贵州苏铁，二级保护植物金毛狗脊、金钗石斛、独蒜兰等几十种珍稀濒危药用植物。安龙仙鹤坪国家级森林公园、龙头大山被专家称为植物基因宝库，具备了建立国家中药材保护基地和种苗基地的先决条件。黄褐毛忍冬是安龙县首先进行产业化种植和进入《中华人民共和国药典》的金银花类品种，具有芳香油含量高、绿原酸含量高、产量高、质量好的特点，2014年种植面积达21万亩，形成了良好的植被覆盖，生态效益凸显，成为广大农民经济收入的重要组成部分。招堤十里荷塘种植荷花5 000多亩，荷花养生产业的开发具有很好的综合前景。铁皮石斛产业种植规模已达2 000亩，拥有坡脚林下附生种植、喀斯特环境仿野生种植、设施种植等多样化种植基地共8个，使安龙县成为贵州全省中药材产业发展重点县。至2014年底，安龙县利用林地的丰富药材，发展中药材种植及保护抚育总面积已突破40万亩，总产量超过22万吨，实现产值11亿元。安龙县铁皮石斛种植基地采取“资源变股权、资金变股金、农民变股民”的方式，2015年又投入300万元财政专项扶贫资金作为贫困农户股金入股公司，项目覆盖者贵村精准贫困户88户，户均2万元。采取保本分红、滚动发展的模式，公司聘请精准贫困户到石斛基地务工，月收入2 000元以上，实现普通老百姓变成基地产业工人，促进项目区产业规模集聚和精准扶贫到村到户“两轮驱动”，实现贫困农户与公司发展“双赢”。

对一些石漠化集中连片贫困地区核心区，安龙县政府结合石漠化治理推出金银花（山银花）、花椒等中药材，有效治理了石漠化，解决了石漠化贫困区域的发展与生态修复难题，成功探索总结出金银花发展的“坪上模式”和花椒种植的“顶坛模式”，实现了生态修复与百姓增收的有机统一，为石漠化区域发展与生态治理提供了可借鉴、能复制的经验，促进了中药材产业健康发展。

发展起来的民族特色药企引领产业崛起。如义龙试验区德卧镇成立金银花种植农民专业合作社，投资4 000余万元，种植金银花6.5万亩，建有初加工厂房5栋、无菌包装车间一个，金银花年产量1 200余吨，产值2 000万~3 800万元，获得“大水井牌金银花”商标，以及地理标志产品名称“安龙金银花”。2013年，德卧镇金银花种植农民专业合作社生产的“安龙金银花”荣获全国第三批“一村一品”称号，农民人均纯收入超过当地平均水平12%。又如兴义市文辉中药材种植专业合作社以桔梗、黄精、板蓝根种植为主，2014年获评国家级示范合作社。又如普安县2014年5月引进国家发明专利10项，利用国内行业领军企业先进技术，专业从事当地的珍稀名贵药材白芨种苗繁育，成立集“产、加、销”于一体的现代山地高新农业企业——普安县欣新生物科技有限责任公司，采取“公司+合作社+基地”的模式和“政府担保公司+银行+贫困农户”的金融扶贫模式，通过白芨产业带动江西坡镇农民806户，实现精准扶贫户达80%以上。

布依族地区利用林地的丰富药材，不断推进医药产品研发。黔西南自治州“十二五”期间共研发膏贴、片剂、颗粒、胶囊、液剂等药械产品167种，其中国药准字药品94种（化学药品71种、中药及民族药品23种），医疗器械产品28种（属于含药产品25种），民族医药保健品45种。炎痛贴、风湿疼痛贴等苗药系列膏贴享有较高声誉，经济效益明显。全州中药材种植面积106.2万亩，总产值突破40亿元。黔西南自治州德良方中药材种植有限公司以中药材种植、加工购销为主，种植品种以金樱子、半枝莲、黄檗等为主，生产的成品中药主要有白花草胶囊、胶原止咳胶囊、益胜元颗粒。其中，中药饮片年产达到300吨，中药提取生产线年提取药材250吨，胶囊剂生产线年产13亿粒，颗粒剂年产2亿袋，片剂年产1亿片，年销售收入在4 000万元以上。黔西南自治州吉仁堂中药饮片厂以中药材种植加工、炼制为主，发明专利有环草石斛工厂化生产技术与栽培方法、环草石斛加工方法等，生产常规中药饮片约600味，年生产能力1 000吨，中药材提取生产线6条，年生产中药提取物2 000吨。义龙试验区中草药科技产业园主要生产苗之源中药饮片系列、苗家奇药系列、医用卫生材料、贴剂、医疗器械及其他按照生产许可证生产的药品，年产值达1.5亿元，年创税800万元。贵州心意药业是专门从事苗族医药研究、开发、生产及销售的专业制药企业，主要生产具有自主知识产权的花栀清肝颗粒、复方栀子气雾剂、通络化瘀贴、乳没止痛贴、丹灵伤痛贴、秦灵消痹贴、卿仙止痛贴7个国家级创新苗药产品及 19 个常用普药产品，年产值达 3 亿元，年创税 4 500 万元。

布依族地区利用林地的丰富野生药材，发展人工中药材种植，已初步形成“一县一品”的发展格局。如形成兴义市以石斛、射干为主，安龙县义龙试验区以金银花（山银花）、石斛为主，兴仁县、晴隆县以薏仁米为主，普安县以白芨、天麻为主，册亨县、望谟县以艾纳香、灵芝为主的中药材品种基地。

2016 年底，黔西南自治州坚持“绿水青山就是金山银山”的发展理念，完成新造林 150 万亩、石漠化治理 870 平方千米、水土保持综合治理 1 600 平方千米，森林覆盖率从 2015 年的 46% 提高到 52.7%。着力打造南北盘江和红水河“两江一河”林业带，在缓坡温凉山区特色产业带和高坡冷凉山区绿色产业带，共建成花卉园 5 万亩、优质茶林 50 万亩、优质油茶林 50 万亩、精品水果林 50 万亩、中药材 100 万亩等特色产业基地。

2016 年底，黔南自治州全州林业稳步发展，完成新造林 81.2 万亩，投资 1 230 万元完成中央财政森林抚育补贴项目 10.8 万亩，全州森林覆盖率上升 57.36%。主要林产品产量如下：生漆 1 031 吨，与上年持平；油桐籽 543 吨，比上年增长 7.6%；五倍籽 539 吨，比上年增长 3.1%；棕片 233 吨，比上年增长 0.1%；松脂 2 028 吨，比上年增长 13.4%；竹笋干 14 782 吨，比上年增长 1%；核桃 21 017 吨，比上年增长 2%；板栗 1 174 129 吨，比上年增长 8%。

林业资源的培育与开发利用，使布依族地区自然生态环境进一步优化，成为海内外游客喜爱的休闲观光旅游目的地。

三、畜牧业生产

布依族的畜牧业只限于畜牧和家禽喂养，没有大规模的生产形式，也没有专门的牧民。生产用的家畜主要是黄牛、水牛、马匹。由于农耕的需要，布依族喂养耕牛有着悠久的历史。从《殡凡经》（也叫“砍牛经”和“古谢经”）中描述的母系时期的生产形式来看，布依族大约在母系氏族末期就开始驯养耕牛了。今日农村每户起码有一头耕牛，多者喂养七八头至十余头不等。在烂田（沼泽田）多的地方，多养水牛，其他地方多养黄牛。耕牛为自己耕田所用，有的也拿到市场出售。平时，数家凑粮，请专人放养一群牛。少数边沿地区耕牛属野放，春耕过后，把牛放到坡上，直到冬季才去赶回家。布依族多处河谷地方，与外界的交往需跋山涉水，多以马匹为交通工具。布依族驯养马的历史十分久远。据史书记载，宋朝时期，布依族地区产的优质马（发钢马）就已开始出口广西等地，并由广西运入“中土”。广西花山崖壁画、关岭花江崖壁画也展示了布依族先民驯马的历史。布依族地区的牛马市场十分繁荣，较大的有花江、镇宁、永宁、花溪、都匀等地的牛马市场。平时，各地乡场都设有牛马市场。

布依族主要喂养的肉食用家畜有猪、狗、羊等，以个体家庭小规模饲养为主。过去每户喂养三四头猪、三五条狗，多为自己年节食用，少数出售。养羊极少，偶有山地草多的地方每户养上三五只、十几只，但也不普遍。

布依族的家禽饲养仅作自给食用或次要经济收入补充。平时饲养的家禽有鸡、鸭、鹅等。过去，由于畜牧与家禽生产不是布依族的主要经济来源，所以传统的生产方式并无什么独特之处。

随着经济发展和市场需要，城郊和交通干线附近的布依族地区，开始出现许多养猪、养鸡、养狗等的养殖专业户。当地政府为了发展布依族农村地区经济和增加农户收入，采用贷款扶持等政策发挥强大的推进作用。

交麻乡是黔南自治州长顺县石漠化严重的乡镇之一，以前生活在这里的村民们依靠在石头缝中种植玉米为生，辛苦一年下来的收获有时还难以维持生活。2007 年，草地生态畜牧业优质杂交肉羊科技扶贫项目在交麻乡正式实施。政府将买来的羊发给农民养，待产下羔羊后收回基础母羊，采取“借羊换羊”的方式帮助农民发展。截至 2015 年，长顺县项目农户累计出栏羊 1 万余只，项目户户均收入 7 000 余元，最高收入户达 3. 2 万元。养羊户由 2007 年的 700 多户发展到 2 400 多户。

2010 年，贵州最大的乳制品企业三联乳业联手黔南自治州独山县贵州牧草种子繁殖场，利用得天独厚的生态资源与草地生态管理方法，投资 7 000 万元，在独山县建厂生产乳制品。当地奶牛全都是按照新西兰的标准饲养，产的是纯天然的奶。该企业 2015 年已经做到 7 亿元的产值。草种场通过与乳业企业合作，带动周边的养牛户脱贫致富。草种场与周边 700 多个项目示范户建立了草场奶牛放牧系统，对每户实行“统一管理、统一购料、统一防治、统一放养、统一销售”的“五统一”模式，降低饲养成本和市场风险，使得签约农户人均年纯收入增加 2 万元。经过多年的发展，草种场逐步形成了“产、供、销”一条龙的生产方式，从 2015 年至今，每年收购项目示范户的牛奶达 5 000 吨。

至 2016 年底，黔南自治州全州主要畜产品肉类总产量达 20. 39 万吨。其中猪肉 16. 19 万吨，牛肉 1. 899 万吨，羊肉 0. 32 万吨，禽肉 1. 34 万吨，禽蛋产量 1. 12 万吨，猪出栏 199. 68 万头，牛出栏 16. 16 万头，羊出栏 20. 02 万只，家禽出栏 797 万只，猪存栏 154. 84 万头，牛存栏 64. 95 万头，羊存栏 26. 18 万只，家禽存栏 720 万只。

黔西南自治州的传统特色养殖历史悠久，2013 年全州新建畜牧养殖草地 156. 8 万亩，其中人工草地 107. 2 万亩、改良草地 49. 6 万亩。其中晴隆县因地制宜，探索在高海拔地区通过产业化种草养羊治理石漠化，发展出“晴隆模式”。“晴隆模式”经国家验收并被作为我国西南喀斯特地区生态治理与草地畜牧业发展的典型范例进行推广。至 2016 年底，黔西南自治州畜牧业增加值达 52. 07 亿元，比上年增长 4. 3%。全年肉类总产量达 16. 06 万吨。其中猪肉产量 11. 91 万吨；牛肉产量 1. 78 万吨，羊肉产量 0. 48 万吨，禽肉产量 1. 48 万吨，其他肉类产量 0. 29 万吨，禽蛋产量 2. 47 万吨，年末全州生猪出栏 139. 03 万头、存栏 126. 13 万头，家禽出栏 861. 97 万只、存栏 804. 64 万只。

四、渔业生产

布依族地区的渔业生产虽然不像沿海渔民那样占据着生产的主要位置，但布依族的生活环境江河交错，给渔业生产提供了优厚的自然条件。因此，布依族在长期的渔业生产过程中，总结出了丰富的生产经验，发明了一些独具特色的生产工具。

（一）渔业的生产形式

布依族渔业的生产形式可以分为江河自然生产、池塘养鱼、稻田养鱼等。

1. 江河自然生产

布依族地区的江河是最大的渔业生产资源，为了保护这一生产资源的延续性，许多布依族地区都有相应的保护措施，如不准轰炸、不准施放剧毒药物等。具体的打捞方法有六种。第一种是大捞，这是一种比较古老的打捞方法。河两岸的村寨根据传统习惯，三年或五年组织一次大捞，每次由一个寨牵头。牵头寨把大捞时间确定后，由于认为万物有灵，为不让鱼知道捞鱼时间，提前七天用“刻木通信”的方法通知各寨（不准口传）。各寨接到通知后，上山割来“闹鱼藤”（布依语叫“高浓”），大捞当天清早，把“闹鱼藤”捣碎，伴以茶籽粉（压过油后剩下的茶籽饼捣成），混成稀泥，装入麻布口袋，统一集中到河上游施放。这种鱼药可在半小时后把鱼“闹”昏，使其游到水面，行动迟缓。各寨男女老少沿岸捕捞，数小时后，未被捕捞的鱼恢复活力，大捞停止。这种捞鱼方法既可达到捞鱼的目的，又保证了鱼种不会灭绝，待两三年鱼量增加又再捕捞。第二种是网鱼。网鱼分为撒网和拦网。撒网，为站在江河岸上或船上，将网撒进河中捕捞河鱼。撒网又可分为不定点和定点撒网，不定点随意性较大；定点撒网则需提前几日在固定地点不断施放鱼饵，哄骗鱼按时集中食饵后，突然将其全部网捞。拦网是用双网拦住一段河道，乘船在中间用竹竿拍打水面，或让鱼鹰追捉鱼群，使鱼惊慌逃窜时撞网被卡住，随之收网捕捞。第三种是叉鱼。叉鱼主要在露水较多的夏夜进行。夏夜月明星稀，露水回升时，鱼群常到浅水滩游耍，俗称“晒露水”。叉鱼者手持鱼叉，举起火把照亮鱼群，使鱼群在火光中眼花不知如何是好，之后可一条条地将其叉住捕捞。第四种是提网。在涨水时将网放于岸边水中，适时提起捕捞网中之鱼。第五种是笼鱼。工具分为长笼和圆笼两种。长笼如一大肚喇叭，笼肚与喇叭相接处有倒刺，鱼进去后不能出。一般放在沟溪水落差处，用竹竿从上游拍打水面，将鱼赶进笼中；或涨水时将笼安在河坝激流口，让鱼自然进笼。圆笼如灯笼，笼口边有倒刺，笼内置香味鱼饵，引鱼入笼。常是晚上用石块沉笼于河边水中，次日清早收笼捕鱼。第六种是垂钓。垂钓分人工钓和弹弓钓两种。人工钓与常见方式相同。弹弓钓有其独创之处，将鱼弓垂钩下水，鱼吞饵碰动弓，弓上自动机关脱离，将鱼弹钓上来。一般夜晚在河岸放弓，次日清早收弓捕鱼。

2. 池塘养鱼

一般布依族村寨寨中、寨脚或寨旁都有一至数个池塘，长年绿水碧荫。有的供牛饮水洗浴，有的作鱼塘。布依族传统的鱼塘养鱼生产方式较原始，仅到沟溪捉来鱼苗投放，插上标志，不准牲畜家禽入内即可，平时向塘中投放些牛粪、青草作鱼食。这种鱼塘养鱼的优点在于：鱼苗乃野生，抗病力极强。待塘鱼长到一两斤，即放塘捕鱼。

3. 稻田养鱼

这是布依族地区较为普遍的渔业生产方式。在水源较方便的地方，每年插秧后，将鱼苗放于田中。但养鱼田必须土质肥沃才能保证鱼稻两丰，因为施放鱼苗后，不能在田中追施肥料。稻田养鱼必须保持一定水深，秋收放田水后，用鱼兜在出水口接鱼即可。

（二）渔业生产工具

布依族的渔业生产工具名目繁多，网类有提网、拦河网、撒网、网兜等；笼类有长笼、圆笼、鱼篓等；还有渔船、鱼鹰、鱼弓、鱼叉、鱼枪等。

1. 网类

用麻线编织而成，自产自用。提网为方形，边长丈余不等，孔小，由四根竹竿将网的四角崩开，四竿上端连接处有一长竿作拉竿，长竿顶拴上一根拉绳加强入水后的提拉力。使用时将张开的网平放水中，适时用脚踩住在岸上的拉竿脚，拽起拉绳将网提起。拦河网高五尺，长数丈不等，孔径寸余，好让鱼撞入网孔，卡住鱼翅，越蹦跳越被裹缠。使用时拦河横拉，赶完鱼后逐步收起。撒网为圆形，半径丈余不等，网边挂有一寸长锡条或铜条，以便加强网边重力。使用时撒出盖住同面积河底，收网时金属条从河底将网聚拢，把鱼搜刮于网中。网兜细孔，圆形，直径四尺不等，有浅兜和深兜两种。用竹圈崩开，中加一竿作手柄。浅兜孔较细，在沟溪撮鱼虾用；深兜孔大些，闹鱼和在提网中撮鱼用。

2. 笼类

竹编而成，自产自用。长笼长五尺至一丈不等，笼口较大，有笼肚，笼肚与笼口间朝里安有倒刺，笼尾用绳捆住，取鱼时再解绳。圆笼机关如长笼，底有活动口，也用绳捆。鱼篓背在身上，装鱼用。

3. 其他渔业生产工具

渔船，木制，长丈余，身细，两头尖，如梭，供撒网赶鱼用，也作短程运输工具。行驰时不用桨橹，只用竹撑竿。鱼鹰，与常见鱼鹰同。鱼弓，竹制，长五尺左右，前端置钓线钓钩入水，并拉弦至后端，后端连接弦根处有一活舌，只要鱼吞钓钩，用力稍猛，活舌跳开，弦脱，弓弹起。鱼叉，铁制，三齿，有倒钩，加一手柄，长者五六尺，直接手用；短柄长尺余，加有丈余长绳，可挥离手中入河叉鱼，拉手绳收回。鱼枪，枪身为竹筒，筒上用竹篾做弓。弹条为铁制，长三四尺，用细绳与枪身连接，杀鱼时放开筒上弹弓，弹条飞出，通过细绳收回。

（三）现代渔业发展

进入20世纪，布依族地区的渔业生产有了较大发展，许多地方进入了人工科学养鱼阶段，为当地经济发展起到推进作用。如都匀市1988年的鲜鱼收成就达3 198.5吨之多。布依族渔业生产已从自给自足大步走向市场。

随着旅游业的兴旺和大量需求，黔西南自治州大力发展水产养殖，至2014年已建成农业部健康养殖示范场5个、大鲵驯养繁殖基地3个、中华绒螯蟹人工养殖示范点2个，大水面网箱养殖户1.2万户，水产从业人员3万余人，产品远销到贵阳、昆明、曲靖、六盘水等地，成为全省最大的水产品输出地，水渊浩渺的万峰湖也成为西南地区最大的淡水养殖基地。

黔南自治州荔波县结合当地农民稻田养鱼的传统，大力组织开展水产良种生产推广，解决农民的鱼种需求。从21世纪初期，就先后组织全县的玉屏镇、甲良镇、佳荣镇、朝阳镇4个片区12户农户的153亩池塘进行水产良种生产，完成“建鲤选育亲本”优质鲤培育，年生产建鲤水花600万条，又从南宁地区水产良种场引进水花及乌仔杂交良种570万条。供应外地水产养殖，质量不断提高。

黔南自治州罗甸县总水域面积达11.2万亩，可养水域面积7.2万亩，催生了生态渔业的兴起。2013年的统计数据显示，罗甸县有规模水产养殖场165家，拦网养殖面积达1万亩，新建生态网箱养鱼1 127口，投饵网箱养殖规模增加到21 000多口，年产鱼量1.2万吨以上，产值达1.7亿元。罗甸县立足资源优势，多方取经，多措并举，掀起追赶小康梦的热潮。发展生态渔业是手段之一。龙滩电站下闸蓄水后，罗甸县广阔的水域为发展渔业养殖提供了便利条件。通过对外招商引资项目，采取“外地客商+基地+农户”“公司+基地+农户”“基地+农户”等形式，解决渔业养殖生产中鱼种引进、技术服务、销售等问题；根据各乡镇库区和水域情况，科学划定水域功能区，严格控制投饵式网箱总量，鼓励渔民利用天然饵料，合理发展滤食性鱼类养殖，开辟出一条生态养殖之路。库区天然的水域和无公害养殖使鱼类产品受到各地客商和广大消费者的喜爱。目前，罗甸县各码头、渔业市场生意火爆，省内外客商络绎不绝。

在红水河镇羊里码头，每天渔民们忙着捞鱼、装桶、过秤、装车，几十辆装鱼车排队装鱼。红水河镇高峰期的时候每天要出 30 吨鱼，销往重庆、云南及遵义、毕节、贵阳地区，最低的时候在 7 吨左右，发往各个地方。红水河镇码头是罗甸县南下重要港口，2011 年以来，生态渔业网箱养殖由原来的 100 多口发展到 800 多口，养殖户由原来的 16 户增加到 38 户，年产鱼量达 1 000 多万斤，产值达 5 000 多万元，平均每口网箱毛收入达 6 万多元，成为罗甸县最大的水产养殖基地。

发展养殖业，必须考虑环境承载力问题，罗甸县科学规划，合理布局，积极出台优惠政策，重点培育红水河、茂井、罗妥 3 个水产品健康养殖基地，并通过示范带动、组建专业合作社等一系列有效措施，让养鱼户积极参与到网箱养鱼中。在政府的引领下，库区移民相继返乡发展渔业养殖。

第三节　手工业生产

布依族的手工业生产种类繁多，主要有纺织（含织锦）、蜡染、竹编、制陶、制草席、酿酒、制糖、榨油、熬硝、造纸、烧石灰与造木雕、石雕、玉雕等。布依族有句谚语“吃穿靠田地，用钱靠手艺”，说明了手工业在布依族经济中的重要地位。

一、纺织技术及其生产工具

纺织业在布依族地区历史悠久。唐宋时期，布依族土花布多为朝廷贡品。明清以后，纺织业更为兴盛。近年来，黔南自治州的荔波土花布扬名中外，远销东南亚各国；各地土花布、织锦、织毯等产品不但作为布料，而且作为艺术品深受各民族青睐。过去，布依族的穿戴基本靠自纺自织。目前，虽普遍使用各种现代化生产布料，但布依族地区自产的布料仍很受欢迎。布依族几乎家家有织布机、纺纱机、轧花机、弹花机以及染缸等生产工具。

纺和织是两道不同的生产程序，在纺织中包含着织布、织锦、织毯等。下面就从纺纱、织布、织锦和织毯及其生产工具诸方面来加以介绍。

（一）纺纱及其工具

纺纱即把棉花加工成纱线的整个过程。布依族地区地处亚热带河谷，比较适宜栽种棉花；而且自然生产木棉，从古代开始便用木棉加工布匹。因此形成了一套传统的纺纱技术和发明了相应工具。

1. 纺纱

收获的棉花铺在竹席上晒干后，通过轧花机轧掉棉籽，经过反复滚轧，成为皮棉。用弹花弓将皮棉弹松，然后将松散的棉花搓成蜡烛般大小的棉条，再用纺纱机纺成纱锭。接着，在绕纱机上把棉纱绕成圈，取下挽成纱束，把附于纱线上的白芨舂碎，放在水中煮，取出晒干，使纱线浆硬而伸展，拍掉线束上的碎芨，即成白棉纱。

2. 纺纱工具

轧花机作力结构与缝纫机相同，只是轧花机踏板、动力转盘均是木质，牵引带为麻绳或牛皮绳，机架也为木质。倾轧结构为两根长二尺余、杯口粗的优质木棒，并排固定于机架，能转动，其中一根一端有小转盘，由从踏板转盘牵引的带子带其转动。轧花时将棉花喂入两个滚棒之间，挤在一起的两棒向外滚动，棉花被轧向外成皮而去，棉籽因进不了两棒间挤缝而下落。弹花弓如一巨弓，长四尺余，有一木槌捶打弓弦，弓弦在棉花堆上弹跳，把皮棉弹松。纺纱机如常见的纺机，竹或木结构，手摇，通过机上转架牵引出的绳牵动绽锥转动，棉条在绽维转动作用下扭拉成线。绕纱机系竹或木结构，近似于可收起的饭桌活动脚架，可放在纱机架上摇转，打开绕好线后，收起取出线束。

（二）织布及其工具

1. 织布

织布的准备工作较复杂，先要处理好经线。在院子按布匹长度钉上木桩，其中一头有两个桩直排，另一头有三个桩，两桩向内、一桩向外成三角形。木桩高约一米。然后按规律及布匹宽度所需经线数来回拉绕。经线在两头桩间绕好后，从两桩一头一对一对地取线，用刺猬刺将线一一挑入细密的单排梳线架（俗称“扣”，布依语叫“娃芜”）缝内，同时，在梳线架后面将线挑入一对分线架（俗称与“扣”同名，但功能不同，布依语叫“高勺”），以便织布时经线相夹成两排轮换上下，反复穿入纬线成布。经线通过梳线架和两个分线架，一边向前梳理一边滚上滚筒，至收完经线为止。经线全部滚上筒后，连同梳线架和分线架放到织布机上，梳线架夹在手压架上，两个分线架悬于手压架后面，可上下活动寸余，并用绳索与机下两个活动踏板相连。分别踩动左右踏板，作用于分线架，使上下两排经线轮换夹着上下分开，将装有小线筒的梭子来回在其中穿来穿去，穿一次拉一回手压架，把纬线压挤在一起，即可织成白布。染色时，放入泡有土靛、草灰碱及少量烧酒的染缸中，取出可成靛蓝；用规定的植物叶或树皮与布同煮，可染成青色或紫色；如不需染色，为了使布匹更加白净，将白布泡在稀牛粪中一天后取出漂洗即可。需织成土花布时，则先染部分纱，经纬调配巧织。根据需要，可织出花椒布、蚊子布、斜纹布、回纹布、人字布、花跳格等多种花色。

2. 织布工具

织布工具有织机架、梳线架、分线架、梭子等。织机架上有手压架、踏板、“双头鸟”等主要部件。手压架可前后摆动，从织机架上方悬下来，供夹紧梳线架和将纬线压挤靠拢之用。踏板有一对，在织机架下，供织者脚踩，每板有一根绳，分别延至织机架上，各系在“双头鸟”的一头。“双头鸟”为木制，悬于织机架上，中间固定，两头可一上一下，两头分别有绳接至踏板和两个分线架，轮换踩踏踏板时，通过连绳作力，“双头鸟”轮换一头昂一头垂，牵动两个分线架一个上一个下，把经线轮流分成两排，让梭子带着纬线来回穿线。梳线架长二尺左右，宽三寸余，竹制，上下为破成两半的小竹竿，用麻绳将细竹筏连排扎紧而成，竹筏间的每个缝隙用来穿梳两根经线，同时通过手压架作力，将已穿过的纬线压紧。分线架有两个，与梳线架相似，但比梳线架宽一半，并将连排竹筏换成麻线。经线分缝穿过两个分线架，通过踏板与“双头鸟”作力，把经线做两排分开。梭子形如船，两头尖，中空，固定有能转动的线团，线团由经线绕在小竹筒上而成。

（三）织锦与织毯

织锦和织毯的生产工具与织布的差不多，只是生产工艺与织布有些差别。织毯机比织布机要大两倍以上。

织锦与织毯是布依族著名的手工业生产类型。最早的织锦产品用途与挑花刺绣一样，是布依族服饰必不可少的饰物。锦条主要用于妇女服装、头饰的镶饰。而锦毯主要用于制作各种帘、床饰，以及宗教仪式专用。织锦的生产过程与织布相似，经线为细棉纱，纬线为各种彩色丝线。传统织锦图案多有“本”为依据，不允许轻易更改。织锦时反面在上，正面在下，织者边织边拿一面镜子反照下面，照“本”一丝一线地挑梭。而今，根据布依族地区黄果树、龙宫、花溪、小七孔等景区的旅游需要，织锦生产有了很大改革，多用毛线、丝线织出多种艺术性极强的图案。这门手工业生产，给居住在几大风景区的布依族家庭带来了可喜的经济效益。市办、县办或乡办的织锦厂应运而生，如安顺布依地毯厂、关岭布依地毯厂、镇宁工艺美术厂，其产品远销东南亚及欧美国家，得到高度赞誉。

二、蜡染生产技术及其工具

蜡染生产在布依地区历史久远。据专家考证，四川峡江地区出土的战国至西汉年间的“蜡缬细布”与“百越”有关，可见布依族先民在3 000多年前就开始了蜡染。《宋史》四九三卷载：“南宁特产名马、朱砂……蜜蜡、蜡染布……”地方志关于布依族生产蜡染的记载多处可见。蜡染布在布依族中使用极为普遍，过去，多用于服饰、床饰、帘饰、桌椅饰等。而今，除了安顺地区、六盘水市、黔西南自治州北部许多布依族地区保留蜡染服饰外，其他地区仍将其用作服饰外的饰物。

（一）蜡画及其工具

蜡画是蜡染生产的第一道工艺。由于它是一种较特殊的手工艺，因此形成了自己的生产技术和生产工具。

1. 蜡画的过程

可分为化蜡、点画两个过程。化蜡只能用温火，所以在化蜡前，要用米糠捂一堆没有火焰又不熄灭的闷火，将盅放在闷火上，将蜡块放于盅内熔化。熔化的蜡温度过高，用铜刀沾蜡液点画在白布上时，蜡液线条会迅速漫开，蜡画的线条就达不到所要的效果；温度过低，画到布面的蜡线不能浸透到背面，染色后线条色彩不鲜艳。所以，化蜡温度十分讲究，只有经过长期实践的人才能准确掌握。点画前，铺开白布，在布下垫棉纸或垫布，然后用蜡刀（也叫蜡蘸，布依话叫“搬龙”）蘸上蜡液，按需要的图案在布上作画。为了保持蜡液的有效温度，蜡刀蘸取的蜡，只能画上长二三寸的线条。

2. 蜡画的工具

蜡画的工具包括一套六把左右的蜡刀、灰盒、蜡盅等。蜡刀，刀口有铜质，刀把为高粱秆或竹竿，刀口由两个三角形铜片相夹而成，铜片刀中形成三角缝，形如刻章用的刻刀，连把长三寸左右。一套蜡刀中有大口、小口、平口、斜口之分，另有高粱秆做的专用于点圆点的点蘸一把。灰盒可用砂锅、瓷盆做，用来装化蜡的糠火。蜡盅为瓷盅，以能装二两水大小为宜，化蜡液专用。

（二）浸染及其工具

布面用蜡画上图案后，接着就是浸染。浸染是蜡染工艺的关键环节，蜡染的独特风格——自然冰纹在浸染过程中形成。浸染工艺虽然考究，但工具并不复杂。

1. 浸染的过程

浸染分为浸染、脱蜡和漂洗三道工序。画好图案的蜡画布不能折叠，否则蜡的线条就会整齐断裂，裂纹不自然，影响成品的艺术效果。画幅浸染时，用手提上面两角，平整放入染缸，如此反复提放多次，在提放过程中，画幅蜡线形成不规则断裂。由于蜡质拒水，因此染液浸入未画蜡处和画蜡处的裂纹中，将布染成蓝色，而有蜡的地方不染色。浸染每日三次，每浸一次后平挂于染缸上的横竿，晾干后再浸，经三天浸晾后，可以进行脱蜡。脱蜡时烧一锅沸水，先用冷水冲掉蜡布上的浮色，后将蜡布放入沸水中，让高温化掉布面上的蜡。脱蜡之后，蜡布上仍有少许浮色，所以不宜折叠，应平放于“竹笆折”（一种以竹片编成的专用蜡染工具）上，拿到河中清水处反复冲漂。浮色去尽后，原白布未画蜡处和裂纹处呈蓝色，画蜡的图案现出白色，晾干后即为蜡染成品。

2. 浸染的染料

布依族蜡染的传统染料主要是蓝靛。蓝靛由靛草做成。靛草系草本植物，取其茎叶与石灰泡于池中，经发酵全部腐烂后形成蓝色靛膏，用纱布滤去渣滓。靛膏放入染缸，加适量水和烧酒等，经一段时间搅拌处理即成冷染料。如需染成其他颜色，取习惯上的指定植物加工成染料。浸染工具不多，有染缸、晾晒布料用的笆折、提料棒等。

目前，布依族蜡染已从民族市场走向社会市场，从手工业生产走向工业生产。仅在安顺地区设立的布依族蜡染厂就超过30家，在北京、广州等地也有布依族蜡染师建厂生产。

三、酿酒技术及生产工具

酿酒在布依族地区极普遍。酿好的酒除了自饮和待客外，还拿到市场出售、作为原汁酒供应酒厂、批发给商贩等。酒类以大米酒为主，其次为苞谷酒、高粱酒、小麦酒、甘蔗酒、糯米甜酒、糯米烧窖酒等。最有名的是30度左右的“便当酒”，驰名中外的“贵州醇”就是布依族“便当酒”的现代工业化生产产品。按酒味风格与生产形式分类，主要有甜酒、烧酒两种。

（一）酒的酿制工艺及特点

1. 甜酒

甜酒可以说是较早的酒类。据有关资料证明，人们首先发现发酵后的食物食后对情绪有刺激作用，继而发明了酿酒。最早的酒未烧烤蒸馏，而只是发酵食物的原汁，近似于布依族的甜酒。布依族甜酒主要原料是糯米，也有的拌有去籽的刺梨。酿制时先把原料蒸熟至七成，倒入大簸箕搅散以散热到适当温度，然后放入适量曲粉，搅拌均匀，放入大坛或缸里，盖上两三层“秧被”，保持缸边温度20度左右，三天后取出，发酵成功即收入酒坛存放。甜酒味醇，可口提神，可与草药相拌作为药用。布依族对甜酒不喜鲜食，而是处理成“窖甜酒”或“烧窖酒”食用。窖甜酒制法为将甜酒存入酒坛后，用黄泥封住坛口，五年至七年才开。原料多化成水，少量渣滓沉底，酒水发红起丝，酒味更加甘甜浓醇。烧窖酒则是将甜酒封坛一两年后，用糠壳围住烧闷火熏烤二日，熄火后让其自然变凉，取出甜酒滤去酒渣取酒汁。这种酒因为产量极少，酒汁清红，香、甜、辣味兼有，是春节期间布依族招待嘉宾的上酒。

2. 烧酒

烧酒的第一道生产工艺与甜酒相同，只是酒曲多用烈性。发酵成功后，按一定比例加入清水，隔 20～30 小时，待“酒娘”“翻缸”飘出水面即可烧烤。烧烤分天锅烧烤和夹缸烧烤两种。天锅烧烤系将“酒娘”倒入火炉上的大铁锅，盖上两头空的桶甑，桶甑上再架一口锅，锅内放入冷水，从下用均匀小火（为不把“酒娘”烧糊）加热，使蒸气蒸发至上面的冷水锅底，变成蒸馏水从桶脚漏管流出而成酒。这种酒出酒时温度高，醇度易蒸发，因此不宜长期存放，一般现烤现吃。夹缸烧烤系将“酒娘”倒入大铁锅，盖上盖盆，盖盆有一竹筒（长尺余，口径三寸）与夹缸连接，夹缸双层，缸内多次换凉水。生火后蒸气从盖盆经竹管进入夹缸内层，与外层冷水相遇而冷却成蒸馏水，从漏管流出成酒。这种酒因蒸气循环时间稍长，出酒冷，醇度不易蒸发，可长期存放。酒的度数受烧烤时间长短影响，烧烤时间越长，酒中水分越高，酒的度数越低，烧烤时间越短则酒的度数越高。如需低度酒，烤到漏管出来的酒没多少酒味为止。如需高度酒，接到适度后把酒拿开，继续把“尾酒”接入另一个酒缸，再渗入第二个发酵缸，以提高第二缸酒质。

（二）酿酒工具

在酿酒第一步骤蒸原料时可用日常饭甑，拌曲时也可用日常簸箕。余下专门酿酒用的工具有发酵缸、“秧被”、铁锅、盖桶、盖盆、夹缸等，存放酒时也有专用的酒坛。发酵缸可用瓦缸或烧烤时用的夹缸。作为发酵“酒娘”专用，这种缸不能装过盐、油、菜饼以及一切有其他味道的东西，不然就可能导致发酵失败而浪费粮食和时间。制作“秧被”的方法是栽秧时留下糯米秧，在阴凉处晾干后，秧颠相连编织成草裙状，用于发酵时盖在缸口保温。铁锅可用常用锅，但烧烤前必须彻底洗净，不然就影响酒质。盖桶两头空，大小不一，下头大上头小，脚有一孔，接出一根长尺余的小竹管作出酒嘴用。盖盆一般口径三尺，下大上小，有盆盖固定于上部，盆身有三寸径圆孔，接竹管连夹缸。夹缸高约三尺，口径二尺余，双层，层距寸余，内壁全密封，外壁靠下有一圆嘴，接住盖盆伸出的竹管，靠脚有一小嘴，出酒用。酒坛为专用，不能装其他有味东西，酒坛口塞用稻草编成，套上猪膀胱，以防酒气蒸发。

四、其他手工业生产

（1）竹编。竹编是布依族利用自然资源发展经济的手工业。竹编生产规模视竹资源而定。一般每个村寨都有一两户从事竹编，有的地方整村整寨都在从事此业。竹编以个体家庭生产为主，利用农闲或晚上，破竹修篾，编制箩筐、背篓、筛子、簸箕、撮箕、囤箩、鸡笼、猪笼、晒席、凉席、斗笠等生产、生活用具到市场出售。现在，一些城镇已出现了竹器生产单位，但仍采用手工业生产方式。布依族的竹编产品，较出名的有独山的细蔑斗笠和荔波的凉席两种。细篾斗笠因质地优良，早在 19 世纪 30 年代就有安顺商人在各地设点收购，远销本省各地及云南等省。仅平塘县克渡一地每年就产销斗笠二三十万顶。荔波凉席可折叠，放开后无断裂痕迹，伸展如故，历来远销南方诸省。

（2）制陶。在布依族地区多为小型作坊，从业者利用农闲时间，生产碗、碟、盅等各种餐具以及罐、缸、砂锅、瓮、坛等容器，就地销售。

（3）草席。草席是扁担山一带著名的手工业产品。有三棱草席和茅草席两种。三棱草席经久耐用，深受欢迎，历史上除自用外，还销往安顺、清镇、平坝等地。茅草席用野生茅草晒干织成，供工农业产品包装用。

（4）榨油。因为布依族地区多有油茶林、桐籽林，油菜是夏收的主要农作物，所以榨油也就成了一种手工业，在布依族地区极为普遍。传统的榨油有作坊榨油和压板榨油两种。作坊榨油先将原料粉碎，继而放在大甑子蒸熟，装入饼圈。饼圈为竹编，直径尺余，装熟原料时先铺一层麻布或棕片，原料倒满包好，排列放入大木槽。木槽系原木挖凿而成，分两半，装好饼圈后合在一起，加铁箍，再加闩扎紧。槽底有出油孔，木槽横放固定于木架上。排放的饼圈外有一活动木塞。榨油处有一根巨大的撞木，悬于作坊梁上，几位大汉如同教堂撞大钟般轮流用撞木撞木槽的木塞，将饼圈内的原料撞挤出油汁来，油汁流下，用大瓮或油箩接住。压板榨油几乎每个村寨都有一两处。在一块岩石的断面打出长八寸、宽四寸的长方形石孔，石孔下用大石块作墩。起榨时也用饼圈装熟原料，把饼圈放在石孔下的石墩上，然后将长七尺的压板插入石孔，压住饼圈，饼圈下用石板垫至压板外面一头往上翘为止。接着，连续在压板外面一头加压石块，直到压不出油为止。压石作用于压板，压板将饼圈挤压出油，油通过油墩上的小石槽流入容器中。作坊榨油一次可压二三十斤油，而压板榨油一次只能压二三斤油。目前，这些传统的手工业生产方式已基本不用，取而代之的是现代化的榨油机，但仍留有许多可考的遗迹。

（5）制糖。制糖主要是居住在盘江两岸产蔗区布依族的手工业生产方式。大量的甘蔗外运有一定困难，为了减轻外运重量，增加经济收入，布依族早在古代就开始用甘蔗制糖。常用的制糖工具有牛拉榨机、熬锅、竹晒席等。榨机机架由两根青杠木和横杆组成，两根木上头用木齿轮衔接，能转动，横杆固定在一根木顶上，用牛转圈牵引。收获甘蔗后，将蔗秆夹入两根转动的木中，挤榨出蔗汁。将蔗汁倒入熬锅，温火熬煎，使水分蒸发，剩下稀糖铺平于镶有木筐的竹席晾晒，并据需要用竹刀划成方块。糖块晾干，用蔗叶包裹即可储存或外运。

熬硝、造纸、烧石灰、烧砖瓦、打铁等手工业及木匠、石匠等行业，则多系专门的匠人利用农闲时间从事。其中石匠在安顺、镇宁、关岭、六枝等地从业人员很普遍。

布依族中，平时家庭的灯油钱、添制生产生活设备费用、亲朋来往礼品开支等归入“小用”范围的经济开支，基本都靠小手工业生产提供。所以，布依族不分男女，从小需掌握一门以上手工业技术。在某些地方，家庭成员的手工业技术情况，还成为社会交际与婚姻的重要条件之一。

五、木雕、石雕、玉雕

（一）木雕

布依族木雕有独特的民族手工艺，一般通过家族继承和师徒传承，其与民族文化有着紧密的关系。木雕首先是讲究“料好”，用料大多是沉香、金丝楠、乌木、岩桑、花梨木等名贵树种，这主要得益于布依族地区良好的自然环境和自然资源，也是布依族手工艺区别于其他地方的特色和优势。其次是“品相好”，手工艺人继承老一辈的精湛技艺，可以“化腐朽为神奇”，把一根根其貌不扬的平常木头，通过他们的刀工和想象力，变成手串、雕像、摆件、家具等精美作品。独特的“王母沉香”，有沉香木手串、沉香木摆件和大型沉香木雕刻等手工艺作品，它被视作望谟布依族手工艺的代表，不仅在当地民间受到称赞，更是近年来外地客商和玩家所追捧的精品。

黔西南自治州望谟县有上百人的布依族民间手工艺队伍，有父子组合，有兄弟组合，有夫妻组合，有朋友组合，他们加工的木雕手工艺作品，不仅销售到贵州全省，还远销云南、广西、广东、福建、四川等省和自治区。在望谟县望江新城的“望谟县民族文化产业手工艺展示实验区”，聚集着望谟全县民族手工艺人的代表作品。“王母沉香”、金丝楠木、花梨木等名贵木材独特的香气，及展示的各种木雕工艺品显示出的独特艺术魅力，每天都吸引着各地的游人与客商。望谟县政府积极发展当地民族文化产业，在全力打造“布依族特色民族手工艺之乡”的同时，还把民族“木雕手工艺”列入非物质文化遗产名录，申报国家级非物质文化遗产。

（二）石雕

石雕主要加工石磨、石碓、石墙、房屋门窗石雕、栏杆石雕、石头平桥、石头拱桥、石碑、墓石等。在布依族地区，几乎每村都有石匠，为当地人民服务。特别是在贵阳、安顺、镇宁、关岭、六枝、普定等县市，当地布依族民居均为石头房、石板房，祖先的坟墓也全是石室墓。这些地区是典型的布依族石头建筑分布区，其石头民居文化在云贵高原相当出名。当地成年男子几乎人人会石匠活，加工石头制品工艺精美。

关岭自治县还有石头建筑佛教寺庙——“上关无梁殿”，建于清代。因殿门前有一块天然岩石，形状似龟，仆卧于地，故又名“灵龟寺”。佛寺三正四厢，山墙用巨石细钻，清口密缝，石制桥拱形大殿，前后檐墙厚约 2 米，起到支撑上部拱圈压力作用。石头山墙厚约 1 米，上部中间留有 1.5 米见方窗户，用一整块巨石板镂空成“寿”字形石雕窗格，以透光线。前墙中央有一道高 2.5 米、宽 1.5 米的石门，上有横匾写着“即是西天”四个大字，石刻行书。两旁石头雕刻“玄妙无穷弥宇宙；浑沦有致遍山河”行书体对联，对联两旁有建庙宇石碑两块，石碑砌入墙内，楷书雕刻碑文叙述建寺经过及记录捐款人士姓名。殿内后墙有石头神台，供奉石雕佛像。该寺全部使用石头建筑，内部不用梁柱，无枋无斗，建筑工艺奇特，显示了当地石匠高超的石头雕刻工艺。

（三）玉雕

玉雕以玉石为原料，布依族地区得天独厚的气候环境和地质地貌造就了丰富的矿石奇石资源，有金、锑、铅、锌、铜等金属矿产资源和煤、萤石、大理石、玉石等若干种非金属矿产资源。布依族地区的玉石，分为硬玉、软玉两种。其中，硬玉质地坚硬。黔西南自治州望谟县的硬玉，主要成分是二氧化硅（SiO_2）、三氧化二铝（Al_2O_3）、氧化钠（Na_2O）、三氧化二铁（Fe_2O_3）和铬（Cr）等元素，硬度在 5.5～6.5 度，经打磨抛光后透光度较好。品种有白玉、花斑玉、浅绿玉、彩带玉四种。最著名的硬玉——“贵翠”彩玉石被称为“大厂彩玉”，又称“晴隆玉”，以其独特的质地和色彩著称于世。“贵翠”彩玉石形成于2.3亿年前，产自黔西南自治州晴隆县大厂镇，属硬质玉材，硬度为7度，密度2.65～2.70克/厘米，折射率1.54～1.55。它主要是由石英组成，呈天蓝、翠绿、浅绿、灰黄、红等色，而以天蓝、翠绿为最美。其质坚而脆，能雕琢加工成工艺品，人工开采的原石毛料经打磨后色彩丰富，光彩夺目，颇具观赏性，很受爱好者追捧。玉石“红者为翡，绿者为翠”。“贵翠”彩玉石有玻璃光泽，微透明，具花岗变晶结构、包含结构，块状构造。在大厂镇一带，这种彩玉石的已知分布面积达60平方千米，含矿地层为处于下二叠统茅口石灰岩之上和上二叠统峨眉山玄武岩之下的“大厂层”。

据说早期被国际上称为“亚马孙玉”的玉种已灭绝，但1927年，“贵翠”彩玉石在贵州高原被发现，并被国内外专家学者认定为珍贵的“亚马孙玉种”，因而填补了国际玉石色彩的空白。1955年，“贵翠”彩玉石又被国内有关专家学者认定为“贵州翡翠”。80年代初期，贵州省人民政府向人民大会堂敬献了一尊一吨重的“贵翠”彩玉石原石，至今还陈列在人民大会堂。“贵翠”彩玉石因富含多种元素，不但质地好、色泽美，还是世界上所有玉种中色彩最丰富、最易出现景观图案效果的。这种集厚重与明丽于一身的雍容华贵的天然彩玉石，审美趣味自成一家，具艺术价值、观赏价值和收藏价值。“贵翠”彩玉石经切削、打磨、雕刻制出的摆件中，各种人物、花鸟、动物以及山水景观栩栩如生。更有奇者是其与锑矿晶簇共生，与玉石中夹有的辉锑矿晶簇组成一幅幅竹图，既体现了璀璨的光泽和艳丽的色彩，也反映了明快、亮丽的现代气息。

目前，“贵翠”彩玉石的加工雕刻，已成为大厂镇的一个重要经济产业。晴隆怡丰源贵翠文化产业有限责任公司自2010年12月成立，投资1 000多万元，加工生产的大厂彩玉系列产品主要销往广东、福建、北京等地，第二年就上缴税收80多万元，解决了许多人的就业问题。2012年9月21日至24日，“中国海派玉雕艺术大展暨第五届玉石雕神工奖”在上海展览中心隆重开幕。晴隆怡丰源贵翠文化产业有限责任公司选送的“贵翠”玉雕作品《生存》荣获金奖，《瓜瓞绵绵》获银奖，《布依女》获铜奖，《花园月俏》获优秀奖。与此同时，《生存》还荣获创新金奖。该公司还在兴义、贵阳等旅游城市设立销售点，产品大受欢迎。

软玉主要产于黔南自治州的罗甸县和黔西南自治州的望谟县，又称“罗甸玉”“望谟玉”。其中望谟玉产地的地名为“王母”，故又称“王母玉”。罗甸玉和王母玉均为碳酸盐矿物接触变质的产物，在宏观上呈条带状，与大理岩互层产出。组成软玉的透闪石结晶粒度细小，呈纤维状和片状，集合体呈放射状、束状、毡状交织，结构致密，其围岩主要为大理岩。软玉的主要成分为二氧化硅、氧化钠、铬等元素，硬度在2.5～5度，易打磨抛光，易雕刻。经打磨抛光后，玉石透光度良好。其中望谟县境内有四个乡镇山上均有裸露玉石分布，储量非常巨大。

经贵州省地矿中心实验室专家研究表明，罗甸玉和王母玉的玉质特性和化学成分与我国新疆和田与青海昆仑山脉一带所产软玉极为相近，属于优质软玉，弥补了贵州高原不产高档玉石的空白。

软玉的开发，以罗甸县的贵州盛世玉业股份有限公司为代表。该公司成立于2013年2月，注册资本为1亿元，总投资4.6亿元。由西南能矿集团股份有限公司、罗甸县国有资本营运有限责任公司、贵州盘江投资控股（集团）有限公司共同对原盘江控股集团和六枝工矿集团组建的贵州盛世玉业开发有限公司进行股权改造后成立，为西南能矿集团控股的子公司，属于国有控股企业。该公司已与国内多所著名高校珠宝专业和科研鉴定机构并肩合作，共同拓展业务。并聘请亚洲玉雕大师、河南省镇平县宝玉石协会原副会长杨成德等许多业内知名专家作为技术支撑和顾问参与企业运作，探索如何为中国珠宝首饰产业作出贡献。

自2013年以来，罗甸玉作为软玉家族新成员逐步进入公众视野，受到越来越多玉石爱好者的喜爱和追捧。目前，该公司已开发玉雕新产品100多件，款式精美，品种繁多，价格优惠，深受消费者喜爱。

经过数年的摸索发展，贵州盛世玉业股份有限公司不仅从源头掌控了资源，更是逐步形成了玉石勘查开发和玉石产品销售并重的经营模式，玉石产品在单一的普通纯玉系列的基础上增加金镶玉系列和草花玉系列，款式也丰富出纯饰品之外的玉石版画、草花石版画等。为进一步打响罗甸玉的市场知名度和认可度，更好地弘扬玉石文化，维护和保障一流的产品品质，该公司成功注册“多彩黔玉”商标，搭建O2O电商平台，拓展网络销售新渠道，还将结合深厚的玉石文化，在罗甸县城修建一条玉石生产加工长廊，致力于将罗甸玉越琢越美，最终成为贵州形象的代名词。

走进罗甸县城的“盛世·中国玉都”交易市场，从北京、上海、浙江、福建等地涌来的客商云集，耳边充斥着嘈杂的各地口音，熙来攘往，一派市旺贸兴的繁荣景象。外地商人汇集罗甸，其中既包括玉石加工业者，也有玉雕刻品与玉石流通领域的商人。著名的罗甸县城因为玉石而热闹非凡，酒店、餐馆时常爆满，这不仅扩大罗甸玉在全国的知名度，而且为促进罗甸县民族社会经济的跨越式发展作出贡献。

第四节　工业生产

据普安铜鼓山遗址的发掘以及各地征集到的大量青铜器考证，布依族地区战国至秦汉时就有了小型的炼铜和制铜工业。青铜铸造业，特别是铜鼓制造一直延续至明弘治年间。朱砂、水银的开采较早。煤矿的开采和利用时间稍晚。在历史上，布依族地区的工业发展十分缓慢，直至20世纪40年代，仍然只有一些中小城镇的小型作坊、发电厂、机修厂等。工业的大发展，是中华人民共和国成立后开始的。

布依族地区的自然资源十分丰富，除了水力资源，还有大量的煤、铁、铝、锑、锌、石棉、水晶石、磷、玻璃砂、锰、水银、冰洲石、黄金等。由于国家的大量投资，现在，布依族地区不但建成了航空工业基地、电力工业基地，还建设了生产煤炭、电力、水泥、钢铁、化肥、电子、纺织品、建材、皮革制品、纸、糖、酒、面粉、卷烟的工厂，及机械加工制造、食品加工、印刷、民族工艺品等行业的现代化工矿企业。

布依族地区的麻制品、皮革制品、桥梁机构、水泥、酒类、民族工艺品等产品，在国内外都享有盛誉。各种各样的大、中、小型工矿企业，分布于布依族地区的城镇和乡村。据1988年统计，以布依族人口为主的黔南自治州，年工业企业总产值（只算州属企业）已达到54 068.98万元，其中集体所有制14 387.3万元，全民集体合营545.4万元，集体个体合营101.8万元，城镇个体1 502.76万元，村级和村以下级6 453.02万元；黔西南自治州工业企业达417个，总产值达19 635万元；乡镇企业35 365个，从业人员85 681人，总产值14 960万元。

随着市场经济和国家西部战略发展的深入实施，布依族地区干部群众大力弘扬“追赶、领先、跨越”的“FAST”精神，坚守发展和生态两条底线，大力实施创新型驱动战略，大力提升当地工业发展水平。至2008年，黔西南自治州全州规模以上工业（2 000万元以上）完成增加值66.4亿元，扣除物价因素，实际比上年增长17.7%，增速位列贵州全省第二。中央、省属和州及州以下企业同比均保持增长，其中州及州以下企业完成增加值45.2亿元，同比增长26.9%，增长态势强劲。全年规模以上工业总产值（现价）实现181.4亿元，同比增长37%。其中，原煤、黄金、合成氨、白酒等产品产量呈两位数快速增长。

进入21世纪，黔西南自治州确立并逐步完善“电力兴州、矿产富州、农产稳州、科教强州、环境立州”战略。随着国家西部大开发中“西电东送”、加强基础设施建设等一系列战略的实施，“大通道、大资源、大区位、大市场”的经济优势和格局正在形成，这为黔西南自治州工业发展注入了强大的生机和活力。经过多年的建设与发展，全州形成了以电力、煤炭为主的能源工业，以“贵州醇”系列白酒、香烟和白糖为主的食品工业，以黄金、锑、锌为主的冶金工业，以小针剂、灵芝胶囊、苗贴为主的制药业，以化肥为主的化工工业，以水泥为主的建材工业，以碳化钙为主的重化工工业，这些工业行业已成为全州的经济支柱，工业经济在国民经济中的主导作用更加突出。目前，全州拥有规模以上工业企业203个，总资产137.8亿元。“突出工业”是“十一五”计划期内黔西南自治州实现工业化和国民经济社会发展战略目标的重要途径。

2002年，黔南自治州三次产业结构首次实现“二、三、一”排序并一直保持和逐步优化，迈出了工业化进程重要的一步。2007年底，全州工业总产值突破100亿元大关，达到131.66亿元，全州工业增加值60.5亿元，比1978年的2 026万元增长298.64倍，年均增长15.3%；全州工业增加值占生产总值的比重从1978年的11.6%上升到2007年的36.6%，提高了25百分点。工业生产不断迈上新台阶，主要工业产品产量快速增加，2007年原煤产量973万吨，比1978年增长35倍，年均增长13.2%；发电量149.4亿度，比1978年增长275倍，年均增长21.4%；水泥产量163.7万吨，比1978年增长213倍，年均增长20.3%；成品糖产量1.46万吨，比1978年增长1.8倍，年均增长3.7%；白酒产量3 240千升，比1978年增长1.8倍，年均增长3.7%。有的主要工业产品从无到有，发展迅速，2007年产量分别为：化肥30.28万吨，卷烟20亿支，碳化钙26.28万吨，铁合金18.21万吨，焦炭45.84万吨，黄金4 723千克。全州财政收入由1978年的1 872万元增长到2007年的26.06亿元，增长139.21倍。

截至2014年，黔南自治州共新建设工业园区14个，规模工业企业总数达700家。其中，金正大诺泰尔磷资源循环经济产业园60万吨硝基复合肥项目于2013年7月20日正式投产，成为黔南自治州新型工业化发展中的一件大事。金正大不仅是我国肥料行业的领军企业，也是贵州煤电磷一体化产业的绿色发展先锋，更是黔南自治州新型工业化、工业生态化的时代宠儿。

2014年初，位于黔南自治州瓮福千亿级工业园区的金正大诺泰尔化学有限公司重点打造废渣磷石膏再利用循环产业，安装磷石膏制酸联产现代水泥装置，项目总投资7.5亿元。其中一期投资4.5亿元，工程于2014年5月建成投产，达到年生产60万吨硫酸，联产100万吨水泥，年处理磷石膏废渣120万吨，年产值达6亿元。另外，贵州金正大一期、盘江龙盟造纸等项目建成投产；瓮福二期接替矿山、惠水味莼园调味品生产基地等项目基本建成；贵州芭田、贵州联合石化、惠水王老吉和可口可乐纯净水生产基地等项目顺利推进。

至2016年底，黔西南自治州规模以上工业增加值302.48亿元，比上年增长11.5%。其中，轻、重工业增加值分别为38.98亿元和263.50亿元，分别增长12.9%和11.3%，占规模以上工业增加值的比重分别为12.9%和87.1%。全年煤、电、烟、酒四大传统行业增加值192.65亿元，占规模以上工业增加值的比重为63.7%。酒饮料和精制茶制造业增加值17.23亿元，比上年增长9.7%；煤炭开采和洗选业增加值121.29亿元，增长5.7%；电力、热力生产和供应业增加值54.13亿元，增长10.7%。全年规模以上工业企业主营业务收入610.02亿元，比上年增长3.4%，实现利润总额27.34亿元。地方工业加快转型升级，完成紫金矿业等31个项目升级改造，建成登高铝业（一期）、荣盛水泥、清水河煤电冶（一期）等重大项目。海权肉业、宏鑫茶业等企业建成投产，义龙大数据产业园（一期）已现雏形。引进华为、软通等企业，轻工业占比由3.2%提高到12.9%；建成10个省级工业园区，实现总产值1 076亿元。

至2016年底，黔南自治州工业增加值267.31亿元，比上年增长11.4%。规模以上工业总产值1 338.03亿元，比上年增长14%。其中，轻工业总产值304.99亿元，增长21.9%；重工业总产值1 033.04亿元，增长11.9%。规模以上工业增加值比上年增长11.8%。主要工业行业中，酒饮料和精制茶制造业比上年增长39.4%，非金属矿物制品业比上年增长25.3%，非金属矿采选业比上年增长16.6%，医药制造业比上年增长14.5%，化学原料和化学制品制造业比上年增长14.1%，塑料制品比上年增长380.5%，商品混凝土比上年增长72.7%，精制茶比上年增长33.8%，糖果比上年增长32.3%，磷矿石比上年增长32.3%，十种有色金属比上年增长24.7%，金属切削机床比上年增长23.8%，酒饮料比上年增长20.1%，砖比上年增长18.2%，硫酸比上年增长16.9%，化学试剂比上年增长13.3%。全年规模以上工业企业产品销售率为98.92%，比上年增加0.2百分点。

近年来，黔南自治州工业强势崛起，特色优势日益凸显，发展后劲与活力持续增强，实现了产业园区工业规模化、集群化、集约化发展，各项主要指标完成既定目标且保持中高速增长。装备制造业是黔南自治州八大传统产业之一，主要分布于惠水、贵定、都匀、独山、长顺和龙里6个县（市），现已初步形成机床、汽车、机电设备、工程机械、能矿机械、电器成套设备等门类的一批企业。医药产业初步形成了原料药及制剂、中药材、中成药、中药饮片、生化药品、医疗器械、药用包装等多品种的生产体系。目前，全州共有医药企业30余家，分布在龙里、都匀、惠水、罗甸、贵定、长顺等县（市、区）。其中有信邦制药和神奇制药两家上市企业，均进入中国医药企业500强。全州药品生产企业共拥有药品注册品种近300个。神奇制药、信邦制药、盛世龙方制药3家公司已成为全省的中成药龙头生产企业。冶金行业有冶金企业近40家，其中，铁合金及工业硅生产企业分布在独山、罗甸、荔波、福泉、长顺、惠水和都匀等县（市、区）；金属加工企业分布在独山、都匀、龙里、惠水、福泉和三都等县（市）。建材行业形成支柱，依托资源禀赋推动建材产业发展取得明显成效，呈现出增长较快、产品多元、产能提升、利废高效的发展态势。化工行业主要有3个板块：磷化工、煤化工、精细化工，主要分布在瓮安县、福泉市、惠水县。能源产业持续发力。黔南自治州能源产业主要集中在煤炭及电力行业，经过多年发展形成了以煤炭、火电、水电为主，风力和太阳能为辅的能源产业结构。

第十七章　商业贸易

第一节　商业的起源和发展

商业是一个历史范畴，在历史发展到一定阶段时产生，它不与人类社会相始终。布依族先民进入新石器时代后有了原始农业，开始定居。经营农业、生产食物有比以前更可靠的收入保证，其生产发展也向原始手工业提出了要求。各氏族部落间经济发展不平衡，他们在接触中相互影响，并进行偶然性的物物交换，这就是商业的原始萌芽。

从布依族地区发掘出土的海贝等物，可以推测新石器时代的布依族先民曾经沿牂牁江（今红水河、南盘江、北盘江）到达沿海一带，在交换中得到沿海氏族部落的物品。同时，沿海一带的氏族部落，也可能沿江而上到布依族地区进行交换。这时候交换的物品，主要是氏族自己生产的剩余产品，没有专门的商品生产，也不会有什么等价交换，只是根据双方的需要，“以其所有，易其所无”而已。但是，交换促进了经济文化交流，密切了氏族部落的相互关系，对社会发展和民族形成都有重要意义。

此后，牂牁江成为布依族先民对外贸易的主要通道。秦汉时南越国的番禺（今广州市）是丝绸、陶瓷、珠玑、犀、玳瑁、果实、布匹的集散地，也是海外贸易中心，其中就有来自布依族地区的商品。《史记·西南夷列传》说：“南越（国）以财物役属夜郎（国）。”又说：“夜郎国始依南越（国）。”唐蒙在南越吃到枸酱，“蒙问所从来。曰：‘道西北牂牁江，江广数里，出番禺城下。’蒙至长安，问蜀贾人。贾人曰：‘独蜀出枸酱，多劫市夜郎。’”说明蜀国商人为了逃避政府赋税，乃“劫市夜郎”，牟取暴利。夜郎布依族地区的商人又将其贩运到南越出售。《华阳国志》说：“平夷县山出茶密。”《汉书·地理志》说：“谈指出丹（丹砂）。”《后汉书·郡国志》说：“夜郎出雄黄。”“茶密”“丹砂”“雄黄”都可能是布依族地区的商品。

此外，还有从蜀国贩运至夜郎出售的铁器。《史记·货殖列传》说：“蜀卓氏之先赵人。秦破赵，迁卓氏……致之临邛、大喜。与铁山鼓铸，运筹策，倾滇蜀之民。”又说：“程郑，山东迁虏也，亦治铸，贾椎髻之民，富埒卓氏，俱居临邛（今四川邛崃）。”“椎髻之民”与夜郎国其俗“椎髻、耕田、有邑聚”对应。近年来，布依族地区的清镇、平坝汉墓出土的铁犁、铁锄、铁斧、铁刀等器具就可能是当时的蜀商贾贩运销售之物。这说明秦汉时期之前，在南越国、夜郎国、滇国、蜀国之间，早已存在一条重要的商业通道，有力地促进了我国西南地区与沿海南越地区的沟通和交流，为当地的政治、经济、文化发展作出了巨大贡献。

宋、元时期，布依族地区的商品以马匹、朱砂、蜜蜡、土布为多。南宋后，朝廷因连年战争急需用马，而与我国西北地区市马不易，遂在广西横山、贵州罗甸设“市马司”，购买马匹。宋徽宗大观年间，播州每年只市马 50 匹，数量很少。至绍兴三年（1133）南宋于罗甸置“市马司”之后，仅在绍兴七年（1137）就市马约 3 000 匹。朝廷派遣官吏胡舜陟到罗甸地区负责买马，一次就得 2 500 匹，付黄金 120 两、白金 6 000 两、锦 400 匹、絁 4 000 匹、盐 200 万斤。以此计算，每匹马值银钱 2 两多，加上黄金、絁、盐比价，马价是相当高的。

当时马匹以四尺高为准，“每增高一寸，银增十两，有至七十两者”。用黄金 20 两，便可买到“土人”呼为“龙驹”的名马，“日可行四百里”。南宋时驰骋沙场的“广马”，有一部分就是从布依族地区输送的。故《宋会要辑稿·买马》说：“广西买发纲马，多是西南诸番、罗甸、自杞诸国。”“西南诸番”即今之黔南；“罗甸”在今安顺及黔西北；“自杞”在今黔西南及滇、桂相邻地区。到元至元二十九年（1292）“减金竹酋长所部贡马”（《元史·世祖本纪十四》），泰定三年（1326）“八番岩霞蛮来降，愿岁输布二千五百匹”（《续文献通考·土贡一》），致和元年（1328）“安龙寨（今安龙）土官岑世忠籍其民三万二千户来附，岁输布三千匹”（《元史·泰定帝本纪二》），说明宋、元时期布依族地区养马业和纺织业已相当发达，土布、马匹不仅是朝廷贡品，也是当时社会的大宗商品。

明代以后，大量内地汉民进入西南地区。朝廷军队在交通沿线设立“卫、所、屯、堡”。后来，这些“卫、所、屯、堡”逐渐发展为城镇，为商品贸易提供了有利条件。布依族地区因而出现了贵阳、都匀、独山、南笼（今安龙）、安顺等重要商业城镇。据明弘治《贵州图经新志》记载，由于商业发展，还出现了“岁以蜜蜂蜡贸易为生”的布依族商户。

明末清初，随着地主经济出现，经济更多地需要求助市场，出售地主手中的粮食，买进需要的生活用品。当时布依族农民生产经营有较大自由，农产品逐渐商品化，相应地促进了市场繁荣。如贵阳市的“棉布、丝绸、食盐、山货药材、牲畜、皮毛、广洋杂货”等商品转运各地，商品购销两旺。据清《黔南职方纪略》载，当时有“江、广、楚、蜀贸易，客民毂击肩摩、籴贱贩贵，相因坌集，置产成家者，今日皆成为土著”。清《滇行纪程摘抄》也说，贵阳城市街道南北商旅云集，“时来谈者，皆谓滇南重地”。

安顺市是贵州高原西路货物的集散地。城内设“五市”：三市为棉花市，一市为上布市，一市为粮市。城中仅经营绸布业的商号就达 80 余家。《黔南职方纪略》说：“（安顺）寰市宫室，皆宽敞壮丽……商贾云集，远胜贵阳。”

兴义是黔西南棉布、百货的主要市场。《黔南职方纪略》说：“（兴义）客民多辏集。”兴义地区的纺织品贸易，“嗣以通道滇省，由罗平、蒙自仅七八站路即通商，滇民之以棉花易布者，源源而来，会则机杼遍野”。清《兴义府志》也说，商贸以“吴绸、粤棉、滇铜、蜀盐”及本地特产为主，“物钱用秤以斤计两，十斤曰一秤，七斤曰一串”。由于地近云南省著名的罗平铅厂，有川广两地商人贩运棉花到此销售，又买回白铅，以牟取利润，可见当时商业之繁盛。

开州（今开阳县）则以水银、食盐、布匹贸易为主。多为江西商人贩棉至此售卖，再购买水银到汉口，每年平均在 500 担以上。有八大家商号最著名，曰“八大将”。乾隆、嘉庆年间，城内大街长 140 丈，宽 7 丈，两旁小街 10 余条，商务繁荣，人烟稠密。

独山州、永丰州（今贞丰）、永宁州（今关岭）、镇宁州（今镇宁自治县）、定番州（今惠水县城）等地，每场会集有数千人贸易，多时达万人。

至民国时期，布依族地区商业贸易进一步发展，特别是1933年黔桂铁路通至贵州独山后，商业更趋发达。除传统百货外，还增加了洋布、洋纱、石油、煤油、汽油、纸烟、化学染料等外来商品。本地输出商品则以布匹、桐油、茶叶、纸张、烟叶、鸦片等为大宗。民国《贵阳府志》载，民国二十七年（1938），仅贵阳年输入货物就“总价值约计3 260 000元”，说明商品流通之活跃。

然而在广大农村，布依族从未出现商业资本家。兴义、安顺、都匀、独山等城市有一些商业会馆，但都是外地汉族资本家和店主办的。布依族对外商品贸易，主要通过汉族行商和坐商为媒介进行。个别地区，如望谟县的桑郎、板城，镇宁县扁担山，安顺县，平塘县的克度等地，曾出现数千至数万银圆资本的布依族商业主，他们主要为经营土特产或鸦片获利者，发财后就增加购买土地，由富商转化为大地主了。

中华人民共和国成立后，布依族地区商业贸易才获得迅速发展。1951年到1952年，布依族地区各县相继将贸易商店改成贸易公司，从上到下形成了垂直的贸易系统。1957年对私营工商业的社会主义改造基本完成，地、县两级又将原贸易公司分建为盐业专卖公司、百货公司、花纱布公司、民族贸易公司、石油公司、油脂公司、糖业烟酒公司、饮食服务公司、五交化公司、中西药材公司、食品公司等专业公司，形成了以国营商业为领导，集体商业、公私合营商业和个体商业多种经济成分并存的商业体制。商业队伍也发展很快，仅黔西南自治州当时已有商业机构2 304个，专业人员9 151人。

1958年到1978年的20年间，由于“左”的影响，集体和公私合营商业并入国营，个体商业被禁止，由国营商业独家经营，多种经济成分及多条流通渠道互相竞争、互相促进的局面不复存在，阻碍了商品经济的发展。十一届三中全会以后，商业战线贯彻执行“调整、改革、整顿、提高”的方针。一是对商业管理体制进行了改革，把供销社由过去的“官办”改为“民办”，恢复供销社的合作经济性质，扩大吸收农民个人和集体经济组织入股，建立民主管理和经营责任制相结合的新体制。同时还开展多层次、多形式的农工商联营。二是从1980年起，将工业品的购销方式由以前的统购包销改为统购统销、计划收购、订购、选购和企业自销等多种方式。在批发环节上，新增了代批代销业务，弥补了工业自销力量的不足，促进了长线产品的销售。三是适当放宽农副产品运销政策，对三类农副产品和完成国家收购计划的一、二类产品，允许多渠道运销。四是改变了长期以来工业品按城乡分工的体制，实行商品分工，国营商业可以下乡，供销社也可以进城。五是恢复和发展了农村集市贸易，扩大了商业网点。通过改革和调整，统得过多、管得过死、流通渠道单一的状况得到改变，使商业贸易获得很大发展。进入市场经济阶段，商贸物流获得巨大发展。

2016年，黔南自治州商业贸易活跃。全年实现社会消费品零售总额247.91亿元，比上年增长13.2%。按经营单位所在地统计，城镇消费品零售额230.54亿元，增长13.8%。分行业看，批发业80.48亿元，增长0.5%；零售业146.34亿元，增长19.9%。全州2016年完成进出口总额24 025万美元，比上年下降13.9%。其中，出口总额23 895万美元，比上年下降10.7%。居民消费价格有所上升。受食品、医疗保健等类价格上涨影响，全年居民消费价格比上年上涨1.9%。在监测的八大类商品及服务项目中，有五类上升，两类下降，一类持平。其中，食品类上升幅度最大，达5.5%。

至2016年底，黔西南自治州社会消费品零售总额达216.82亿元，比上年增长12.8%。按经营单位所在地统计，城镇消费品零售额182.76亿元，增长13.3%；乡村消费品零售额 34.06 亿元，增长 10.4%。全年居民消费价格比上年上涨 2.1%。按类别分，食品类上涨 4.4%，烟酒类下降 0.2%，服饰类下降 0.6%，生活用品及服务类下降 0.9%，医疗保健及个人用品类上涨 0.8%，交通和通信类下降 0.2%，娱乐教育文化用品及服务类上涨 1.5%，居住类上涨 3.1%。全州 2016 年进出口总额 3 862 万美元，比上年下降 80.1%。其中，进口总额 18 万美元，比上年增长 80.0%；出口总额 3 844 万美元，比上年下降 80.2%。实际利用外商直接投资 15 030 万美元，增长 23.5%。全年共引进招商引资项目 551 个，比上年下降 36 个，省外到位资金 707.39 亿元，比上年增加 81.09 亿元，增长 12.9%。全州 2016 年接待游客 2 866.46 万人次，比上年增长 50.2%。其中，接待国内游客 2 856.44 万人次，增长 50.3%；接待国外游客 10.02 万人次，增长 22.6%。实现旅游总收入 226.21 亿元，比上年增长 61.4%。

第二节　商业贸易的形式、种类和特点

一、历史上的商业贸易形式、种类与特点

明清以前，布依族地区的商业主要通过乡场贸易的形式进行。乡场是古代布依族地区的商业贸易场所，相当于内地的集市。此法古已有之，如《天下郡国利病书》载："僚家夷女留鳅虾，以供腊祭，地有'羊场''鸡场'，实属诸夷互市。以十二属相递……每场岁三十市。""以十二属相递"，即以十二生肖的"子鼠、丑牛、寅虎、卯兔、辰龙、巳蛇、午马、未羊、申猴、酉鸡、戌狗、亥猪"依次排列，用来作为集市名称，使邻接各市场的日期都不相同，以免冲突，故而有"羊场""鸡场""牛场""马场"等。这是云贵高原地名文化所反映的布依族地区乡场贸易，具有突出的民族区域文化特色。

明清时期随着经济发展，乡场贸易地点不断增多，"以十二属相递"的乡场数量也不断增加。如以前镇宁州只有乡场 8 个，到乾隆、嘉庆年间已增加至 17 个；乾隆年间永宁州只有乡场 15 个，至道光年间已发展到 29 个；定番县到民国年间已有乡场 32 个。民国二十八年（1939）定番县部分乡场的情况如表 17 - 1 所示：

表 17 - 1　民国二十八年定番县部分乡场情况

地名	小龙					仁和乡			石头寨					摆王寨				
赶场地名	三都	东关	新场	长寨	鸭寨	东关	新场	上马司	大坝	上马司	东关	青岩	摆金	摆金	定番	青岩	上马司	大坝
相距里程（千米）	1.5	6	6.5	15	12	5	5	5	5	2	9	15	15	17	18	22	10	7
场期	虎猴	龙狗	牛羊	鼠马	牛羊龙狗	龙狗	牛羊	蛇猪	龙狗	蛇猪	鼠马	鼠虎羊猪	鼠虎羊猪	蛇猪虎狗	龙狗	虎羊	蛇猪	鼠马

乡场上只有商贩，基本上没有坐商。仅在较大的乡镇和南、北盘江主要渡口有少数本地坐商或两广坐商。交易货物以当地土特产为多。如惠水县东关乡场民国二十八年调查的情况是“每场交易货物五十种，摆摊八百四十三家”，“盛时在万人以上”，如表 17－2 所示：

表 17－2 民国二十八年东关乡场部分交易货物

名称	数量（家）	名称	数量（家）	名称	数量（家）
洋杂货	24	棉花	12	瓜子	3
药材	2	现成衣裤	4	糍粑	37
土花布	39	猪肉	16	桃子、李子	8
草席	10	油	4	臭豆腐干	13
针线花边	40	辣椒	23	小食（粽子和粉）	30
笠帽	21	红糖兼卖麻	17	饭、面	19
草鞋	77	豆腐	18	酒	18
白麻线	23	零米杂粮	41	种子	101
毛巾	24	米粮干	16	剪纸花样	7
扁担	7	细面	8	茶水	2
木瓢	3	白纸	10	修锁	2
未炼土铁块	4	箔兼卖火柴	6	医生	4
缸	6	棉线锭	14	卜巫	6
碗	8	棒香	27	兑换	5
土陶器	3	烟叶	34		
火柴	10	十金糖	6		

表 17－2 中大部分货物都是食物和手工业品，说明当时商业贸易水平较低。

这个时期，农村集市的商品以粮食、布匹、食盐等日用百货以及牛马为主。交易时有用饭碗计粮，四小碗为一角，八小碗为一升，十升为一斗，每斗大米重五十斤。有的用手量布，大指至中指间距离为五寸，称为“一杈”，两杈为一尺。有的用拳量牛，高十三拳以上者为大牛，齿少拳多者牛价就高。有的用类似尺的木棒比马，从地上比至放马鞍处，按高低论价。此种度量习惯与“秤、斗、升、尺”等度量衡并用，反映出特定的民族贸易习俗。

中华人民共和国成立后，特别是十一届三中全会之后，随着农村经济发展和农民生活水平提高，商品贸易的种类不断丰富。除传统商品外，还增加了电视机、录音机、缝纫机、自行车等高档耐用消费品以及其他轻工业商品。科技部门利用赶场天宣传推广科技知识。供销部门组织工业品下乡，同时调运农产品进城。大批小商贩活跃于广大农村，成为商业贸易的重要力量。罗甸、望谟、关岭等县的早熟蔬菜不仅供应当地市场，还行销省城贵阳及安顺、六盘水等地。晴隆、独山的金锑，黔南自治州、黔西南自治州和六盘水的煤炭也是对外贸易的大宗商品。一些传统产品如桐油、蜡染、织锦、土花布等还销往港澳地区及欧美各国。

进入市场经济时代，布依族地区商业贸易形式和种类随之发展。传统集市商品不断丰富，大型超市贸易模式也相继盛行于黔南自治州首府都匀市、黔西南自治州首府兴义市和各县县城。因大型超市的经营管理现代化，各类商品丰富，选购商品非常方便，很受群众欢迎。至2016年底，各乡镇政府所在地已经基本普及小型超市。2016年黔南自治州成功举办“第四届中国物流（都匀）国际峰会”，“黔南福泉（国际）陆港”主体建成，都匀市因此被评为“中国物流最具活力城市”之一。黔西南自治州的“兴义木贾物流城”“浙兴商贸城”等一批商贸物流项目相继投入运营。各地电子商务方兴未艾，主要服务于城乡的批零住餐等贸易业务，很受广大客商欢迎。

二、现代商贸物流的形成与发展

20世纪90年代中期，由于国家进入市场经济发展阶段，布依族地区的商贸物流获得迅猛发展。如黔南自治州1978年进出口总额仅为105.31万美元，到2002年首次突破1亿美元大关，2007年达到3.22亿美元，是改革开放之初的305倍。黔南自治州还相继培育了瓮福、邦泰、川恒等重点企业作为全州进出口贸易的骨干企业，2015年又成功引进贵州英吉尔机械制造有限公司总部、贵州东峰矿业集团总部、贵州赛博盟微粉工业有限公司总部入驻，壮大了外贸群体。随着国家修订《外贸法》，降低准入门槛，实施企业自营进出口经营权备案登记，申报自营进出口经营权的企业逐年增多，到2015年已累计有438家企业办理自营出口备案登记。全州外销市场进一步扩大，先后有17种商品远销世界40多个国家和地区，形成由60多家外商投资、国有、民营企业组成的外经贸企业集群。利用外资规模逐年扩大。从2001年到2015年15年间，累计引进外商投资项目42个，合同利用外资76 357.74万美元，实际使用外资43 044.38万美元。

近年来，黔南自治州积极推行外商投资企业网上联合申报，2015年有38户外商投资企业参加网上申报。州政府帮助威顿、兆恒等外商投资企业申请到补贴资金45万元，为外商投资企业申请获得外经贸发展专项资金105.17万元。从2002年起，黔南自治州政府与贵阳海关签订了《贵阳海关与黔南州关于建立更紧密合作机制备忘录》；与贵州财经大学经济学院共建“开放型经济研究中心”；通过组织企业参加中国投洽会、广交会、昆交会、东盟博览会、中博会、哈洽会等经贸与投资活动，为本地企业开拓市场、寻求商机搭建平台，取得了良好效果。

随着贵广高铁、兰海高速、贵广高速等现代交通设施的成功运营，珠江水系的罗甸港、长江水系的瓮安港建设的快速推进，黔南自治州政府响应国家“一带一路”倡议，打造本地的现代商贸物流通道，逐步形成了“重庆—黔南—广东—港澳”“重庆—黔南—广西—东盟”两条北上南下物流快捷通道，抢占了西南地区物流发展新高地。

2014年中国贵州首届物流高峰论坛在黔南自治州举办，国家发展和改革委、财政部、商务部等有关部门领导莅临指导，中国物流与采购联合会、中国物流学会、中国港口协会陆港分会、广东省物流行业协会、贵州省物资流通商会、重庆港务物流集团、北部湾港务集团、广州港物流集团等组团参加。看准黔南自治州物流发展潜力，珠海市政府、广东省物流行业协会与黔南自治州三方签订了《共建21世纪海上丝绸之路贵广南亚国际物流大通道战略合作协议》；珠海市政府代表团与黔南自治州签署《贵州陆港建设战略合作协议》；重庆港务物流集团与黔南自治州签署“水铁联运”《乌江水系的水联运中转站战略合作框架协议》；其他各省、市与黔南自治州投资合作的大批商贸物流项目变成现实，仅广州企业与黔南自治州签约项目就有 114 个，总投资 405 亿元。各地客商看中黔南自治州的商贸物流地位，这与黔南自治州特有的地理区位优势密不可分。

黔南自治州位于大岭南和大西南两大地理单元的重要节点，具有“东经湘赣通沪浙，南下两广接港澳，西过云南连东盟，北上川渝进西北”的独特区位优势，是大西南面向华南的交通咽喉，也是南下出海最近的通道。特别是近年来，贵州省委、省政府高度重视黔南自治州交通建设，对途经黔南自治州境内的贵广高铁、黔桂铁路、湘黔铁路、贵广高速、厦蓉高速、兰海高速、沪昆高速进行新建和扩容改建，使黔南自治州一跃成为贵州省高速路条数最多、里程最长的州，变成了连通西南、西北与华南的大动脉。在建的瓮安乌江港航运可直通长江，罗甸罗妥港连接珠江通海，荔波机场开通贵阳、广州、深圳、重庆等地航班，西南成品油管道、中缅油气管道横贯黔南自治州。都匀市已成功申报成为“全国流通领域现代物流示范城市”（全国唯一的县级市）。2015 年 3 月，贵州省首家县级公用型保税仓库在黔南自治州独山县挂牌开业；6 月，福泉市开通了直达广西北部湾的铁海联运国际集装箱班列。2016 年 1 月 14 日，中国贵州第二届现代物流高峰论坛及陆港、电商、大宗商品分论坛同期举办，由珠海港控股集团公司与贵定县人民政府合作共建的重大项目——贵州（昌明）国际陆港在论坛期间举行了授牌和奠基仪式，拉开了“川贵广—南亚”国际物流大通道的建设序幕。广东省珠海市政府、黔南自治州政府、四川省遂宁市政府和广东省物流行业协会在遂宁市共同签订了进一步深化合作内涵、扩大合作范围的《共建川贵广—南亚国际物流大通道四方合作协议》。

近年来，黔南自治州还积极培育和推动电子商务，促进商贸服务转型升级。阿里巴巴研究院提供的 2015 年电子商务发展数据显示：黔南自治州阿里平台卖家数量 0.41 万人，网络零售上行交易量为 1 亿元，发出包裹数量为 29 万件，同比分别增长 48%、92%、192%，位列全省第四。黔南自治州邮政公司提供的 2015 年全州物流快递数据显示，上行物流包裹共计 341.94 万件，同比增长 116.07%，下行物流包裹 1 676.55 万件，同比增长 119.94%，全州电子商务发展迅速。目前，黔南自治州已建设培育了“龙里快递物流公共服务平台”“惠水创新创业公共服务平台”“贵定独山农产品与跨境电商公共服务平台”“都匀黔货出山特色产品公共服务平台”“荔波全域旅游电商公共服务平台”“长顺东西合作农特产品电商公共服务平台”六大电商公共服务平台，累计培训 2.67 万余人次，电子商务企业直接就业 3 790 人。全州获批省级电子商务进农村示范培育点 32 个，龙里县获批国家级电子商务进农村示范县，惠水县、荔波县获批省级电子商务进农村示范县，获中央和省电商发展专项扶持资金 4 000 万元。

2015 年，黔西南自治州首府兴义市的兴义国际商贸城投入运营。兴义国际商贸城是兴义市“十二五”规划的政府重点建设项目，总建筑面积 30 余万平方米，总投资 15 亿元，是黔西南自治州首席一站式国际商贸平台，也是兴义市首个超大型商业贸易、仓储与物流中心。商业贸易涵盖粮油副食、服装鞋帽、装饰建材、电子电器等综合商品业态，集批零交易、品牌展示、仓储物流、电子商务等现代商务为一体。兴义国际商贸城入驻商家众多，其中的特色商家如“先立祥粮贸易有限公司”“大山特色苞谷饭”等，这些特色商家的入驻满足了整个商贸城的生活需要。此外，兴义新客运西站、环城北路、木贾公交枢纽站等城市设施的建成投用，让兴义国际商贸城融入兴义市经济高速发展的快车道，成为兴义市市区新的商家聚集地。

2016 年，贵州省委、省政府作出“将兴义市建设成为黔滇桂三省结合部拥有 100 万人口的中心城市和区域重要商品集散地”的决定，大力扶持兴义市的现代化商贸建设，兴义国际商贸城将不断扩大和完善，成为连通桂、黔、川三省结合部和东南亚国家的规范、规模化的商贸物流园。

上述现代商贸物流业的形成与发展，说明布依族地区现代商贸物流高地基本形成。

第三节 货币金融的产生与发展

从考古文物中，可推测上古时期布依族先民最早使用的货币应是海贝。随着社会发展，才逐渐改用金属货币，至民国以前市面上通用白银、铜钱。白银有“宝银”“票银”“锭银”“絮银”之分。宝银每锭五十两，成水十足；票银每锭十两或五两，成水十足；锭银每锭一两或五钱，成水在九成至十成以下；絮银每块数钱至数分不等，由锭银剪下灌铜者名“市银”，灌铅者名“铅钯钱”，即“铅钯银”，其成水皆低，凡成水不足者，又名“巧水银”。铜钱多清代各朝所铸，宋元以上古钱极少，有“厚钱”“薄钱”之分。薄钱用数一个为一文，一千为一串。厚钱则用秤，用线贯穿两端，按重量计数。

民国八年（1919）后，银币有“法国搬庄洋”“墨西哥飞鹰满龙洋”“湖北满龙洋”“四川汉字洋”“贵州汽车洋”等，每个合库平七钱二分。又有“半元”，其种类为“云南旗子洋”“珠龙洋”“空花洋”等，每个合库平三钱六分。此外，铺币还有湖北、云南、香港、广东等处银货“双毫”“单毫”。铜币有各省制造之“当十”“当二十”“当五十”等铜圆，而以当十铜圆最为通用。当时流行市场间的虽有黔省纸币和国币，但只占少数。纸币价格低于银币，约值银币或国币五成至六成。民国二十四年（1935）后，布依族地区才通用纸币，银币、铜币逐渐减少。纸币种类庞杂，真假难辨，有伍元、贰元、壹元、伍角、贰角、壹角、伍分、贰分之分。拾元一张者极少。民国二十五年（1936）强令以法币换收硬币，云南每块半元可换法币二元。市面禁用硬币，悉用国币，并规定中央、中国、交通、农民四银行之纸币为法币。其余纸币陆续收回。

民国二十六年（1937）后，布依族地区通货膨胀，物价飞涨。开始淘汰角币，继而淘汰元币，再则虽伍元法币亦无用。国民党政府滥发纸币，人民深受其苦。发行的“关金票”每元合国币二十元，掺杂流行市面，物价有涨到千倍或数千倍者。

当时，布依族地区多无银行、钱庄、票号。仅有一些合作金库，可进行农村贷款及现款汇兑，金融业基础非常薄弱。

中华人民共和国成立后，为组织和发展社会主义经济，国家对原有少数银行实行了社会主义国有化，首先建立了中国人民银行。1951 年后又建立了中国农业银行和农村信用合作社。中国农业银行曾几度与中国人民银行合并，1979 年又重新恢复。目前，黔南自治州共有中国人民银行中心支行一家，县、市支行 12 家，分理处和储蓄所 39 家；中国农业银行中心支行一家，县、市支行 12 家，区营业所 69 家；各乡镇有农村信用合作社 447 家，部分村还设有信用站；中国建设银行有中心支行一家和县支行11家。黔西南自治州共有中国人民银行中心支行一家，县、市支行8家，储蓄所14家，分理处和信托部4家；中国农业银行中心支行一家，县、市支行8家，区营业所49家，乡镇信用合作社327家；中国建设银行9家。整个布依族地区基本建立了较为完整的金融体系，为当地经济建设和文化事业发展发挥重要作用。

进入市场经济阶段，布依族地区的金融业获得了很大发展。黔南自治州在2008年底前，还有11个县（市）的75个乡镇尚无任何银行网点，占乡镇总数的31.25%。至2011年，黔南自治州已实现农村金融服务网点乡镇全覆盖，每年为所辖19万户农户减负1 800万元以上。黔南自治州全州涉农银行业金融机构共设立便民服务机构93个，其中固定营业网点4个，定时定点服务网点79个，POS机10部，实现了全州乡镇金融服务全覆盖。当地农户在家门口就能存、取、汇款和办理贷款。至2016年底，黔南自治州金融业稳步发展，全州金融机构人民币各项存款余额1 521.44亿元，比上年增长29.9%，其中住户存款720.46亿元，比年初增加155.30亿元；各项贷款余额1 066.21亿元，比上年增长32.8%。

黔西南自治州加快金融机构建设。2015年9月底，贵州银行、贵阳银行网点在兴义市区实现全覆盖，又由兴义市农商银行分别在兴仁、贞丰、安龙、晴隆、普安、望谟、册亨等县市设立村镇银行，完成了全州县域融资性担保机构建设。2016年全州固定资产投资（500万元以上口径）800.16亿元，比上年增长22.3%。全年工业投资完成208.68亿元，比上年增长15.5%，占全州固定资产投资的比重为26.1%。道路运输投资完成106.91亿元，比上年下降18.1%，占全州固定资产投资的比重为13.4%。全年房地产开发投资完成90.93亿元，比上年增长40.0%，占全州固定资产投资的比重为11.4%。房屋施工面积1 106.34万平方米，比上年增长21.9%。其中，住宅施工面积685.23万平方米，增长23.5%。土地购置面积14.31万平方米，比上年下降79.9%。商品房销售面积277.13万平方米，比上年增长25.7%；商品房销售额103.71亿元，比上年增长14.6%。至2016年底，全州金融机构人民币各项存款余额1 294.2亿元，比上年增长34.4%。其中，住户存款492.9亿元，所占比重为38.09%；非金融企业存款431.6亿元，所占比重为33.35%；广义政府存款362.6亿元，所占比重为28.02%。

现代金融业的进步，有力地支撑了布依族地区经济社会的发展。

第四节　民族特需商品的种类及特点

布依族的民族特需商品，主要有民族服装、手工丝织品（丝线、花边、丝帕、绸缎等）、银饰品（手镯、耳环、插片、银链、银碗、戒指、银泡、围腰链等）、玉器（玉烟嘴、玉手镯、玉簪等）、蜡染、织锦、刺绣、蓝靛、土花布等。民国以前，各地乡场都有民族特需商品经营街，除丝线、绸缎等由商贩由外地进货，其他均由本地农民自产自销。

中华人民共和国成立后，国家为满足少数民族人民特需商品供应，建立了民族贸易体系，组织少数民族发展传统土特产品的生产并进行收购，同时组织民族特需商品的生产和供应。黔南地区首先在三都、罗甸建立了民族贸易公司，建立自治州后，又成立了民族贸易公司。1978 年州民贸易公司大楼建成投入营业。1982 年以来，福泉、龙里、惠水、平塘、长顺、独山、荔波七个县先后成立了民族贸易公司。县以下的区供销社也设立了民族商品专柜。其他布依族地区也如此。

为了繁荣民族经济，国家对民族贸易企业给予了多方面照顾。国家批准其在流动资金上可享受低息贷款；拨一定金额给企业自有，固定使用；在利润留成方面，从 1980 年起，由过去的 20% 增加到 50%；在收购农副土特产品方面，实行最低限额和差额补贴；在商品分配上实行“优先供应、适当照顾、专项安排”的办法，如国家拨出一定数量的白银，以保证少数民族特需的银饰的生产和供应。这些民族贸易政策在促进民族商品的生产和流通、保证民族特需商品的供应等方面，都起了积极作用。

20 世纪 90 年代中期以来，国家实行市场经济，民族特需商品贸易的发展进入快车道。黔南自治州政府结合市场需要，积极扶持民族特需商品生产，民间民族特需商品生产企业数量不断增加，2005 年有 214 个，到 2009 年已经发展到 670 个；并通过引导、扶持、培育，发展了一批成长性好、具有一定市场竞争力的企业，让其走进旅游商品的开发领域与市场。先后推出了平塘牙舟陶系列产品、罗甸水晶饰品以及布依族手工艺品如银饰、撕纸画、剪纸、蜡染、破线绣、数纱绣、十字绣、挑纱绣等一批代表当地民族民间工艺水准的旅游商品，成立了黔南国艺名品斋旅游商品开发有限责任公司、三都县民族工艺品经营部、贵州牙舟陶瓷工艺美术厂、罗甸县惠丰旅游商品开发有限责任公司等一系列知名度较高的旅游商品生产经营企业，这些企业均以家庭作坊式生产为主，现代的生产方式较少，有部分生产商实行了“公司 + 农户”的生产方式。

为了提高民族传统商品档次，民族特需商品生产者逐渐适应时代变化，不断加强对布依族土花布、扎（蜡）染、银饰品、牛角雕、剪纸等民间工艺品的文化内涵注入和精包装设计开发，让生活用品变成工艺品，工艺品变成艺术品，艺术品变成收藏品，使其欣赏价值超过实用价值、工艺价值超过欣赏价值、收藏价值超过工艺价值，从而拓宽了产品市场范围。如结合民族纹饰，以家庭用品、装饰品、壁挂艺术等为突破口，丰富商品类型，获得了很大的经济效益和众多艺术创造成果。再如，加大对匀酒、都匀毛尖、独山盐酸菜、瓮安黄粑、瓮安松花皮蛋、惠水牛肉干、惠水黑糯米酒、三都九阡酒、贵定云雾茶、三都甜茶、荔波水蕨菜、荔波风猪等产品的深加工、精加工力度，提高商品包装档次，使特色农产品向旅游商品转型；在以上产品逐步形成市场的基础上，拓展对独山竹编工艺、平塘牙舟陶瓷等民族特色工艺品的设计开发力度，满足各类市场需求。又如，在开发罗甸水晶奇石系列旅游商品时设计装饰上美丽的民族图案，并参考贵阳市花溪区的做法，将罗甸石和传统银饰相结合，使民族特需商品的新品不断产生。黔南自治州首府都匀市以旅游为龙头的服务业稳步发展，绿色旅游消费逐步升级，依托“都匀毛尖茶”和“中国优秀旅游城市”著名品牌优势，积极推进茶旅融合，持续打造螺蛳壳山、斗篷山等山地特色旅游产品，夯实旅游产业发展基础。成功举办都匀毛尖茶文化节、剑江旅游欢乐节等重大节庆活动，扩大了民族特需商品的市场辐射范围，有力地带动了广大布依族农村经济的同步发展。

随着市场经济的深入发展，研究民族特需商品的设计、制造和管理的企业家不断涌现。如布依族青年罗婷毕业于中央工艺美术学院，回到贵州后一直致力于民族手工艺产品研发。1993 年，她创办了手工艺培训学校。多年来，学校共培训学员 8 000 余人。其中不少学员到外省从事缝纫工作，部分学员回到花溪、清镇、黔东南、黔南等地旅游景区从事手工艺产品制作，带动周边乡里的"绣娘"们实现就业。2011 年，罗婷又创建了贵州罗婷布依服饰公司，采用"公司 + 基地 + 农户"的产销一体化形式，对先期培训过的学员制作的刺绣、蜡染、银饰、编织等手工产品进行回收，使上万名业内女性每月的收入超过 2 000元。其产品主要销往国内及日本等地的高端奢侈品市场。① 又如布依族青年韦波 2013 年从浙江打工返乡，在家乡黔西南自治州普安县江西坡镇开办家庭式布依族服饰加工坊，聘请当地布依族妇女 7 名成为固定"绣娘"，将纯手工刺绣品加工成高端民族服饰。至 2017 年，该工厂生产的服饰绣品从当初的 10 种增加到 100 多种，产品通过电商平台销往全国各地。韦波又开始采取"外派刺绣"的做法，让 200 多名布依族"绣娘"在各自家中加工，加大生产规模。工厂的刺绣技师中有 38 人来自贫困家庭，每人每月约增收2 000元。由于韦波的布依族服饰加工坊生产的服饰绣品图案古朴、优雅，工艺质量精湛，产品声誉很高，远销到美国、德国等地。②

2017 年 3 月 27 日，在北京饭店 C 座 1 层金色大厅，"梅赛德斯·奔驰中国国际时装周"重点推介节目——册亨布依族刺绣工艺和服饰展示与模特表演首次登上首都舞台，现场有爱尔兰、德国、比利时、斯洛伐克、法国、土耳其、哥伦比亚、印度、拉脱维亚、冰岛、克罗地亚、马耳他等国大使夫人，汉普集团董事长杨腾波、恒美瑞公司董事长郑芮女士等 100 多位知名企业家，著名学者余秋雨与夫人马兰，小提琴家吕思清，著名导演王潮歌，主持人李静、田歌、曹涤非，依文控股集团董事长夏华，黔西南自治州、县党委和政府领导等中外嘉宾共 600 余名。

整场时装秀的背景音乐由布依族平常生活中的声音组成，有绣娘讨论刺绣技巧的声响，有移动板凳和洗碗的声音，有布依族山歌的声音……布依族服装模特们走到台前，站在"绣娘"身边，展示着以布依族元素为主题的 EVE CINA 本季服饰。9 台古老的织布机在"绣娘"们的操作下同时运转。现场发布的 42 套本季服饰的每一块布料都不是机器制造，而是由来自该县的"绣娘"们手工制成。每一种纹样都不是批量化生产，背后都有一副真实的面孔、一段真实的故事。30 分钟后，伴着册亨竹鼓舞的配乐声，来自深山的美丽、纯朴的布依族"绣娘"们，为现场嘉宾送上了她们亲手缝制的香包。各界人士纷纷跑上 T 台与来自册亨的"绣娘"合影留念，观赏织布机和刺绣品。一位来自法国的设计师在与"绣娘"合影后，竖起大拇指说："太棒了。"一位中国服装界著名设计师说："在世界时装周上，从来没有一场时装秀的开场如此安静，这么独特，这么朴素。"国内媒体《人民日报》、《新京报》、《北京晚报》、《北京晨报》、《北京商报》、CCTV12、CCTV13、北京卫视、贵州卫视、新华网、人民网、中新网、央视网、新浪、搜狐、网易、腾讯、凤凰网、爱奇艺、腾讯视频、优酷视频、土豆视频、乐视视频，以及国外的福克斯电视台、NBC 电视台、雅虎、华尔街精选、华盛顿商业杂志等共 209 家媒体进行了报道。③

---

① 《绣、染、编、织，年产值 10 亿——贵州"娘子军"瞄准手工业》，《贵州都市报》2013 年 5 月 29 日。

② 《韦波：用"绣花功夫"在脱贫致富中实现文化传承》，《新华日报》2018 年 3 月 5 日。

③ 《册亨布依族刺绣服饰首秀首都舞台——册亨县布依文化北京首场发布秀回眸》，《新华日报》2017 年 3 月 27 日。

第十八章　布依族文化与世界各民族文化的交流及其影响

第一节　布依族文化向世界的传播及影响

过去，布依族文化“藏在深山无人问”，自己也走不出山门。中华人民共和国成立后，特别是十一届三中全会以来，布依族民间文化诸如歌舞、傩戏、服饰、纺织、工艺、绘画、美术乃至具有文化内涵的土特产品等蜚声海外，登上大雅之堂，受到各国人民的高度赞赏。

一、歌舞

1983 年 4 月 30 日至 6 月 17 日，贵州歌舞团一行 20 人赴巴拿马、厄瓜多尔等国 13 个城市进行民间友好访问，演出布依族舞蹈《伴嫁歌》等，给美洲人民留下深刻的印象，谱写了贵州有史以来民间歌舞出国演出的新篇章。两年之后，法国艺术中心顾问路易斯·德赫尔应邀前来贵州访问时，赴安顺等布依族地区考察民族民间歌舞及地戏。

二、傩戏

1990 年 6 月至 7 月，“中国贵州傩戏面具艺术展”在德国举办，安顺等地的布依族傩戏面具尤为引人注目。近几年，日本专家学者先后到布依族地区考察傩文化，并将面具照片收入画册在日本出版。

三、纺织品

布依族的纺织文化包括土花布、蜡染、布依地毯、荔波凉席、挑花刺绣等，其历史悠久、工艺精湛，具有深刻而丰富的民族文化内涵，在世界各国及中国港澳地区影响较大。

1. 土花布

贵州省荔波、三都、惠水等县布依族妇女纺织的土花布（也叫色织布）共有 500 多种花纹，或是图腾纹样，或是仿生图案，都具有深刻的社会内涵和审美情趣。1983 年以来，土花布批量销往英、法、德、日等国和东南亚地区，其植物原料、植物染料，古朴典雅、新颖别致的花纹图案及精致的手工与工业发达国家消费者返璞归真的文化心态相投合，赢得外国友人的高度赞赏和广大华侨的喜爱。

2．蜡染

蜡染是布依族又一工艺之花，其造型图案取材于民间神话传说、民族风情、花草树木、鸟兽虫鱼等，绘技精妙，色彩典雅，具有浓郁的民族特色和地域特点。其中安顺、镇宁、普定、六枝等地的布依族蜡染最受国外文化人的赞赏。1981 年 7 月，中国贵州民族民间工艺品展览在北欧四国巡回展出，蜡染图案集和蜡染壁挂被作为珍品收藏。1982 年 5 月，中国古代传统技术展览在加拿大安大略科学中心开幕，大厅中央富艺术性和创造性的蜡染画表演，吸引了成千上万的观众。1983 年 3 月，在北京中国国际旅游产品展览会上，安顺蜡染被与会的 44 个国家的 1 000 多位来宾评选为优秀旅游产品。1985 年，安顺民族工艺服装厂代表中国首次参加巴黎国际服装博览会，蜡染旗袍荣获二等奖。1988 年以来，蜡染产品主要销往英、美、法、德、日等国和东南亚地区。

3．布依地毯

布依地毯是贵州安顺市布依地毯厂和关岭布依族苗族自治县布依地毯厂借鉴布依族蜡染图案设计的毯类产品。其中以蓝、白两色为主的手工编织羊毛地毯，典雅端庄，构图饱满，造型夸张，具有浓郁的神话色彩。布依地毯 1974 年在广交会上得到日本客商的赞美，从此闻名于世，远销北美、西欧、日本、东南亚等地。

4．荔波凉席

该竹制品以荔波布依族地区生产的泡竹青篾片手工编织而成，光滑、轻柔、结实、绵韧、可折叠、携带方便，编有龙凤等吉祥图案和各种花纹，夏天作垫单睡，凉爽舒适，远销日本、东南亚各国和中国港澳地区，深受用户欢迎。

5．挑花刺绣

1987 年 2 月，在琳琅满目的民族刺绣工艺品中，布依族男女定情物“花包”被 30 多个国家的游客抢购一空。1989 年，“中国贵州民族纺织工艺品展览”在美国旧金山民间艺术博物馆举办，布依族的民族服饰、挑花刺绣、蜡染等工艺品受到美国人民的高度赞赏。

四、工艺美术

布依族的工艺美术丰富多彩，如牙舟陶瓷和布依族美术家的陶艺、雕塑、壁挂等作品在海外均有盛誉。

1．牙舟陶瓷

贵州省平塘县牙舟陶瓷产于明代，在数百年前业已销往南洋诸岛，20 世纪 20 年代被美国客商搜集，后传到日本等地。中华人民共和国成立后，由中国美术家协会推荐到匈牙利、法国、日本等国家参加艺术展览，后又在国内大城市展出，得到中外人士的好评。1983 年在中国国际旅游产品展销会上获“优秀产品”称号。1986 年 3 月，新西兰总理朗依到贵州访问，当时的省长王朝文送他两件礼物，其中一件是牙舟陶瓷。

2．布依族美术家刘雍的艺术作品及其影响

1991 年初，布依族美术家刘雍应香港三联书店的邀请，在香港展出美术佳作 200 多幅，受到各界的高度评价。《大公报》以“夜郎魂民族风情画，刘雍作品来港展出”为题的文章全面介绍了刘雍的艺术生涯；《文汇报》刊发特稿《西南风吹开夜郎的异葩——介绍贵州雕塑家刘雍的杂交与混血艺术》；《新晚报》《经济日报》《商报》的评论文章充分肯定了刘雍的艺术个性，认为其作品是“社会批判意识和主题与原始味、民族民间性、地域色彩的紧密融合”，以及“视觉与心灵意志的结合”，“有着浓厚的装饰色彩，但不表示单纯地对形式进行平衡、规则等手段的技术处理，而是引申出复杂的深广的内涵”。这对刘雍的艺术给予高度评价，一位夜郎布依族人从此登上了世界美术之殿堂。

五、地方特产

（1）都匀毛尖茶。都匀地区布依族人民栽种、制作的都匀毛尖茶在1982年全国名茶评比中居全国十大名茶第二位。该茶从明代起，一直是历代皇室贡品，乾隆年间已销往海外，1936年在巴拿马世界名茶评选中获奖。

（2）惠水黑糯米酒。惠水县布依族自种自酿的以黑糯米为原料的黑糯米酒已有一千多年的历史。黑糯米为历代皇室贡品。现代黑糯米酒芳香浓郁，营养丰富，远销中国香港、新加坡、马来西亚等地，1991年在美国获“神童杯金奖”。

（3）荔波风猪。其以色、形、香、味俱全而驰名遐迩，历来为布依族赠馈、宴席之美味佳肴，近年来远销港澳地区，颇受青睐。

（4）独山盐酸菜。独山盐酸菜已有五百年的历史，明末已成为皇室贡品。其色鲜、味美、脆嫩可口，具有酸、甜、咸、辣适中的独特风味，既是居家、旅行的佐食佳品，又是炒、蒸、烹之上好调料。1984年被评为全国旅游优秀食品，荣获“景泰蓝奖”。多年来，畅销全国，远销新加坡、日本及马来西亚等地，深受欢迎。

六、绘画艺术

（1）播娜摩篾画（布依语，意为云雾山里的篾篾画）。1990年，布依族传统节日“六月六”这天，在贵阳市民委举办的首届少数民族农民作品大展赛中，播娜摩篾画首次在山城露面，博得国外友人的赞赏。德国波恩大学学者舒乌莉给予高度评价：“篾画是艺术上又一创举，愿山花更美！”看到国外友人对布依篾画的兴趣，国家文化部外联局决定复制一批播娜摩篾画拿到驻外大使馆去安家落户。

（2）布依小画家——班佳佳。绘画艺术在世界民族文化交流史上一向引人注目。然而，热闹的世界画廊却寻不见布依族画家的影子。直到20世纪80年代末，布依族女孩班佳佳的“蜡染新梦”漂洋过海之后，世界画廊才树起了布依族绘画艺术的一面旗帜。她的作品先后在美国、日本、苏联、瑞士、波兰、印度、南斯拉夫、中国香港等国家和地区展出并被有关单位或专家收藏，其中《爱护地球》获南斯拉夫举办的儿童绘画比赛最高奖，《世界真美好》获联合国举办的国际儿童绘画比赛银奖，并被联合国总部收藏于纽约。

第二节　外国文化对布依族文化的影响

明代以前，布依族文化尚处于封闭状态，明末清初之后，外国文化通过各种渠道向布依族地区传播，并产生了很大的影响。首先是罗马天主教文化的传入，继而是西方资本主义的入侵，其目的是政治经济上的侵略，但也含有文化传播的成分，我们可从文化学去考察。

一、天主教的传入与布依族人民的反洋教斗争——两种文化的冲突

宗教作为一种文化现象，从诞生起，就与某一人类共同体的存在与发展紧密地联系着。从事农耕的布依族，信仰多神，由自然崇拜发展到祖先崇拜，中国土生土长的道教在布依族传统文化的土壤里早已根深蒂固。因此，人为地将异宗教文化移植乃至强栽在这块土地上，自然难以存活。

明万历三年（1575），罗马教廷将贵州列为天主教的传教范围。清道光二十七年至二十九年（1847—1849），几个外国传教士先后到布依族地区的兴义、贞丰、安龙、兴仁等县传教，并购置田产，建立教堂。尔后，许多外国传教士又进入望谟县的桑郎、王母、者述、打言等地，压制地方官吏，威迫、诱骗、欺诈乃至强迫布依族群众信天主教，后又在镇宁、贵阳、安顺、都匀、独山等地传播天主教，建立教堂。

天主教入侵后，布依族群众的生活习俗按其教规而改变，如星期日是“守贞日”，不能干活，不许舂米；教徒不能与非教徒结婚；丧葬仪式也要改变；童贞院姑娘长大后，婚事全由传教士支配等。不仅如此，传教士在布依族地区为非作歹，霸占良田，欺压百姓，挑拨民族关系，破坏民族团结，更加激起了布依族人民的公愤。1906 年，布依族领袖罗发先领导布依族人民武装起义，举起“联汉灭洋”的旗帜，捣毁教堂，都匀、独山、荔波、定番、都江等地的布依族、水族、苗族人民纷纷响应，也捣毁当地教堂，给外国传教士以沉重的打击。从政治上看，这是布依族人民对帝国主义侵略者的反抗；从文化学角度考察，这是布依族文化对异文化的排斥，即两种文化的冲突。

二、外国资本的输入与布依族地区资本主义的萌芽——两种文化的交融

18 世纪以前，布依族经济基本处于自然经济的封闭形态，19 世纪初期，纺织业的发展促进了商品经济的萌芽，到了 19 世纪中叶，安顺已成为贵州棉纺织品贸易中心之一，其他布依族地区的城镇如安龙、新城（今兴仁县）、都匀、独山等商业贸易也相继发达。布依族人民在观念上逐渐由自给自足向商品经济方面发展，但发展十分缓慢。

19 世纪末，英法在中缅和中越边境开辟商埠，对布依族地区的商品经济产生直接的影响，英法等国的商品通过这些商埠运到布依族地区，而布依族地区的原料也通过其运往国外。大量“洋货”输入，引起了布依族社会经济的深刻变化。首先是促使布依族地区与农业分离的纺织手工业者破产。当时洋纱质地优良，价格低廉，粗细适度，易于操作，很快独占了城市的织布业，布依族农村妇女的纺织手工业失去了竞争能力，迫使人们去寻找一条新的出路。1902 年，法国人和中国绅商在安顺等地合办的“丰泰矿务公司”“福生恒棉织厂”“平民织布厂”“何绍云织布厂”等商业企业相继出现，初步改变了纺织手工业的落后面貌。其次是促进了农产品的商品化。当时盘江流域与红水河流域北部地区出产的棉花成了大宗外销商品，罗斛的艾粉，荔波、安龙、贞丰、关岭等地的桐远销中国香港和国外，使布依族群众从长期的自给自足经济形态走上了商品生产的道路。

三、第一本以法文记录布依语的《布法词典》——法国传教士对布依族文化的贡献

20世纪初叶，法国外方教会传教士若瑟·方义仁和古斯达夫·卫利亚深入红水河上游的布依族民间，以法国文字记录、解释布依族语言，并整理、汇编成《布法词典》，现译为《布依法语词典》。1908年，该书法文版由香港法国外方教会书馆印刷出版，向世界各国发行。从此，布依族文化汇入了世界民族文化的洪流。

《布法词典》主要记录、汇集了布依语言中的名词、动词、形容词等基本词汇及短语、歌谣、谚语等，全书共100余万字。其前言简要介绍了布依族居住的地域范围及其气候特点、布依族的内部支系及其与周围民族的关系、布依族习俗演变及文化特征。书中词汇丰富、语言优美，具有代表性和典型性，正如书中所说："这本词典记载的是贵州省西南册亨一带的布依族语言，为了保持语言的鲜明性，不得不局限于一个狭窄地带，因为这种语言从来没有任何文字记载，经常会产生一地与一地之间的变化。尽管如此，我们仍希望这本词典对别的地区也能起到一定的参考和帮助作用。"现在，有关部门正在组织力量对该书进行编译再版，向国内外发行。

第三节　改革开放后布依族对世界各国文化的引进与吸收

20世纪80年代以来，随着改革开放的不断深入，布依族地区引进了许多先进的国外科学技术，吸收了不少世界各国优秀文化，促进了布依族经济文化的繁荣和发展。

一、对国外科学技术的引进

改革开放初期，黔南自治州和黔西南自治州以及镇宁、关岭等布依族地区的大中型企业、乡镇企业、医疗卫生机构等大量引进了国外先进技术和先进设备，同时派人出国考察学习。黔南自治州的东方机床厂引进德国梅萨公司数控火焰切割机技术，都匀内衣厂引进美国及德国大圆织机；贵定卷烟厂引进德国制丝绒及普罗托斯卷接机组，使该厂的卷烟档次和质量有了很大提高；布依族地区的各大医院均引进了国外先进医疗设备，并派专家出国进行学术交流。

在现代农畜业方面，注重大力引进国外智力，通过项目合作、培训交流、人员互访等方式，引进新西兰的先进技术成果，结合贵州实际加以消化吸收、创新应用，使贵州的草地畜牧业实现了历史性跨越，被学术界称为"贵州模式"。

1980年5月，时任副总理李先念访问新西兰，他注意到新西兰的气候和地貌与贵州很接近，就考虑把新西兰的草地畜牧业引进到贵州，并且很快与新西兰达成了合作开发贵州草地畜牧业的意向。1983年，中国政府与新西兰政府签署了在独山县建设贵州牧草种子繁殖场的合作协议。时任贵州省委书记胡锦涛1986年、1987年连续两年视察草种场时提出，

要把独山草种场建设成为“南方草地畜牧业的科研基地，牧草种子生产基地，人才培训基地和技术辐射基地”。自此，“中国·新西兰生态草地畜牧业合作项目”走上了引智造福百姓的快车道。2001 年，贵州省农业厅常务副厅长班程农（布依族，后任黔西南自治州州长、贵州省政协副主席）访问新西兰期间牵线搭桥，促成了新西兰克尔索公司和中国贵阳鑫耀辉工贸有限公司进行优质肉用种羊生产技术协作。同年 5 月，双方合作的贵阳克尔索生物工程有限公司开始运作，并在贵阳建立了优质肉用种羊生产基地，引用新西兰高科技手段，通过腹腔光导纤维内窥镜进行胚胎移植和细管冻精人工授精术。次年，就育成波尔山羊、克尔索羊、多普羊等世界优质肉羊 200 余只。该公司推广将纯种波尔山羊与贵州本地山羊杂交，每只杂交一代的山羊 8 个月龄达到 40 千克，售价 800 元，由海南、广东的公司收购。

政府的大力推动，促进了国外科学技术的引进。独山县贵州牧草种子繁殖场的建设，与新西兰专家罗尔斯顿有着密切的关系。罗尔斯顿在草种场工作了 5 年，开始生活条件艰苦，可罗尔斯顿却始终乐观，他带着技术人员跑遍了独山县，并且通过国家外国专家局和贵州省外国专家局的出国（境）培训项目，安排草种场的技术骨干去新西兰培训。他把新西兰的牧草种在这块贫瘠的土地上，把新西兰的优良牛羊品种带到独山县，让这块“死地”有了勃勃生机。罗尔斯顿因其卓著贡献，2014 年获得了“中华人民共和国国际科学技术合作奖”和“中国政府友谊奖”。

独山县贵州牧草种子繁殖场还住过一位新西兰专家——2002 年“中国政府友谊奖”获得者提姆·哈维。哈维是新西兰梅西大学的畜牧专家，前后来中国 100 余次，他留给草种场技术人员的最深印象，一个是他的山羊胡，另一个就是他令人钦佩的敬业精神。哈维没有架子，工作中他会挽起袖子、卷起裤管，走进当地农户的牛舍观察了解情况，然后再针对性地开展指导；他平易近人，善用通俗易懂的语言讲解专业技术，其讲座内容农民能理解、好接受，非常受欢迎。

在海外牧草引进种植方面，独山县贵州牧草种子繁殖场根据贵州山区石漠化严重的特点，先开展小范围试验示范，试验成功后，经贵州省外国专家局向国家外国专家局申请引智项目经费进行资助，进行大面积推广。通过多年的攻关，草种场先后引种了新西兰、美国、澳大利亚等国家的 100 多个牧草品种，经过试种、驯化、筛选，培育出黑麦草、鸭茅、高羊茅、紫花苜蓿等 18 个优良牧草品种。在草地牲畜引进繁育方面，草种场先后引进了新西兰和澳大利亚的先进冷冻胚胎移植、人工授精和饲养技术，在带动当地农民脱贫致富的同时，把产业做大做强。在牧场管护和精准化放牧方面，草种场从美国引进了强力钢丝电围栏，围栏以低日照太阳能板为电力来源，可实现 6 ~ 10 千伏瞬间脉冲放电，并且可以随时拆卸。在牧场放牧牲畜时，用临时电围栏进行圈围，能够避免牲畜走散，同时能够实现快速转移牧地，使草场得以休养生息，并且减少了人工放牧成本。通过引进、消化、吸收，如今，草种场已成为集优质牧草种子生产、种草养畜、科研、培训为一体的现代化新型农牧场。

同时，黔南自治州政府投入资金铺设现代乡村公路。这样的路在独山县贵州牧草种子繁殖场大门外就有一条，连接独山县上司镇和荔波县羊凤乡。每天早上，这条路都异常繁忙，一辆辆载着奶桶的摩托车、机动三轮车在上面奔驰往来。这条路因此被当地村民亲切地称为“致富的奶牛大道”。当地打利新村的布依族农民陆明琼一家，就是农户依托草种场脱贫致富的典型。2004 年，陆明琼在草种场的帮助下开始养奶牛，十几年下来，她家的牛群已经从最初的 4 头发展到 32 头，并且按照草种场的标准化种植规程，种了 100 多亩草地和青贮玉米地作为奶牛的饲料。她家的牛高峰期每天产奶 30 千克，卖奶收入就有 2 万多元，保守估算一年纯收入在 10 万元左右。她家从贫困户成为村里的致富带头人。像陆明琼这样依托草种场致富的人在上司镇及附近的村镇不在少数。

2010 年，贵州最大的乳制品企业三联乳业联手独山县贵州牧草种子繁殖场，利用得天独厚的生态资源与先进的草地生态管理技术，投资 7 000 万元，在独山县建厂生产乳制品。当地奶牛全都是按照新西兰的标准饲养，产的奶是纯天然的。该企业至 2015 年已经做到 7 个亿的产值。草种场通过与乳制品企业合作，带动周边的养牛户脱贫致富。草种场与周边 700 多个项目示范户建立了草场奶牛放牧系统，对每户实行“统一管理、统一购料、统一防治、统一放养、统一销售”的“五统一”模式，降低饲养成本和市场风险，使得签约农户人均年纯收入增加 2 万元。经过多年的发展，草种场逐步形成了“产、供、销”一条龙的生产方式，从 2015 年至今，每年收购项目示范户的牛奶 5 000 吨以上。

远在上海的商人陆培勇也看中了独山县贵州牧草种子繁殖场的生态环境，2011 年投资承包了 5 000 多亩草场，在山上种草，每年收草 2 000 多吨，直接带动 200 多户农户发展。在草种场的帮助下，他养了 500 多头种羊，长期雇了 8 个附近的村民，通过自繁自育，目前已有 8 个羊圈。养羊是个技术活，一开始陆培勇经验不足，养的羊疾病较多，于是草种场专门请来外国专家进行指导。他养的羊销往上海、杭州，成为当地的抢手货。陆培勇还吸收先进营销理念，从 2015 年起通过互联网进行销售，通过上海的一家知名网站宣传贵州羊，组织网上的客户到草种场实地考察，建立稳定的网上客户群体。

当地政府发展草地生态畜牧业，精准定位，聘请国外专家，引进海外优质牧草和牛羊，牛羊的粪便又增加了土壤的厚度，使得牧草更好生长；又通过公司与农户的对接，精准帮扶，让农户脱贫致富。这就是独山县贵州牧草种子繁殖场的“贵州模式”。

现在，尽管独山县贵州牧草种子繁殖场还在使用着 20 世纪 80 年代进口的德国割草机，但草种场带动的脱贫致富农户已经成百上千，成为发展当地民族经济名副其实的支柱产业之一。

贵阳高新区国际技术转移中心位于布依族聚居的贵阳市乌当区，该中心统一部署、重点打造的“走出去、引进来”国际合作平台，以贵阳高新技术创业服务中心为主体，联合高新区国际合作促进中心、大数据发展办公室两个机构，形成“1 + 2”的服务模式，推进国家级国际技术转移中心建设。目前，该中心已建成国际技术转移体系和承接国际技术转移的政策环境、基础设施、人力资源、技术交易和信息网络的专业化对外合作平台，与欧美多国建立了合作研究关系，国际科技合作成果丰富，合作领域不断拓展，人才队伍建设成效显著，在大数据、大数据端产品制造、生物医药、信息技术等领域的科研与国际合作中具有引领和示范作用。截至 2016 年底，通过中国国际技术转移中心引荐，贵阳高新区国际技术转移中心共引进国外技术近 300 项，接纳留学归国人员创办企业累计近 80 家，对接留学人才累计 2 000 余人次。同时，争取国家、省、市及区级安排扶持资金近 5 000 万元，输出技术成果 43 项。

二、对国外文化教育的吸收

经过多年的努力，布依族地区的文化教育事业有了很大发展，学习外语的风气正在形成。除了大中专学校和普通中学、职业中学开设外语课或设外语专业外，一些小学的高年级也增设外语课，有不少家庭要求子女从幼儿园开始学习外语。大中专学校还到各国聘请外语教师。很多布依族青年学生利用广播、电视、书刊、录音等学习外语，了解世界各国的民族文化，有不少的布依族青年已到美国、德国、日本、澳大利亚等地攻读硕士、博士学位。

黔南民族师范学院是2000年3月经教育部批准成立的一所本科层次的民族师范院校，也是贵州省第一所升本的地方高校，办学历史可追溯到1952年。该校2007年接受教育部本科教学工作水平评估获“良好”等级；2011年获批成为教育硕士专业学位研究生培养单位；2012年经教育部批准，成为“中小学教师国家级培训计划”示范性集中培训项目院校；2013年获建省级院士工作站；2014年加入全国应用技术大学（学院）联盟，并成为教育部20所转型发展案例院校之一。该校位于黔南自治州首府、中国优秀旅游城市——都匀市，校园总占地面积1.2平方千米。该校现有文学与传媒学院、数学与统计学院、计算机与信息学院、教育科学学院等17个二级学院和教学单位，设置7个教育硕士招生专业方向，有51个本科专业，隶属于文学、理学、教育学、法学、经济学、历史学、管理学、工学、艺术学、农学等十大学科门类。该校现有教职工893人，其中专任教师796人，教授102人，副教授325人；具有博士学位的教师82人，硕士生导师30人，硕士占专任教师50%以上；享受国务院、省、州政府特殊津贴专家16人，省管、州管专家7人，贵州省教学名师5人。2016年，在校学生达1.5万余人。该校与美国安娜门德斯大学等4所高校开展了“加强教育、研究、文化交流合作”项目，与中国科学院、清华大学、广州大学、贵州省社会科学院等开展了技术援助、人才支持、科研合作，建立了院士工作站，还与美、英等国家的一些大学、科研院所建立了学术交流关系。美国哈佛大学和亚利桑那大学、伊朗德黑兰大学、中国香港中文大学等著名学府曾多次邀请该校教授前去讲学。该校在英国伦敦大学与中国原子能研究院、华东师范大学、北京师范大学、上海外国语大学等国内外知名大学聘任客座教授来校任教、讲学、考察和进行科研合作；与省内外众多高校建立了校际联系，并经常选派教师出国进修、讲学和科研合作，提高学校的学术水平；还培养了来自美国、加拿大、日本等国家的200余名外国留学生，塑造了良好的办学形象。该校每年选派部分学生到美国的安娜门德斯大学及中国的台湾台东大学和大叶大学、广州大学等高校交流学习。

随着“一带一路”倡议的实施和中外交流的日益频繁，布依族地区与海外的经济文化交流日益增多。总的看来，布依族地区与世界各国的文化交流特点是“民间”与“官方”相结合，在交流过程中实现中华文化与海外文化的交流与融合，促进了社会繁荣与发展。随着时代发展，布依族地区人民学习和吸收各国科技文化的积极性将进一步加强。

参考文献

1. 汛河：《布依族风俗志》，北京：中央民族学院出版社 1987 年版。

2. 韦廉舟、黄兴仁：《布依族民俗志》，贵阳：贵州人民出版社 1985 年版。

3. 汛河：《勤劳勇敢的布依族　少年儿童读物》，西宁：青海人民出版社 1981 年版。

4.《布依族简史》编写组编：《布依族简史》，贵阳：贵州人民出版社 1988 年版。

5. 王兴斌、王荣胜、韦国英主编：《民族文史　北盘江畔布依人》，贵州省贞丰县民族事务委员会 1985 年版。

6. 贵州省民族研究所编：《贵州省志　民族志资料汇编》（内刊稿），第 1、6 集。

7. 贵州省布依学会编：《布依学研究》，贵阳：贵州民族出版社 1989 年版。

8.《黔南布依族苗族自治州概况》编写组：《黔南布依族苗族自治州概况》，北京：民族出版社 2007 年版。

9.《黔西南布依族苗族自治州概况》编写组：《黔西南布依族苗族自治州概况》，北京：民族出版社 2007 年版。

10. 狄安臣主编：《贵州镇宁布依族苗族自治县概况》，北京：民族出版社 2008 年版。

11.《关岭布依族苗族自治县概况》编写组编写：《关岭布依族苗族自治县概况》，北京：民族出版社 2008 年版。

12. 罗桂荣主编：《紫云苗族布依族自治县概况》，北京：民族出版社 2007 年版。

13. 中国第一历史馆、贵州省黔西南州民委、贵州省布依学会合编：《清代嘉庆年间贵州布依族“南笼起义”资料选编》，贵阳：贵州民族出版社 1990 年版。

14. 何光岳：《百越源流史》，南昌：江西教育出版社 1989 年版。

15. 沈耘编：《中国民间文学集成　布依族歌谣选》，北京：中国民间文艺出版社 1988 年版。

16. 贵州省民间文学集成办公室主编，韦兴儒编：《贵州省布依族民间故事选》，北京：中国民间文艺出版社 1989 年版。

17. 惠水县民间文学集成办公室编：《贵州省黔南布依族苗族自治州　惠水县卷》（未刊稿），1988 年。

18. 贵州省民间文学集成办公室主编，杨浩青编：《贵州少数民族谚语选》，北京：中国民间文艺出版社 1989 年版。

19. 何积全、陈立浩主编：《布依族文学史》，贵阳：贵州民族出版社 1992 年版。

20. 王伟、王国宇：《布依语词汇概论》（未刊稿）。

21. 贵州省黔西南自治州史志征集编纂委员会编：《黔西南布依族苗族自治州志　文物志》，贵阳：贵州民族出版社 1987 年版。

22. 黔南布依族苗族自治州史志编纂委员会编：《黔南布依族苗族自治州志　文物名

胜志》，贵阳：贵州民族出版社 1989 年版。

23. 贵州省文管会办公室、贵州省文化厅文物处编：《贵州文化旅游指南》，贵阳：贵州人民出版社 1990 年版。

24. 贵州省布依学会编：《布依学研究》（第 2 集），贵阳：贵州民族出版社 1991 年版。

25. 费尔巴哈著，王太庆译：《宗教的本质》，北京：人民出版社 1953 年版。

26. 董楚平：《吴越文化新探》，杭州：浙江人民出版社 1988 年版。

27. 裘士京：《江南铜研究：中国古代青铜铜源的探索》，合肥：黄山书社 2004 年版。

28. 林蔚文：《中国百越民族经济史》，厦门：厦门大学出版社 2003 年版。

29. 勃罗姆列伊·马尔科夫主编，赵俊智译：《民族学基础》，北京：中国社会科学出版社 1988 年版。

30. 恩格斯著，中央编译局译：《家庭、私有制和国家的起源》，北京：人民出版社 2009 年版。

31. 赵尔巽等撰：《清史稿》，北京：中华书局 1977 年版。

32. 贵州省民族事务委员会编：《贵州民族地区四十年（1949—1989）》，贵阳：贵州人民出版社 1991 年版。

33. 肖万源、伍雄武等主编：《中国少数民族哲学史》，合肥：安徽人民出版社 1992 年版。

34. 肖万源等主编：《中国少数民族哲学·宗教·儒学》，北京：当代中国出版社 1995 年版。

后　记

《中国民族文化大观》研究项目是“国家社科基金‘八五’重点项目（艺术学科）”，项目主持人：关东升（满族，中央民族大学教授，全国政协第八、九届委员，原人民政协报社副社长，民盟中央委员，民盟中央文化委员会副主任）。

《中国民族文化大观·布依族篇》是《中国民族文化大观》的子项目研究成果。该子项目主持人：伍文义，成员：韦兴儒、周国茂、罗汛河、黎汝标。

经多年努力，《中国民族文化大观·布依族篇》初稿成于1992年6月，由伍文义负责完成对全书的统纂工作，于1992年7月将书稿提交“《中国民族文化大观》贵州省分编委”组织贵州省民族研究专家召开的审稿会议。会后，根据专家们的意见，又由伍文义负责进行了认真修改、完善，于1992年9月将书稿再次提交“《中国民族文化大观》贵州省分编委”组织贵州省民族研究专家召开的审稿会议。审稿会议上，专家们对书稿进行了认真讨论和评估，一致给予高度评价：“《中国民族文化大观·布依族篇》符合国家民委学术委员会、《中国民族文化大观》编委会编写要求，‘集理论性、科学性、系统性、广泛性、知识性、权威性于一身。它涵盖了布依族的渊源历史、语言文字、宗教信仰、风俗习惯、伦理道德、文学艺术、天文历法、科学技术、教育体育、哲学思想、政治军事、医药卫生、建筑名胜、商业贸易、交通通讯、经济生产等领域，包揽了我国布依族的一切物质财富和精神财富’。验收合格、同意出版。”（参见本书彩图页通过验收文件图）

本书各章节的作者是：

概述	伍文义
第一章　渊源历史	伍文义
第二章　语言文字	周国茂
第三章　宗教信仰	周国茂
第四章　风俗习惯（上）	
第一节　饮食	罗汛河
第二节　服饰	黎汝标
第三节　起居习俗	伍文义
第四节　婚恋习俗	伍文义
第五节　娱乐习俗	韦兴儒
第六节　丧葬习俗	伍文义
第五章　风俗习惯（下）	
第一节　时令与节日习俗	黎汝标
第二节　生产习俗	黎汝标

第三节　生育习俗　　黎汝标
第四节　祭祀习俗　　周国茂
第六章　伦理道德　　韦兴儒
第七章　文学艺术　　周国茂、罗汛河
第八章　天文历法　　黎汝标
第九章　科学技术　　周国茂
第十章　哲学思想　　伍文义
第十一章　教育和体育　　周国茂
第十二章　政治军事　　伍文义
第十三章　医药卫生　　黎汝标
第十四章　建筑名胜　　罗汛河、伍文义
第十五章　交通通信　　韦兴儒
第十六章　经济生产　　韦兴儒
第十七章　商业贸易　　伍文义
第十八章　布依族文化与世界各民族文化的交流及其影响　　黎汝标

本书在编写过程中，得到有关省、州、县、乡（镇）各级干部和群众的大力支持，特别是得到布依族著名学者：时任贵州省政协副秘书长、贵州省政协文史委员会副主任莫健，黔南布依族苗族自治州政协副主席黄义仁，贵州民族学院（今贵州民族大学）校长伍治国教授，贵阳市文物管理委员会主任韦廉舟副研究员，中共贵州省委统战部政策研究室主任王廷琛，贵州省民宗委主任苏太恒，贵州省民宗委政策研究室主任龙国辉、副主任张北平，贵州省民宗委政策研究室成员黄家逊等同志的大力支持和帮助。

原稿于1992年底“验收合格、同意出版”，但因经费困难一直没能出版。这次公开出版，书中各章节增加的1993年以来的新资料、新数据，均由伍文义教授负责完成。

本书的公开出版，得到了广东省佛山科学技术学院党委书记曾峥、校长郝志峰，经济管理与法学院党委书记刘军、院长罗峰，科技处处长王向东、副处长王静琼、成员钟建平，以及暨南大学出版社社长徐义雄、社党总支书记黄圣英、编辑冯琳等同志的大力支持和帮助。

佛山科学技术学院经济管理与法学院为本书公开出版，给予经费资助。

特予鸣谢！

伍文义

2018年7月于广东佛山市